고령화 사회와 건강(健康)

-노인 건강한 삶 정책의 대안-

고령화 사회와 건강(健康)

발　행 | 2020년 1월 13일
저　자 | 김용수
펴낸이 | 한건희
펴낸곳 | 주식회사 부크크
출판사등록 | 2014.07.15.(제2014-16호)
주　소 | 서울특별시 금천구 가산디지털1로 119 SK트윈타워 A동 305호
전　화 | (070) 4085-7599
이메일 | info@bookk.co.kr

ISBN | 979-11-272-9507-3

www.bookk.co.kr

고령화 사회와 건강(健康)

海東 김용수 지음

노년, 그 아름다움의 빛깔

아름다운 노년을 한마디로 표현하자면 어둠 속에 빛나는 촛불과 같다. 화려하진 않지만 은은하여 공간 전체를 빛으로 물들일 수 있고 부드러운 따스함에 차가움을 녹일 수 있으며 다가가면 갈수록 세기가 강해져 환한 빛을 느끼게 하는 존재, 노년만이 가지는 고귀함이다.

노마식도(老馬識途)라 하여 늙은 말이 길을 안다는 뜻으로 연륜이 깊은 사람에게 삶의 지혜를 구해야 한다는 사자성어가 있다. 세상사는 올바른 이치에 세월의 무게가 더해져야 더욱 빛을 발하는 일이 어디 한 두 개인가? 예부터 어수선한 현실을 바로 잡아 줄 혜안은 삶의 경험이 쌓인 연장자를 통해 얻었다.

마티아스스톰(1600-1649), 촛불 앞의 노파(1645), 캔버스에 유채, 푸쉬킨박물관

촛불 앞에 두 손 모아 기도드리는 노파한테서 삶의 연륜이 묻어난다. 주름투성이인 얼굴과 투박한 손, 남루한 옷차림의 노파지만 겸손과 절제를 품고 소망을 기원한다. 노파에게선 어떠한 과욕도, 과장도 찾을 수 없다. 생을 관조하고 세상 이치에 순응하며 쌓인 노년의 온화함이 아름답게 빛날 뿐이다.

세상 누구도 노인의 주름을 보고 비난하지 않는다. 단지 그들이 내보이는 아집, 불친절함, 괴팍함 등 정신의 주름살을 보며 늙음을 비난하는 거다. 아름다운 노년은 모두에게 존경받고 미숙한 젊음을 순화시키고 교화시킨다.

현재 대한민국에는 시대의 요구를 듣지 않고, 세대와 교감하지 않는 일그러진 노년들로 어지럽다. 젊은 세대는 연장자의 가르침을 지표 삼아 세상을 살아야 하지만, 나이 든 사람들도 시대의 요구가 무엇인지 귀 기울여 화합해야 할 필요가 있다.

'잘 물든 단풍이 화사한 봄꽃보다 예쁘다' 라고 법륜 스님이 말씀하셨다. 단풍은 낙엽 진후에 책갈피에 꽂히지만 떨어진 꽃은 그대로 버려지는 거란다.

세월을 인내한 단풍의 고운 빛깔처럼 잘 늙은 노파의 주름은 그렇게 아름다울 수 있다.

영원히 늙지 않는 젊음을 갖는다는 건 불가능하다. 그리고 그 불가능을 좇는 것만큼 허무한 일은 없다. 그림 속의 노파는 젊음을 돌이키는 데 혼신을 다하는 듯하다. 쭈글쭈글한 가슴을 드러낸 채 정성 들여 머리를 빗고 비싼 깃털을 꽂고 제일 화려한 보석으로 치장을 해 보지만 주름을 감출 수가 없다. 장미꽃을 들고 자신의 아름다움을 과시하듯 거울을 응시하는 모습 어디에도 젊음의 싱그러움은 없다. 심지어 거울 속에 비친 자신의 모습에 심취한 듯한 노파의 나르시스에 슬쩍 웃음마저 난다.

반면 노파의 시중을 드는 하녀는 남루한 옷차림에 빗질조차 하지 않은 더벅머리의 여인이지만 젊고 싱싱하다. 이미 생명력을 잃어버린 듯한 노파의 늙은 가슴이 터질 듯 탱탱한 하녀의 젊음과 비교되어 더욱 애처롭게 느껴진다.

작가는 또한 한 손에는 젊음을 상징하는 장미를, 다른 한 손에는 죽음을 상징하는 금송화(장례식 꽃)를 들고 있는 노파를 그려 생과 사의 아이러니를 극명히 보여준다. 제목에서 암시하듯 허무하고 허무한 육체의 젊음이다. 인간은 태어난 그 시간부터 매 순간을 늙어간다. 늘 함께 할 것 같던 젊음의 찬란함도 의식하지 못하는 순간 빛을 잃는다. 젊음을 돌이킬 순 없다. 그게 인생이다.

언제부터 인가 한국은 성형왕국이 돼 버렸다. 보톡스니 필러니, 젊음을 모방하는 일련의 행위들이 아름다움에 도달하는 지름길이고 노화로 인한 얼굴 주름이 가난과 게으름의 상징이 되어버린 대한민국이다. 심지어 수백 명의 아까운 목숨이 바다에 수장될 때 대통령이 그 시간에 성형을 했느냐의 여부가 나라의 큰 이슈가 되었었다. 웃을 수도 없는 이 슬픈 현실을 옹호하려 일부 노년은 길거리에서 확성기를 들고 성형이 뭐 잘못이냐며 주름진 눈을 치켜 뜬 채 세상을 향해 삿대질 한다.

자연스럽게 형성되어야 할 인간으로서 기본적인 도리가 악다구니에 묻히고, 소통하지 않는 고집이 세상에 지천인 현실이 너무도 답답하다.

'젊고 아름다운 사람은 자연의 산물이지만, 늙어 아름다운 사람은 하나의 예술 작품이다' 라고 엘레노어 루스벨트가 말했다. 최고의 미적 가치라 할 수 있는 성숙미는 쉽게 얻어지지 않는다. 무르익기 위해서는 시간이 필요하고, 노력해야 한다.

  설익은 그 무엇은 절대 감동을 줄 수 없다. 바닥을 응시하고 있는 렘브란트의 노파는 삶을 인내하고 생을 관조한 오래된 연륜에서 우러나는 원숙미가 있다. 그 노년의 아름다움이 렘브란트의 빛의 효과와 함께 우아하게 발현된다.

  잡지 못할 젊음에 얽매여 현재를 손에 넣지 못하는 것만큼 안타까운 일이 또 있을까? 사람은 믿는 만큼, 자신감을 갖는 만큼, 희망하는 만큼 젊어질 수 있단다. 100세 시대를 살며 노년인구는 점점 늘어나고 새로운 사회계층이 형성되고 있다.

  노년이 바로 서야 그 사회는 건강해 진다. 아름다운 노년을 위해 무엇을 할 것인지 모두가 고민해야 한다.[1]

렘브란트(1606- 1669), 앉아 있는 노부인의 초상(1655년경), 캔버스에유채(87x72 см),
에르미타쥐 미술관

차례

Ⅰ. 한국 노인 보건·체육 정책의 형성과 추진 과정

1. 들어가는 글

최근 고령화의 경제적 파급 효과를 다룬 한국개발연구원(KDI) 보고서의 내용은 실로 충격적이다. 일간지 사설 등에서 '시한폭탄', '국가적인 재앙' 이라는 극단적인 표현이 나올 정도로 심각한 현상이 바야흐로 우리 사회를 강타하기 시작했다. 전문가들이 대처 방안을 제시했으니 시행만 잘 하면 될 것이라 기대하면서도 다시 한 번 성찰하는 것이 필요하다는 생각을 금할 길 없다.

고령화 문제의 해결 방안을 제시하는 식탁엔 항상 되풀이 돼 내놓은 메뉴가 있다. 연금, 의료보험, 노인용 임대주택, 복지 서비스, 노인고용 등의 분야로 획기적인 개혁이 상에 오른다. 모두가 타당한 대책들이다.

하지만 이런 방책을 어떻게 실현할지에 대한 다각도의 검토 없이는 단순한 대증요법 수준에 머물지 근원적 치유에 미치지 못할 우려가 있어 염려스럽다. 고령화 문제는 다양한 사회·경제적 요인들과 매우 복잡하게 얽혀 있어 현명한 해답을 구하려면 여러 측면에서 접근하는 복합적인 검토를 요한다.

우선, 우리 사회의 고령화는 전혀 예측도, 준비도 하지 못한 상태에서 벌어지는 변화라는 사실에 주목해야 한다. 그러니 모든 대책은 애당초 밑바닥에서부터 완전히 새로 시작해야 하는 부담이 따른다. 그렇다면 처음부터 심층적인 종합진단을 서둘러야 한다. 또 이 문제는 변화의 속도와도 연관이 있다. 우리나라의 고령화는 세계사에 유례없는 무서운 속도로 진행한다는 또 하나의 불가사의를 낳았다.

이런 추세라면 현시점에서 아무리 서둘러 해결책을 강구해 봐야 대책을 시행하기 전에 새로운 문제가 눈앞에 펼쳐지지 말라는 법도 없을 것이다. 이런 때 정치권, 국가 기구 및 이들을 돕는 두뇌 집단은 차라리 변화 자체의 성격에 관한 심도 있는 이해를 추구하고, 장기적인 안목에서 대책을 마련하는 것이 바람직할 수 있다. 문제가 심각할수록 성급한 접근을 삼가야 하는 것이다.

다음으로, 고령화에 대처하기 위한 정책적 개선의 구체적인 사안들은 상당한 희생과 부담을 동반하는 것임을 명심할 필요가 있다. 전문가들은 연금, 보험, 주택,

고용, 의료, 복지 서비스 등에 관련된 여러 가지 방도를 제안하고 있다.

하지만 원래 이런 정책 과제를 두고 제도적 혁신을 추진하자면 온갖 이해관계가 뒤얽힌 집단과 계층이 충돌하기 마련이다. 이런 상황에서는 이들이 과연 얼마나 양보하고 희생할 수 있을지를 예견하도록 노력해야 할 것이고, 이해 충돌로 인한 갈등의 관리와 해소를 현명하게 처리하는 일이 가장 중요하다. 특히 우리 사회가 이런 면에서는 후진적 미숙함을 면치 못했으므로 여기서 실패한 소지가 크다는 점을 깊이 새겨야 한다. 적정 수준의 사회적 합의를 얻지 못하면 사회 전체의 생존이 위협받을 수 있기 때문이다.

고령화의 문제를 오로지 경제적인 관점에서만 다루는 자세도 한계가 있다. 고령자 대책은 점점 수명이 길어지는 인구가 물질적 풍요, 정신적 안녕, 그리고 사회 심리적 행복을 누리며 살 권리를 항상 염두에 두고 접근해야 한다.

경제적인 기본 욕구의 충족 외에도 사회적 지지를 대폭 키우고 사회적 참여의 기회를 확충하는 것이 더욱 중요하다. 이 과업이라는 국가와 가족이 아닌 제3의 부문이 필요하고 더 효율적일 수 있다. 바로 시민 사회의 자발적 부문이다. 여기서 상호부조와 자원봉사 및 자발적 사회 참여의 기제가 제대로 작동하기만 하면 국가에 대한 보완적인 기능을 수행할 수도 있는 것이다. 이 모든 고령화 문제는 국민이면 누구나 인지하고 머릿속 깊이 각인하고 있어야만 앞으로 어려운 정책 과제들을 시행하고자 할 때 동참할 수 있을 것이다. 국가, 기업, 시민사회의 다방면에서 교육과 홍보를 적극적으로 추진하기를 바란다(세계일보, 2007. 02. 20, 김경동).

우리나라 고령화 추세는 심각하다. 2000년 들어 이미 고령화 사회(65세 이상 인구 비율이 7.0% 이상)에 접어든 상태다. 2017년 고령사회(14% 이상)에, 2026년에는 초고령사회(20% 이상)에 진입할 것으로 예상했다. 고령화 사회로의 문제는 일찌감치 일손을 놓은 노인들이 경제적 빈곤층으로 전락하는 것이다.

노인 빈곤층의 확산은 곧 삶의 질 악화로 이어진다. 노인 자살률의 증가가 이를 뒷받침해 주고 있다. 한국형사정책연구원의 보고서에 따르면 우리나라의 인구 10만 명당 평균 자살률은 29.1명이다. 더욱 놀라운 것은 노인 남성의 경우 그 비율이 60~69세 64.6명, 70~79세 110.4명, 80세 이상 168.9명이라는 결과다. 노인 자살률의 증가는 물질적인 토대가 심하게 흔들리면 통계적으로 불안, 우울, 행복감 저하 같은 부정적인 요인들이 찾아온다.

경제협력개발기구(OECD)의 발표에 의하면 우리나라 노인의 상대적 빈곤율이 50%에 육박한다. 노인 두 명 중 한 명은 빈곤층이라는 얘기다. 우리나라의 노인 빈곤율은 OECD 회원국 중 압도적 1위이다. 경로사상을 최고의 덕목으로 치던 우리에게는 충격이 아닐 수 없다. 과도한 자녀 교육비 지출, 불충분한 사회보장 시스템 등 노인을 가난하게 만드는 문제 중 그 어느 것도 단기간에 해결하기 어려운 것이 현실이다.

고령화 사회의 원인은 출산율 감소를 들 수 있다. 더불어 보건 의료의 발달과 사망률의 감소 등에 의해 노인인구가 증가한다. 그로 인해 빈곤, 질병, 고독이라는 병리현상을 낳는다. 게다가 급속도로 핵가족화가 진행돼 노부모와 떨어져 살면서 노인독거 가구율이 높아지는 것도 문제다. 특히 전체 노인들 중에 80% 가까이 건강 악화와 생활비 마련에 대한 어려움과 배우자 사망 등에 따른 고통을 겪고 있다. 상황이 이럴진대 그럴듯한 대책이 없다는 것이 문제다. 그렇다면 빈곤한 노인들의 경제적 문제를 해결하기 위해서는 정년 연장과 연금제도의 확대, 노인 일자리 창출 등이 선행되어야 한다. 장기적인 노인대책의 근간은 돈이다. 국민연금 재정이나 국가 재정의 건전성을 해치지 않으면서 노인 빈곤 문제를 완화할 수 있는 방안을 마련하는 데 최선을 다해야 한다. 공공부문뿐 아니라 교육, 노동 부문의 개혁 과제들도 신속히 추진해야 한다. 결국 젊은이도 노인이 된다. 그래서 노인대책은 하루 빨리 마련되어야 한다. 우리 모두의 문제이기 때문이다(경기일보, 2015. 05. 27).

우리나라는 20세기 후반, 고도의 경제 성장과 더불어 생활수준 향상과 생활양식의 변화를 경험하게 됨으로써 삶의 질에 대한 관심이 사회적으로 증대되기 시작하였다. 국가적으로도 복지사회 구현을 정책 방향으로 설정하여 모든 국민들의 삶의 질 향상을 추진하는 방안을 모색하게 되었다(심규성, 2012).

"체육 또한 국가 경제의 성장과 여가활동의 확산이라는 시대적, 사회적 배경 속에서 건강 증진과 삶의 질 향상 기능이 강조되고 있으며, 그 결과 '체육복지'라는 개념이 대두되고 체육과 사회복지의 융합 필요성에 대한 인식이 높아지고 있다." (김예성, 박채희, 2012: 167).

사회복지는 구성원들이 지니는 생활상의 다양한 문제를 해결하고 생활 조건을 개선하여 행복을 추구하도록 도움을 줌으로써 인간으로서의 존엄성과 가치를 구현할 수 있는 인간다운 삶을 확보하도록 하는 것을 궁극적 목표로 하고 있다. 이를 위해서는 물질적 풍요로움뿐만 아니라 모든 사회 구성원들의 신체적, 정신적 건강과 발달의 기회를 제공하는 것이 필요하다.

초기 사회복지는 소수 빈곤층이나 사회적 약자를 대상으로 한정적인 서비스를 제공해왔으나 현대사회로 접어들면서 그 대상이 국민 전체로 확대되었고, 빈곤이라는 경제적 문제에 대한 대응 방안에서 나아가 국민들의 전반적인 생활상의 욕구 충족, 이를 넘어 보다 고차적인 욕구의 충족까지도 그 대상에 포함시키고 있다. 즉,

기존의 취약 계층을 대상으로 경제적 생활 보호에 치중하는 사회복지 정책만으로는 국민의 삶의 질을 보장하기 어려움을 인식하고, 모든 국민의 문화적 향유권 보장을 통한 삶의 향상이라는 정책적 접근을 시도하고 있는 것이다(최종혁, 이연, 안태숙, 유영주, 2009). '체육복지'도 이러한 시도의 한 측면이라 할 수 있다.

"체육과 사회복지를 연계시켜 '체육복지'의 영역을 구성하는 데에는 '건강'이라는 개념이 중요한 연결고리가 된다. 건강한 삶이란 복지 차원에서 모든 인간이 궁극적으로 추구하는 지향점이며, 체육활동은 예방적 또는 치료적 차원에서 인간이 건강상태를 유지하도록 돕는 일차적인 방안이 될 수 있다." (김예성, 박채희, 2012: 167-168).

경로당에서 소일거리로 화투를 하고, 넋 놓고 TV에서 방영되는 연속극을 시청하는 노인의 모습은 낯설지 않은 우리네 생활상이다. 그러나 이런 무미건조한 생활상이 나의 미래상이라고 생각하면 안타깝기만 하다. 우리 모두는 자신의 노년은 정신적, 경제적으로 여유롭고, 자신의 제 2의 인생을 시간의 구애 없이 건강하고 행복한 나날을 보내기를 원하고 있다.

국가는 이러한 행복한 노년의 상을 단지 개인의 희망사항으로 치부해서는 안 될 것이다. 이젠 노년문제는 더 이상 소수 특정의 문제가 아니기 때문이다. 우리도 여타의 선진국처럼 생활수준의 향상, 의료기술의 발전 등으로 평균 수명이 연장되고, 저 출산, 저 사망으로 인하여 노인 인구는 물론 인구비율까지 급속하게 증가되고 있다.

노인 인구의 급속한 증가는 노인 부양 부담으로 연계되고 이로 인한 경제적 부담으로 국가 경쟁력의 저하는 이미 선국국가에서 발생하고 있다. 선진국형 복지국가를 지향하고 있는 우리에겐 과거 정부의 노인복지의 중점정책이었던 보건, 의료복지는 더 이상 특별한 정책이 될 수 없다. 이러한 가운데 의료비의 절감은 물론 삶의 질을 높이고 건강증진의 초석인 노인 체육활동은 '적극적 복지(active welfare)' 정책의 일환으로 그 중요성이 더욱 증가되고 있다.

이와 더불어 고령화로 인한 노인의 육체적 기능 저하와 은퇴 후 시작되는 역할 상실과 무료함은 더욱 큰 문제로 대두되고 있는 현실에서 체육활동은 육체적, 정신적 측면의 노인문제를 해결하는 데 현실적 대안이라 할 수 있다. 결국 노인체육은 향후 국가가 지속적으로 다룰 중요한 정책이 될 것이다.

그러나 "어느 국가보다도 경제발전이 급속히 진행된 지난 40여년, 그 우선순위에 밀려 우리나라의 노인체육은 걸음마 상태이며, 체계적인 정책 수립도 이루지 못한 상태에서 이미 '고령화 사회'의 문턱을 넘어선 실정이다. 따라서 노인체육

활성화를 위한 사업 추진과 관련 부서, 그리고 프로그램 등 제반 요인을 종합적으로 고려하여 노인 체육정책이 시급히 이루어져야 할 과제이며 이를 위해 정책적 연구가 절실하다." (하웅용, 이소연, 2008: 100).

이 책 쓰기를 시도한 의의는 미래 노인 보건·체육 정책 연구에 앞서 지금까지의 노인체육의 변천과정을 사회사적 맥락에서 분석하고 해석하는 데 있으며, '이는 과거를 아는 사람만이 미래를 가질 수 있다'는 명제에도 일치하는 것이다.

따라서 이 졸고(拙稿)에서는 노인 보건·체육의 중요성을 인식하고 노인체육 활성화를 이루기 위해서 꼭 필요한 연구라 할 수 있다. 이러한 필요성에 의거하여, 글쓰기에서는 향후 노인체육의 활성화와 정책적 방안을 위한 기초 작업으로써 노인 체육정책이 부재했던 시기부터 지금까지 노인복지 및 노인체육 정책의 형성과 변천을 사회적, 경제적, 정치적 환경을 통해 분석하고, 보건복지부, 문화체육관광부와 같은 정부 조직 및 국민생활스포츠협의회를 통해 추진되고 있는 노인복지 및 보건·체육 정책을 분석하는데 목적이 있다.

이 책 쓰기를 수행하기 위한 연구는 문헌 고찰 방법이다. 한국 노인 보건·체육 정책 변천과정을 고찰하기 위하여 정부 관련부처의 문서 및 통계자료, 국내 문헌 및 연구논문 등을 면밀히 분석하였다. 이러한 노인 보건·체육 정책의 역사적 분석을 수행한 후, 제시된 분석 내용들을 일반화시키는 이론적 접근을 함께 하기 위해서 사회사적 접근 방법(sociohistorical approach)을 적용하였다.

사회사는 기존의 역사적 설명과 달리 노인 복지 및 체육정책에 영향을 끼친 사회, 정치, 경제, 인물의 역할과 그 이외의 의도하지 않은 결과(unintended results)들을 설명하는 데도 효과적일 것이라 본다(Hargreaves, 1986: 37-39).

즉, 책에서 제시하게 될 노인복지 및 보건·체육과 관련된 여러 자료들에 대한 평면적 이해를 극복하기 위해서는 노인관련 전반적인 정책을 구성하고 있는 내용에 대한 구조적 이해가 요구되고, 이를 통해 각각의 자료들이 정책의 어떠한 측면을 실천하기 위한 것이었는지 파악함으로써 본 연구의 논지를 보다 객관적으로 입증하려고 시도하였다. 또한, 우리나라 노인복지 및 보건·체육의 정책 분석을 통하여 특정 정책의 형성이 어떻게(how)이루어 졌으며, 정책 형성과정에서 나타난 제반의 특징이 무엇(what)이었는지를 국가 정책적 맥락을 중심으로 분석하였다.

그러나 노인 보건·체육 정책형성 및 변천에 관한 연구는 아직 정리된 연구 자료가 미흡하고 이로 인하여 통상적으로 합의할 수 있는 연구방법이 존재하지 않는다. 따라서 본 연구에서는 몇 가지 드러난 사회, 문화, 정치에서 중요한 변인을 중심으로 가설적인 차원에서 논의하였다.

잠깐! 쉬었다 갑시다

☞ 농촌의 고령화 시대, FRT로 넘는다

벌써 기초의원이 된 지 1년이 지나가고 있다. 아직 나의 마음은 인생의 첫 걸음마를 딛는 마음이다. 여전히 어설프고, 설레기도 한다. 항상 감사한 마음으로 의정활동을 하고 있고, 주민의 곁에서 같이 고민해 주고, 함께하는 의원으로서 공약을 실천하기 위해 부단히 노력하고 있다.

우리나라의 농가 인구 중 65세 이상 고령인구 비율이 45%까지 늘어났다는 소식을 최근 접했다. 젊은 농가 인구가 지속적으로 줄고, 꾸준히 노령화 되고 있다는 반증이다. 농촌인구의 이탈로 농촌 붕괴 현상마저 가속화 되고 있다고 한다. 오는 2040년에는 농촌 인구비율이 8%대까지 추락할 거라는 암울한 전망까지 제기되고 있다.

http://blog.daum.net/yyskgm/39(2009. 09. 07)

사실, 나의 고향인 인제 인제읍 원대리도 마찬가지다. 평야지대도 아니고, 비탈진 밭과 논에서 해마다 똑같은 관행 농업을 반복하고 있는 농촌마을이다. 언제부터인가 노령화로 인한 어려움에도 처해 있다. 그래서 의원이 되기 전부터 가졌던 고민 중 하나는 '노인 인구가 많아지는 마을을 변화시킬 수 있는 해결 방법이 없을까?' 에 대한 것이었다. 결국, 많은 생각을 거친 끝에 내린 결론이 시설농으로의 전환이었다.

문제는 시설농으로 전환해도 대형화, 기계화가 이뤄지지 않고서는 잘 해결될 것 같지 않다는데 있었다. 그러던 중 유튜브를 통해 캐나다의 하이드로노브(Hydronov)

사의 동영상을 보고 그 실마리를 찾았다. FRT(Floating Rafts Technology・담수식 수경재배 시스템)방식의 채소 식물공장은 자동화 시스템으로 적은 노동력과 고수익률이 예상되는 시스템이라는 느낌을 받았다. 그리고, 주변을 물색해 보니 국내에는 보급이 안 됐고, 일본과 중국에서 2곳이 운영되고 있다는 것을 알게 됐다. 마을 이장과 관계자 등과 함께 일본 현지 방문을 했고 이후 사업 추진을 기대했지만 지지부진해 왔다.

때마침, 원대리 마을에서 추진하는 행정안전부 사업중 진행이 안되는 것이 있었는데 다행인지 스마트팜으로의 사업변경 승인을 받았다. 이에 따라 드디어 원대리에 전국 최초로 FRT방식의 스마트팜 공장이 만들어지게 됐다.

원대리 주민들도 일본농원 견학을 다녀왔다. 사업에 대해 처음에는 반신반의 했지만,이제는 그 누구보다도 성공을 확신하고 있다. 앞으로 FRT 식물공장에서는 수입 의존도가 크고, 국내 생산이 적은 서양채소를 재배한다. 우리의 샐러드 식문화의 변화로 충분한 판매처가 확보되기도 하지만, 채소를 생산만 하면 전량 매입할 회사도 결정됐다.

처음이어서 우려가 크다. 그러나 새로운 시도를 통해 전국에서 모범적인 마을 단위 사업으로 정착하리라 생각한다. 농촌에 새로운 활력을 만들기 위해서는 노인과 장년 일자리, 그리고 젊은 청년일자리가 공존해야 한다. FRT는 출퇴근이 가능한 일자리, 생산량의 정확성으로 계약재배가 가능한 시스템으로 연중 재배가 가능하다. 청년들에게 미래의 농업에 대한 자신감을 부여할 수 있는 식물 농장이 될 것이라고 본다. 토지가 적고, 척박한 농토를 가진 우리 지역에 적합한 사업이라고 생각한다.[2]

http://hub.zum.com/yonhapnews/19540(2019. 08. 19)

2. 현대사회와 노인문제

현대사회가 산업화되면서 두드러지게 나타난 현상 중의 하나는 고령화 현상이다. 이는 현대사회로 넘어오면서 과학발달 및 보건의료 기술의 증진으로 사망률이 감소하고 평균수명은 연장됨에 따라 노인인구가 상대적으로 증가하였기 때문이다.

우리나라는 이미 2000년을 기점으로 고령화 사회(Aging society)로 진입하였으며, 2020년에는 15.6%에 달하여 곧 고령사회로의 진입을 전망(통계청a, 2005)함으로써 노인문제의 비중이 더욱 커져가고 있다. 전 세계적인 고령화와 더불어 우리나라도 이미 UN이 정한 고령화 사회(Aging Society)로 진입했다.

어느 나라보다도 더 급속한 고령화 추세는 2018년 고령사회(Aged Society), 2026년 초고령사회(Super-Aged Society) 도래를 예고하고 있다. 2006년 베이비붐 세대의 고령화와 더불어 만성질환 및 장애가 급증하고 이로 인하여 고령자의 의료비 지출이 2004년 5조 1364억 원에서 2005년 6조 731억 원으로 해마다 기하급수적으로 증가하는 등 사회 문제화 되고 있다(국민건강보험공단, 2007).

고령화 현상은 평균수명의 현격한 연장을 의미하지만 건강 수명은 이에 크게 못미친다. 2007년 우리나라 사람들의 평균수명은 78.5세로 건강수명 68.6세에 10년이나 미치지 못하고 있다. 국민이 약 10년 간 질병이나 통증, 신체·정서적 장애에 시달려야 한다(한국보건사회연구원, 2007). 이는 얼마나 오래 사는가 보다는 얼마나 건강하게 몇 년을 더 보내는가가 중요하다는 것을 의미한다.

이와 같은 상황에서 심각하게 대두되고 있는 노인문제는 노인들의 사회적 은퇴로 인하여 무료한 여가시간을 보냄으로써 우울감, 고독감, 소외감, 고립감, 허탈감, 심리적 약화를 가져오게 되었다. 이와 더불어 건상상의 약화는 노인 스스로를 더욱더 불행하다는 느낌을 갖게 하고 있다. 심지어 자살에 이르기까지 하는데, 자살비율 또한 1993년도에 4,365명에서 2003년에는 약 100%가 증가한 8,550명으로 심각한 사회문제로 나타나고 있다(통계청b, 2005).

통계청에서 발표한 '2005년 사망 원인 통계' 결과에 따르면 한국의 자살률(인구 10만 명 당 사망자 수)이 26.1명으로 세계 경제협력개발기구(OECD) 국가 중 최고 수준인 것으로 나타났다.

1년간 자살자 수도 12,047명으로 하루 평균 33명, 약 44분에 1명꼴로 스스로 목숨을 끊는 셈이라고 한다. 특히 60대 54.6명, 70대 80.2명, 80세 이상 127명으로 노인인구의 자살률이 20대 17.7명과 30대 21.8명 등의 젊은 층에 비해 압도적으로 높아 고령사회에 접어든 한국사회에서 노인 복지 정책의 부족이 심각한 문제로 지적되고 있다(동아일보, 2006. 09. 19).

이러한 고령화 현상과 자살률은 신체적 노화로 인한 보건의료 서비스의 지원, 역할 상실에 대한 사회적 제도 마련, 경제적 문제 해결을 위한 국가적 정책 지원, 심리적 고립에 대한 가족의 역할 강화 등 많은 문제와 과제를 제기하고 있다.

한국임상사회사업학회(2004)는 현대사회의 노인문제를 경제문제(퇴직, 생계곤란, 여성빈곤), 건강문제(의료서비스, 치매, 의료비, 노인의 성), 역할 상실과 여가활용의 문제, 고독과 소외의 문제 등으로 분류하여 설명하고 있다.

여기에서는 배지연, 김원형, 윤경아(2005); 임춘식 외(2007); 강진영(2008), 구창모(2009), 권중돈 외(2016) 등이 분류한 내용을 근거로 다음과 같이 구분하여 설명하고자 한다.

가. 건강 문제

현대 사회에 살고 있는 많은 성인들은 문명의 발달을 어려서부터 점진적으로 체득해 온 결과, 새로 소개되는 기술에 대해 무의식적으로 적응할 기반을 가지고 있다. 그러나 새로운 기술의 적용에 뒤쳐져 있는 사람들에게 현대사회에서의 적응이란 많은 의식적 노력이 필요한 과제일 수 있다. 특히 노인 인구 중에서 이 같은 경우가 두드러지게 발생하는 것을 관찰할 수 있다. 손자, 손녀가 무의식적으로 사용법을 익히는 스마트폰이 노인들에게는 '공부'의 대상이 된다는 것이다.

노인들의 운동 학습, 적응 능력 감소는 새로운 환경에 대한 무의식적 대응을 하지 못하고 인식적인 접근을 하기 때문인 것으로 해석할 수 있다. 더군다나 이 같은 의도적인 노력에 인지 기능이 노화와 더불어 퇴화되는 현상을 고려하면 더욱 문제는 심각해지는 것이다(이지항, 2015).

노인의 삶의 질은 신체적, 정신적, 사회적 건강 수준에 따라 다양하며 차이가 있다. 그러나 세 가지 요인들 중에서도 노인들의 삶의 질에 가장 큰 영향을 미치는 요인은 신체적 노화로 대부분이 자연적인 노화나 방치된 질병 악화에 따라 신체적 질환은 더욱 심화되어 정신적, 사회적 건강 수준마저도 더욱 악화시킨다.

한국보건사회연구원의 '2004년도 전국 노인생활실태 및 복지욕구조사' 결과에 의하면, 본인이 인지한 만성질병 생태는 노인의 90.9%가 만성질병을 한 가지 이상 앓고 있으며, 주요 질환별 유병률을 보면 관절염(43.1%)이 가장 높고 그 다음은 고혈압(40.8%), 요통·좌골통(30.6%), 신경통(22.1%), 골다공증(18.9%), 백내장(18.1%),

소화기궤양(16.5%), 빈혈(15.9%), 당뇨병(13.8%), 디스크(12.6) 등의 순으로 나타났다.

또한 전체 노인 중 수발을 받고 있는 노인은 13.4%이며, 주요 수발자는 장남·며느리(31.8%), 배우자(29.7%), 딸·사위(15.3) 순으로 나타났으며, 주 수발자의 80% 이상이 여성이거나 65세 이상이 32.7%로 노인이 노인을 수발하는 비율이 높게 나타나고 있다(한국보건사회연구원, 2005).

한편, 만성질환을 앓고 있는 노인 중에서 만성 질병으로 인하여 힘든 점이 있다는 노인이 50.8%이며, 그 어려움으로는 일상생활수행능력(ADL: Activities of Daily Living)의 제한이 43.3%로 가장 많고, 그 다음으로 치료비로 인한 경제적 어려움 22.4%, 사회활동의 제한 17.0%, 외로움·소외감·자존감 상실 등 15.8%, 간호와 수발에 따른 어려움 등이었다(보건복지부, 2005).

건강한 노년을 위협하는 심각한 문제 중 하나가 낙상이다. 낙상은 외적인 충격 없이 일상생활을 수행하는 동안 비의도적으로 균형이나 안정성을 잃으면서 신체부위 일부분이 바닥에 닿게 되어 발생한다. 낙상은 노인의 조기 사망, 신체 손상 및 기능 장애는 물론이고 정신적 고통에 이르게 하는 원인이 된다. 65세 이상 노인의 3명 중 1명은 매년 낙상을 경험한다(유인형, 최정현, 2007; Tinetti & Gintrg, 1998).

특히 75세 이상의 낙상은 심각한 부상과 사망을 야기하기도 한다. 낙상은 65세 이상 노인의 사망 원인 중 주요한 요인으로, 매년 만 명 이상이 낙상으로 사망하고 있으며(Tideiksaar, 1998), 낙상으로 인해 병원으로 이송된 노인 중 절반 정도만 1년 이상 생존한다. 더욱이 낙상 후 몇 주 혹은 몇 달 후에 사망한 사례가 많아 낙상을 사망의 직접적인 원인으로 보고 하지 않기 때문에 이보다 훨씬 심각한 수준이다 (정낙수, 최규환, 2001; 허정훈, 임승길, 이동현, 2010: 194).

노인에 있어서 낙상은 가장 중요한 건강 문제가 되고 있으며 사망률이나 이환율에 큰 영향을 미친다. 대부분의 낙상은 우연한 사고로 발생하는 것이 아니며, 다양한 내재성, 외재성 원인의 결과이므로 이를 예방하기 위해서는 우선 낙상의 위험 요인을 평가해야 한다(정낙수, 최규환, 2001). 하지만 노인들의 낙상을 평가할 수 있는 유용한 측정도구는 쉽게 발견되지 않고 있다.

이러한 추세 때문인지 최근 노인의 낙상 공포를 측정하는 것과 관련된 연구가 증가하고 있다. 말 그대로 공포를 측정하는 방법과 반대로 낙상에 대한 효능감[1]을 측정하는 방법이 있다. 질환 유무에 따라 노인 낙상 효능감의 차이를 검증할 필요가 있다. 이는 낙상 가능성을 질환에 따라 예측할 수 있어 낙상 예방 조치에 기여

---

1) 낙상효능감 측정도구(Falls Efficacy Scale, FES)는 일상생활의 10가지 활동을 수행하는 동안의 자신감 정도를 검사한다.

할 수 있을 것이다. 또한 건강과 운동관련 변인과 노인의 낙상 효능감은 관계가 있을 것으로 예측된다.

낙상은 피치 못할 사고를 제외하고 대부분 근력과 평형성, 유연성 등 체력적 요인과도 관계가 있을 것이다. 또한 골다공증, 퇴행성관절염 등 건강관련 변인과도 관계가 깊을 것이다. 이러한 예측은 이미 의학적 연구 결과들이 그 증거를 제공하고 있다. 중요한 것은 건강관리와 지속적 운동이 낙상 효능감을 높이고 실질적으로 낙상을 줄일 수 있는 것으로 사료되며, 특히 노인의 운동 프로그램의 개발과 보급이 절실하다.

"어르신 운동 지도사가 선발되고 있다. 노인 건강의 중요한 문제로 대두되는 낙상에 대한 정보를 체득하고 이에 대해 지속적으로 홍보할 필요가 있다. 뿐만 아니라 현장에서 낙상과 운동 간의 관계 등 실질적인 교육이 필요하다. 또한 개발된 노인 낙상 효능감 척도[2]를 사용해 그 가능성을 미리 파악하고 이를 예방할 수 있는 프로그램도 제공해야 할 것이다." (허정훈, 임승길, 이동현, 2010: 200).

또한 과거 노인 사망의 큰 원인이 되었던 심장 질환, 뇌순환계 질환, 암 등의 사망률 기여 비율이 점차 낮아지는 반면, 치매 질환에 의한 사망률이 최근 10년 사이 60% 이상 상승하는 양상을 보인다. 즉 노인성 치매는 사회적으로 간과할 수 없는 문제로 전 세계적으로 65세 이상 노인에서 10% 정도의 유병률(Alzheimer's Association, 2010)이 보고된다.

우리나라 역시, 최근 4년간 노인 인구가 17.4% 증가하는 동안 치매 노인은 26.8% 증가하였으며, 치매로 인한 연간 총 진료비는 8,100억 원 수준으로 5대 만성질환 보다 높은 수준을 보이고 있다(보건복지부, 2012).

일상생활에서 문제가 없는 경도인지장애(mild congnitive impairment; MCT)의 경우, 조기 발견과 예방교육을 통해 치매 발병 시기 지연이 가능하다고 보고된 바 있다.[3]

노화에 따른 뇌 기능 장애에 운동이 좋은 영향을 미친다고 밝혀진 바 있으며, 노화에 의한 신경퇴화가 운동을 통해 억제 가능하다고 보고 있으며, 다관절협응성

---

2) 허정훈, 임승길, 이동현(2010: 196-199)이 개발한 FES-K는, FES-Ⅰ를 우리 문화와 언어에게 맞게 변안하여 수정한 것으로 총 16문항 4점 Likert 척도(1점 매우 자신 있다~4점 매우 자신 없다)로 집안 청소하기, 가게에 가기, 불규칙한 표면 걷기 등 쉬운 일상생활과 다양한 활동까지 포함하여 측정할 수 있다.

3) MCI 관련 clap 예방 및 자연적 연구들은 인지 교육에만 집중되어 온 경향을 보인다. 여러 학자들은 언어 능력 증진 활동, 산술, 전략 세우기 등 논리 증진 활동의 효과를 검증하고 있다(정원미, 2008). "최근에는 이와 같은 인지 기반 학습에 있어 신체적 활동의 배제가 약점으로 지적되며, 신체 움직임의 역할에도 주목하고 있다."(김수연, 이재구, 2014: 256).

움직임에 기반을 둔 운동 학습 프로그램의 효과, 무용 및 리듬 운동과 같은 무용 치료 프로그램의 효과가 지속적으로 논의되고 있다.

이와 같이 노인의 질병 상태에 따라 신체적 의존성 및 치료비 등이 심각한 문제로 대두되고 있으며, 외상 노인을 위한 가족의 보호가 더 이상 가족 부양으로 이루어지기 어려워서 혼자 신변 처리를 하지 못하는 노인의 지원 문제 특히 치매노인의 관리 문제는 정책적 차원에서 해결해야 할 중요한 과제로 대두되고 있는 실정이다(임춘식 외, 2007).

http://blog.naver.com/kongsoo98/221185716391(2018. 01. 15)

나. 경제 문제

노인들이 노후 생활에서 가장 문제가 되는 것은 소득 상실로 인한 경제적 궁핍이다. 노인들은 심신의 기능이 쇠퇴하게 되면 노동 능력이 감퇴되어 사회의 일선에서 물러나게 되고, 이로 인해 소득 상실과 연결된다. 노인의 소득 상실 문제는 노인 연령층에서 가장 광범위하게 나타나는 사회문제로 지적되고 있다.

노인들의 정년퇴직 제도는 인위적으로 직업의 일선에서 물러나게 함으로써 노후에 생계와 용돈 부족 등의 경제적 어려움을 야기하는 중요한 요소가 된다. 특히, 노인 단독 세대가 늘어나면서 여성 노인들의 수가 더 많은 상황을 감안할 때 여성 노인의 빈곤은 가장 심각한 문제로 대두되고 있다.

10여 년 전 한국보건사회연구원의 '2004년도 전국 노인 생활 실태 및 복지 욕구 조사' 결과에 의하면 노인 중 근로 및 사업·부업 소득을 갖고 있는 노인은 12.5%, 공적연금 13.9%, 경로연금 12.8% 순으로 나타났다.

또한 노인의 월평균 용돈은 13만 3천원 수준이며 연령이 낮을수록, 여자보다 남
자가, 교육 수준이 높을수록 용돈 수준이 높은 것으로 나타났다. 이는 노인의 경제
수준이 매우 다양함을 보여주는 것으로, 전기 노인에 비하여 후기 노인이, 남자 노
인에 비해 여자 노인이, 교육수준이 높은 노인에 비하여 낮은 노인이 경제적 수준
이 낮고 경제적 자율성이 낮은 것으로 나타났다.

한편, 노인 부부 가구의 월 평균 소득은 약 116만원이며, 노인의 취업 이유로는
취업 노인의 69.9%가 '돈이 필요해서' 취업을 하며, 9.6%가 '건강 유지를 위해
서' 라고 응답하여 대부분 경제적 이유 때문에 취업을 하고 있는 것으로 나타났다.

이와 같이 노인의 경제생활에 있어 공적인 제도보다는 사적 부양이 아직도 중요
한 역할을 하는 의존적인 형태를 보여주고 있으며, 우리나라 노인은 산업구조의
변화와 도시화로 인하여 점차 생산 수단을 잃게 되었고, 노동력이 있어도 생산에
참여하기 어려운 것으로 나타났다.

또한 국민연금 등 국가 및 지방자치단체의 복지정책은 일반 노인에게 거의 영향
을 주지 못하기 때문에 노인의 소득 수준은 자신의 근로소득과 자녀의 수입에 의
존하게 되고, 나이가 들수록 자녀들에게 더욱 의존하게 된다(임춘식 외, 2007).

http://blog.daum.net/yyskgm/39753x498(2009. 09. 07)

다. 심리적 문제

노인들은 다양한 정신과적 장애를 겪을 수 있다. 그 중에서 우울증은 노년기에
가장 흔한 정신과 질환의 하나이며, 이로 인해 삶의 의미, 흥미, 즐거움이 감소되
는 고통스런 감정의 변화를 경험하게 된다. 사실 학문적으로 나이가 들면서 사람
들은 자주 역할 상실과 원하지 않는 변화가 동반되지만, 대부분의 노인들은 심한

우울증을 겪지 않는다. 이러한 사실은 최근의 연구들에서 심각한 우울증이 젊은 사람들에게서 보다 노인들에게서 더 적게 나타난다는 결과를 보여주는 데서 알 수 있다.

그러나 노인성 우울증은 의학적, 사회적, 경제적으로 매우 중요한 건강상의 문제로서, 우울증 환자들에게 커다란 고통을 줄 뿐만 아니라, 삶의 질도 저하시킨다(지용석, 2001). 특히 노인성 우울증은 불안, 신체증상, 정신운동 지체, 높은 자살률, 불면증, 인지기능 저하 등의 증상이 동반된다는 점에서 타 연령군의 우울증과는 다른 양상을 보인다.

현재까지도 노인성 우울증의 치료를 위해 많은 사회적 비용이 투자되고 있으며, 가족들이나 간병을 해야 하는 주변 사람들에게 미치는 영향까지 고려한다면 그 사회적 비용 손실은 매우 크다고 할 수 있다. 더욱 큰 문제점은 노인성 우울증이 사회적으로 심각하게 받아들이지 않고 있으며, 진단 및 치료적 정책이 확산되지 못하는 데 있다.

한편, 노인들은 정년퇴직 제도에 의해 자신의 정든 직장으로부터 박탈되어 사회의 일선에서 물러나게 되면 고독하고 할 일이 없는 노인으로 전락하게 된다. 정년퇴직은 노인으로서의 역할에서 해방되어 인생의 가장 자유로운 시간을 가질 수 있는 시기로 간주되기보다는, 젊은 세대에 밀려 자신의 인생 목표를 잃어버린 낙오자 같이 허탈감과 소외감을 갖게 된다.

이들은 더 이상 새로운 관계를 맺기 어려워지며, 함께 지내던 친구, 친지, 가족과의 관계가 사망으로 인해 점점 줄어드는 상황을 맞이하게 된다. 이에 노인들은 고독감과 소외감이 점점 심화되고 사회적 의미를 상실하면서 스스로 삶의 의욕을 잃게 된다(한국임상사회사업학회, 2004).

잠깐! 쉬었다 갑시다

☞ **고령화 시대를 바라보는 노인들의 심기**

우리 사회는 노인인구 증가로 고령화 사회에 진입했다. 오래 살기를 원했던 인간의 욕구가 달성되는 축복이기도 하지만 노후생활을 어떻게 보낼지에 대한 또 다른 과제가 주어진 것이기도 하다. 6·25전쟁의 잿더미 속에서 지금의 노인들이 흘린 피와 땀으로 세계 속에 자랑스러운 한국을 만들었다. 이들은 내가 못 먹고, 못 입고, 못 배운 한을 자식들에게 물려주지 않으려고 앞만 보고 살다보니 변변한 노후대책 하나 마련하지 못했다.

그런데 최근 심심찮게 노인학대 보도가 나온다. 아버지가 대소변을 못 가린다고 발로 차 사망케 한 비정한 아들, 며느리가 시어머니의 엉덩이를 발로차고 때려 시퍼렇게 멍든 모습, 한푼 두푼 모아둔 노인연금을 뺏어간 며느리 등 소식을 접할 때마다 남의 일 같지 않아 마음 아프다. 노인 10명 중 7명은 아무런 노인대책이 없다는 통계결과도 있다. 그래서인지 노인우울증으로 1년에 1800명 정도가 자살한다고 한다. 개탄스러울 따름이다.

우리나라는 외국에서 원조 수혜국 중 유일하게 원조 공여국이 됐다. 굶주림 속에 고생하더라도 자식세대에는 잘사는 세상을 만들어주겠다는 노력 아래 지금의 노인세대가 이룬 자랑스러운 역사다. 이처럼 자식들에게 살기 좋은 세상을 물려준 노인세대의 열정과 희생을 젊은이들은 잊지 말아야할 것이다.

또 알찬 노인생활 영위를 위한 정부의 노인정책과 민간단체의 다양한 노후 프로그램이 필요하다. 가족, 친척, 친구의 활발한 교류와 더불어 노인 자신의 주도적 인생설계와 참여도 수반돼야 한다. 이제는 노인들도 지혜롭게 세상 흐름에 잘 적응해야 한다. 노인의 사회참여는 노후생활의 풍요로움을 더 해줄 것이며, 지역사회에는 공동체 발전에 책임을 다하는 구성원으로서의 모습을 보여주면서 존경을 이끌어 낼 것이다.[3]

라. 사회적 문제

우리 사회에서 평균수명의 증가, 출산율의 감소로 인해 고령인구가 급속하게 늘어나고 있다. 전체 인구 중 65세 이상 인구가 차지하는 비율이 7% 이상일 때 고령화 사회, 14% 이상일 때 고령사회, 20% 이상일 때 초고령화 사회로 본다.

우리나라의 고령화 속도는 세계에서 유례가 없을 정도로 빠르게 진행되고 있다. 유엔은 우리나라가 지금부터 고령화가 진행된다면, 2050년에는 노인인구 비율이 37.3%로 세계 최고 수준에 이를 것이라고 예측하였다(네이버 지식백과, 2015).

우리나라는 이미 2000년에 65세 이상 인구가 전체인구 대비 7%를 넘어서 고령화 사회로 진입했고, 2018년에는 20%이상으로 초 고령화 사회로 진입할 것으로 예상되고 있다(서울신문, 2014. 03. 10).

산업화가 이루어진 우리나라의 경우 노인인구의 증가는 도시화, 핵가족화 그리고 가치관의 변화 등으로 노인의 역할 및 지위 상실 그리고 의존성에 대한 자연적

지탱 구조가 파괴되기 시작하면서 노인문제가 심각한 사회문제로 대두되기 시작하였다. 이러한 노인문제는 미국이나 유럽 선진국에서는 이미 19세기 초부터 학문적 연구가 활발히 이루어져 왔던 것에 비해 우리나라에서는 노인문제에 관한 관심 및 연구가 최근에 와서야 본격적으로 이루어지고 있다.

노인인구의 증가는 퇴직으로 인한 경제적 빈곤, 가족 내의 주도적 역할에서 수동적 위치로의 지위상실, 가족과의 갈등, 소외, 고독 등 노인 부양에 대한 궁극적인 문제와 함께 중요한 사회적 이슈로의 모습을 보이게 되었다. 노인은 생리학적 인간 발달 단계에 따라 노화현상을 경험하는 이중적 고통을 겪으면서 자신은 물론 사회적 의미로서의 문제를 노출시키고 있다.

노인 인구의 증가는 필연적으로 노인 빈곤이나 질병, 소외 등과 같은 심각한 문제를 동반한다. 이로 인해 사회적으로 노인문제 해결을 위한 많은 사회적 비용이 투입되어야 하므로 국가나 사회 모두에 엄청난 부담으로 작용한다.

또한 노인 개개인에게는 신체 노화와 만성질환 등 신체적 문제와 일상생활에서의 역할 상실이나 소외감, 자아존중의 저하, 우울 등과 같이 심리적인 문제를 동반하여 삶의 질 저하를 나타낸다. 특히 노인들의 우울은 직접적으로 노인 자살로 이어질 수 있다는 점에서 가장 심각한 심리적 문제이자 노인의 삶의 질을 저하시키는 원인으로 작용한다.

우리나라 건강보험심사평가원의 자료 현황을 보면, 우울증으로 병원을 찾는 환자의 경우, 2009년 54만 3,307명에서 2012년 65만 2,077명으로 20% 증가하였고, 진료비도 2009년 1,788억 원에서 2012년 2,094억 원으로 17.1%가 증가하였다. 연령별로는 80세 이상 증가율이 58.5로 가장 높았고, 70대 증가율은 40%, 50대 26.5% 순으로 나타났다(경향신문, 2013. 10. 02). 이와 같이 우리나라에서 노인의 우울과 삶의 질 저하의 문제는 고령화와 맞물려 중차대한 국가적, 사회적 문제로 확대되고 있다.

이에 따라 최근 노인들의 정신 건강과 관련하여 부각되고 있는 개념이 사회자본(social capita)[4]이다. 기본적으로 사회자본은 사회적 규범과 신뢰, 네트워크를 통한 사회 구성원 간의 상호호혜 그리고 이를 위한 협력과 조정을 통해 사회에서 발생하고 있는 여러 가지 문제를 해결할 수 있다고 전제하고, 사회 구성원 간의 공동체

---

4) 사회 자본은 다양한 사회적 불평등이나 위기 상황에서 그 중요성에 대한 인식이 크게 확산되고 있는 개념으로서, 개인보다는 사회적 관계 속에서 존재하며 동동의 목표를 달성하기 위해 집단과 개인이 협력하도록 하는 자원으로 규정한다. 특히 고령화 저출산 등으로 인한 위기의식이 팽배해지고 있는 현 상황에서 사회의 불평등이나 위시 상황, 갈등 등의 문제를 해결할 수 있는 핵심적 대안으로 인식되고 있다(Haper & Kelly, 2003).

적 연대와 결속을 통해 지역사회에서 긍정적 결과가 나타날 수 있음을 강조한다.

사회자본이 사회적 연대와 결속을 통해 다양한 사회적 낮추고, 사회적 규범의 약화에서 오는 계층 간 신뢰를 회복시킴으로서 결과적으로 노인들의 심리적, 정신적 건강에 긍정적 영향을 미친다. 또한 우리나라의 농촌 거주자들의 경우에 대부분 노인층이 많고, 오랜 시간동안 혈연이나 지연을 통해 높은 사회적 관계를 형성하고 있어 상호 신뢰나 네트워크 등의 사회자본이 매우 높다. 그러나 도시의 경우에는 농촌에 비해 낮은 유대감이나 연대감, 핵가족화로 인한 가족 간 대화의 부족, 역할상실, 소외, 배우자나 친구의 죽음 등 사회자본을 약화하는 다양한 요인들이 많기 때문에 그 만큼 농촌에 비해 도시 거주 노인들의 사회자본 형성이 낮을 수밖에 없다.

노인들에게 있어서 신체활동 참여는 곧 사회자본을 형성할 수 있는 수단이며, 신체활동에 지속적으로 참여할수록 삶의 질 차원에서 자신을 둘러싼 생활환경에 대해 만족하고 있음을 높게 인식한다. 따라서 노인들에 대해 신체활동의 중요성을 지속적으로 알리고, 그 과정에서 대인관계를 형성하고 넓일 수 있는 인적 네트워크 공간임을 동시에 강조함으로서 보다 많은 노인들이 신체활동에 참여할 수 있도록 홍보할 필요가 있다.

결국, "다양한 노인문제에 직면한 우리사회에서 노인들의 삶의 질을 높이기 위해서 필요한 것이 무엇이며, 어떻게 극복하고 예방할 것인가의 물음에 대한 해답을 찾아야 한다. 이는 노인들의 삶의 질을 높이기 위해서는 신체활동 참여를 지속적으로 강조, 최소한 신체활동 참여를 통해 사회자본 형성을 축적, 유지할 수 있는 환경을 조성해야 한다.

아울러 노인들의 신체활동 참여가 사회자본 확충으로 이어질 수 있도록 신체활동 프로그램 개발이나 개선, 혹은 사회자본 요소의 적용 등 다양한 측면의 방안을 고려할 필요가 있을 것이다. 이런 과정을 통해 직면한 노인 문제가 우울로 이어지지 않도록 해야 하며, 그리고 사회 내 공동체적 가치관의 확산과 결속 속에서 사회 내 지속적인 관심과 지지, 돌봄이 이루어질 수 있도록 하는 방안을 강구해야 할 것이다." (오현욱, 2014: 544).

노인들의 신체활동 참여는 사회자본의 축적과 밀접한 관련이 있다. 더구나 우리사회는 이미 고령화 사회이고, 가까운 미래에 고령 사회로 진입할 것으로 예상되고 있다. 그러므로 노인 문제는 단순히 개인이나 가족의 문제가 아니라 지역사회 측면에서 접근해야 할 중차대한 문제이며, 지역사회 차원에서 노인의 삶의 질을 높일 수 있는 방안을 조속히 마련, 시행해야 할 필요가 있다. 더구나 우리나라 근로자들의 평균 퇴직 연령인 55세 성인의 기대 수명은 83.7세로 은퇴 후 여생이 28.7년(서울신문, 2014. 03. 10)이다.

노인의 기준 연령인 65세를 기준으로 하더라도 여생이 무려 18.7년이다. 이 기간 동안 노인들이 건강한 삶을 영위할 수 있도록 대안 마련이 시급하게 이루어져야 한다. 그 동안 노인들의 정신 건강 측면에서 삶의 질에 영향을 미치는 다양한 변인들이 탐색되어 왔으나 지역사회의 상호 관계적 측면의 변인들에 대한 탐색과 관심은 상대적으로 부족하였고, 신체활동이 곧 사회자본의 축적 수단임을 고려할 때, 신체활동 참여 노인들의 사회자본을 측정, 우울과 삶의 질의 관계를 규명할 필요가 있다.

현재 우리나라 노인들은 사회 제반 시설의 부족으로 사회활동 참여가 소극적이며, 이들에 대한 가족이나 정부 차원의 지원 역시 부족한 실정이다. 또한 여가시간을 보낼 수 있는 공간, 시설, 프로그램 등 많은 문제점을 지니고 있다.

따라서 낙후되어 있는 우리나라 노인의 사회 참여 활동을 포함한 여가 활동의 증대를 위해 노인 문제에 대한 사회 전반의 인식 변화와 함께 국가 차원의 지원 정책이 절실한 시기라 할 수 있다.

이와 같이 노인은 육체적 노화, 급격한 기술 변동에 대한 부적응, 정년 제도에 의한 강제 퇴직 등의 요인으로 단순히 경제적인 문제뿐만 아니라, 사회와 가정에서 역할 상실을 겪고 있다. 따라서 노인 자신의 여가활동도 가족과 함께 하는 일이나 친구와의 만남 등의 사고 활동이 주를 이루는 반면 평생교육과 자원 봉사활동에 참여하는 비율은 현저히 낮게 나타나고 있다.

이를 개선하기 위해서는 노인의 소극적인 생활에서 벗어나 활기찬 노년기를 보낼 수 있도록 평생교육 및 자원 봉사활동 등 사회활동으로의 참여를 유도할 수 있는 방안이 정부 차원에서 강구되어야 할 것이다(임춘식 외, 2007).

"현재 고령화 사회에 진입한 우리나라는 지속적으로 증가하고 있는 노인 인구로 인해 멀지 않은 미래에서 고령사회로 진입할 것을 예상하고 있다. 노인인구의 증가는 경제적, 사회적으로 노인 건강이나 빈곤, 소외, 우울, 자살 등과 같은 다양한 노인 문제를 유발할 수 있다. 결국 노인들에게는 삶의 저하, 국가적으로는 막대한 사회적 비용의 투입이 불가피해질 가능성이 높다.

이에 따라 현재 국내에서 발생하고 있는 노인 문제를 명확하게 직시할 필요가 있으며, 어느 한 개인이나 조직 차원에서의 접근이 아닌 사회 구성원 간의 공동체적 연대와 노력을 통해 당면한 노인문제를 해결할 필요가 있다." (오현옥, 2014: 542).

잠깐! 쉬었다 갑시다

☞ 저출산 초고령화의 대한민국, 소멸할 수도

독일 프라이부르크는 세계적인 생태수도이다. 1970년대 초에 원전에 반대하여 에너지 자족도시를 천명한 것이 그 계기가 되었다. 이에 태양의 광과 열, 풍력, 바이오매스, 지열 등을 이용한 대체 에너지를 생산하기 시작하였다. 또한 건물 에너지의 소비를 스스로 충족하는 '제로에너지하우스'나 더 생산하는 '잉여에너지하우스'도 고안하였다. 화석연료 소비와 환경오염의 주범인 자동차 통행을 줄이기 위해서는 대중교통망과 환승시스템을 확충하였다. 가까운 거리는 자전거나 도보로 편리하게 갈 수 있도록 만들었고, 승용차 사용은 불편하며 많은 비용이 들도록 바꾸어 놓았다. 이를 통해 사람, 기술, 환경이 공존하는 포용도시를 구축하였다.

보봉은 이러한 것을 가장 잘 보여주는 공동주택단지인데, 에너지 절약 주택이 수두룩하게 있다. 단지 내 차량 출입은 대부분 금지되며, 대중교통이 잘 연결되었다. 단지에서 자전거와 보행거리 안에 어지간한 생활이 다 해결되는 자족도시이다. 곳곳에 생태공간이 있고, 어린이 특화공간도 많다. 자연 속에서 남녀노소가 어우러져 행복하게 사는 분위기가 형성되어 있다. 삶의 가치가 높아지다 보니 자연스럽게 자녀를 많이 가지는 현상이 나타났고, 도시 전체 출산율도 더 높아지게 되었다.

지난 3년 동안 우리 정부는 저출산 문제 해결을 위해 약 117조원의 예산을 투입했으나 별다른 실효를 거두지 못했다. 오히려 합계출산율이 1 이하로 떨어지는 심각한 국면을 맞고 말았다. 이대로 가게 되면 인구 감소로 지역 및 국가의 경쟁력 저하는 물론이고, 그 존재 자체가 위협받을 수가 있다. 한국고용정보원의 발표에 따르면 대다수 시골은 이미 소멸 고위험 지역이 되었고, 많은 중소도시도 소멸 위험에 진입하였거나 주의 지역으로 추락하고 있다. 이 현상은 일부 대도시에서마저 나타나고 있어 우려가 더해지고 있다.

여기에다 인구의 수도권 쏠림현상도 심화되어 급기야는 비수도권을 초월하는 사태가 벌어지고 말았다. 넓은 땅이 있는 시골 지역은 사람이 없어 척박해져 가고 있고, 수도권은 콩나물시루처럼 초과밀화되어 가고 있다. 이러다 보니 우리 국토 어디에서도 행복하게 살 수 있는 곳이 없어 보이는 것이 슬픈 현실이다. 사정이 이러다 보니 이런 곳에서의 지치고 피곤한 삶을 후세에게는 도저히 물려줄 수가 없어 출산할 생각을 아예 하지 않는 것 같다. 이럼에도 불구하고 정부와 지자체의 출산 장려 정책은 장려금, 축하용품, 휴가, 난임 부부 지원, 무료 건강 검진 등에만 초점이 맞추어져 있어 그리 현명해 보이지는 않는다.

독일 사례에서 보는 것처럼 척박해진 정주환경(定住環境)을 개선하여 아이를 가질 마음이 스스로 들도록 하는 것이 맞지 않을까 싶다. 일본은 되먹지도 않은 군국주의 망령에 사로잡혀 국제사회에서 도태될 위험 앞에 서 있다면, 우리 대한민국은 저출산 초고령화로 인한 고사 위기 직전에 와 있어 보인다. 이제는 정말 우리의 도시정책이 큰 전환점을 맞아야 할 시기가 아닐까 싶다.[4]

마. 자살 문제

노인자살은 일반적인 성인의 자살과 비교할 때 여러 가지 측면에서 다른 양상을 보이고 있다. 그 중 하나로 젊은 집단에서 자살 시도 대 자살 수행의 비율이 200대 1일인 반면, 노인자살은 4대 1에 이를 정도로 치명적이다.

노인은 다른 연령층에 비해 배우자나 친지들의 사별을 많이 경험하게 되고 이로 인한 우울증과 더불어 만성적인 신체질환에 시달리고 있고, 퇴직 및 소득원의 감소으로 경제적인 어려움을 겪는 등 젊은 성인들과는 다른 생활 스트레스 상황에 시달리고 있어서 자살에 미치는 영향도 다른 것으로 예측하고 있다.

이러한 노인 자살률을 볼 때 우리나라에서 노인 자살이 더 이상 간과할 수 없는 심각한 사회 문제로 부각되면서 국가적인 차원에서 뿐만 아니라 학문적 차원에서 관심이 기울여지고 있다.

그러나 우리나라는 준비되지 못한 채 노년국으로의 진입을 맞이하였고, 이로 인하여 아직까지 노인 자살에 대한 체계적인 연구가 국내에서 매우 부족한 편이다. 따라서 사회 안전과 안녕을 위협하는 자살 현황에 대하여 적절히 대처하고 효과적으로 예방하기 위한 한국형 자살 예방 전략이 절실히 요구되는 상황이다.

"노인 자살에 대하여 미국, 영국, 호주, 핀란드 등 선진 외국에서는 국가적으로, 사회·제도적으로 자살 예방을 위한 학교와 일반인들 대상으로 한 교육과 미디어 관리, 정신질환 관리, 자살 시도자 관리, 사후관리, 직장 및 실업 등에 대한 대책과 다양한 프로그램이 제공되고 있다" (서동우, 2006: 16).

이와 같이 선진국에서 자살 예방과 대책 프로그램 개발의 전담 기구를 설치, 운영하고 있다. 이는 자살 원인에 대하여 다차원적으로 접근하여 지역사회와 민간, 정부 기관들의 원활한 협력과 조화가 이루어지기 때문이다.

선진국에 비교하여 우리나라의 경우는 자살 예방을 전담하는 전담 기구가 없고, 국가기관과 민간이 서로 협력하는 체제와 사회적 분위기가 미처 조성되어 있지 않다. 이와 더불어 자살 위기 상황에서 개입 대처하는 사회적 시스템, 자살 예방 전문가와 우리만의 자살 관련 데이터를 확보하고 있지 못한 상태이다. 결국 우리나라도 자살 예방을 위해 국가 주도하에 사회적 분위기가 형성되어야 하며 언젠가를 이루어지겠지만, 문제는 이미 우리나라의 노인 자살률이 세계 1위라는 사실이다.

특히 현재 우리나라의 경우 노인의 자살에 대한 국민의 문제의식이 그다지 높지 못하고 국가적으로 사회적으로 노인에 대한 재정적 지원에 있어서 인색하다는 점에 있어서 현재 신속히 적응 가능한 대책이 요구된다는 점이다.

따라서 현재 급격히 증가하고 있는 노인의 자살 문제를 해결하기 위한 단기적 노력이 요구되고 있으며, 이러한 노력 위한 시간적, 재정적 비용은 현실 적용 가능하게 최소화 할 수 있는 대안이 시급히 필요로 하다고 할 수 있다(이은석 외, 2010).

한편, 북미 선진국의 경우, 이미 오래전에 이러한 노인문제를 경험하면서 국가적 차원에 복지 체계의 정립과 더불어 노인의 여가와 레크리에이션 그리고 치료 레크리에이션적 접근을 통해 노인문제에 대한 상당한 결실을 거두고 있다(Wenzel, Reilly, Lee, 2000). 결국 선진국의 경우, 여가와 레크리에이션 활동을 통하여 사회적 지지망을 제공하고 자조 그룹으로 참여 기회를 구축함으로써 우울 증상이나 자살 사고 발생이 즉각적으로 치료될 수 있는 기회 제공에 집중적인 전략을 적용하고 있다.

이러한 맥락에서 이은석(2009b)은 한국의 노인을 대상으로 '노인의 자살예방을 위한 여가활동의 완충효과를 검증' 을 통하여 노인이 여가활동에 참가함에 따라 자살행동을 유발시키는 자살충동, 우울증, 신체적 건강상태 등의 요인들이 감소된다는 연구결과는 노인의 자살예방에 있어서 여가활동의 중요한 역할과 가치가 있음을 규명한 것이라고 하겠다.

노인의 여가활동 기회를 확대하기 위한 시설의 확충과 지도자 양성 그리고 무엇보다 소프트웨어로서 잘 짜여진 여가 프로그램 개발 등의 노력이 기울여지고 있다.

현재 국내의 자살예방 시스템이 부족한 상태에서 최소 노력으로 노인의 자살 예방을 위한 현실 적용력 높은 프로그램으로써 여가활동 프로그램이 될 수 있을 것이라 판단된다. 특히 현재 이루어지고 있는 여가활동은 이미 노인복지관, 노인문화회관, 경로당, 기타 노인들의 여가활동 공간에서 운영되고 있으며, 각 지자체의 국민의료 보험공단에서 이미 노인들을 대상으로 의료비 절감을 위해 운동을 지도하는 운동지도사를 파견하는 순회지도 서비스(out reach service)를 제공하고 있다.

이 같은 상황에서 기존에 제공되고 있는 시설에서 전문적으로 개발된 자살 예방 여가활동 프로그램을 제공한다면, 노인 자살 행동에 대한 단기적인 효과와 더불어 장차 준비되어야 할 자살 예방 전략 수립에 중요한 획을 긋는 일이 될 것으로 판단된다. 근래 들어 노인의 각종 여가 공간에서 '죽음 준비학교'라 하여 죽음에 대한 긍정적 태도를 배양하기 위한 프로그램이 제공되고 있다.

여가활동은 현재 노인의 자살 문제를 해결하는 데 기여하는 바가 클 것이라는 논리적 확신과 더불어 이에 대한 전문적 지식 개발이 절실히 요구되는 시점이라고 판단된다. 따라서 이러한 노인 자살 관련 요인과 시설 및 인적 한계를 극복하고, 시설을 효율화하기 위해서는 철저히 진단하고, 주변 여건 분석을 통한 과학적이고 체계적으로 기획된 선호도와 실용도 높은 노인의 자살 예방을 위한 여가 프로그램을 제공하는 것이 무엇보다 중요하다.

그러나 자살 예방을 위해 노인의 신체적·사회적·심리적 특성에 대한 민감성 등을 고려할 때, 노인의 자살 예방 여가활동 프로그램을 기획하고 실행하는 데 있어서 세심하고 세분화된 과학적 접근이 요구된다(Rossman, 1998).

노인의 자살 예방을 위한 여가활동 프로그램은 복합적 요인을 고려해야 하며 사회·심리적, 생물학적 요인과 역동적인 관련성이 매우 높기 때문에 프로그램 기획에 있어서 매우 민감하게 작용할 것으로 사료된다. 따라서 자살 예방을 위한 과학적이고, 체계적인 프로그램 개발 절차가 요구된다.

특히 자살과 관련한 사회 제도적 장치가 취약한, 자살 예방 시스템이 갖춰있지 못한 우리나라의 상황에서 본 분야의 신속한 개발과 발전이 요구되는 시점이므로, 여가활동을 통한 자살행동의 감소효과를 극대화하기 위한 전문 인력과 이들을 전문가로 신속히 만들기 위한 지식적 체계가 요구된다(이은석 외, 2010).

하지만 지금의 현실은 노인의 자살 예방을 위한 여가활동 프로그램을 기획하기 위한 지각 체계나, 적용이 이루어지고 있지 않은 상태이다. 그나마 프로그램 기획 과정에 대한 이론과 지식이 존재하더라도 이를 현실 상황에서 세부적으로 적용하는 데 한계가 있다.

지금까지는 형식적 지식 없이 단지, 현장에 근무하는 실무자의 경험적 지식만으로 대부분 전통적 프로그램 이론에 근거하여 답습할 뿐이었으며, 이로 인해 기존에 밝혀진 많은 실천적 결과들이 실용적으로 현장에 적용되기 어려운 문제가 있어 왔다(이상윤, 2003). 급격히 증가하고 있는 한국의 노인 자살을 예방하기 위하여 예방적 차원에서 여가활동 프로그램을 기획하고자 할 때, 어떤 절차와 형식에 입각하여 구성해야 하는가?

이은석 등(2010)은 「현대사회 노인의 자살예방을 위한 여가활동 프로그램의 프

로토콜 개발: 응용스포츠 사회학적 접근」에서 '프로토콜'을 제시하였다. "그러나 자살을 예방하기 위해서 고려해야 할 방대한 요소와 그러한 요소들 간의 대상별, 상활별, 시기별로 연관을 짓기에는 불가능 할 수밖에 없다. 그러나 지금껏 노인의 자살에 대한 사회적 관심은 뒤로 밀려 왔던 것 또한 사실이며, 시대적 요구에 의해서 이제는 다양한 학문분야와 현장에서 요구된다." (이은석 외, 2010: 98-99)며 정부차원의 노력과 더불어 현재 노인들이 여가활동 프로그램을 제공하는 노인복지관, 문화센터에서 자살예방 여가 프로그램을 개설하는 데 활용될 수 있을 것이라 판단했다.

잠깐! 쉬었다 갑시다.

☞ 노인 고독사 매년 증가… 사회안전망 구축 절실

노인 혼자 쓸쓸히 죽음을 맞이하는 무연고 사망, 이른바 고독사가 해마다 늘고 있다. 노인 고독사가 해마다 증가한다는 사실은 우리 사회의 복지사각을 단적으로 말해주고 있다. 가족도 없이 외롭고 힘들게 살다가 죽는 순간까지 주위에 아무도 없이 세상을 떠난다는 것은 안타깝고도 슬픈 일이다. 노인 고독사 해결을 위한 정부나 지자체 차원의 사회안전망 구축이 절실해 보인다.

복지전문가는 고독사 위험군 실태 파악을 위해 주민센터를 중심으로 주민등록상 1인 가구와 실제 1인 가구 조사를 실시해 먼저 위험군을 선정해야 함을 권고한다. 선정 이후 고독사 위험군에 대한 효과적인 모니터링 시스템 구축 등 엄격한 관리로 홀로 외롭게 죽어가는 노인이 없도록 해야 한다. 상수도나 전기, 도시가스, 전화 등의 사용량이 특별한 사유 없이 현저히 떨어지는 가정을 지자체 복지사가 방문해 확인하는 방법도 권장할 만하다.

노인 고독사가 느는 것은 배우자나 자녀 없이 살아가는 65세 이상 홀몸노인 인구가 증가하는 것과 연관이 깊다고 한다. 홀몸노인의 경우 고립을 막고 사회적으로 단절되지 않게 사람들과의 대인관계를 유지하는 것도 반드시 필요하다. 공식적 또는 비공식적 사회관계 유지를 통해 대인관계를 지속한다면 관계가 단절된 상태에서 발생하는 고독사 예방이 어느 정도 가능할 것이다.

노인복지 예산 증액이나 홀몸노인 돌봄 서비스 확대, 학생들의 홀몸노인 돌봄 자원봉사 프로그램 확대 시행 등 세부적인 대책 마련이 절실하다.[5]

3. 노인 복지정책과 노인 보건·체육의 대두

우리나라에서 노인 체육이 제대로 정책화되어 추진된 것은 최근 20여년에 지나지 않는다. 그러나 노인 체육이 국가정책의 한 부분으로 갑자기 자리 잡은 것은 아니다. 그동안 보건복지부에서 노인복지차원에서 한 영역으로 꾸준히 성장해 오면서 보다 적극적인 복지를 추구하는 정부의 의도에 따라 정책화 된 것이다.

따라서 이 단원에서는 노인체육이 국가 정책으로 대두되기까지의 과정을 노인복지법 재정과 개정, 1990년대의 노인복지 정책에 대한 배경을 살펴보았다.

인간의 생로병사는 태고이래 인간에게 있어서는 피할 수 없는 삶의 과정으로 인지되어 왔으며, 이에 대한 대책이나 연구 또는 나은 삶의 추구로 해답을 찾기보다는 자연스러운 자연의 순리로 여겨왔다. 그래서 20세기 이전까지는 노인에게서 육체적 발달이나 기능 습득을 외면했다.

그러나 경제발전과 더불어 근대화, 도시화되면서 유럽은 19세기 말엽, 미국은 1930년대부터 노인문제가 개인 혹은 가족이 해결할 수 없는 사회문제로 대두되기 시작하였고, 1940년에 들어와서는 노화현상에 대한 과학적 연구에 관심을 보이기 시작하였다. 이후 1945년 미국노년학회, 1950년 국제노년학회가 창립되면서 노인과 관련된 학문적 연구들이 체계적으로 발전하게 되었다. 이러한 노인학의 발달은 노인문제를 해결하는 데 중점을 두었으며, 노인학은 곧 보건, 체육정책을 비롯한 여러 정책에 영향을 미쳤다(장인협, 최성재, 2006).

우리나라에서도 이를 반영하여 1962년 7월에 최고회의 의장이 내각수반에게 보낸 문서에서 사회보장제도가 경제발전계획과 병행해서 추진되어야 한다는 사실을 명확히 하였지만, 1,2차 경제개발계획은 사회부문의 투자를 극도로 제한하며 추진되었다(현외성, 1982).

http://blog.naver.com/suhyup_bank/221629900711966x644(2019. 08. 27)

우리 농촌의 고령화 추세를 모르는 사람은 없다. 가끔 고향집을 찾을 때 마을이며 들판에서 마주치는 사람은 대부분 주름진 노인들이다. 그들이 부르는 아랫사람 이래 봤자 환갑이 다 된 분들이다. 농촌이 거대한 양로원으로 변하고 있다.

우리군 인구 비율 역시 그렇다. 10월말 기준 군(郡) 인구 가운데 65세 이상 노인비율이 30%로 이미 초고령사회로 진입했다 이는 전국 평균 15%의 2배 되는 수치로 군민 3명 가운데 1명은 노인인 셈이다.

평생 자녀 교육과 결혼, 내집 마련, 노부모 봉양에 애쓰다 노년이 되니 막상 본인은 전혀 노후가 준비되지 않아 고령화 대가를 혹독하게 치르고 있다. 빈곤에다 각종 질환, 고독과 우울 등에 시달린다. 이러한 상황이 지속적으로 반복되다 보면 급기야 돌이킬 수 없는 행동을 할 수 밖에 없다. 소득 3만불을 넘어 4만불 시대로 향하는 시점에 노인 자살률이 OECD 국가 중 1위라는 불명예를 안고 있다.

그리고 시대가 변함에 효를 중심으로 한 가족주의가 약해지고 사회규범, 제도가 변하면서 부모부양 가치관과 태도가 급변하고 있다. 장남이 부모부양을 책임져야 한다라는 응답은 2002년 15.1%에서 2018년 1.3%로 낮아졌고, '사회 혹은 기타'가 부모부양에 책임이 있다는 응답은 2002년 19.7%에서 2018년 54.0%로 올랐다.

이처럼 부모부양에 대한 의식이 변화되면서 "부모 노후는 부모 스스로 책임져야 한다고 생각하는 자녀는 늘고 "가족이 책임져야 한다? 는 자녀는 줄고 있다. 젊어선 나를 돌볼 여유가 없었고 늙고 나니 이렇다 할 대책이 없다. 참으로 안타까운 현실이다.

노령층이 급격히 늘어나는 추세에 따라, 정부는 2006년부터 고령 세대가 더 나은 삶을 살 수 있도록 여러 가지 정책을 펴고 있지만 현재로써는 효과는 미흡하다. 고령화를 단순히 '비정상' 상황으로만 여기고, 그로 인해 사회가 어떻게 바뀔지에 대한 논의가 부족한 까닭이다.

더 큰 고민은 고령화 문제를 복지로 풀어가기 어렵다는 점이다. 수명이 늘어나니 노령 인구가 늘고, 노령 인구가 늘어나니 복지가 필요한데, 그렇다고 무작정 복지를 늘렸다간 다음 세대에 '세금 폭탄'을 안기게 될 것이다. 고령화를 시대를 맞이하는 우리 세대의 딜레마다.[6]

가. 노인복지법의 재정과 개정

우리나라에서 노인, 노화에 관한 관심은 1970년대 후반을 출발점으로 보고 있다 (현외성, 1982). 이 시기는 우리 사회가 산업화를 추진하면서 노인의 사회적, 가정적 권위가 낮아지고 평균 수명의 연장으로 노인인구가 증가하는 시점으로 노인문제에 대한 사회적 관심이 싹트기 시작하였다. 따라서 1970년대에 들어오면서 노인문제에 대한 관심과 공론화 움직임을 보여 당시를 "노인 복지정책의 형성기" 라 할 수 있다.

현외성은 한국에서 노인 복지정책을 대두되게 된 사회·경제적 환경요인을 다음과 같이 지적하였다(현외성, 1994: 193-215).

박정희 정권의 성공적인 경제정책은 국제적으로 빈곤과 후진성을 극복한 성공적 국가로 인정받았다. 1962년부터 실시된 네 차례에 걸친 경제개발 5개년 기간 중 연평균 GNP 9.3%의 급격한 성장률을 보이며, 1978년에는 GNP가 1,041불에 이르렀다 (국사편찬위원회, 1982: 294).

이러한 경제적 성장을 바탕으로 1960년대 절대빈곤의 사회에서는 거론되지 못하고, 숨겨져 있던 노인문제가 사회문제로 대두되었다.

더욱이 한국은 1960년대와 1970년대를 거치면서 한국의 가족체계가 핵가족화로 급속하게 변모하였고, 그로 인해 사적 부양체계가 약화되었다. 그러나 이러한 사회적 변모에 따른 정부의 공적 부양체계가 수립되지 않은 과도기적인 상황에서 노인 부양 문제를 위시한 노인문제 전반이 사회적 문제로 부각되었던 것이다..

노인문제의 사회적 쟁점화로 인하여 노인복지법의 입법화가 추진되었고 드디어 1981년 우리나라에도 노인복지법이 제정되었다. 노인복지법은 "노인의 질환을 사전에 예방하고 질환상태에 따른 적절한 치료와 요양으로 심신의 건강을 유지하고, 노후의 생활안정을 위하여 필요한 조치를 강구함으로써 노인의 보건복지증진에 기여함(노인복지법 제1조)" 을 목적으로 하여 제정되었고, 이와 더불어 경로헌장이 만들어지면서 노인에 대한 사회적 관심과 지원의 법적 근거가 마련되었다.

당시 제정된 노인복지법의 주요 골자를 보면 치료나 보호에 치중하고 있는 것을 알 수 있다. 입법화된 노인복지법의 내용 중 주요 골자를 간략하게 요약하면 다음과 같다.

첫째, 국가 또는 지방자치체는 매년 5월에 경로 주간을 설정하여 경로효친의 사상을 앙양하도록 한다.

둘째, 노인의 복지를 위한 상담 및 지도업무를 담당하기 위하여 시, 군, 구에 노인복지상담원을 둘 수 있다.

셋째, 보건사회부장관, 서울특별시장, 직할시장, 도지사 또는 시장, 군수는 65세 이상의 노인으로서 신체, 정신, 환경, 경제적 이유로 거택에서 보호받기가 곤란한 자를 노인 복지시설에 입소시키거나 입소를 위탁하고 체육과 관련된 노인건강이나 삶의 질 향상이라는 관념이 출현하기에는 어려웠을 것이라 본다.

노인복지법안은 제정된 후 법안의 전문 개정이 2차례, 일부 개정이 6번 있었다. 그리고 법안이 개정에 따라 시행령과 시행 규칙의 전면 개정과 일부 개정이 뒤따랐다. 1989년 12월 30일 개정된 노인복지법에서는 노인여가시설은 기존의 지역독지가 또는 종교기관 등에 의해 관리·운영되는 시설에서 경로당, 노인교실, 노인휴양소로 변경하여 법정화 하였다(노인복지법, 법률 제4178호). 이 중 노인휴양소는 노인여가의 다양화와 함께 시·도가 이를 등록 관리토록 하였다(보건사회부, 1993: 315).

이것은 노인이 은퇴로부터 겪게 되는 사회적 소외감과 늘어난 여가시간을 긍정적으로 영위할 수 있도록 정부의 관리 하에 개발, 보급 및 재정적 지원을 하기 위한 것이었다. 이러한 개정은 그 동안 치료나 보조로 일관해 왔던 소극적인 복지정책에서 적극적 복지정책을 이끌어낼 수 있는 배경이 되었다.

또한 1993년에 단행된 노인복지법 제2차 개정에서는 사회복지법인이 아닌 개인도 시·도지사의 허가를 받아 유료 노인 복지시설을 설치·운영할 수 있도록 하였다(노인복지법, 법률 제4633호). 이로 인하여 노인 실버타운에 대한 민간투자가 이어졌으며, 노인 복지프로그램의 다양화를 이끌어내었다. 물론 이러한 노인복지 프로그램의 다양화에서 체육프로그램은 그 중심에 있었다.

넷째, 복지실시기관은 65세 이상의 노인에 대하여 건강진단 또는 보건교육을 실시 할 수 있도록 한다.

다섯째, 65세 이상의 노인에 대해서는 국가 또는 지방자치단체의 수송시설 기타 공공시설 및 민간 서비스사업의 이용료를 무료로 하거나 할인 우대할 수 있도록 한다.

여섯째, 노인 복지시설은 양로시설, 노인요양시설, 유료 양로시설 및 노인요양시설은 무료와 실비시설로 구분한다.

일곱째, 국가 또는 지방 자치단체는 노인복지시설을 설치할 수 있도록 하고 사회복지법인 기타 비영리 법인은 도지사의 허가를 받아 노인복지시설을 설치할 수 있도록 한다.

여덟째, 국가 또는 지방자치단체는 노인복지시설에 대하여 그 설치 또는 운영에 필요한 비용을 보조할 수 있다(하웅용, 이소윤, 2008: 102-103; 보건복지가족부 홈페이지, www.mw.go.kr). 당시 사회·경제적인 상황으로 볼 때, 노인 프로그램의 다양화에서 체육프로그램은 그 중심에 있었다. 이를 위하여 문화체육부에서는 노인복지 시설 및 양로원 종사자에게 레크리에이션을 교육하기 위해 지도자 연수를 실시하였다(문화체육부, 1993).

http://blog.naver.com/deepschool1/221476273467800x443(2019. 02. 27)

나. 노인 체육정책 형성 관련 노인 복지정책 변천

1980년 이후 노인복지정책의 패러다임 변화는 정부의 변천과 함께 해왔다고 해도 과언은 아니다. 즉 정부가 추구하는 국책과 맞물려서 노인복지정책의 변화를 가져왔다. 다양한 노인 복지정책들이 1980년대 이후 정부에 의해 추진5)되었으나, 여기에서는 노인체육의 형성과 관련한 주요 노인복지정책만을 정권별로 다루었다.

1980년대부터는 세계적으로 "삶의 질 향상" 이라는 사회복지 개념이 출현하고 이에 대하여 다양한 문제들이 재기되었다.

특히 노인의 사회적 문제에 대한 심각성을 국제적으로 인식하게 되어 1982년 비엔나 회의에서는 전 세계 124개국과 17개 국제기구 대표들이 모여 노년세계회의(World Assembly on Aging)를 개최하여, 노인에 대한 경제적, 사회적 보장과 노인의 국가발전기회 보장 등 국제 활동계획을 마련하여 이에 대한 실천성과를 4년마다 유엔총회에 보고하기로 결정하였다(World Assembly on Aging homepage, www.aoa.gov). 즉 이러한 세계 여론의 입장은 더 이상 노인 문제가 개인의 것만이 아닌 사회적 문제로서 국가의 개입을 통해서 정책적으로 노인 문제에 대한 예방 및 해결방안을 찾아야 한다는 것을 인식하였다고 볼 수 있다.

1990년 10월 1일, UN은 "세계노인의 날" 로 선포하였고, 1992년 총회에서 1999

---

5) 국가에 의해 추진된 주요 노인복지정책으로는 간략하게 소득보장, 의료보장, 주거보장 및 사회복지서비스보장 등으로 분류될 수 있다(현외성a, 2002: 88).

년을 "세계 노인의 해" 선포를 계기로 국내에서도 노인 관련하여 학술적인 연구와 국가 주요정책으로서 틀을 잡기 시작하였다(World Assembly on Aging Homepage, www.aoa.gov).

이러한 국제적 환경과 더불어 국내 사회경제적 환경에도 적지 않은 변화를 가져왔는데, 이는 노인복지 정책에 변화를 예기한 것이었다. 1990년대 국내 사회경제적 주요 환경 변동을 다음 세 가지로 설명할 수 있다(하웅용, 이소윤, 2008: 103).

첫째, GNP가 초고속 성장과 더불어 우리도 선진국 문턱에 들어서게 되었고, 이는 국민생활의 풍요를 가져오고 각종의 사회복지제도를 실시할 수 있는 기반을 만들었다.

둘째, 노인인구의 증가로서, 1981년 이후로 더욱 노인인구가 질적 양적으로 증가하였다. 노인인구는 전체 인구의 1985년에는 4.3%, 1990년 5.0%(통계청, 1991)로 계속적인 증가추이를 나타내자 본격적으로 노인 문제에 대해 정부가 이를 인식하고 노령사회를 대비하기 위해 사회 각 분야에서 변화가 일어나기 시작하였다.

셋째, 한국의 경우 민주화가 1980년대 말 혹은 1990년대부터 상당하게 진척되어 온 한편, 다원주의적 사회의 분화를 겪어왔다. 이 과정에서 사회의 각 이익집단이 자신들의 이익을 정치과정에 투입하는 현상이 활발하게 일어났다. 노인분야도 노인권익단체들이 출현으로 노인권익에 대한 관심이 높아졌다(현외성, 2002b: 7).

국내·외적인 조류에 발맞추어 김영삼 정부는 보건사회부에 노인복지를 전담하는 '노인복지과'를 신설하였고, 국무총리를 위원장으로 하는 '노인복지대책위원회'를 신설하였다(보건사회부, 1994). 이러한 정부조직 및 위원회에서는 노인문제에 따른 복지정책 추진하였다. 또한, 김영삼 정부는 '1995년 세계화추진보고회의'에서 '삶의 질의 세계화'를 위해 기본원칙과 정책과제를 제시하였고, 이를 추진하기 위해 '국민복지기획단'을 조직하여 1998년까지 단계적으로 국가 정책적 맥락에서 본 한국 노인체육정책의 형성과 추진 과정으로 추진해 나갔다.

국민복지기획단에서 제시한 한국적 사회복지 이념은 균형적 복지국가(balanced welfare state)이다. 자유와 평등의 이념적 조화를 통하여 성장과 복지의 균형을 모색하고 선진 경험의 장점과 우리사회의 전통을 융화시킴으로써 한국인의 삶의 질을 극대화하는 것이다(국민복지기획단, 1995).

노인체육과 관련 있는 정책으로는 노인종합복지센터를 설립하는 것이었는데, 이는 현재 많은 노인체육 프로그램이 노인종합복지관에서 이루어지고 있는 것을 보면 당시의 노인종합복지센터 설립이 노인체육을 위한 시설인프라를 구축한 것으로 분석될 수 있다.

하지만 노인과 관련해서는 노화의 신체적 문제 등 '소극적 복지' 개념을 채택하여 예방보다는 질병이 생긴 후부터 치료를 목적으로 하는 보건사업이 주를 이루었다(국민복지기획단, 1995). 이렇듯 김영삼 정부의 복지정책은 그동안 국가발전 과정에서 소외된 노인·장애인 등 취약계층에 대한 복지증진을 인식하고 삶의 질을 향상시키고자 노력하였던 것으로 볼 수 있다.

1980년부터 본격적으로 시작 된 노인 복지정책은 1998년에 이르기까지 여러 분야에 걸쳐 많은 변화를 꾀하여 왔으나, 정책의 대상을 빈곤층 노인에게만 중점을 두어 노인 계층의 다양성을 인식하지 못하고 대상이 축소되어 실행되어 왔다.

보건복지부는 이러한 문제점을 안고 1998년 정부의 대·내적으로 여·야 간의 정권 교체를 맞이하게 된다. 정권교체는 바로 국정지표를 국가주도에서 시장주도로 바꿈으로써, 김대중정부는 이에 따른 대대적인 정부 기구의 축소 방침 과정 가운데에서도 보건복지부에 1999년 5월 24일 노인복지과와 더불어 '노인보건과' 를 신설하여 노인보건사업에 목표를 건강한 노후 보장에 두었다(보건복지가족부 홈페이지, www.mw.go.kr).

노인보건과가 신설된 이면에는 당시 국민건강보험제도 도입 후 나날이 커져가는 노인 진료비의 부담을 줄이기 위함이었는데, 1989년 전 국민을 대상으로 의료보험이 시작한 후 나날이 늘어나는 노인진료비가 2001년도 상반기에는 1조 원을 돌파하였다(동아일보, 2001. 10. 05). 이렇듯 "가중한 노인진료비를 줄이기 위해서는 장기 요양시설을 확충하여 병의원에 장기간 입원으로 인한 의료비 부담을 줄이는 정책이 우선되어야 하지만, 이 또한 많은 건설에 따르는 막대한 재정을 요구하는 사업이었다." (현외성, 2002b: 17). 결과적으로 노인들을 위한 시설확충 사업은 정부의 우선순위에 밀려 추진조차 못했다. 노인들을 위해 이용료를 낮춘 '실비 시설' 역시 정부 지원은 미비하였다. 중산층을 위한 유료 양로시설 또한 대기 행렬이 줄을 잇고 있지만 정부의 시설 투자는 전무한 실정이었다.

지방의 경우 이러한 시설은 더욱 미비해서 대구광역시의 경우 65세 이상은 전체 인구의 5.9%인 14만 9천여 명인 데 비해 요양원·양로원 등 노인생활시설 은 13곳에 불과하며 수용 인원은 전체 노인인구의 0.6% 수준인 950여 명에 지나지 않는 수준이었다. 이 가운데 극빈층(기초생활보장제 수급자)으로 제한한 무료시설 11곳(정원 883명)을 제외하면 실비 시설 1곳과 유료 노인복지시설 1곳의 수용 규모는 80여명뿐이었다. 이 때문에 입소 자격이 까다로운 무료 노인 복지시설은 정원에 못 미쳤지만, 실비 시설과 유료 노인 생활시설은 입소 희망자의 상당수를 수용하지 못하였다(매일신문, 2001. 08. 02).

김대중정부는 노인 복지정책에 관심을 보였으나 추진 결과는 상대적으로 저조하였다. 평균수명의 증가와 건강한 노후를 제공하기 위해서는 보다 근본적인 정책이 필요하였고, 이때까지만 해도 노인의 적극적인 복지실현을 위해 체육의 중요성을 인식하지 못한 것으로 판단된다.

참여정부라는 명칭으로 시작한 노무현정부의 사회복지 정책은 '참여복지' 였다. 이는 개인의 자율성과 사회참여를 높이고, '더불어 풍요롭고, 건강하고 쾌적한 사회의 건설' 을 지향하는 것이었다. 비로소 한국 사회에서 저 출산 및 고령화 현상이 급속히 전개됨에 따라 노인 문제는 중대한 사회문제로 부각되었다.

또한 삶의 질 향상에 대한 관심이 높아짐에 따라 노인들의 삶의 대부분인 여가 시간을 어떻게 의미 있고, 보람 있게 보내는가 하는 문제가 대두되기 시작하였다(하웅용, 이소윤, 2008).

http://cafe.daum.net/yj9444/PT9f/165(2019. 02. 27)

잠깐! 쉬었다 갑시다

☞ 고령운전자 교통사고 급증… 실질적 안전대책 시급

고령운전자 교통사고가 날이 갈수록 늘어나 커다란 사회 문제가 되고 있다.

최근 96세 운전자가 몰던 승용차가 행인을 치어 숨지게 하는 사고가 발생했다. 고령운전자는 사물 인지 능력과 집중력이 떨어져 사고를 일으킬 위험이 높다.

돌발 상황이 발생했을 경우에도 순간적인 대응 능력과 민첩성이 떨어진다. 고령자의 돌발 상황에 대한 반응 속도는 비고령자에 비해 2배나 느린 1.4초로 나온 실험 결과도 있다. 제동 거리 반응도 30~50대 운전자에 비해 2배 정도 길다.

도로교통법 개정으로 올해부터 75세 이상 고령운전자의 면허적성검사 기간을 기존 5년에서 3년으로 단축했다. 또 적성검사 기간에 맞춤형 교통안전교육도 의무적으로 받도록 했다니 그나마 다행이다. 하지만 이 정도 대책만으로는 갈수록 증가하는 고령운전자 교통사고를 막을 순 없다. 초고령사회 진입을 앞둔 우리 사회가 해결해야 할 여러 과제 중 고령운전자 안전문제도 그중 하나다.

정부는 고령운전자 사고를 줄일 실질적인 안전대책을 조속히 수립해 주길 바란다. 일본 사례와 같이 반납에 따른 각종 혜택 부여를 전제로 '노령운전자 면허증 자진반납제'를 도입하는 방안도 검토해 볼 만하다.

이젠 고령운전자들의 생각도 바뀌어야 한다. 이는 결코 노인 차별이 아니라 '안전의 문제', '생명의 문제'라는 인식개선이 필요하다. 자신감만으로 운전대를 잡기에는 '생명'의 무게가 너무 무겁다는 사실을 깊이 자각해야 한다.[7]

고령운전자의 교통사고 요인으로는 체력과 순발력, 판단력 저하가 원인으로 꼽힌다. 그중에서도 운동능력, 시력약화, 반응속도 저하가 주된 원인이다. 노인의 시력은 20대 운전자의 80%에 불과하다. 삼성교통문화안전연구소에 의하면 일반적인 운전자의 시각은 120도 수준이지만 고령운전자의 경우 최대 60도까지 줄어들 수 있다고 한다. 이러한 시력의 저하는 필연적으로 야간 운전 시 사고 위험성을 높이는 원인이 된다.

고령운전자는 일반운전자에 비해 약 32배의 빛을 필요로 한다는 연구결과가 있다. 실제로 야간에 가로등이 부족한 국도나 횡단보도에서 물체나 사람을 인지하지 못해 인명사고의 가해자가 되는 불행한 경우도 적지 않게 발생한다. 또한 인지 및 반응 속도의 저하도 문제로 꼽는다. 일본 NHK에서는 충돌사고가 일어나기 직전 20대는 평균 1.9초 전에서 상대 자동차를 인지했지만, 고령운전자는 불과 1.2초 전에야 알아차렸다고 한다. 0.7초라는 시간차는 크게 느껴지지 않을지도 모르지만, 60㎞/h의 속도에서 11.6m를, 100㎞/h에서는 19.4m를 달릴 수 있는 시간으로 이정도의 거리 차이는 사고 발생의 여부 혹은 사고의 정도를 좌우할 수 있다.

따라서 고령자의 안전운행을 위해 운행 중에는 앞차와 충분한 안전거리를 유지해야 한다. 시속 50㎞일 때에는 앞차와 40m거리, 시속 80㎞일 때는 90m이상 거리를 두어야 한다. 차로를 변경할 때에는 30m이상(고속도로는 100m이상)전부터 깜빡이를 켜고 백미러와 룸미러 등으로 잘 살핀 후 차선을 변경하고 진통제, 신경안정제, 근육이완제 등 약을 복용했다면 졸음이 올 수도 있으므로 운전은 삼가 해야 한다. 고령으로 운전 자체가 어렵다면 스스로 운전면허증을 반납하고 지자체에서는 대중교통을 이용하기 쉽도록 비용지원 등 교통복지 차원의 지원 대책이 절실히 요구된다.[8]

다. 생활스포츠로의 노인체육의 대두

(1) 노인의 삶

오늘날 우리나라는 1970~1980년대 하루하루 살기 위한 '생활중심'에서 현재의 '삶' 중심사회로 변하였다. '삶' 중심사회는 건강에 대한 관심이 많아지고, 의술의 발달로 인하여 평균수명이 연장되면서 인구 고령화 사회에 접어들었다.

통계청(2008)이 발표한 '2007 한국의 사회 지표'에 따르면, 우리나라 인구의 기대수명은 79.2(남자 75.7세, 여자 82.4세)로 지난 1980년에 비해 13.5세나 길어졌고, 지난 2000년 65세 이상 노인인구가 7.2%에 이르러 고령화 사회에 진입한 우리나라는 이 같은 추세가 이어질 경우 2018년에는 노인인구 비율이 14.3%로 고령사회, 2026년에는 20.8%로 초고령사회에 진입할 것으로 전망했다.

이러한 현상을 세계적인 고령화 세계로 비추어 보면 사회보장 제도가 잘 되어 있는 북유럽을 비롯하여 일본, 미국, 캐나다 등의 선진국보다 더 빠르게 고령화가 진행되고 있음을 알 수 있다.

고령화가 심화된다는 것은 노인인구가 증대하는 것을 의미하고 있는데, 노인의 특징은 전반적으로 건강과 관련된 신체 기능 감소, 심리적 불안정, 사회성 감소를 의미한다. 즉, 건강 체력수준이 저하되고, 만성 유병률이 증대된다는 것이다. 그러나 대부분의 노인들은 이러한 점을 알면서도 어떻게 활용하여야 개인의 삶이 향상

될까라는 갈망 속에 '건강'은 매우 중요한 의미를 가지고 있으며, 건강은 정치·사회·경제·문화와 접목되어 국가 경쟁력과 국민들의 삶의 질을 판단하는 척도가 되고 있다.

이러한 문제를 해결하고 지속가능한 미래 성장 능력을 확보하기 위해서 보건복지부는 2007년 국가가 주도적으로 나서서 국민의 건강에 과감한 투자를 시작하는 '건강 투자 전략'을 발표하고, '생애전환기 건강 진단' 도입을 추진하여, 그 동안의 치료 중심에서 예방 중심으로 강화하였는데, 우리나라 노인의 질병 양태를 보면 과거에는 급성·전염병질환이 대분이었으나 현재에는 만성·퇴행성 질환이 발병의 대부분을 차지하고 있다. 이러한 만성·퇴행성 질환은 건강생활 습관 중 규칙적인 운동 실천과 같은 적극적인 행동 양식이 필요하다. 즉, 노인 건강 문제를 해결하는 방법에는 여러 가지가 있으나 건강을 증진시키기 위해서 노인들의 신체활동은 노화의 속도를 줄여주고, 일의 수행을 개선시켜 줄 뿐만 아니라 만성질환의 영향을 줄여주거나 각종 질병을 예방하는 데 주요한 역할을 한다. 그리하여 노인들에게 의료기관의 건강검진을 통한 노인 질환의 예방보다 더욱 중요한 것은 생활스포츠를 통한 건강 예방 및 증진 활동을 강조하고 있다.

"이러한 생활스포츠 활동을 통하여 자기실현의 기회와 사회적 욕구 실현을 위하여 건강 문제에 가장 많은 관심을 가지게 되는 것으로, 스포츠활동은 노인들에게 중요한 사회활동으로 인식될 것이다. 또한 지속적인 육체적, 정신적 건강 유지는 노후의 삶의 질을 향상시키는 효과를 줄 것이다. 선진국에서는 오래 전부터 국민 건강을 위한 정책으로 생활스포츠를 강력하게 장려하고 있는 이유도 바로 여기에 있다고 할 수 있다." (김홍식, 주재천, 김공, 정보윤, 2009: 310).

사회·경제적 급속한 변동과 시민사회가 성장하고 다원화 사회가 열리고 시민들의 권리 의식이 높아지면서 새로운 양상이 전개되었다. 체육계에도 생활스포츠라는 새로운 체육 패러다임이 출현하게 되었다.

생활스포츠는 1970년대만 해도 그 존재감조차 느끼지 못했으나, 1981년 올림픽대회의 서울개최 확정이후, 정부는 엘리트스포츠를 중심으로 한 체육 육성정책을 의도적으로 펼치면서 부각되기 시작했다. 정부의 체육 육성정책은 국민들의 탈의식화를 조성하였으나, 사회 전반적으로 체육활동이 급성장하는 기회를 가져다주었다(하웅용, 2002). 사회체육 또는 생활체육이라는 용어조차 생소하였던 1980년 초반을 지난 중반에 이르러서는 "체육을 통해 삶의 질 향상"이라는 표어가 낯설지 않게 사회 전반으로 스며들어갔다.

1985년에는 "사회체육을 통하여 국민화합에 기여한다."는 목적으로 한국사회체육진흥회가 체육부로부터 허가받아 사회체육을 담당하는 사단법인으로 설립되었다. 이는 사단법인 설립이 용이하지 않았던 당시의 상황으로 미루어 보아 정부가 사회체육의 필요성을 인식하기 시작했다는 것으로 보여 진다(한국사회체육진흥회 홈페이지, www.kasfa.or.kr). 한국사회체육진흥회는 1986년 사회체육의 조사연구 사업의 일환으로 노인체육을 하나의 생활스포츠 대상으로 분류하여 노인의 특성, 체력 및 프로그램 등을 소개하는 서적(김창규, 1986)을 발간하였다.

1986년 전주에서는 노인만을 대상으로 '대통령하사기 노장 축구대회'가 열리기도 하였다.[6] 그러나 정부 주도로 생활스포츠의 저변확대를 위한 정책은 서울올림픽 개최이후 본격적으로 시도되었다고 본다. 1990년 3월 국민생활체육진흥종합계획 일명 '호돌이계획'이 발표되면서 국민 모두가 참여하는 생활스포츠 속에 노인체육을 포함시켜 생활스포츠의 정책적 기반을 마련하기 시작하였다(체육청소년부, 1992).

당시 생활스포츠는 국가 주도적으로 보급되었지만, 노인을 비롯한 취약계층별 프로그램 및 경기대회의 사후계획이 미흡하였다고 평가된다. 그러나 이러한 생활스포츠의 활성화라는 사회적 분위기는 1991년 12월 국민생활체육협의회를 탄생시키는 토양이 되었다(공보처, 1992). 국민생활체육협의회는 "국민의 건전한 심신 발달 및 건건한 여가 생활을 보장하고 명랑한 사회건설에 이바지한다(국민생활체육협의회, 정관 제2조)"는 목적으로, 창립된 후 지금까지 생활스포츠 보급에 매진하고 있다.

김대중정부의 체육정책은 '제2차 국민체육진흥5개년계획(1998~2002)'에서 그 기조와 기본방향을 알 수 있다. 1990년에 수립된 호돌이 계획에서는 노인체육에 대한 정책이 포함되어 있으나, 이후 김영삼정부와 김대중정부에서 추진한 국민생활체육진흥계획에서는 노인체육에 대한 구체적 언급도 없어 노인 체육정책의 한계성을 보여주었다. 그럼에도 불구하고 노인체육에 대한 시설 및 정책적 기반을 마련했다는 것에 그 의의를 찾아볼 수 있다(문화관광부, 1998).

노무현정부가 들어오면서 노인체육 활성화를 가져오게 되었다. 참여정부의 체육 정책의 기조인 "참여정부 국민체육진흥5개년계획(2003)"에서 추진 중인 노인체육사업들을 찾아 볼 수 있다. 노인체육 문제와 관련하여 '고령화 사회의 도래로

---

6) 이 대회는 1989년부터 중단되었다. 이 대회에 참가목적으로 창설된 부산지역의 '노장 축구 동호회' 회원들은 정부에서 노인복지 문제에 관심을 갖고 60대 노장 경기를 부활시켜 좀 더 활성화될 수 있도록 하여 노인이 갖는 소외감을 해소하는 방편으로 고려해 주기를 바라는 글을 생활스포츠소식지에 올렸다(생활스포츠소식지, 1989년 10월 호).

노인층의 보건·의료·복지 문제가 중요한 과제로 등장하고 있으며, 노인층의 건강하고 활력 있는 노후생활을 위한 생활체육 활성화가 요구' 된다고 규정하고 있다는 점이며, 이에 따라 추진방향에 장애인, 노인 등 체육활동, 소외계층의 생활스포츠 참여기회를 확대시킨다는 것이다(문화체육관광부, 2003).

"일련의 체육정책 추진은 국민건강의 증진과 체육복지 사회의 구현과 더불어 노인체육정책에도 큰 영향을 미쳤다. 이러한 결과 노인복지법의 개정, 노인복지서비스 및 정책의 확충 등 국가 및 사회차원의 지원체계가 구축되었다." (하웅용, 이소윤, 2008: 106).

http://blog.naver.com/deepschool1/221476273467800x443(2019. 02. 27)

(2) 생활스포츠의 활성화

주 5일 근무제의 전면 실시와 1인당 국민소득 2만 7천 달러 시대에 접어들면서 여가에 대한 인식 및 가치관이 변화하고 다양한 정보 매체를 통한 국민들의 여가 생활에 대한 관심과 수요가 증대되고 있다. 오늘날과 같이 변화하는 사회, 경제, 문화, 정책적 환경은 현대인들의 질적인 삶의 추구에 높은 관심과 아울러 스포츠 및 생활스포츠에 내한 관심을 한층 고조시키게 한다(문화체육관광부, 2010).

오늘날과 같이 변화하는 사회, 경제, 문화, 정책적 환경은 현대인의 질적인 삶의 추구에 높은 관심과 아울러 스포츠 및 생활스포츠에 대한 관심을 한층 고조시키게 한다. 특히 어르신의 여가 활용과 생활스포츠 참가의 중요성은 저 출산 고령사회위원회와 보건복지부 등 정부부처의 어르신 종합대책에 여가와 운동이 중요한 내용으로 포함되어 있음을 통해서 실감할 수 있다.

"저 출산 고령화 사회위원회의 삶의 질 향상 기반 구축의 일환으로 '생상적인 여가문화 프로그램 활성화 및 참여 여건 조성'과 '어르신 건강 증진을 위한 운동 사업 활성화' 및 '평생건강 증진을 위한 생활스포츠 활성화'가 포함되어 있어(김 양례, 2007), 어르신들의 생활스포츠를 통한 건강 증진과 성공적 노화는 국가적 어 젠더의 핵심 사안으로 부각되었다." (심성섭, 2015: 493).

우리나라는 이미 2000년에 어르신 인구비율이 7%를 넘어서서 고령화 사회(aging society)에 진입하였고, 2014년 베이비부머가 포함된 준 고령자는 전체인구 중 20.8%를 차지하고 있다. 2014년 65세 이상 고령인구는 전체 인구 중 12.7%를 차지 하나, 2024년에는 19.0%, 2034년에는 27.6%로 계속 늘어날 전망이다(통계청, 2014). 적어도 2020년까지는 연평균 4%대로 성장하고, 베이비부머가 고령층에 접어드는 2020~2028년 사이에는 연평균 5%대로 급증한 후 둔화될 것으로 전망하고 있다(통 계청, 2012).

노년기 규칙적인 운동은 생리적 기능 저하 방지, 스트레스 해소, 혈압 상승 억제, 당뇨병 예방 치료 등 노화를 방지하고 질병을 예방하게 함으로써 건강 수명을 연 장시키는 한편, 생활스포츠 활동을 통해 대인 관계와 사회적 상호 작용 기회를 제 공해 줌으로써 노년기 경험하기 쉬운 사회적 소외감과 우울 등을 극복하고 자아성 취감이 상승되는 등 어르신 생활스포츠는 어르신들의 신체적, 심리적, 사회적 건강 을 도모하는 데 있어서 핵심적인 역할을 하고 있다(김설향, 2008; Jansen, 2004).

또한 뇌에 혈액순환을 촉진시켜 인지적 감퇴를 지연시키고(Hall 외, 2001), 만성 질환의 감소와 체력이 감소되는 속도를 늦출 수 있고, 체력을 증진시킬 수 있으므 로, 개인에게 필요한 체력요소를 선택하여 계획성 있는 운동을 실시하는 것이 필 요하다.

특히 80세 이상 초고령자(oldest old)의 경우, 근질량의 급격한 감소로 근지구력 과 관련한 기능의 저하가 보다 심화되며(Lindle et al, 1977), 평형성, 우연성 등의 체력 요소들 또한 60대 이상 고령자에 감소한다(홍용, 2007). 고령자 중 80세를 전 후로 하여 인지 기능의 저하가 심화되는데, 이는 초고령층의 체력 감소를 가속화 시키는 요인으로 작용한다.

또한 85세 이상 초고령자인 경우 일반적인 고령자와는 달리 매우 심각한 체력적 인 기능저하가 나타나고 있는 것으로 알려지고 있는 바, 현재 고령자에게서 발생 하는 여러 사회적 문제들이 보다 심화되어 발생할 것으로 예상된다. 고령자 내에 서 연령 증가에 따른 체력 저하의 심화와 인구 통계학적으로 심화되고 있는 초고령의 비율을 통해 초고령자의 사회적, 개인적 심각성이 대두되고 있지만, 이를 개선할 수 있는 방향에 대해서는 아직 명확하게 제시되지 않고 있다.

고령인구의 증가로 인하여 노인의료비가 연도에 따라 점진적으로 증가하였으며, 이로써 의료비 부담은 갈수록 증가될 것이다. 특히 고령자 중에서 관절염이나 고혈압 그리고 당뇨나 치매와 같은 만성질환을 한 가지 이상 가지고 있는 질환자들이 많아 노인 건강문제의 심각성을 보여주고 있다. "만성질환을 앓고 있는 고령자는 사회활동의 제약을 받을 뿐만 아니라 장수를 한다 해도 삶의 만족도가 떨어질 것이다. 그것을 미리 대비하여 운동에 관한 필요성과 중요성을 인식시키고 규칙적인 운동을 하는 생활습관을 길러야 할 것이다. 이러한 고령화 문제를 노인 운동 참여로 인하여 신체적, 정신적, 사회적 문제들을 해결하는 데 도움을 줄 수 있다." (강혜영, 진승모, 김원중, 2015: 610).

생활스포츠는 높은 수준의 경기 스포츠에서부터 낮은 수준의 대중스포츠에 이르기까지 다양한 형태의 신체활동으로 이를 구성하는 개인이나 집단, 즉 사회구성원의 건강과 후생복지, 여가선용 등을 목적으로 두고 있으며, 그 자체가 즐거움으로 행하여지고 건강하며 행복한 삶을 영위하는 복지사회 건설의 기본 바탕을 이루는 사회 교육적 활동이다.

노인들에게 생활스포츠 활동은 육체적·정신적 건강을 지속적으로 유지하여 노후의 삶의 질을 향상시키고, 노인의 불행과 고통을 최소화 하여 가족과 사회에서의 고독과 소외감으로부터 벗어나 건전한 정신으로 사회에 적응시킬 수 있는 효과를 기대할 수 있다. 또한 생활스포츠 활동은 건전한 사회적 성격의 형성으로 공동체 의식을 심어 줌으로써 다양한 인간관계 교육, 여가 선용, 국민화합 등의 중요한 의미를 포괄하고 있다.

그러나 아직까지 우리나라 노인들의 체육활동은 극히 제한되어 있고, 생활스포츠의 저변확대와 활성화를 위해서는 대다수의 노인들이 쉽게 이용할 수 있는 시설과 조직, 체계적이고 차별화된 다양한 프로그램 및 노인들의 생활스포츠에 대한 올바른 인식, 종목별 동호회(스포츠 클럽) 활성화, 유능한 지도력을 갖춘 지도자 양성 및 배치 등이 우선되어야 할 것이다.

한편, 노인 체육활성화를 위해 각 유형별 생활스포츠 지도자들이 현장에서 느끼는 문제점 및 우선점에 대한 공동적인 의견을 보면 지도자의 정규직 전환 및 급여 인상이 이루어져야 한다.

또한 생활스포츠 참여 노인들에게 체육환경 지원(운동복, 운동도구, 식사, 간식 등)과 행정적 지원을 통해 복지화를 시켜야 하며, 생활스포츠 참여 공간(복지관, 경로당 등)을 확충해야 한다고 주관성을 보였다(김홍식, 주재천, 김공, 정보윤, 2009).

생활스포츠 활성화와 관련해서 자본 유형과 건강증진 생활양식 및 성공적 노화 간의 인과관계 차원에서 몇 가지 제언하면 다음과 같다.

첫째, 어르신 생활스포츠 참가자의 경제 문화, 사회 자본을 무형자산으로 형성시 키고, 축적할 수 있도록 다양한 생활스포츠 프로그램을 네트워크화 하고 생활스포 츠 환경을 개선하고 발전시켜야 한다.

둘째, 어르신 생활스포츠 참가자의 문화자본과 사회자본의 부(-)적 영향력에 대 한 후속적인 검증 연구가 뒤따라야 한다.

셋째, 어르신 생활스포츠 참가자의 경제, 문화, 사회자본의 척도에 대해 다양한 대상자를 추가로 확장하여 계층별로 부합하는 맞춤형 척도 개발이 요구된다(심성 섭, 2015: 505).

잠깐! 쉬었다 갑시다

☞ 95세 어머니를 춤추게 한 표창장과 문해교육

우연히 진한 감동과 울림으로 95세 노모님을 춤추게 했던 아주 특별한 표창장을 봤다. 정식 표창장은 아니다. 시상자는 현재 초등학교 교장인 딸이고 수상자는 95 세 어머니이시다.

'표창장, 글씨쓰기 부문, 성명 000, 주민등록번호, 위 사람은 실제 95세로서 정 신과 육체를 건강하게 관리하였고 향학열이 불타 글씨쓰기를 성실하게 실천해 왔 으므로 그 사례가 모범적이므로 상금과 표창장을 주어 칭찬합니다. 2019년 7월 29 일, 교육부장관 000, 00초등학교장 000'

어머니께서는 8남매를 두셨다. 정신과 육체 모두 건강하지만 무릎 관절이 아파 주로 앉아 있거나 누워 계신다. 매일 무료하고 외로워 자식들 이름을 부르며 한 품 은 노래(?)만 부르신다. 무학(無學)이지만 떠듬떠듬 글자를 읽으신다. 이런 어머니 에게 교장딸은 기지(機智)를 발휘했다. 바로 '온라인 글씨쓰기 과제'이다.

수원시에 사는 딸이 카톡으로 이 달의 글씨쓰기 과제를 제시하고 광주광역시에 사는 아들은 어머니에게 과제를 알려주고 글씨쓰기 과제를 다하면 사진 찍어 교육 부장관(교장딸)에게 보낸다. 과제 내용은 '내 이름 쓰기, 자식 이름 쓰기'인데 특 히, 자식 이름 쓰기를 좋아해 시간 가는 줄 모르고 열심히, 정성껏 쓰셨다. 비록 개발새발 글씨를 쓰시지만 교장딸은 꼼꼼히 채점한 후 오빠에게 보내면 어머니가 직접 보고 확인하셨다. 교장딸은 지난 7월 말 교육부에서 1학기 분 숙제 검사가 발표되어 어머니가 1등 했다고 알렸다.

어머니께서는 기뻐하시며 모든 자식들에게 1등 소식을 전했다. 드디어 표창장을 전달하는 날, 교장딸은 교육부장관님을 대신해서 어머니께 표창장을 드렸고, 자식, 사위, 며느리들은 상금, 선물, 꽃다발을 효도선물로 드렸다. 표창장은 그 무엇보다도 어머님의 외로움과 무료함을 날려 버렸고 학습의욕 고취 및 가족애를 돈독하게 해주었다.

어머니의 비문해(非文解) 문제는 해방 이후 한국전쟁과 산업화, 경제적 빈곤, 유교적 문화, 가족주의 내 여성의 희생 등을 이유로 교육의 기회를 갖지 못했던 아픔이다. 제도교육의 사각지대에서 삶을 영위해 온 많은 어르신들은 아직 비문해 상태에 머물러 있는 현실이다. 비문해자들이 자존감을 갖고 자신의 삶의 자리에서 당당하게 자신의 권리를 찾고 사회적인 활동을 할 수 있도록 해주어야 한다.

95세 어머니에게 표창장을 준 교장딸은 이미 문해교육의 중요성을 잘 알고 실천했다. 오늘도 홀로 외로운 시간을 보내고 있는 우리 어머니아버지들에게 자녀들 또는 요양간호사를 통해 문해교육을 실시하면 훌륭한 노인복지가 될 것이다.

교장딸은 2학기 학습과제는 글씨쓰기, 그림 그리기, 색칠하기, 오리고 붙여 꾸미기 등이라며 재미있고 흥미 있는 과제를 미리 예고했다고 한다. 어머니께서 큰 관심을 가졌음은 물론이다. 어머니를 춤추게 했던 표창장의 백미는 어머니께서 받은 상금으로 자식들에게 점심식사를 한 턱 낸 것이다. 자식들이 함께 어머니를 생각하는 지혜로운 기지와 따뜻한 마음은 지금도 필자의 가슴을 따뜻하게 적셔 준다.[9]

http://blog.naver.com/seouledu2012/22063692(2016. 02. 24)

4. 노인체육 활성화를 위한 정책 과제

우리나라 노인의 인구 증가율은 매우 빠르게 진행되고 있다. 이는 인구 고령화에 대비한 여러 정책 중에서도 노인체육 활성화를 위한 종합적 대책 마련이 시급함을 의미한다.

우리나라의 노인체육의 활성화를 위해서는 우선적으로 문화체육관광부와 보건복지부를 중심으로 한 범 정부차원의 노인체육 전담 기구가 설치되어 통합적 차원의 중·장기 대책이 재 모색되어야 한다.

그 전제 하에 우리나라 노인들의 체육활동 실태 및 요구 조사에 기초한 노인전용 체육시설 확충, 우수한 지도자 확보, 노인에게 적합한 체육 프로그램 개발 및 보급, 체육용구 지원, 지속적·체계적 지원, 노인 생활스포츠대회 활성화라는 노인들의 요구가 구체적인 정책에 반영되어야 한다.

특히 노인체육 활성화의 최 일선에 있는 노인 체육지도자의 직업적 안정화를 위해서는 법제도 정비를 통해 국가자격 화에 따른 체계적 양성 및 관리가 필요하며, 노인 복지시설에의 의무 배치가 요구된다.

이와 함께 노인의 건강 및 체육활동과 관련한 U-헬스케어 시스템 구축, 노인 e-스포츠 개발 및 보급 등과 같은 온·오프라인 병행정책의 추진이 요구된다. 이는 노인체육활동의 범위를 확대시키고, 다양한 욕구를 충족시키며, 지속적인 참여에 기여할 수 있기 때문에 이에 대한 정책적 지원이 필요하다.

이러한 정책적 과제가 성공으로 귀결되기 위해서는 평생스포츠 차원에서 국민의 생애 주기별, 계층별 체육정책의 활성화가 동시에 진행되어 자연스럽게 노인체육 진흥이 이루어질 수 있는 기반과 저변이 조성되어야 한다. 따라서 이를 위한 정책적 전략이 함께 추진되어야 할 것이다.

가. 노인체육 전담 기구 설치 및 활성화

노인의 체육 진흥 보건복지를 담당하는 문화체육관광부와 보건복지부간의 통합적 연계는 두 정부 기관의 정책적·행정적 측면에서 현실적인 한계를 드러내고 있다.

따라서 범정부 차원의 통합적 노인체육 활성화 대책 마련을 위해서는 대통령 자문 또는 국무총리 직속의 가칭 '국가평생체육진흥위원회'의 발족이 조속히 이루어져야 하며, 그 틀 안에서 '노인체육전담기구' 의 설치가 요구된다. 이는 전 연령대에 걸친 국민의 생애주기별 체육정책이 동시에 진행됨을 전제로 하며, 그 틀 속에서 별도의 기구가 설치되어야 함을 의미한다.

"범 정부차원에서 관련 부처 간 이기주의를 버리고 노인체육 활성화를 위한 통합적 전담기구를 설치하여 중·장기적인 대책을 검토해야 한다. 그리고 문화체육관광부 내에 노인체육전담부서 설치 내지는 생활스포츠 팀 또는 장애인 체육팀 내에 노인체육 담당자의 배치를 통해 노인체육 정책을 수립하고 추진해야 한다." (임태성, 박현욱, 2006: 134).

문화체육관광부 및 보건복지부 산하 기관에서 각각의 노인체육 및 복지 관련 실태조사를 하고 있으나 관련 부처 간의 연계된 실태조사는 이루어진 바가 없기 때문에 범정부적 '노인체육전담기구' 차원에서 노인들의 체육활동 실태와 요구에 대한 통합적인 재조사가 이루어져야 하며, 그 결과를 적극적으로 정책에 반영해야 한다.

그럼에도 불구하고 현시점에서는 2005년에 국민생활체육협의회에서 실시한 '노인시설 생활체육 실태조사' 가 가장 설득력 있는 결과로 보여 진다. 이 조사에서 나타난 우리나라 노인들의 체육활동과 관련한 요구 사항은 첫째, 노인전용 체육시설 확충 둘째, 우수한 지도자 확보 셋째, 노인에게 적합한 체육 프로그램 개발 및 보급 다섯째, 체육용구 지원 여섯째, 지속적·체계적 지원 일곱째, 노인 생활스포츠 대회 활성화이다.

현재는 행·재정적인 한계로 이러한 결과의 반영이 미흡한 실정이나 노인체육의 활성화를 위해서는 노인들의 체육활동에 대한 요구가 반드시 구체적인 정부 정책에 반영되어져야 한다(임태성, 박현욱, 2006).

또한 노인체육 활성화의 최 일선에 있는 노인 체육지도자의 직업적 안정을 위해서는 법제도의 정비를 통해 국가 자격화에 따른 체계적인 양성과 관리가 필요하며, 노인 복지 시설에의 의무 배치가 요구된다.

우리나라의 국가 공인 체육지도자 자격증에는 경기지도자와 생활스포츠지도자 자격증이 있지만 노인체육의 전문성을 보유한 지도자가 양성될 수 없는 교육시스템을 갖고 있다. 수준별, 연령별로 노인의 특성에 적합한 프로그램을 지도할 수 있도록 심층적인 노인 체육지도자 양성과정이 마련되어야 한다. 그리고 이러한 교육시스템을 통해 양성된 지도자들은 노인 체육활동의 주요 장소인 노인복지 시설에 의무 배치되어 사회복지사가 아닌 전문적인 노인 체육지도자가 프로그램을 기획, 운영, 관리, 평가해야 할 것이다. 이는 고령사회에 대비하여 새로운 일자리 창출도 기여할 수 있을 것이다.

만일 그것이 여의치 않다면 현재의 노인 복지 시설에서 체육업무를 담당하고 있는 담당 직원의 연수 체제를 구축하여 정기적으로 체육과학연구원 등에서 체계적인 연수를 받게 하는 제도를 마련해야 할 것이다(임태성, 박현욱, 2006).

나. 노인 e-스포츠 보급 및 헬스케어 시스템의 구축

최근 조사에 따르면 노인이 적극적인 여가활동을 실천하지 못하고 있으나 젊은 노인층일수록 노후를 활기차게 보내기를 희망하는 비율이 높고, 적극적인 여가활동을 원하며, 새로운 것을 배우려는 의욕이 강하다.

따라서 현재 40~50대인 미래 노인의 여가 생활에 대한 다양한 욕구를 충족시켜 줄 수 있는 또 다른 대안으로서 노인 e-스포츠의 개발 및 보급이 오프라인의 시설 및 프로그램과 함께 추진되어야 한다.

이와 같은 온·오프라인 병행 정책은 노인 체육활동의 범위를 확대시키고, 그 효과를 극대화 할 수 있으며, 오프라인 체육활동 참여가 어려운 노인들에게는 그에 준하는 심리적, 신체적 효과를 가져 올 수 있기 때문에 이에 대한 정책적 지원의 필요성이 제기된다(임태성, 박현욱, 2006).

또한, 우리나라는 노인체육 인프라가 구축되어 있지 않은 실정이다. 특히 하드웨어적 인프라는 쉽게 해결될 문제가 아니어서 이것은 소프트웨어적 측면에서 보완할 수 있는 차선의 방안이 강구되어야 한다. 이에 따른 대안으로서 유비쿼터스 시대의 첨단 IT기술과 노인체육을 접목한 노인 U-헬스케어 시스템의 구축을 제시할 수 있다.

즉, 언제 어디서나 원하는 건강과 체육관련 정보를 공유하고 서비스를 제공받을 수 있는 U-헬스케어 시스템을 통해 노인을 중심으로 정부 및 지방 자치단체, 노인체육지도자, 의료기관, 체육단체, 체육대학 등 관련기관들 간의 유기적인 협조 체제가 이루어져야 한다.

이를 통해 노인과 관련한 모든 정보가 통합적으로 관리되고, 실시간의 데이터베이스화되어 그것이 다시 노인에게 서비스될 수 있는 선 순환적 경로가 구축되어야 한다. 이는 앞선 IT기술을 보유한 한국적 상황에서 노인체육의 활성화와 지속적인 체육활동 참여에 일조할 수 있을 것이다.

"나아가 향후 폭발적인 증가가 예상되는 고령 친화산업에 대한 외국의 선진 서비스에 대비하는 측면에서도 노인 U-헬스케어 시스템 구축을 위한 정부의 정책적 지원이 요구되며, 이를 위해서는 문화체육관광부, 보건복지부, 정보통신부, 교육부 등 범 정부차원의 상호협조가 우선적으로 요구된다." (임태성, 박현욱, 2006: 135).

인간은 새로운 환경에 대해 무의식적으로 반응하고 성공적으로 적응하는 능력을 가지고 있다. 그러나 변화된 환경이 기존의 환경과 상이 하게 다르거나 처음 경험 해보는 상황이라면 이런 무의식적인 적응 능력과 더불어 의식적인 운동 제어 및 학습이 요구되는 상황 역시 존재한다.

중요한 점은 의식적, 무의식적 적용의 기준이 결국 새로 적용해야 하는 변화의 양이 얼마나 큰가에 의해 결정된다. 자동차의 핸들 조작으로 차의 진행 방향을 제어하는 것이 초보자에게는 매우 '의식적' 인 과제로 여겨질 것이다. 그러나 숙련된 운전자가 승용차에서 승합차로 옮겨 타고 핸들을 제어할 때 발생하는 적응은 거의 '무의식적' 으로 발생할 수 있는 것이다. 실제로 새로운 환경은 끊임없이 제시하고 쉼 없이 적응해 나가는 경우에도, 그 변화의 정도가 점진적이라면 자신이 적응하고 있음을 의식하지 못한다(Reddiing & wallcae, 1997; Michel, Pislla, Prablanc, Rode, & Rossetti, 2007).

"노인들이 감각감각-운동 상황에서 보이는 문제점이 무의식적인 적응 능력에 있지 않고, 의도적인 오차 탐지 및 수정의 계획 수립 능력 때문이다. 무의식적인 적응에 관련된 중추신경계는 동일하지 않다. 따라서 관련 네트워크의 노화 과정 역시 따로 접근하는 것이 필요하다." (이지항, 2015: 516).

노인들에게 새로운 기술을 가르치거나 새로운 환경을 제시할 때 의식적으로 행동을 수정하기 보다는 점진적으로 '적응' 할 수 있게 도와주는 것이 더욱 빠른 적응 속도를 보이고 큰 후 효과를 기대할 수 있을 것이다.

https://cp.news.search.daum.net/p/70991808540x278(2018. 09. 11)

잠깐! 쉬었다 갑시다

☞ "건강·자녀·노후 대비… 보험 활용 인생 큰 그림 그려야"

행복해지려면 계획적인 삶을 살아야 한다. 인생이 계획대로 이뤄지는 것은 아니지만, 생애설계를 통해 치밀하게 계획을 세우고 대비하면 그만큼 행복한 삶을 살 가능성이 커진다.

생애설계는 나와 내 가족의 행복한 현재와 미래를 위한 목표를 정하고 이를 달성하기 위한 실행 방안을 세우는 것이다. 이러한 생애설계 과정에서 빠뜨려서는 안 될 요소가 있는데, 바로 재무 계획과 리스크 관리다. 이때 보험은 생애설계를 위한 재무 계획과 리스크 관리에 가장 적합한 수단이 되어준다. 보험의 다양한 기능을 활용해 인생의 큰 그림을 그려보자.

첫째, 건강보장은 행복한 삶의 기초다. 학업도, 일도, 사업도, 취미도 건강이 뒷받침되지 않으면 이루기 어렵다. 평소 건강관리에 힘쓰는 게 첫 번째라면, 혹시 모를 질병이나 상해가 발생했을 경우에 대비해 의료비를 최대한 탄탄히 준비해둬야 한다. 건강보험이나 종신보험의 의료비 특약을 활용해 마련한 건강보장은 행복한 삶을 위한 가장 기초적인 리스크 관리 방안이다.

둘째, 성장기 자녀의 삶을 지원하는 자녀보장도 필요하다. 자녀가 성장해 가는 과정에서 자신의 꿈을 달성하는 데 차질이 생기지 않도록 보호하는 것은 부모의 의무다. 이때 부모 중 누군가에게 안 좋은 일이 생기면 자녀는 자신이 가진 잠재력과 가능성을 제대로 꽃피워보지도 못하고 거친 삶 속에 내던져진다. 이때 종신보험을 통해 마련한 보장자산은 부모 부재 시에도 자녀가 자신의 꿈을 키워가는 데 든든한 울타리가 되어준다.

셋째, 은퇴 후 부부의 노후 생활자금 부족에 대비해야 한다. 통계청에 따르면 건강하게 살아가는 기간을 의미하는 한국인의 건강수명이 2012년 65.7세에서 2016년 64.9세로 조금씩 줄어들고 있다. 반면, 의료기술의 고도화와 간병제도 발달로 평균수명은 나날이 증가하는 추세다. 유병기간을 중심으로 평균수명이 늘어나고 있는 것이다.

치료비나 간병비를 별도의 보험으로 준비해 둔 부부일지라도 갈수록 늘어나는 평균수명과 유병기간으로 인해 노후생활비가 부족해질 가능성이 크다. 노후에 준비해둔 각종 저축을 다 사용하고 나면 생활비가 부족한 위기를 맞게 된다. 하지만 생애설계자금 기능이 있는 종신보험에 가입하면 선지급 대상 금액만큼 감액된 돈을 지급받을 수 있으므로 사망보장 외에도 종신보험의 다양한 기능을 잘 활용해보자.[10]

다. 노인의 걷기 운동을 통한 웰빙(Well-bing)

고령화 사회에 따른 여러 문제들은 노화와 관련한 고령자의 신체적, 생리적 기능 저하와 관련되어 있다. 고령자의 경우 노화로 인해 생물학적인 퇴화 과정을 거치게 되며, 이는 감각계의 둔화, 신경계와 근육계 간의 상호 통합 조절 능력의 감소 등 생리적인 기능 저하를 포함한다.

생리적 기능 저하는 근력, 유연성, 평형성 등과 같은 일상생활에 필요한 기초체력의 저하와 밀접한 관련을 가지고 있으며, 이는 낙상과 같은 여러 가지 문제를 유발하는 원인이 된다.

한편 고령자에게서 발생되는 이러한 문제점들은 자연발생적인 노화로 인한 것뿐만 아니라 바람직하지 못한 생활 습관과 운동부족에 의한 것이며, 현대사회에서는 건강 및 체력의 향상에 대한 관심과 중요성이 강조되고 있다.

또한, 고령인구의 증가로 인하여 노인 의료비 부담은 갈수록 증가될 것으로 예측하고 있다. 고령자들 중에서 관절염이나 고혈압 그리고 당뇨나 치매와 같은 만성질환을 한 가지 이상 가지고 있는 질환자들이 많아 노인 건강문제의 심각성을 보여주고 있다.

'잘산다는 것'은 무엇을 의미할까? 그것은 단순하게 '잘 먹고 잘 산다'는 의미가 아니라 '어떻게 무엇을'이란 전제가 붙고 또한 '왜 그래야만 하는가?' 하는 명제까지도 서슴없이 던지게 된다. 이렇듯 복잡하고 다난한 시대를 사는 현대인들의 '삶의 질'에 대한 욕구가 커지고 있다.

최근 들어 급속하게 번지고 있는 힐링(Healing)이라던가 웰빙(Well-bing)이라는 단어는 우리에게 흔하게 쓰이는 일상의 단어가 되고 있다. 그만큼 삶의 수준과 의식 수준이 점점 높아지고 있는 것이다.

우리나라는 2018년 707만 4천명으로 노인인구가 14.3%를 차지해 노령화 지수가 1125를 넘게 될 전망이다. OECD가입 국가 중에서도 매우 이례적으로 고령화가 빠르게 진행되고 있으며, 이러한 현상은 경제적인 상황과 맞물려 출산율이 더욱 낮아지면서 좀처럼 늦춰질 기미가 보이지 않는다.

사회는 시민의 웰빙 의식 발달로 점점 건강한 삶에 대한 욕구가 높아지고 있으며, 의료기술의 발달로 노인 수명이 길어지고 있고 이에 따른 인구의 고령화는 의료비 증가와 사회·경제적 비용의 증가로 이어져 사회문제로 대두되고 있다.

이러한 기조로 인해 "정부는 노인보건 복지정책의 차원에서 노인의 운동 참여를 독려하고 있으며, 노인의 삶의 질을 높이기 위한 방법으로 규칙적인 운동 참여를 홍보하고 있다. 이미 노인 스스로도 건강 유지를 위하여 자발적으로 운동에 참여하고 있으며, 노인 대부분은 비용이 적게 들고 손쉽게 접할 수 있는 운동 종목을 선호하고 있다." (박정희, 2015: 585).

노인에게 필요한 유산소성 운동 프로그램 운동 종목은 일상생활에서 밀접한 생활 체력과 하지근력을 강화시킬 수 있는 걷기가 가장 많았고, 체중의 부담을 덜어줄 수 있는 자전거 타기, 재미와 율동을 가미한 댄스 운동으로 나타났으며, 운동 시간은 20~30분이 가장 적당하고, 운동 강도는 HRmax 60~70%정도로, 주당 3~4회를 하는 게 가장 이상적이다.

걷기가 달리기에 비해 유산소적이고 저 충격 신체활동으로서 근골격계 관절에 충격이 적어 비만인과 고령자에게 권장하고 단순성, 용이성, 간편성, 상해 예방, 그리고 경제성 측면에서 고령자에게 적절하게 활용될 수 있다.

노인들은 경제적인 문제로 돈을 적게 들이면서 건강도 챙기고 인간관계도 형성할 수 있는 방안으로 도심에서의 걷기나 게이트볼, 기구운동 등을 선호하고 있다. 그 중 걷기 운동은 유산소력을 향상시키고 체지방을 감소시키며 동시에 운동을 실시하기 위한 준비가 간단하고 경제적이어서 누구나 쉽게 접근할 수 있는 방법으로 권고하는 것이 걷기 운동이라고 한다.

특히, 저소득층 노인들 중 양호한 건강을 유지하는 이들은 비용이 별로 들지 않는 규칙적인 운동이나 적극적인 신체활동을 통해 건강을 지켜내고 있으며, 이는 건강 상품이나 여가활동에 투자할 경제적 여유가 없는 저소득층 노인이라 하더라도 본인의 의지와 노력, 자기관리를 통해 건강을 유지하는 것이 가능할 수 있다는 의미를 제공한다.

그렇다면 이제는 이러한 걷기 운동이 노인의 신체활동의 효과뿐 아니라 힐링이 되고, 웰빙한 삶의 수단이 될 수 있을까?

심리학자들은 행복, 생활만족, 정적인 정서 등을 포함하여 '주관적 웰빙' 이라는 말을 쓰고 있으며, 해석에 따라 '주관적 안녕감', '주관적 행복감' 등으로 표현되어 사용하고 있는 웰빙감을 이제는 운동에 적용하여 심리적 안정과 정서적 감성에 대한 연구가 필요해 보인다.

특히 "외로움과 질병의 고통에 대한 두려움을 안고 사는 노인들에게 이러한 운동 참여가 웰빙한 삶에 미치는 영향을 파악한다면 삶의 질을 향상시키는 데 도움을 줄 수 있을 것이다." (박정희, 2015: 586).

결과적으로 노인들이 참여 하고 있는 걷기운동은 신체적인 효과뿐만 아니라 정서적, 사회적 건강에도 긍정적인 영향을 미치고 있으며, 이러한 긍정적 효과는 주관적 웰빙에도 영향을 주어 노인의 삶에 매우 중요한 요소가 되고 있음을 확인할수 있다.

라. 대도시 노인들의 여가스포츠 참가자의 자아실현 및 고독감 해소

오늘날 우리 사회는 급속한 경제 성장과 생활수준 향상으로 인간 평균 수명이 연장되면서 노인 인구가 급격히 증가하고 있다. UN에서 규정한 바에 의하면, 전체 인구에서 65세 이상 노인 인구가 7%를 넘으면 고령화사회(aging society), 14%를 넘으면 고령사회(aged society), 20%를 넘으면 초고령사회(supet-aged society)로 정의한다. 현재 우리나라 노인 인구는 600만 명으로 전체 인구의 11.8%를 차지하고 있는 고령화사회인 것으로 나타났다(통계청, 2013).

고령화 사회로 진입하는 데 프랑스는 115년, 미국은 72년, 영국은 47년, 독일은 40년, 가까운 일본은 24년이 걸린 것에 비하면 우리나라는 18년의 짧은 기간 급진전되어 빠르게 사회 고령화가 진행되고 있다.

이러한 사회 고령화는 세계 최고 수준의 출산율에 의하여, 청, 장년층 인구의 감소와 의료 기술의 발달 및 건강에 대한 관심 증대로 인해 고령자의 사망률이 낮아지기 때문이다. 따라서 2018년에는 전체인구의 대비 노인 인구 비중이 14%로 예상됨에 따라, 초고령화사회로 급속히 변화가 가속화 될 것으로 예상할 수 있다 .

그리고 고령 인구의 증가로 인해 여러 가지 사회적, 경제적 문제들을 야기하게된다. 대표적인으로 고령자의 경우 노화로 인해 신체적, 생리적인 기능 저하로 여러 질환들에 노출되어 의료비를 증가시키며 사회 참여가 제한되어 발생하는 사회적 고립에 의해 자살률이 증가하는 등 이러한 문제가 발생하고 있다.

노인들은 아동이나 청소년보다 오랜 시간을 살아온 사회적 존재이다. 그들은 세월의 흐름 속에서 자연스럽게 무기력함이 학습되고 그 정도에 따라 고독감이나 의욕상실 등의 원인으로 극단적인 경우 죽음을 택하는 경우를 우리는 매스컴을 통해 종종 경험하기도 한다.

노인의 고독감[7] 발생 원인은 사회적 구조와 변화, 역할의 상실, 가족 구조의 변화, 신체적 전신적 건강과 밀접한 관계에도 불구하고 그동안 중요하게 다루어오지 않았는데, 이는 심각한 정신 건강의 문제로 인식된 우울, 무력감과는 달리, 우리 사회에서의 고독은 노인들이 겪는 자연스런 문제로만 여겼고, 노년기에 타인과 정산적인 상호작용을 못함으로서 발생되어지는 사회관계적인 환경 문제라고는 생각하지 못했다.

노인들은 가족이나 친구, 이웃, 집단 등 사회적 자본 구축 체계가 부족하여 사회적 고독감이 높을 수밖에 없다. 그렇기 때문에 노인의 고독감 극복에 대한 방안으로 사회적 관계 회복을 통한 정신적, 신체적 건강이 필요하다는 문제는 계속 제기되어 왔다. 노인의 정신 건강이 낮은 것, 경제력이나 신체적 건강 상태 외에도 타인과의 접촉 정도와 관심 등이 정신적 건강에 영향을 미치는 중요한 변수로 보고되고 있다(한혜경, 이유리, 2009).

최근 노인 문제에 대한 사회적·문화적 인식 변화로 성공적인 노년기에 대한 관심이 커지면서 신 중년이란 용어가 탄생하기도 하고 성공적인 노화 수단의 하나로 노년기 자아실현에 대한 관심이 증대되고 있다. 이로 인해 노년기의 자아실현은 정서적 안녕과 여가 만족 같은 정신적·정서적 측면과 여가스포츠 참가와 같은 신체적 건강 측면을 포함할 수 있게 되었다. 그 중 여가스포츠 활동 참가는 타인과의 원활한 교류 및 활달한 대인 관계를 경험하게 되어 자신에 대한 자존감을 증진시키는 데 중요한 수단이 되고 있다. 여가활동은 과거 단순한 휴식과 기분전환의 소극적 기능으로 인식되었으나 현대사회에서는 일상생활에서 받는 스트레스와 긴장 그리고 갈등을 효과적으로 해소하여 보다 나은 삶을 영위하기 위한 휴식과 충전의 기회를 제공하며, 나아가 인간의 최고 욕구인 자아실현을 위한 적극적이고 창조적인 기능을 수행하고 있다(이향숙, 2009).

Erik & Koen(2009)은 노인의 여가활동을 여가의 성격에 따라 분류하였는데, 능동적이며 창의적이고, 공통의 목적이 있는 발전적인 여가활동을 생산적 활동, 그리고 수동적 소비 형태의 시간 소비로 참여자 자신이 관객이거나 어떤 경험을 이용하는 활동을 소비적 활동으로 구분하였다. "이 중 스포츠 분야는 구체적으로 나누어 보면 생산적 여가활동은 스포츠 참가활동이며 소비적 여가활동은 스포츠 관람을 제시하고 있다." (윤상영, 김학권, 2015: 598).

기성세대의 여가와는 달리 노인 여가는, 일에 대한 심적 부담이 없는 자유로운

---

7) Weiss(1973)는 고독이란 성격요인이나 상황적 요인 중 어느 한 가지에 의해서만 발생되는 것이 아니고 두 가지의 상호작용으로 발생하는 것이라 하였다. 또한 사회적 관계에서 제공받는 양식을 통해 개인의 사회적 욕구가 충족되지 않으면 고독감을 느끼게 된다고 하였다(윤상영, 김학권, 2015: 597).

시간적 여유를 누리는 휴식, 기분전환, 사회적 성취 및 개인적 발전을 위해서 활용하는 제반 활동으로서 노인으로 하여금 삶의 보람을 가지고 자기 생활의 균형을 이루면서 자아실현을 할 수 있는 기회를 제공한다.

결국 노년기의 신체활동 유지는 일상생활 수행을 보다 효과적으로 가능하게 하고 노인의 행동반경을 높여 가족과 이웃, 친구들과의 관계 유지와 사회적 활동에의 참여를 활발하게 하며 질병 발생을 감소시켜 건강 상태를 유지하는 중요 요인이라 할 수 있기 때문에 신체활동은 노인의 자아실현에 중요 변수라 할 수 있겠다.

즉 여가 및 스포츠활동을 통해 노인은 조직 사회를 경험하고 친밀한 관계를 맺고자 하는 욕구가 강하며, 이 욕구가 충족될 때 사회적 성장·발달을 하게 된다. 이는 자신의 정체감을 찾아가는 것이 곧 자아실현으로 가는 지름길이라 할 수 있어(김미정, 2014) 노인의 고독감을 탐구하는 데 여가스포츠 활동과 자아실현을 연구변인으로 선정할 만하다.

건전한 신체적 여가활동의 지속적인 참가는 자신감을 심어줌으로 자아실현을 이룰 수 있으며 노인들이 자신의 신체적 능력에 대한 신뢰감이나 자신감 등을 통하여 자아의 만족을 이룰 수 있다. 다양한 운동과 여가스포츠 활동 가운데 한두 가지 자신이 잘 할 수 있는 분야를 발견하여 지속적으로 참가함으로서 자아에 대한 자신감 획득은 물론 평생학습의 기회로 활용할 수 있다.

여가스포츠 활동에 참가하는 노인은 해당 종목에 따라 여러 가지 경험을 지속하게 되고 참가를 통해 자아 개념을 긍정적으로 높여 성취동기를 높이며 자신에 대해 이해하는 것은 물론, 더 나아가 크고 작은 자아 성취를 통해 올바른 삶을 영위해 나간다. 이것은 여가스포츠 활동 참가를 통해 자아실현의 단계로 나아가는 한 단면이라고 생각하고(조소희, 2012), 노인들의 긍정적인 자아실현을 위하여 여가스포츠 활동 참가가 적당한 차원에서 진행될 수 있도록 다양한 서비스와 더 많은 활동을 경험할 수 있도록 새로운 프로그램 개발 및 보급이 제도적으로 필요하다.

노인은 여가스포츠 활동에 참가함으로써 타인과의 관계를 갖게 되는 기회를 제공받게 된다. 이는 여가스포츠 참가 노인의 사회관계에 영향을 미치게 되고, 노인의 적극적인 여가스포츠 참가는 노인의 일상생활에서 느끼는 소외감, 고립 등에서 오는 고독감을 해소시키는 데 긍정적으로 기여한다고 볼 수 있다(김대권, 윤상영, 2007).

여가스포츠 활동에 참가하는 노인들이 비록 신체는 노화되고 가족, 친구 등과 분리된 삶을 살고 있지만 자신이 가치 있고 중요한 존재라는 자의식을 제고시키는 한편 변화되는 자의식을 토대로 현실을 새롭게 인식하도록 함으로써 그동안 반복되었던, 지루하게 느꼈던 일상을 새롭게 느끼도록 하는 인식의 전환에 큰 영향을 미친다(이숙현, 2014). 또한 "여가스포츠 활동에 대한 순간순간을 소중하게 여기며 받아들이고 밝은 표정으로 주변 사람들과 웃음이 끊이지 않을 정도로 즐겁게 참가하기 때문에 고독감과 긍정적인 영향을 미친다." (윤상영, 김학권, 2015: 605).

현재 우리 사회는 핵가족화로 인해 노인 부부로 구성된 2인 가구와 독신노인으로 구성된 1인 가구의 수가 계속 증가하는 추세이며, 이로 인해 이웃 간의 상호유대감소 등 노인들에게 심각한 고독감을 안겨주게 된다. 노년기의 의존 대상이었던 배우자나 친구, 이웃 등의 죽음은 노인들의 고독감을 한층 더 심하게 할 것이며 자신에 대한 불안감도 증가하게 될 것이다. 또한 직장에서의 은퇴와 이에 다르는 경제력 타격은 노인에게 사회적 고독감을 더욱 강하게 느끼게 할 것이고, 죽음에 대한 불안고하 공포는 정신을 쇠퇴시키는 현 상황에서 노년기의 여가스포츠 참가의 중요성은 다시 한 번 강조되어 진다(차지원, 2008).

따라서 노인들이 여가스포츠 활동에 참여할 수 있는 기회를 확대하여 성공적인 자아실현을 이루고 고독감을 낮출 수 있도록 하고, 노인 문제에 적극 대처해 나갈 수 있는 대안 모색이 필요하다. "이를 위해 노인의 여가스포츠 활동 참여 욕구에 대한 보다 면밀한 질적·양적 연구가 이루어져야 한다. 또한 노인의 여가 정책 수립시 스포츠 활동을 주요 요소로 포함시켜 노인의 신체적 건강뿐만 아니라, 심리적 건강이라 할 수 있는 자아실현을 성공적으로 이루고 고독감을 낮출 수 있는 방안이 적극 모색되어야 한다." (윤상영, 김학권, 2015: 605).

이와 같은 정책 추진을 통해 노인체육 활성화를 위한 기반 구축이 이루어질 때 스포츠 선진국으로서의 도약이 앞당겨질 것이며, 체육을 통한 노인 복지의 구현에 한 걸음 다가설 수 있을 것으로 판단된다.

http://blog.naver.com/cjw1106/221531121177(2019. 05. 07)

잠깐! 쉬었다 갑시다

☞ 노년에 관하여

소년은 허약하고 청년은 저돌적이고 장년은 위엄이 있고 노년은 원숙하다. 키케로는 삶의 네 단계 중에서 원숙한 노년의 최선은 학문을 닦고 미덕을 실천하는 것이라고 했다. 하지만, 이런 노년은 카이사르 앞에서 자신의 소신을 피력했던 키케로에게나 가능한 일이 아닐까.

이웃나라 이야기다. 평생 양복점을 운영했던 한 노인이 은퇴하고 부인과 함께 약간의 예금과 연금을 받으며 평온한 삶을 이어가고 있었다. 그런데 부인이 알츠하이머로 투병을 시작하면서 그 작은 평화는 깨어진다. 매달 나오는 연금을 부인의 병원비로 모두 사용하고, 부인의 장례식 비용으로 모아둔 예금 때문에 국가로부터 지원도 받을 수 없게 되자 노인은 끼니를 걱정하게 된다. 착실하게 일하고 저축하고 연금도 부었지만, 어느 날 노후파산에 이른 것이다.

우리나라는 어떨까? 2018년 가계금융복지조사 결과를 보면 은퇴한 가구주의 절반 이상은 생활비가 부족하다고 응답했다. 또 다른 조사에서는 부모의 노후를 가족들이 돌보아야 한다고 응답한 경우가 2008년 40.7%에서 지속적으로 감소해서 2018년 26.7%까지 떨어졌다. 대가족 중심의 농경사회와 달리 산업화되면서 현대인들은 제도적이고 비자발적인 은퇴를 경험하게 되고 핵가족화되어 자식이나 친척들의 도움 없이 노년을 맞이하게 된다.

최근 나온 고령층 부가조사 결과를 보면 55~79세 응답자의 45.9%가 월평균 61만원의 연금을 수령하고 있다. 1인 가구 최저생계비보다 적은 금액이다. 사정이 이러하니 취업을 원하는 고령층의 응답자 두 명 중 한 명은 생활비를 충당하기 위해 일자리를 구하고 있다.

올해 초 대법원은 우리나라의 사회적 경제적 구조와 생활여건의 급속한 변화를 감안해서 65세까지 육체노동이 가능하다고 판결했다. 이번 판결은 공중보건의 개선과 의학기술의 발전에 따른 평균수명의 증가와 자동화에 따른 노동환경의 변화 그리고 저출산에 따른 노동력 부족을 반영한 것이다.

그렇지만 정년연장 논의는 본격적으로 이루어지지 않고 있다. 일각에서는 정년연장을 두고 청년실업과 연계해 세대 간의 갈등을 부추기고 있다. 정년연장은 경제적 문제뿐만 아니라 사회적 문제이기도 하다. 사회적 안전망이 꼼꼼하게 구축되어 있다면 노년층의 빈곤이나 노후파산을 걱정할 필요가 없을 것이다.

또한 정년연장은 노인들만의 문제가 아니다. 우리는 누구나 원숙한 노년의 삶을 누릴 권리가 있고 당연히 누려야 한다. 키케로의 말처럼 우리는 인생이라는 긴 연극무대에 서 있다. 누구도 자신의 연극이 끝나기 전에 쓰러져서는 안 된다.[11]

도대체 사는 목적이 무엇이냐는 철학적 질문에 대한 하나의 답은 행복이라고 할 수 있을 것이다. 뜬금없이 이런 논제를 꺼내는 이유는 한국의 행복지수가 늘 세계 중하위권이고 갈수록 떨어지고 있다는 점 때문이다. 지난달 발표된 유엔의 행복지수 조사에서 한국은 150여개국 중 58위였다. 전년보다 11계단이나 떨어졌다. 경제협력개발기구(OECD) 34개 회원국 중에서는 27위다. 영국 기관의 조사에서는 우리가 100위권 밖이다.

우리는 "행복은 성적순이 아니다" 라고 말하면서도 성적을 제일 중요시한다. 마찬가지로 "돈이 전부는 아니다" 라고 하면서도 돈을 인생 최고의 가치로 여긴다. 물론 국제사회에서도 국가의 위치, 국민의 수준을 나타내는 가장 기본적인 지표는 국내총생산(GDP), 국민총소득(GNI)과 같은 계량하기 쉬운 경제적, 물질적 지표들이긴 하다. 결국 돈인 셈이다.

그러나 경제적, 물질적으로 풍요롭다고 해서 반드시 행복한 것은 아니다. 풍요로운 국가의 행복지수가 낮고 빈곤한 나라의 행복지수가 높은 예는 얼마든지 있다. 잘 알다시피 1인당 GDP가 세계 120위인 부탄의 행복지수 순위는 그보다 훨씬 높다. 사람, 즉 국민이 추구하는 가치가 부귀영화를 넘어 행복이라고 인정한다면 우리의 정책 당국자들은 세계 바닥권을 좀처럼 벗어나지 못하고 있는 행복지수 문제를 가벼이 보아서는 안 된다. 1인당 GDP가 세계 28위인 한국이 왜 행복지수는 그보다 훨씬 낮은지 원인을 따지고 해결책을 찾아봐야 하는 것이다.

먼저 해야 할 일은 역으로 행복지수 지표를 분석하는 일이다. 국민의 91%가 행복하다고 느낀다는 부탄은 1972년부터 '국민행복지수'(GNH · Gross National Happiness)를 기준으로 삼아 통치하고 있다. 그 지표는 삶의 수준, 건강, 교육, 문화 다양성과 회복력, 생태적 다양성, 공동체 활력, 시간 활용, 바른 정치, 심리적 웰빙 등 9개 분야로 나뉘어 관리된다. 유엔 '행복보고서'의 6개 지표는 GDP, 건강수명, 사회적 지원, 사회적 신뢰, 선택의 자유, 관대함이다. OECD는 주거환경, 소득, 일자리, 공동체 생활, 교육, 환경, 정치참여, 건강, 삶의 만족도, 치안, 일과 삶의 균형 등 11개 항목이다.

정책 입안자들은 이런 지표들 중에서 특히 우리가 나쁜 점수를 받는 세부적인 지표들을 골라내서 분석할 필요가 있다. 대다수 분야에는 이미 방점이 찍혀 주요 정책으로 다루고 있긴 하다. 청년 실업, 노인 빈곤, 부의 양극화, 미흡한 복지체계 등이다. 자살률 세계 1위라는 오명을 벗지 못하게 하고 행복지수를 떨어뜨리는 근본 원인들이다. 물론 낮은 수준의 정치도 **빼놓을** 수 없다. 그 밖에 공동체 생활이나 주거환경, 생태 보존 등도 정부나 지자체가 주목해야 할 부분이다.

관점을 바꾸어 궁극적으로 보면 개인의 행복을 국가가 정책적 노력을 통해 100% 보장해 줄 수는 없다. 가장 중요한 것은 개인의 마음가짐과 사회 분위기다. 행복은 상대적인 것이다. 같은 월급 200만원을 받아도 어떤 사람은 즐거워하고 어떤 사람은 적다고 불평할 수 있다. 이임영 시인은 이렇게 풀이한다. "의식주의 해결과 아픈 곳이 없다면 그건 절대적 행복이다. 삶의 기본적인 욕구가 충족되기 때문이다. 그런데도 불행하다고 느끼는 건 상대적 행복의 결여 때문이다." 불행은 현실이 그 기대치에 미치지 못할 때 소유욕 충족의 부재에서 비롯된다고 했다.

욕심이 불행을 부른다면 행복을 부르는 건 희망이다. 지금보다 훨씬 가난했던 1970년대에는 잘 몰라도 행복지수가 지금보다 높았을 것이다. 앞으로 더 잘살 수 있다는 희망이 있기 때문이었다. 가난해도 희망이 있으면 행복한 것이고 풍족해도 절망을 느끼면 불행하다.

청년이나 노인이나 우리 국민성의 나쁜 점은 너무 쉽게 비관하고 절망하고 포기한다는 것이다. 취업과 결혼을 포기하지 않도록 정부도 노력을 기울여야 하겠지만 개인도 스스로 삶의 태도를 바꿔야 한다. 사회는 국가, 정부가 못 하는 일을 대신 맡아 주어야 한다. 셋이 삼위일체가 돼 희망을 잃지 않고 애쓴다면 우리의 행복지수는 상승곡선을 타지 않을까.[12]

http://blog.naver.com/rdg0817/220624250226740x312(2016. 02. 11)

5. 평생체육 학습자를 위한 '스크린 실버존' 개발

국제연맹(UN)에서는 고령화 사회의 분류에 대하여 전체 인구 중 65세 이상 노인 인구의 비율이 7%이상~14%미만인 사회를 고령화 사회(aging society), 전체 인구 중 65세 이상 노인 인구 비율이 14%이상~20%미만인 사회를 고령사회(aged society), 노인 인구 비율이 20%이상인 사회를 초고령사회(super-aged-society)로 정의하였다(통계청, 2008).

생활수준 향상과 의학 기술의 발달, 저 출산 등으로 인해 우리나라 노인인구가 급속히 증가하고 있다. 우리나라 65세 이상 노인인구는 지난 2000년 전체 인구의 70%를 넘어서 이미 UN이 분류한 고령화 사회로 진입하였고, 2018년에는 14%를 넘어 고령사회로, 2026년에는 20%, 국민 5명 중 한 명이 노인이 되는 초고령화사회 (super-aged society)가 될 전망이다. 뿐만 아니라, 2030년에 우리나라 사회는 G20 국가 중 일본, 독일, 이탈리아에 이어 네 번째 노령화 국가가 될 전망이다.

통계청 자료에 따르면 우리나라는 65세 이상 노인인구가 2014년 638만 6천명으로 전체 가구의 12.7%로 고령화사회로 진입하였다. 2030년도에는 노인 인구가 1,269만 1천명으로 인구 5명 중 1명인 전체인구의 24.3% 이상을 차지하는 초고령사회에 도달할 것으로 전망하였다(통계청, 2014).

그러나 우리나라에서는 곧 인구의 5분의 1이상이 노인이 되는 고령화사회로 진입한다는 것을 알고 있음에도 불구하고, 이에 대한 대책과 방안을 찾지 못하고 있는 상황이다.

노인인구의 증가는 노인의 여가 활동에 따른 비용 및 노인 질환에 대한 의료·요양 서비스의 수요를 증가시켜 사회적 비용과 국가 재정 부담을 증가시킬 것으로 전망된다고 지각하였다. 또한 노인은 젊은 사람보다 의료 기관을 찾는 빈도가 높아 의료비 지출이 급격히 늘고 있다. 전체 의료비 지출 중 노인 인구가 차지하는 비율이 증가 폭도 전체 의료비 증가폭의 3~4배에 이르고 있어 국가 재정과 사회적 부담이 커지고 있으므로 의료비를 절감할 수 있는 신체활동의 중요성이 대두되고 있는 실정이다.

베이비붐 세대(1955~1963년생)가 후기 고령층에 진입하는 2030년 노인의료비가 90조원 이상에 달할 것이라는 전망이 나왔다. 이를 방지하기 위해 의료 체계를 정비해야 한다는 지적이다.

2017년 5월 3일 국민건강보험공단의 '고령사회를 대비한 노인의료비 효율적 관리 방안' 연구보고서에 따르면 건강보험에 가입한 65세 이상 노인이 지출하는 의료비 총액은 2015년 22조 2,000억 원에서 2030년 91조 3,000억 원으로 4배 이상 폭증할 것으로 예측됐다. 3년 후인 2020년에도 35조 6,000억 원으로 1.6배 늘어날 전망이다.

노인 1인당 의료비도 2015년 357만 원에서 2020년 459만원으로 1.3배로 증가하고, 2030년에는 760만원으로 2015년의 2.1배 수준이 될 것으로 추산됐다.

75세 이상으로 범위를 좁혀보면 의료비 증가폭은 더 가파르다. 75세 이상 의료비는 2015년 11조 4,000억 원에서 2030년 58조 7,000억 원으로 5.2배 늘어나고 1인당 의료비는 같은 기간 459만원에서 882만원으로 2.7배가 된다.

보고서는 "병원 중심의 의료체계를 유지할 경우, 2030년에는 국가의 모든 자원이 노인 입원비나 요양 수발비용에 들어가게 된다."며 "의료체계를 방문간호사나 요양보호사의 도움을 받아 가정에서 자기관리를 하는 '지역사회중심체계'로 전환해야 한다."고 제언했다(한국일보, 2017. 05. 03, 이진희, 이성택).

그 동안 성장 위주의 산업 정책을 추구해 온 탓에 복지 정책, 특히 노년층에 대한 복지 수준은 여전히 열악한 실정이다. 또한 노인층의 의료비 증가가 사회·경제적 비용 증가로 이어지면서 노인의 건강에 대한 문제점이 이미 심각하게 제기되고 있는 상황이다.

따라서 머지않아 초고령사회에서 잠자는 시간을 뺀 나머지 시간이 여가 시간이 될 수 있는 노인들에게 체육을 포함한 여가 활동에 관한 시설과 프로그램을 개발하고 보급해야 하는 것은 국가 사회적 또는 개인에게 매우 중요한 과제로 부각되고 있다(권문배, 2006).

그러나 우리나라 노인층이 운동을 할 수 있는 시설(수요)과 공급 시설(소요)이 현재 불일치한 상황일 뿐만 아니라, 노인의 참여 희망 종목과 제공 종목도 불일치하고 있는 상태이다.

현재 노인이 주로 이용하는 운동 공간은 거주지 주변의 야외에 설치된 시설에 불과하며, 공공이 제공하는 노인 체육 프로그램도 주로 제한된 레크리에이션 위주의 일반적인 실내 공간으로 조사되고 있다(노은이, 2009). 따라서 노인의 눈높이에 맞춘 체육 서비스 제공으로 불일치하는 현상을 적극 해소하려는 노력이 필요하다.

이를 위해서는 먼저 코허트 효과(cohort effect)에 대한 이해가 우선적으로 필요하다.[8] 동시대의 코허트들은 같은 사회·문화적 배경을 공유하고 여기에서 파생되

---

8) 코허트 효과란 동기 집단 효과를 말하는 것으로, 동시대 사람들에게 강력한 영향을 미치는 요인들로서 역사적 사건이나 사회화 경험에 빚어진 차이를 의미한다.

어진 그들의 관심사나 취미도 비슷하다.

이로 인해 "당장 노인들의 이용이 거의 없거나 현재 노인 코허트들이 좋아하는 화투, 장기, 음주, 산책 등의 비 건설적인 프로그램을 제공해서는 안 된다(권문배, 2006). 즉 초고령사회에 대비하여 그 시대에 맞는 노인 코허트를 위한 체육 프로그램 콘텐츠가 개발 및 보급될 필요가 있다." (이현석, 유정애, 2012: 172).

우리는 현시점에서 주목해야 하는 사실은 지금의 노인층과는 달리 미래 초고령 사회 노인들은 스마트폰을 자유자재로 활용하고 IT를 생활화 할 것이라는 점이다. 현재만 봐도 도시 지역의 노인 중 74% 이상이 인터넷을 이용하는 등 노인층의 IT 이용률은 점진적으로 증가하는 추세로, 향후 10년 이내로 65세 이상의 노인계층이 차후 IT를 이끌어 갈 IT 견인 세대가 될 것으로 보고 있다(강인철, 주재홍, 김범석, 양용대, 2009).

따라서 미래의 노인 코허트들의 세대적 성향에 맞는 IT와 미디어를 활용한 노인 체육 프로그램 콘텐츠를 개발할 경우 중요한 교육적 수단으로 자리매김 할 가능성 이 충분하다.

"최근 TV와 연결하여 게임을 이용할 수 있는 게임기(닌텐도, Wii Fit, DS 등)가 선풍적인 인기를 끌고 있고, 스크린 골프 역시 일반인들에게 바른 속도로 확산되 어 골프의 대중화에 이바지 하고 있다. 그러나 스크린 골프 등의 경우 대부분 청·저 장년층을 주 고객으로 삼고 있으므로, 노인층이 즐기기는 체력적 부담과 경제 적 부담이 발생하는 한계가 존재한다." (이현석, 유정애, 2012: 172).

우리나라 사회에 확산되어 있는 노인 및 노화 개념에 대한 오해, 노인들의 학습 능력을 폄하하는 고정 관념, 노인들의 다양한 욕구에 대한 무관심 등의 사회적 현 실을 비추어 본다면, 노인에게 부여되는 평생학습의 긍정적인 측면은 설명할 필요 가 없다(이경희, 2004). 이런 의미에서 우리 사회는 노인 개개인을 하나의 평생학습 자로서 인식할 때를 맞이하였다. 이런 인식의 변화와 함께, 평생학습자로서의 노인 이 가지고 있는 다양한 학습자 특성을 이해할 필요가 있다.

이경희(2004)에 따르면, 노인 학습자들은 다른 연령대의 학습자와는 달리, 학습 자 연령의 범위, 교육 수준, 과거의 직업, 가족 관계, 건강 상태 등에 있어서 개인 치가 큼을 알 수 있다. 따라서 노인 학습자들이 요구하는 교육 프로그램과 노인 교 육 프로그램을 계획하는 교육자들이 제공하는 교육 프로그램에 실제적인 간극을 예방하고 이를 반영한 체육 교육 프로그램이 요구된다.

따라서 시대에 맞는 노인의 특성을 고려한 평생체육 프로그램 콘텐츠가 요구된 다. 특히 이러한 노인을 위한 체육 프로그램 콘텐츠를 개발함에 있어 복지 차원이 아닌(박응희, 2009), 교육적 관점에서 개발 및 활용이 선행되어야 한다.

노인 평생체육 교육 프로그램을 하나의 서비스 상품으로 본다면, 고객 중심의 차별화된 경영 전략 수립이 필요하다. 이는 평생 학습[9]자인 노인 중심적 사고를 반영하는 것으로써, 노인 학습자의 요구 수준을 반영하여 이들을 위한 '스크린 실버존'[10]과 같은 프로그램화(programming)하는 것으로 연결된다. 즉 변화하는 사회에 따른 노인 학습자의 취향과 성향에 부합하는 평생체육 프로그램으로, 스크린 실버존은 다음과 같은 교육적 효과를 가져 올 수 있다(박응희, 2009).

가. 신체활동을 통한 다양한 욕구 충족

신체활동은 사회적·경제적 이득 측면에서 살펴보면 규칙적인 신체활동은 건강을 증진시키고 의료비를 줄이며, 보다 건강한 신체적·정신적·사회적 환경을 조성하는 데 도움을 준다.

노화에 따른 신체 기능 및 건강 기능은 노년기의 질적인 삶에 있어 매우 중요한 요인으로 부각되고 있으며 노인의 신체적 자기 개념과 정신건강을 향상시키기 위한 방안의 하나가 생활스포츠 프로그램에 참여하는 것이다.

노인들이 왜 교육에 참가하며, 이를 통하여 무엇을 얻고자 하는가를 체계적으로 다룬 대표적인 학자는 Howard McClusky(1971)이다. 그는 미국의 '노인문제에 관한 백악관 회의'에 제출한 한 배경 보고서에서 노인들의 교육에 대한 욕구를 다섯 가지로 분류하고, 체계적인 교육 실시를 통해 노인들의 교육에 대한 욕구를 충족시킬 수 있다(윤성빈, 2001)고 주장하였다.

스크린 실버존은 신체활동을 통하여 이 다섯 가지의 노인 욕구를 충족시킬 수 있도록 설계되어 있다.

첫째, 환경 적응 욕구 충족이다. 노인은 자신의 신체적 노화에 따라 능력과 지식이 감퇴하여 일상생활에 곤란을 겪기 때문에, 이를 만회하고 정상적인 기능을 유

---

9) 평생 학습은 지식 경제에서 요구되는 교육·훈련·고용 간의 연계를 통해 학습자의 이동성과 고용 가능성을 높여 개인의 성장과 경제 발전, 그리고 사회 통합을 동시에 추구하는 학습을 의미한다. 따라서 평생 학습자 사회는 누구든지 연령 장소, 시기에 구애받지 않고 개개인이 희망하는 학습에 참여할 수 있고, 그 다양한 학습의 결과가 공식적으로 전전되는 사회라 할 수 있다(최운실 외, 한국교육개발원, 2005).

10) 스크린 실버존이란 필드 운동인 골프를 실내로 옮겨 대중화 시킨 스크린 골프와 같이 야외에서 즐기던 기존의 다양한 신체활동을 실내로 옮겨 가상의 스크린을 통해 실제와 같은 체험을 할 수 있게 구성된 공간을 말한다. 다시 말해, 스크린 실버존은 현재 뿐만 아니라 초고령화 사회를 대비하기 위해 인출(창의, 창안)된 것으로서, 스크린 골프의 센서(sensor) 원리를 활용한 게이트볼, 사이클, 낚시, 승마 등의 다양한 스크린 게임을 노인 학습자에게 제공하는 시스템을 말한다(이현석, 유정애, 2012: 173).

지하기 위한 교육을 받으려 한다. 예를 들면, 인터넷 교육 등의 일상생활에 필요한 기술 등을 습득하는 것으로서 도구의 욕구 혹은 적응 욕구 등과 비슷한 것이다.

이는 현재의 노인 세대는 신체활동에 관련된 교육을 많이 받지 못했고 이들이 갖고 있는 신체활동에 관련된 교육에 관한 낡은 지식과 기술로는 변화하는 새 시대에 살아남기 어렵기 때문에 이에 대한 보수 교육에 중점을 두게 된다. 즉, 온라인을 활용한 IT기술, 프로그램 조작 방법 등이 이에 포함된다.

둘째, 표현 욕구 충족이다. 이 단체 활동에 대한 참여 욕구를 말하는 데, 그 목적이 따로 있는 것이 아니라 활동과 참여 자체가 기본적인 동기라고 볼 수 있다. 즉 노인들은 자발적인 신체 운동, 사회적 활동, 새로운 경험, 그 자체로부터 만족을 얻게 된다. 젊은 시절에는 직업과 개인적 책임 등으로 인하여 자신의 취미 등을 충분히 살릴 시간적 여유가 있었으나, 이제 퇴직 후 자유로운 시간을 갖게 되어 학위·졸업장·취업 등을 위해서가 아니라, 단순히 '배우는 재미' 혹은 '관심'이 있어서 새로운 것을 배울 수 있게 된다.

체육활동·서예·미술·도자기·음악 등이 이에 속하고, 이는 순수하게 그 자체의 재미로 하는 것이다. 뿐만 아니라, 이와 같은 표현 욕구에는 다른 동료들과의 친교 관계 형성이 중요한 의미를 지닌다. 여러 가지 활동을 통해서 친구를 사귀고 그 친교 관계를 장기간 유지하는 것이 심리적 적응과 보다 높은 정신 건강 수준 유지를 바라는 노인들의 커다란 욕구가 된다.

따라서 '스크린 실버존' 프로그램의 온라인 시스템을 통한 단체활동 참여는 노인 학습자가 자발적인 신체활동을 통해 사회적 활동을 가능하게 하고 새로운 경험을 할 수 있도록 유도해 주므로 표현 욕구를 충족할 수 있게 되는 교육적 효과가 있다.

셋째, 사회에 공헌하고자 하는 욕구 충족이다. 노인들에게도 자신뿐만 아니라 남을 위해 헌신하고자 하는 욕구가 있다. 그러한 헌신과 봉사를 통하여 자아개념을 충족시키고 스스로 만족을 구할 수 있다. 지역사회 활동에의 참여, 운동과 관련된 동아리 활동의 참여, 의료 보건 및 사회 복지 기관, 종교 단체에 대한 자원 봉사활동에 참여함으로써 노인의 자존심을 유지하고 개인적 지위를 향상시킨다.

따라서 '스크린 실버존'을 통한 신체활동 교육은 어떤 방향으로 자신의 에너지를 투여할 수 있는가에 대한 정보를 얻고 또한 사회활동에 필요한 기능 훈련을 받을 있게 된다.

넷째, 영향을 주려는 욕구 충족이다. 사람은 누구나 자신이 살고 있는 사회 속에서 단순히 타인의 영향을 수동적으로 받고만 있기 보다는 사회 전체의 변화와 흐름에 대해 적극적으로 영향을 주고자 한다. 이 점은 노인의 경우도 마찬가지로, 노인들은 그 지역사회의 친목 혹은 봉사 단체, 노인 단체, 종교 단체, 운동 동아리 단체, 정치 및 사회적 압력 단체 등에 가입하여 사회에 많은 영향을 주려고 한다.

따라서 '스크린 실버존' 프로그램은 교육과 취업 등을 통해 노인들이 할 수 있는 사회적 역할, 개인적 혹은 집단적 활동을 위한 기술 훈련, 사회적 지지, 그리고 그 활동에 대한 평가 등을 제공해 준다.

다섯째, 초월적 욕구 충족이다. 이 욕구는 노년기에 접어들어 눈앞에 다가온 죽음을 실감하면서 인생의 의미를 더욱 깊게 깨닫고 파악하려는 욕구이다. 즉 노년기에 현저히 나타나는 신체적 퇴락을 경험하면서 신체적 젊음과 함께 더 중요한 인생의 본질적 의미를 찾게 된다. 이는 Abraham Maslow가 주장하는 5단계의 심리적 욕구 이론에서 최상적인 자아실현 욕구를 노년기에 이루려는 것이라고 볼 수 있다.

따라서 노인 학습자는 '스크린 실버존' 프로그램의 온·오프라인을 통해 신체활동으로 인생의 의미와 삶의 보람을 느끼며 아름답고 풍요롭게 살고 싶은 욕구를 충족시킬 수 있다. 노인의 다양한 욕구 충족은 개인이 '일생 전체를 통한 교육애의 욕구' 라는 측면에서 고찰해 볼 수 있다.

이에 대해 Malcolm S. Knowles(1977)는 누구에게나 일곱 가지(학습자, 자아, 친구, 시민, 가족 구성원, 근로자, 여가 활용자 등)의 개인적 및 사회적 역할을 전 생애에 걸쳐 수행하려는 동기가 있다고 설명하고 있다.

따라서 "성인교육 혹은 평생교육에 대한 노인들의 이러한 욕구를 종합해 볼 때, 노인들에게 신체활동을 통한 교육의 기회를 부여해야 할 타당성은 충분하다." (이현석, 유정애, 2012: 179).

http://blog.naver.com/jdooi/221201165912(2018. 02. 05)

나. 신체활동에 대한 학습 동기 유발 강화

노인 체육 프로그램은 재미와 즐거움이 신체와 정신의 안녕을 도모하고, 지역사회로부터 최상의 독립성과 통합성을 유지할 수 있도록 설계되어야 한다. 또한 노인에게 자기애(narcissism, 自己愛)를 제공하며, 긍정적이고 자아를 향상시키는 방향으로 활동하는 시간을 갖도록 해야 한다(Flatten, Wihite & Reyes-Watson, 1988).

또한, 자발적인 참여와 지속성을 높이기 위한 프로그램의 학습 동기 전략은 동기에 영향을 주는 결정인자인 자율성과 유능감, 관계성을 향상시켜 내재적 동기뿐만 아니라 외재적 동기가 통합되어 동기화 되도록 구성되어야 한다.

내재적 동기 유발 전략으로, 노인이 호기심을 갖도록 하고, 성취감을 갖도록 하며, 실패의 경험을 적게 갖도록 하고, 자신이 닮고 싶은 모델을 정하도록 하는 것이다. 또한 외재적 학습 동기 유발을 위한 전략으로는 스스로 학습의 목표가 무엇인지 깨닫게 해 주고 스스로 학습이 진보된 것을 알도록 해 주는 것이며, 상벌을 적절히 사용하는 것이다. 상은 성취감을 갖게 하고 사회적 인정의 용구를 충족시켜 주기 때문에 효과적이다.

'스크린 실버존' 프로그램에 삽입된 학습 동기 전략은 자조 집단의 형성, 리더역할 수행, 건강관리 자율학습으로 세부 내용은 다음과 같다.

첫째, 자조 집단(self-help group)의 형성이다. 자조 집단은 정기적으로 온·오프라인으로 만나는 소그룹을 통해 운동과 건강이라는 공통된 문제를 서로 이야기 하고 격려하며 도움을 주고받는 집단을 의미한다. 이것은 동기 유발 결정 인자 중 자율성, 관계성, 유능감을 증진시켜 준다. 자조 집단의 운영은 자신의 문제를 온·오프라인을 통해 서로 나누고 공동의 목표를 달성하기 위해 상호 협조적인 노력으로 건강 문제를 해결하려는 집단적인 건강 행위를 한다.

또한, 자조 집단에서는 사회적으로 비슷한 문제를 가진 사람들끼리 지지하고 자존감을 증가시키면서 생활 방식을 교정하며, 여가와 운동 매개체를 활용하여 정신적인 공동체감을 만들 수 있다.

온·오프라인을 통한 집단활동을 통하여 노인 학습자들은 운동 및 건강 지식과 정보를 습득할 뿐만 아니라 삶의 희망, 다른 사람과 같은 느낌, 다른 사람을 도울 수 있다는 생각, IT를 활용한 사회화 기술, 긍정적인 행위 증진, 온·오프라인 그룹의 응집력, 정신적인 정화작용 등의 치료적인 효과를 얻을 수 있다.

또한, 노인 스스로는 제한되는 출석률에 관한 동기 유발을 상호 결석자에 대해 관심을 가짐으로써 온·오프라인 그룹의 응집력이 유지되고 서로간의 관계가 증진

될 수 있다(나상진, 2002).

둘째, 리더 역할의 수행이다. 특히 정종진(2001)은 학습활동 중에 동기를 유발하는 방법으로 교사가 수업을 전체적으로 주도하지 말고 학생들의 직접적 참여를 유도하는 것이 좋다고 제안한다. 이는 학습자가 수업을 직접 주도해 봄으로써 성취감을 가지게 되어 동기 유발의 효과를 극대화 할 수 있기 때문이다.

즉, 리더 역할 수행은 자율성과 유능감을 증진시켜서 프로그램을 통해 배운 학습을 실행하는 것으로 이는 단순히 실행을 충동하는 동기뿐만 아니라 배우는 동안에 발생하는 내재적인 과정을 이해하는 동기를 말한다.

셋째, 시스템에 의한 건강교육과 스크린 동영상을 이용한 건강관리 자율학습이다. 이 방법은 기존의 건강교육이 대상자에게 지식과 정보를 제공하면 행동에 변화를 가져올 것이라는 전제 아래서 시작되었다. 그러나 건강 증진에 필요한 지식을 체계적으로 제공하지 못하고 질병의 원인이나 증상, 치료 등에 대한 메시지 전달에 급급했던 이유로 건강교육이 큰 성과를 거두지 못하고 있다.

따라서 '스크린 실버존' 시스템에 의한 새로운 건강교육은 단순한 지식 전달에서 탈피하여 개인이나 집단으로 하여금 일반적 생활양식과 구체적 행동 선택에 있어 개인 자신들이 결정권을 가질 수 있도록 기회를 제공한다.

또한 건강교육은 특정 집단을 대상으로 그들의 가치관이나 상황에 맞는 내용으로 구성될 때 대상자 스스로의 행동 변화를 도모할 수 있다. 따라서 건강 교육 방법의 일환으로 건강교육을 시작하기 전에 스크린을 활용한 동영상 매체를 이용하여, 게임이나 준비 운동을 10여 분 운영한다면 교육에 대한 학습 흥미 유발과 더불어 문제점에 접근할 수 있는 계기를 마련할 수 있다. 그럼으로 "노인의 건강 유지를 위해 스스로 프로그램을 선택하고 자율적으로 참여하며 운동을 지속시키는 과정에서 노인 학습자의 흥미를 유발할 수 있기 때문에 체육활동에 대한 학습 동기 유발을 강화할 수 있다." (이현석, 유정애, 2012: 180).

'노화에 관해 개발된 교육 프로그램'은 학습자들에게 노인과 노화에 관한 지식과 이해를 향상시킴으로서 노인에 관한 바른 이해를 갖도록 하는 데 다음과 같은 특징이 있다.

첫째, 노인과 노화에 관한 올바른 지식을 신체활동을 통해 습득하게 함으로써 노인기의 변화 및 특성에 관한 올바른 이해를 갖도록 하며, 세대 간 이해 증진을 도울 수 있다.

둘째, 퇴직을 앞 둔 이들에게 퇴직 후 생활 변화에 관한 지식과 정보를 '스크린 실버존'에서 추가적으로 제공하여 실질적인 계획을 세우고 변화에 적응해 나갈 수 있는 공간이 될 수 있다.

셋째, 신체활동을 통해 노인에 관한 올바른 이해를 제공함으로써 노인들에게 보다 나은 서비스를 제공할 수 있다. 노화에 관해 개발된 교육 프로그램' 중 가장 중요한 내용은 노화에 따른 사회적·심리적·신체적 변화 과정과 그 특성들이다. 이 변화들 중 특히 신체활동을 통해 건강한 삶을 되찾는 것이 우선적으로 다루어져야 하고, 퇴직과 재취업 및 각종 사회봉사와 사회적 역할 변화에 관한 내용들도 제공되어져야 한다. 동시에 아직 노인기를 맞지 않은 세대들에게는 노인을 이해하고 존경할 수 있는 교육과 함께 노인들과 의미 있는 교류를 가질 수 있는 기회도 제공되어져야 한다(이현석, 유정애, 2012: 177).

스포츠 활동이 여러 가지 긍정적인 효과를 발현할 수 있음은 다양한 연구를 통해 밝혀지고, 미디어를 통해 대중에게 널리 알려진 사실이다. 연령에 적합한 운동 선택과 규칙적인 신체활동 참여는 생활에 활력을 주고 건강유지에 긍정적인 영향을 준다.

운동은 단기 혹은 장기적으로 꾸준히 할 경우 특히 유산소 신체운동은 불안과 우울증, 긴장 및 스트레스를 해소시키고 활력을 증가시킬 뿐만 아니라 분별력 또한 향상시킬 수 있다. 또한 근력 및 지구력, 유연성, 민첩성, 평형성, 심폐지구력, 그리고 신체구성과 같은 요인들로 구성된 신체적 기능 향상과 생리적인 기능도 향상시키는 데 효과적이다.

신체활동은 생리적 측면은 물론 심리적 측면에서도 효과적이다. 불안을 해소하고 자신감을 회복하고 형성하는 데 크게 기여하며, 기분과 일반적인 안녕을 비롯한 신체상, 자존감의 증진, 불안과 우울의 감소 등 심리적 건강에도 매유 유익하다. 또한, 자아존중감에 긍정적 효과를 갖으며, 스포츠와 같은 능동적 여가활동을 통하여 자기만족을 많이 경험한 사람은 주로 수동적 여가활동을 한 사람에 비해 심리적 복지와 적응력이 높다.

연령에 적합한 운동 선택과 규칙적인 신체활동 참여는 생활에 활력을 주고 건강유지에 긍정적인 영향을 주는 것은 물론 신체적, 정신적 노화를 지연시키는 효과가 있다.

다. 맞춤형 처방을 통한 체력 증진

노인에게 있어서 체력과 활동 능력의 저하는 직접적으로 사회적 능력의 저하로 나타나고, 사회적 능력의 저하는 결국 생활의 질적 저하로 이어지게 된다. 또한 Takata, Ansai, Akifusa & Soh(2007)의 연구에서 체력이 사망률, 일상생활 수행 능력, 사회적 능력, 삶의 질 등에 영향을 주는 것으로 보고되었다. 즉, 일상생활 수행 능력, 사회적 능력, 삶의 질을 증가시키기 위해서는 일차적으로 질병의 예방뿐만 아니라 적절한 신체활동을 할 수 있는 기능적 활동 체력을 오랫동안 유지하는 것이 중요하다.

노인 학습자는 여러 신체 기능의 저하로 장기간 신체활동을 하지 않으면 신체적인 부작용은 물론, 심리적으로도 부정적인 결과를 초래하므로 노인에게 건강상 긍정적인 효과를 초래하는 운동이 권장되고 있다. 노인 학습자를 위한 운동은 새로운 기술을 습득하기 위한 것이 아니라 현 근력 기능을 유지하기 위한 목적으로 운동을 처방해야 한다.

노인 학습자가 어떤 동작을 수행하는 데 어려움을 느끼면 동일한 강도의 다른 운동 동작으로 대처해 주어야 한다. 또한 저 충격과 중강도의 적절한 근력 운동을 실시할 때 운동을 통한 최대 효과를 낼 수 있음과 동시에 안정성이 보장된다.

따라서 노인 학습자가 운동의 효과를 내기 위해 꾸준히 실천할 수 있도록 노인 학습자의 운동에 대한 잠재적 장애 요인을 파악하고 이에 대한 대책을 수립해야 한다.

또한 노인 학습자의 체육활동 촉진 인자로 조사된 체력에 대한 자신감, 적합한 스포츠 종목, 운동능력에 대한 자신감, 적합한 스포츠 종목, 운동 능력에 대한 자신감, 함께 할 친구를 충족시켜 주는 운동 프로그램의 개발이 요구된다. 즉 노인 운동의 기본 조건은 건강 상태를 개선하는 운동의 효과를 기대할 수 있고 안정성이 보장되는 운동 강도를 선택해야 한다.

이를 위해 노인 학습자의 신체적 조건, 즉 건강 상태, 체력 수준, 연령, 운동 경험, 신체적 장애 여부 등을 고려한 개인별 운동 정밀 검사를 폭넓게 실시하여 건강 상태와 체력 수준의 정확한 파악과 함께 잠재적 위험 요인을 평가하는 것이 중요하다(나재철, 2004).

미국 스포츠의학회에 따르면 운동 강도는 최대 심박수 60~90%, 최대산소섭취량 50~85% 정도로 설정하는 것이 일반적인 방법이다. 그러나 이러한 것의 측정은 장치나 측정비용의 문제 등으로 보편화되지 못하고 있는 실정이다.

현재의 운동 자각도(Borg Scale)를 운동 강도 측정의 타당하고 신뢰성 있는 지표로 보고 운동 강도를 파악하는 데 사용하도록 권장하고 있다. 즉 운동 중 운동 자각도 12~13단계인 '가볍다' 혹은 '조금 힘들다' 는 느낌이 들 정도로 운동을 하는 것이 건강에 긍정적인 효과를 초래하는 알맞은 운동 강도라고 보고 있다.

또한 주 3~5회 운동할 것을 권장하는 데 준비 운동은 5~10분, 본 운동은 30~45분, 마무리 운동 5~10분으로 지도하고 있다. 이와 같이 "노인 학습자에게 운동을 적용할 경우에는 노인 학습자의 체력과 신체 조건을 충분히 고려하고 개인별 중강도의 운동을 처방하는 것이 중요하다." (이현석, 유정애, 2012: 181).

이현석, 유정애(2012)의 '스크린 실버존' 프로그램은 노인 학습자가 이 프로그램을 접할 때 개인별로 체격과 체력을 측정 후 시스템에 데이터를 입력하게 된다. 이 데이터는 어디에서도 온라인 시스템을 통해 같은 프로그램 안에서 유지·관리되어 언제 어디서나 노인 학습자의 신체 상태와 수준에 맞는 운동 종목을 제공받을 수 있고 연습 부하 및 반복 횟수 등을 설정해서 맞춤형 체력 증진이 가능하다.

또한 '스크린 실버존' 프로그램은 체력 하위 요소의 향상을 위한 근력 운동, 균형 운동, 유연성 운동을 중심으로 각종 운동 종목을 포함 시키고 있다. 각 운동은 준비 운동, 본 운동, 정리 운동으로 구성되며 프로그램이 지루하지 않도록 진행하게 한다.

이 프로그램은 운동의 적응으로 인한 강도의 저하를 방지하기 위하여 적정 시기에 준비 운동과 본 운동의 동작 중 몇 가지 동작을 교체할 수 있도록 구성하였으며, 동일한 운동의 경우 반복 횟수 증대, 정지 시간 증가, 운동 부하의 증가 등으로 노인 학습자가 지속적인 중강도의 학습이 가능하도록 하였다.

특히 "스크린을 통한 시각적 피드백 제공으로 노인 학습자의 성공적인 학습을 위한 과정이나 그 결과에 대하여 평가적 혹은 교정적 정보를 제공하여 학습효과를 향상시킬 수 있다. 영상 매체를 통한 운동 학습 피드백은 짧은 시간에 보다 많은 것을 효율적으로 배울 수 있음과 동시에 오랫동안 학습한 것을 기억할 수 있다는 점에서 노인 학습자에게 운동 지속을 조장 할 수 있는 긍정적인 영향을 줄 수 있다." (이현석, 유정애, 2012: 181).

이 프로그램은 '노인을 위해 개발된 교육 프로그램', '노화에 관해 개발된 교육 프로그램', '노인에 의해 개발된 교육 프로그램'의 특징을 가지고 있으며, 이를 종합하면 다음과 같은 교육적 특징을 가지고 있다.

첫째, 단순히 노인층에게 게임을 제공하여 수행하게 하는 것이 아닌, 노인의 신체 상태를 체크하고 이에 적합한 스크린 운동 종목을 추천함으로서, 노인의 취향 또는 신체 상태에 적절한 게임을 제공할 수 있다.

둘째, 스크린 게임이 설치된 매장에서 뿐만 아니라, 온라인을 통한 다른 이용자와의 경쟁도 가능하므로 학습 흥미를 높일 수 있고, 온라인상에서도 타이용자와의 경쟁 결과를 비교하면서 상대적인 수행 수준도 산출할 수 있다.

셋째, 스크린 실버존은 실제로 정식적인 조건에서 운동을 수행할 경우와 비교할 때, 교통비와 이용비 등의 경제적 부담을 줄일 수 있을 뿐만 아니라, 별도의 신체 측정 및 건강 증진 프로그램이 부가되지 않는다. 또한 노인층이 선호하는 한경조건을 고려하여 산소 공급, 자연 음향 등의 4D를 적용한 시설을 제공함으로써 오감을 만족시킬 수 있다.

한편, '스크린 실버존' 프로그램은 노인 평생 학습자의 특성을 고려한 맞춤형 체육교육 프로그램이라는 점에서 다음과 같은 교육적 효과를 가진다.

첫째, 신체활동을 통해 다양한 욕구를 충족할 수 있다. 스크린 실버존 프로그램은 신체활동을 통해 환경 적응 욕구, 표현 욕구, 사회 공헌 욕구, 영향을 주려는 욕구, 초월적 욕구라는 다섯 가지 노인 욕구를 충족시킬 수 있다.

둘째, 신체활동에 대한 학습 동기를 유발할 수 있다. 스크린 실버존 프로그램은 자조 집단의 형성, 리더 역할 수행, 건강관리 자율학습이라는 다양한 학습 동기 유발 전략으로 노인 평생체육 학습자들에게 다양한 내용과 방법으로 접근할 수 있다.

셋째, 맞춤형 처방을 통해 체력을 증진시킬 수 있다. 스크린 실버존 프로그램은 언제 어디서나 노인 학습자의 신체 상태와 수준에 맞는 연습 부하 및 반복 횟수 등을 제공하기 때문에 맞춤형 체력 증진이 가능하다. 또한 스크린을 통한 시각적 피드백 제공으로 노인 학습자의 성공적인 학습 과정이나 그 결과에 대하여 평가적 혹은 교육적 정보를 제공하여 학습 효과를 향상시킬 있다(이현석, 유정애, 2012: 181-182).

http://blog.daum.net/kissday1967/1421(2018. 03. 18)

잠깐! 쉬었다 갑시다

☞ 100세 인생, 그러나 병상에서 10년

얼마전 채신덕 도의원(문화체육관광위원회 위원)을 만나게 됐다. 깜짝 놀란 것은 경기도 내 노인분들의 건강을 위한 체육 정책에 아주 관심을 많이 갖고 있다는 것이었다. 짧은 시간이지만 대화를 서로 주고받으며 경기도 노인건강을 위한 정책과 대안을 가지고 진정성 있게 토론했던 기억이 난다.

통계청에 따르면 7년 후인 2026년에는 우리나라 65세 이상 노인인구가 21%로 초고령 사회를 넘을 전망이라고 한다. 경기도 역시 2020년에는 노인인구가 13.2%가 넘을만큼 높은 고령화 비율을 보일 것으로 보인다. 1인당 노인을 부양해야하는 부담감의 증가, 노년기 빈곤 악순환 현상, 국가 경제 부담감 증가 등의 이유로 노인 건강문제는 인구 밀도가 가장 높은 경기도내에 큰 사회문제로 대두되고 있는 실정이다.

노인의 신체능력 감소로 인한 삶의 질 악화는 노년기의 가장 큰 문제다. 특히 여러 신체기관의 생리적 예비능력이 저하되고, 스트레스에 대한 취약성이 높아져 장애, 시설 입소, 사망 등을 일으키기 쉬운 상태인 노쇠(frailty)는 위험하다 노쇠노인은 정상노인에 비해 3년 이내 사망률이 2.28배나 높은 것으로 나타났다. 국내 노인의 노쇠 유병률이 국외와 비슷한 수준이지만 우리나라의 고령화 속도가 경제협력개발기구 34개 회원국 중 가장 빠른 것으로 보고돼 노쇠노인 증가로 인한 의료비 증가, 삶의 질 감소 등과 같은 문제는 세계에서 가장 심각할 것으로 판단되고 있다. 하지만 도내 지역사회에 기반한 노인 건강증진 영위를 위한 구체적인 노인건강 예방 운동 정책 방안은 제시되지 못하고 있다.

노인인구가 급속하게 증가할 것으로 예상되는만큼 도내 노인 노쇠 예방 운동 정책 방안이 수립되어야 한다. 다행히 채신덕 의원의 발빠른 준비로 도 내 어르신들의 건강상태등을 샘플링해 정책 대안을 만들 토대를 만들었다. 내 어깨가 무겁기

도 하지만 한편으론 신명난다. 체육전문가가 연구하고 수립한 자료를 위원님들이 정책 발의 하여 수립 한다는 게 얼마나 신명나는 일이겠는가. 우선 필자는 경기도에 거주하는 65세 이상 노인을 대상으로, 노쇠 예방을 위한 운동실태조사 및 향후 노인들의 일상생활 운동 개선 방안에 관한 정책 방안을 수립 할 것이다.

먼저 경기도를 북부, 남부, 서부, 동부 총 4개 지역으로 구분해 권역별로 노인인구 비율이 가장 높은 지역 1개를 선정, 로코모 측정을 해 볼 계획이다. 로코모는 몸을 움직이는데 필수적인 뼈, 관절, 근육, 힘줄, 신경등의 운동기관이 쇠약해져 일어서거나 걷는 기본적인 동작이 원활하지 않은 상태를 말한다. 건강은 복지다. 개인의 문제가 아니다. 선택과 집중이 필요하고 지속 가능한 정책이 이루어지길 기대 한다. 시작한 이 연구가 꼭 경기도 내 어르신들의 건강을 지켜 줄 수 있는 힘이 되길 기대 한다.

이를 통해 경기도 내 노인들의 건강한 일상생활과 삶의 질을 높이기 위한 정책을 펼쳐야 한다. 필자는 과제를 통해 도내 노인 생활체육 활성화에 이바지할 수 있는 정책적 지원 방안을 제안 할 것 이다. 필자가 계획한 이 연구의 결과가 꼭 실현되기를 기대 해 보자.[13]

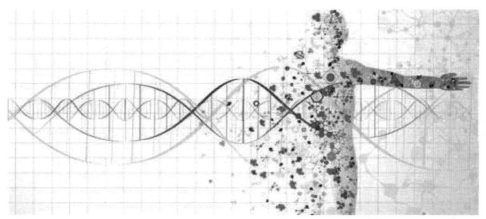

인간 게놈 사업 이후 개인의 유전자 차이를 분석해 이를 바탕으로 질병에 대한 다른 처방을 하는 맞춤형 의학 시대가 다가오고 있다. 맞춤형 의학은 개인의 유전자 차이에 따라 처방약에 대한 반응이 다르기 때문에 환자의 유전정보를 정확히 알게 되면 지금까지의 처방과는 다른 최적화된 처방으로 질병을 치료할 수 있다는 아이디어에 기반하고 있다.

현재 대부분의 질병은 환자의 몸무게, 외부 물질에 대한 면역 반응성 등이 고려돼 치료된다. 맞춤형 의학은 이런 기준 외에 개인별 유전정보를 더해 최적화된 처방을 할 수 있게 해 준다. 최근 많은 나라들이 건강보험에서 유전정보 분석을 어느 정도 허용하면서 맞춤형 의학이 점점 우리 곁으로 다가오고 있다.

맞춤형 의학을 적용하기 가장 좋은 질병은 암이다. 지금까지는 암이 인체 어느 기관에서 발생했냐에 따라 치료와 처방이 이뤄져 왔다. 하지만 많은 경우 개개의 암마다 다른 기원과 진화 과정 등이 존재하기 때문에 단순히 발생한 신체 부위에 따라 획일화된 처방을 하는 건 어려운 것이 사실이다.

지난 수십년간 암 생물학이 발전하면서 암이 서로 다른 유전적 특징을 갖고 있다는 사실이 밝혀지고 이를 선택적으로 사멸시킬 수 있는 약물들이 개발돼 왔다. 과거에는 치료가 어렵던 암에도 맞춤형 치료가 서서히 기여를 하고 있다.

하지만 아직까지도 환자의 암에 적합한 치료법을 찾는 것이 쉽지 않은 경우가 많다. 현재 항암제는 다양하지만 맞춤형 치료를 위해 단순히 DNA를 분석하는 정도로는 어떤 항암제를 선택해야 하는지에 대한 뚜렷한 정보를 알아내기가 쉽지 않다. 가장 손쉬운 방법은 환자의 암세포를 선택적으로 사멸시킬 수 있는 항암제를 찾아내 투여하는 방식인데 이 방향의 연구는 아직 더딘 상태다.

몇몇 국내 병원과 바이오기업에서 시작한 아바타 생쥐 모델은 환자에게서 나온 암세포를 면역력이 차단된 생쥐에게 주입해 약물 반응성을 검사하는 방식이다. 맞춤형 암 치료법을 찾는 데 좋은 방법이기는 하지만 이식된 암세포가 생쥐에게서 자라날 성공률이 낮다는 점과 약물평가에 필요한 긴 시간, 평가할 수 있는 약물 개수의 한계, 환자당 들어가는 높은 비용 등의 문제가 있다. 약물 평가 기간을 줄이고 평가 가능한 약물 개수를 늘리기 위해 최근에는 오가노이드라는 암세포를 생체 내 환경과 흡사하게 키우는 방법이 개발돼 아바타 생쥐 모델의 대체 방식으로 연구가 활발히 진행되고 있다. 오가노이드 방식도 환자당 들어가는 비용이 적지 않다는 단점이 있기는 하다.

2017년에는 지브라 피시를 사용한 아바타 지브라 피시 방식이 소개됐다. 이 방법은 아바타 생쥐나 오가노이드에 비해 짧은 시간 안에 많은 수의 약물 평가를 수행할 수 있는 장점이 있다. 아바타 생쥐나 오가노이드 방식에 비해 약물을 평가하는 데 들어가는 비용적 측면도 상당히 낮아 맞춤형 치료를 위한 기반 모델로 사용될 수 있을 것이라는 기대가 있다. 물론 아직 걸음마 단계이고 생쥐에 비해 지브라 피시가 사람과는 진화적으로 상당히 멀다는 단점은 있다.

맞춤형 의학으로 가기 위해서는 단순한 DNA 염기서열 결정 외에 세포 자체 치료에 대한 반응성 평가가 수행돼야 한다. 이러한 이유로 아직 더 많은 연구가 진행돼야 할 것으로 생각되지만 다양한 생체 평가 방식들의 개발에 많은 기대를 해 본다.[14]

6. 노인 보건·체육 정책의 형성과 성과

2007년 한국사회 전반적으로 노인을 위한 복지정책과 체육정책이 봇물처럼 쏟아졌다. 이러한 노인복지 및 체육정책이 형성되는 배경에는 생활수준의 향상, 의료기술의 발전으로 평균 수명이 연장되었고, 저 출산, 저 사망으로 인하여 노인인구는 물론 인구 비율까지 급속하게 증가되었기 때문이다.

이미 2005년 통계청은 우리나라는 65세 이상이 전체 인구의 9.1%인 438만 명으로 2000년 당시 전체 인구의 7.9%를 기록해 이미 '고령화 사회'의 문턱을 넘어섰으며, 2018년에 이르면 '고령사회'로 진입한 후 2026년에 '초고령사회'가 될 것으로 예측한 바 있다.

더욱이 농어촌의 경우 이미 '초 고령화 사회'에 진입했다고 언론은 다음과 같이 보도하고 있다. 농촌의 총 인구 중 만 65세 이상의 비중이 지난해 사상 처음으로 30%를 넘어섰다. 농촌도 이 비중이 20%를 넘어 초(超)고령사회에 진입했다(동아일보, 2007. 02. 22).

이러한 노인 인구의 급속한 증가는 현실을 살고 있는 우리에게 막대한 부담으로 느껴지기 시작하였다. 더욱이 현재의 고령화 추세가 지속될 경우, 한국은 2050년경 노인인구 비율이 세계 최고 수준에 이를 전망이다. 이는 주요국의 인구 고령화 속도로써 우리나라 노령화의 심각성을 보여주고 있다.

고령화와 관련해서 노인의료비 역시 기하급수적으로 증가하였다. 1995년과 2000년을 비교하면 세 배 가량 늘었으며, 노인 의료비는 2조원을 넘어섰다. 이는 전체 의료비의 17.6%를 차지하는 수치이다. 요양치료가 필수적인 치매노인의 수도 2001년도에 27만7천여 명으로 1995년보다 27%나 늘었다. 이러한 증가 추이로 볼 때, 2020년에는 62만 명에 달할 전망이다. 치매노인을 비롯해 장기요양이 필요한 노인 중 월 소득이 79만 원 이하인 사람을 대상으로 장기요양 서비스를 제공하는 데 필요한 돈만 99년 기준으로 약 4조원에 달했다(중앙일보, 2001. 03. 21).

이와 같이 고령화로 인한 기본적 노인문제 즉 노인의 육체적 기능 저하와 질병에 대한 문제는 나날이 증대되고 있다. 이와 더불어 선진 복지국가를 추구하는 현실에서 방관할 수만 없는 것이 은퇴 후 시작되는 역할 상실과 무료함이다.

즉 평균수명의 연장으로 정년이후 "건강하고 오래 사는 노인(healthy active elderly)"이 증가했지만 이들을 위한 복지가 미비하다는 것이다. 이들의 "활동적인 고령화(active aging)"를 위하여 사회적, 경제적 제반 환경을 조성할 필요성이 부각된 것이었다. 이미 2002년 국무조정실의 '노인보건복지 종합대책'에 의하면 노인 70%가 건강을 주요 생활 관심사로 생각하고 있으나 노인의 36.4%만이 체육활동을 하고 있는 것으로 조사되었다(국무조정실, 2002; 하웅용, 이소윤, 2008).

http://blog.naver.com/bestkids17/221530803091580x326(2019. 05. 06)

가. 보건복지부의 노인 보건·체육 관련 정책

우리나라 노인체육 및 노인 복지와 관련한 정책은 국민체육진흥을 위한 '국민체육진흥법'과 노인의 보건복지 증진을 위한 '노인복지법'에 그 기반을 두고 문화체육관광부와 보건복지부에서 담당하고 있다.

우리나라가 고령화사회로 진입한 2000년도 이후 두 정부 기관의 노인체육 관련 정책은 다음과 같다.

먼저 국민체육진흥을 담당하고 있는 문화관광부의 노인체육정책과 그 사업을 살펴보면 고령화사회 진입에 대비한 노인의 여가문화 및 체육활동의 지원의 일환으로 '노인 등 마을 단위 생활스포츠개최', '게이트볼 보급 및 경기장 건설 지원', '노인건강체육시설 설치 지원', '노인 등 소외 계층 생활스포츠 프로그램 운영', '장수 체육대학 운영', '노인체육대회 지원' 등을 추진하고 있다. 그리고 2006년에 들어와서는 신규 정책 과제로서 '노인 전담 생활스포츠지도자 배치', '16개 시·도별 노인생활스포츠대회 개최', '노인운동종목 프로그램 개발 보급'을 기존의 정책과 함께 추진하고 있다.

이와 같은 노인체육 관련 정책이 시행되고는 있지만 아직까지는 미비한 실정이며, 관련 사업도 일부 사업에 편중되어 있는 한계가 있다.

특히 2006년에 들어와 문화관광부에서는 전국적으로 246명의 '노인전담 생활스포츠지도자'를 배치하고 있지만 체육과학연구원에서의 단기 위탁교육과 계약직(1년) 신분으로는 성공적인 노인체육 프로그램 지도 및 활성화를 기대하기 어려운 실정이었다. 이러한 선발 및 관리 운영 제도는 노인체육 전문가를 양성하기에는 무리가 있으며, 보건·의료계열 관련 국가자격 소지자에 비해 체육계열의 경우 전문성이 다소 부족할 수 있다는 점이 지적되었다.

이 외에도 노인의 특성에 적합한 프로그램이 부족하고, 기존의 체육시설을 노인에게 확대 개방하지 못한 채 노인 적합종목으로 인식되어 온 게이트볼 활성화에만 정책적 지원 범위가 한정되는 경향이 있다는 데도 문제가 있다. 이는 문화관광부 내에 노인체육을 담당할 부서와 직원이 없어 노인 체육진흥을 위한 정책 입안과 사업 추진에 한계가 있다는 데 그 원인이 있다.

문화관광부 산하의 체육국은 체육정책팀, 생활스포츠팀, 스포츠산업팀, 국제체육팀, 장애인체육팀으로 조직되어 있으며, 노인체육 관련 업무는 주로 생활스포츠팀에서 담당하고 있다. 이는 구조적으로 고령화 사회에 부응하기 위한 문화관광부의 노인체육진흥 정책이 부족할 수밖에 없음을 의미한다.

한편 문화관광부에서는 선진 스포츠클럽 시스템의 도입을 위해 2004년부터 다양한 시범 운영사업을 전개하고 있다. 스포츠 선진국으로 도약하기 위한 정책의 일환으로 추진되었거나 추진되고 있는 스포츠클럽 시범사업은 크게 대한체육회 주관의 청소년스포츠클럽, 국민생활스포츠회 주관의 지역스포츠 클럽, 시·도교육청 주관의 방과 후 자율 체육활동 시범학교 형태의 3가지 유형으로 진행되었다. 이것은 한국적 상황에 적합한 스포츠클럽의 확산 가능성을 타진하기 위한 것이었으나 역시 전통적인 소외 계층인 노인은 배제되었다.

이러한 맥락에서 향후 스포츠클럽에서의 전환 가능성이 있는 국민생활스포츠협의회에 가입된 생활스포츠동호인 조직을 살펴보면, 2004년 기준 73,802개이고, 동호인 수는 244만 9,948(전체 인구의 4.5%)명에 달하고 있으나 현재 생활스포츠 동호인 조직은 성인 중심으로 운영되고 있어 회원이 한정적이고, 회원수도 30~50명의 구조로 영세하며, 유소년, 노인 등 세대 간 연계가 미흡한 실정이다. 또한 회원 중심의 배타적 운영 체제로 공공성이 부족하고 이에 따라 노인 등 소외 계층을 위한 프로그램 운영도 전무한 실정이다.

반면 노인의 보건복지 증진을 담당하고 있는 보건복지부의 경우는 저 출산 고령화 사회정책 본부 산하에 노인정책팀과 노인 보건복지에 관한 종합계획의 수립 및 조정, 노인관련 법인 단체의 지원 및 육성, 노인 건강운동의 지원 및 노인의 정보 격차 해소 등에 관한 업무를 담당하고 있다.

그러나 보건복지부의 2006년 주요시책 중 고령화와 관련한 정책은 주로 사회 복지 및 보건의료 분야에 집중되어 있음을 알 수 있으며, 노인의 체육활동에 관한 구체적 정책 사업이 추진되고 있지 낳음을 알 수 있다(임태성, 박현욱, 2006).

또한 노인복지법에 의한 여가 복지시설인 노인 복지회관의 관리 운영실태에 관한 2002년 한국보건사회연구원의 조사에 따르면 노인복지회관 102개소를 대상으로 기본사업 프로그램과 서비스 제공 비율을 조사한 결과 건강증진 관련 내용인 체조, 에어로빅, 요가 프로그램을 실시하는 시설이 93.9%인 것으로 나타났다. 그러나 건강 증진 프로그램을 담당하는 직원은 생활스포츠 지도자가 아닌 사회복지사인 것으로 나타났다.

이와 관련하여 노인복지법 관련조항을 살펴보면, 보인복지회관에서 '노인의 건강 유지·여가 선용 등 노인의 복지 증진에 관하여 상담·지도하는 자'인 상담지도원의 자격 기준을 '사업복지사업법에 의한 사회복지가 3급 이상의 자격증 소지자'로 규정하고 있다. 그리고 노인복지회관의 최소 직원 배치 기준을 보면 시설장, 상담지도원11), 물리치료사 사무원, 조리원, 관리원은 규정해 놓고 있으나 체육활동을 통한 진정한 노인의 건강 유지 및 여가 선용을 담당해야 할 노인체육 지도자는 배제되어 있음을 알 수 있다.

노인 복지법 시행규칙 제26조 1항에 따르면 법제도적으로 노인 복지시설에의 노인 체육 관련 기획, 운영, 관리, 평가를 담당해야 할 전문적인 노인체육 지도자의 진입이 원칙적으로 막혀 있음을 나타내 준다. 이처럼 보건복지부에서 양성한 사회복지사를 그 산하기관에 배치하는 배타적 운영 체제를 탈피할 수 없는 것은 현실적인 문제가 있지만 설령 그것이 개방되어 공공성을 갖는다 할지라도 문제가 해결되지는 않는다.

왜냐하면 문화체육관광부에서 양성하고 있는 국가 공인 체육지도자 역시 노인의 성별, 수준별, 연령별 특성과 요구를 잘 이해하고, 이를 충족시키는 데 필요한 전문 지식과 실기 능력을 갖춘 지도자가 배출되지 않기 때문이다. 이는 제도상의 문제 이전에 전문성 측면에서 문화관광부에서 양성하고 있는 체육지도자가 사회복지사와의 비교 우위에 설 수 없음을 의미한다.

따라서 "노인체육을 효과적으로 담당할 우수한 노인체육 지도자를 육성하고 배

11) 이용자에 대하여 노인의 건강유지·여가선용 등 노인의 복지 증진에 관하여 상담·지도하는 자(법제처 홈페이지, http://www.moleg.go.kr).

치하는 방안이 문화관광부와 보건복지부의 부처 간 협의를 통해 적극적으로 검토되어야 하며, 전문적인 노인체육 지도자들이 노인 복지시설의 체육프로그램 및 서비스를 개선하고, 체육활동을 통해 노인들의 삶의 질을 향상시키며, 노인체육의 활성화를 위한 역할을 충실히 할 수 있도록 하는 정책적 지원이 요구된다." (임태성, 박현욱, 2006: 130-131).

노인과 관련된 환경의 변화는 소극적인 노인복지정책으로 일괄하던 보건복지부의 정책적 변화를 가져오게 하였다.[12] 보건복지부의 변화된 노인복지정책 중 하나가 체육활동을 통한 적극적 복지였다. 즉 운동을 통해 노인들이 질병에 걸리지 않도록 예방하는 것이 치료비를 직접 지원하는 것보다 경제적인 것을 인식한 것이다 (중앙일보, 2005. 07. 11).

과거 보건영역에서 의료에 중심을 두고 정책을 형성하였던 보건복지부에서도 2005년 '국민건강증진종합계획'을 발표하였으며, 계획의 구체적인 내용은 2010년까지 3조 4,000억 원의 예산을 들여 국민의 건강 수명을 72세까지로 끌어 올리는 데 있어서 노인체육을 가장 중점적인 사업(한국일보, 2005. 12. 30)으로 추진하였다.

2006년도 유종률의 연구에 의하면 보건소에서 실시하고 있는 건강증진사업 중 운동프로그램을 실시하고 있는 곳은 조사대상 보건소 139개소 중 68.2%인 92개소였다(한국노인과학학술단체연합회, 2007).

보건복지부가 노인복지법 제36조에 노인이 체육활동을 할 수 있는 장소로 규정된 곳은 노인복지(회)관, 경로당, 노인교실, 노인휴양소 등이며 이들 시설은 여가시설로 이용되고 있다. 2005년도 노인복지시설의 총 시설 수는 54,781개소에 다다르지만 그중 98%가 시설이 취약한 경로당으로 그 수는 53,616개소이다.

체육활동을 원활하게 지도할 수 있는 노인복지회관은 163개소로 노인인구 대비 상당히 부족한 실정이다. 이렇듯 노인관련 시설은 미비한 실정이지만 대 다수의 노인복지회관에서는 운동프로그램을 실시하고 있는 것으로 조사되고 있다(한국노인과학학술단체연합회, 2007). 즉 건강을 목적으로 실시하고 있고 운동프로그램은 노인의 요구에 부합하여 지속적으로 증가하고 있는 추세이며, 시설 인프라가 가능하다면 노인 건강을 목적으로 하는 운동프로그램은 더욱 확대될 것이다.

그러나 공공체육시설인 생활스포츠관에서는 다른 연령층의 운동 프로그램에 밀려 2005년 전국 140개 생활스포츠관 중에서 19개소만이 노인체육관련 프로그램을 실시하고 있는 것으로 나타났다. 노인체육 프로그램으로는 수영이 가장 많았고, 헬

---

12) 보건복지부에서 활동적인 고령화에 대비하여 추진하고 있는 정책으로는 노인들의 취업기회 확대, 연금제도개선, 평생교육프로그램을 통한 자기개발, 취업능력의 향상 등이다.

스, 실버 건강스쿨, 체조, 에어로빅, 댄스 등이 부분적으로 진행되고 있는 것으로 나타났다(김양례 외, 2006: 49-50).

(1) 종합복지관

종합 복지관에서 제공되는 서비스는 상담 서비스, 기능회복 서비스, 노인 사회교육 서비스, 치매 노인 주간 보호 서비스 중중인 주간보호 서비스, 가정 봉사원 파견 서비스, 복지 후생 서비스 등이 있다.

노인들의 생활스포츠와 관련된 프로그램은 노인 사회교육 서비스 한 분야인데, 다양한 분야의 예체능 프로그램과 문화교실이 이루어지고 있으며, 실질적으로 노인들을 위한 생활스포츠 종목은 거의 없는 실정이며, 단지 체조, 춤, 탁구, 에어로빅 등만이 1~2회 실시되고 있는 실정이다.

노인들에게 체조의 경우는 신체의 노화로 인하여 전반적으로 유연성과 조정능력, 협응성이 많이 떨어지게 됨으로 이러한 능력을 향상시키는 것뿐만 아니라, 더 나빠지지 않도록 유지시키기 위한 운동으로서의 장점을 지니고 있기 때문에 대다수의 노인 여가 복지 프로그램으로 채택하여 실시하고 있는 것으로 생각된다. 그러나 중복되고 있는 프로그램들이 많이 있어 크게 효과를 기대하기는 어려울 것으로 판단된다.

(2) 경로당

경로당은 지역 노인들이 장기적으로 친목 도모, 취미활동, 공공 작업장 운영 및 각종 정보 교환과 기타 여가활동의 장소를 제공함을 목적으로 설치된 시설이다(노인복지법 제36조 2항). 그러나 장소의 협소함, 지원의 부족, 프로그램 부재 등 여러 가지 요인으로 인하여 자체적으로 생활스포츠 프로그램을 실시하지 못하고 있는 실정이며, 희망자에 한하여 외부 생활스포츠 행사 프로그램에 참가하는 상황이다.

(3) 노인교실

노인교실은 노인의 참여활동 참여 욕구를 충족시키기 위하여 건전한 취미활동, 노후 건강 유지, 소득보장, 기타 일상생활과 관련한 학습 프로그램을 제공함을 목적으로 하는 시설이다(노인복지법 제36조 3항).

노인교실에서는 교육 프로그램과 여가활동 프로그램으로 나누는데 교육프로그램의 학습 내용은 노인들이 원하는 강좌를 중심이나 이루어지고 있으며, 비교적 전문 강사에 의한 교양 강좌(서예, 노래교실, 수지침, 외국어, 악기 배우기 등)와 취미ㆍ오락 위주의 프로그램이 설치되어 운영되고 있다.

그러나 실질적으로 노인교실은 노인 복지관과 같은 시설에서 특정 프로그램으로 함께 이루어지고 있기 때문에 노인들을 위한 구체적인 생활스포츠 프로그램의 경우 북지관의 프로그램을 일부 수용하여 중복되어 실시되고 있다고 볼 수 있다.

(4) 노인휴양소

노인 휴양소는 노인을 대상으로 심신의 휴양과 관련한 위생 시설, 여가 시설, 기타 편의 시설을 제공함을 목적으로 하는 시설이다(노인복지법 제36조 4항). 2011년 말 현재 전국에 걸쳐 9개소가 설치되어 있다(보건복지부, 2011).

민간에서 운영하는 시설들도 일부 있으며, 국가적인 차원에서의 예산 지원이나 구체적인 운영 규정 등이 없이 운영에 어려움을 겪고 있다. 이러한 가운데 노인 휴양소는 휴양 기는 외에 그 운영 및 사업에 대한 평가 및 어떠한 기능과 역할을 하고 있는지 실태 파악이 제대로 이루어 지지 않고 있는 실정이다.

나. 문화체육관광부 차원에서의 노인 체육정책

최근에는 한국개발연구원(KDI)과 민간연구소 등이 고령화 충격이 가져올 부정적 영향을 경고하였으며, 이와 같은 급속한 노령화는 이들을 부양하기 위한 사회적 비용 부담도 함께 커지는 부작용을 낳고, 일할 수 있는 노동 인구보다 비생산 노동 인구 비율이 그만큼 많아지면서 이에 따른 경제적 부담도 커지게 마련이다.

노인문제 해결을 위한 정책적인 차원의 분명한 실마리는 여전히 찾지 못한 것으로 파악되나 이러한 노인 문제를 해결하기 위해서 국가와 사회 차원의 다각적인 해결 방법이 모색되고 있다(홍미화, 2012).

몇 년 전만해도 경로당을 방문하면 빵이나 우유 등의 간식거리를 찾는 게 대부분이었는데, 최근에는 노인들의 운동에 대한 욕구가 강해지면서 직접 생활스포츠 수업 프로그램에 참여하여 자신의 건강에 대해 적극적이다.

또한, 노인들이 여가 시간을 활용할 수 있는 하나의 방편으로 시설과 지원 확대를 추진 중이며, 노인의 생활스포츠 활동이 증가하게 되면서 다양한 계획을 실천하고 있으며 문제 해결 방법을 찾는 데 적극적으로 나서는 추세이다.

(1) 노인 체육정책

오래 전부터 국민건강을 위한 정책으로 생활스포츠를 장려하고 있는 이유 중 하나가 노인 건강 문제 해결을 위한 것이다. 특히 앞으로는 경제적, 신체적 자립 능력이 있는 노인이 늘어날 것이며 아울러 여가생활을 위하여 운동, 문화 활동, 경제 활동 및 사회활동 등으로 적극적인 삶을 영위하고자 하는 욕구도 매우 강해질 것이며, 가족관계에 있어서도 노인의 독립성과 자발성이 증대되고, 생활의 영역도 가족 내에 국한되지 않고 이웃과 지역사회와 연계되는 방향으로 확장될 것이기 때문에 노인문제를 해결하기 위한 방안들이 마련되어야 하겠다.

노인 복지차원에서의 노인체육의 부각은 그동안 소극적으로 노인체육을 추진해

오던 문화관광부와 민간단체인 국민생활체육협의회 등 적지 않은 자극이 되었고, 적극적이고 다각적인 노인체육 활성화 정책들이 추진되었다.

문화관광부의 노인 체육정책은 '제3차 국민체육진흥 5개년 계획'을 근거로 하여 추진하였다. 국민체육진흥5개년계획에 따르면, 체육정책 환경의 변화와 수요전망으로서 노인 체육문제와 관련하여 '고령화 사회의 도래로 노인층의 보건·의료·복지 문제가 중요한 과제로 등장하고 있으며, 노인층의 건강하고 활력 있는 노후생활을 위한 생활스포츠 활성화가 요구된다.'고 하였다. 이러한 필요성에 의해 추진된 체육정책은 '게이트볼 보급 및 경기장 건설지원', '노인건강 체육시설 설치 지원', '노인전담체육지도자 노인시설 방문, 생활스포츠지도 및 보급', '노인생활스포츠대회개최', '노인복지시설 운동용구 지원', '노인 등 소외계층 생활스포츠 프로그램 운영', '장수체육대학 운영', '노인체육대회 지원' 등이었다(문화관광부, 2003: 9). 이러한 정책 대부분은 문화관광부와 민간단체이지만 국비로 운영되는 국민생활체육협의회와 연계로 추진되었다.

문화관광부가 직접 사업을 추진한 것은 노인체육시설 건설사업이었다. 문화관광부는 2004년도부터 노인들의 여가선용 및 건강증진을 도모하기 위하여 노인건강문화타운 및 노인건강 체육시설 건설사업을 추진하여 예산을 지원하였다. 2004년도에는 광주광역시 남구 5억 원, 2005년도에는 남구에 지속적으로 5억 원, 전북 장수에 3.5억 원을 지원하였고, 2007년도에는 충남 서천에 4.4억 원을 지원하여 노인건강 체육시설을 조성하였다(문화관광부, 2008: 53). 이러한 노인건강 체육시설은 비교적 호응도는 높았으나, 빈약한 예산 책정으로 극히 일부분 지역에만 해택이 주어졌다.

또한 문화관광부는 생활스포츠 소외계층 지원사업의 일환으로 운동용구를 노인시설에 지원하여 여가활동 여건을 조성하는 사업을 추진하여, 2006년에는 노인시설 330개소에 운동용품 11종 5,546점을 보내 노인들에게 생활스포츠 참여를 독려하였다(문화관광부, 2006: 116). 그러나 보내진 운동용품의 체계적인 관리가 없었으며, 용품과 관련된 운동프로그램 지원 등의 후속 정책이 없어 일회성 사업으로 평가된다. 문화관광부가 국고보조 사업으로 추진했던 것이 노인층이 선호하는 게이트볼 전용구장 보급 및 경기장 건설사업이었다.

문화관광부는 게이트볼 경기장을 국비로 2002년도 2개소를 조성하였으나, 2003년부터 국민체육진흥기금 지원사업으로 전환되어 15억이 지원되어 3개소가 조성되었다. 2004년도에는 3개소 15억, 2005년도에는 1개 소 5억 원이 지원되어 경기장이 건립되었으나, 2006년도에는 지원 시·도가 없어 지원사업 자체가 종료되었다(문화관광부, 2008: 55). 이는 당초 2003년도 목표로 했던 게이트볼장 248개소 건설(문화관광부, 2003: 40)에 크게 못 미치는 추진 결과이다.

(2) 지도자 양성

통계청의 자료에 의하면 2012년 건강보험의 고령자 진료비는 16조 382억 원으로 전체 진료비 48조 2,349억 원의 33%를 차지한다고 하였고, 1인당 고령자 진료비는 293만원으로 전년에 비해 2.5% 증가하였으며, 매년 증가하는 추세로 나타난다고 보고하였다. 더불어 우리나라 2013년 65세 인구의 비율은 12.2%로 고령사회(14%)에 진행하고 있다고 말하며 고령사회로의 진입이 얼마 남지 않았다는 것을 재차 확인하고 있다(통계청, 2013).

이 같은 급변하는 고령사회에 나타날 수 있는 많은 문제점들에 대비하는 것은 지금 이 시점에서 반드시 필요한 과제인 것이다. 이러한 노인들의 건강한 삶을 지향하는 시대적 흐름에 따라 보건복지부에서는 2005년부터 노인들의 체력증진 및 질병예방을 위한 국가 정책적 노력의 일환으로 노인 체육지도자를 전국에 배치하였고, 문화체육관광부에서는 2006년부터 점차적으로 인원을 증가하여 2013년 830명에서 2017년 1,330명으로 확대 배치할 것이라 발표하였다(문화체육관광부, 2013; 국민건강보험공단, 2014).

이와 같은 사업들이 결실을 맺기 위해서는 재미있고 다양한 노인체육 프로그램, 전문적인 지도자, 수업환경 시설의 기반 형성이 매우 중요하다. 그렇기 때문에 현장에서 노인들과 함께 하며 건강한 노인의 여가 문화 조성에 힘쓰고 있는 노인 체육지도자들에 대한 연구는 아무리 강조해도 부족함이 없는 것이다. 특히 그들의 내면을 살펴볼 수 있는 연구는 수업의 질 향상을 위해서 반드시 필요한 과제이지만 관련 연구는 아직까지 많은 부분에 대하여 미비한 실정이다.

또한 인적 자원을 기본으로 하는 체육지도 현장에서 수업을 진행하면서 직면하는 다양한 스트레스로 증폭되어 결과적인 이직률의 상승을 초래한다. 실제로 현재 노인 체육지도자들은 대부분 계약직으로 활동하고 있으며, 보수를 포함한 안정적이지 못한 직무 환경 때문에 많은 이직이 발생하고 있다. 이러한 이직의 연결고리를 끊어버리기 위해서는 현실적인 문제를 직시하고 해결책을 찾는 것은 중요한 과제이지만 이와 관련한 연구는 상대적으로 미진하게 진행되고 있다.

노인은 집중력이 약하고 적극적인 신체활동에 참가하기 어려운 심리적, 사회적 여건을 지니고 있다. 노년기의 체육활동은 무리하지 않은 범위 내에서 지속성을 유지하며, 규칙적으로 참여하는 것이 바람직하다. 결국 노년기의 신체활동은 삶의 보람을 자극하고 유지시켜 주는 생활의 중요한 수단이 된다.

이렇듯 노인들의 생활스포츠 참가의 필요성이 도래하면서 참가는 점점 늘어나는 데 비하여 노인체육 교육의 실제는 아직 미비한 것이 현 실정이다. 노인체육 지도자로서 갖추어야 할 인격적, 교양적인 자질과 도덕적, 성격적, 사회지식에 관한 다양한 지식을 갖춘 노인체육 전문 지도자가 필요하다.

생활스포츠 분야에서 노인을 대상으로 하는 서비스는 다른 분야보다 웃어른에 대한 섬김의 태도와 공손의 감정을 지니는 것이 중요하기 때문에 감정노동13)과 밀접한 연관이 있다(이은석, 심규성, 2010). 대부분 감정적 관리를 위한 노동은 육체적인 노동 못지않게 중요하게 작용하고 있다.

왜냐하면 지도자가 지닌 내면의 감정과 표현되는 감정의 불일치는 감정부조화14)를 유발하기 때문에 결국에는 종사자들의 심리적 긴장감을 유발하여 직무 소진에 부정적인 영향을 끼치기 때문이다(Grandey, 2000; Johnson, 2007). 항상 친절해야 하고, 자신의 감정을 통제해야 하는 노인 체육지도자의 경우 정신적 스트레스가 심해져 결국엔 심리적으로 탈진하여 소진하게 된다.

직무소진은 궁극적으로 이직의도에 영향을 미치기 때문에 감정노동, 감정부조화, 직무소진 같은 내면적인 측면으로 이직의도에 영향을 미치는 여러 변인들의 관계에 집중할 필요가 있다. 왜냐하면 이것을 알아봄으로써 이직률의 감소 요인을 다소나마 찾을 수 있기 때문이다.

이러한 맥락에서 날로 증가하는 생활스포츠 참여 노인들의 욕구를 충족시키고, 이들을 효율적으로 지도하기 위해서는 생활스포츠 참여 노인들과의 긴밀한 상호관계 조성과 상황적 측면을 고려한 지도자가 중요시 된다. 노인문제에 대한 전문적 자질을 갖추어야 할 노인체육 지도자가 어떠한 자질을 가지고 있느냐 하는 것이 노인에게 많은 영향을 미치며, 자신의 직업에 대한 만족정도에 직접적인 영향을 주게 된다. 뿐만 아니라 임파워먼트15)가 내재적 과업수행의 동기 부여를 하는 과정으로서 참여자의 동기 부여에 매우 중요한 역할을 한다.

---

13) 감정노동이란 타인의 감정을 더욱 중요하게 생각하여, 자신의 감정을 통제하는 것이다(Hochschild, 1979).

14) 감정부조화(emotional dissonance)는 개인 역할 갈등의 일종으로써 종사원이 수행해야 하는 역할과 자신의 내면이나 가치관이 일치하지 않아 발생하는 갈등이다(Morris & Feldman, 1996).

15) 임파워먼트는 조직의 파워를 극대화시키고, 지도자와 참여자의 만족을 이끌어내는 데 핵심 요인이 되며, 임파워된 조직의 모습은 자발적, 능동적이고, 창조적이 되며, 활기찬 유기체의 모습으로 변화된 역할의 지도자와 참여자의 상호 작용된 동기부여가 강화되어 개인적 차원의 임파워먼트 뿐만 아니라, 집단 전체의 임파워먼트가 실현되게 되는 것이다(Robert, 2007).

노인 체육지도자는 노인들에게 생활스포츠 참여가 단순히 운동의 기능적 측면보다는 생활스포츠에 대한 욕구를 올바르게 이해하여 현장에서 노인들이 신체활동을 지속적인 활동으로 연계할 수 있도록 이끌어 주는 선도자의 역할을 해야 한다.

또한 노인 체육지도자는 건강하고 활력이 넘치는 삶을 제도적으로 뒷받침함으로써 성공적인 노화를 할 수 있도록 도와주며 그 역할을 수행하는 과정에서 리더십을 통해 일종의 철학과 기술을 표현한다. 즉 노인들의 생활스포츠 참여도를 증진시키고 좀 더 효과적인 운동 수행을 위해서는 노인 체육지도자의 리더십이 중요하다(배영직, 2005). 그러나 노인 생활스포츠의 현장에서 지도자 역할은 극히 한정되어 있고, 이러한 부분이 문제점인지 알면서 생활스포츠 참여를 위한 참여 효과 인식과 동기 유발 및 기회 제공 등 지속적인 홍보와 회원관리가 필요하고 노인들로 하여금 자발적인 생활스포츠 참여를 위한 근본족인 변화를 주기 위해 지도자 역할의 유형이 더욱 중요시 되고 있다.

따라서 생활스포츠 현장에서 생활스포츠를 보급, 진흥을 위해서는 무엇보다도 생활스포츠를 체계적으로 이해하고 지도할 수 있는 전문적이고 역량 있는 생활스포츠자도자의 교육, 배치가 우선적으로 선행되어야 한다.

우리나라는 노인체육 관련 지도자로서 2006년 이후부터 문화체육관광부와 보건복지부에서는 노인체육지도자와 노인 운동지도사를 각각 양성하여 국가의 체육정책이나 복지 정책의 일환으로 사업을 추진하고 있을 뿐이다. 이러한 노인 체육지도자는 체육전공자뿐만 아니라 국가 생활스포츠지도자 자격증을 소지하고 있거나 국내 노인체육 지도자 양성 기관에서 단기간 교육을 받고 현장에 배치된 지도자들까지 전문가적 자질을 충분히 충족시켜 주지는 못하고 있다.

노인 체육지도자는 책임성, 효과성, 조직운영의 효과성, 조직운영의 투명성, 효율성 등의 전문적인 조직관리 능력이 요구된다. 노인들에게 다양한 유형의 프로그램 및 지도에서 리더십이 필요한 이유는 전문가들의 자율성 욕구와 시설의 통제 욕구 사이에 부단한 긴장이 존재하며, 새로운 기술 또는 구조의 중요한 변화에 조직이 통합될 수 있는 리더십이 필요하다.

따라서 "노인 체육지도자는 보다 전문적인 지식과 기술을 가지고 있어야 하며, 전문가로서 자기 업무에 대한 열정과 파워를 수행할 수 있는 사명감을 통해 직무에 대한 만족할 만한 환경이 이루어져야 한다. 지도자 역할의 효과를 극대화하기 위한 지도 유형에 대한 면밀한 분석이 필요하다." (홍미화, 2012: 469).

하지만 노인체육지도자들은 계약직으로 활동하고 있어 보수를 포함한 불안정한 직무 환경에 여전히 불안해하고 합당한 대우를 받지 못하고 있다(이승연, 2014). 그리고 그들 능력 밖의 외부적 제약인 수업 현장의 장비 시설, 공간, 기관의 행정 처리들(이상희, 원영신, 배재윤, 2014) 때문에 오로지 수업에만 집중하는 마음의 여유가 없을 가능성이 크다.

누구에게나 형편이라는 것도 있고 의지라는 것도 있는데, 부족한 근무 환경의 현실과 상반된 지도자라는 직업상 좋은 이미지로 남아야 하는 그들이 지향하는 바의 차이가 궁극적으로 내면의 감정과 표현의 차이를 만들어내고, 이것은 그들에게 스스로의 마음을 알아차릴 수 없게 만들기 때문에 지치고 힘들고 마음의 병으로 표현되기 쉬울 것이라고 사료된다. 노인 생활스포츠지도자의 채용이 한 달에 한 번 꼴로 이뤄지고 있는 현실이다(이승연, 2014). 이러한 현실을 더 이상 간과해서는 안 된다.

"노인 체육지도자의 감정부조화와 직무소진의 연결고리를 끊기 위해서 지도자 개개인이 마음에서 일어나는 감정들을 알아차리고 매 순간 깨어 있는 의식의 자각이 필요할 뿐만 아니라, 국가적인 차원에서 불안정한 임금을 포함한 업무 환경의 제도 개선이 근본적으로 이루어져야 할 것이다." (도기현, 원영신, 이민규, 2015: 489).

노인 체육시설 확충과 함께 진행된 것이 지도자 양성사업이었다. 국민생활체육협의회는 문화관광부의 지원을 받아 생활스포츠 지도자 및 관리자 양성 정책 사업을 추진하였다. 노인전담 체육지도자의 양성과 노인시설 방문은 2005년 보건복지부에서 먼저 계획되었던 것(중앙일보, 2005. 07. 11)으로, 문화관광부가 사업이전을 받아 문화관광부와 국민생활체육협의회의 연계사업으로 추진되었다.

노인 체육지도자 연수는 2005년 12월과 2006년 1월에 실시되었는데, 기존에 배출된 생활스포츠 1급, 2급, 3급 지도자 중 희망자를 대상으로 이론(26시간)과 실기(9시간)교육이 실시되었다.

교육된 노인체육 전담 체육지도자는 2006년 1월부터 16개 시·도와 234개 시·군·구에 246명이 배치되었다. 노인체육지도자는 지역별경로당, 노인복지시설 등을 방문하여 생활스포츠 프로그램을 지도, 보급하고 있으며, 지역 클럽 가입을 유도하여 지속적인 생활스포츠 참여기회를 제공해 주는 업무를 담당하고 있다.

지도프로그램은 지도자가 방문 시설의 운동여건 및 노인의 운동능력을 고려하여 선택하고, 실시하는 방식으로 이루어지고 있다. 주요 실시종목은 생활체조, 요가, 스트레칭, 에어로빅, 게이트볼, 댄스스포츠, 수영, 재활운동, 필라테스, 근력운동, 탁구 등이다(문화관광부, 2006: 120; 문화관광부, 2007: 1).

노인체육 전담체육지도자 사업은 그 시작부터 비교적 성공적인 성과를 보였다.

2007년 4월, 한 지역 신문의 기사를 보면 "낯 설은 체육활동이 거북하였지만, 노인 체육지도자에 의해 친분이 쌓이고 운동의 효과가 나타나면서 노인체육 지도자 방문 요일을 늘려달라는 요청이 많아지고 있으며, 입소문을 통해 자연스럽게 요청 장소도 늘어나는 추세(부산일보, 2007. 04. 18)" 라고 하였다.

국민생활체육협의회에서도 "평소에 고스톱과 단조로운 여흥에 지나지 않았던 어르신들이 체육 지도자의 방문 지도로 체력도 좋아지며, 건전여가 생활을 할 수 있게 되었다(국민생활체육협의회, 2007b: 3)" 라고 긍정적인 자체평가를 하였다.

이러한 긍정적인 2006년도 실적으로 2007년에는 30억 원의 예산을 들여 300명을 노인 체육지도자를 재배치할 수 있었다(문화관광부, 2007: 1; 국민생활체육협의회, 2007a: 3). 공급 활동뿐 아니라 수요자 측면과의 연계활동으로 각 시·도 생활스포츠협의회의 주관으로 노인생활스포츠대회 개최되었고(국민생활체육협의회, 2006: 7), 시·도 어르신생활스포츠대회 개최와 함께 축하공연, 장기자랑, 노래자랑, 의료서비스 등과 같은 부대행사를 함께하여 노인들은 물론 일반시민들의 참여도도 높이며, 지역주민의 축제로 자리 잡았다.

이러한 시·도 어르신생활스포츠대회를 기초로 하여 2007년 9월에는 전국대회로 확대하여 '제1회 전국 어르신생활스포츠대회' 를 대구광역시에서 개최하였다. 전국 규모의 노인체육대회 개최는 체육활동에 참여 중인 노인들은 물론 비참여 노인들의 체육활동을 유도할 수 있었다. 제1회 대회에는 65세 이상 어르신 선수들로 구성된 168개팀 1천 500여명이 참가하였고, 게이트볼, 생활체조, 탁구, 정구, 큰공굴리기 등 7개 종목에 참가하였다(보건복지부, 2006).

국민생활체육협의회에 의하면 제2회 대회부터 보건복지부에서 시행해오던 '노인건강 대축제' 를 통합, 대회규모를 더욱 확대할 계획이라고 하였다(대구신문, 2007년 9월 19일). 이렇게 추진한 전국 어르신생활스포츠대회는 고령화 시대를 맞아 노인들의 건강증진과 여가선용의 길잡이였다고 본다.

이외에도 국민생활체육협의회는 스포츠클럽을 통한 노인들의 지속적인 운동 참여를 이끌기 위해서 지역스포츠클럽 활성화 지원을 포함시켜 연중 지역 리그운영 및 지역협의회 500개 단체에 종목별 행사비 지원 등을 추진하였다(국민생활체육협의회, 2006: 8).

노인 장수체육대학도 각 시·도 생활스포츠협의회의 주관으로 지속적으로 운영하여, 2003년도에는 전국에 약 400여 곳에서 운영되었다(체육과학연구원, 2003: 11). 한 지역신문의 기사를 보면 장수체육대학은 지역 노인들에게 건강에 실질적인 도움을 주고 좋은 반응을 얻고 있다고 하였다(경상일보, 2006. 12. 26).

이렇듯 참여정부 이후 노인체육에 대한 정부의 관심이 높아지면서 문화관광부 차원에서의 각종 노인체육 정책이 추진되었다. 그러나 이미 거론하였듯이 추진된 모든 정책이 모두 긍정적인 결과를 가져오지는 못하였다(하웅용, 이소윤, 2008).

대한체육회는 "6월 13일부터 7월 7일까지 2019년 체육지도자 실기·구술 자격검정을 실시한다"고 밝혔다. 2019년에는 신규 자격종목인 합기도를 포함해 총 69개 종목의 실기·구술 자격검정이 진행될 예정이다.

각 종목별로 자격검정 기간과 장소는 상이하며, 종목별 심사항목 및 심사기준, 응시자격 등은 KSPO 체육지도자 자격검정연수원 홈페이지에서 확인할 수 있다.

종류는 2급 전문스포츠지도사, 1·2급 생활스포츠지도사, 유소년스포츠지도사, 노인스포츠지도사 자격증 등이다.

실기·구술 시험 합격자는 7월 11일에 체육지도자 자격검정연수원 홈페이지를 통해 발표될 예정이며, 합격자는 국민체육진흥공단에서 주관하는 체육지도자 연수 과정을 이수해야 최종 자격증을 발급받을 수 있다.

대한체육회는 국민체육 진흥을 위한 체육지도자 양성과 스포츠 저변 확대를 위해 문화체육관광부에서 지정한 체육지도자 실기·구술 자격검정기관으로, 2015년부터 회원종목단체 주관으로 해당 자격 종목의 체육지도자 자격검정 사업을 운영하고 있다.

대한체육회는 "검증된 자격을 갖춘 체육지도자 양성과 발굴을 통해 국민들이 보다 전문적이고 체계적인 체육 지도를 받는 환경을 조성할 수 있도록 종목별 주관단체와 함께 앞으로도 지속적인 노력을 해나갈 방침" 이라고 했다.[15]

http://cafe.daum.net/irrf.d/KFct/2(2012. 07. 10)

잠깐! 쉬었다 갑시다

☞ 노인을 위한 나라

최근 SNS에서 '온라인 탑골공원'이 뜨고 있다. 1990년대 후반~2000년대 초반 전파를 탔던 가요 순위 프로그램을 실시간 스트리밍해주는 한 유튜브 채널을 가리키는 말이다. 한 번에 10만여명이 시청할 만큼 화제가 됐다.

20년 전 인기가요를 추억하며 이 채널에 모인 이들 대부분은 당시 10~20대를 보낸 3040세대다. 이들은 스스로 "늙었다"고 자조한다. 오죽하면 자신들이 보는 채널을 노인들이 많이 모이는 서울 종로구의 탑골공원에 빗대 별명을 붙였다.

온라인 탑골공원 대열에 서서 즐겁게 과거를 추억하다 문득 이 세대가 진짜 노인이 되는 머지않은 미래가 떠올라 웃음기가 가셨다. 얼마 전 통계청이 발표한 인구 추계에 따르면 2050년 한국의 노인 인구는 1900만명이다. 인구 10명 중 4명이 65세를 넘어서 세계에서 고령 인구 비율이 가장 높은 나라가 될 거라고 한다.

이 세대는 자녀가 1명인 사람이 대세다. 결혼하지 않거나, 결혼했어도 자녀가 없는 이들도 흔하다. 그간 우리 사회를 지탱해온 가족 간 부양을, 이 세대는 자식 세대에 기대하기 어렵게 된다. 노후에 기댈 곳은 평생 모은 자산, 공적연금, 사회보장제도 정도일 테다. 3040세대는 현재 노인 세대보다 자산이 적다. 현재 한국 노인 빈곤율이 47%에 달해 경제협력개발기구(OECD) 최고라고 하지만 3040세대가 노인이 되면 더 큰 일이다.

4년 뒤면 부채 비율이 133%가 되는 건강보험, 2057년이면 기금이 고갈되고 보험료율은 26%로 뛰어오르는 국민연금…. 사회보장제도의 앞날도 그리 밝지 않다. 먼 미래의 일이라 팔짱만 끼고 있기에는, 청년 1명이 노인 1명을 짊어져야 하는 노인을 위한 나라가 너무 가까이에 다가와 있다.[16]

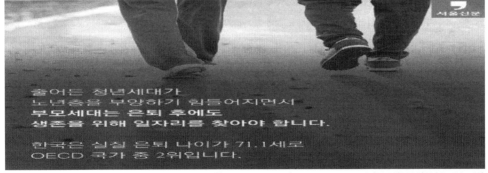

http://cafe.daum.net/dgbudongsantech/FkJ4/9704(2016. 06. 08)

다. 노인의 생활스포츠 참가 제약 요인

현대사회는 점점 노령화하고 있다. 한국사회 전반에 걸쳐서 고령화 현상은 현대사회를 정의 할 수 있는 다양한 사회현상 중 가당 중요하고 현실적으로 의미 있는 현상으로 인식되고 있다. 또한 현대사회의 다양한 학문적 영역에서 노화 및 고령화와 관련된 광범위하고 심층적인 사회·문화적 현상 또는 변화에 대한 체계적이고 객관적인 연구들이 진행되고 있다(강인, 2003; 체육과학연구원, 2006; 김설향, 2008; 김경호, 김지훈, 2009; 손석정, 2013; 현외성, 2002; 이상덕, 2003).

1960년대 한국의 전체 인구 중 65세 이상 노인 인구수는 전체 인구의 4% 수준인 약 72만 명에 불과하였으나, 1995년에는 전체 인구의 약 7%를 차지하게 되었으며, 2002년에는 약 550만 명으로 증가하였다. 2005년에 이르러서는 약 9.1%로 증가되었고, 그 속도 역시 매우 빠르게 진행되고 있다. 이러한 추세라면 한국의 노인인구는 2020년에는 약 1,220만 명으로 증가하고 2050년에는 약 1,710만 명으로 증가할 것으로 예상되어 전체 인구에서 65세 이상 노인인구가 차지하는 비율도 현재의 약 12%에서 약 33%로 매우 빠른 속도로 증가할 것으로 예상되고 있다(통계청, 2006).

평균 기대 수명의 연장과 인구의 노령화 현상이 비단 우리나라에만 국한되어 나타나는 사회적 현상은 아니지만 한국사회는 급격한 인구의 노령화와 저 출산 경향의 지속적인 확산으로 인한 다양한 사회적 문제를 경험하고 있다(보건복지부, 2005, 한국보건사회연구원, 2006).

UN의 정의에 따르면 한 나라의 인구 가운데 65세 이상의 노령 인구 비율이 7% 이상인 사회를 고령화 사회(Aging Society)로 정의하고 있다. 또한 그 비율이 14% 이상인 사회를 고령사회(Aged Society)로 정의하고 있다. 특히 한국 노령인구의 비율이 7%에서 14%로 증가하는 데 걸린 시간을 불과 20여년 정도여서 프랑스의 120여 년, 스웨덴의 80여 년, 미국의 70여 년, 영국의 50여 년, 일본의 25여 년에 비하여 급격히 증가함을 알 수 있다(통계청, 2001, 2006; 한국보건사회연구원, 2006). 이와 같이 체계적이고 합리적인 준비 없이 경험하게 되는 급격한 인구의 노령화 현상은 사회 전반에 걸쳐 다양한 이슈들을 만들어 내고 있다.

일본 「니혼게이자이신문」이 19일 폭증하는 노인 의료비로 일본의 베이비붐 세대인 '단카이 세대'가 80대가 되는 2030년에는 재정 상황이 파탄에 이를 것이라고 전망했다.

이 신문이 사례로 든 서일본 지역의 한 병원에서 숨진 80살 노인은 2012년 받은 심장 변막증 수술 경과가 나빠 여러 감염증을 앓았다. 그로 인해 투석이나 위에 직접 구멍을 뚫어 음식을 삽입하는 조처 등 여러 치료를 받았다. 신문이 의료보수명세서를 확인해 보니, 지난 3년 반 동안 이 노인에게 청구된 의료비는 7400만 엔(약 7억 5000만 원)이었지만, 노인이 부담한 액수는 190만 엔이었다. 신문은 "나머지 금액 대부분은 세금이나 현역 세대의 지원금"이라고 밝혔다.

일본은 국내총생산(GDP)의 2배가 넘는 국가부채를 안고 있다. 이런 상황을 더 힘겹게 하는 것이 사회보장비의 폭증이다. 올해 118.3조 엔이었던 사회보장급부비(연금과 의료비 등 각종 사회보장비를 합산한 금액)는 2030년에는 50조 엔 폭증한 170조 엔에 이를 것으로 전망된다. 이 가운데 75살 이상 노인에 대한 후기고령자의 료비는 1.5배 증가한 21조 엔이다. 1961년에는 노인 한 명을 8.19명의 현역 세대가 부양했다면, 2030년엔 1.65명이 부양한다(한겨레신문, 2016년 12월 19일, 길윤형).

최근 한국 사회에서 지대한 관심을 끌었던 존엄사와 관련된 논쟁에서 알 수 있듯이 현대사회에서의 성공적인 노화의 의미 단순한 생존이나 수명 연장에 역점을 두는 의학적 관점에서 벗어나 차츰 인간이 누리는 삶의 질적인 측면이 더 중요하게 고려되어야 한다는 관점으로 변화되고 있다(Brown, Frankel, 1993).

특히 현대사회의 노인인구는 이전 시대와 비교해서 보다 다양하고 수준 높은 양질의 교육을 받아왔으며, 왕성한 경제활동 참여를 통하여 상대적인 경제적 여유를 누리고 있다. 또한 그들은 다양하고 폭넓은 사회 변화에 대하여 능동적으로 대처하며 정치적 또는 이념적으로 활동적이고, 주변 환경에 의존하지 않으면 독립적인 경향을 가지고 있다(이상덕, 2003; Menec, 2003; Janssen, 2004).

이러한 현대사회 노인인구는 독특한 특성들을 잘 반영하듯이 다양한 학문 분야의 학자들은 노인들이 사회적 또는 경제적 지원을 바탕으로 하는 활동적이고 다양한 생활스포츠 활동에 적극적으로 참가할수록 그들의 삶의 질에 대하여 긍정적으로 인지한다는 연구 결과를 발표하였다(McPherson, 1994; Sieginthaler, Vaughan, 1998).

또한 사회복지의 향상 차원에서 시행되는 생활스포츠 프로그램에 관한 만족도를 참여 방법, 참여 만족도, 그리고 참여 정도에 대한 조사를 바탕으로 연구하여 양질의 생활스포츠 프로그램이 노인들의 삶의 질적 향상에 긍정적으로 기여하는 효과가 있다고 발표하였다(체육과학연구원, 2003; 한혜원, 2008; 구창모, 2009; 이은석a, 2009; 김석일a, 2012; 오현욱, 2012; 김옥주, 2013; 이희진, 박진경, 2015).

보다 구체적으로 규칙적인 신체활동 참여는 심장병이나 고혈압과 같은 만성적인 질병에 의해 야기되는 신체적 약화를 억제하거나 예방할 뿐만 아니라 노화와 연관된 다양한 생리학적인 변화를 긍정적으로 유도할 수 있다. 뿐만 아니라 신체적 건강을 바탕으로 한 지속적인 생활스포츠 참여는 노인들에게 다양한 퇴행성 질환의 발생과 진행을 지연시키고 궁극적으로 인간 수명을 최대 2년까지 연장시킨다는 증거들이 연구들을 통해서 밝혀지고 있다(박풍규, 2007).

그러나 한국사회의 일부 노인들은 현실사회에서의 다양하고 복잡다단한 원인으로 인하여 규칙적인 신체활동에 참여하지 않거나, 더 나아가 기본적 신체활동 참여조차 제약받고 있다. 노년기의 신체적 능력의 저하 및 감소는 일반적으로 규칙적인 신체활동의 감소 및 부족의 원인이다. 따라서 노인인구의 신체활동 부족 및 감소는 결과적으로 그들의 신체적 활동성의 쇠퇴를 초래하고 이러한 현상은 궁극적으로 노인인구의 심리적 안정에도 부정적인 영향을 미치는 악순환의 구조를 형성하게 된다. 실제로 노인인구의 약 39%만이 규칙적이고 지속적인 신체활동에 참여하고 있다고 한다(오윤선, 박주영, 강성구, 2003).

이와 같이 한국사회에서 적지 않은 수의 노인들이 그들의 건강한 삶과 안정을 위하여 현실적으로 무엇보다도 중요한 신체활동에 참여하지 않거나 못하는 데에는 사회 환경적으로 다양한 이유가 존재하게 된다. 일반적으로 65세 이상의 노인 인구 중 약 50%는 신체활동 자체를 근본적으로 제약하는 다양하고 광범위한 신체적 기능저하를 경험하고 있으며 이로 인하여 적절한 생활스포츠 참여가 불가능한 현실이다(보건복지부, 2006).

"노인들에게 생활스포츠 프로그램과 같은 다양한 신체활동 참여가 건강하고 안정된 노화를 위해서 반드시 필요한 사회 환경적 전제 조건이 된다면 노인들이 신체활동 참여를 근본적으로 제약하는 장애 요인들을 연구 및 분석하고 합리적이고 효과적인 대안을 제시하는 것은 다양한 측면에서 우리 사회가 우선적으로 관심을 가져야 할 부분이다." (이경훈, 2010: 49).

더욱이 평균수명의 지속적인 연장과 노인인구의 급격한 증가로 인해 사회적으로 부담해야 하는 노인 인구를 위한 의료비용의 폭발적인 증가는 우리 사회의 미래 발전을 저해할 수 있는 잠재적이고 중요한 제약 요인으로 떠오르고 있다. 따라서 대다수의 노인들이 독립적이고 건강하며 질 높은 노년 생활을 영위하고 막대한 의료비용 부담을 효과적으로 절감하기 위해서는 노인을 위한 다양한 생활 체육 프로그램을 활성화시키고, 이를 통하여 노인들의 신체활동을 증진시키고 발전시키는 것이 중요하며 이를 위하여 노인들의 생활스포츠 참여를 제약하는 다양한 요인에 대한 연구가 필요하다(이경훈, 2010).

노인의 생활스포츠 참여를 제약하는 다양한 형태의 요인들 중에서 노인의 독특한 특성과 가장 밀접하게 관련이 있는 심리적 요인, 신체적 요인, 그리고 사회 환경적 요인에 대하여 심층적으로 연구 및 분석하였다.

(1) 심리적 요인

산업화, 도시화, 핵가족화에 따른 한국사회의 구조 변화에 있어서 중요한 사회적 이슈 중의 하나는 노인 문제이다. 오늘날 우리 사회는 경제 성장과 눈부신 과학 기술에 힘입어 식생활 개선, 보건 위생의 향상, 의료 기술의 발달 등을 이룩하였고, 이로 말미암아 평균 수명이 지속적으로 연장되게 된 것이다. 이러한 일련의 과정은 갑자기 출현하게 된 것이 아니라 우리 사회의 구조적 변화 과정 속에서 어느 정도 예상된 것이다.

다른 선진국의 경우도 65세 이상의 노인인구는 전체 인구의 20%를 초과하고 있으며, 이른바 초고령 사회로 진입하고 있고, 그에 따른 문제들이 발생하고 있다.

우리나라도 60년대 이후 급속한 산업화, 도시화가 진행되면서 출산율의 감소 및 평균 수명의 연장으로 노년층의 인구가 증가하고 있다. 또한 급속한 경제 발전과 산업화 과정은 핵가족화를 촉진시키고 있으며, 전통사회의 붕괴는 물론 노인들의 가치관까지도 변화시키고 있다.

이와 같이 최근 우리나라는 고령화로 인해 평균수명이 늘면서 은퇴 후 20~30년의 남은 인생을 어떻게 살지 고민하는 이들이 많다. 특히 은퇴이후 활동 능력이 있는 노인들의 경우 전통적 노인상을 거부하고 자기중심적이면서 감각을 중시하고 소비 성향을 갖춘 이른바 통크족(two only no kids)이 새로운 특징으로 나타나고 있으며, 이들은 다양한 취미와 여가활동을 즐기며 독립적으로 생활하며 노년의 삶에 재투자하고 있다.

노년기에 접어들면서 나타나는 심리적 특성은 신체적 능력의 감퇴, 건강의 약화, 사회적 지위의 약화 등에서 야기되는 데, 불안감 증대, 정서적·신체적 욕구 감소, 고독감 증대 등으로 나타난다.

특히 사회·경제적 지위의 상실과 약화 그리고 신체적 기능의 저하 등에 따라 불안감과 초조함이 증가하게 되고, 생리적 기능 약화에 다른 욕구 감소로 의욕적 생활이 어렵게 된다. 그리고 가족 구성원으로서, 또는 사회 구성원으로서 역할이 약화되고, 사회적 네트워크도 크게 축소되며, 급격한 사회변화에 적응하지 못하게 되어 고립된 존재로서 외로움도 크게 증가하게 된다.

노인의 사회적·정신적 상실에 대한 완충적 역할로써 여가스포츠 참가와 이를 능동적으로 실행함으로써 건강하고 긍정적인 삶을 영위하도록 하는 것이 매우 중요하며, 성공적인 노화의 핵심 열쇠라는 것이다(조승현, 김인형, 2012).

현재 우리나라는 OECD 회원국 중 가장 **빠른** 속도로 고령화가 진행되고 있으며, 노인의 건강관리 및 복지는 매우 중요한 국가적, 사회적 문제로 대두되고 있다. 노년기의 삶의 연장은 개인에게 있어서 큰 관심사라고 할 수 있으나, 노년기에 건강하지 못하고 행복하지 못한 삶을 더 오래 살아야 한다면 노인들의 삶의 질은 크게 떨어질 수밖에 없을 것이다.

여러 연구들을 통해 노인들이 경험하는 신체적 노화, 만성질환, 소외감 등이 노인들의 삶의 질을 크게 저하시키는 주요 요소로 밝혀졌고, 이런 요인들은 미래의 만족스러운 삶을 살아가는 데 있어서 커다란 방해 요인으로 작용하는 것으로 보고되고 있다(김동만, 2002; 원영신, 2006; 김양례, 2006b; 백경숙, 권용신, 2007; 박풍규, 2010; 김석일, 이무연, 오현옥, 2012; 서경현, 이상숙, 양승애, 2012; 손석정, 2013; 김혜경, 서경현, 2014).

그러므로 현재의 시점에서 관심을 가져야 할 부분은 어떻게 하면 노인들의 다양한 스트레스 원(stress source)을 제거하고, 노인들이 실제로 만족스러운 삶을 살아갈 수 있도록 하느냐의 문제일 것이다. 이러한 접근은 노년기에 나타나는 현실적인 문제를 올바르게 이해하고, 건강한 노년을 보낼 수 있도록 하는 데 중요한 시사점을 제공해 줄 수 있을 것으로 판단된다(허철무, 안상현, 2014).

우리 사회의 노인인구의 증대와 고령화 문제는 수명 연장이라는 것을 넘어 건강하고 장애 없는, 그리고 인간의 존엄을 유지하고, 인지 기능이 감퇴하지 않는 건강하고 만족스러운 노년기를 보낼 수 있을 것인가에 대한 현실적 문제를 유발하고 있다. 여기서 건강하고 만족스러운 노년기 보내기는 노인들의 성공적 노화와 관련된 것으로 노인들이 자신의 건강에 대해 어떻게 인식하고 있는가와 매우 밀접한 연관성이 있다(Woo, 2003).

과학 기술과 의료 기술의 발달, 경제성장으로 인해 인간의 평균 수명은 세계적으로 높이지고 있는 추세이다. 반면 출생률은 낮아져 노인층 인구의 증가는 지속적으로 높아지고 있다. 노인인구의 증가는 여러 가지 노인문제를 야기하고 있는데, 그 중 건강에 대한 관심은 노후의 삶을 결정하는 데 중요한 부분을 차지하고 있다. 이러한 관심은 노인 자신의 건강에 대한 평가를 통해서도 측정되어 질 수 있다(유대현, 여인성, 2013).

자신의 건강에 대해 긍정적으로 인식하는 것은 질병의 완화뿐만 아니라 신체적, 정신적 건강을 유지시키고 사회적 지원 체제에 대한 접근성을 높이는 반면, 건강에 대한 부정적인 평가는 질병을 발생시키고 만성질환의 증상 및 양상을 변화시킬 수 있다.

노년층 인구로 편성되면서 가장 큰 관심사로 건강한 삶을 위한 준비를 하고 있으나, 65세 이상 노인인구의 건강은 '보통 이하'가 80.4%로 별로 좋지 않은 것으로 평가(통계청, 2009)함으로써 신체적 불편과 질병으로 인한 건강문제를 제시하고 있다. 결국 건강에 대한 문제는 주관적 건강에 대한 인식의 필요성으로 대변할 수 있다.

주관적 건강은 연속적이고 주관적인 속성을 지닌 것으로 의학적, 행동적, 심리사회적 요소들을 모두 포괄하는 개념이자 개인이나 환자, 노인들의 심리적 안녕감을 포함한 만족도나 삶의 질, 나아가 생존 가능성까지 예측할 수 있는 중요한 변인이라고 볼 수 있다(남연희, 남지란, 2011; 김교송, 유재남, 2012; 염지혜, 2013; 남석인, 최권호, 2014).

주관적 건강은 본인 스스로 건강을 '좋다' 또는 '나쁘다'라고 판단하는 것이다(Fehir, 1989). 이연종(2009)의 연구를 살펴보면, 노인 스스로 자신의 건강 상태에 만족하지 못한다는 노인이 41.8%를 차지하고 있어 노인의 삶에 있어 주관적 건강[16] 문제가 중요한 요인임을 알 수 있다.

노인들이 노년기에 독립적인 삶을 영위하기 위해서는 가족과 타인의 도움 없이 주관적 건강에 대한 긍정적인 생각과 일상생활 및 운동 능력에 대한 활동들을 유지할 수 있는 능력들이 있어야 한다. 또한 사회적 관계를 유지하기 위해 이들의 능력을 유지하며 높여줄 수 있는 방법을 제시한다면 노인들이 건강하고 행복한 노년기를 보낼 수 있을 것이다.

이에 주관적 건강인식, 일상생활 및 운동능력, 사회적 관계가 단순히 노인의 건강 생활에 영향을 주는 요인이라는 단편적인 관계가 아닌 상호 복합적인 관계라는 사실을 입증할 필요가 있다. 이러한 관계를 입증한 후 노인의 건강한 삶에 직접적으로 연결되어 있는 주관적 건강 인식에 대해 심층적으로 접근해야 할 필요성이 있다.

따라서 "주관적 건강에 대한 인식의 개선과 운동능력을 강화시킬 수 있는 제도적인 장치 및 프로그램을 마련한다면 노인들에게 사회적 관계의 개선과 노후 생활을 영위할 수 있는 근간을 마련할 수 있다. 그러므로 노인들의 사회적 관계를 높여주기 위해 주관적 건강의 인식에 대한 변화와 교육을 해야 할 필요성이 있으며, 운

---

16) 주관적 건강이란 스스로 평가한 자신의 현재 건강 상태를 의미하며, 이러한 건강 상태는 신체적, 정신적 측면 또는 사회적 측면 등 다양한 측면에 영향을 미치고 있다(Kaplan, Barell & Lusky, 1988).

동능력을 향상시켜줄 수 있는 프로그램의 개선과 노력이 뒷받침되어야 할 것이다.” (유대현, 여인성, 2013: 358-359).

한편, 주관적 건강은 신체적 측면과 정신적 측면의 건강을 모두 반영하여 개인의 건강 상태를 스스로 자각, 평가하는 것으로서, 한 개인이 자신의 건강에 대해 주관적으로 내리는 평가 혹은 인식으로 볼 수 있다. 노인들이 주관적으로 건강이 나쁘다고 인지할 경우에 사망률이 더욱 높아지며, 남은 생애에 걸쳐 커다란 부정적인 영향을 미친다.

그러므로 노인들이 자신의 건강을 어떻게 인식하고 평가하느냐에 따라 노인들의 심리적 안녕감이나 삶의 만족도, 삶의 질은 다르게 나타날 수 있다는 점을 고려할 때, 노인들의 주관적 건강은 건강하고 만족스러운 삶을 보내는 것, 즉 성공적 노화와 관련이 있는 것으로 예상된다. 실제로 건강의 성공적 노화를 결정하는 중요한 변수로 작용하고 있다.

성공적 노화는 심리적 증상이나 안녕감 뿐만 아니라 신체적·경제적 측면과 사회적 관계에서의 적응 정도를 포함하는 개념으로서 신체나 심리, 그리고 사회적 기능이 높고, 삶의 만족감 및 적응 수준도 높은 상태를 의미한다(강지애, 김진숙, 2014).

또한 성공적 노화는 질병이나 기타 장애가 없으며 신체적, 인지적 기능이 유지되고, 자신의 삶에 적극적으로 참여할 수 있는 능력과 통제 등을 포함한다. 이에 따라 노인들이 성공적인 노화를 이루고 있다는 것은 신체적, 심리적, 사회적으로 건강하고, 자신의 삶에 대한 자기 통제성을 높여 삶의 질을 높이는 데 기여하고 있음을 의미한다고 볼 수 있다.

이러한 성공적 노화를 예측할 수 있는 요인으로 심리적 안녕감을 들 수 있다. 이는 노인들의 경우에 신체적 노화나 만성질환, 소외감이나 고독감 등과 같은 여러 요인들로 인해 비교적 심리적 건강에 취약하기 때문이다(김석일, 2012a). 노인의 신체활동 참여는 심리적 안정감을 높이고 성공적인 노화를 잘 성취할 수 있도록 하는 데 도움을 주며 노인들이 성공적 노화를 잘 극복하기 위해서는 심리적 안정감이 높아야 한다.

한편, 노인의 심리적 특성 중 생활스포츠 참가를 제약하는 다양한 요인이 존재할 수 있다. 이러한 심리적 요인들은 노인이 가지고 있는 독특성과 다양성에도 불구하고 비교적 많은 수의 노인인구에서 발견된다. 그 중 가장 대표적인 것이 신체활동에 대한 수동적 또는 비적극적 인식이다. 다시 말해서 건강한 노화와 신체활동의 긍정적 관계 및 필요성에 대한 이해가 있고 신체활동 참여에 대한 긍정적인 인식을 가지고 있지만, 그러한 인식과 필요성을 현실화하는 부분에 있어서는 여러 가지 다양한 요인들로 인하여 제약을 받고 있다(이경훈, 2010).

노인 인구가 빠르게 증가하고 평균 수명이 지속적으로 증가하면서 상당수의 노인이 다양한 형태의 지병을 가지게 된다. 이러한 다양한 형태의 지병은 상당한 시간에 걸쳐서 발병하고 치료되는 것을 반복하기 때문에 노인들의 일상생활에서 상당한 제약 요인으로 하여금 신체활동의 필요성과 중요성을 절감하게 하지만, 현실적으로 많은 수의 노인들이 단지 지병 치료를 위해서 그 동안 전혀 참여하지 않았거나 제한적으로 참여하였던 신체활동 또는 생활스포츠 프로그램에 적극적으로 참여하지 않는다. 다시 말해서 노인들에게 인식되어지는 신체활동 참여의 당위성 또는 필요성이 심리적 요인으로 인하여 현실화 되지 않는 것이다.

또한 배우자 생존 여부 역시 노인들의 신체활동에 대한 심리적 제약하고 있는 것을 알 수 있다. 배우자자 생존해 있는 경우에는 그렇지 않은 경우에 비하여 다양한 신체활동에 대한 참여 의사, 건강한 노후에 대한 욕구, 다양하고 견고한 사회적 인간관계 형성에 대한 욕구 등이 보다 적극적이고 능동적이다. 다시 말해서 노인들에게 있어서 배우자의 존재 여부는 보다 다양한 사회적 활동에 참여하는 깃을 가능하게 하는 심리적 요인으로 작용한다(박영주 외, 2004). 결과적으로 노인의 특성상 적극적이고 능동적인 심리적 능력이 현실적으로 긍정적인 영향을 미친다.

노인이 건강한 노화와 밀접한 관련이 있는 신체활동에 적극적으로 참여하지 않는 심리적 제약에 대한 연구는 현재와 같이 앞으로도 지속적으로 진행되어야 할 것이다. 왜냐하면 다양한 심리적 제약을 효과적으로 제거하거나 극복하는 것이 빠르게 증가하고 있는 노인 인구를 보다 건강하고 활동적인 생활 패턴으로 이끌 수 있는 현실적인 방안이 될 수 있기 때문이다.

이와 같은 심리적 부분은 단기간에 형성되지 않고 오랜 시간에 걸쳐서 다양하고 복잡다단한 외부요인에 영향을 받으며 형성되거나 구체화되기 때문에 그 근본적인 태도를 변화시키는 것은 오랜 시간과 체계적인 연구 및 분석을 필요로 한다. 특히 노인의 경우 오랜 시간동안 그들이 유지하여 온 생활 패턴에 변화를 주는 것에 대한 막연한 거부감 또는 불안감이 있기 때문에 보다 구체적이고 체계적인 접근이 필요하다.

더 나아가 다양한 연구와 체계적인 분석을 통하여 노인들이 생활스포츠 참여시 인식하게 되는 복잡다단한 심리적 장애에 대한 현실적이고 효과적인 개선 방안을 개인적 특성과 같은 구체적 요인에 근거하여 특화된 형태로 제시할 필요가 있다 (이경훈, 2010: 51-52).

(2) 신체적 요인

신체적 요인은 상당수 노인들로 하여금 다양한 신체활동에 참여하고자 하는 현실적인 동기와 그와 같은 욕구를 제약하는 장애요인을 동시에 제공한다. 평생을 비교적 건강하게 살아온 사람도 노화와 함께 자연스럽게 발생하는 다양한 형태의 질병, 신체적 기능의 저하, 생리적 기능의 상실 등과 같은 신체적 변화를 경험하면서 신체활동의 중요성 및 필요성에 대하여 심층적으로 인식하게 된다(최종환, 이규문, 김현주, 서주원, 2004).

그러나 역설적으로 이러한 노화에 수반되는 신체적 기능의 저하 및 상실이 현실적으로 상당수의 노인들로 하여금 보다 적극적이고 활동적인 신체활동을 어렵게 만들고 있다.

더 나아가 다양한 신체적 요인으로 하여금 생활스포츠 참여가 제약된 노인들은 심리적으로 더욱 위축되어 능동적인 생활스포츠 참여가 또다시 제약받는 부정적 순환구조가 형성될 수도 있다(오윤선, 박주영, 강성수, 2003).

많은 노인들은 오랜 시간 동안 지속적으로 신체활동에 참여하는 빈도보다는 신체적 노화에 수반되는 다양한 생리적 기능의 저하와 같은 현실적이고 당면한 요인에 영향을 받아 신체활동에 참여하게 된다. 그러나 이와 같은 인식의 변화는 노인들로 하여금 생활스포츠 참여에 많은 현실적 제약을 경험하게 만든다. 다시 말해서 이미 저하되고 있는 신체적 기능으로 인하여 참여 가능한 생활스포츠 프로그램이 매우 제한되게 되거나 개개인의 필요에 따른 생활스포츠 활동 참여를 불가능하게 만들기도 한다.

노인에게 다양한 신체활동이 매우 중요하다는 것은 이미 더 이상의 논쟁이 무의미할 정도로 일반화된 사실이다. 그러나 이와 같이 당연한 사회적 명제가 막상 사회에서 현실화 될 때에는 적지 않은 문제점이나 제약들이 발생하게 된다. 예를 들어 개개인의 노인이 가지고 있는 신체적 상황이 너무도 다르고 복잡한 상황에서 모든 노인들에게 동일하거나 대동소이한 생활 프로그램 참여를 유도한다고 해서 개개인의 건강 상태가 지속적으로 개선된다고 기대할 수는 없다. 오히려 개개인의 독특한 상황을 고려하지 않고 일반적인 신체활동 참여만을 권유한다면 다양한 부작용을 경험하게 될 수도 있다.

성공적인 노화는 단순히 노인 개인 문제라기보다는 현재 여러 노인문제에 직면한 우리사회에서 시사하는 바가 매우 크다. 노인들의 성공적 노화를 위한 조건으로 신체활동 참여를 들고 있다. 성공적인 노화를 위해서는 건강이 무엇보다 중요한 선결 요건이며, 신체적 질병 없이 신체적 기능을 유지하고 그와 동시에 삶에 적극적으로 참여할 때 성공적 노화에 이르게 된다.

고령화 문제가 중요한 사회적 현안으로 대두되고 있는 지금 여러 노인문제를 해결하기 위해서라도 노인의 건강문제와 만족스러운 삶을 영위할 수 방안의 모색이 중요해지고 있다.

노인의 전반적인 건강문제는 성공적 노화를 통한 노인 삶의 전반적 질과 밀접하게 연관되어 있기 때문에 이를 밝혀내기 위한 학문적, 실무적 노력이 필수적이다. 하지만 대부분 관심을 갖는 일부 연구들은 신체활동의 성공적 노화에 미치는 효과에 초점을 두고 있기 때문에 주관적 건강과 심리적 안녕감, 그리고 성공적 노화로 이어지는 기본적 관계를 탐색하지 못하는 한계를 갖고 있다.

따라서 "노인인구의 보다 적극적이고 능동적인 생활스포츠 참여를 유도하기 위해서는 노인 개개인의 독특한 상황과 특성을 합리적으로 반영한 특화된 생활스포츠 프로그램을 개발 및 보급할 필요가 있다." (이경훈, 2010: 52).

결국 "한국사회에서 노인들의 성공적 노화에 관심을 갖고, 노인들이 성공적 노화를 잘 성취할 수 있도록 여러 방안들을 고려하고, 그 중에서도 노인들의 신체활동 참여와 연계한 다양한 방안을 수립하는 것이 필요할 것이다." (허철무, 안상현, 2014: 365). 이는 노인들이 성공적인 노화를 잘 성취할 수 있도록 하는 데 신체활동의 중요성이 확인된바 향후 노인문제를 해결하는 데 있어 의미 있는 시사점을 제공할 수 있을 것으로 보인다.

(3) 사회·환경적 요인

노화는 출생에서 시작하여 죽음으로 끝을 맺는 유기체의 퇴행적인 변화이자 인간의 정상적인 성장 발달의 한 부분으로 생물학적·심리적·사회적 변화 과정을 포괄한다(Birren, 1964).

고령화 속도는 통계청(2010)에 따르면 우리나라의 65세 이상 인구는 1960년 73만 명으로 전체 인구의 2.9%에 불과했다. 하지만 2010년 545만 명(11%)으로 늘어난 데에 이어 2060년에는 1762만 명으로 증가래 10명 가운데 4명(40.1%)이 노인이 될 것으로 관측된다. 이러한 고령화는 단순히 전체 인구 중 고령인구가 증가함으로써 나타나는 노인 부양 부담 증가나 인구 구조 변화만이 아닌 그 이상의 다양한 사회적 문제를 야기하고 있다.

이러한 사회적 문제의 요인은 일반적으로 생활의 거의 모든 면에서 나타나고 있는데, 구체적으로 살펴보면 쇠퇴, 상실, 죽음 등과 연관하여 부정적인 인식으로 고착되어 가고 있으며, 또한 장기간에 걸쳐 인구 고령화에 대처해 온 선진국들과는 달리 개인적·국가적으로 충분한 적응 과정 없이 고령사회로 진입하는 우리나라는 노인과 관련된 사회·경제적·의료적인 문제가 제기되고 있다. 그 중에서도 노인 건강과 관련된 문제들이 사회적으로 중요한 관심사가 되는 가운데 노인 의료비 비율은 지속적으로 증가하여 현재 전체 의료비 33.2%를 차지하고 있다.

특히 베이비붐 세대의 노년기 진입을 앞두고 있는 상황과 맞물려 노화에 대한 관심이 크게 증가하고 있으며, 고민과 염려는 더욱더 가중되고 있다. 베이비붐 세대를 기준으로 살펴보면, 이전 세대들은 경로효친(敬老孝親), 장유유서(長幼有序) 등 어른을 공경하고 대우하는 사회적 분위기에서 성장하였기 때문에 노인이 되는 것에 대한 부담이 적었던 반면, 산업화 이후 속도와 경쟁사회에서 적응한 베이비붐 세대들에게 '늙음'은 곧 탈락과 좌절을 의미하며 노인이 되는 것은 편하게 받아들이지 않는 다는 것이다. 이러한 문제점을 해결하기 위한 방안으로 노인들의 건강증진 행위를 증가시키기 위해 많은 노력들이 시행되고 있다(김옥주, 2013).

현재 노인 종합복지관에서 개설되어 운영되고 있는 생활스포츠 프로그램은 다양한 노인 계층의 요구 및 필요에 비하여 다소 제한적으로 운영되고 있다. 노인 인구를 비롯하여 다양한 사회 계층의 독특한 특성들이 보다 복잡다단하게 변화하고 발전하는 현대사회의 특징에 비추어 보면 이제 노인 인구를 정의하는 데에도 이전 사회보다도 훨씬 더 복잡하고 체계적인 기준이 필요하게 되었다.

같은 65세 이상의 노인 인구도 그 인구 통계학적 특성을 보다 구체적으로 조명하게 되면 이전 보다 훨씬 다양한 인구 분포의 형태와 독특한 사회 환경적 특성을 확인할 수 있다. 또한 최근 들어 노인 복지에 대한 사회적 관심이 증대되면서 개선되고 있기는 하지만 여전히 다양한 계층의 노인들이 수월하기 활용할 수 있는 노인 종합복지관과 같은 사회적 인프라 및 제도적 장치가 부족한 상황이다.

인구 통계학적으로 같은 노인 계층으로 분류된다고 하여도 개개인이 가지고 있는 사회 환경적 배경은 매우 다양할 수밖에 없다. 특히 현재 한국의 노인 인구가 경험하고 있는 다양한 사회적 제약 중에서 경제적인 측면은 정부나 지방자치단체가 가장 우선적으로 현실적 대안 마련에 대한 관심을 가져야할 부분이다.

현대사회에서 노인문제는 단지 현재의 노인 계층을 위한 문제가 아니다. 한국사회를 구성하고 있는 모든 계층의 당면한 현실적 과제라고 할 수 있다. 빠르게 증가하고 있는 평균수명 및 기대수명은 사회 대다수의 구성원들에게 건강한 노화에 대한 문제를 심각하게 고민하게 만든다.

"현대사회의 어느 국가보다 **빠르고** 급격한 고령화를 경험하고 있는 한국사회가 모든 구성원들에게보다 안정된 삶의 질을 보장하기 위해서는 건강한 노화를 뒷받침해 주는 다양한 사회적 관심과 고려를 바탕으로 하는 제도적·정책적 배려가 필요하다." (이경훈, 2010: 53).

(4) 노인의 생활스포츠 참가 제약 요인에 대한 제언

현재의 노인 인구는 그들 자신의 다양하고 독특한 문화와 노화와 삶의 질에 대한 인식을 가지고 있다. 이러한 노인을 위한 생활스포츠 프로그램에 보다 많은 참여를 유도하기 위해서는 신체활동과 건강한 노화의 의미 있는 관계에 대한 사회적 가치를 체계적으로 연구하고 그 결과를 적극적으로 홍보해야 한다. 현실적이고 효과적인 방안을 통하여 운동과 신체활동이 건강하고 활동적인 여생을 위해 필수적인 에너지를 증가시킨다는 확신을 심어주는 것이 중요하다.

그리고 노인들이 신체활동 참여를 활성화할 수 있는 다양한 노력 역시 필요하다. 이미 65세에 이르기 전부터 다양한 신체활동에 지속적 그리고 적극적으로 참여해 왔다는 것을 알 수 있었던 반면, 다른 연구 참여자들은 비교적 최근까지 신체활동에 지속적 그리고 적극적으로 참여하지 않는 것을 알 수 있다.

따라서 다양하고 독특한 제약 요인에 따른 신체활동 참여 기회의 불균형 현상을 개선하기 위하여 더 많은 생활스포츠 관련 정보와 더 나은 프로그램이 복잡다단하고 폭넓은 노인인구의 수요를 충족시키기 위해 제공되어야만 한다. 이러한 일들은 궁극적으로 우리 사회 노인 인구가 향유해야 할 여생의 삶의 질을 점진적으로 높일 수 있을 것이다(황인욱, 2007). 더욱이, 노인 참여자의 노화와 신체활동에 대한 다양한 형태(심리적 측면, 신체적 측면, 사회 환경적 측면)의 제약 요인에 대한 인식을 변화시키는 데 도움을 준다.

또한 노인인구의 신체활동 수준을 증가시키고 건강 상태를 향상시키는 촉매제 역할을 할 수 있을 것이다. 만일 사회 구성원 개개인이 노년기의 신체활동에 대한 중요성과 필요성을 젊은 나이 때부터 체계적으로 교육을 받게 된다면 노인인구의 신체활동에 대한 관심과 생활스포츠 참여 정도는 두드러지게 증가될 것이다.

궁극적으로 노인인구의 생활스포츠 참여를 제약하는 다양한 장애 요인을 효과적으로 감소시키는 것은 생활스포츠 참여의 증가, 삶의 질의 획기적 개선, 노인 인구 질병으로 인한 의료비용의 감소 등과 같은 다양한 사회 환경적 변화와 발전을 의미한다.

최근까지 노인학 분야의 많은 연구들은 일반적으로 사회에서 인식되고 형성되어 온 평균적 노인 계층을 대상으로 진행되어 왔으나. 한국을 포함한 현대사회는 매우 복잡하고 다양한 형식으로 변화하고 있기 때문에 현대 사회의 노인인구는 그들 자신만의 독특한 문화, 태도, 노화와 여생의 삶의 질에 대한 인식을 가지게 된다.

따라서 일반적 사회계층(평균적 유형의 노인계층)을 대상으로 한 연구의 결과는 독특하고 특정한 유형을 구체적으로 공유하고 경험하고 있는 사회집단을 대상으로 단선적으로 적용될 수밖에 없다.

이러한 관점에서 볼 때 체계화 된 정보와 복합적으로 개발된 생활스포츠 프로그램이 폭넓은 노인인구의 수요와 필요성을 반영하여 제공되어야만 한다. 또한 사회적, 문화적, 정치적, 그리고 경제적으로 다양한 유형의 노인 계층을 위한 구체적이고 체계적이며 특화된 정보와 서비스를 제공하는 것이 중요하다.

가장 중요한 것은 노인의 생활스포츠참가 제약에 관한 구체적인 현상과 인식을 연구하고 규명하여 한다. 그 결과는 스포츠과학 및 노인학 분야에서 활동하고 있는 많은 전문가들에게 도움을 줄 것이며 고령화 사회에서 절대적으로 필요한 노인들을 위한 생활스포츠 프로그램과 지도법을 개발하고 발전시키는 데 도움을 줄 수 있다. 더 나아가 노화와 신체활동에 대한 인식과 이해를 긍정적으로 변화시키는 데 기여할 수 있다.

또한 최근까지 스포츠과학 및 노인학 분야의 많은 연구들은 일반적으로 노화와 관련된 생리학적 관점에서의 분석을 중점적으로 활용하여 왔으나 노인의 생활스포츠참가 제약요인에 대한 연구 결과를 바탕으로 다양한 현대사회의 특성에 부합하도록 사회학, 문화학, 그리고 생태학과 같은 폭넓은 학문 분야에서의 융합적 접근을 시도해 볼 수 있을 것이다(이경홍, 2010: 53-54).

7. 나가는 글

노인복지나 체육정책은 정부안에서 선택되고 확정되는 것이지만 그 이전 단계인 사회, 즉 정부 외부에서 정부를 향해 노인복지나 체육정책을 만들거나 개정하기를 원하는 여러 가지 압력과 지속적인 요구가 출현한다. 또한 이전에 사회·경제적인 환경변화는 특정 정책이 나올 수 있도록 토양이 형성되어져야 한다. 특정 정책을 정확히 이해하고 평가하기 위해서는 결과도 중요하겠지만 어떻게 형성되었는지 그 과정 역시도 중요하다. 여기에서는 각각의 노인 체육정책을 평가하기 보다는 그 정책이 왜 형성되었는지를 국가 정책차원에서 역사적으로 분석하였다.

우선 노인체육이라는 개념조차도 없었던 1970, 80년대와 그 이후 노인체육 형성과 관련된 노인 복지정책을 정리하면 다음과 같다.

첫째, 1970년대 후반, 의료기술의 발달로 평균수명 연장으로 노인인구가 증가하였고, 산업화 과정에서 노인의 사회적, 가정적 권위가 낮아지며 사적 부양체계가 약화되면서 노인문제에 대한 사회전반적인 이슈가 되기 시작했다. 이러한 사회적 이슈가 1981년 노인복지법의 제정을 이끌어 내었으며, 이는 정부차원에서 노인복지에 관하여 최초로 법으로 제정했다는 자체로도 상당한 의미를 가진다. 그러나 법 제정이후 본격적으로 시행된 노인복지정책은 1998년까지 정책대상을 빈곤층 노인에게만 중점을 두고 1차적 복지 즉 치료나 보호에 치중되어 실행되었다.

둘째, 1993년 이후 노인 복지정책의 각 정권의 패러다임에 따라 그 모습을 달리하며 추진되었다. 김영삼정부에서는 노인 전담부서의 노인복지과를 시설하여 소외된 노인에 대해 복지증진을 꾀하였다. 김대중정부는 정부 기구의 축소 방침에도 불구하고 노인보건과를 신설하여 노인 보건사업에 관심을 보였으나 추진결과는 상대적으로 저조하였다. 노무현정부는 고령화 사회가 급속도로 진행되는 사회 환경 속에서 개인의 자율성과 사회참여를 높이는 복지정책의 구현을 목표로 하며 적극적인 노인복지 정책을 추진하였다. 노인체육은 이러한 적극적 복지정책 차원에서 본격적으로 대두었다.

체육활동이 노인에게 적극적 복지정책으로 인식될 수 있는 것은 체육활동을 통해 건강한 삶을 보장받을 수 있고, 은퇴로부터 오는 사회적 역할 상실과 늘어나는 여가시간의 무료함을 해소할 수 있어 육체적 건강은 물론 정신적 건강을 위한 중요한 보건정책이기 때문이다.

이러한 중요성에도 불구하고 노인체육은 상대적으로 외면시하여 왔다. 이러한 노인 체육정책의 추진 과정과 결과는 원영신의 두 편 연구논문에서 주장하는 바와 관련하여 정리하였다.

원영신은 "1997년 연구에서 우리나라의 노인체육은 걸음마 상태이며, 체계적인 정책수립도 이루지 못한 실정이라고 하였다." (원영신, 1997: 37). 그렇다면 그의 주장대로 왜 1997년 이전까지는 노인체육이 걸음마 상태였을까? 노인 체육정책 형성 과정과 '노인체육' 이라는 용어 자체를 분석하면 다음과 같이 설명될 수 있다.

노인체육은 노인과 체육의 두 개의 용어가 합성된 신조어이다. 더 정확히 말하자면 노인복지와 생활스포츠의 합성어이다. 정부에서 노인계층에 관심을 갖고 노인복지 정책을 수립하기 시작한 것이 1970년대이다. 그러나 실질적으로 노인복지 관련정책이 체계화된 것은 1981년 노인복지법이 제정된 이후이다.

체육부문 중 엘리트스포츠나 학교체육은 1961년 국민체육진흥법에 의해 어느 정도 법제화되고 국가 정책이 수립되었지만 생활스포츠는 1980년대 중반이후에나 사회적인 관심이 시작되었다. 그리고 국민생활체육협의회에 의해서 생활스포츠가 보급되기 시작한 것은 1990년대 들어오면서 이다. 이러한 맥락에서 본다면, 노인복지와 생활스포츠의 합성어인 '노인체육' 이라는 개념은 1990년 이전에는 용어조차도 올바르게 정리되지 않았을 것이다. 김영삼정부의 말기 1997년은 노인체육의 필요성은 대두되었지만, 이와 관련해서 노인체육시설, 프로그램, 지도자 또한 이를 위한 국가예산 그 어느 것도 충분치 않았다. 원영신의 주장대로 1997년 당시 노인체육은 걸음마에 불과했다고 본다.

2006년 원영신은 다시 한 번 "노인체육의 효과나 필요성이 충분히 인지되고 있음에도 불구하고 우리나라의 실제적인 노인체육의 환경이나 정책은 매우 수동적이며 탐색적인 수준인 초보수준에 머물고 있다(원영신, 2006: 10)" 고 주장하였다.

그러면 그 동안 10년의 세월에도 불구하고 노인체육은 걸음마 상태나 초보수준에 불과한 것일까? 걸음마와 초보수준 간의 차이를 확연히 모르겠지만, 이번에도 원영신의 주장에 동의한다. 이 연구의 본론 부분에서 논의된 것을 정리하면 다음과 같다(하웅용, 이소윤, 2008: 113).

참여정부 이후 노인체육에 대한 정부의 관심이 높아지고 각종 정책이 추진되었다. 이는 과거와 비교할 때 현실을 직시한 과감한 패러다임의 변화와 이에 대한 정책 형성의 결과라고 평가된다. 하지만 정부의 노인체육 정책을 분석하여 평가한다면, 일회성 체육 행사개최와 운동용품 지원 등에 치중되어 있고, 노인의 선호도를 무시한 시설확충 등 그 방향성을 잃고 있는 모습이다. 이는 고령사회에 대비한 정부차원의 종합적 대책이 마련되어 있지 않은 초보적 단계이기 때문이다. 이렇듯 표류하는 정책은 노인체육 활성화를 지연시킬 것이며, 이는 노인의료비 급증과 노인의 행복추구권을 무시하는 결과를 초래할 것이라 본다.

하지만 이 연구에서 다룬 노인 체육정책 형성 과정과 추진 결과를 정리하여 분석하면 노인체육은 장밋빛 미래를 간직하고 있다고 사료된다. 1970년대 이후 지금까지의 노인체육을 포함한 일련의 노인 복지정책의 변천과정을 보면, 노인체육은 사회적 요구에 의해 자연발생적으로 대두되었다.

또한 변재관의 주장대로 미래 노인정책의 패러다임이 "활동적인 고령화(active aging)"라고 할 때(변재관, 2001), 노령기의 체육활동은 노인문제를 해결하는 현실적인 최선의 복지정책일 것이다. 그러기에 문화관광부, 보건복지부 등의 정부부처와 국민생활체육협의회와 같은 체육단체도 다각적인 노인체육 정책을 추진하는 것이다. 즉 노인체육은 행복한 노년을 위한 투자이며, 선진 복지사회 구현에 있어 필요충분조건일 것이다.

행복한 미래의 고령화 사회와 전망을 다음과 같이 제언하고자 한다.

우리나라는 현 고령화 사회에서 앞으로 다가올 고령사회로의 도래에 대한 대응방안을 마련하는 문제는 매우 중요하며, 어느 한 분야의 과제라고 할 수 없다. 다양한 논의가 제기되고 있지만, 그 중 인구학적 측면에서 세계에서 가장 빠르게 고령화가 진행됨에 따른 고령화 시대의 유비쿼터스 기술의 적용이 절실하다. 이에 따라 정책적인 측면에서도 여러 개선이 필요할 것이다.

먼저, 유비쿼터스 요소가 고령화 사회를 대비하는 핵심임을 인지하여 '유비쿼터스 생활공간'을 정책으로 개발되어야 할 것이다. 유비쿼터스 사회의 구현은 보건복지 서비스의 접근을 확장시키며, 물리적인 공간뿐만 아니라 가상의 공간으로서 참여를 촉진시킬 수 있을 것이다.

두 번째로, 고령자들도 진보하는 과학의 발전에 거부감 없이 받아들일 있도록 유익하고 재미있는 유비쿼터스 기기를 활용할 수 있도록 국가적으로 배려해야 한다.

새로운 기기 혹은 서비스에 관심이 많은 젊은 사람들이라면 문제가 되지 않겠지만, 대다수의 고령자들은 인터넷이나 컴퓨터 등 전자 기기가 익숙하지 않기 때문에 정보사회에서 취약 계층은 유비쿼터스 세상이 와도 벗어나기 어렵다. 이러한 기기를 사용하지 않게 되는 이유는 사용 방법을 모르거나 필요성을 느끼지 못하는 데 있을 것이다. 따라서 정보화 시대의 신기술에 두려움과 거부감은 실제적으로 유비쿼터스의 수혜자가 되어야 할 고령자들을 오히려 소외시키는 역효과가 될 수 있다.

따라서 이러한 문제를 해결하기 위해서 고령자에게 유용한 서비스 디자인의 개발과 체험 기회의 제공, 이용 요금의 저렴화 등이 요구된다. 또한 고령자들의 왕래가 많은 노인정, 보건소, 각종 요양시설 및 노인 복지시설 등에 각종 유비쿼터스 기기를 설치하여 보다 기기 및 사회적 환경에 친숙해 질 수 있도록 기회를 제공하는 것도 필요하다.

셋째, 유비쿼터스를 통한 건강관리 또한 질병 치료는 물론 예방 및 관리를 통해 건강한 삶을 유지하는 것으로 변화되어져야 한다. 그리하여 인간중심적인 유비쿼터스 기술을 개인의 사회경제적 수명 연장의 도구로서 사회 전반에 걸친 생활 혁신의 수단으로 활용해야 할 것이며, 이러한 성공적이며 활동적인 고령사회를 가능하게 하는 유비쿼터스는 고령화와 함께 상생할 수 있는 하나의 패러다임으로 인식되어야 할 것이다. 또한 u-헬스 시장의 선점을 위해서는 단위 사업의 접근보다는 헬스케어 관련 파트너십을 체결하여 생태계 당위로의 전략이 요구된다.

하지만 우리 사회에서 대부분의 노인들은 이러한 혁신에 빠르게 대처하고 수용하고 있지 못하고 있다. 이것은 노인들이 그들의 진정한 삶을 촉진하고 긍정적으로 삶의 질에 긍정적인 영향을 미칠 수 있는 혁신을 받아들일 수 있는 중재전략이 필요하다. 우리 사회에서 노인들은 좀 더 활동적(physically active)이어야 하며 그 출발은 개인의 혁신 수용 기제를 이해하는 데 있다.

국내 u-헬스 산업의 문제점으로는 센서기술, 분석기술 등 핵심 기술 수준을 높이기 위해 글로벌 경쟁력 확보에 노력해야 할 것이며, u-헬스의 활성화를 위한 표준화 및 인증 체제, 법적 기반, 전문 인력, 공신력 있는 통계시스템, 적절한 디자인 서비스 등 전반적인 인프라의 수준이 미흡한 실정이다. 또한 아직은 협소한 인식으로 인해 제한적인 시장이지만 현대과학의 빠른 발전으로 u-헬스 산업의 성장이 기대되고 있으며 정부가 적극적으로 인프라 확대를 위한 꾸준한 노력이 필요하다 (기선경, 이미숙, 백진경, 2015).

현재 의료법은 의료인 간의 원격 자문(의료 지식 및 기술 지원)만 하고 있으며 의료 행위의 정서가 포괄적으로 되어 있어 스마트 헬스 케어 서비스 제공시 비의료인의 참여가 어려운 실정이다.

의료법을 개정했으나 아직 첨예하게 대립 중이며 의료 관련의 법 제도는 관련 당사자 간의 이해관계가 복잡하고, 예산 등 국가 재정적 뒷받침도 함께 이루어져야 하는 부분이므로 많은 분야에서 복합적인 연구기 진행되어야 하며 고령자에 관한 보다 체계적인 역학 연구(epidemiological study)를 통해 누구든지 언제 어디서나 이용할 수 있는 인프라가 마련되어야 할 것이다.

http://cafe.daum.net/nasub/jJP8/56800x492(2019. 06. 19)

http://blog.daum.net/kjj380625/18341937764x429(2014. 10. 01)

자서전을 쓰자

2019년 기해년도 얼마 남지 않았다. 황금돼지띠 해라고 야단을 쳤던 해였다. 나이가 들수록 세월은 더 빨리 지나간다더니 실감이 난다. 뒤돌아보면 무엇을 했는지 기억도 가물하지만 그래도 큰탈 없이 지금 이 자리에 당당히 살아 있음에 감사해야 할 일이다. 설령 뒤돌아보기 싫어도 한번 쯤은 뒤돌아보고 나의 자리를 챙겨보는 일은 의미있는 일이다. 내일을 위해서라도.

이런 뜻에서 요즘 들어 부쩍 자서전 쓰기 바람이 일고 있는 것도 나름 의미가 있고 바람직한 것이라 생각한다. 자서전 쓰기 책이 여럿 나오고 곳곳에서 자서전 쓰기 강좌도 보인다. 필자도 시립도서관으로부터 자서전 쓰기 강의 요청이 왔다. 내 전공이 아니라서 사양을 했지만 수강생이 60~70대 분들이니 나이가 좀 든 교수가 좋겠다고 했다. 한편으로 이참에 자서전에 대한 공부도 하고 나도 한번 쓸까 하는 생각에 4주 동안 강의를 하게 되었다. 먼저 자서전을 왜 쓰려고 하고 어떤 의미가 있는 걸까를 깊이 생각했다. 우리 모두 이 세상에 태어나 수 십년 간 수많은 우여곡절과 희로애락으로 얽히고 설키면서 살아간다. 그것이 인생이다. 그런데 한 인간의 삶은 그 사람 이외 그 누구도 경험할 수도 없는 오직 유일무이한 삶이다. 뿐만 아니라 전에도 없었고 앞으로도 없을 그야말로 전무후무한 한 인간의 삶이라는 거다. 그래서 한 인간은 절대적으로 존엄한 가치를 가지고 있다.

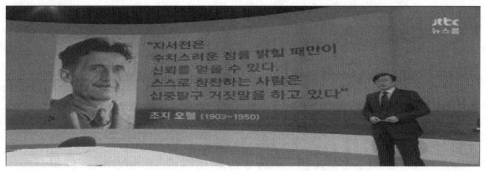

http://blog.naver.com/gggoup/220262913541420x236(2015. 02. 05)

자서전은 한 사람의 유일무이한 삶의 가치를 뒤돌아보고 남기는 작업이다. 그래서 충분히 나름 가치가 있는 일이다. 지난 과거의 삶에 대한 성찰이고 다가오는 미래의 삶에 대한 희망을 찾는 일이다. 이 땅에 와서 살아온 지난 일을 뒤돌아보고 정리하는 기회고 지금 또는 앞으로 어떻게 살아가야 할지 계획하는 일이다. 가슴이 찢어지고 고통받았던 지난 일들을 눈물로 쏟아내면서 그 한을 풀어내는 작업이고 행복했던 일들을 기쁨의 회한으로 추억하는 작업이다. 여태 화해하지 못한 인연들을 불러내어 참회하고 용서를 구하는 작업이고 억울함과 업장을 소멸하는 수행의 작업이다.

이 땅에 와 살면서 후회되고 잘못된 수많은 일들, 아니면 어려운 고통과 힘든 삶을 극복한 일들을 써냄으로써 다른 이들이 그대로 겪지 않도록 하는 인생 교훈서가 되고 지침서가 바로 자서전이다. 자서전은 유명한 사람만의 전유물은 결코 아니다. 어쩌면 평범한 범부들의 삶이 더 가치롭고 가슴을 울린다. 우리들의 삶이 나의 삶이기 때문이다.

그리고 자서전은 열심히 살아온 나의 삶, 아버지, 어머니, 할아버지, 할머니의 삶의 역정과 모습을 후손들에게 남기는 유산의 작업이다. 누구도 경험하지 못한 굽이굽이마다 넘어온 힘든 삶을 보여주면서 우리는 스스로 삶의 모습을 뒤돌아보고 깨닫고 감동의 정서를 풍부히 하게 된다. 자서전을 쓰는 일은 지난 슬픔과 힘듦을 불러내어야 하는 힘든 작업이다. 그러나 그것을 극복하고 지금 현재 존재하는 것만으로도 충분히 가치롭고 존중받을 수 있기 때문에 모두 가치가 있다.

자기가 살아온 지난 일들을 손자에게 이야기하듯, 친구에게 넋두리하듯 적으면 그것이 곧 자서전이 된다. 가족 이야기를 하고, 자기가 살아온 환경을 이야기하고, 어린 시절 추억들 학창 시절 기억에 남는 추억들 취업하고, 결혼하면서 살았던 부부의 애환들, 자녀들의 성장과 교육과 출가의 과정들 앞으로 남은 삶 동안 하고 싶은 일들, 살아갈 계획들도 모두 귀중한 자서전에 남길 만하다. 빛바랜 지나간 사진들도 불러오면 더 좋겠다.

좌우명으로 시작하여 묘지명 유언으로 마무리하는 것이 우리네 인생이다. 할일이 없을 때, 아침에 일어나 하루 한 장씩이라도 과거를 돌아보는 글을 썼으면 좋겠다. 꾸준히 조금씩 조금씩 써놓으면 그것이 모여 한 편의 역사가 되고 책이 된다. 잘 쓰는 것이 아니라 그냥 쓰는 것이다. 독일 역사학자 빌헬름 딜타이는 "자서전은 삶의 이해를 돕는 가장 알기 쉬운, 최상의 형식"이라고 했다. 이 세상에 오로지 한 개뿐인 책이 된다. 언젠가 나도 나의 삶을 적어보고 싶다. 망설이면 기회는 기다려 주지 않는다.[17]

http://blog.naver.com/aromatalk/221645107122(2019. 09. 10)

II. 노인의 삶과 여가스포츠 문화

우리나라 전체 인구 중 노인 비율은 1980년대에 3.8%, 1990년대 5.1%, 2000년대 7.2%로 점점 늘어나는 추세이다. 2010년 65세 이상 고령 인구의 비중은 전체 인구 중 11.0%를 차지하였고, 2018년에는 14.3%로 '고령사회'에 진입할 전망이다(통계청, 2010). 이러한 노인인구의 증가 속도는 OECD 국가에서 가장 빠르게 진행되고 있고, 이에 따른 노인 문제는 심각한 사회 문제로 대두되고 있어 고령사회에 대한 준비가 매우 시급하다.

통계청이 27일 발표한 '2019 고령자 통계'에 따르면 55~79세 고령자의 월평균 연금수령액은 전년보다 4만원 증가한 평균 61만원으로 나타났다. 이는 국민연금, 사학연금, 군인연금, 기초연금, 개인연금 등 공적·사적연금을 총괄해 산정한 것이다. 노인 절반은 이 같은 '용돈 연금' 조차 받지 못하고 있어, 노후 소득에 빨간 불이 켜졌다.

지난 1년간 55~79세 고령자 중 연금수령자는 45.9%(635만 8000명)를 기록했다. 연금수령자 비율이 전년보다 0.3%포인트 증가했지만, 고령자 중 절반 이상(54.1%)이 연금을 받지 못한 셈이다.[18]

2005년 한국보건사회연구원은 노인 삶의 질을 저하시키는 가장 직접적인 요인 중 하나는 건강문제이며, 우리나라 65세 이상 노인인구 중 86.7%가 이미 한 가지 이상의 만성질환을 가지고 있는 것으로 조사되었는데, 2008년 '전국노인생활실태 및 복지요구조사'에 의하면, 우리나라 전체 노인의 우울 경험률은 30~45%로 노인 우울 정도가 특히 심각한 것으로 보고되고 있다.

이 단원에서는 노인의 삶과 여가스포츠 문화라는 주제에서 과연 여가스포츠 참여가 노인의 삶의 질에 어떠한 영향을 미치는지에 대하여 관련 자료와 문헌을 중심으로 고찰하였다. 이를 위하여 우선 노인의 삶과 건강을 사회·문화적 측면과 건강과 노화라는 측면과 둘째 노인과 여가라는 장에서는 노인과 관련된 여가 의미, 여가활용 실태, 여가활용 부분, 그리고 노인과 여가스포츠 부분에서 노인의 삶에서 여가스포츠가 차지하는 질적인 변화와 이를 통한 인식의 변화 가능성에 대하여 논하고자 한다.

첫째, 노인의 삶과 건강이라는 차원에서 사회문화적 차원에서 노인의 개념적 정의 및 위상은 급속도로 변하고 있다. 이의 중심에는 과거의 정적이고 수동적인 삶에서 적극적이고 능동적인 활동으로 전환되고 있음을 발견할 수 있었다.

또한 건강과 노화라는 관점에서도 보다 성공적인 노화가 바로 자신의 삶의 질을 향상시키는 조건으로, 이는 여가스포츠를 통한 신체적, 정신적, 사회적 건강 및 wellbeing을 추구하는 패턴이 강하여 졌음을 확인할 수 있었다. 노인들의 진정한 웰빙을 위한 여가스포츠 활동의 적극적 참여는 생활의 만족도 및 심리적 안정감 삶의 행복감 등을 향상 시킬 수 있다.

둘째, 노인의 삶의 질 향상 및 웰빙의 가장 기본적인 척도가 바로 건강증진 부분이다. 1947년도 WHO(World Health Organization)에서 채택한 건강에 대한 정의를 다른 측면에서 접근하고 있다. 건강이란 완벽한 신체적, 정신적 상태를 유지하면서 단순히 질병의 유무를 떠나서 사회복지(social well-being)적 측면에서 고려되어야 된다고 WHO는 정의하고 있다.

Stokols(2000)는 건강함(healthfulness)이란 단순한 신체적 건강을 뛰어넘어 감정적인 Well-Being을 포함하여야 된다고 주장한다. 따라서 노인의 건강증진 부분은 정부나 정책에 있어서 단순히 신체적 건강만이 아니라 심리적, 정서적 차원에서의 삶의 질이란 차원에서의 여가스포츠참여모형과 치료 레크리에이션적 차원에서의 접근이 필요한 것이다.

셋째, 노인의 삶 속에서 진정한 여가스포츠 문화가 자리 잡기 위해서는 무엇보다 노인의 여가스포츠 교육에 대한 인식의 확대와 프로그램의 마련이 시급하다.

여가스포츠의 참여를 통해 개인적 복지와 사회적 복지를 통합적으로 발전시키며, 일상생활에서 신체의 건강을 위한 여가스포츠에 관한 문제를 자주적으로 해결할 수 있는 운동 문화를 제공 받음으로서 개인적 욕구충족, 여가의 즐거움, 창조적 표현, 새로운 경험 등으로 가족 간 유대 강화로 사회. 문화적 토대를 마련하여 노인의 삶 속에서 진정한 '삶의 질'을 향상시킬 수 있다.

http://cafe.daum.net/silver6090/7n85/174(2008. 04. 23)

잠깐! 쉬었다 갑시다

☞ 인구절벽과 꼰대 넋두리

인구절벽 앞에서 베이비붐 세대(이하 베붐)는 좌불안석이다. 부양 인구는 줄어드는데 피부양 인구는 폭증해 나라 경제가 절단 날 지경이라는 눈총 때문이다. 지난해 신생아가 결국 사망자 숫자보다 적었다니 눈총으로 끝날 단계도 지났다.

나는 베붐이다. 현장을 떠난 지 2년째고, 7월부터 국민연금도 받는다. 피부양 대열에 끼게 됐다. 연금이야 그동안 내가 낸 돈 내가 받는 건데 무슨 '피부양'이고 '기생 인간' 취급이냐, 인구절벽이 어디 베붐 탓인가, 속이 끓는다. 이꼴저꼴 보기 싫은 베붐들은 아예 생활비 저렴한 나라로 이주할 생각을 한다. 형편이 안 되는 이들은 주말마다 태극기 휘날리며 광화문 주변에서 화풀이하기도 한다.

나는 3남1녀 가운데 셋째다. 큰형은 6·25전쟁 직후 태어났다. 어머니는 종전 2년 뒤부터 2년 터울로 3남매를 더 낳았다. 내가 아는 언론계의 한 임원은 전쟁이 끝나고 2년째 되던 해 12남매 가운데 열한 번째로 태어났다. 그 시절 어머니들 눈엔 전쟁의 지옥도, 전후의 폐허도 보이지 않았다. 갓난 것은 업고 걸을 만한 것은 손잡고, 들일도 하고 행상도 하셨다.

애국심 때문? 웃기는 소리다. 기초연금, 국민연금 등 용돈은 물론 생활비까지 나라가 보태 주는 지금도 '애국' 운운하면 '또라이' 소리를 듣는데, 그 시절 국가는 참으로 더러웠다. 국민에게 하는 짓이란 들기름 짜듯 들들 볶고, 밟아 누르고, 쥐어짜는 게 고작이었다.

밤하늘에 별은 반짝였지만, 희망이란 낮달처럼 허황됐다. 그런데도 동생들은 태어났고, 뒤이어 조카들도 태어났다. 1970년대 '합계출산율 4.53명'은 '사람만이 희망'이라는 전후 어머니들의 불가사의한 그 신념의 결과였고, 그 덕분에 이 나라도 이만큼 섰다.

지난해 합계출산율은 0.98명이었고, 이대로라면 50년쯤 뒤 대한민국 인구는 반토막 난다고 한다. 진보, 보수를 떠나 자본가와 그 부역자(학자·정치인·행정가)들은 그동안 머리를 싸매고 원인과 대책을 고민했다. 지난 14년간 양육, 보육, 교육, 주거 등 저출산 대책으로 무려 143조나 쏟아부었는데도 그렇다.

합계출산율 4.53명 시절 주택은 열 가구에 네다섯 채였지만 지금은 열 가구에 여덟아홉 채다. 열에 한둘이던 대학생은 지금 열에 여덟아홉이다. 가정에서 도맡던 보육, 양육, 교육의 상당 부분을 국가가 맡고 있다. 취업난을 비관하지만, 외국인 노동자 숫자는 계속 늘고 있다. 그동안 고민한 게 아니라 잠자다가 남의 다리만 긁은 셈이다.

　베붐의 꼰대 같은 경험으로 보면 원인은 따로 있어 보인다. 그들은 생산가능연령인구(15~64세)의 감소를 걱정하면서 일자리는 자꾸 줄인다. 왕성한 소비자의 감소를 걱정하면서 소득원은 자꾸 줄이거나 없앤다. 중산층 소멸을 걱정하면서 양극화를 가속시킨다. 욕망과 공포를 자극해 빚 살림을 유도하면서 가계부채 증가를 걱정한다. 한편에선 소비를 부추기면서 다른 한편에선 일자리와 소득원을 없앤다. 따라서 느는 건 빚이다. 그럼에도 어이없게도 생산가능연령인구의 감소를 걱정한다. 걱정된다면 기준을 15~70세로 넓히고 정년을 늘리면 된다. 그러면 생산인구 감소도, 피부양자 급증 문제도, 국민연금기금의 고갈 따위의 문제도 일거에 해결된다. 이윤을 극대화하기 위해 싸고 말 잘 듣는 노동력만 찾지 않으면 된다.

　이제 그 '소비자'도 알아차렸다. 왜 아이를 낳아 빚내서 교육특구로 이사 가고, 사교육시키고 그 빚에 묶여 노예처럼 일해야 하지? 일자리는 줄이면서 왜 아이는 낳으라고 재촉하지? 출산은 부모를 확실하게 빚으로 묶어 두는 인질 아닌가. 10대90의 사회에서 10%의 부와 권세를 떠받치는 노예가 되라는 것 아닌가.

　그리스 신화에 우로보로스라는 뱀이 있다. 이 뱀은 자신의 꼬리를 물고 있지만 삼키지는 않는다. 그러나 한국의 우로보로스는 물고만 있기에는 너무 탐욕스럽다. 꼬리를 삼키고 몸통까지 빨아들이고 있다. 더 삼키면 어떻게 될까.

　그럼에도 충고 하나 꼭 해야겠다. 노예를 거부하는 건 좋다. 그렇다고 행복까지 포기하진 말자. 지난달 15일 인천 숭인동 일명 옐로하우스의 한 접대부가 사망한 채 발견됐다. 미혼모의 아이였던 그는 동료들에게 따뜻하고 정 많은 '언니'였다. 그는 평소 나이 어린 동생들에게 이렇게 말했다고 한다. "너 시집 꼭 가서 행복하게 살아라. 내가 냉장고를 사줄 게." 아무래도 베붐은 꼰대를 포기할 수 없나 보다.[19]

http://blog.naver.com/onekingking/221234254726(2018. 03. 21)

Ⅰ. 들어가는 글

건강의 개념에는 신체적 건강과 더불어 정신적 건강과 사회적 건강을 포함시킬 수 있다. 생리적 기능 증진, 근력 및 면역력 강화와 같은 신체적 건강 증진은 체육활동을 통해 얻을 수 있는 가장 직접적인 효과로, 신체적 능력이 저해되어 있거나 강화시킬 필요성이 높은 장애인, 노인, 여성, 중장년층에 있어 체육활동은 신체 기능 증진을 통해 삶의 질을 향상시킬 수 있는 주요한 기제가 된다(장재옥, 2007).

우울, 불안, 소외감 등 정신적 건강의 어려움 또한 현대 사회 구성원들이 당면하고 있는 대표적인 문제이다. 입시 스트레스와 인터넷 중독 등의 문제를 안고 있는 청소년, 고독과 사회적 소외감을 겪을 수 있는 노인, 우울증의 위험성을 지닌 중·장년기 성인들에게 체육활동은 정신적 건강을 유지시켜 줄 수 있는 효과적인 방안이 될 수 있다. 나아가 사회적 건강은 사회적 통합과 관련된 측면으로 사회 구성원들의 유대감과 상호작용의 증진을 포함한다. 양극화와 소통의 단절을 경험하는 현대사회에서 체육활동은 장애인, 노인, 다문화가정 등 상대적으로 배제되거나 소외된 계층의 사회 참여 기회를 확대시킬 수 있다. 더욱 집단 내 협동성과 응집력을 강화시킴으로써 집단따돌림과 같은 사회 문제 예방에도 기여할 수 있다(이정학, 2006).

이렇게 볼 때 체육은 다양한 형태로 인간의 복지와 건강을 증진시키는 기능을 수행하고 있음을 알 수 있으며, 특히 '건강' 의 중요성이 우선적으로 강조되는 노인 인구의 경우 체육복지의 일차적 대상이 된다. 이러한 상황에서 개인적 측면의 건강한 노화와 사회적 측면의 의료비 증가 방안으로써 노년기 체육활동의 중요성에 대한 인식이 높아지고 있다.

규칙적인 운동은 생리적 기능 저하 방지, 스트레스 해소, 혈압 상승 억제, 당뇨병 예방과 치료 등 노화를 방지하고 질병을 예방함으로써 건강 수명을 연장시키는 한편, 체육활동을 통해 대인관계와 사회적 상호작용 기회를 제공받음으로써 노인기 경험하기 쉬운 사회적 소외감과 우울 등을 극복하고 자아성취감이 상승하는 등 체육활동이 노인들의 신체적, 심리적, 사회적 건강을 도모하는 주요한 기제임이 보고되고 있다. 또한 뇌에 혈액순환을 촉진시켜 인지적 감퇴를 지연시키고(Hall 외, 2001), 만성질환의 감소와 체력이 감소되는 속도를 늦출 수 있고, 체력을 증진시킬 수 있으므로, 개인에게 필요한 체력 요소를 선택하여 계획성 있는 운동을 실시하는 것이 필요하다.

우리나라는 세계적으로 노인 인구 증가율이 가장 높은 나라 중의 하나이다. 사회적으로 노인의 문제는 더 이상 남의 문제가 아닌 바로 나 자신의 문제로 인식되어 가면서, 노인의 삶의 질에 대한 문제 혹은 복지에 대한 문제가 국가적으로도 가장 중요한 문제 중의 하나로 자리잡아가고 있다.

사회의 고령화는 사회, 경제, 의료 측면에서 적지 않는 문제점을 야기 시키고 있으며, 전 세계 모든 국가의 당면한 주요 과제로 인식되고 있다. 보건의료 수준의 향상, 국민들의 영양상태의 양호 및 건강에 대한 관심의 증가 등에 기인하여 평균 수명이 연장되고, 노인 인구의 절대적 숫자의 증가와 함께 노년기의 기간도 상당히 연장되었다. 이와 같은 노년기의 확대는 국가 사회적으로 노년의 삶에 대한 관심이 증가하고 있으나 국내의 경우 아직 선진국에 비하여 노후에 대한 국가적 사회복지 제도가 미흡한 실정이다.

이에 따라 "국가에서도 성공적인 노화를 위한 정책적 방안으로 노인체육의 활성화에 관심을 기울이고 있다. 저출산고령사회위원회에서는 노후 삶의 질을 높이기 위해 '노인건강 증진을 위한 운동사업 활성화' 추진 과제를 제시하였으며, 보건복지부에서는 건강 수명을 늘리기 위해 '노인건강 증진대학 및 가정 방문 운동 프로그램과' 노인복지관을 이용한 '노인 체육교실 사업'을 전개하는 한편 문화체육관광부에서는 노인전담 생활스포츠지도자를 시·군·구에 배치하여 노인체육을 담당할 전문 인력을 양성하고자 노력하고 있다. 이는 체육의 활성화가 고령화 문제를 해결하는 데에 중요한 역할을 담당할 수 있음에 대해 각 분야의 공감이 이루어지고 있음을 의미한다 하겠다." (김예성, 박채희, 2012: 169).

그러나 체육 복지를 실질적으로 구현하기 위해서는 체육과 복지의 개념적인 융합과 나아가 실제 활동 현장에서의 융합이 이루어질 필요가 있다. 체육 복지를 실천할 수 있는 대표적인 공간은 지역사회 사회복지기관이라고 볼 때 체육복지가 활성화되기 위해서는 체육 분야와 복지 분야가 그 필요성에 대해 공감하고 실질적으로 소통하고 협조하려는 노력이 필요한 것이다. 어느 한 쪽이 필요성에 대해 공감하지 않거나 상대편을 배타적으로 인식하고 있을 경우, 이론적으로 그 필요성이 높다고 하여도 현장에 반영되기에는 어려움이 따를 것이며 실천에 앞서 현장의 인식을 전환시키는 데에 많은 시간과 노력이 필요할 것을 예상할 수 있다.

현재 지역사회복지관을 비롯한 사회복지 현장에서는 체육활동 프로그램에 대한 욕구가 나날이 높아지고 있으며, 생활체육협의회의 생활스포츠지도자들이 파견되어 활발한 활동을 펼치고 있다. 그러나 이러한 필요성에도 불구하고 아직까지 체육계와 사회복지계가 연계될 수 있는 실질적인 정책과 네트워크가 통로는 마련되지 않고 있는 것이 사실이다. "사회복지 현장에서는 사회 복지 분야와 체육 복지 분야의 어려움에 대해 '사회복지와 체육 분야의 네트워크 통로 부족', '사회복지 분야의 보수 체계 문제'와 같은 시스템적 문제들에서 원인을 찾고 있으며, 사회복지 실무자, 체육전문가, 클라이언트와 같은 개별적 주체들의 특성을 장애요인으로 인식하고 있지는 않다." (김예성, 박채희, 2012: 174).

노인들의 경우 필연적으로 신체적 기능이 떨어지는 시기인 만큼 신체적 기능을 유지하고 건강 상태를 증진시키는 체육복지 서비스는 매우 중요한 의미를 지닌다고 할 수 있다. 또한 체육에 따른 스포츠 복지 정책[17]의 융합에 있어서의 당위성은 체육과 복지의 공공재적 속성에서 찾을 수 있다.

체육활동은 사회 구성원들의 인간다운 삶을 유지하는 데에 필수적이며 누구에게나 접근 가능성이 열려 있는 공공재임에도 불구하고, 경제적 능력을 지니지 못한 일부 계층은 접근이 배제되어 있는 것이 지금의 현실이라 할 수 있다. 이러한 상황을 바로잡고 모든 사회 구성원들이 자유롭게 체육활동에 참여할 수 있게 되기 위해서는 공익과 평등을 중시하는 사회복지와의 융합이 필요하다.

인간의 욕구 변화를 기저로 첨단기술의 발전에 따른 현대의학의 발달, 건강에 대한 높은 관심, 건강 지향적인 식생활 등으로 인간의 평균수명 연장에 따른 고령화 추세는 세계적인 현상으로 선진국들은 고령화 사회(aging society)를 실감하고 있다.

기획예산처(2002)는 우리나라가 고령화 사회에서 고령사회로 들어서는 기간은 19년으로 프랑스의 115년, 미국의 71년, 일본의 24년에 비해 매우 **빠른** 수준이라고 밝혔다. 보고서에 따르면, 노인인구를 생산연령인구(15~64)세 나눈 노인부양비는 2002년 현재 11.1%로, 생산연령인구 약 9명이 노인 1명을 부양하고 있다. 그러나 2019년에는 생산연령인구 4명이 노인 1명을 부양하는 수준이 될 것으로 추산하였다. 결국 21세기 화두는 고령화 사회에 대한 문제일 것이다. 그러나 수명 증가가 생활만족 혹은 행복을 보장해주는 것은 아니다.

우리나라는 2000년 노인인구가 7.1%에 달하여 이미 고령화 사회에 진입을 눈앞에 두고 있다. 고령화는 경제적 문제를 비롯하여 건강, 여가, 고독, 소외 등의 문제를 동반하기에 노인의 신체적, 심리적, 사회적으로 건강한 상태를 유지하며 오래

---

17) 스포츠 복지정책이라는 용어에 대한 정의는 정확히 이루어진 바 없지만 곽효문(1992: 88)의 복지정책에 대한 정의를 고려하여 스포츠 복지정책의 개념을 기술하면, 스포츠복지와 정책의 혼합 개념으로서 체육·스포츠인의 삶의 질적 수준을 행상시키는 정부의 활동이라 할 수 있다. 여기서 스포츠인이라고 함은 학교체육, 엘리트스포츠, 생활스포츠에 참가하는 선수 및 지도자 등 체육과 스포츠에 관여하는 모든 사람을 말한다.

살 수 있는 방안을 강구해야 할 필요성이 크다. 그러나 현대 사회에서는 과학과 의학 기술의 발달로 기대 수명은 연장된 데 반해 건강 수명은 오히려 단축되는 추세라 할 수 있다.

통계청의 자료에 따르면, 우리나라 노인들의 기대 수명은 79.0세임에 반해 건강 수명은 68.6세에 불과해 많은 노인들이 10년 이상의 기간을 질병과 건강상 어려움을 안고 지내야 하며, 이는 사회 전체적으로도 의료비용의 부담이라는 커다란 사회 문제를 야기하는 요인이 된다(노은이, 김선자, 2009).

우리나라는 2000년을 기점으로 고령화 사회(Aging society)로 진입하였으며, 2012년에는 15.1%에 달하여 곧 고령사회로 진입을 전망(통계청 2010)함으로써 노인 문제의 비중이 더욱 커져가고 있다. 이와 같은 상황에서 심각하게 대두되고 있는 노인문제는 노인들의 사회적 은퇴와 더불어 무료한 여가 시간을 보냄으로써 겪게 되는 각종 스트레스와 고독감, 허탈감, 우울감 등 각종 심리적 양화를 가져오게 되고, 노인 스스로 불행하다는 느낌을 갖게 하는 것이다.

한편, 노년기에는 일상생활에서 발생하는 스트레스와 더불어 무료한 여가 시간의 소비로 인하여 심리적인 불안감과 신체적 무력감 등을 가중시키게 되고 이로 인하여 심각한 우울증을 유발시키고 있다. 이러한 우울은 사회적 고립, 약물 및 알코올에 대한 의존성 증가, 삶의 의욕과 사기 저하 등으로 나타나 결국, 노년기 삶에 부정적 영향을 미치고 삶의 질을 저하시키며 더 나아가 결국에는 자살에 이르게까지 한다(Coren & Hewitt, 1999; Lange, 2003).

이러한 노인 자살 비율은 1993년도에 4,365명에서 2003년에는 약 100%가 증가한 8,550명으로 심각한 사회문제로 나타났다. 실제로 미국의 경우 자살을 시도하는 노인이 40%에서 80%가 우울증상이 있는 것으로 보고되고 있다(Conwell, 1997).

우리나라 노인들은 전통적인 효를 강조하는 유교문화와 가부장 중심의 직계 가족제도의 영향으로 부모부양이 자녀로서의 중요한 의무로 인식되어 두드러진 노인문제들이 드러나지 않는 상태로 생활이 가능하였고, 효가 가족 최고 가치관으로 가족 내에서 부모의 입지가 확실하였다. 하지만 최근 산업화, 도시화, 핵가족화가 급속히 진행이 되고, 개인주의적 가치관의 확산 등으로 가족 내의 노인의 위치를 위협하는 상황으로의 변화를 겪게 되면서 노인의 복지에 심각한 위기를 초래하는 상황이 전개되었다(백경숙, 권용신, 2003).

이제 우리 사회는 노인문제에 접근하는 방식이 새로운 시각에서 조명되어야 한다. 급변하는 압축적 사회 변화로 인해 급격히 증가하는 노인세대를 일종의 '신세대'로 보아야 한다는 관점이다. 이는 청소년들과 마찬가지로 급격히 증가한 노년기의 삶을 과거로부터 충분한 정보나 경험을 얻는 것이 불가능하기 때문에 새로운 실험적 세대로서 삶을 개척해 나가야 하기 때문이다.

최근 들어 고령화 사회에 대비한 노인 복지대책에 대한 문제가 한국 사회의 보편적이고 상당히 중요한 사회적 이슈로 대두되고 있다. 고령화 사회에서 노인의 삶의 질(quality of life)을 향상시키기 위해서는 무엇보다 건강과 소외감의 해소가 중요하게 작용한다. 또한 젊었을 때와 비교하여 시각, 청각, 미각의 노화 현상과 함께 노년기의 심리적 특징으로 인하여 노인 자살이 급증하고 있는 실정이다.

우리나라 노인 자살률의 두드러진 증가는 노년기의 심리적 특성이 자신의 삶의 질을 확보되지 않은 상태에서 사회환경적 요인, 의학적 요인, 정신적 요인, 심리적 요인, 생물학적 요인들이 복합적으로 작용하여 나타내고 있다.

인간은 누구나 행복할 권리가 있다. 그러나 행복은 권리만으로 얻어지는 것이 아니며, 행복을 위한 준비와 투자가 선행되어야 한다. 이는 준비 없이 갑자기 직면하게 된 우리 사회의 노인문제에 적용된다. 우리 사회의 노인문제는 충분히 예견되었던 문제였다.

그러나 노인 개인은 물론 국가도 이러한 문제 해결을 위한 꾸준한 준비와 투자가 부족했다. 노인의 삶의 질을 확보하기 위해서는 여가스포츠의 참여를 통하여 심리적 안녕감을 얻으며, 개인적 욕구를 충족시키고, 나아가 노년기 생활의 만족도 및 심리적 안정감, 삶의 행복감 등을 향상시켜가게 된다. 그러나 상당수의 노인이 생계와 건강문제, 그리고 증가된 여가 시간의 활동문제 등으로 고통 받고 있다(권욱동, 2005).

따라서 현대 사회는 노인 인구의 증가와 아울러 "삶의 질 향상" 이란 차원에서 여가 문화 및 여가스포츠 활동을 통한 노인의 웰빙[18]에 대한 중요성이 더욱 증가하고 있다. 노년기에 있어 사회체육 활동은 노인의 신체적, 정신적, 사회적 변화에 대응할 수 있는 지대한 역할을 하고 있으며, 노인문화로서 정체성을 얻게 되는 과정이 되고 노인의 소외와 고독의 문제를 크게 불식시키는 과정이라 할 수 있다(체육과학연구원, 2003).

사람들이 나이 들어감에 따라 다양한 상황 속에서 행동 및 사고의 기능이나 적

---

18) 웰빙(well being)은 육체적 정신적 건강의 조화를 통해 행복하고 아름다운 삶을 추구하는 삶의 유형이나 문화를 통틀어 일컫는 개념이다. 사전적 의미의 웰빙은 복지, 행복, 안녕을 뜻하는 말로서 웰빙을 추구하는 사람들은 육체적으로 질병이 없는 건강한 상태뿐만 아니라 직장이나 공동체 속에서 느끼는 소속감, 성취감의 정도, 여가생활이나 가족간의 유대, 심리적 안정 등 다양한 요소들을 웰빙의 척도로 삼는다. 최근에는 웰빙은 심리적 안녕감 (psychological well being)을 의미하는 개념으로 가장 많이 사용하고 있다(이미숙, 2004).

응도가 떨어짐으로서 심리적, 사회적 스트레스를 더욱 심하게 겪기 때문에 이를 감소시키기 위한 적절한 레크리에이션 프로그램 참여가 필요하다. 노인들의 경우에는 노화로 인하여 신체 기능이 전반적으로 저하된 상태에 있기 때문에 신체적 고통이 적고 언제 어디서나 쉽게 행할 수 있는 운동이 적합하다.

그러나 무엇보다 중요한 것은 이런 신체활동이 단순히 노인들의 체력 향상에만 도움을 주는 것이 아니라 일상생활에서 고독하게 될 노인들의 동료 만들기와 삶 만들기에 많은 도움이 된다는 점이다. 특히, 노인들의 삶의 질적 저하로 인해 파생되는 문제는 남성 노인보다는 여성 노인에게 심각한 문제로 작용한다.

인구학적 요소인 노인 인구 증가 측면에서 남성 노인에 비해 여성 노인의 증가 현상이 두렷하고, 여성 노인이 차지하는 비율이 높고 평균 수명 또한 8배나 높게 나타나지만 남성 노인보다 복지 측면에서 여성 노인을 위한 사회적 배려가 매우 부족하다는 것이다. 더구나 여성 노인들의 경우에는 배우자를 잃거나 대부분 가사 및 생활양식에서 그 위치가 대폭 축소되기 때문에 중요한 의사 결정에 있어 불안이나 혼란 등 심리적 어려움을 겪으며, 남성 노인에 비해 신체활동은 물론 사회활동도 적거나 다양하지 못하기 때문에 사회 관계망까지 제한되이 있어 고립감이나 외로움, 고독감은 남성 노인에 비해 훨씬 더 클 수 있다.

결국 신체적, 심리적, 정신적 건강에 심대한 영향을 받을 수 있다. 이처럼 노인들이 유사한 환경에 처한 동료들과 상호 간에 유대감과 친밀감을 느끼고 상호 협력적 관계를 형성해 나가는 일은 노인들의 심리적 정신적 건강에 심각하고 중대하여 매우 중요한 영향을 미칠 수 있다. 예컨대 '인간은 사회적 동물이다'라는 명제처럼 인간은 각자 처한 환경이나 조건이 다를지라도 거대한 사회 속에서 타인과 공존하면서 살아갈 수밖에 없는 존재이다. 사회 구성원과 협력을 통해 긍정적인 관계를 형성해 나가는 능력은 사회를 살아가는 데 있어 없어서는 안 될 필수 요인이라 볼 수 있다(오현옥, 2011).

http://blog.daum.net/gloria379/283(2011. 08. 07)

잠깐! 쉬었다 갑시다

☞ 고단한 삶 보여 준 엥겔지수

독일의 통계학자이자 경제학자인 에른스트 엥겔은 1857년 출간한 '작센 왕국의 생산과 소비 관계'에서 가난한 가정일수록 전체 지출 가운데 많은 부분을 식료품 구입에 사용한다고 지적한다. 이러한 패턴은 후일 '엥겔의 법칙'으로 명명된다.

소득이 소비에 영향을 미치지만, 가격을 비롯한 다른 결정 요인도 있기 때문에 실제 경제학 내에서는 엥겔의 법칙이 가계의 소비 구조를 정확히 설명하는지에 대해서는 논란도 있다.

특히 최근에는 1인 가구 증가와 외식 확산 등 소비 패턴 변화도 있어서 엥겔의 법칙을 문자 그대로 해석하는 것은 유의해야 한다. 그럼에도 불구하고 소득이 감소해도 필수 식료품에 대한 소비는 줄일 수 없기에 전체 소비지출 가운데 식료품 비중을 나타내는 엥겔지수가 커지고 있다면 유의할 필요는 있다. 즉 경기가 어려운데 엥겔지수가 높아졌다면 필수 부문을 제외한 다른 지출은 줄였다는 뜻이어서 국민의 삶은 그만큼 고단할 수 있다.

통계청 가계동향조사(지출부문) 자료에서 소비지출로 사용된 금액 가운데 식료품·비주류음료의 비중은 일종의 엥겔지수(외식 제외)로 해석할 수 있는데, 2018년 가구당(전국·1인 이상) 수치는 월평균 14.45%로 그 직전 해인 2017년의 14.09%에 비해 0.36% 포인트 증가한 것으로 나타난다. 엥겔지수의 분자(分子)로 볼 수 있는 식료품·비주류음료 지출이 증가한 측면도 있지만 분모(分母)인 전체 소비지출 자체가 감소한 영향이 큰데, 2018년 가구당 월평균 소비지출은 253만 7641원으로 전년도의 255만 6823원에 비해 1만 9182원 줄었다.

식료품·비주류음료에 대한 지출은 2018년에 약 1.8% 증가했지만, 해당 품목의 (소비자) 가격상승률이 2.8% 정도였음을 고려하면 엥겔지수 상승에도 불구하고 식료품의 실제 구입량은 감소했을 가능성이 크다. 결국 심지어는 식료품까지 포함해 소비 전반에 대한 지출을 줄인 것으로 볼 수 있다. 그만큼 국민들은 삶이 힘들다고 느꼈을 가능성이 높다.

근로자 가구로 한정해 엥겔지수의 변화를 살피면 2018년에 12.95%로 2017년의 12.63%에 대비하면 0.32% 포인트 증가한 것으로 나타난다. 그러나 동일 지수를 근로자외(外) 가구에 대해 계산하면 2018년 16.90%로 그 비중이 높을 뿐 아니라 2017년에는 그 지수가 16.31%였음을 감안하면 0.59% 포인트 증가해 특히 상황이 나빠 보인다.

　근로자 가구와 근로자외 가구 사이에 나타나는 이러한 엥겔지수 격차는 일반적인 소비 패턴 변화로 설명하기는 어렵다. 실제로 2018년을 기준으로 근로자외 가구의 소비지출 규모는 근로자 가구의 78% 수준으로 나타난다. 2018년 4분기 기준(전국·2인 이상)으로 근로자외 가구의 소득은 근로자 가구의 72% 정도에 그쳐서 격차가 있다.

　결국 엥겔지수의 최근 흐름은 특히 소득이 낮고 지출 규모가 적은 계층인 '고용된 근로자가 아닌 사람' 중심으로 어려움이 가중되고 있음을 보여 주고 있다.

　이러한 상황은 몇 가지 측면에서 기존 정책에 대한 재검토가 필요한 것으로 해석할 수 있다.

　첫째, 최저임금 인상 등 사실상 임금상승을 중심에 둔 정책은 수요 부진 타개 목적으로 제시됐지만, 효과를 발휘하지 못하고 오히려 정반대의 결과로 나타나고 있다. 생산성과 괴리된 임금인상은 기업 입장에서 노동비용 증가로 인식되면서 기업 투자 결정의 위험을 높이고 국제경쟁력은 약화시켜 전반적인 경기침체를 오히려 가속화시키고, 그 결과 수요가 사실상 감소한 것으로 판단된다.

　둘째, 근로자외 가구 계층의 타격이 심각한데, 기존의 안정적인 일자리를 가진 근로자가 아닌 계층은 소득 불안정성이 높아지며 경제적인 어려움이 커진 것으로 보인다. 따라서 임금을 인위적으로 상승시키려 시도하기보다 노동시장이 원활하게 움직이게 하고 기업 투자가 가능하게 함으로써 고용 자체가 자연스럽게 유발되도록 하는 데 정책의 초점을 두어야 한다. 어려운 저소득계층에는 임금에 개입하기보다 직접 지원하는 방안을 모색해야 한다.

　더구나 근로자외 가구에는 어느 정도의 소득을 가진 전문직 자유업자나 사업체를 운영하는 사람도 포함된다는 점을 고려하면, 영세자영업자나 근로 기회를 갖지 못한 계층이 직면한 경제적인 어려움은 실제로 더욱 심각할 수 있다는 사실을 잊지 말아야 한다.[20]

http://blog.naver.com/geum5291/221693953055294x200(2019. 10. 31)

2. 노인의 삶과 건강

오늘날 노인의 인구가 급격하게 증가하면서 노인과 관련된 다양한 문제들이 사회적으로 이슈화되고 있다. 이 중에서 신체적 건강의 약화나 죽음에 대한 두려움, 고독감, 소외, 경제적 능력의 상실, 부양문제, 역할상실 등의 문제는 노인들에게 스트레스나 우울을 유발시켜 심리적 건강을 약화시키는 대표적인 원인이라 할 수 있다.

노인문제는 최근 노인들의 자살률 증가와 더불어 그 심각성이 더 높아지고 있다. 경제협력개발기구(OECD) 회원국들인 캐나다나 독일, 네델란드의 경우에 자살이 10~30대에 많다가 노인 세대에 접어들면서 감소하거나 증가하더라도 소폭 증가하는 현상을 보이지만 우리나라는 10대부터 계속 증가하다가 65살 노인 세대에 이르면 증가의 기울기가 다른 연령대와는 비교 할 수 없을 정도로 높아지는 특성을 보인다.

심지어 10~30대에서는 노르웨이나 이탈리아보다 낮지만 60대에 접어들면 다른 나라 사람들은 자살률이 인구 10만 명 당 20~40명 수준이지만 우리나라는 100명을 훨씬 넘고, 특히 75살 이후로는 160명 정도 넘는 수준으로 알려져 있어 노인 자살률이 매우 심각한 지경이다(한겨레신문, 2011. 06. 13).

고령화된 사회에서 경제적인 어려움을 겪고 외로움을 느낀 노인들이 극단적인 선택을 하는 경우가 많고 여가활동의 부족으로 정서적인 외로움을 느끼기 쉬워 우울증 등을 앓는 경우가 많기 때문에 나타난 문제라고 볼 수 있다.

실제로 한국보건사회연구원이 1944년부터 2008년까지 15년간 우리나라 노인의 삶의 질을 조사한 결과를 보면, 우리나라 노인들의 삶이 결코 행복하지 않음을 알 수 있다. 이런 상황에서 경제적인 문제를 겪고 외로움을 느낀 노인들이 극단적인 선택을 하는 경우가 많고 여가활동의 부족으로 정서적인 외로움을 느끼기 쉬워 우울증을 앓는 경우가 많이 나타나므로 심각한 문제라고 할 수 있다.

우리나라 고령화 추세는 심각하다. 2000년 들어 이미 고령화 사회(65세 이상 인구 비율이 7.0% 이상)에 접어든 상태다. 2017년 고령사회(14% 이상)에, 2026년에는 초고령화사회(20% 이상)에 진입할 것으로 예상된다. 고령화 사회로의 문제는 일찌감치 일손을 놓은 노인들이 경제적 빈곤층으로 전락하는 것이다.

노인 빈곤층의 확산은 곧 삶의 질 악화로 이어진다. 노인 자살률의 증가가 이를 뒷받침해 주고 있다. 한국형사정책연구원의 보고서에 따르면 우리나라의 인구 10

만 명 당 평균 자살률은 29.1명이다. 더욱 놀라운 것은 노인 남성의 경우 그 비율이 60~69세 64.6명, 70~79세 110.4명, 80세 이상 168.9명이라는 결과다. 노인 자살률의 증가는 물질적인 토대가 심하게 흔들리면 통계적으로 불안, 우울, 행복감 저하 같은 부정적인 요인들이 찾아온다.

경제협력개발기구(OECD)의 발표에 의하면 우리나라 노인의 상대적 빈곤율이 50%에 육박한다. 노인 두 명 중 한 명은 빈곤층이라는 얘기다. 우리나라의 노인 빈곤율은 OECD 회원국 중 압도적 1위이다. 경로사상을 최고의 덕목으로 치던 우리에게는 충격이 아닐 수 없다. 과도한 자녀 교육비 지출, 불충분한 사회보장 시스템 등 노인을 가난하게 만드는 문제 중 그 어느 것도 단기간에 해결하기 어려운 것이 현실이다.

고령화 사회의 원인은 출산율 감소를 들 수 있다. 더불어 보건 의료의 발달과 사망률의 감소 등에 의해 노인인구가 증가한다. 그로 인해 빈곤, 질병, 고독이라는 병리 현상을 낳는다. 게다가 급속도로 핵가족화가 진행돼 노부모와 떨어져 살면서 노인독거 가구율이 높아지는 것도 문제다. 특히 전체 노인들 중에 80% 가까이 건강 악화와 생활비 마련에 대한 어려움과 배우자 사망 등에 따른 고통을 겪고 있다. 상황이 이럴진대 그럴듯한 대책이 없다는 것이 문제다.

그렇다면 빈곤한 노인들의 경제적 문제를 해결하기 위해서는 정년 연장과 연금제도의 확대, 노인 일자리 창출 등이 선행되어야 한다. 장기적인 노인대책의 근간은 돈이다. 국민연금 재정이나 국가 재정의 건전성을 해치지 않으면서 노인 빈곤 문제를 완화할 수 있는 방안을 마련하는 데 최선을 다해야 한다. 공공부문뿐 아니라 교육, 노동 부문의 개혁 과제들도 신속히 추진해야 한다. 결국 젊은이도 노인이 된다. 그래서 노인대책은 하루빨리 마련되어야 한다. 우리 모두의 문제이기 때문이다(경기일보, 2015. 05. 27). 이러한 맥락에서 여기에서는 노인의 삶과 여가스포츠문화라는 주제에서 과연 여가스포츠 참여가 노인의 삶의 질에 어떠한 영향을 끼치는지에 대하여 관련 자료와 문헌을 중심으로 고찰하고자 한다.

이를 위하여 노인의 삶과 건강을 사회·문화적 측면에 대하여 논하고, 신체·심리적 측면에서의 노인 건강과의 관계를 알아보며, 노인의 삶에서 노화가 차지하는 질적인 변화와 이를 통한 인식의 변화 가능성에 대하여 논의하고자 한다.

가. 사회·문화적 측면에서의 노인

"오늘날 노인들의 은퇴 이후의 삶은 과연 행복한가?[19] 노인과 관련된 많은 연구들은 은퇴 이후 노인들에게 나타나는 사회 및 경제적 역할의 상실, 가족 해체, 경제적 궁핍, 대화 단절 등에 주목하고, 이런 문제들이 노인들의 사회적 고립감[20]을 심화시켜 우울감이나 자살률을 높이며, 삶의 질에 부정적 영향을 미친다고 보고하여 왔다." (정진성, 김영식, 2014: 526).

국내는 평균 수명의 증가와 인구 고령화가 더해지면서 노년층의 사회적 고립감이 심각한 문제로 확대되고 있다. 2012년 보건복지부 실태조사에 의하면, 2000년 54만 4,000명이었던 독거노인 수가 2010년에는 105만 8,000명, 2012년 118만 7,000으로 빠르게 늘고 있으며, 2035년이면 300만 명을 넘어설 것으로 보고되었다(한국일보, 2012. 05. 12).

현대사회에서의 노인 문제는 개인의 일생을 통한 여러 가지 직업과 사회 문화적 생활 및 가정에 이바지함으로서 존경과 사랑, 그리고 안정된 생활을 당연히 보장받아야 함에도 외면됨과 동시에 소외로 인한 안전한 삶을 보장받지 못하는 데에 있다. 이러한 사실은 노인 인구의 수적 증가에 따라 반드시 해결해야 할 사회문제(social problem)로서의 중요한 과제라고 할 수 있다.

한국의 인구학적 변화는 50년 안에 가장 늙은 나라로서 경제·사회적으로 어마어마한 충격을 줄 것이라는 OECD의 보고(동아일보, 2006: 1)가 있다. 이는 유래 없이 빠른 고령화 사회로의 진입함으로써 다양한 사회문제와 아울러 이 시대의 중요한 이슈로 부각되고 있음을 알 수 있다.

우리나라는 이미 2000년 65세 이상 노령인구 비율이 7%를 상회함으로서 고령화사회로 진입하였으며, 2005년에는 9.1%로 증가됨으로써 고령화사회로 이환되는 예상 시기도 더 빨라질 것으로 보인다. 이와 같은 추세대로라면 2000년에는 노인부담 비율이 젊은 층(15세 이상, 64세 미만) 10명이 노인 1명을 부양했지만 2030년에는 젊은층 3명이 노인 1명꼴로 부양해야 하는 결과를 초래(통계청, 2005a)함으로서 사회, 경제적으로 많은 우려를 낳고 있다.

한국사회는 2000년 65세 이상 노인인구 비율이 7%이상~14%미만인 고령화 사회(aging society)로 진입하였고, 2010년 현재 총인구 양 4,887만 명의 11.0%인 536만 명에 이르고 있으며, 2016년에는 65세 이상의 노인 인구가 전체 인구의 양 20.8%인 1,022만 명으로 초고령화사회(super-aged society)로 진입할 것으로 보인다(통계청,

---

19) 행복감(happy)은 행복이라는 경험에 내포된 주관성으로서, 삶에 만족이나 긍정적인 정서적 경험 정도를 의미한다. 한국인의 정서에 맞게 구성된 단축형 행복척도를 활용한다(서은국, 구재선, 2011).

20) 사회적 고립감(social isolation)은 사회로부터 단절을 의미하는 것으로, 사회적 고립을 측정하기 위하여 정서적 측면의 단절을 강조하는 사회적 고립감 척도를 활용한다(이묘숙, 2012).

2011)고 전망한 바 있다.

이러한 상황 가운데 노인을 위한 복지는 한 마디로 노인의 복리적인 상태를 유지하도록 하는 사회적 활동으로 사회복지 실천의 한 분야이다. 구체적으로 정의하면 노인의 사회적 서비스 정책은 '노인이 인간다운 생활을 영위하면서 자기가 속한 가족과 사회에 적을 두고 독립할 수 있도록 필요한 자원과 서비스를 제공하는데 관련된 공적 및 사적 차원에서의 조직적 제반 활동' 이라고 할 수 있다(박풍규, 2009: 5).

따라서 노인문제는 우리사회에서 개인의 문제를 넘어서 국가적 문제로 대두되고 있다. 이러한 사회 상황에 적응하여 보다 노년기의 질 높은 삶을 영위하기 위한 노력은 국가사회의 정책적 노력과 아울러 개인적 노력이 또한 뒤따를 수밖에 없다. 특히 평균수명 연장, 퇴직, 자녀의 독립 등으로 인하여 노년기에는 사회적 역할이나 책임에서 벗어나서 자유롭게 활용할 수 있는 여가시간이 증가하게 된다.

한편 노인은 일과 일 사이에서 휴식을 취하는 데 큰 비중을 두고 있는 층과는 달리 정년이라는 사회제도로 인해 평생 가져왔던 직업에서 퇴직을 하게 됨으로써 노인들에게 기대되는 사회활동과 역할들이 정립되지 못한 채 무료한 시간을 갖게 된다. 그러므로 노후생활은 '여가투성이' 라고 할 수 있으며 노인의 여가는 무료한 시간을 어떻게 소일하느냐의 '시간보내기' 에 더 큰 비중이 있다고 할 수 있다.

또한 고령화 사회에서 의료 및 보건 기술의 발전으로 수명은 연장되었으나 퇴직은 제도화되어 은퇴 후 노년기를 보내야 하는 절대시간이 길어지고 있으므로 노년기 여가 활동이 노인 복지 서비스의 중요한 문제로 대두되었으며, 노년기의 긴 여가 시간을 어떻게 보낼 것인가?는 성공적인 노년을 결정하는 중요한 요소가 되고 있다.

그러나 "노인들은 여가활동에 있어서 다양성이 부족하고 TV와 휴식 등 소극적 활동 중심이며, 실제 여가 시간이 늘어났음에도 불구하고 대부분의 노인은 여가활동을 제대로 즐기고 있지 못하며, 대부분의 여가 시간은 미디어를 시청하거나 휴식, 친구와의 시간을 보내는 비생산적인 활동이 주를 이루고 있는 실정이다." (조경욱, 이동기, 이중섭, 2011: 7).

이와 함께 인구의 고령화로 인한 의료비 증가는 사회·경제적 비용의 증가로 이어져 중요한 사회 문제가 되고 있는데, 70세 이상 노인의 1인당 진료비가 20만 3,000원에 달하여 다른 연령층에 비교해 볼 때 많은 것으로 나타나고 있다(국민건강보험공단, 2008).

이에 2011년 국민건강보험공단에서는 『국민건강보험공단과 함께 하는 건강백서 운동교실』프로그램을 통하여 전국 3,250개의 경로단과 도심공원에서 실시하는 노인건강 교실사업을 물론 각종 건강 증진사업에 적극적으로 참여하여 앞으로 초고령화사회에 대비하여 노인들의 신체기능 저하 방지와 개선에 적합한 표준 운동프로그램을 연구 개발·보급하려는 계획을 발표하기도 하였다.

이에 대응하기 위한 예방 차원의 접근이 요구되고 있는 실정으로 노인들의 생활스포츠 참여가 주요한 대안으로 제시되고 있다. 이런 측면에서 볼 때, 노인에게 여가적인 측면에서의 생활스포츠는 신체적, 심리적, 사회적 측면에서 중요한 가치를 제공한다.

생활스포츠 활동을 통한 노인문제 해결은 노인들의 신체적, 정신적, 사회적으로 건강을 유지 지속시키어 노후의 삶을 풍요롭게 하며, 건전한 사회적 성격의 형성, 공동체 의식의 함양 및 유지시켜 가족과 사회에서의 고독과 소외감에서 벗어나 건전한 정신으로 사회에 적응시킬 수 있는 효과를 기대할 수 있기 때문이다. 생활스포츠가 노인들의 생활 만족도를 높인다는 연구 결과들이 상당 부문 보인다(피길연, 2009; 송한이, 2009; 김동현, 2010; 임승규, 2010, 김정애, 2010; 권진숙, 2010).

최근 삶의 질에 대한 관심이 고조되고 있으며, 노인에 대한 사회적 관심은 그동안 사회적 소외집단으로 노인을 인식하여 오던 시각에서 보다 적극적이고 능동적 관점에서 노인에 대한 연구가 활발한 실정이다.

전통사회에서는 공동체적이며, 부모 중심적이고, 집합주의가 중시되었고, 현대사회에서는 경제적, 교육적 수준의 향상에 힘입어 개인적 이기주의가 판을 치고 가족구성에서도 핵가족, 부부 중심적인 것으로 바뀌고 있다.

특히 1920년을 전후하여 태어난 노인들은 질곡의 역사 속에서 생을 보낸 세대들이다. 이들의 소년기와 청년기는 정치적, 사회적, 경제적으로 혼란과 빈곤의 시대였다. 일제의 침략과 6.25를 겪으면서 민족해방, 건국을 위해 그리고 가족을 위해 몸과 마음을 바쳐 살아 왔다. 장년기에는 국가의 경제 발전의 이념인 근대화, 산업화에 부응하면서 위로는 늙은 부모를 모시고 아래로는 자녀들을 돌보는데 전념하며 살아왔다.

이러한 시대를 거친 노인세대들은 사회의 각 분야에서 이를 훌륭히 해냄으로써 오늘날의 사회 발전의 기틀을 다졌다. 또한 사회적 혼란과 경제적 빈궁 속에서도 가족들을 지켜 나갔으며, 그 희생적 삶 때문에 자신의 노후가 준비되지 않는 사회문제로 나타나게 되었다.

노인들의 사회적 고립감은 은퇴 이후 사회적 관계망의 축소와 변화에 기인한다(김석일, 2012a). 사회적 고립감이 심화되면 노인들은 우울과 같은 심리적 문제에

봉착하게 되는 데, 이는 노인들의 삶의 질을 떨어뜨리고 심각할 경우에는 자살로 이어지게 하는 원인으로 작용한다. 이는 노년층의 사회적 고립감 해결을 위한 사회적 노력이 절실히 요구된다고 하겠다(정진성, 김영식, 2014).

노년층의 사회적 고립감을 해소하기 위해서는 어떤 노력을 해야 하는가? 그 동안 노년층의 사회적 고립감을 해소하기 위한 방안으로 노인들에 대한 사회지원[21]이 강조되어 왔다(유진, 임정숙, 2011). 노인들에 대한 사회지원은 은퇴 이후 축소된 사회적 관계망을 회복시킬 수 있는 가장 전형적인 방법으로서, 사회 환경의 변화가 노인들의 사회적 적응 문제를 가져와 노인의 건강에 부정적 영향을 미치고, 연령이 증가함에 따라 사회지원의 정도가 낮아져 결과적으로 가족 관계나 사회관계가 축소되어 사회적 고립감을 유발한다(김석일, 이무영, 오현옥, 2012).

노년층의 사회적 고립감과 행복감을 높이기 위한 주요 요인으로 사회지원이 중요할 것으로 기대되는 가운데 노인들의 신체활동 참여는 중요한 사회지원 수단으로 인식되고 있다. 신체활동 참여 노인들의 사회지원은 행복감을 높이는 데 중요한 영향을 미친다는 점에서 노인들의 신체활동 참여에 대한 중요성을 강조하고, 노인들로 하여금 참여의 기회가 확대될 수 있도록 지역사회의 관심과 노력이 필요하다.

노년층의 경우에 노화에 따른 신체 기능의 약화, 각종 만성 질환 등 신체적 문제를 동반하는 경우가 많기 때문에 신체적, 심리적 문제를 동시에 해결할 수 있는 대안이 필요하고, 그 대안으로서 신체활동 참여가 중요하다는 것이다.

즉 노인들이 신체활동에 참가할 경우에 비공식적인 사회 참여의 기회가 확대됨으로서 사회적 교류를 통해 친목도모나 동질감, 상호격려 및 지원 등과 같은 상호 유대관계를 높일 수 있어 사회적 고립감으로부터 벗어날 수 있다는 것이다.

노년층의 신체활동 참여는 노년기 삶의 질을 결정하는 중요 요소이다. 대부분의 노인들은 일선에서 은퇴한 이후, 비교적 혼자 있는 시간이 많아 외로움을 느끼기 쉽고, 연령이 증가함에 따라 신체적으로 부자연스러워지며, 건강도 점차적으로 하락하여 삶의 불만족과 함께 사회적 고립(박옥임, 2009)을 느끼기 쉽다.

삶에 불만족하거나 사회적 고립감을 느끼게 될 경우에 노인들은 스스로 부정적 존재로 인식할 가능성이 높으나 노년기 규칙적인 신체활동 참여는 대인관계를 강화하여 사회적 고립감을 낮추고 일상생활에 필요한 체력을 높이는 데 기여한다.

특히 노인들은 신체활동 참여를 통해 가족이나 주위의 또래, 또는 유사 집단의

---

21) 사회지원(social support)은 가족이나 의미 있는 타인으로부터 제공받는 도움을 뜻하는 것으로, 가족지지와 타인지지로 구분되어 활용된 사회지원 척도를 활용한다(유진, 임정숙, 2011).

지지를 얻을 수 있어 사회적 고립감으로부터 벗어날 수 있고, 신체적·정신적 건강을 도모하는 데 있어서도 유리하다고 볼 수 있다(Snodgrass, 1987).

노년기에는 신체 변화와 함께 정신적, 사회적으로 심각한 변화를 겪게 된다. 우선 신체적으로는 외모 변화와 체력 감퇴로 '늙어가는' 것을 실감하게 된다. 기억력이 떨어지고 이 때문에 때로 실수를 하여 불안하고 초조한 마음이 들기도 한다. 노령화에 따른 신체적, 사회적, 정신적인 약화로 인하여 생물학적 능력이 저하되고, 정서장애, 기능장애, 대뇌기질장애, 발달장애를 가져온다.

또한 사회적으로는 직장에서 퇴직하여 자신의 위치에 대해 불안감을 느낀다. 가족관계에서도 예전의 대가족제도에서 경험하지 못했던 고독감을 느끼기 쉽다. 이러한 경제적 곤란, 사회적 역할 상실, 체력 약화 등의 현실 속에서 오늘날의 노인들은 과학기술의 발달로 인해 수명이 늘어나고 자녀 부양의무, 사회적 역할 및 책임 등으로부터 자유로워져 더 많은 시간과 활동을 위한 여유와 여가를 누리게 되었다.

그러나 가치관의 변화로 노인들은 가족 내 역할과 지위에 상당한 변화를 경험하고 있으며, 전통적인 가족 기능의 변화로 말미암아 여가의 욕구가 가정 내에서 충족될 수 있었던 과거와는 달리 노인들의 여가활용도 이제는 가정 밖에서 이루어지고 있는 실정이다.

사회적 변화는 퇴직이라는 사회제도에 따라 일자리를 떠나면서, 사회적 역할이 약화되면서 시작된다. 이런 노화과정은 정상적인 변화지만 개인의 자질, 가족 및 주위환경, 세계화 영향 등으로 비정상적인 노화과정이 촉진되기도 한다. IMF 이후 산업구조 조정으로 인해 중년들이 퇴직하게 되고 다시는 직장으로 복귀하지 못하여 많은 젊은 노인층을 배출했다.

최근 사회·경제적 변화와 함께 여가의 행동 유형이 과거의 소극적이고 정적인 활동에서 벗어나 보다 적극적이고 동적인 활동으로 전환되고 있을 뿐만 아니라 취미나 오락, 그리고 놀이 등의 형태에서 봉사나 교육, 그리고 문화적 활동 등의 분야로 확산되어 가고 있는 실정이다.

"즐거운 노년기를 보내기 위해서는 신체적 건강, 노화 수용, 남아 있는 여생에 대한 계획 수립, 그리고 어느 정도의 경제적 보장이 필요하다. 젊은 층은 노화를 남의 일이 아니라 결국은 자신도 맞아야 할 현상으로 이해하고, 젊은 시기부터 적절히 준비해 나가는 것이 장래의 노령화뿐만 아니라 현재의 생활도 보람 있게 살 수 있는 방책일 것이다." (권욱동, 2005: 45).

노년기에 사회에 성공적으로 적응하기 위해서는 노화현상에 의한 지적능력 감퇴를 받아들이고, 개인생활의 만족을 위해 새로운 활동이나 취미를 개발하며 자신에 대한 평가를 새로이 하고 인생관과 남은 인생의 목적을 다시 수립해야 한다. 지금 까지의 사회적 위치나 역할에 구애받지 않고 원하는 활동을 적절히 유지할 수 있 어야 한다.

또한 노쇠해가는 몸을 너무 슬퍼하지 말고 그동안 해 왔던 일을 긍정적으로 생 각하며, 세상을 위해 보람 있게 살아 왔다는 자부심을 가지면서 여생을 보낼 것을 권하고 싶다. 시대적 변화에 발맞춰 여가활동에 주체적으로 참여함으로써 삶의 만 족과 질을 높일 수 있을 것이다.

정부 차원에서는 노인의 여가문화 및 체육 활성화의 기본 요소인 시설, 프로그 램, 지도자 관련 정책이 중·장기적 측면에서 종합적으로 추진되어야 하며, 노인 계층의 다양한 욕구를 수용하고 그들의 삶의 질을 높이는 방향으로 노인 정책이 이루어져야 한다. 결국 노인의 특성과 욕구를 만족시킬 수 있는 시설·지도자·츠 로그램이 삼위일체가 되어야 올바른 노인 복지를 지향할 수 있다.

나. 신체·심리적 측면에서의 노인

최근 우리나라 노인 자살률이 경제협력기구(OECD) 회원국들 중에서 가장 높고, 그 증가율도 급속하게 높아지고 있다는 점에서 노인들의 다양한 기능 및 역할의 상실은 심리적 안녕감을 해치고 우울을 높이는 요인으로 작용하고 있다. 가까운 사람의 상실이나 죽음, 이혼, 대인관계의 갈등과 단절 등이 심한 스트레스를 유발 하여 자살률을 높이는 원인으로 작용하고 있다.

우리나라에서 나타나고 있는 노인들의 자살률 증가는 노인들에 대한 사회적 지 지와 심리적 안녕감과 무관하지 않음을 보여준다. 특히 자살의 위험을 높이는 원 인으로 생애 경험으로서 사회적 고립을 들 수 있는데, 사회적 고립은 사회적으로 연결이 불충분한 상태를 의미하는 것으로 사회적 관계망이 없어졌다는 인식에 의 해 사회적 고립감을 갖게 되고, 이는 노인들에게 자살 생각과 관련된 요인으로 지 적되어 왔다(Draper, 1996; Dennis & Lindsay, 1995).

이에 따라 전반적인 노인문제와 관련하여 우리 사회의 사회적 지지가 중요한 이 슈로 부각되고 있는 가운데 신체활동이 노인들의 신체 기능의 쇠퇴를 늦추고 사회 적 지지의 수준을 높여 신체적, 심리적 건강을 높이고 정신장애를 완화하는 데 긍 정적인 역할을 수행한다는 연구 결과들은 우리나라 노인 자살률뿐만 아니라 전반적인 노인문제를 해결하는 데 중요한 시사점을 제공한다.

심리적 건강이라는 개념은 긍정적인 의미와 부정적인 의미 모두를 내포하고 있는 개념으로 보통 긍정적인 의미로는 심리적 안녕감이나 생활 만족도, 행복감 등으로 그 의미가 구성되며, 부정적인 의미로는 우울감으로 구성된다(민기채, 이정화, 2008).

이 중 심리적 안녕감은 주관적 안녕감 및 사회적 안녕감과 함께 심리적 건강에 대한 하나의 연구 관점으로서 사회구성원으로서 개인이 얼마나 잘 하고 있는가를 의미하며, 삶에 대한 전반적이고 주관적인 평가인 주관적 안녕감과는 달리 개인의 삶의 질에 영향을 준다고 생각되는 심리적 측면들의 합을 말한다(Keyes & Lopez, 2002; Ryff, 1989).

그러므로 심리적 안녕감이 높다는 의미는 자신을 있는 그대로 수용하고 긍정적인 대인관계를 유지하며, 자신의 행동을 독립적으로 혹은 스스로 조절하는 능력이 있고 주위 환경에 대한 통제력과 함께 삶의 목적이 있으며, 자신의 잠재력을 실현시키려는 동기가 있는 사람이라고 평가할 수 있다(이수미, 이숙현, 2010).

노인에 대한 사회적 지지는 노년기 심리적 건강에 중요한 영향을 미치는 요소로 노년기 자아통합을 이루는데 매우 중요한 자원으로 보고되고 있다(Lincoln, Chatters & Taylor, 2003). 사회적 지지란 개개인의 사회관계 속에서 주변으로부터 얻는 평가나 자존, 소속감, 주변으로부터의 지지 등을 의미하는 것으로 자신에 대한 인정과 신뢰감의 욕구가 충족되어 주변적 행복감을 갖게 한다.

여러 연구들은 보통 사회적 지지가 높을수록 스트레스에 대한 자각이 낮고 심리적 건강이나 정신적 건강을 향상시킨다고 보고하여 사회적 지지와 심리적 건강 간에 깊은 관련이 있음을 보고한 바 있다. 노인을 대상으로 사회적 지지와 심리적 건강의 관계를 밝힌 연구들은 노인들의 사회적 지지 경험이 심리적 건강에 긍정적인 영향을 미친다고 밝힌 바 있다(McAdams, Aubin & Logan, 1993).

이런 측면에서 노인들의 심리적 건강은 매우 취약하기 때문에 노년기의 변화에 탄력적으로 대응할 수 있는 사회적 수단으로 신체활동이 제안되고 있다(김석일, 2012b). 여가활동 중에서 신체활동은 일상생활의 신체적 건강과 정신장애를 완화시켜 주고 신체적, 정신적 건강에 긍정적인 영향을 미치는 것으로 알려져 있다.

또한 지속적인 신체활동은 사회적 지지와 관련이 있는 소속감이나 자신감, 만족감을 증가시키고 동료와 친교를 나누거나 물질적 또는 정서적 도움을 주고받으며, 개인적 문제를 서로 의논하는 등 사회적 지지를 강화시키는 데 기여한다는 것이다.

이러한 사회적 지지는 신체활동을 통해서 지지의 정도가 높아지고 사회적 지지가 높은 사람은 건강 및 낮은 스트레스를 통해 긍정적인 감정을 가지게 되는 것이다(Campbell, 1981).

노인 건강문제 중 우울증은 정신건강에 치명적인 영향을 미치는 요인으로 자살에 직접적인 영향을 주며 자살 변인에 가장 큰 요인 중 하나이다. 박순천(2005)은 노인 우울증이 노인 자살을 이해하는 데 있어서 중요한 변수이며 전조증상이라 보고하여 그 심각성을 강조하였다.

노인들의 우울은 자살이나 자해의 위험 요인이 있기 때문에 이를 감소하고 재발 방지할 수 있도록 적절한 신체적, 사회적 기능이 필요한데, 그것이 바로 신체활동이며, 신체활동은 오인들의 우울 증세를 감소시키는 매우 효과적인 중재 방안이라는 것이다. 그러므로 노인들에게 전반적으로 건강을 유지하고 노인들이 일상생활에서 겪게 되는 다양한 불안이나 스트레스를 감소시키고 사회적 재 적응력을 높일 수 있는 활동으로서 신체활동이 적극적으로 고려되고 있는 것이다.

우리나라 전체인구의 자살률은 2004년 인구 10만 명단 24.2명으로 OECD 국가 중 1위로 나타났다. 60대 자살률은 10만명 당 49.0명, 70대 67.7명, 80대는 114명으로 전체 인구 평균치의 2.2~5배로 노인의 자살 사고로 인한 사망을 심각하다. 특히 80세 이상 자살률은 2003년 이후 꾸준히 증가하여 2007년 10만병 당 117.3명으로 20대 21명의 6배로 나타나 고령일수록 자살률이 증가하였다(통계청, 2008).

또한 우울 관련 진료비 비용 또한 2007년에 비해 2011년 60대 1.23배, 70대 1.55배, 80대 1.57배 증가한 결과로 볼 때(NHIC, 2013), 우울증이 우리나라 노인의 중요한 건강 문제이며 의료 서비스 이용을 증가시켜 사회적 비용이 많이 소요되는 질환임을 알 수 있다(손정남, 2013).

우리나라 노인 자살률의 증가는 궁극적으로 노인들의 다양한 역할 및 기능의 상실로 인한 심리적 안녕감의 약화에서 비롯된다. 노인들의 자살 문제는 국제적으로 비교해 보았을 때 우리나라 노인 자살률은 세계 최고의 수준이자 그 수치 또한 압도적이다. 이제 더 이상 노인 자살 문제는 단순한 사회 현상의 하나로 폄하할 수 있는 간단한 문제가 아니다.

또한 현재 우리나라에서 나타나고 있는 여러 노인 문제를 고려할 때, 사회적 지지가 절실한 노인들의 사회적 지지 경험 및 그에 따른 심리적 안녕감의 관계를 분석한 연구가 부족한 실정이다.

노인 우울 원인은 다양하게 조사되고 있는데, 손정남(2013)은 만성질환수, 수면장애 여부, 사회적 지지, 사회적 접촉횟수, 스트레스 등이 원인이라 보고하였다. 특히 사회적 지지가 낮을수록 우울 수준이 높고, 수면 장애가 없는 노인에 비해 수면

장애가 있는 노인이 5.78배, 스트레스가 1단위 증가할수록 우울 증상이 6.51배 증가하는 것으로 보고하였다.

또한 65세 이상 재가 노인을 대상으로 우울 요인을 조사(박영옥, 손귀령, 2013)한 결과는 노인 우울에 직접적인 경향을 미치는 요인으로 성, 연령, 교육정도, 거주형태, 약력, 낙상 경험, 지각된 건강 상태라 보고하여 연구자의 조사 방법과 범위에 따라 차이가 있는 것으로 나타났다.

이에 따라 노인의 우울과 관련하여 현재 지역사회정신보건센타에서는 생애 주기별 다양한 평생 건강 프로그램을 운영하고 있는데, 운동은 노인 우울 증상을 예방하고 치료하는 데 효과적인 중재방안으로 여러 건강관리 프로그램에 중요한 위치를 차지하고 있다.

노인 우울의 원인이 통제할 수 없는 요인을 제거한 후 구체적으로 분석해 보면 지각된 건강 상태, 사회적 지지, 수면 장애, 스트레스 등인 것을 알 수 있다. 운동의 필요성을 상기해 볼 때, 위와 같은 원인을 직접적으로 중재할 수 있는 방안이 운동의 목적이라는 것을 누구나 인정할 것이다.

"운동이 우울증 치료를 위해 매우 효과적인 중재전략이라는 것이 실험적으로 증명되었으나, 노인 우울증을 위한 프로그램에서 운동에 대한 태도와 동기를 강화시켜 지속적으로 참여할 수 있도록 하는 상담기술과 관리 능력이 요구된다." (배종진, 박현철, 2014: 556).

우리사회에서 나타나고 있는 여러 노인문제들을 해결하기 위해서는 무엇보다 노인들에 대한 따뜻한 관심과 배려와 같은 사회적 지지가 중요함을 확인할 수 있다. 특히 신체활동은 사회적 지지를 높여 노인들의 심리적 안녕감을 높인다는 점에서 노인들의 신체활동이 곧 사회적 지지를 높이는 해결책 중 하나이며, 심리적 안녕감을 높여 궁극적으로 증가하고 있는 노인의 자살 문제를 해결할 수 있는 필요 요인임을 자각해야 한다.

노인의 건강 증진 부분은 정부나 정책에 있어서 단순히 신체적 건강만이 아니라 심리적, 정서적 차원에서의 삶의 질이나 여가스포츠 참여 모형과 치료 레크리에이션적 차원에서의 접근이 필요하다.

다. 건강과 노화 측면에서의 노인

현대사회는 지속적인 생활수준의 향상과 보건, 의료 기술의 발달로 인하여 노령인구가 크게 증가하는 추세에 있다. 특히 한국은 세계에서 유래 없이 빠른 속도로 고령화가 진행되고 있다. 우리나라의 만 65세 이상 노인 인구는 2003년도에 380만 여명으로 전체 인구의 약 7.4%를 차지했는데, 2019년경에는 14%를 넘어서면서 고령사회로 진입할 것을 예측하고 있다.

베이비붐 세대인 1955~1965년생들이 본격적으로 노인 세대가 되는 2020년부터는 급격한 고령사회가 예상되고 2050년에는 노인인구가 우리나라 전체인구의 40%에 이를 것이라는 전망(국민일보, 2005. 04. 18)도 제시되고 있다. 이러한 변화의 추이는 한국은 이미 노령화사회로 들어서고 있음을 의미하는 것으로 국가차원에서 노인복지에 대한 여가정책이 그 어느 때 보다도 중요한 관심사가 되어야 함을 나타내는 것이다. 그러나 대부분의 우리나라 노인들은 50년대에 전쟁과 사회적 혼란을 경험하고 60-70년대 경제성장의 주역으로서의 역할을 수행해오며 삶의 여유를 갖지 못하고 살아온 세대이다. 이에 노후나 복지에 대비한 어떠한 준비도 없이 노년기를 맞이하게 되는 경우가 많아서 생애 후반기를 의미 있게 보내는 데에 큰 걸림돌이 되고 있다(임경희, 2006).

인간이 추구하는 삶의 질은 자유, 활동 장악 및 창의적인 능력 발현의 정도가 높은 여가의 영역에서 주관적으로 높은 수준을 성취할 수 있다. 스포츠 참여가 노인복지 및 삶의 질을 향상시키는 데 기여하고 있다는 것은 사회복지 분야에서 잘 반영되고 있다. 특히 노인복지의 주된 관심이 노인생활의 질적 향상에 있다는 것은 여가생활의 질이 전반적인 노인의 복지 수준을 향상시키는 작용을 하고 있기 때문이다.

생활수준의 향상과 의료 보건기술의 발달로 인한 평균 수면 연장 등은 노인 인구 증가를 가속화해 오고 있다. 2008년 통계청에서 발표한 고령자 통계에 의하면 현재 65세 이상 노인 인구는 전체 인구의 10.3%로 작년에 비해 약 20만 6000명의 증가를 보이고 있다. 이러한 추세로 볼 때 우리나라는 10년 뒤 65세 이상의 인구 비율이 14%를, 2026년에는 20%에 진입하여 초고령사회에 진입할 것으로 전망된다 (통계청, 2008). 이처럼 급속하게 진행되는 인구의 고령화는 노화로 인해 발생되는 다양한 신체적, 정신적, 사회적 문제를 빠르게 가시화시켜 다양한 노인 문제를 발생시킬 것으로 예견된다(이연종, 2009).

2007년 통계청 조사에 의하면 노인들 스스로 느끼고 있는 가장 어려운 문제로, 건강문제가 40.7%로 가장 높았으며, 이러한 현상이 농어촌일수록 그 문제가 더 심각한 것으로 나타났다. 건강 보험상 노인 의료비 지출이 19.3%인데 반해 2007년도에는 28.2%로 큰 증가 폭을 보이고 있어, 노인들이 여러 가지 질병으로 고통 받고 있다는 것을 알 수 있다.

특히 노인 스스로 자신의 건강 상태에 대해 만족하지 못하다고 응답한 노인이 41.8%였으며, 이는 농촌에 사는 노인일수록 연령이 증가할수록 더 만족하지 못하고 있다(통계청, 2007). 이러한 결과에 비추어 볼 때, 건강문제가 노인의 삶에 중요한 요인으로 작용한다는 것을 알 수 있다.

오늘날 예방과 건강 증진을 위한 질적인 건강을 추구하고 있다. 자신의 삶에서 가장 중요한 것 중의 하나는 건강이며, 건강은 모든 행복의 기반이라고 말 할 것이다. 따라서 우리는 건강하게 사는 현명한 방법을 배워야 한다.

개인의 행동은 건강 유지와 질병 예방에 결정적인 영향을 받는다. 그러므로 건강한 생활방식을 습득하는 것이 건강 유지에 매우 중요하다. 그리고 규칙적으로 운동을 하는 사람들은 흔히 '운동을 하였더니 건강해진 것 같다'고 말한다. 건강 증진은 현재의 건강을 유지하거나 더 나은 건강 상태로의 발전을 꾀하는 적극적인 노력이 필요하다.

현대사회는 적당한 신체 활동이 전적으로 부족한 실정이며, 운동은 좋은 것이라는 정도는 알고 있지만 여러 가지 이유들 때문에 운동을 할 수 없다고 한다.

인간은 노년기에서 많은 변화를 겪게 된다. 예를 들어, 노인의 퇴직, 건강쇠약, 친구나 친척의 죽음, 그리고 경제적 곤란을 겪게 되는데, 이런 변화에 적절히 적응할 수 있어야 건강을 유지하고 행복한 노년기를 보낼 수 있을 것이다.

인간은 누구나 늙어간다. 이때 늙어간다는 것은 신체적 쇠퇴, 허약, 무기력, 생리적 기능의 쇠퇴를 가리키며, 이것을 노화라고 부르게 되는데, 노화는 시간이 흐름에 따라 유기체의 세포, 조직, 기관 또는 유기체 전체에 일어나는 점진적인 변화이다(Beaver, 1983).

Lenard(1976)은 노인의 개념을 생리적 및 생물학적인 면에서 퇴화기에 있는 사람, 심리적인 면에서 정신기능과 성격이 변화되고 있는 사람, 그리고 사회적인 면에서 지위와 역할이 상실된 사람으로 보고 있다.

노인 자체를 가지고 개념을 규정하는 견해도 있는데, 국제노년학회(1991)에서는 노인이란 인간의 노화과정에서 나타나는 생리적·심리적·환경적 행동의 변화가 상호작용하는 복합형태의 과정이라고 하였는데, 세분화하여 설명하면, 첫째, 환경 변화에 적절히 적응할 수 있는 자체조직에서 결핍을 가진 사람, 둘째, 생활 자체가 자신을 통합하려는 능력이 감퇴되어 가는 시기에 있는 사람, 셋째, 인체의 기관, 조직기능 등에 있어서 감퇴현상이 일어나는 시기에 있는 사람, 넷째, 생 자체의 적응이 정신적으로 결손 되어 가고 있는 사람, 다섯째 인체의 조직 및 기능저장의 소모로 적응 감퇴상태에 있는 사람을 말한다(임춘식, 1999).

　노화란 정상적인 인간 성장, 발달과정의 한 부분이며 적어도 세 가지 측면 즉, 생물학적(신체), 심리적, 사회적 측면에서 변화가 진행되고, 이런 변화는 생리적이기보다는 감퇴나 저하를 가져오는 변화라고 하겠다. 이러한 변화는 개인 간 또는 개인 내에서도 그 속도가 다르게 나타난다. 즉, 개인에 따라 신체적 노화가 다른 사람보다 빨리 올 수 있고, 개인 내적 차원에서도 신체적 노화보다 심리적 노화 즉 기억력 등에서 먼저 기능 저하가 일어날 수 있다.

　노화의 유형은 신체기관과 그 기능이 시간의 경과와 더불어 점차적으로 변화하는 생물학적 노화(biological aging), 생활경험에 의한 행동과 감각 그리고 지각 기능이 변화하는 심리학적 노화(psychological aging), 사회적 역할이나 지위가 변화해 가는 사회적 노화로 구분되고 있다. 따라서 운동이 노화현상을 지연시키거나 체력을 개선시킬 수 있는 생리적 적응이 가능할까 하는 의문이 생명과학에 종사하는 사람들의 관심사가 아닐 수 없다.

　노화현상은 생물학적 측면에서 전 생애 가운데 유기체의 파괴가 일어나는 퇴화과정으로 정상적으로 누구에게나 나타나는 현상으로 보았고, 노화현상의 하나로 신체, 생리적 기능의 변화가 와서 여러 장애를 초래하게 되고 체력이 떨어지며 심혈관, 호흡기, 근골격계의 변화가 오므로 일상생활을 하는 데 타인의 도움을 필요로 하게 되면서 심리적, 사회적으로 많은 변화를 가져오게 된다.

　현대사회에서의 성공적인 노화란 단순한 생존이나 수명 연장에 역점을 둔 의학적 가치관에서 벗어나 차츰 생의 의미와 대상자의 질적인 삶이 더 고려되어야 한다는 시각으로 변화되고 있다. 성공적 노화는 노화과정에 있어서 노인들 스스로가 자신과 사회에 대한 성공적인 적응을 해 나가는 것이며, 이러한 적응 문제는 개인의 성격, 사회적 환경 그리고 신체적 건강상태의 세 가지 요소가 조화를 이루어야 한다.

　그러므로 이러한 성공적인 노화는 삶의 질을 향상시킬 수 있으며, 삶의 질은 노인 개개인이 가지고 있는 특성과 신체적, 정신적, 사회적 건강(well-being)을 통하여 특정될 수 있을 것이다(권욱동, 2005).

　노인에 있어서 스포츠 여가활동은 무엇보다 그 필요성이 크다고 할 수 있다. 전 생애의 체육으로서 역할을 다하기 위하여 성별, 연령별 특성, 신체적 특성 등 개인의 욕구를 충족할 수 있는 합리적 프로그램의 개발이 절실히 요구되고 있다. 이러한 노인들의 욕구를 충족하기 위해 시설 및 지도자와 프로그램은 노인 여가스포츠 발전을 위한 핵심적 요소이다.

　지역사회에서 여가스포츠 참여 활동을 통한 자기 개발은 물론 단체활동으로 대인관계 향상 및 사회 참여의 기회를 증진시킴으로서 개개인의 일상생활에 있어 활기찬 삶, 성공적인 노화를 영위할 수 있도록 여가스포츠 저변 확대와 체육시설의 확충이 필연적이라 할 수 있다. 따라서 노인들의 생활을 윤택하게 하기 위해 국가·지자체 차원의 인프라 구축을 위한 정책의 일변도와 노인 복지 일관성과 지속적 의지가 필요하다.

http://blog.daum.net/soo2354/83600x401(2012. 02. 14)

잠깐! 쉬었다 갑시다

☞ 조울병의 뇌과학

조울병은 조증과 우울증이 반복적으로 나타나는 주요 정신과 질환이다. '조증 삽화'는 과도한 자만심이나 과대 망상을 보이고 말을 멈추지 않는다. 여기에 수면 욕구 감소와 망상, 논리의 비약, 주의 산만, 과도한 쾌락 추구 등의 양상이 1주 이상 지속되는 것을 말한다. 반면 '우울 삽화'는 우울감, 의욕 상실, 의도치 않은 체중 감소, 불면 또는 과도한 수면, 안절부절 못하거나 피곤하고 무기력한 상태가 2주 이상 지속되는 것을 뜻한다.

상반된 기분 상태가 모두 나타날 수 있는 질병이기에 '양극성 장애'라고도 한다. 한 번이라도 조증 삽화가 발생하면 우울 삽화가 있는지와 관계없이 1형 양극성 장애로 진단한다. 조증 삽화에 비해 상대적으로 심하지 않은 '경조증 삽화'와 우울 삽화가 반복되면 2형 양극성 장애로 진단한다. 다양한 스펙트럼의 양극성 장애 전체 유병률은 4.3%로 결코 드문 질환이 아니다. 하지만 정확한 뇌과학적 원인은 아직 명확히 밝혀지지 않았다.

우선 유전적으로 동일하면 같은 질병에 걸릴까. 한 연구에 따르면 일란성 쌍둥이의 양극성 장애 일치율은 40~70%에 이른다. 다만 양극성 장애는 1개의 유전자 이상으로 설명할 수 있는 질환이 아니다. 다양한 유전자가 복합적으로 작용해 질병으로 발현되는 복잡한 질환이다. 하지만 최근에는 세포막에서 칼슘의 이동을 조절하는 'L 타입' 전압 의존성 칼슘 채널 유전자가 주목받고 있다. 이 유전자가 양극성 장애와 연관성이 있다고 여러 연구에서 반복적으로 보고되고 있기 때문이다.

칼슘은 흔히 아는 것처럼 뼈를 이루는 주요 성분이기도 하지만, 세포 안에서는 '2차 신호 전달자'로 작용한다. 세포 기능을 조절하는 데 필수적인 물질이다. 따라서 칼슘 채널의 기능 이상 자체는 미세할지라도 통합적 뇌기능에는 중대한 영향을 미칠 수 있다.

거시적인 변화도 있다. 뇌영상 연구에서는 양극성 장애 환자의 뇌 속에 뇌척수액이 흐르는 '뇌실'이라는 공간이 정상보다 확장돼 있는 것이 발견됐다. 특히 삽화의 횟수가 많을수록 뇌실 확장은 더욱 뚜렷한 것으로 나타났다. 양극성 장애가 반복되면서 뇌조직이 위축되고 있다는 것을 의미한다. 이 외에도 시상하부·뇌하수체·부신으로 이어지는 내분비 조절 기능의 이상, 24시간을 주기로 살아가도록 조절하는 일주기 리듬의 이상, 중추신경계와 신체에서 염증 관련 물질의 비정상적 증가, 신경전달물질의 변화 등 다양한 이상 소견을 보이고 있다.

다행인 것은 양극성 장애의 약물치료 효과가 매우 좋다는 점이다. 리튬 또는 발프로산과 같은 '기분 안정제' 계열의 약물들은 세포 내 신호전달체계를 바로잡아 조증과 우울증을 치료할 뿐만 아니라 지속적인 치료로 재발을 막는 데 크게 기여할 수 있다.

양극성 장애는 치료를 중단하면 조증과 우울증 삽화를 반복하게 될 위험이 크고, 일단 재발됐을 때 그 피해가 되돌릴 수 없이 커 지속적으로 치료하고 관리해야 한다.[21]

http://cafe.daum.net/yjm111/f2Sz/1089(2016. 01. 25)

3. 노인과 여가문화

세계는 고령화되고 있다. 비록 다양한 환경적 요인 등에 의해 진행 속도는 차이가 있을 수 있으나, 세계의 대부분 국가 및 사회는 빠르게 고령화되고 있다(Cavanaugh & Blanchard-Fields, 2014).

특히 65세 이상의 노인의 수는 더욱 빠르게 증가하고 있는데, 미국 통계청 자료에 따르면 미국에서 65세 이상의 노인의 수는 5세 미만의 영·유아수를 추월할 것을 전망한다(U.S Census Bureau, 2008). 또한 전문가들은 2050년에 북미의 60세 이상의 고령자와 15세 이하의 젊은 계층의 절대적 수가 비슷해 질 것이라고 전망하고 있으며, 이러한 추세의 고령화는 많은 국가들의 재정에 부담을 점진적으로 가중할 것이라고 한다(Haper, 2014).

한국의 경우도 세계의 고령화 현상의 거시적 흐름에 편승하고 있다. 통계청은 2010년 기준 우리나라 65세 이상의 인구는 전체 인구의 약 11%에 해당되며, 2018년에는 14%를 넘을 것이고, 이러한 고령화 추세는 세계에서 가장 빠른 편에 속한다고 보고하고 있다(통계청, 2010, 김경오, 박상일, 박재영, 2012). 부가적으로 보건복지부의 통계연보에 따르면 2011년 우리나라의 고령화 지수는 72.8로 2001년 36.3배에 비해 약 두 배 이상 증가하였으며, 약 2017년에는 고령화 지수가 104.1로 고령인구가 유소년 인구를 초과할 것으로 예측하고 있다(보건복지부, 2012).

특히 "우리나라는 사회·경제적 환경 및 가치관 변화로 인해 출산율이 급격히 낮아지고 있으며, 이러한 점은 젊은 세대가 고령 인구를 부양해야 하는 부담, 즉 노후부양에 대한 사회적 부담이 빠르게 증가하고 있다는 것을 의미한다." (김경오, 2015a: 94).

이러한 인구 통계학적 데이터는 많은 학자들에게 단순한 수명의 연장보다 건강한 삶의 연장과 향상에 더욱 관심을 가지게 되었다. 특히 2000년대 이후 북미를 중심으로 건강한 삶을 위한 건강한 삶의 방식의 추구(healthy lifestyle)의 중요성이 강조되고 있으며, 건강한 삶의 방식에는 신체활동, 건강한 식습관, 적정 체중 유지, 적절한 알코올 섭취, 그리고 금연 등이 해당된다.[22]

노인의 사회·심리현상의 병리 현상의 해결은 인간의 본능적 추구로서 삶의 질

---

22) 많은 경험적 연구들은 건강한 삶의 방식이 노화와 함께 필연적으로 나타나는 신체활동의 감소(근골격계, 심혈관계, 중추신경계 등)와 다양한 만성 질환(심장질환, 비만, 일부 암, 우울증, 알츠하이머 등)의 발병가능성을 낮추는 데 중요한 역할을 한다고 보고한다(O'connor, Rousseau & Maki, 2004; Hogan, 2005).

적(quality of life) 차원에서의 접근과 더불어 여가의 선용이라는 두 가지 측면에서 해결을 위해 접근이 되어 왔다. 먼저 노인의 삶의 질에 대한 관심이 촉발했던 노년 사회학자들은 노인의 생활환경 변화를 중심으로 성공적 노화 이론을 검증하고 노인의 삶의 질적 향상에 대해 꾸준히 연구해 왔다(Riddick, 1985; Riddick & Daniel, 1984; Ward, Sherman & LaGory, 1984).

더불어 건강한 신체활동으로서의 삶의 질 측면에서도 매우 중요한 의미를 부여하고 있다. 이와 관련된 연구 분야에서 근간을 이루는 주요 페러다임은 활동 이론(activity theory)을 들 수 있는데, 이 이론의 주된 관점은 활동적인 생활과 신체적 여가활동 참가가 삶의 질과 궁극적인 한계가 있다(김양례, 2005). 특히 노인의 성공적 노화를 위해서는 신체활동이 중요한 역할을 하는 것으로 밝혀지고 있다(Paffenbarger et al., 1986; Roberts, 1989).

다양한 건강한 삶의 방식들 중 신체활동(physical activity)은 일반적으로 성공적 노화(successful aging)를 위한 가장 효과적이고 강력한 중제방법으로 알려져 있다. 성공적 노화는 단순히 오래 사는 것(lonrevity)뿐만 아니라, 만성질환이 최소화된 건강의 상태(lack of disability), 그리고 삶의 질(quality of life)이 충족되어야 하며 이를 위한 신체활동의 중요성은 최근 더욱 강조되고 있다. 실제로 많은 연구들이 신체활동과 항 노화 사이의 긍정적 상관관계에 대해 지속적으로 보고해 오고 있다(Acree et al., 2006; Chaddock, 2013).

그러나 신체활동의 많은 장점에도 불구하고 대다수의 고령인구는 정기적 신체활동에 참여하지 않는다. 북미의 경우 64세에서 74세 사이의 노인 중 34% 이하, 그리고 75세 이상 노인 중 약 44% 이하 사이의 노인들이 신체적으로 활발하지 않다고 보고되고 있다(Department of Health & Human Services, 2002).

우리나라의 경우도 노인들이 정기적 신체활동 참여는 매우 낮은 편인데, 일주일에 1회 이상 규칙적으로 신체활동에 참여하지 않는 노인이 77.7%로 정기적으로 참여하는 노인 22.3%를 압도하고 있다. 이것은 우리나라 대다수의 노인들이 신체적으로 비활동적(physically inactive)이다는 것을 의미한다(김창환 외, 2011).

이러한 맥락에서 노인의 여가스포츠 활동은 신체적 건강 증진과 사회적 접촉 기회 제공, 노인 자신에 대한 신념, 자기 신체에 대한 자부심 부여, 자기 가치성의 확신 그리고 즐거운 삶 등을 영위할 수 있는 기회를 부여해 줄 수 있어 스트레스의 긍정적 감소 효과를 보인다.

이미 선진국에서는 노인문제 예방의 방법으로 스포츠 활동이 효과적이며 질병을 줄일 수 있다고 밝혀졌으며, 에어로빅, 수영, 조깅 등의 스포츠 활동은 일반인들의

146 노인 건강 복지정책

스트레스를 완화시켜 주는 유효한 수단임을 보고하고 있다(Benson, 1975; Berger, 1986; James, 1993).

가. 노인 여가의 의의

우리나라의 65세 이상 노인 인구는 11%로 나타나고 있다고 보고하고 있으며, 이를 토대로 2018년에는 14.3%, 2026년에는 20.8% 이상으로 국민 5명 가운데 1명이 노인이 되는 초고령화사회로 접어들게 될 것으로 예측하고 있다(통계청, 2009).

일반적인 노인들의 경우 직장에서의 퇴직이라는 사회문제로 인하여 사회적·경제적 활동에서 물러나게 된다. 따라서 이 시기에 노인들이 여가[23]를 얼마나 유용하게 이용하는가의 문제는 노인들이 행복한 삶을 성공적으로 영위할 수 있느냐 없느냐의 중요한 결정적 요인으로 작용하고 있으며, 삶의 질 향상을 위한 필수 조건이 되고 있다고 보아야 할 것이다.

평소 스포츠 활동은 동적인 여가활동의 유형으로 자리매김하고 있으며, 노인들의 신체활동은 신체적 건강 증진과 사회적 접촉 기회 제공, 자기 신체에 대한 자신감 부여, 행복을 추구 등을 영위할 수 있는 효과가 있다.

인간의 삶의 질은 여가 만족을 통하여 상당 부분 결정된다. 여가활동은 기본적 욕구가 어느 정도 충족된 상태에서 논의된 개념으로 궁극적으로 삶의 질을 여가활동의 질을 통해서 평가 할 수 있다고 해도 과언이 아니다.

그러나 오늘날에 있어서 여가란 일로부터 해방된 일하지 않는 시간이라는 종래의 소극적 해석에서 탈피하여 오히려 인간이 그 생존을 위하여 주체적, 적극적으로 대처해야만 할 실천적인 시간과 활동으로 부각됨으로써 여가는 중대한 사회문제로 등장하고 있다.

즉, 과거에는 의·식·주가 생활의 주된 관심이 되어 왔으나 이제는 여가의 활용이 인간 생활의 기본문제로 제기되었다. 특히 오늘날 여가의 가치에 대해 거의 모든 세계가 수긍하고 있다. 현대 산업혁명 후 많은 개인에게 일하지 않는 시간이 현저하게 증가하였다(Kraus, 2001).

여가의 개념은 휴식, 오락, 인격형성 등의 소극적이고 고전적인 개념에서 탈피하여 적극적인 인지된 자유 상태로 변화되어 왔고, 건강하고 행복하게 사는 삶이 중

---

23) 여가의 개념은 휴식, 오락, 인격 형성 등의 소극적이고 고정적인 개념에서 탈피하여 적극적인 인지된 자유 상태로 변화되어 왔고, 건강하고 행복하게 사는 삶이 중요해졌으며, 여가의 본질적 요소인 선택성, 융통성, 자발성, 자기 결정성 등을 강하게 추구하고 있다(심규성, 2012: 112).

요해졌으며, 여가의 본질적 요소인 선택성, 융통성, 자발성 자기결정성 등을 강하게 추구하고 있다.

여가는 자유에 의해서 특성 지어지는 마음의 상태로 구체적으로 인지적인 자유 상태에서 경험할 수 있는 내적으로 동기화 되는 활동에 참여하는 것이다(Neulinger, 1981). 여가 경험이란 여가활동을 통해 개인이 경험하는 다양한 현상과 이러한 현상들로부터 파생되어 겪게 되는 사건들 사이에서 일어나는 상호작용의 주관적 체험을 일컬으며 경험이 대상과의 얼마간의 거리를 예상하는 것을 의미한다.

이러한 여가 시간에 여가스포츠 참여로 인하여 자기성취나 만족 그리고 기분전환 등에 당연히 중요한 가치를 두게 되는 것이다(Tomas, 1994). 또한 이에 관련된 사회적 지원과 관심은 개인의 신체적, 심리적 건강과 밀접한 관계가 있음이 보고되고 있다(Everard etval, 2000).

여가기능[24]이란 개인이 가지고 있는 여가활동에 대한 주관적인 생각으로서 비교적 일관성 있는 여가활동 능력으로 여가를 통해 나타나는 여러 가지 효과적인 결과를 의미한다. 여가기능은 여가경험에 대한 비교적 지속적인 자아의식이라고 할 수 있는데, 시간이 지나도 지속적인 자아의식은 유지된다. 이는 여가활동 참여자의 독특한 개인적 여가 상태의 경험이며, 여가생활에서 삶의 질을 추정하는 핵심적인 측면이 된다. 즉, 여가 기능은 여가활동에 대해 주관적인 생각으로 비교적 일관성 있는 여가활동 능력이며, 여가를 선용할 수 있는 기본적인 준비역량이라고 할 수 있기 때문에 여가기능은 여가생활에서의 능력임과 동시에 스포츠행동에 있어서 만족 부분과 더불어 재참여 혹은 지속행동을 결정하는 데 중요한 요인이 된다(백현, 2010). 여가기능은 고령자에 있어서 남아 있는 여생의 삶의 질을 높이기 위한 여가활동 참가 동기내지는 심리적 특성에 근거할 때 참가자에게 최상의 여가체험을 통한 여가이득을 경험하게 된다(Ho, 2008; Lyu, 2012).

이러한 여가활동과 관련하여 Mcpherson(1984), Rudman(1985) 등은 연령과 스포츠 참가의 관계에 관한 다수의 연구에서 스포츠 참가 및 지속 수준이 연령 증가에 따라 직선적인 감소 현상을 보인다고 주장하였는데, 이는 연령에 따라 개인의 신체적, 심리적, 사회적, 경제적, 환경적 조건 등이 상이하기 때문에 스포츠나 체육활동을 포함한 여가활동 참여에 차이가 나타남을 보여주는 것으로서 연령이 여가활동 참여에 영향을 미치는 요인임을 시사한 바 있다.

---

24) 여가기능이란 자신의 여가경험에 대하여 어떻게 느끼며, 이러한 경험에 의하여 어떠한 유형의 결과를 초래하는가를 의미한다(Witt & Ellis, 1987).

또한 여가활동의 비중에 대한 인식 및 증대로 인해 인간의 가치관과 생활양식이 변화함으로써 여가의 활용 수단에 대한 필요성이 대두되었다. 특히 앞으로의 사회 발전 진행 과정상 21세기 미래 사회에 여가문화의 역할이 더욱 증대되고 있고, 증가된 여가시간의 선용 및 여가 능력의 개발이라는 새로운 과제로 직면하게 되었다.

그러므로 여가 생활이 현대인에게 가정생활과 더불어 삶의 질을 결정하는 중요한 생활의 국면으로 인식되기 때문에 여가기능은 여가 생활에서의 능력임과 동시에 여가 생활에서의 삶의 질을 측정하는 데 핵심적 측면이다.

더욱이 여가는 지역 주민간의 유대감을 형성하는데 아주 중요한 역할을 한다는 것이다. 즉 여가라는 사회적 이벤트를 통해서 단순한 몇 몇 사람들의 집합이 유대감 통합, 협동 등이 충만하고 응집력 있는 공동체로 변화하게 되며 여가를 통해 개개인의 개성을 개발시키고, 시민들의 사회성을 발달시키며, 자신과 사회의 존재를 깨닫게 하는 역할을 하고 있다.

삶의 질을 높일 수 있는 생활환경·교육·문화 등 서비스 시설의 확충과 프로그램의 개발 보급이 절실한 실정에 있다. 프로그램은 목표와 일관성을 유지하고, 단일목표와 복합적인 목표는 동시에 수립해야 하며, 성공적인 수행을 보장하기 위해 많은 요인이 고려되고 있는데 그중에서 중요한 두 가지는 지도와 감독자이며, 체계적 관리가 필요하다.

이러한 맥락에서 노인의 여가스포츠 활동은 신체적 건강 증진과 사회적 접촉 기회 제공, 노인 자신에 대한 신념, 자기 신체에 대한 자신감 부여, 자기 가치성은 확신 그리고 즐거운 삶 등을 영위할 수 있도록 스트레스 감소 효과를 보인다.

"성인이든 고령자이든 여가욕구에 대한 여가기능을 강화시키고, 발현시키는 것이 여가스포츠 활동에 지속적으로 참가할 수 있는 계기가 된다. 지속적인 여가스포츠에 참가함으로써 생활만족 및 삶의 질을 향상시킬 수 있는 기회로 발전하기 때문에 고령자의 여가 심취심과 욕구감 및 자신감을 향상시킬 수 있도록 노인 스포츠 복지정책 입안자 및 관계자들은 고령사회에 여가스포츠 정책 마케팅전략을 수립하여 운영해 나가야 할 것으로 사료된다." (변해심, 2013: 373).

이미 선진 외국에서는 스트레스 해소와 우울에 대한 예방 차원에서 여가스포츠 활동이 효과적이며 질병을 줄일 수 있다고 밝혀졌으며 에어로빅, 수영, 조깅 등의 여가스포츠 활동은 일반인들의 스트레스를 완화시켜 주는 유효한 수단임을 보고하고 있다(Kobasa, Maddi, Puccetti, 1982; Berger, 1986; Ryan, Patterson, 1987; Crilly Willems, Trenholm, 1989; North, McCullagh, Tran, 1990; James, 1993).

국내 연구에서도 노인들에게 있어서 여가스포츠 활동은 기본적으로 사회적 욕구를 충족시켜 줌에 따라 스트레스 발생을 예방할 뿐만 아니라 일상생활에서 발생하는 건강, 가족 측면의 스트레스와 우울증 발생을 감소시키는 데 효과적인 역할을 하는 것으로 받아들여지고 있어서 최근 들어 이와 관련된 연구들이 활발히 진행되고 있다(정진오, 2008; 염병화, 2008; 김미경, 정일호, 2008; 이은석, 2009; 이은석, 이선장, 2009; 이은진, 배숙경, 엄태영, 2010, 이종경, 이은주).

"노인들의 여가활동 참가는 생활 스트레스로 인한 우울에 커다란 영향을 미친다. 같은 맥락에서 개념적으로 볼 때, 최근 새롭게 부각되고 있는 회복탄력성(resilience)[25]도 생활 스트레스와 우울의 긍정적 영향 정도에 관련이 있을 수 있음을 예측할 수 있다." (최미리, 이양출, 2012: 76).

즉 회복탄력성은 스트레스나 역경을 극복하고 성공적으로 적응하는 긍정적인 힘을 의미한다(Dyer, McGunness, 1996; Garmezy, 1999; Walsh, 2002; Fraser, Kirby & Smokoski, 2003).

여가스포츠 활동 참가로 인해 행복한 순간을 느끼고, 자신의 생활에 만족을 느끼며 하루를 계획적으로 살아가는 노인들은 주변에 도움을 청할 사람도 많으며 많은 사람들과의 대인관계를 통해 외로움을 덜 느끼게 된다. 또한, 여가스포츠 활동 참가를 통해 평상시 자신감에 넘치고 감정이 잘 상하지 않는 노인들은 사회적 친구나 동료도 많으며 그로 인해서 외롭다는 느낌을 잘 경험하지 못한다.

한편, 자신의 일에 정성을 다하고 자신에게 충실한 노인들은 일상 속에서 많은 행복감을 느끼고 위축된 생활을 하지 않으며 주변 사람들과 잘 어울려 관심과 생각을 잘 의논하게 된다.

따라서 국민의 건전한 여가활동을 위해 국가차원의 여가 정책이 확고히 수립되어야 할 것이며, 여가지도자의 육성, 여가 공간 및 시설 확충, 국민의 여가 교육 및 의식 문제가 발전적으로 해결되어 국민의 여가 활동 참여와 효과를 극대화시켜 나가야 할 것이다.

"노인들에게 있어서 여가스포츠 활동이 회복탄력성을 높이는 데 기여하고 있으며, 이를 통해 커다란 노인문제로서 병리적 사회심리 요인인 생활스트레스와 우울에 긍정적 효과와 영향력을 파악할 수 있다. 그러므로 노인의 신체적 뿐만 아니라 사회·심리적 건강을 위하여 여가스포츠의 적극적 권장 및 사회제도적 건강을 위한 국가적 노력과 실용적 정책이 요구된다. 이를 통해 현재 준비가 부족한 한국의 고령화 사회로의 진입에 대한 가시적 문제해결의 단초를 제공하는 계기가 될 수

25) 회복탄력성의 개념은 원래 사물의 탄력적인 특성을 설명하는 개념이지만 최근에는 인간에게 적용되어 신체적·정신적 어려움에 처했을 때, 이를 극복하고 새로운 환경에 성공적으로 적응하는 능력을 의미하는 데 사용되고 있다.

있다." (최미리, 이양출, 2012: 87).

　여가활동이 '삶의 질'의 중요한 한 부분을 구성하는 만큼 정부의 여가 및 문화 투자 확대가 여가산업의 육성이라는 대안적 제시가 강하게 요구되며, 현대의 한국인들은 참여의 주체로서 여가를 보내야 더 많은 즐거움을 느낀다고 할 수 있다. 따라서 신체적 여가 활동에 참여함으로서 높은 수준의 여가 만족과 삶의 질에 바람직한 영향을 미칠 것이다.

http://cafe.daum.net/G.world/RzQG/2(2010. 11. 09)

나. 노인과 여가 실태

　인구의 고령화로 보다 길어진 노년기를 어떻게 하면 건강하고 유익하게 보낼 수 있을지에 관심이 커지고, 길어진 양만큼 질적으로도 행복한 삶을 영위하는 데 기대감이 높아지고 있다. 따라서 노인들은 신체적인 체력의 저하로 인한 운동능력의 감소와 인지능력의 감소를 최소화하기 위하여 생활스포츠 프로그램에 참여하고 있다. 생활스포츠의 참여를 통하여 노인들은 심리적 안정을 가지며, 이는 곧 심리적 행복감으로 이어지며(정계순, 2009), 심리적 행복감은 생활 만족도에 직접적으로 영향을 미친다.

　특히 심리적 행복감은 삶의 질과도 밀접한 관계가 있기 때문에 노인들은 여가에 만족할 수 있는 다양한 경험을 습득하는 것이 중요하다.

　노인들은 스포츠 활동을 통해 즐거움을 만끽하게 되고 여가에 대한 만족감과 심리적, 정서적으로 안정이 되면서 행복감을 유지할 수 있다. 결국 스포츠 활동에 지속적으로 참여하게 되는 것은 주관적인 행복감과 만족감을 획득하는 데 가장 큰 기여를 한다. "스포츠 활동은 여성 노인들의 심리적 행복감 요인이 몰입 경험에 긍정적 영향을 미치므로, 운동 지속 의도나 스포츠 참여 지속에 긍정적인 영향을 미치는 요인으로 개인의 심리적 행복감의 원인으로 작용할 수 있다는 당위성을 제공해 준다. 그러므로 노인들이 운동 참여를 통하여 만족감을 경험하고 성취감을 느낄 수 있는 원인을 파악하는 것이 무엇보다 필요할 것이다." (김경, 전선혜, 2012: 60).

우리나라에서는 최근 들어 노인들의 생활 체육활동에 대한 인식에 비하여 노인 생활스포츠 프로그램 개발 수준은 매우 낙후되어 있거나 저조한 상태에 있다. 주로 대부분이 청소년이나 성인을 대상으로 하는 일부 프로그램을 산발적으로 개발 운영하고 있을 뿐이며, 노인층에서 적극적이고 자발적인 참여를 유도할 수 있는 특성화된 생활스포츠 프로그램은 양적으로나 질적인 수준에서 매우 미흡할 뿐만 아니라 기존에 개발된 프로그램들조차 효율적으로 운영 관리 보급되지 못하고 있는 실정이다(조경욱, 이동기, 이중섭, 2011).

특히 일반 국민을 대상으로 개발된 생활스포츠 및 국민체력 향상 프로그램을 중심으로 실버 세대들이 응용하고 있는 수준에 있다. 이로 인하여 "노인 세대의 다양한 특성을 고려한 생활스포츠 참여 기회가 제공되지 못하는 상황에 있으며, 전반적으로 시대에 맞는 실버 세대에게 적합한 생활스포츠 프로그램은 절대적으로 부족한 실정이다." (이채은, 2011: 4).

즉 노인 여가복지 시설에서 제공하는 생활스포츠프로그램 도 취미교실, 건강교실이라는 이름으로 여러 가지 프로그램을 제공하고 있으나 단순한 취미 생활이나 여가 생활의 일환으로 제공되고 있을 뿐 노인 생활스포츠 프로그램에 관한 체계적인 이론적 내용과 개개인의 건강 상태에 프로그램 마련은 아직도 부족한 실정이다.

노인의 삶 속에서 그들의 삶의 질을 향상시킬 수 있도록 개인적인 측면에서나 사회적인 측면에서도 노인들의 여가생활에 대한 관심을 가져야 하고 그 활성화 방안이 마련되어야 한다.

일반적으로 노년기 여가 활동은 신체적 건강의 증진, 사회적 접촉기회의 제공, 삶에 대한 사기 및 만족감의 증진, 자신에 대한 신념과 자기 신체에 대한 자신감 부여, 유용감과 자기 가치성의 확신, 자율적인 생활에 대한 기술과 기능의 증진, 재미있고 즐거운 삶의 영위 등을 도모할 수 있기 때문이다(Leitner & Leitner, 1996).

1990년대 우리나라 노인들의 여가활용 실태를 보면, 라디오 청취/TV시청(18.8%),

모임 활동(16.9%), 경로당/노인 회관 참여(16.1%) 등의 순으로, 이는 무료함을 달래는 방식으로 여가활용을 하고 있거나 단체에 참여하는 식으로 여가를 활용하고 있는 것을 의미한다. 또한, 노인관련 단체의 프로그램을 보면, 내용이 아직 체계적이지 못하고 미비하며 운영이 부실한 것을 알 수 있다.

2000대는 자신이 거주하는 주변에서 별다른 프로그램 없이 조깅, 걷기, 가벼운 마라톤(48.0%)에 참여하였으며, 다음으로는 헬스 13.2%, 에어로빅이 10.1%, 배드민턴이 8.0%, 게이트볼 6.2%, 기타 수영, 탁구, 승마, 골프 등에 소수 참여하였다.

노인들이 가장 많이 즐기는 여가활동은 라디오 청취/텔레비전 시청으로 월1회 이상이 96.7%에 이르고, 응답자의 과반 수 이상이 친척이나 친구 등과 만남 및 친목, 동창회 등 모임 활동(58.6%), 경로당이나 노인회관의 참여(55.2%) 등으로 여가 시간을 보냈으며, 술이나 차 마시기(42.8%), 장기, 바둑, 화투 등 놀이 및 오락(41.3%)등 소일 위주의 여가활동에 노인의 5분의 2이상이 참여했다. 이외에 종교 활동(32.9%), 스포츠 활동(20.6%), 취미활동(15.3%) 등의 순으로 여가활동에 참여한 반면, 학습활동(5.8%), 여행(5.6), 사회 봉사활동(4.5%), 문화 활동(1.6%) 등의 여가활동은 그 비율이 상대적으로 낮은 편이다(김홍록, 2002)

한편, 사회체육 활동의 참여종목 선호도에 노인들은 댄스스포츠, 포크댄스, 탁구, 포켓볼(당구), 요가 등의 순이다. 특히 남성의 경우에는 포켓볼(당구)에 여성의 경우에는 댄스스포츠와 포크댄스에 가장 많이 참여했는데, 이러한 결과는 노인들은 댄스스포츠와 포크댄스와 같이 음악이 있고 즐겁고, 동작을 하는데 어려움이 없는 종목을 선호한 것으로 보인다(박철홍, 2004).

노인들이 참여하는 스포츠 활동 중 게이트볼은 노인들이 주로 즐기는 노인스포츠로 자리 잡고 있다. 등산이나 수영, 요가와 같은 종목은 남녀노소를 불문하고 많은 대중들이 참가하는 반면, 게이트볼은 노인들이 그들만의 문화를 형성하고 향유할 수 있는 장을 마련해 주고 있다. 이는 노인 증가에 따른 정부의 핵심 정책으로 추진되고 있기 때문이다.

이에 노인들이 중심이 되어 적극적으로 참여하고 있는 게이트볼에 관하여 심층적으로 관찰할 필요가 있다. 분명 노인 게이트볼 동호회에서 재현되는 체험과 경험들은 다른 동호회에서 나타나는 그것과는 상이할 것으로 판단된다. 따라서 게이트볼 동호회는 노인계층의 사회 구성과 그들만이 지니는 독특한 문화를 이해할 수 있는 학문적 관심의 대상이 된다.

"노인 스포츠를 게이트볼뿐 아니라 다양한 스포츠 종목 전반에 걸친 활동에 대해서도 주목할 필요가 있다. 노인계층들은 게이트볼뿐만 아니라 다양한 종목에 적극적으로 참여하고 있다. 따라서 다양한 스포츠 종목에 참여하고 있는 노인을 대상으로 하는 연구가 활발히 진행되어야 한다. 특히 노인 계층 간의 상호작용뿐만 아니라, 다양한 연령층으로 이루어진 스포츠 활동에 참가하는 노인 참여자의 상호작용 상황에 대한 탐구가 필요한 것으로 사료된다." (박선영, 임수원, 이혁기, 2015: 780).

노인들은 여가활동을 통해 첫째, 신체적 건강의 증진 둘째, 사회적 접촉 기회의 제공 셋째, 노후 삶에 대한 사기 및 만족감의 증진 넷째, 노인 자신에 대한 신념과 신체에 대한 자신감 부여 다섯째, 유용감과 자기가치성의 확신 여섯째, 자율적인 생활에 대한 기술과 기능의 증진 일곱째, 재미있고 즐거운 삶 등을 얻을 수 있으며 (Leitner, 1985), 신체적 건강의 증진, 사회적 접촉기회의 제공, 노후 삶에 대한 사기 및 만족감의 증진, 노인 자신에 대한 신념과 가지 신체에 대한 자신감 부여, 자기 가치성의 확신, 재미있고 즐거운 삶 등을 얻을 수 있다고 한다(Leitner, M. J. & Leitner, S. F. 1985).

서구의 경우 노인들이 운동경기 참여 및 관람, 문화 및 예술적 활동 등 활동의 형태가 다양한데 우리나라의 경우 이런 종류의 여가 유형에 대한 참여는 매우 저조한 편으로 소극적인 여가를 보내고 있다.

"현대사회의 노후생활은 한마디로 일상생활 자체가 여가생활이라고 해도 과언이 아니다. 노인들은 여가활동을 통해 스스로 가치 있는 일을 하고 아울러 같은 관심사를 가진 사람들과 대화하면서 사회·심리적인 욕구를 만족시킬 수 있다. 그뿐만 아니라 심신건강을 증진하고 자존과 자긍심을 포함하는 자기 정체성을 유지함으로써 삶의 만족을 높일 수 있기 때문에 노후의 여가활동을 위한 프로그램은 매우 중요한 의미를 지닌다. 이러한 현상은 결국 실버 웰빙의 궁극적인 목적이 여가 스포츠 활동을 통한 건강에 대한 예방과 '삶의 질 향상'이란 차원에서 이루어져야 함을 반증하는 것이다." (권욱동, 2005: 50).

여가활동을 통하여 얻어진 여가 만족이란 여가활동의 선택과 참가의 결과로서 개인을 형성·유도하거나 획득하는 긍정적 인식 또는 감정이라 할 수 있다(Beard & Ragheb, 1980).

여가 및 레크리에이션 그리고 놀이 활동 분야의 연구자들은 여가 만족의 개념과 관련된 많은 사실을 규명하였는데, 이들 연구에서 제시되고 있는 공통적인 여가 만족의 개념은 여가 만족을 인간이 충족시켜야만 하는 사회친화, 상호작용, 대인관계의 욕구충족에 의한 산물로 인식하고, 물리적, 심리적, 감정적, 사회적 정신적 건강 등에 까지도 영향을 주고 있으며, 그 밖의 많은 연구들이 여가 만족이 여가활동에 크게 영향을 미치는 것으로 보고하고 있다(Ragheb & Grffith, 1982).

다. 여가 활성화 방안

우리나라는 급속한 사회구조의 변화와 시문명의 발달로 수많은 사회적인 문제점들이 드러났다. 이 중에서도 충분한 준비 없이 진행된 노령화 사회로의 진입은 한편으론 재앙처럼 느낄 수 있지만 일찍이 우리가 경험해 보지 못한 수명 연장과 여가 시간 증가라는 선물을 가져다주었다.

한국은 저 출산, 고령화, 국제 이주인구의 유입 증가라는 인구 구조의 변화를 경험하고 있으며, 그 중에서도 가장 두드러진 변화는 인구 구조의 고령화이다. 고령 사회에서 노인들의 여가활용 문제는 삶의 질을 결정하는 주요한 문제가 되며, 질병 무위, 고독 등 노인문제를 해결하여 성공적인 노화를 촉진하는 계기를 마련해 주므로 상당히 중요하다(변해심, 2013). 선진국의 경우 고령 사회를 대비한 다양한 여가 정책이 마련되고 있는 반면에, 한국의 여가 대책은 그 중요성에 비해 수동적으로 다루어지고 있는 것이 현실이다(고미영, 2010).

다시 말해서 노인들이 탈사회화 과정에서 경험하는 사회적 역할 상실감의 극복과 삶의 질에 대한 가치 제고에 활동성 여가가 필요하다는 것이다. 따라서 우리나라에서 당면한 노인문제를 노인들이 사회적 역할 상실감의 극복과 삶의 질적 가치 인식을 통해 재사회화로 해결하는 데 있어서 활동성 여가 프로그램이 매우 유효한 방안이 된다(김상대, 2009).

국가는 고령자들의 여가 문화를 밀착하여 이해하고, 공공정부 기관이 제공할 수 있는 여가 및 레저 · 스포츠 활동에 관한 정보를 고령자들의 단순한 여가, 놀이로만 이해할 것이 아니라 고령자들의 새로운 복지 문화 차원에서 접근하여 다양한 정보와 제공해야 한다. 특히 고령자 개개인의 여가 기능을 향상시킬 수 있는 여가 환경과 제도 및 교육적 뒷받침을 통한 여가 기능의 향상을 위한 여가교육과 프로그램의 개발과 적용이 요구되고 있다.

여가시간을 효과적으로 이용하는 것은 노년기의 적응과 삶의 만족도를 결정하는 매우 중요한 요인이지만, 특별히 하는 일 없이 무료하게 시간을 보내게 됨으로써 노인들은 고독, 소외, 만성적 무료함, 더 나아가 인생에 대한 불행감을 느낄 가능성이 많다. 또한 새로운 시대에 맞춰 노인문화도 새로워지고 있기 때문에 노인 복지 시설의 다양한 프로그램 개발과 활용은 더욱 중요해 진다.

경제성장 발달과 생활수준의 향상 및 의료혜택으로 노인 인구증가 및 평균수명이 연장하고 있는 시기에 노후에 노인의 여가 활동을 위한 활성화 방안이 절실하게 요구되고 있다.

일찍이 기든스(Giddens, 2000)는 '제3의 길'에서 복지국가와 신자유주의국가를 넘어 새롭게 제시하는 사회 정책은 '적극적 복지(psostitive welfare)' 개념이라고 하였다.

국가적으로 국민의 복지향상을 위해 여가 부분에 상당한 관심을 기울이고 있으며, 세계 각국은 정당하고 질적인 여가생활이 보장되도록 국민들에게 즐거움을 누릴 권리로 인정하고, 다양한 여가 공급체계를 확보하여 중간 및 저소득층이 이용할 수 있도록 정책적 배려를 하고 있다(박용범, 김학신, 2003). 이로 인해 노년층에 대한 관심이 크게 고조되고 노인복지가 점차 정부의 주요 정책적 관심사로 등장하고 있으며 노년 인구에 대한 학문적 연구도 활발하게 이루어지고 있다.

이러한 노인에 대한 사회적 관심은 그 동안 사회적 소외집단으로 노인을 인식하여 오던 시각에서 탈피하여, 보다 적극적이고 능동적으로 대처해야 할 사회집단으로서의 노인에 대한 재조명을 요구하는 시각으로의 전환을 촉구하고 있다. 결국 노인은 사회의 주요 구성원으로서 모든 인간이 지향하는 삶의 질적 향상을 추구할 수 있는 개인적, 사회적 당위성을 지닌다고 하겠다(박인환, 김철, 1999).

노인교육은 21세기 요구되는 노인상, 즉 주체적인 노인, 생산적인 노인, 봉사하는 노인, 정보화된 노인, 통합적인 노인으로 노인의 정체성을 확립하기 위한 중요한 수단이 되어야 하고, 여가를 체계적으로 교육시키는 전문 여가 교육프로그램이 필요하다.

특히 노용구(2000)는 시간적, 경제적 여유를 가지고 있으면서도 여가에 대한 부정적 인식과 태도를 가지고 있는 노인층에게 무작정 여가 기술을 습득시키기 전에 먼저 여가에 대한 올바른 이해와 자기 자신의 욕구 탐색에서 출발한 자아 인식이 우선되어야 한다고 강조하고 있다.

Peterson과 Gunn(1984)은 여가 교육을 통해서 여가 참여 이전에 여가와 관련된 자원을 이해하게 되고 여가 관련 의사 결정 능력과 문제 해결 기술을 향상 강화시킬 수 있다고 주장하였다. 이러한 노인복지 서비스는 노인에 대한 긍정적 이미지 강화와 노인여가 및 다양한 문화 활동 프로그램 개발·보급이 우선되어야 한다.

노인들의 여가 활동을 위한 기본 방침으로서는 정부의 제도적 장치와 아울러 노인 스스로의 참여의지 그리고 노인들의 욕구를 산정하여 국민적 공감대를 형성할 수 있고 미래지향적인 역할과 관심을 가지고 지속적으로 연구, 발전, 실행해감으로써 노인 여가 활동에 대한 합리적 해결 방안을 모색할 수 있다.

건강한 노인들이 건강한 여가 생활을 향유 할 수 있는 환경 및 프로그램이 개발되어야 할 것이고, 이를 위해 평생교육 체계 구축에 기존하여 교육·여가·취업·소득 보장이 연속적이고 종합적으로 이루어질 수 있어야 한다. 또한 국가 차원의 여가 정책을 수립하여 여가 공간 및 시설의 확충, 여가 지도자의 육성, 다양한 여가 프로그램의 개발·보급으로 국민 여가 활동 참여와 효과를 극대화시켜 나가야 한다.

이와 같이 노년층의 여가스포츠 활동은 건강을 유지 증진시킬 수 있으며, 건전한 여가 생활과 치료 및 재활에 많은 기여를 한다. 또한 생활환경·교육·문화 등 서비스 시설의 확충과 다양한 프로그램의 개발·보급 및 정부의 노인 복지 시스템의 구축으로 노인의 삶의 질을 높일 수 있는 종합적인 복지방안을 추구해야 한다. 따라서 향후 실버 웰빙을 위한 여가스포츠 참여 모형은 크게 '건강의 유지증진', 여가스포츠 참여를 통한 '삶의 질 향상', 여가스포츠를 통한 '치료 레크리에이션'에 있다(권욱동, 2005: 51).

첫째, 시니어 웰빙 차원에서 "건강의 유지 증진"은 예방, 진단, 치료의 과정에서 여가스포츠 프로그램은 예방적 차원과 치료적 차원에서 상당한 역할을 할 수 있다. 예방적 차원에서 건강 유지 증진은 노인의 여가스포츠 활성화 방안에서 언급하였듯 이 노인의 여가스포츠 참여는 노인질환의 심리적, 생리적 차원에서의 효과가 상당한 부분을 차지함을 알 수 있다. 그리고 치료적 차원에서의 효과는 이미 북미와 유럽을 중심으로 치료적 차원에서의 여가스포츠 프로그램 처방이 시행되고 있다.

둘째, "삶의 질 향상"이란 차원에서 여가스포츠 프로그램의 적용은 이미 많은 연구 결과들에서 검증된바 있다(Coleman & Iso-Ahola, 1993; Bolger & Eckenrode 1991). 2002년 노인 자살률(10만 명당 자살자 수) 통계에 따르면 60~64세 34.9명, 65~69세 36.0명, 70~74세 52.5명, 75~79세 71.9명으로 한국인의 전체평균 19.1명을 크게 상회 하는 것으로 나타났다(연병길, 2004).

이처럼 노인 자살률이 증가한다는 의미는 그만큼 노인을 제외한 평균연령의 사람에 비해 노인들의 "삶의 질"이 상대적으로 취약하다는 점을 부각시킨다. 따라서 이러한 사회병리의 예방을 위해서는 중·장기적으로 여가스포츠 프로그램을 통한 노인의 삶의 질 향상에 대한 실제적인 대안책이 강구되어져야 한다(권욱동, 2005: 51-52).

노인에 있어서 여가스포츠 활동은 무엇보다 필요성이 크다고 할 수 있다. 전 생애의 체육으로서 역할을 다하기 위하여 성별, 연령별 특성, 신체적 특성 등 개인의 욕구를 충족할 수 있는 합리적인 프로그램의 개발이 절실히 요구되고 있다. 이러한 노인들의 욕구를 충족하기 위해 시설 및 지도자와 프로그램은 노인 여가스포츠 발전을 위한 핵심적 요소이다. 그러므로 노인들의 생활을 윤택하게 하기 위해 국가·지자체 차원의 인프라 구축을 위한 정책의 개편과 노인 복지 일관성과 지속적 의지가 필요하다.

따라서 여가스포츠 참여를 통한 노인의 삶의 질 향상을 위한 기본적인 사회적인 인프라의 구축이라는 차원에서 시니어 스포츠전문시설, 여가스포츠 프로그램의 마련, 전문지도자 양성이 가장 시급하다. 또한 시니어 웰빙의 가장 기본적인 척도가 바로 건강증진 부분이다. 이의 해결을 위해서는 여가스포츠를 이용한 치료레크리에이션의 적용과 여가스포츠참여 모형 개발이 우선되어야 한다. 더욱이 노인의 삶 속에 진정한 여가스포츠 문화가 자리 잡기 위해서는 무엇보다 노인의 여가스포츠 교육에 대한 인식의 확대와 프로그램의 마련이 시급하다.

"여가스포츠의 참여를 통해 개인의 복지와 사회적 복지를 통합적으로 발전시키며, 일상생활에서 신체의 건강을 위한 여가스포츠에 관한 문제를 자주적으로 해결할 수 있는 운동 문화를 제공 받음으로서 개인의 욕구충족, 여가의 즐거움, 창조적 표현, 새로운 경험 등으로 가족 간 유대 강화로 사회·문화적 토대를 마련하여 '삶의 질을 향상' 시킬 수 있다." (권욱동, 2005: 56).

스포츠활동에 참가하는 노인들이 노년기에 접어들면서 겪는 우울감, 소외감, 무력감, 심리적 양화 등에 관한 문제들을 극복하는 데 '회복탄력성'의 효과는 크며, 스트레스를 극복하는 데 있어서도 효과적이다. 회복탄력성이란 '인생의 역경과 고난을 이겨내는 힘'을 의미하는 것으로 인생을 살아가는 데 있어서, 누구나 경험하게 되는 크고 작은 고난이 뒤따르게 마련이다. 이러한 고난을 극복하고 이겨내는 긍정적인 힘을 회복탄력성(resilience)이라 부른다. 즉 밑바닥까지 떨어져도 꿋꿋하게 되튀어 오르는 능력을 의미한다.

회복탄력성에 대한 개념은 여러 요인으로 구성되어 있는데 이러한 구성 요인에 대하여 학자들은 복합적이고 포괄적인 개념으로 설명하고 있다. Reivich와 Shatte(2003)는 회복탄력성의 하위 요인으로 충동통제력, 감정통제력, 낙관성, 원인분석력, 공감능력, 자기효능감, 적극적 도전성을 제시하는 데 이들 요인은 개별적으로 혹은 동시에 작용하여 개인의 삶에 영향을 미친다. 하지만 노인의 여가스포츠 활동 참가에 따른 생활스트레스와 우울의 관계에 있어서 회복탄력성의 완충효과가 어느 정도인지를 알아보는 것 또한 의미가 있다고 본다.

회복탄력성과 관련하여 2009년 SBS '그것이 알고 싶다'에서 방영된 "나는 행운아다―절망을 이겨낸 7가지 비밀" 이라는 주제로 인생의 바닥을 치고 튀어 오르는 힘 즉, 회복탄력성에 대하여 소개한 바 있다.

노인의 여가스포츠 활동 참가 여부가 생활스트레스, 우울 및 회복탄력성이 높으며, 여가스포츠 활동에 오래 참가하고, 자주 참가할수록 생활 스트레스와 우울이 감소하고 회복탄력성이 증가한다. 또한 노인의 여가스포츠 활동 참가는 생활스트레스와 우울 관계에 있어서도 회복탄력성의 완충 효과가 있다.

따라서 "고령화 사회에 있어서 노인 문제를 해결하기 위해서는 다양한 접근이 시도되어야 하겠지만 노인의 건강과 삶의 질을 향상시킬 수 있도록 노인 복지 차원에서 노인에게 적합한 운동 프로그램을 다양하게 개발 및 보급해야 하며, 이러한 활동들을 적극 권장하여야 할 것이다." (이은석, 안찬우, 2010: 334).

특히 "노인여성의 여가경험 및 여가만족은 삶의 질을 높이고 성공적 노화에 주요한 요인이라 할 수 있다. 그러나 국내 여가복지관 및 프로그램, 지도자 등 노인의 고령화 인구에 비해 턱 없이 부족한 실정이며 이러한 문제는 정부, 지방자치단체, 노인 스포츠 관련 단체의 재정적 지원과 개선방안이 절실히 요구되어 진다." (김옥주, 2013: 265-266).

또한, 한 번 참가한 노인이 이탈하지 않게 지속적으로 체육활동에 참가할 수 있도록 하기 위한 노인체육정책이 시급히 시행되어야 할 것이다. 이러한 노인체육진흥 정책이 선행될 때, 정부가 노인체육 및 건강 관련 정책에서 표방하는 생활스포츠 활성화를 통한 건강 수명 연장과 의료비 절감은 물론 노인의 행복한 삶을 담보할 수 있으며 성공적인 노화가 될 수 있을 것이다.

라. 노인체육 활성화 정책

21세기 인류사회의 가장 큰 이슈는 인간 수명의 혁명적 연장인데, 우리나라에서도 평균 수명이 증가되어 '인생 70 고래희(古來稀)' 라는 말이 이제는 '인생 70 시작 이래' 가 되어 버렸다.

또한 시대적 특징은 정보화, 세계화, 고령화 사회로 압축되어 지는데, 이중 사회적 파장이 가장 큰 문제라고 한다면 고령화 사회로의 진입을 들 수 있다.

급속한 고령화 현상을 겪고 있는 한국은 2000년에 65세 이상 인구 비율이 7.2%에 이른 고령화 사회(aging society)가 되었고, 2016년에는 그 비율이 14.3%에 이르는 고령사회(aged society), 그리고 2026년에는 20.8% 초 고령 사회에 진입할 것으로 전망되고 있다(통계청, 2006). 이러한 노인 인구의 급속한 팽창은 한국만의 문제가 아니라 세계 여러 나라의 사회문제로 대두되고 있다(한혜원, 2008).

따라서 고령화 현상은 사회적으로 심각한 문제를 양산할 것으로 추산하고 있기 때문에 노년층에 대한 관심과 노인복지에 대한 주요 정책은 보다 적극적이고 능동적으로 변화가 요구되어 지고 있다. 이에 발맞추어 최근에는 건강한 노인이 증가하였고, 사고와 행동, 자유로운 삶을 중요시 하는 신세대 노인이 부쩍 늘고 있다.

이성철(1996)은 노인은 스스로 의무적인 활동에서 벗어나 많은 시간을 여가 및 스포츠 활동으로 소비한다고 하였으며, 임호남, 임란희(2008)는 스포츠 활동에 참여하는 노인들은 신체운동이 신체적 안녕뿐만 아니라 정신적, 심리적 차원을 모두 포함하는 총체적인 구조로서의 건강으로 인식하고 있으며, 근래의 노인들은 신체운동에 점차 참여도를 높여가고 있다고 했다.

따라서 노인의 스포츠 참여와 인식의 전환으로 다양한 노인스포츠 프로그램에 대한 정보가 쉽게 접근할 수 있도록 다양한 방법이 제공되어 많은 노인이 적극 참여 할 수 있도록 하는 노력이 선행되어야 한다.

이는 체력의 향상과 정신적인 스트레스를 감소시켜 사회·심리적 건강에 긍정적인 효과가 있다는 과학적 연구 활동이 활발히 전행되어 노인들의 운동 참여에 많은 동기를 부여하고 있다(Cox, 1991).

이처럼 노인들의 스포츠 참여가 활발해지면서 스포츠 용품에 대한 구매 의지가 확산되어 스포츠 용품에 대한 욕구가 생겨나기 시작했다. 그 욕구는 보다 다양성을 추구하고, 이를 충족시키기 위한 제품의 속성과 같은 기능적 품질만으로는 욕구를 만족시키기 어려워졌다(박성연, 이유경, 2006). 일반적으로 소비자들은 제품의 특성에 의해 구매하기보다는 소비자 각자에게 형성되어 있는 이미지에 의해 구매 결정을 하게 된다(Dick, Chakravarti &biehal, 1990).

이와 같이 "고령사회에서 노인들의 스포츠 활동과 참여가 확대되고, 스포츠의 중요성을 갖게 됨에 따라 무한한 잠재수요를 개척할 필요성이 스포츠 기업에게 있어서 가장 매력적인 매체가 되어 그것을 매개로 하여 접근하고자 하는 기업의 욕구도 높아지고 있다." (박장근, 차선동, 2010: 306).

이러한 시대의 흐름에 따라 노인과 관련된 실버산업은 앞으로 더욱 빠르게 성장할 것으로 예상이 되며, 다른 산업보다 훨씬 빠른 성장세를 나타낼 것이다(서울신문, 2007. 02. 20). 또한 이상일, 유현순(2004)은 건강수명 연장과 예방의학이라는 차원에서 노인 스포츠 시장은 보다 활발한 성장세를 보일 것이며, 앞으로 노인은 스포츠 시장의 매우 중요한 소비 주체로서의 역할을 담당하게 될 것이라고 하였다.

"고령사회로서의 노인은 매우 중요한 소비 주체로서 스포츠소비자로 규정한 연구는 부족한 편이다. 이와 관련하여 노인을 스포츠소비자로서 간주한 다양한 탐색이 활발히 진행되어야 할 것이다.

또한 노인 스포츠 참여와 인식의 전환으로 다양한 노인 스포츠 프로그램에 대한 정보를 쉽게 접근할 수 있도록 다양한 방법이 제공되어야 한다. 게다가 지역적인 특성과 인구사회학적 특성을 고려하여 전국적으로 다양한 대상으로 연구를 수행하여 많은 노인이 적극적으로 참여할 수 있도록 하는 노력이 선행되어야 할 것이다." (박장근, 차선동, 2010: 311).

우리나라 노인의 체육활동 참여 실태는 만 15세 이상 전 국민을 대상으로 3년 단위로 실시되고 있는 국민생활스포츠 활동 참여 실태조사를 통해 살펴볼 수 있으나 조사에 포함된 노인수가 적은 한계를 갖고 있다. 따라서 체육과학연구원(2003)의 조사 결과를 토대로 우리나라 노인의 체육활동 참여 실태를 살펴보고자 한다.

60세 이상 우리나라 노인의 체육활동 참여 실태는 다음과 같다.

1주일에 1회 이상 규칙적인 체육활동 참여 여부는 미참여(77.7%)가 참여(22.3%)보다 높게 나타났으며, 조사 대상이 만 60세 이상의 노인이라는 점을 감안하여 체육활동의 범위를 걷기 등 단순 신체활동까지 확대하여 포함할 경우 전체 노인의 37.4%가 1주일에 1회 이상 규칙적으로 체육활동에 참여하고 있는 것으로 나타났다.

주로 참여하고 있는 종목을 살펴보면, 등산(20.7%), 맨손체조/줄넘기(17.2%), 육상/조깅(10.6%), 배드민턴(9.7%), 댄스스포츠(8.4%), 수영/게이트볼(6.6%), 자전거/사이클(6.2), 탁구(2.6%), 보디빌딩(1.8%) 등의 순으로 나타났다.

http://cafe.daum.net/asmfdf/7ZWW/124(2011. 06. 15)

　동호체육인 조직 가입 여부는 미가입(93.8%)이 가입(6.2%)보다 높게 나타났으며, 가입 동호인 체육종목은 등산(30.2%), 게이트볼(22.2%), 수영(7.9%), 배구(6.3%), 테니스(6.3%), 에어로빅/미용·체조(4.8%), 골프(3.2%), 배드민턴(3.2%), 탁구(3.2%), 무응답(3.2%), 댄스스포츠(1.6%), 맨손체조/줄넘기(1.6%(, 보디빌딩(1.6%), 육상/조깅(1.6%), 축구(1.6%), 패러그라이딩(1.6%) 순으로 나타났다.

　'고령화 쇼크', '고령화 재앙' 등과 같은 수식어들은 인구 고령화로 인한 충격을 예견하게 해 준다. 우리나라도 2000년에 이미 전체 인구 중 65세 이상 노인이 7%인 '고령화 사회'에 들어섰고, 2019년에는 14%인 '고령사회'에 진입하며, 2026년에는 20%인 '초고령사회'에 도달하여 세계 그 어느 나라보다도 빠르게 고령사회가 진행될 전망이다(통계청, 2012).

　고령사회로의 전환은 건강하고 활기찬 생활을 영위하려는 노인층의 확대를 가져오며, 규칙적인 운동을 통한 건강한 여가생활은 노인의 삶의 질과 복지에 직결되기 때문에 노년기의 중요한 관심사로 떠오르게 된다.

　이러한 맥락에서 우리보다 먼저 고령화 사회에 진입한 국가들이 경험하고 있는 노인의 건강문제, 과도한 복지비용의 부담, 사회보험제도의 개혁 등과 같은 사회적 문제들과 정책 방향은 바로 우리 사회의 모습으로 비춰지고 있다.

　이를 통해 볼 때 "대부분의 선진 국가들은 노인 건강 문제와 관련하여 질병 치료에서 질병 예방 및 건강 증진으로 페러다임의 변환이 이루어지고 있다. 즉, 인구 고령화에 따른 국민의 건강을 보장하기 위한 예방적 기제로서 노인 체육활동을 적극 장려하고 있다. 이것은 규칙적인 운동의 실천이 개인의 건강 수명 영장과 국가·사회적 의료비 절감을 유도할 수 있는 가장 효과적인 방안이기 때문이다." (임태성, 박현욱, 2006: 121).

　규칙적인 운동은 노령화에 따른 질병을 예방하고 건강을 유지·증진 시킬 뿐만 아니라 심리적 효과(심리적 안녕감 증진, 스트레스, 불안 및 우울 감소)와 고위험행위(흡연, 음주, 약물복용, 건강하지 않은 식이, 폭력)의 예방 및 조절이라는 효과를 갖고 있으며, 신체 비활동으로 인한 비용이 총 건강관리 비용의 약 6%를 차지하는 반면, 신체활동에 대한 1달러에 상당하는 시간과 장비의 투자로 3.3달러의 의료비 감소 효과를 낼 수 있음이 보고되었다(WHO, 2003).

　이에 따라 노인체육의 진흥은 정부 정책의 중요한 수용 이유가 되고 있으며, 노인 체육활동의 가치를 높게 평가 받고 있다. 2000년 이미 우리나라는 노인의 87%가 만성 퇴행성 질환을 갖고 있으며, 이 중 만성퇴행성 질환과 사고로 사망하는 사람이 70%를 차지할 정도로 노인은 건강에 어려움을 겪고 있다(통계청, 2000).

이러한 결과는 무엇보다도 규칙적인 운동 실천력이 낮다는 점에서 그 원인을 찾아볼 수 있기 때문에 노인의 건강문제를 해결하고 삶의 질을 성공적으로 개선시키기 위한 대안으로서 노인체육 활성화의 중요성이 부각되고 있다.

특히 "우리나라는 세계에서 유래를 찾아볼 수 없는 빠른 속도로 인구 고령화가 진행되고 있어 이에 부응하는 노인 체육정책의 모색이 시급한 실정이다. 따라서 연장된 노년기를 건강하고 행복하게 보내며, 사회적으로도 유용한 여가문화를 정립시킬 수 있는 노인체육 활성화를 위한 정책적 지원의 필요성이 제기되고 있다." (임태성, 박현욱, 2006: 122).

이에 "최근에는 국가 및 지방 자치 단체 기관에서 제공하는 노인 신체활동 서비스를 제공받고자 하는 노인들이 증가하고 있는 추세이다. 그리하여 현재 우리나라에서는 노인 신체활동 그 중요성을 인지하여 국가와 지방자치단체 등 다양한 조직들이 적극적인 연계를 통하여 노인 신체활동 프로그램을 제공하고 있다." (이희진, 박진경, 2015: 756).

이러한 사회적 풍토 조성으로 인해 오늘날 노인들이 보다 적극적으로 스포츠활동을 실천하고 있는 것으로 이해된다. 노인의 스포츠활동 참가율은 지속적으로 증가하여, 2000년 34.0%, 2008년 39.6%, 2010년 51.1%, 2012년 65.8%로 이미 노인들 중 절반 이상이 스포츠 활동에 참가하고 있음을 알 수 있다(문화체육관광부, 2012).

이처럼 노인 스포츠의 중요성에 대한 사회적 풍토 조성과 더불어 노인들의 적극적인 스포츠 참여가 실천됨으로써 학계에서도 노인스포츠에 대한 다각적인 연구가 진척되어 왔다. 국외의 경우 이미 고령화 사회로의 진입이 진행되어 노인 스포츠에 관한 연구가 활발히 진행되어 왔다(박선영, 임수원, 이혁기, 2015).

이들 연구들은 기능주의적 관점에서 노인 스포츠의 다양한 가치, 이익 등을 경험적으로 입증해 왔다. 이를테면, 노인 스포츠와 삶의 질 간의 관계, 노인 복지로서의 스포츠 역할 등 다양한 연구들이 꾸준히 보고되어 왔다.

국내의 경우, 2000년대 들어 노인문제가 사회문제로 대두되면서 노인체육에 관한 학문적 관심이 진척되었다. 이들 중 김경식, 이은주(2009)는 노인에게 있어 스포츠 활동은 성공적 노화를 도모할 수 있는 중대한 여가활동임을 강조함과 동시에 노인 스포츠 장려하기 위해 국가 차원에서 실천해야 할 핵심 요체임을 피력하였다.

또한, 임수원(2008)은 노인들의 스포츠 참가가 사회적 역할 상실로부터 야기되는 사회적, 심리적 문제를 해결해 줄 수 있는 장이 되며, 나아가 자아정체성을 재확립할 수 있는 기저가 됨을 언급하였다. 이들 연구는 노인 스포츠의 중요성을 경험적으로 입증해 왔으며 이를 토대로 노인 스포츠 활성화를 주창하고 있다.

이를 반영하듯 노인들은 다양한 종목에 참여하고 모임을 결성하여 보다 적극적으로 스포츠를 실천하고 있다. 따라서 보다 더 노인의 스포츠 참여와 인식의 전환으로 다양한 노인스포츠 프로그램에 대한 정보가 쉽게 접근할 수 있도록 다양한 방법이 제공되어 많은 노인이 적극 참여할 수 있도록 하는 노력이 선행되어야 한다.

마. 체육복지 활성화 방안

보건복지부가 제시한 'Health Plan 2010'의 주요 정책에서도 운동이 영향과 함께 노년기 삶을 보다 풍요롭게 할 수 있는 정책으로 부각되고 있다. 노년기의 규칙적인 운동 참여는 건강 및 체력 증진에 중용하며, 노년기의 질적인 삶에 긍정적으로 기여한다(이승범, 2003; Spirduso, 1995).

특히 운동에 참여했을 때 노인이 느끼는 주관적 건강인지[26]는 심리적 안녕과 함께 삶의 질과 만족에 영향을 미치는 변인이라는 것이 국·내외 연구자들에 의해서도 증명되고 있으며(허정식, 2003; Kaplan, Barell & Lussy, 1988), 건강하고 행복한 삶을 위해서라도 적절한 운동 프로그램의 참여는 매우 중요하다.

체육복지의 활성화를 위해서는 프로그램, 전문 인력, 설비 등의 측면에서 개선되어야 한다. 우선 대상자들의 특성에 맞는 전문적인 프로그램이 개발되어야 하며, 개발에서 끝나는 것이 아니라 대상자의 개별적 특성에 맞게 프로그램을 운영해 나가야 한다.

또한 전문적이고 체계적인 프로그램이 도입 운영되기 위해서는 사회복지 현장에서 체육복지 프로그램의 운영을 담당할 수 있는 전문 인력의 역할이 중요하다. 이러한 체육복지 담당 전문 인력은 체육에 관한 전문 지식을 지녔을 뿐만 아니라 사회복지 마인드를 바탕으로 대상자를 대할 수 있어야 한다.

특히 노인을 대상으로 하는 노인 체육복지 전문가의 경우 기본적으로 어르신들을 존중하는 마음 자세가 필요하며, 어르신들의 보편적이며 개별적인 특성을 상세히 파악한 뒤 그에 기반 한 체육 서비스를 제공하는 자세를 갖추어야 한다.

한편, 체육복지가 활성화되기 위해서는 기본적으로 대상자들이 체육활동에 손쉽고 안전하게 참여할 수 있도록 적절한 설비가 갖추어져야 한다. 현재 복지관의 경

---

26) 주관적 건강인지란 스스로 평가한 자신의 현재 건강 상태를 의미하며 이러한 건강 상태는 신체적, 정신적 측면 또는 다양한 측면에 영향을 미친다(Kaplan, Barell & Lussy, 1988).

우 공간이나 시설이 열악하여 대상자들이 체육 프로그램을 준비해도 실시하기 어려운 현실이며, 특히 운동 중 부상의 위험성이 높은 노인들을 위해서는 안전 설비가 갖추어진 체육 시설이 지역 사회 안에 마련되어야 한다.

국민건강증진법에 의해 보건소 건강증진사업의 일환으로 다양한 계층을 위한 운동 프로그램들이 보건소에서 실시되어 오고 있으며, 이 프로그램들은 주로 체력 및 건강 증진을 위한 운동 프로그램과 운동 처방이 그 주를 이루고 있다. 1998년부터 몇 몇 보건소에서 건강 증진 사업으로 운동 프로그램을 시범적으로 실시되었는데, 그 효과가 입증되어 2008년에는 보건소 건강증진 사업으로 운동이 대다수의 보건소에서 주요 사업으로 자리매김을 해 보고 있다.

특히 농촌의 경우 보건소는 지역주민의 건강 증진과 관련된 복지 서비스를 제공하고 있는 통로로, 농촌 노인들에게 보건소는 그들의 건강과 관련된 다양한 정보를 제공하는 건강지킴이 역할을 하는 장소이기도 하다.

그렇다면 과연 이러한 보건소 건강 증진을 위한 운동 프로그램이 노인들에게 어느 정도 삶의 주어 행복한 생활을 영위하는 데 도움을 줄 수 있는가 문제가 제기될 수 있다. 계속해서 다양한 운동 프로그램이 소개되고 있는 이 시점에서 과연 운동 프로그램의 참여가 얼마나 효과적으로 노인의 건강을 증진시켜 주며, 그것이 삶의 질과 함께 삶의 만족도와 어느 정도 유의한 관계가 있는지를 실험적으로 파악함으로써 개선 방안을 제시하고 보건소의 운동 프로그램 사업의 활성화 방안을 마련하기 위해 실험적으로 밝힐 필요가 있다.

"노인인구 증가 비율이 도시보다 급속히 증가되고 있는 이 시점에서 더 많은 농촌 지역의 노인들이 더 적극적으로 보건소의 건강 증진 운동 프로그램에 참여하기 위해서는 더 낙후된 농촌지역 보건지소의 시설 확충과 함께 시설 접근에 용이한 교통편의 제공, 전문 인력 배치, 지역 노인의 특정한 욕구에 따른 프로그램 개발 그리고 지역 내에 있는 노인 관련 보건 복지 시설과의 연계를 통해 노인들이 그들의 건강을 지키도록 하면서 행복한 삶을 유지하도록 돕는 것이 노인 문제를 해결할 수 있는 핵심이라고 할 수 있다." (이연종, 2009: 329).

인간이 추구하는 삶의 질은 자유, 활동 장악 및 창의적인 능력 발현의 정도가 높은 여가의 영역에서 주관적으로 높은 수준을 성취할 수 있다. 스포츠 참여가 노인 복지 및 삶의 질을 향상시키는 데 기여하고 있다는 것은 사회복지 분야에서 잘 반영되고 있다. 특히 노인 복지의 주된 관심이 노인 생활의 질적 향상에 있다는 것은 여가 생활의 질이 전반적인 노인의 복지 수준을 향상시키는 작용을 하고 있기 때문이다.

활동 이론의 관점에서 볼 때, 능동적 여가란 각종 스포츠를 비롯한 생활스포츠 활동과 문화·예술활동 등과 같이 행위자가 자발적으로 직접 참가하는 활동을 말하며, 수동적 여가는 독서, 음악 감상, TV시청, 영화관람 등과 같이 피동적이고 비활동적인 여가활동을 지칭한다(Flangan, 1978).

"능동적 여가활동인 스포츠 참여로 노인복지 만족 및 여가 만족도에 대한 다각적이고 객관적인 연구가 지속적으로 수행되어야 할 것이다. 또한 각종 복지기관 또는 사회단체들과의 긴밀한 협조를 통해 이에 대한 접근성을 높여 나간다면 노년기의 스포츠 참여는 노년기 생활의 방안을 제시하고 나아가 사회문제로 대두되고 있는 노인문제와 노인복지 생활화 될 수 있는 여건을 만들어갈 수 있을 것이다." (임경희, 2006: 190).

체육복지의 활성화를 위해 다음과 같은 방안을 제안하고자 한다.

첫째, 체육복지 프로그램의 전문성을 강화시키고 그 효과성을 실증적으로 입증하려는 노력이 지속적으로 이루어져야 한다. 체육활용의 프로그램들이 사회복지 현장에 상당수 도입되고 앞으로 그 수요가 더욱 증가할 것이다. 예상되는 상황에서 체육복지가 독자적인 영역을 구축하기 위해서는 체육활동을 통해 사회적으로 어떠한 유익함이 창출될 수 있는지에 대해 실증적으로 이루어질 필요가 있다.

사회적 자원은 제한되어 있기에 생존과 관련된 일차적 욕구를 다루는 복지정책은 체육복지에 비해 상대적으로 우위를 지니기 마련이다. 이러한 상황에서 체육복지에 대한 사회적 투자가 이루어지도록 하기 위해서는 빈곤을 포함한 다양한 대상영역으로 관심을 넓이고 체육활동이 대상 영역의 문제를 해결하고 욕구를 충족시키는 데에 효과적임을 입증하기 위한 노력이 지속적으로 이루어져야 할 것이다.

노인 체육복지의 경우 고령화 시대를 맞이하여 수요가 증대되고 건강에 대한 욕구가 높아지는 만큼 성공적인 노인 체육복지의 사례를 발굴하여 효과적인 모델을 제시할 필요가 있다. 노인복지, 보건, 의료와 같은 다양한 전문가들과 연계하여 질적으로 우수한 서비스를 제공할 수 있는 기반을 마련할 수 있도록 학계와 현장이 함께 노력해야 할 것이다.

둘째, 전문화된 체육복지 담당 인력을 양성해야 한다. 사회 복지 현장에서 체육활용 프로그램을 운영 시 개별적인 종목 단위 프로그램 교육에서 끝나는 것이 아니라 개별 대상자에게 적합하도록 프로그램 체계를 통합적으로 관리하고 진행해 갈 전문 인력의 필요성이 크다.

프로그램 진행에 앞서 대상자의 특성을 미시적 거시적으로 파악하여 반영하고, 무엇보다 기본적으로 인간 존중의 자세를 지닌 복지마인드를 겸비한 체육복지 전문가의 필요성이 강조되는 것이다. 이처럼 체육 분야의 전문성과 복지 분야의 전문성을 갖추기 위해서는 우선적으로 관련 자격증을 겸비하고 나아가 장기적으로 체육복지만의 독자적인 체계를 갖추어 가기 위한 노력이 이루어져야 한다.

특히 노인 체육복지 분야의 경우, 어르신들에 대한 이해와 어르신들에 대한 기본적인 태도가 습득될 필요가 있으며, 이러한 특성을 지닌 전문가들을 현장에 배출할 수 있는 교육 훈련과정을 체계화 시켜야 할 것이다.

셋째, 체육복지에 대한 사회 전반의 인식을 높일 필요가 있다. 기계화, 자동화로 인해 현대인들의 활동성은 점차 낮아지고 있으며, 이로 인해 비만과 각종 성인병 등 사회 전반적인 건강의 위한 건강의 위험성이 지속적으로 증가하고 있다.

이러한 현상을 예방하기 위해서는 아동기부터 운동을 하나의 습관이자 자연스러운 생활의 일부로 인식할 수 있도록 해 주어야 하나 현재와 같은 입시위주의 교육환경에서 체육활동의 즐거움을 경험하지 못한 아이들이 성인이 된 이후 운동에 적극적으로 참여하지 않는 것은 어찌 보면 당연한 현상이라고도 할 수 있을 것이다. 이렇게 볼 때, 모든 사회 구성원들이 체육활동에 참여할 수 있는 사회적 여건을 마련하는 것이야 말로 체육복지의 궁극적인 목표라 할 수 있다.

"체육활동의 중요성과 장점에 대해 홍보함으로써 체육의 필요성에 대한 인식을 높이는 한편, 활동의 필요성을 인지하고 있으면서도 실제 실행에 옮기지 못하는 사람들을 대상으로 이들이 운동을 시작하고 즐길 수 있도록 단계별로 유도하는 시스템을 갖출 필요가 있다. 또한 운동에 손쉽게 참여할 수 있는 환경을 조성하고 체육시설을 마련하여 개개인이 자신에게 적합한 운동을 찾을 수 있도록 다양한 프로그램을 개발 보급하는 노력이 이루어져야 한다. 신체활동은 인간의 가장 기본적인 욕구를 충족시키는 활동이라는 체육의 가치를 사회에 전파하기 위해 노력해야 할 것이다." (김예성, 박채희, 2012: 179).

http://blog.naver.com/sportsafety/220915021898(2017. 01. 20)

잠깐! 쉬었다 갑시다

☞ 당뇨·뇌졸중·치매의 원인이 잇몸 세균이라고?

"오늘날 사망 원인의 대부분을 차지하는 질병은 나쁜 생활습관 탓에 발생한다. 지금까지 그렇게 생각돼 왔다. 하지만 오늘날 증거가 가리키는 방향은 박테리아(세균)가 원흉이라는 것이다. 이는 의학의 혁명을 예고하고 있다." 지난 7일 영국의 과학잡지 '뉴사이언티스트'에 실린 특집의 도입부다.

제목은 '당뇨·뇌졸중·알츠하이머병의 진정한 원인을 우리는 찾아낸 것일까?' 잇몸병을 일으키는 특정 세균이 만성 염증을 일으키며 이것이 성인병의 주된 원인일지 모른다는 내용이다. 이 같은 '세균 가설'의 주장을 따라가 보자.

수많은 생활습관병에 세균이 관련돼 있다는 사실은 최근에야 드러났다. 진행 과정이 매우 느리며 휴면 상태에 들어가 있거나 세포 내에 숨어 있기 때문이다. 이 탓에 실험실에서 배양하기가 어렵다. 하지만 이제는 DNA 염기서열 결정법이 나와 있다. 그 덕분에 예전에 존재하리라고 전혀 예상하지 못했던 장소에 세균이 있다는 사실이 드러났다.

가장 많은 질병에서 역할을 하는 것으로 보이는 최악의 원흉은 잇몸 질환을 일으키는 특정 세균이다. 잇몸병은 "인류에게 가장 널리 퍼져 있는 질병"이라고 홍콩대학의 모리지오 토네티는 말했다. 노화 관련 질병의 대다수는 잇몸병을 가진 사람에게 나타난다. 그런 사람은 증상이 더 심각한 경향이 있다.

그 이유는 우리의 면역계로 하여금 신체를 계속 공격하게 만들기 때문이라고 한다. 치아의 플라크(세균막)가 잇몸으로 뚫고 들어가면 염증을 일으킨다. 염증이란 면역 세포가 몰려들어 미생물과 이에 감염된 세포를 모두 파괴하는 반응을 말한다. 이것이 오래 지속되면 치아와 잇몸 사이의 공간에 몇몇 세균이 증식한다. 그중 한 종(포르피로모나스 진지발리스)은 특히 교활해서 염증이 계속되게 만든다. 염증은 병원균을 죽인 다음 종료되는 게 정상이다. 문제는 30~40대부터 염증이 만성화하는 현상이 일어나기 시작한다는 점이다. "이 세균은 실제로 염증 과정의 일부를 차단하는 분자를 만들어 낸다." 미국 터프츠대학의 캐럴라인 젠코 박사가 하는 말이다.

약해진 염증은 인체 세포를 죽인다. 죽은 세포의 파편은 진지발리스의 좋은 먹을거리가 된다. 세포가 파괴되면 박테리아가 필요로 하는 철분도 방출된다. "이 균은 번식을 위해 숙주의 면역계와 상호작용을 스스로 조절한다." 미국 펜실베이니아대학의 조지 하지셍갈리스의 말이다. 문제의 균은 혈류 속으로 숨어든다. 인체 면역계는 이에 대항하는 항체를 만들어 낸다. 이것은 세균으로부터 우리를 보호해 주는 것이 보통이다. 하지만 진지발리스의 항체는 세균이 통과했다는 신호에 가깝다. 이런 항체를 지닌 사람은 그렇지 않은 사람에 비해 다음 10년 내에 사망할 확률이 실제로 높다. 또한 류마티스 관절염, 심근경색, 뇌졸중이 발생할 위험도 더 크다.

이 세균의 가장 큰 혐의는 알츠하이머의 원인이라는 것이다. 지금껏 아밀로이드와 타우 단백질이 지목돼 왔다. 하지만 이를 줄이는 요법으로 증상이 개선된 사례는 없다. 최근 생쥐 연구에서 문제의 세균이 구강에서 뇌로 이동하는 사실이 확인됐다. 이 세균은 심근경색과 뇌졸중을 일으키는 죽상동맥경화의 원인으로도 꼽힌다. 연관성은 성인형 당뇨병에서 더욱 명백하다. 잇몸병 치료의 효과는 당뇨약 한 종류를 추가하는 것과 동일한 수준이라고 미국 치주학아카데미는 밝히고 있다.

미국 코르텍사임사의 연구에 따르면 항생제는 생쥐의 해당 세균을 죽였지만 저항성이 빠른 속도로 나타났다. 지난 1월 이 회사는 미국 등의 8개 대학과 함께 진지발리스만이 만들어 내는 진지페인이라는 단백질 소화 효소를 발견했다. 해당 효소는 알츠하이머병으로 사망한 사람들의 뇌 표본 99%에서 발견됐으며, 병이 심했을수록 수치가 높았다.

이 회사는 진지페인을 차단해 알츠하이머를 막는 약을 개발 중이다. 생쥐는 저항성을 유발하지 않고도 알츠하이머 비슷한 뇌 손상을 회복시켰다. 현재 대규모 임상시험이 진행 중이다. 치료약이 나올 때까지 대책은 두 가지다. 치아를 잘 관리하고 좋은 생활습관을 유지한다. 음주와 흡연은 잇몸병을 부르며 운동은 염증을 줄여 준다. 건강한 식단은 혈액 내 철분방출을 막아 세균의 증식을 방지해 준다.[22]

http://blog.naver.com/okson2/221539598136560x280

4. 노인 여가 복지시설과 생활스포츠

가. 노인 여가 복지시설

우리나라의 노인복지법 제1조에는 "노인의 심신의 건강의 건강유지 및 생활 안정을 위하여 필요한 조치를 강구함으로써 노인의 복리증진에 기여함을 목적으로 한다." 고 명시되어 있다. 이러한 노인 복지의 목적을 실현하는 데 중추적인 역할을 하는 것이 노인복지관이라고 볼 수 있다.

노인복지관의 경우는 부족하지만 상담지도원, 물리치료사, 사무원 등 전문적인 인력이 배치되도록 노인복지법에 규정되어 있으나, 노인 여가 복지 시설의 98.4%를 차지하는 경로당은 전문 인력 배치가 규정되지 않고 있어 대부분 경로당이 노인복지 정보 센터로서의 기능을 하지 못하고 단순한 소비 오락이나 휴식 공간으로서의 기능에 머물고 있는 경로당이 대부분이다.

그러나 "노인복지관은 여가 서비스의 전달기관이라는 성격보다는 전반적인 복지서비스(상담, 재기복지, 주간보호, 취업 알선, 공동작업장 운영, 자원봉사 활동 등)전담 기관이라는 인식이 높다. 노인문제의 전반적인 복지 서비스를 다루고 있지만 다양한 프로그램 동시적으로 운영하고 있어서 실질적으로 노인들이 새로운 여가 욕구나 다양한 여가 경험[27]에 대해서는 적극적으로 대응할 수 없는 한계를 가지고 있다." (김석기, 2012: 155).

우리나라는 1981년 노인 복지제도가 공식화된 이후 노후 소득보장과 건강 보장을 위한 정책을 우선적으로 전개하여 왔다. 이러한 가운데 노인 여가 복지시설[28]로는 노인복지법 제36조 제2항에 의하면 노인복지관, 경로당, 노인교실, 노인휴양소 등이 있다. 노인휴양소의 경우는 이제 초기 단계에서 시작하고 있고, 전국적으로 운영되고 있는 기관도 제한적인 상태이다.

노인복지관은 도시 중심의 모형으로 현재 상당 부분 사회복지사와 중앙 정부, 지방 자치단체의 관리와 지원에 의해 전문성을 가진 프로그램을 운영하고 있다.

경로당은 노인들이 여가를 즐기는 가장 많이 선호하는 곳으로 단순한 노인들의

---

27) 여가 경험이란 "여가활동을 통해 개인이 경험하는 다양한 현상과 이러한 현상들로부터 파생되어 겪게 되는 사건들 사이에서 일어나는 상호작용의 주관적 체험을 일컬으며 경험이 대상과의 얼마간의 거리를 예상하는 것을 의미한다."(김옥주, 2013: 256)

28) 노인 복지시설이라 함은 노인과 그 대상 가족에게 필요한 자원과 서비스를 제공함으로써 건강하고 보람된 오후를 보낼 수 있도록 도와주는 공적 및 사적 서비스 활동 시설의 총칭이다.

안식처로서 친목 도모 및 휴양공간으로서의 자리매김을 하고 있다. 노인교실은 노인학교, 노인대학, 경로대학 등의 다양한 이름으로 불리어지며 노인교실에서 실시되고 있는 프로그램은 크게 교육프로그램과 여가프로그램으로 나누어지고 있다.

노인 여가복지시설의 생활스포츠 프로그램 참가가 심리적 복지에 미치는 규명한 연구 결과를 살펴보기로 한다.

노인 여가복지시설의 생활스포츠 프로그램 참가는 부분적으로 여가 만족에 영향을 미친다. 즉 생활스포츠 프로그램 참가 시간이 길수록 심리적, 교육적, 환경적, 사회적 생리적 여가 만족이 높다. 그리고 자주 참가할수록 환경적, 사회적 만족이 높으며, 참가한 교육적, 사회적 만족이 높다.

노인 여가복지 시설의 생활스포츠 프로그램 참가 동기는 여가만족에 부분적으로 영향을 미친다. 자기개발 동기가 높을수록 심리적, 교육적, 환경적, 사회적 만족이 높으며, 가정 지향 동기가 높을수록 교육적 만족이, 사교 지향동기가 높을수록 환경적 만족이 높다.

또한 노인 복지시설 생활스포츠 프로그램 참가는 심리적 복지에 부분적으로 영향을 미친다. 노인 여가 복지시설 생활스포츠 프로그램 참가는 심리적 복지의 생활 만족에 부분적으로 영향을 미친다. 참가 정도에 따라서는 참가 기간이 짧을수록 현재 생활 만족에 대한 평가가 높다. 참가 시간이 길수록 미래 생활만족에 대한 기대가 높다. 그리고 가정지향 동기가 높을수록 과거 생활 만족에 평가가 높으며, 건강지향 동기가 높을수록 미래 생활만족에 대한 기대가 높다.

그리고 노인 여가복지 시설 생활스포츠 프로그램 참가는 심리적 복지의 고독감에 부분적 영향을 미친다. 참가 정도에 따라서는 참가 빈도가 낮을수록 사회적 역할 상실감이 높으며, 참가시간이 길수록 좌절에 대한 정서적 경험이 높다. 참가 동기에 따라서는 건강 지향 동기가 높을수록 사회적 역할 상실감, 사회적 관계의 단절에 대한 인지, 좌절에 대한 정서적 경험이 높다. 자기개발 동기가 높을수록 사회적 역할 상실감이 높으며, 소외감에 대한 인지 그리고 사회적 단절에 대한 인지가 높다. 가정지향이 높을수록 사회적 역할 상실감, 소외감에 대한 인지가 높으며, 사교지향 동기가 낮을수록 사회적 역할 상실감이 높다.

여가만족은 심리적 복지에 부분적 영향을 미친다. 여가만족은 심리적 복지의 하위 차원인 생활 만족에 부분적인 영향을 미친다. 즉 여가만족의 교육적 만족이 높을수록, 환경적 만족이 낮을수록 과거 생활 만족에 대한 평가가 높다. 휴식적 만족이 높을수록 현재 생활만족을 높게 인지하며, 그리고 교육적 만족과 휴식적 만족이 높을수록, 생리적 만족이 낮을수록 미래 생활 만족에 대한 기대가 높다. 여가

만족은 심리적 복지의 고독감에 부분적으로 영향을 미친다. 즉 여가만족의 교육적 만족과 휴식적 만족이 높을수록, 생리적 만족이 낮을수록 사회적 역할 상실감이 높다. 또한 교육적 만족과 휴식적 만족이 높을수록, 생리적 만족이 낮을수록 고독감의 소외감에 대한 인지도가 높으며, 휴식적 만족이 높을수록 사회적 단절에 대한 인지도가 높다. 그리고 교육적 만족과 휴식적 만족이 높을수록 고독감의 좌절에 정서적 경험이 높다.

이러한 결과는 차후 접근성이 높은 노인 여가 복지시설 생활스포츠 프로그램들을 개설하여 점점 늘어나는 노년세대들에 대한 여가 기회를 제공할 수 있도록 노력을 기울여야 한다는 것이다. 생활스포츠 프로그램에 참가한 노인의 고독감은 생활과정에서 지속적으로 내면화되어 왔다기보다는 생활스포츠 활동을 포함한 여러 활동 과정에서 일시적으로 경험하는 심리적 부조화로부터 비롯되어진다고 유추할 수 있다. 또한 "생활스포츠 활동과 같은 능동적 여가활동 참가자들에게 있어서 높은 여가 만족은 심리적 복지 차원인 생활만족에 긍정적 영향을 미치는 것으로 해석할 수 있다" (김현숙, 강효민, 2006: 99-101).

http://blog.daum.net/2simon/3726088(2014. 07. 28)

나. 노인 여가활동과 생활스포츠

사회의 고령화는 노인의 경제적 문제를 비롯하여 건강, 여가, 고독과 소외와 같은 해결과 과제들을 동반한다. 즉 현대사회의 성공적인 노화는 단순한 수면 연장이 아닌 삶의 질과 의미에 가치를 두고 있어 신체적, 심리적, 사회적으로 건강한 상태를 지속하며 오래 살 수 있는 방안의 강구가 필요하다. 이미 선진국에서는 성공적인 노화를 위해 국가정책으로 노인이 되기 전부터 국민들이 건강을 지켜나갈

수 있도록 생활스포츠에 참여할 수 있는 환경을 제공하고 있다,

노인들은 노화가 진행되면서 건강의 악화, 퇴직, 소득의 감소, 배우자의 죽음, 부모의 역할 상실 등과 같은 다양한 측면의 상실감으로 인해 부정적 자아개념이 증대되고 삶의 질이 저하되기 쉽다. 성공적 노화는 의학적 측면에서의 수명 연장뿐 아니라 삶의 질도 함께 고려해야 한다는 관점에서 변화되고 있다.

노인에게 가장 높은 관심을 보이고 있는 것은 건강에 관한 문제인데, 노인의 스포츠 활동은 건강관리 및 유지뿐만 아니라, 여가선용 측면에서도 중시되어야 할 과제이다. 따라서 노년기에는 체력관리와 건강을 위하여 적절한 체육활동과 레크리에이션의 중요성이 부각되고 있다. 특히 핵가족화 되면서 노인층이 심각한 소외집단화되고 있는 추세에 적절한 노인 체육활동의 장려는 국민 복지적 차원에서 매우 중요한 정책 과제이다.

"현재 노인을 위한 체육활동 계획은 사회적 관심으로부터 멀어져 있는 것이 사실이다. 시설면에서 보더라도 경로당, 노인정 등의 시설은 상당히 협소하여 신체활동을 전개하기에는 부적절하며, 최근 비교적 활발히 이루어지고 있는 노인대학에서의 신체활동도 이들을 지도할 전문적인 지도자가 없는 실정이어서 소기의 목적을 달성하지 못하고 있는 실정이다. 또한 소수의 스포츠 단체에서 노인을 위한 레크리에이션을 의욕적으로 지도하고 있으나 극히 일부 계층에만 제한되어 있을 뿐 사회전반에 걸쳐 조직적인 스포츠활동은 거의 이루어지지 못하고 있는 실정이다." (구창모, 2009: 37).

따라서 미래 사회에 있어서 노인의 신체활동을 보다 적극적으로 유도하고 활성화시키기 위해서는 몇 가지 전략이 요구된다. 즉 노화는 질병이 아니며 모든 삶이 겪어야 하는 자연적인 현상으로서 사회적·생물학적 과정으로 인식되어야 하며, 스포츠활동 경험의 유무에 관계없이 신체활동은 성년 이후의 모든 생애단계에서 생활에 유익하다는 사실을 주지시켜야 할 것이다.

한편 노인들을 위한 사회복지 서비스 프로그램과 생활스포츠 프로그램을 살펴보면 목표, 대상 영역, 프로그램 등에서 많은 공통점을 포함하고 있다는 것이다.

우리나라 정부 부처에서 노인 종합대책에 노인 생활스포츠를 주요 정책과제로 채택하고 있다. 저출산·고령화대책위원회는 '노후 삶의 질을 높이는 고령사회 대책 5개년(2006-2010) 기본 계획'에 '노인 건강 증진을 위한 운동 사업 활성화' 추진 과제를 제시한 바 있다.

보건복지가족부는 '국민건강 증진 계획과제'에서 건강 수명을 늘리기 위한 세부 사항으로 노인건강증진 허브보건소 운영을 통한 노인 건강대학 및 가정 방문

운동 프로그램과 노인건강 장수춤 보급 확대, 노인복지회관을 이용한 노인 생활스포츠 교실 클럽을 전개하고 있다.

우리나라 보다 먼저 고령화를 경험한 일본은 1982년 이미 정부 차원에서 노인스포츠개발 사업에 들어간 이후 정부가 노인들이 즐길 수 있는 놀이를 적극적으로 개발한 결과 2000년 이미 60세 이상의 노인의 59.0%, 70세 이상의 노인의 51. 6%가 매주 1회의 옥외 체육활동에 참여하고 있다.

Gibson(1995: 279)은 성공적 노화는 자신과 타인을 모두 만족하게 하는 신체적, 신체적 안녕감, 사회적인 수준에 도달하는 것이라고 정의하였다. 성공적 노화는 노년기에 맞는 신체적, 심리적, 사회적 변화에 대한 노인 개개인의 만족도에 따라 결정된다고 하였다(김석기, 2012: 151).

따라서 노인 여가활동으로서의 생활스포츠는 노인의 삶의 질에 매우 큰 영향을 미치는 여가활동으로, 단체운동이 개인 운동보다 노인들의 건강한 노후를 위해 보다 강조되어야 할 중요할 요소이다.

http://blog.naver.com/cjw1106/221531121177580x282(2019. 05. 07)

다. 생활스포츠 프로그램의 정책적 방향

현재 노인복지 시설에서 실시되고 있는 노인들을 위한 생활스포츠 프로그램은 노인들의 욕구에 부응하여 이루어지지 못하고 있는 실정이다. 실제 여가 시간이 늘어났음에도 불구하고 대부분의 노인은 여가활동을 제대로 즐기고 있지 못하고 있다. 이러한 관점에서 노인들의 여가 욕구 및 성향을 파악하여 프로그램을 개발하는 것은 중요하다고 볼 수 있다.

또한 "노인 세대의 신체적 인지적 기능은 연령별로 건강한 정도에 따라, 질병은 있지만 움직일 수 있는 정도에 따라 프로그램을 노인 세대에 성별에 따른 심리적, 신체적 특성을 고려해서 시간, 빈도 및 강도를 조정해서 안전하고 흥미를 유발할 수 있는 프로그램을 만들도록 해야 한다. 특히 노인들이 안전하게 수행할 수 있는 종목별로 규칙과 시간, 스포츠용품의 재료 등을 구성해야 할 것이다." (이채은, 2011: 41).

노인 생활스포츠 지도자는 고도의 신체적 기능과 전문적 지식이 요구되는 전문적 활동으로서 장기간에 걸친 교육과 훈련을 받지 않고는 그 직종에 종사할 수 없다는 점에서 고도의 자율성과 사회적 책임감이 아울러 수반되는 전문적 성격을 띠고 있는 직종이라 할 수 있다. 특히 노인들을 다른 세대와 달리 신체적·정신적·사회적인 측면에서 차이를 보이고 있기 때문에 노인들을 위한 생활스포츠 지도자는 전면성·개별성·반복성·안정성·적합성 등의 지도 원리를 적용해서 효율적인 생활스포츠 활동이 이루어지도록 지도, 관리함은 물론 참가 대상의 개인적인 문제를 이해하고 함께 고민해 줄 수 있는 카운슬러 역할을 통해 그들로부터 인정과 존경, 신뢰를 받을 수 있어야 한다.

따라서 이렇게 전문적인 능력을 갖추기 위해서는 국가적인 차원의 전문 지도자를 양성하는 제도를 필연적으로 도입해야 할 것이다. 이와 함께 자원봉사자를 활용함에 있어서도 최대한 교육을 철저히 하여 노인들이 안전하게 최대한 교육을 철저히 하여 노인들이 안전하게 생활스포츠에 임하도록 하여야 할 것이다. 이를 위해 대학에서의 생활스포츠 관련 학과의 교과과정에 노인 생활스포츠 전공 교과목을 넣어서 지도자를 양성하도록 해야 할 것이다.

또한 국가적인 차원의 노인 여가 복지 시설의 생활스포츠 전문가 배치 및 파견을 활성화 하여, 노인들을 위해 생활스포츠를 생활화 할 수 있는 법적 제도적 방안을 강구해야 할 것이다.

노인들의 여가교육 참여 희망 내용을 살펴보면, 건강관리가 가장 높고, 그 다음 여가 및 취미활동으로 건강 및 여가 등에 대한 관심이 높다. 그러나 노인들이 여가 활동에 참여하고 싶어도 여가활동에 대한 정보, 기본적인 인프라, 경제적 안정이 따르지 않으면 여가활동이 제한적일 수밖에 없다. 국가가 노인들에게 제공하는 생활스포츠 활동의 정보 전달 체제 미흡은 제공되는 시설 및 프로그램에 대한 접근성의 저하로 귀결된다.

또한 여가시간을 어떻게 활용할 것인지 개인적으로 생각할 시간이 없었다는 것과 여가 활용에 대한 정보, 교육 및 경험의 부족도 한 원인이 되기도 한다. 노인들에게 있어서 특히 생활스포츠 교육 및 프로그램 개발이 필요한 이유는 노인들은 생활스포츠에 대한 경험과 교육이 니우어지지 않아 생활스포츠를 즐길 수 있는 분위기 형성이 되어 있지 않기 때문인 것이다.

체육과학연구원(2003)의 조사에 의하면 노인들이 관 주도의 체육활동 정보를 접촉한 경험이 있는 경우가 31.0%, 직접 참여한 경험이 있는 경우가 29.1%로 나타나고 있다고 하였다. 우리나라의 경우 노인층들의 보수적이고 유교적인 환경에 익숙해 있어 여가 시설 이용률이 저조한 실정이지만, 이러한 이유 외에도 노인들을 위한 생활스포츠 정보 제공 전달 체계의 부족으로 인하여 참여 기회가 제한되기도 하는 것이다. 따라서 노인들의 생활스포츠 프로그램 참여의 활성화를 위해 적극적이고 대면적인 홍보활동과 행정적 기원체계를 반드시 갖추어야 할 것이다.

또한 "건강하고 활기찬 노후생활 지원을 위한 민간 참여 유도 및 생활스포츠 복지 프로그램 확산을 위하여 선진국 사례를 벤치마킹 등을 통해 프로그램 모델을 개발 보급하여야 할 것이다. 즉 100세 시대를 대비하는 노인 생활스포츠 프로그램 모델은 하드웨어와 소프트웨어를 조화롭게 구축하여야 하며 4개의 정책영역(건강・여행/예술, 평생학습, 자원봉사)을 대상으로 시설(인프라), 전달 체계, 콘텐츠(프로그램), 사회참여 체계 등의 구축을 목표로 확대되어야 할 것이다." (김석기, 2012: 159).

스포츠 참여자들은 신체적 안녕뿐만 아니라, 정신적・심리적 차원을 모두 포함하는 총체적인 구조로서의 건강을 인식하고 있으며 신체운동이 근래에 점차 인기를 얻어가고 있다. 이는 체력의 향상에서 오는 심리적 이득에 대하여 기술하고 있고 지속적인 신체활동은 현대사회에서 급증하는 정신적인 스트레스를 감소시켜 사회・심리적 건강에 긍정적인 효과가 있다는 과학적 연구 활동이 활발히 진행되어 대중들의 운동 참여에 많은 동기를 부여하고 있다(Cox, 1991).

http://blog.naver.com/rlarudwl0415/220966760949740x416(2017. 03. 25)

라. 국가 및 지역사회의 역할

현재 우리 사회에서 인구의 고령화는 국가적 차원에서 매우 중요한 문제로 대두되고 있다. 최근 노인 인구가 급증하면서 노인 복지의 중요성이 부각되고 있는데, 노인인구의 고령화는 단순히 인구 구조의 구조만을 의미하는 것이 아니라 노인 부양이나 의료 수요, 노후 대책, 노인 복지 및 여가 등 필연적으로 새로운 문제를 유발한다.

노인인구의 비율이 7%인 고령화 사회에서 14%인 고령사회로 진입하는 데 걸린 시간을 장수 국가인 일본이 24%, 미국 72%, 프랑스 115년이 걸린 반면에 한국은 17년에 불과하다. 우리나라는 이미 2000년에 고령화 사회로 진입했고, 2017년에는 고령사회, 2026년에는 노인 인구의 비율이 20%를 넘어서는 초고령사회로 접어들 것으로 예측되고 있다(세계일보, 2012. 09. 18).

이로 인해 사회 각 분야에서는 고령화로 인한 생산 가능인구 감소, 사회복지비용 지출, 사회적 부양 부담 증가 등 심각한 사회문제가 발생하게 됐다. 또한 고령자를 배려한 생활환경의 요구도 늘어나게 됐다. 이제 이러한 고령자 문제는 개인적 차원을 벗어나 사회 시스템 차원에서 접근해야 할 필요성이 생겼다. 지금까지의 건축과 도시계획은 경제성장, 산업 발전, 대량생산과 같은 경제 발전에 가치를 두고 추진돼 왔다. 그러다보니 신체와 감각 기능이 저하돼 활동에 제약이 있는 고령자를 고려한 시설이 건축 및 도시계획에 제대로 반영되지 못했다. 그러면 향후 건축 및 도시계획 수립 때 고령자를 위해 고려해야 할 사항과 그 대책은 무엇일까.

우선, 도시의 보행로와 차도 사이에 안전하고 쾌적한 보행환경을 제공해 줄 적정한 규모의 완충공간을 확보하는 것이 필요하다. 현재 보도 위의 시설물은 지자체에서 임의대로 설치한다. 문제는 이 시설물이 고령자의 실질적인 보행공간을 줄여 불편을 주고 있다. 그러므로 도시계획 수립 때 장애물 구역과 장애물이 없는 보행 안전구역을 확보해야 한다.

다음으로, 보행로가 차량이 다니는 도로에 의해 단절되는 것을 막기 위해 보행로의 망과 도로망은 가급적 서로 분리되도록 해야 한다. 뿐만 아니라 고령자가 이용하기 쉽도록 보행로는 높이의 차이가 없도록 설계돼야 한다. 보행로의 망은 도시의 녹지와 연계되도록 하는 것을 고려해 볼 수 있다.

또한, 배수로와 보행로 등 도시 시설과 건축물이 접촉하는 지점에서 높이 차이를 줄여 고령자가 보행 중 막힘없이 이동할 수 있도록 해야 한다. 이를 위해 건물과 보행로 사이의 높이 차이를 줄이는 배수로의 설치를 권장하고 건물의 신·개축

시 보도의 높이를 임의로 변경할 수 없도록 하는 제도적 장치가 고안돼야 한다.

끝으로, 공공시설이 한곳에 모여 있어 이용자가 편리하고 안전하게 이용할 수 있게 하는 배려가 필요하다. 그러므로 장애물 없는 보행로를 따라 공공업무 시설, 상업시설, 복지시설, 의료시설 등 고령자 친화적인 도시 공공시설의 확충이 필요하다.

무엇보다 중요한 것은 고령자를 위한 실질적인 건축 및 도시계획이 수립·집행되도록 해야 한다. 이를 위해서는 도시 및 건축 관련법, 소방법 등 각각의 법규 및 설계기준 간의 상충된 부분의 검토·보완과 관련 부처가 참여하는 범정부적 대책이 수립돼야 할 것이다(세계일보, 2012. 09. 18. 30면, 우효섭).

또한, 노인인구가 증가하면 사회복지 비용과 의료비용이 증가하는 것은 당연하며, 고령자를 위한 다양한 사회복지 시스템을 개발해야 한다는 점에서 여러 사회 간접자본의 확충이 필요하다. 이와 같은 노인인구의 증가와 그에 따른 고령자 문제는 단순히 개인의 문제가 아니라 사회적, 국가적 문제로 확대 재생산되고 있으며, 초고령 사회에 진입하는 차원에서 노인문제에 대한 전략적 측면의 접근이 필요한 시점이다(오현옥, 2012).

노인에 있어서 신체운동 참여는 사회지원의 수준을 높이고, 활발한 대인관계를 통해 활력을 높이는 매우 유용한 수단이다. 결과적으로 신체활동 참여는 노인의 삶의 질을 결정할 수 있는 요인이라는 점이다. 여러 노인문제를 해결하기 위해서는, 다양한 신체활동 프로그램과 신체운동 프로그램으로 노인들 간의 유대감 및 공감대를 확대하여 관련 프로그램 조성과 더불어 사회지원의 수준을 높이는 차원에서 가족 및 타자와 함께 참여할 수 있는 프로그램 개발이 필요하다.

한편, 노인들의 건강 증진을 위해서 사회지원과 같은 사회적 관계망이 중요한데, 여성노인의 경우에는 기존의 가족 중심적인 좁은 생활환경에서 살아왔기 때문에 남성노인에 비해 가족 중심의 지원에 익숙하며, 남성노인은 상대적으로 사회적 활동이라는 넓은 생활환경에서 살아왔기 때문에 상대적으로 가족 이외에도 사회적 네트워크에도 익숙하다는 특성을 고려해야 한다.

고령자(elderly people)란 노년에 수반되는 허약과 황폐가 특징으로 나타나는 노인들을 일컫는 말로서 고령화의 특성은 개인이나 국가적으로 정의하는 차이는 조금씩 있으며 일반적으로 외모나 기력을 비롯한 신체적 특성, 사회적 역할과 지위 심리적 특성, 연령 등 여러 가지 요소를 기준으로 정의할 수 있다.

2010년 고령자 통계에 따르면 65세 이상 인구를 고령자로 정의하고 있으며, 고령자 촉진법에서는 고령자를 55세 이상, 노인복지법에서는 65세 이상인자를, 국제법에서는 통상적으로 65세를 기준으로 정의하고 있다.

또한 고령자에 대한 정의는 시대에 따라 변할 수 있다. 생물학적으로 노화는 적어도 사춘기부터 이미 시작하여 일생을 통해 인체의 각 조직과 기관에서 서서히 진행되어 생리적인 기능을 점차 감퇴시키지만, 65세 이상인 사람들 중에도 신체적으로 일반 성인 이상으로 건강하여 고령자라고 하기에는 어색한 경우도 있다. 이렇듯 다가오는 백세시대 고령 사회에 발맞추어 이미 환갑잔치는 사회에서 사라지는 추세이며, 앞으로의 여생을 현대과학의 발전에 맞추어 보다 윤택하고 건강하게 보낼 수 있는 대안이 요구된다(기선경, 이미숙, 백진경, 2015: 89).

한국인의 기대 수명은 2020년 82.6세, 2030년 84.3세로 꾸준히 증가하고 있는 추세이다(통계청, 2011). '호머 헌드레드(Homo-hundred)'라는 100세 평균 수명의 시대를 맞이하게 된 것이다(World Population Aging, UN, 2009). 기대 수명의 증가와 함께 무병장수가 주요한 관심사로 부상하였다. 여기서 신체적 활동을 수반한 규칙적인 운동은 건강한 삶을 위한 필수적 요소로 지목되고 있다.

통계청(2013)의 조사에 따르면, '규칙적 운동'을 실천한다는 고령자는 2008년 33.2%, 2010년 37.3%, 2012년 39.7%로 해마다 증가하고 있으며 이는 건강에 대한 현대인의 관심을 잘 반영하는 사례로 손꼽히고 있다.

통계청에서 작성한 2013년 고령자 통계에 의하면 65세 이상 인구의 사망 원인 1위는 암으로 인구 10만 명 당 852.9명이 사망하였고, 뇌혈관질환(372.9명)이 2위, 심장질환(367.1명)과 폐렴(166.4명)이 그 뒤를 이었다. 성별에 따른 사망원인을 보면 남성은 암, 뇌혈관질환, 폐렴, 만성질환 등의 순으로 높은 반면, 여성은 암, 심장질환, 뇌혈관질환, 당뇨, 폐렴 등의 순으로 나타났다(통계청, 2013).

또한 만성질환 중 개인의 생활 습관과 유전적 요인에 의해 영향을 받는다고 알려진 대사증후군은 현대사회의 식문화가 서구화되고 과학이 발달함에 따라 급증하는 추세이며, 이로 인해 많은 사람들이 고통 받고 있다.

특히, 2010년 우리나라 사망 원인 중, 뇌혈관 질환에 대한 사망은 암 다음으로 가장 높으며, 인구 10만 명 당 53.2명, 심장질환은 46.9명으로 그 뒤를 이었으며, 당뇨병에 의한 사망은 20.7명, 고혈압성 질환도 9.6명으로 나타났다. 이러한 대사증후군은 대부분이 증상을 느끼기 어렵고 적절하게 관리하지 않으면 만병의 근원이 될 수 있기에 보다 세심한 주의가 필요하다.

우리나라 국민건강영양조사(2007년~2010년)의 보고에 따르면 대사증후군의 유병률은 1998년도에 남성 20.7%, 여성이 22.4%를 보였으나 2010년에 남성 31.9%, 여성 25.6%로 점차적으로 증가하여 전체국민의 28.8%가 대사증후군을 가지고 있다

는 심각한 결과를 보였다. 만성질환으로 인한 사망률 중 대사증후군과 관련된 질
환을 모두 합하면 인구 10만 명당 150명으로 나타났다(국민건강통계, 2010).

현재의 고령사회에서 나타나는 큰 문제 중 하나는 노인의 노화에 따른 신체 기
능의 약화나 손실, 만성질환 등과 같은 건강과 관련된 문제로서 노인 건강 문제는
사회 전반의 의료 및 복지비용을 높인다는 점에서 국가적으로도 매우 고심하고 있
는 부분이기도 하다. 이에 따라 노인 건강문제는 단순히 지역사회에 국한된 문제
가 아니라 국가적 차원의 문제로 확대된다. 그러므로 국가적, 사회적으로 노인의
효율적인 건강 증진을 이끌어 내기 위한 다양한 방안들이 나타나고 있으며, 그 중
에서 노인들의 신체운동 참여는 그 효과성이 매우 뛰어난 것으로 평가 받고 있다
(오은택, 김성주, 윤영구, 2012).

한편, 사회 지원은 한 개인의 대인 관계를 통한 사회적 상호 작용이자 이러한 관
계로부터 얻을 수 있는 지원을 말한다. 노인들의 경우에 가족이나 친구, 주변의 동
료들의 관심이나 지지와 같은 사회 지원이 서로 밀접하게 관련되어 있기 때문에
그 어느 하나라도 충족되지 못할 경우에는 고립감이나 외로움, 우울 등과 같은 건
강 문제에 직면할 수 있다(유진, 임정숙, 2011). 이는 사회 지원의 특성이 긍정적
피드백을 바탕으로 긍정적인 심리적 자원이 높을수록 개인의 심리적 욕구를 만족
시켜 결과적으로 심리적 안녕감을 높이기 때문이다.

생활스포츠 활동은 시대적 사회 환경에 적합한 활동으로 개인적인 관심사에서
국가, 사회의 관심사로 떠오른다. 노년기의 여가활동 중에서도 특히 생활스포츠 활
동은 적극적 여가활동으로서 수준 높은 복지사회로 향해가는 기초가 된다고 할 수
있다.

현재 전국에 개설된 노인여가 여가시설에서 제공하는 여가 프로그램은 어느 정
도 여가 욕구를 충족시키는 데 기여하고 있다. 그 중에서도 노인여가 복지시설의
생활스포츠 프로그램은 노인에게서 적극적 여가활동의 기회를 제공함으로써 여가
혜택을 경험하게 된다.

노인들의 여가활동에 필요한 기본적인 자원을 국가와 지역사회가 제공하여야 한
다. 100세 시대의 도래와 길어진 노년기 등으로 고령자들의 여가에 대한 관심과 욕
구가 증가할 것으로 예상되고 있어 고령자들의 수요 및 특성을 고려한 여가 수요
에 대응한 여가 인프라 구축을 위한 정책 마련이 필요한 시점에 이르고 있다.

이에 따라 국가도 노인들의 여가를 위한 시설적 측면에서 국토해양부는 2010년
6월 입법 예고를 통해 개발 제한구역 내 노인 생활스포츠 시설 확충 방안으로 노
인들의 여가활용을 위하여 설치할 수 있는 실내 생활스포츠 시설의 허용 범위를

게이트볼장과 배드민턴장에 한하여 소규모로 허락하되 건축 연면적은 부대시설을 포함하여 600백m2 이하(게이트볼 1면, 배드민턴장 2면 기준)로 한정하고, 개발 제한 구역의 훼손을 최소화할 수 있도록 임야 이외의 지역에 설치하도록 하였다.

이처럼 국가는 시설적인 측면에서 지역사회 전반의 노인을 위한 생활스포츠 시설확충 및 공공 생활스포츠 시설 참여 기회 확대 그리고 노인친화형 생활스포츠 시설의 확충이 이루어지도록 더욱 노력해야 할 것이다.

또한 "노인들의 경우 생활스포츠 활동에 대한 욕구는 있으나 경제적 요인으로 인하여 또는 건강 정도에 대한 여가 활동 및 취미활동에 접근하지 못하고 개인 중심의 소극적 활동을 하고 있는 것으로 볼 때, 현재 국가와 지역사회에서 지원하는 노인 생활스포츠 프로그램과 관련된 시설, 제품, 서비스를 노인 여가 복지 욕구를 충족시킬 수 있는 수준의 서비스를 제공하여야 할 것이다. 이는 기본적인 여가 선용으로서의 생활스포츠가 가능하게끔 시설과 기구에 대한 사회자본의 투입이 필요하고 이를 실비로 이용할 수 있도록 해야 할 것이다." (김석기, 2012: 160).

노령화 사회가 심화되면서 노인들의 남는 시간, 즉 여가를 어떻게 보내느냐 하는 것은 성공적인 노년을 결정하는 중요한 요소가 되고 있다. 따라서 노년기 여가 활용이 노인 복지 서비스의 중요한 문제인데, 건전한 노인의 여가활동은 신체적, 심리적 건강 증진, 사회적 접촉과 사귐의 기회 증진, 생활만족감 증진 향상이 이루어진다고 볼 때, 노인의 의지와 상관없이 주어진 여가 시간과 그에 대한 해결에 대해 사회적 책임이 요구된다.

지금까지 노인여가 복지시설에서의 여가 프로그램은 취미교실, 건강교실이라는 이름으로 여러 가지 프로그램을 제공하고 있으나 단순한 취미생활이나 여가생활의 일환으로 제공되고 있을 뿐 프로그램 내용이 매우 단순하였다. 특히 노인 여가 복지시설에서의 생활스포츠 프로그램은 그 시설에 참여하는 노인들의 특성에 따라 분위기와 프로그램의 차이가 미세하지만 질적으로나 양적으로 상당히 미흡한 실정이다.

따라서 노인들의 건강한 삶과 건전한 여가 활동을 위한 예방적 차원의 접근으로 생활스포츠 프로그램의 양적·질적 확대는 노인의 전반적인 삶의 질 향상을 위해 매우 중요하다고 볼 수 있다.

이와 함께 현재 노인 여가 복지 시설에서 행하고 있는 생활스포츠 프로그램들은 공간이나 시설의 부족으로 인하여 생활스포츠를 하는 데 커다란 제약 요인으로 작용하고 있으며, 노인 여가 복지시설에서의 생활스포츠 프로그램에 대한 국가의 지원과 이해의 부족으로 인하여 노인들의 생활스포츠에 대한 관심과 욕구를 제한하고 있다고 볼 수 있다. 이에 노인여가 복지시설에서의 특성화된 프로그램의 확대 및 보급을 위한 정책 지향을 위하여 다음과 같은 구체적 실천이 요구된다.

첫째, 건강 증진을 위한 유연성, 평형성, 기능적 신체활동 권장 사항에서 단일 프로그램보다 복합프로그램으로 노인들의 개인별 특성에 맞는 맞춤형 복합프로그램의 구성이 필요하다. 즉 시설 중심 분류가 아닌 서비스·프로그램 중심 분류로의 전환이 필요하다.

둘째, 프로그램의 구성(내용, 방법, 비용, 기간 효과 등)의 효율적 운영을 위해 노인 전담 생활스포츠 지도자의 배치의 확대와 공공시설 활용 방안과 규칙적인 참여를 위한 홍보가 지속적이며 체계적으로 검토되어야 한다.

셋째, 노인 생활스포츠 프로그램 개발을 위한 예산 확보 및 노인 생활스포츠 프로그램 개발을 위한 행정적 지원 및 관련 부서 협력 체계 구축 및 확대를 위한 국가의 노력이 필요하다.

http://blog.naver.com/kjj5kjj/221267963384773x435(2018. 05. 04)

이제 노인과 관련된 여가 복지의 문제는 노인이 생애주기에 관계없이 본능적으로 추구하려 하는 삶의 질과 노인의 불가피적 영위이며, 노인과 관련된 여가(체육활동 포함)의 문제는 노인 자신들의 문제만이 아니라 국가의 주요 정책적 관심사와 모든 인류의 생활과 직결되고 있기 때문에 노인을 위한 국가 차원의 정책 수립과 학문적 연구가 매우 필요한 시점이라 할 수 있다(김석기, 2012: 160-161).

문화체육관광부에서는 2006년부터 어르신 전담 생활스포츠 지도자를 양성해 배치하고 있다. 이들은 생활스포츠 3급 이상의 지도자 자격증 소지자로서 경로당, 노인복지관, 양로원 등 노인 시설을 방문하여 생활스포츠와 생활무용 등을 지도한다.

근무 시간은 주 5일 사무실에 상주하며 현장 지도 수업을 나가는데 1일 4시간

이상, 1일 2개소 이상 방문 지도를 하면서 1주 총 21시간을 채우는 것을 원칙으로 하고 있다. 그리고 승급이나 별도의 수당 제도는 없는 1년 계약직으로 이루는 특징이 있으며(국민생활체육회, 2013), 그 원인은 2013년 830명에서 2017년 1,330명으로 확대 배치할 예정인 점을 미루어 볼 때 그들의 비중이 점점 커짐을 확인할 수 있다(문화체육관광부, 2013).

역할 비중의 확대에도 불구하고 노인 체육지도자의 고정 안정을 보장하기는 어려운 상황에 놓여 있다. 노인체육지도자는 대부분 계약직으로 활동하고 있어, 안정적이지 못한 직무 환경을 야기 시키는 원인이다. 이러한 현상은 업무 시에 많은 스트레스와 직무 소진[29]을 경험하게 되며 이직 의도에도 직접적인 영향을 미친다.

어르신 전담 지도자가 한 달에 한 번 꼴로 채용이 이뤄지는 현실은 보다 좋은 조건을 찾아 이직이 발생하게 되는 것이므로 보수를 포함한 직무 환경의 안정성 확보를 통한 이직 의도에 영향을 미치는 여러 변수들의 관계에 집중할 필요가 있다(이승연, 2014). 왜냐 하면 이것을 알아봄으로써 이직률의 감소 방안을 찾을 수 있기 때문이다.

"이직 의도를 줄이기 위해서는 노인들과 대화를 많이 하여 그들의 관점에서 생각하고 이해하는 측면을 키워야 한다. 또한 노인들에게 진심으로 대하고 마음으로 좋아할 때, 나의 재능과 이 직업이 적합하다고 생각하며 실력을 최대한 발휘할 때, 나는 이 직장에서 필요한 사람이라는 생각을 가질 때, 이직 의도를 감소시키고 실질적인 이직을 차단할 수 있을 것이다." (이상희, 원영신, 이민규, 2015: 626).

http://blog.naver.com/ssmh1020/221151975747773x435(2017. 11. 30)

---

29) 직무 소진(job burnout)이란, 대인 관계를 주로 하는 조직 구성원들이 겪는 정서적 고갈, 비인격화, 낮은 자아 성취감의 총체적 현상이라고 정의하고(Maslach, 1982; 최은정, 2006), 이는 장기적인 스트레스의 산물로서 신체적인 고갈, 정신적인 이탈을 의미(Maslach, Jackson & Leiter, 1996)한다. 이러한 소진을 경험한 사원은 이직을 결심하게 된다고 말하고 있다(김종진, 2001).

잠깐! 쉬었다 갑시다

☞ **노인들의 세상은 어디나 같다**

사람 사는 곳은 세상 어디나 같다. 특히 노인들에게는.

그들은 외롭다. 사회와 가족에게 밀려나 고령화 사회로 더욱 길어진 여생을 쓸쓸하게 보내야 한다. '디어 마이 프렌즈'에서처럼 늙어 가면서 함께 웃고, 울고, 놀면서 마지막까지 곁에 있어 주는 친구는 드라마에서나 가능하다. 아내와 남편이 떠나고 거동조차 불편해지면 요양원이나 단칸방 신세가 된다.

그들은 가난하다. 가족 부양으로 주머니가 텅 비어 있다. 쥐꼬리만큼 되는 연금이나 정부 보조금으로는 생계조차 힘들다. 아파도 마음대로 병원에 갈 수도 없고, 먹고 싶은 것도 제대로 먹을 수도 없다. 여차하면 재정악화로 그것조차 끊기거나 줄어들지 모른다. 통계가 말해 주듯 정부에서 생색내면서 만든 일자리라고 해야 저임금의 단순노무직이 대부분이고, 그나마 오래 버틸 수도 없다.

그들은 무시당한다. 흰머리와 주름살이 이제는 경륜도 품격도 아니다. 자식과 젊은 세대들에게는 귀찮은 존재일 뿐이다. 시대의 흐름을 제대로 읽지 못하는 낡은 아집과 욕심으로 '5포 세대'와 '헬조선'을 만든 장본인 취급을 당한다. 정치인들 역시 선거 때만 표를 위해 큰절 한 번 얼른 하고 돌아서면 그만이다.

온갖 '예찬'을 늘어놓아도 늙음은 서럽고 쓸쓸하다. "나 여기 있다"고 소리쳐 봐야 들리지 않는다. 잊히고, 가난해지고, 사라져 간다. 자연의 법칙이고, 삶의 섭리다. 그래서 일찌감치 시인 예이츠가 '비잔티움으로의 항해'의 첫 구절에서 단언했다. '노인을 위한 나라는 없다'고. 나라가 아니라 어떤 '곳'도 없다. 심지어 감옥조차도.

잭 브래프 감독의 영화 '고잉 인 스타일'(Going in Style)이나 잉엘만순드베리의 소설 '감옥에 가기로 한 메르타 할머니'를 보면 '아메리칸 드림'을 외치는 미국이라고, 복지 천국을 자랑하는 스웨덴이라고 다르지 않다. 돈이 없어 먹고 싶은 파이 하나 못 사먹고, 간식 금지에 산책 자유조차 없는 노인 요양원에서 나무토막처럼 사느니 차라리 감옥에 가겠다며 뛰쳐나온다. 하물며 노인 절반 가까이 (45.6%)가 빈곤에 허덕이는, OECD 회원국 가운데 '노인빈곤율 1위'를 자랑하는 대한민국은 말해 무엇하랴.

'고잉 인 스타일'에서 세 노인도 30년 동안 일한 철강회사로부터 퇴직연금을 받고 있지만, 그것으로는 집세 내기도 빠듯하고 신장 투석을 위해 병원도 제대로 갈 수 없다. 그나마 그 연금마저 회사 합병에 따른 적자 보전을 이유로 끊기게 생겼다면. 후지타 다카노리가 말하는 이런 '하류노인'은 미국에도, 일본에도 고령화의 속도가 세계에서 가장 빠른 우리나라에도 부지기수다.

국민연금 수급액이라고 해봐야 한달 평균이 노후 최저생계비의 3분의1에 불과한 36만 8600원이다. 그마저도 받지 못해 거리를 떠돌거나, 스웨덴의 메르타 할머니가 "감옥보다 못하다"고 말한 노인요양소로 가거나. 아니면 메르타 할머니처럼 차라리 감옥에 가기로 작정하고 강도짓을 하거나. 은행을 털기로 한 '고잉 인 스타일'의 세 노인도 그렇게 말한다. "최악의 경우 감옥에 가면 돼. 거기에는 안정된 세끼 식사와 침대까지 있잖아"라고.

감옥을 또하나의 복지시설로 생각하는 노인들은 이미 일본에 많다. 적은 연금으로 사는 것보다 무료 숙식과 말동무가 있으며, 건강관리까지 해주는 감옥에 가기 위한 노인 범죄가 급증해 전체 절도범의 30% 이상을 차지한 지 오래다. 비극은 여기에서 끝나지 않는다. 노인 빈곤은 또 다른 극단적 선택으로 이어진다. 우리나라 노인자살률 1위가 노인빈곤율과 결코 무관하지 않다.

'고잉 인 스타일'의 세 노인과 '감옥에 가기로 한 메르타 할머니'의 다섯 노인 모두 어설픈 은행털이로 거액을 손에 쥐는 데 성공한다. 감옥에도 가지 않는다. 그러나 우리도, 그들도 그것이 결코 현실이 될 수 없음을 너무나 잘 알고 있다. 그들의 날카로운 풍자와 유쾌한 반란이 씁쓸하고, 해피엔딩이 공허한 이유다. 그들은 갈수록 길어지는 남아 있는 나날들을 더 가난하고 아프고 슬프게 보내야 할 것이다. 노인을 위한 나라는 어디에도 없고, 아직은 누구도 '노인을 위한 나라'를 만들지 못하고 있으니까.[23]

http://blog.naver.com/miraei/220090761499(2014. 08. 13)

5. 노인 생활스포츠 진흥을 위한 정책 과제

100세 시대 생활스포츠 지원을 통하여 2017년 정부 목표치인 생활스포츠 참여율 60%를 달성하고 나아가 국민행복시대를 열기 위해서는 수요자의 입장에서 볼 때, 참여 의지를 높일 수 있는 프로그램과 이에 대한 길잡이 안내, 언제 어디서나 쉽게 접할 수 있는 체육공간과 환경 그리고 참여함으로써 행복과 만족감을 느낄 수 있는 성과 등이 요구된다.

그러므로 평균수명 증가와 고령화 사회, 베이비부모시대 은퇴기 도래, 핵가족화, 독거노인 및 노인자살자 증가 등과 같은 사회 환경을 고려하여 가족 또는 세대 간의 유대감을 가질 수 있는 생활스포츠, 즉 세대가 어울리고 함께 함으로써 삶의 즐거움을 줄 수 있는 실버스포츠 제공, 생활스포츠 참여로 신체적 건강은 물론 정신적, 사회적 건강 이외에도 가계 수입에 보탬이 될 수 있도록 융·복합 효과를 최대화 할 수 있는 생활스포츠 제공 그리고 참여 환경조성을 위해 제도적으로 뒷받침되어야 할 것이다. 노인 생활스포츠 진흥을 위하여 추진 전력에 따라 목표를 달성하기 위한 세부 정책 과제는 다음과 같다.

가. 노인 생활스포츠 참여율 높이기

우리나라 국민 중 주 2회 이상 규칙적인 생활스포츠 활동을 하고 있는 60세 이상 노인은 약 37.9%로서 전체 평균 30.5%보다는 높았으나(국민생활스포츠, 2012), 정부에서 제시한 목표치 60%를 달성하기에는 매우 낮은 것으로 나타났다. 지속적인 생활스포츠 참여율을 높이기 위해서는 운동에 참여할 수 있는 동기 부여와 함께 규칙적인 활동이 습관화되어야 한다.

이를 위한 세부 과제로서 찾아가는 서비스 차원에서 동기 부여 제공 및 지속적인 참여를 독려할 수 있는 365일 생활스포츠 매뉴얼 개발 제공 및 실천형 칼렌더 제작 보급 그리고 운동·관리 서비스 제공(SMC 활용) 등의 과제가 제시되었다. 운동 실천 매뉴얼 및 달력 제공은 미국 질병관리센터, 미국 체육학회 등에서도 운영되고 있음을 고려해 볼 때 가능성이 높은 과제로 보여 진다.

365일 생활스포츠 실천 매뉴얼 개발 보급은 생활스포츠를 습관화 할 수 있는 기반 조성을 위하여 다양한 생활스포츠 운동과 생활스포츠를 소개하고 실천할 수 있도록 맞춤형 매뉴얼 자료를 제공하는 방안이다.

또한 생활스포츠를 습관화하기 위한 동기 부여 방법으로서 일반적으로 사람들을 자주 달력을 본다는 습관을 이용하여 생활스포츠 참여를 유발할 수 있도록 탁상용, 벽걸이용, App용 등 다양한 형태의 생활스포츠 달력을 제작 배포토록 하고 또한 SMS 활용하여 운동·관리 서비스를 제공하도록 한다.

즉, 달력을 볼 때마다 하루 운동에 대한 관심과 그날 해야 하는 운동에 대하여 주지시킴으로서 생활스포츠 참여와 지속성을 갖도록 한다. 또 SMS 활용한 관리 서비스를 국민생활체육회에서 운영하는 콜 센터와 연계하면 쉽게 활용할 수 있는 방법으로서 홍보의 효과가 클 것으로 판단된다.

또한 우리 사회는 주 5일제 근무로 여가 시간이 증대했음에도 불구하고 가족 특히, 3대가 함께 하는 여가 활동은 부재한 실정이다. 또한 IT 기술의 발달과 함께 인터넷을 중심으로 한 SNS, 게임 등의 확산으로 개인 중심의 생활패턴이 더욱 고착화되어 부모, 자녀 세대 간 단절이 더욱 심화되고 있다.

이와 같은 점을 고려할 때 노인들의 생활스포츠 참여율을 높이기 위해서는 사회적 소외감 및 고독감 해소, 가족 유대강화, 세대 간의 소통과 어울림을 극대화 할 수 있는 프로그램 제공이 필요하다.

3세대가 어울릴 수 있는 행사로는 어르신 가족 당구대회, 3세대 게이트볼대회, 할아버지와 손자가 함께 하는 아쿠아슬린대회 등이 현재 국민생활체육회의 사업으로 운영되고 있다(남일호, 2013). 이를 참조하여 지역 차원에서의 세대 간 융합과 함께 전통놀이 문화 보존이라는 융합 차원에서 지역 특성화되고 세대가 함께 즐길 수 있도록 세대 통합형 놀이 문화 프로그램 개발하고 지역 축제의 일환으로 운영되면 실효성이 있을 것이다.

정부에서 추진하고 있는 각종 대회 개최 등에 대하여 고령자들 95.1%가 모른다고 하였으며, 대회 등에 참여하였던 경우는 만족도가 높았던 것으로 나타났고(김양례, 2006a), 전국 생활스포츠 대 축전 등 전국 규모대회는 특정인들에게만 참가 기회가 부여될 수 있다는 점을 고려하여 제안된 과제이다.

마을 단위의 소단위별 체육대회를 통하여 세대 간 또는 동년배 집단 간의 사회유대감 고취, 노인 간 네트워크 구축 기회를 제공하고 행정 동 3,600여 개 중심의 풀뿌리 생활스포츠 대회 성격으로서 누구나 참가할 수 있도록 대회 종목을 생활스포츠 부문 그리고 개인적으로 실천하고 있는 건강 운동 부문으로 구분하여 개최토록 한다.

어르신과 새싹들 이어주기 사업은 자매결연으로서 세대 간 통합교육의 사회적 분위기 조성을 위하여 소단위 지역복지관, 경로당과 어린이집, 유치원 간의 자매결연을 추진하는 과제 사업이다. 미국 펜실베니아 주립대의 통합프로그램의 사례 (pennstate extension)처럼 전문 자격 소지자를 활용하여 아동교육자 역할과 함께 견학, 야외 견학, 놀이, 체육대회의 동참을 통한 인력 지원 등 다양한 프로그램을 통하여 세대 간의 통합 효과를 볼 수가 있다(손석정, 2013).

http://blog.naver.com/4134jjh/221480965656(2019. 03. 05)

나. 융합 효과 극대화

의료비 절감과 건강 수명 증대를 위한 맞춤형 과제 제공을 통하여 보다 효과적으로 융합 정책의 시너지 효과를 창출하기 위한 과제로서 목적형 프로그램이 제시되었다. 노인의 현실을 고려하여 자연 노화로 인한 기능 저하 및 치매 예방 그리고 장기요양노인 예방을 위한 근력 강화 등 다양한 맞춤형 프로그램이 요구되었다.

오늘날 노인성 치매는 사회적으로 간과할 수 없는 문제로서 우리나라의 경우, 최근 4년 간 노인인구 17.4% 증가하는 동안 치매노인 26.8% 증가하였고, 현재 중증 치매환자는 53만 4천명, 경도인지장애자 140만 명으로서 2025년에는 환자 수가 100만 명 초과할 것으로 추정(보건복지부, 2012)된다.

노인성 치매가 전 세계적으로 간과할 수 없는 문제로 인식된다. 치매로 인한 연간 총 진료비는 2010년 기준 8,100억 원(노인성 질환 중 2위), 1인당 진료비 연간 310만 원으로, 5대 만성질환보다 높은 수준이라고 한다. 치매 예방과 관리가 국민 건강도에 중요하게 작용하므로 치매 예방의 효과적인 운동-인지 프로그램 개발 제공으로 의료비 절감 효과를 볼 수 있는 과제가 될 것이다.

또한 기호를 활용한 움직임 학습 프로그램이 현재 치매 예방 및 지연 프로그램으로 널리 활용되고 있는 작업 치료 프로그램을 보안해 줄 수 있는 현장 적용적인 가치가 높은 김수연, 이재구(2014)의 움직임 기호 학습 프로그램은, "치료적 관점뿐만 아니라 예방적 관점에서 다양한 프로그램이 요구되는 현 시대에 인지 발달과 인지 발달과 신체 발달을 동시에 꾀할 수 있는 움직임 기호를 활용한 신체활동 프로그램은 치매 예방 및 지연 프로그램의 발전적 대안으로서 역할을 담당할 것으로 기대한다." (김수연, 이재구, 2014: 263).

평균수명과 건강수명의 차이로 인한 노인의 기능 저하 및 노인 의료비 증가는 새로운 사회적 부담 문제로 대두되고 있다. 노화에 의한 퇴행성 기능 저하의 시기를 늦춰 건강 수명 증진에 도움을 줄 수 있는 한국형 기능 저하 예방 운동프로그램이 요구된다.

노년기에 생리적인 노화현상으로는 체중 및 체지방량 증가, 근력 및 근지구력 감소, 골밀도 감소, 근 위축 및 인체 대부분의 기관과 장기는 그 기능이 저하되고 만성 퇴행성 질환과 내외적 스트레스에 의한 질병율이 높아진다(Shephard, 1997: 253).

또한, 호흡순환계 기능도 저하되며 이와 같은 호흡순환계 기능 저하는 근육량 및 신체활동량 감소 영향이 절대적이나 근력 및 유산소 운동을 규칙적으로 하면 저하율이 50% 이상 감소한다(김설향, 2008). 그러므로 노인의 기능 저하 및 퇴행성 질환에 따른 맞춤형 운동 프로그램 개발 제공은 의료비 감소를 위한 목적형 프로그램으로서 그 역할을 수행할 것이다.

장기노인 요양 대상으로 예비 판정을 받은 노인들을 위한 신체활동 프로그램으로서 근력운동을 통하여 장기요양 노인 대상자로서의 전락방지, 낙상으로 인한 상해방지 등 노인들의 독립적 생활 능력 유지와 건강 수명 중 증진에 도움을 줄 수 있는 과제이다.

장기 요양 단계 이전의 노인이 주 대상이므로 일반적인 트레이닝 기구보다는 보다 안정적이고 장소 제한 받지 않고 쉽게 할 수 있는 맞춤형 탄성밴드 운동 등과 같은 도구 이용 프로그램을 개발해야 한다(손석정, 2013).

고령사회를 맞는 시점에서 건강하고 경제력이 있으며, 전문화 수준에 있는 노인 생활스포츠 참가자의 자본 유형인 경제・문화・사회적 자본은 어떤 특성을 나타낸다. 또한 경제・문화・사회적 자본의 축적과 활용도가 생활스포츠 참가자의 성공적 노화에 속성으로 영향을 미치며, 노인 생활스포츠 참가자의 건강증진 생활양식과 성공적 노화 간의 영향력이 존재한다.

이를 구체적으로 밝혀내어 미래 초고령사회 환경 하에서 의료비용 감소 및 노인 범죄 예방 등 초고령사회의 사회 현상 및 문제를 예측해 예방할 수 있도록 해야 한다.

다. 국가 경쟁력 제고하는 생활스포츠

100세 시대에 건강한 60~70세의 고급 전문 인력의 방치는 국가적으로 볼 때 인력 낭비이며 개인적으로 가계 손실이다. 그러므로 은퇴 후에 유휴 전문 인력을 활용함으로써 노인들에는 은퇴 후에도 사회 활동에 참여할 수 있는 기회를 제공하고 동시에 용돈벌이를 통하여 가계에 도움을 줌으로써 국가 경제력을 높여주는 생활스포츠로서의 역할을 수행해야 한다.

평균수명 연장으로 노인층의 생애주기가 길어진 반면에 이에 대한 사회적 준비가 미흡하여 은퇴기 이후 노년기층의 소일거리 부재 및 빈곤층이 증가하고 있다. 또한 베이비부머 세대 은퇴 시작으로 유휴 전문 인력 증가하나 이에 대한 활용 방안 부족으로 국가적 인적 자원 낭비 초래하고 있다.

은퇴기 이후 전문 인력의 사회 참여 기회를 제공하고 성공적인 노화를 위한 제2의 인생 창출과 국가경쟁력 제고의 도움을 줄 수 있도록 과제로서 은퇴한 전문 인력 활용사업이 추진되어야 한다.

이 세부과제는 은퇴한 체육 관련자를 대상으로 전문 인력 풀을 구축하고, 일자리 창출 프로그램을 개발하고 개발된 맞춤형 연수프로그램의 운영을 통하여 고령자 인력자원을 활용토록 한다. 이 프로그램은 노(老)-노(老) 시스템 즉 노인이 노인을 돌보고, 봉사하고, 교육할 수 있는 체제를 갖추는 방안이다.

체육 영역에서는 생활스포츠 분야의 심판 및 경기 진행, 행사진행 및 지원, 전문 분야 지도, 상담, 체육시설 관리 등 다양한 분야 활용이 가능하다. 노인 인력을 활용하는 방안으로는 자원봉사도 고려할 수는 있으나, 전술한 바와 같이 노인층의 경우 2012년 국민 생활 참여 실태조사에서 자원봉사 제도에 참여 의사가 없는 것으로 나타나 소액이라도 유급제 운영이 효과적이라고 사료된다(손석정, 2013).

라. 걸림돌 없는 생활스포츠 환경 제공

대표적인 노인체육 시설로서 지속적으로 지원했던 게이트볼장과 같은 규모가 큰 단일 종목보다는 활용도가 높은 종합 시설이나 마을·경로당 등 친숙하고 생활화된 공간에서 쉽게 접근할 수 있는 시설이 우선되어야 한다. 생활화된 공간 시설은 저비용으로 단기에 효과를 볼 수 있을 것이다. 우리 주변의 친숙한 시설 활용 측면에서 세부 과제를 고려하면 다음과 같다.

국민생활스포츠 참여 실태조사(2012)에 의하면 주 2회 이상 참여하는 생활스포츠 종목으로는 걷기(42.6%)로 가장 높게 나타났다. 걷기는 여가스포츠 선호 종목으로서, 저 비용 운동이며, 환경 친화적 운동으로서 각광을 받고 있다. 각 동네마다 안전한 보행 가능한 길을 선택하여 다양한 걷기운동 코스를 개발 제공한다.

이 사업은 고령자들에게 익숙한 거주지 주변에서 주민들 및 여러 공·사립기관들과의 사회적 접촉 기회를 확대하면서 충분한 운동 효과를 거둘 수 있도록 동네 특성을 살린 마을 건강 십리 길을 개발하는 것이다. 십리(만보)는 약 4km 내외로서 운동 생리학적 및 심리학적으로 충분한 효과를 얻을 수 있는 운동량으로 평가된다. 운동 효과를 높이기 위해서 각 코스별 거리(랜드마크) 및 운동량 수치를 표시하고 거주 지역 내 노인 건강관련 시설 및 공·사립기관들과 연계해서 간단한 건강을 체크할 수 있도록 개발하면 효과적인 체육시설이 될 수 있을 것이다.

또한 근력을 발휘하는 근육량은 50세에서 80세에 이르기 까지 약 40%이상 감소, 뼈 질량도 여성의 경우는 30대 초반 이후 지속적으로 감소되며, 50대 이후는 더욱 가속되어 골다공증에 쉽게 노출된다.

미국 스포츠의학지(ACSM)는 노인들의 독립생활을 유지하기 위한 근력운동을 권장하고 있다. 그러므로 노인들의 전용공간인 경로당, 복지관 등에 근력 강화를 위한 헬스장이 조성되어야 한다.

웨이트장으로 조성될 도구는 기존의 제품이 아닌 노인의 발달 수준을 고려하여 고령자들에게 적합한 운동용품을 개발하고, 수용자에 맞는 운동용품을 개발하여 수용자에 맞는 운동용품을 제공함으로써 부상방지와 운동 효과를 극대화할 것이다 (손석정, 3013).

한편, 국민 기초생활 수급 가정의 유소년 및 청소년들에게 스포츠바우처 카드를 지급하여 전국의 스포츠바우처 지정 시설 이용시 강좌비를 일정 부분 지원 받을 수 있는 2009년 강좌 바우처와 스포츠 복지 사각 지대인 기초생활 수급 가정에 국내 프로스포츠(농구, 축구, 배구, 야구) 관람 비용의 일부를 보조하는 2010년 관람 바우처가 시행되고 있다.

이를 확대하여 소외계층인 기초노령연금 수혜자 노인을 대상으로 체육 강좌 수강, 체육시설 이용 및 체육기구 대여, 프로스포츠 관람 등을 자유롭게 이용할 수 있는 경로우대 바우처 제도 운영을 시행토록 한다.

이 사업을 통하여 저소득층, 독거노인 등 생활스포츠 시설로의 접근이 어려운 계층의 참여 유도할 수 있기 때문에 노인층의 생활스포츠 참여율이 높아질 것이다. 다만, 바우처 제도 시행에 따른 예산 확보 문제가 제기될 수는 있으나 지속적으로 늘어나는 노인의료비를 고려할 때 장기적으로는 효과를 볼 수 있는 과제가 될 것이다.

노인체육은 건강증진 및 질병예방, 건전한 여가활동, 평생교육으로서 활용 가능한 영역으로 의료비 절감 및 복지의 초석이 되고 있다. 우리나라 정부 조직상 노인문제는 보건복지부, 체육은 문화체육관광부가 주무부처인 관계로 건강과 노인체육은 밀접한 관련이 있음에도 불구하고 건강이나 신체활동 영역에서는 2개의 기관에서 이중적 업무를 추진하고 있어 2개의 기관에서 이중적 업무를 추진하고 있어 이에 대한 비효율성과 예산 낭비의 문제점이 존재하고 있다.

노인문제가 효과적으로 운영되기 위해서는 두 부처의 긴밀한 협조가 요구되기 때문에 제도적으로 노인 체육진흥 업무를 조성하고 관장할 수 있는 기구 신설이 필요하다. 기구 신설이 장기간을 요한다면 단기적으로 업무 협조 위원회를 조직하고, 업무 협조회의를 정례화 하여 업무의 효율성 증대할 필요가 있다.

노인 생활스포츠 진흥을 위해서는 무엇보다도 법적 지원이 밑받침되어야 한다. 노인체육의 중요성이 인식되도록 체육관련 법 및 또는 향후 제정을 위해 발의되는 생활스포츠 법률(안)에는 반드시 노인체육 조항을 명문화시킬 필요가 있다.

또한 노인체육 진흥을 위한 세부 목표 달성을 위하여 각 지방자치단체의 체육진흥조례 및 규칙 등에 과제에 대한 지원 사항을 명문화하여 확고한 실천 의지의 표명이 필요하다. 또한 과제 실천을 위한 제도적 지원을 위해 관계법의 지속적인 검토를 통해서 보완되어야 한다(손석정, 2013).

https://cp.news.search.daum.net/p/39255181500(2015. 10. 07)
https://cp.news.search.daum.net/p/85172858(2019. 10. 15)

잠깐! 쉬었다 갑시다

☞ 홀로 즐기는 삶

혼자 사는 사람들을 자주 만난다. 국민 10명 중 1명이 홀로 살고 있다니 그럴 수밖에. 30~40대뿐 아니라 50~60대도 부쩍 눈에 띈다.

최근 한 연구소는 이들 혼자 사는 사람들의 가장 큰 걱정거리로 '외로움'을 지목했다. 혼자 사는 이유는 각기 다르겠지만 "편해서~"라는 대답이 가장 많았다. 나 홀로 지내는 생활이 편해서 좋긴 한데, 외로운 것이 문제라는 것. 인생에도 총량의 법칙이 적용되는 것일까. 즐거움이 있으면 어려움도 있게 마련인가. '물 좋고 정자 좋은 곳은 없다'는 말이 이럴 때도 요긴하다.

조병화 시인은 "죽음도 따라가지 못하는 고독이 인생('외로우며 사랑하며')"이라고 했다. 인간은 언제나 혼자이고, 혼자 생각하고, 혼자 판단, 결정하고, 결과도 혼자 감내해야 한다는 의미를 담고 있다고 한다. 어느 누구도 피할 수 없는 것이 바로 '고독한 인생'이라니….

"~흑싸리 한 장에도 담지 못할 풋사랑, 분접시 하나에도 차지 못할 행복을~ 인심이나 쓰다 가자."라는 오래전 유행가의 가사가 떠오른다. 인생을 즐기라고 부추기는 노랫말의 의미가 심란하다. 혼자 살아도 외롭지 않게 즐기려고 노력하는 삶이 부러울 때도 있지만, 함께하는 행복이 더 크지 않을까.[24]

http://www.nocutnews.co.kr/news/4341549(2016.01.07.)
http://blog.daum.net/jmku461120/90764x1016(2014.12.27.)

6. 효과적인 노인 여가스포츠

노화[30]는 모든 사람들에게 나타나는 공통적인 과정으로 노화로 인한 고령자들의 신체적인 기능은 향후 국가 의료비 지출에 대한 비용에 실질적인 영향을 미치게 된다. 대부분의 고령자들은 장수를 하기 원하지만 삶의 질이 낮다면 장수는 다시 한 번 생각해 보게 될 것이다.

신체적으로 독립적이면서 활동적일 수 있는 능력을 갖는 것은 모든 고령자들의 삶을 질을 결정하는 데 중요한 역할을 한다. 인체는 노화가 되면 건강체력 요소인 신체조성, 심폐지구력, 근력과 근지구력 및 유연성이 현저하게 감소되고 순발력, 민첩성, 평형성에 해당되는 운동 기능 체력도 저하되게 된다.

특히 심폐지구력은 오랜 시간 동안 대근육 활동을 유지하기 위한 능력을 알아보는 것으로 이러한 유산소적 능력을 30세 이후부터 10년마다 5~15%씩 감소되고, 70세가 되면 50%가 감소된다. 적절한 유산소 능력을 유지하기 위해서는 의학적 위험성에 해당되는 심혈관계 질환, 당뇨, 비만, 고혈압, 암 등과 같은 질병을 줄이고, 규칙적인 운동에 참여해야 한다.

인간은 노화에 따라 여러 가지 생리학적 변화가 나타난다. 나이가 들면 노화로 인하여 골격과 근육의 양이 감소되고, 골밀도가 감소되기 때문에 골다공증이 많이 일어난다. 또한 관절에도 퇴행성 변화가 나타나 가동성이 감소된다.

따라서 나이가 들면 노화과정의 일환으로 근육이 쇠퇴되며, 활동 부족으로 인해 근력 및 근지구력이 급격히 자하될 뿐만 아니라 체격 또한 변화하게 된다.

일반적으로 근력은 20대 이후부터 저하가 시작되면 50세 이후에는 저하가 보다 뚜렷해지면서 50대와 60대에서는 10년마다 약 15%, 그 이후에는 10년에 약 30% 정도의 근력의 저하가 나타난다.

걷기, 달리기, 자전거, 수영과 같은 지구력 훈련은 심혈관계의 기능을 효과적으로 도와주고 심혈관계의 질병 감소와 위험의 감소, 과도한 긴장과 이상지질혈증(dyslipidemia), 당뇨와 같은 질병의 위험을 감소시키는 데 유익한 영향을 미친다.

산업사회의 발달은 경제 및 첨단 과학기술의 발전을 가져왔다. 그러나 여성들의 사회 진출에 따른 출산율 저하 및 의학 기술의 발달은 평균수명의 연장을 가져오

---

30) 노화(aging)란 시간의 흐름에 따른 변화로 외부 자극에 대한 반응이 저하되고 항상성을 유지할 수 있는 능력이 감퇴되어 외부 스트레스에 취약해지고 질병에 대한 감수성이 증가되어 만성질환에 이환될 가능성이 높아지는 변화 과정으로 정의할 수 있다(기선경, 이미숙, 백진경, 2015: 90).

면서 우리사회의 고령화를 가속화하는 요인이 되었다(정경자, 2010).

노인에 대해 정의하자면, 인간의 발달 중 퇴행적 발달을 노화라고 하는 데, 이러한 노화가 진행되는 사람을 노인이라고 한다. UN에서의 65세 이상을 노인으로 규정하고 있으며, 총 인구 구성비 중 노인인구 구성비가 7% 이상일 경우 고령화 사회, 14% 이상 고령사회, 20% 이상을 초고령사회라고 한다[31]. 우리나라는 1970년대 이래 노인 인구의 지속적인 증가세를 보이며, 2018년에는 14.3%로 고령사회가 되고, 2026년에는 28.8%로 초고령사회가 될 것으로 전망하고 있다(통계청, 2007).

노인인구의 증가는 다양한 사회적 문제를 야기한다. 즉 자신이 오랫동안 해왔던 직업 및 사회활동 상실에 따른 박탈감 및 사회적 고립으로 노인들의 우울증 및 자살 등의 사회적 문제가 발생된다.

이처럼 "우리 사회의 노인인구 증가가 이슈가 되는 원인은 영, 유아 및 저 연령층의 인구는 감소하는 데 비해 의학기술의 발달에 따른 영양, 위생상태 개선으로 인간의 평균 수명이 늘어나면서 사회적으로 노인의 비율이 증가하고 있다는 점이다. 이러한 인구 구성의 불균형은 세대 간의 갈등, 생산성 창출 인력의 감소 등 비정상적인 사회문제를 초래할 수도 있다." (정경자, 박정근, 김성문, 2014: 152).

그러나 노인인구의 증가 자체만이 사회적 문제가 될 수 없으며, 노인인구의 증가에 따른 노인들에게 필요한 사회 시설과 대책을 마련해 주지 못한다는 점이 문제가 된다고 볼 수 있다. 대다수의 노인들은 질병 상태가 아닌 건강한 노년기를 보내고 싶어 하는 욕구로 인해 자신들의 다양한 여가활동에 관심을 나타내고 있다.

노인들은 노화로 인해 신체적 기능의 감퇴와 인지적 기능이 둔화되기 때문에 다양한 신체활동과 적극적인 사회활동은 활기차고 긍정적인 삶을 영위하는 데 매우 중요하다(Rowe & Kahn, 1977).

노년기의 스포츠 활동은 다른 어떤 활동보다도 중요하다고 할 수 있다. 노인들의 건강 유지 일환으로 노인 스포츠는 노인 복지 차원에서 다루어야 하며, 노인들로 하여금 삶에 보람을 가지게 하여 노후를 건강하고 보람 있게 지낼 수 있는 배려와 정책이 중요하다. 노인들의 역할 상실로 무료함을 느끼기 때문에 증가하는 정신적, 정서적 고통을 감소시키기 위한 방법으로는 신체활동이 중심이 되는 여가활동이 필요하다. 그러나 국내 노인들의 여가 활동의 패턴을 보면 TV 시청 및 라디오 청취가 가장 비율이 높고, 다음으로 친구, 친척 모임 참여, 성경읽기, 기도 등

---

31) UN의 고령화 사회 분류 기준에 따르면 전체 인구 중 65세 이상 인구 비율이 7%이상~14% 미만인 경우를 고령화사회(aging society), 14%이상~20% 미만일 경우를 고령사회(aged society), 20% 이상일 경우는 초고령사회(suoer-aged society)라고 한다(통계청, 2008).

의 종교 활동 등을 통한 신체적 움직임은 낮은 것이 일반적이다.

선진국의 경우는 정적인 여가활동 보다는 스포츠 활동, 낚시, 수영, 산책, 자전거 타기 등 여가활동으로 한다. 따라서 노인들의 여가활동의 변화가 필요하고, 적극적이고, 활동적인 삶을 사는 노년, 보람된 삶의 모습으로 분위기를 변화시킬 필요가 있다. 이러한 "반전의 중심에 바로 여가스포츠 프로그램의 제공이 포함되어야 하며, 노인들의 적극적인 스포츠 활동을 유도하기 위해서는 정책적 지원인 재정적 지원, 지도자 양성 및 파견 등과 스포츠 시설 확충 및 프로그램 개발 그리고 노인 스포츠에 대한 인식의 전환과 교육이 선행되어야 할 것으로 판단된다." (정경자, 박정근, 김성문, 2014: 152).

고령사회로의 진전에 따른 노인 복지의 여가활동을 위한 현장 프로그램으로서의 스포츠 활동은 노인들의 삶의 질을 향상시키는 데 일익을 담당하게 된다. 그러므로 스포츠 활동을 포함하는 노인 여가 정책은 노인복지의 3대 과제인 건강, 경제, 여가 중 하나로 추진되어야 하며, 공공부문과 민간부문의 긴밀한 협조 체제 하에서 발전시켜 나가야 한다.

이와 관련하여 노인에 맞는 효과적인 여가스포츠 프로그램을 구성하기 위해 노인들의 여가스포츠 참여 기피 이유에 대해 탐색하고, 또한 현재 시행되고 있는 프로그램의 개선 방안을 탐색할 필요가 있다.

http://cafe.daum.net/79996565/98nV/5448700x467(2019. 01. 29)

http://blog.naver.com/geneverah/90148708934400x266(2012. 07. 31)

가. 노인 여가스포츠 참여 기피 이유 및 요인

(1) 연령 요인

사회 구조가 고령화됨으로 비생산 인구 층인 노년인구의 증가가 불가피하여, 경제활동 은퇴 시기가 늦어지는 현상도 있다.

최근 노년층의 경제활동 인구가 감소하기보다는 재취업이나 경제활동을 지속하고 있기 때문에 여가 시간에 스포츠를 즐기기 보다는 경제활동에 참여하는 비율이 높다는 사례들이 보고되었다.

(2) 시간 부족

노인들이 오히려 더 바쁘다고들 한다. 노인들의 가사 분담, 육아, 개인생활 등으로 여가스포츠에 참여할 시간이 부족하다고들 한다.

(3) 빈익빈 부익부

여가시간에 노인들이 또래 집단에 어울리지 못하여 외로워지고, 대화도 단절되는 등 노인 여가스포츠 시설의 이용을 꺼리는 현상은 충분하지 못한 경제적 사정이 원인인 것으로 생각된다.

경제적 사정이 넉넉지 않은 노인들은 같이 모여서 운동하는 생활에서 위축되고, 자신을 낮게 평가하고, 스스로 소외 시키며, 원만한 인간관계를 못하는 모습이 보인다.

(4) 가구 형태

도시화로 농촌 인구의 도시 유입은 가구 구조를 변화시켰으며, 도시 거주 노인들 도한 핵가족화로 전통적인 집단 동거는 옛말이 되었다. 즉, 독거노인의 증가는 불가피한 것이다.

이러한 독거노인들이 여가스포츠 프로그램으로 유입되기는 쉽지가 않다. 정책적, 재정적 지원이 없다면 이 노인들은 여가 시간에 스포츠 프로그램에 참가하기는 결코 쉽지 않다.

(5) 교육수준

또 하나의 문제점으로 노년층의 학력수준이다. 고령일수록 신체활동에 대한 인식이 부족하고, 좌식 문화에 익숙하다는 것이다. 노인들은 스포츠, 운동, 체육, 스포츠 프로그램 등에 대해 필요성을 인지하지 못하는 실정이다.

(6) 예산 편승 요인

노인 복지 예산은 많이 증액되었지만, 노인 여가스포츠를 위한 지자체의 예산은 오히려 삭감되는 경우도 있다.

(8) 참여 스포츠 프로그램의 단순화

일부 시설을 제외하고는 노년층에 제공하는 스포츠 프로그램이 단순하다. 각종 노인체육 관련 시설에서 제공하는 운동이나 스포츠 프로그램의 종류는 다양한 것으로 조사되었다. 댄스스포츠, 건강체조, 요가, 등산, 게이트볼 등.
그러나 노년층이 준비가 되어 있지 않고, 재정적인 지원의 문제로 다양한 프로그램을 실시하기보다는 지역적으로 가능하거나 노인들이 좋아하는 비활동성의 여가스포츠만 부분적으로 실시되고 있었다.

(9) 동반자를 구하는 것이 쉽지 않다

노인들의 신체활동 시간대를 맞추기가 쉽지 않다. 체력적인 요인이 다르기 때문에 같이 동참한다고 하더라도 지속 시간의 문제가 발생하고, 가사분담, 손주 육아 참여로 마음 맞는 사람을 찾기가 쉽지 않다.

(10) 지도자의 자질문제

노화와 운동발달에 대한 전문 지식의 습득 없이 단순히 특정 스포츠 종목을 잘하는 삶이 노인 여가스포츠 지도자가 되다보니 운동발달의 노화에 따른 신경쇠약과 근력 저하 등을 고려한 과학적인 프로그램 지도가 이루어지지 못하고 있다.

(11) 노인정책에 대한 인식부족

노인 스포츠 관련 연구자, 행정가, 실무자들의 필요성에 의해 제안된 많은 아이디어들이 존재한다. 그러나 이러한 기획안을 올리고 정부 기관에 통과되어 집행되기까지 많은 시간이 걸린다.

(12) 노인관련 연구에 연구비 지원 부족

최근 복지원의 예산이 많이 증액되었다. 노인 스포츠 관련 정부 기관, 기업, 연구재단의 프로젝트 시청 건수에 비해 수주실적이 저조하다.

(13) 프로그램 지도자에 대한 무시

노인 스포츠 지도자에 대한 처우 개선이 향상되지 않았으며, 문제는 저예산, 무관심 속에서 지도자만이 의무를 다하고 있는 실정이다. 대부분의 노인들은 잘 따라 주지만 일부 노인들이 지도자를 무시하는 언행을 하여 지도자를 좌절하게 만드는 사례가 적지 않다.

(14) 일상생활에 대한 만족

많은 노인들이 생각하기를 평소에 아프지 않고, 무리하지 않는 범위에서 잘 움직이는 것이 바로 운동이라고 인식하는 오류를 범하고 있다. 가정, 공원, 경로당, 복지관 등에 나가는 것도 운동으로 생각하고, 일상생활과 여가스포츠의 개념을 구분하지 못하고 있다.

(15) 질병과 부상 때문에

노화는 자연스러운 현상이고, 누구나 피해갈 수 없다. 노인들의 심리 상태에서 약간의 오해와 편견들이 있는 것으로 판단된다. 나이 들어 운동을 하면 더 크게 다친다거나, 회복이 안 된다거나 하는 생각을 가지고 있다. 즉, 그들은 질병이나 부상에 대한 두려움으로 여가스포츠 참여를 소홀히 하는 경우가 많다(정경자, 박정근, 김성문, 2014: 155-158).

이상에서 살펴보면, "정부와 지자체가 가용할 수 있는 성공적인 노인 여가스포츠 참여를 유도할 노인들의 멘토와 멘티를 구성해야 한다.

이를 위해서는 노인 관련 단체와 대학 및 중·고등학교의 노인 관련 스포츠 강사의 연계된 데이터베이스를 구성하여 노인 여가스포츠 참여를 희망하는 노인들에게 성공적인 프로그램 참여를 유도해야 할 것으로 판단된다." (정경자, 박정근, 김성문, 2014: 162).

나. 노인 여가스포츠 프로그램의 개선 방안

(1) 건강 요인

노인 여가스포츠의 실시 조건 건강한 노인을 전제로 하고 있다. 건강하지 못하면 운동을 하지 못하는 것으로 인식하는 사례도 있다. 구태여 운동의 필요성을 못 느끼고 있기도 하고, 건강에 대한 두려움으로 참여를 못하는 경우도 있다.

노인들의 역할 스포츠 참여를 이끌어내기 위해서는 건강에 대한 개념 정립과 인식을 변화시키는 일이 우선되어야 할 것이다.

(2) 경제적 요인

여가스포츠 참여는 우선적으로 경제적인 해결되어야 한다. 여가 시간 자체가 없는 노인들이 스포츠를 할 수는 없기에 노인 복지를 위한 경제적 지원이 무엇보다 절실하다. 최근 정부에서는 전체 노인층을 대상으로 복지 지원 정책을 발표하여 실시되고 있기에 이점은 점차 긍정적인 방향으로 해결될 것으로 생각된다.

(3) 사회적 문제

노인 관련 여러 기관에서 운영되는 여가스포츠 프로그램은 대부분 회원제로 등록하여 강좌를 신청하고 일정기간 수강을 하게 된다. 따라서 그들이 알게 모르게 사회적으로 생소한 타이틀과 대인관계를 맺어야만 한다. 이런 상황에서 회원 간의

200 노인 건강 복지정책

미묘한 대인 관계 갈등이 발생한다. 문제는 이러한 갈등이 쉽게 해결되지 못하는 경우가 종종 있다고 한다. 그리고 고령층으로 갈수록 주거 형태가 독거노인이 많아진다. 그들은 대부분의 시간을 집이나 집근처 근거리에 여가시간을 즐기면서 많은 사람들을 만나지 않고, 대인 간 교류를 하지 않게 된다.

노인들일수록 비슷한 사람들과 잘 지내야 한다. 그래서 집밖으로 무조건 나가야 하는 것이다. 집밖으로 나가면 많은 이득이 발생할 것이다. 타인을 의식하여 의복을 챙겨야 하고, 신체 이미지도 신경 쓸 것이고, 타인과의 대화를 통해 기분전환도 가능한 것이다. 그래서 일단 집밖으로 나가는 것이 중요하다.

(4) 시설 및 프로그램 요인

노인 여가스포츠 프로그램이 너무 획일화 되었다고 한다. 다양한 프로그램과 연령대와 건강 상태를 고려한 프로그램이 구성된다면 더 많은 노인들을 참여시킬 적으로 본다.

대부분 개인은 생활스포츠 활동을 하기보다는 공공 기관에서 제공하는 시설과 프로그램을 통해서 참여하게 된다. 그러나 노인들이 주거지 인근에 접근이 가능한 적절한 시설이나 프로그램이 존재한다면 다를 것이다. 도시의 시설이나 프로그램은 특정 지역에 편중되거나 부족하고, 교통시설의 불편 등 접근성의 애로로 노인들의 시설 이용도가 낮다. 따라서 접근성이 용이하게 하여 많은 참여를 유도해야 할 것이다.

(5) 정서적, 심리적 요인

노인층의 큰 문제 중에서 정신건강, 고독감, 소외감일 것이다. 도시화, 핵가족화 등으로 부부동거, 독거생활의 형태로 가구 구성이 변경되면서 그 정도는 더 심해지고 있는 실정이다.

이때 노인들이 여가 시간에 스포츠 프로그램을 참여하면서 대인 관계형성과 정서적 순화로 정신건강을 되찾고, 고독감을 없애야 한다.

(6) 지역 특성 요인

도시와 농어촌 지역 노인들의 여가 시간 개념도 다를뿐더러 참여 목적도 다르다고 할 수 있다. 도시 지역 참여자들의 주목적이 건강 증진에 있는 반면, 농어촌 지역은 사회적 관계 형성에 더 목적을 두고 있다.

따라서 지역 특성을 고려한 프로그램과 시설이 필요하며, 상호 보완적인 프로그램 운영이 정책적으로 반영되어야 할 것이다(정경자, 박정근, 김성문, 2014: 158-160).

이상에서 살펴보면, 노인체육 활동 방향을 노인 각 개인의 문제로 간주할 것이 아니라 노인의 정서적, 신체적 건강 증진은 물론 여가 선용을 위한 적극적이 문제로 국가 정책적 차원에서의 전폭적인 지지가 이루어져야 할 것이다(김설향, 2008).

http://cafe.daum.net/2005recreation/4fW4/390(2016.01.22.)

다. 효과적인 노인 여가스포츠 프로그램

최근 노인들의 수가 급격하게 증가함에 따라 노인 인구 집단의 삶의 질과 건강한 라이프스타일에 대한 관심이 높아지고 있다. 특히 건강한 라이프스타일은 노년기에 잠재적으로 발생할 수 있는 만성질환의 가능성을 떨어뜨리고 삶의 질을 높이는 데 중요한 역할을 한다. 건강한 라이프스타일은 일반적으로 건강한 식습관, 적정 체중 유지, 적당한 음주, 금연 그리고 신체활동을 포함한다.

구체적으로 건강한 라이프스타일은 관상동맥성 심장질환 위험을 낮추고, 심혈관 질환, 당뇨, 일부 암, 그리고 알츠하이머의 발병률을 낮출 수 있다. 또한 열거한 병리학적인 장점뿐 아니라 심리적 그리고 사회적 삶의 질을 향상시키는 데도 건강한 라이프스타일은 중요하다.

다양한 방식의 건강한 라이프스타일 중 신체활동은 가장 효과적인 강력한 중재

방법이다. 특히 정기적인 신체활동은 노년기의 삶의 질을 높일 수 있을 뿐 아니라, 이들이 남은 인생을 병적 증세 없이 건강하게 보내는 데 중요한 역할을 한다. 그러나 이러한 신체활동의 장점들에도 불구하고 노인 인구의 신체활동 참여율은 젊은 성인에 비해 상대적으로 낮은 편이다.

북미의 경우 전체 65세에서 74세 이상 노인의 약 35%에서 44%가 신체적으로 활동적이지 않다고 한다. 한국의 경우도 북미의 경우와 크게 다르지 않다. 국내의 조사결과에서 60세 이상 노인 인구의 중강도 신체활동 참여율은 약 12% 정도이고, 70세 이상의 경우 약 5%로 나타났으며, 이것은 전체 인구 집단 중 신체적으로 가장 비활동적인 집단이라는 점을 의미한다(박승미, 박연환, 2010).

이러한 노인의 신체적 비활동성에는 매우 다양한 요인 즉 건강상태, 재정상태, 심리상태 들이 영향을 미치고, 노인 인구 집단의 '이질성'과 각 노인 집단들이 인지하는 '사회생태학적 요인들의 차이'를 간과한다 해도 노인의 신체활동과 사회생태적 환경의 관련성에 주목할 필요가 있다.

효과적인 노인 여가스포츠 프로그램에 대하여 각 요인별로 제언하면 다음과 같이 제시할 수 있다.

첫째, 건강/인식 요인으로 여가스포츠에 대한 인식의 오류를 바로 잡아야 한다. 그러기 위해서는 공공 기관과 민간 기관이 연계하여 노인들을 위한 건강 관련 교육, 연수를 실시해야 할 것이다. 고학력자보다는 저학력의 초고령 노인들을 위한 쉽고, 접근이 편한 교육, 연수가 되어야 할 것이다.

둘째, 경제적 요인으로 일단 여가 시간에 스포츠를 하기 위해서는 시간적 여유와 함께 재정적인 지원이 있어야 한다. 물론 정부의 적극적인 정책으로 많은 부분이 무상 또는 저비용으로 실시되고 있기는 하지만, 아직도 행정력이 미치지 못한 교통, 강습료 현실화 등과 같은 요인들이 있기 때문에 이러한 점을 적극적으로 해결하는 노력이 요구된다.

셋째, 사회적 요인으로 거주 형태와 가구 형태가 달라진 이 시점에서 부부동거, 독거노인을 위한 사회적 해결책이 요구된다. 노년층이 되면 아무래도 사회적 관계가 협소해진다. 항상 만나는 사람만 만나게 되는 것이다. 여가 시간에 단체 스포츠나 강습을 통해 다양한 부류의 사람들을 접함으로써 폭넓은 대인관계를 형성하여 보다 건전한 여가 시간을 즐기도록 유도해야 할 것이다.

넷째, 시설/프로그램 요인으로 노인 여가스포츠 프로그램에 접근할 수 있는 노인들은 그나마 혜택을 받는 경우이다. 또한 프로그램이 단순화 되었다는 지적도 있다. 물론 다양한 프로그램을 제공해도 노인들이 준비가 되어 있지 않은 경우가 많기 때문에 단순화되는 경우도 있지만 그래도 다양한 연령층의 노인들과 건강수준이 다른 노인들이 참여할 수 있는 프로그램의 제공이 절실하다.

다섯째, 심리적 요인으로 노인들은 함께 할 수 있는 동반자가 없다는 것이다. 아직도 우리 사회의 노년층들은 가사 업무 분담과 손자들의 육아에 직·간접적으로 관여하고 있기 때문에 여가 시간 패턴이 서로 상이하고 동반자를 구하기가 쉽지 않다. 그 대안으로 노인들을 위한 야간 여가스포츠 프로그램의 제공도 생각해 볼 만하다.

여섯째, 지역적 요소로 면접 대상자들이 제안한 대안으로는 지역적 여가스포츠 참여 목적이 다르다는 측면에서 각 지역에 적합한 시설이나 프로그램이 제공될 필요가 있다.

일곱째, 노인 여가스포츠 프로그램의 효과적인 참여를 위한 행정적 제반 지원 또한 상당히 중요함을 알 수 있다. 한편, 노인 여가스포츠 프로그램을 통한 참여 증진을 위한 방안도 함께 제시되어야 할 것이다(정경자, 박정근, 김성문, 2014: 164).

결론적으로 "노인 여가스포츠 프로그램의 활성화를 위해서는 노년층이 여가 시간에 스포츠프로그램을 효과적으로 즐기기 위한 행·재정적 지원뿐만 아니라 대학·연구 기관이 연계한 노년기의 체육·스포츠 프로그램 참여의 당위성에 대한 지식 전달과 계몽을 적극적으로 시도해야 할 것이다. 특히 노인들을 위한 교육과 실천 전략모색을 위한 정책적 배려가 요구되는데, 아직도 우리 주변에는 여가시간을 제대로 즐기는 노인층보다는 그 반대의 노인들이 더 많이 있기에 노인관련 정책을 입안할 때, 다양한 계층, 건강수준의 노인들에게 고르게 혜택이 갈 수 있는 정책이 될 수 있도록 힘써야 할 것으로 생각된다." (정경자, 박정근, 김성문, 2014: 164-165).

라. 노인과 여가스포츠 문화

우리나라 65세 이상 인구는 1960년 73만 명으로 전체 인구의 2.9%에 불과했다. 하지만 2010년 545만 명(11%)으로 늘어난데 이어 2060년에는 1762만 명으로 증가해 10명 가운데 4명(40.1%)이 노인이 될 것으로 관측했다(통계청, 2010). 이러한 "고령화는 단순히 전체 인구 중 고령 인구가 증가함으로써 나타나는 노인 부양 부담 증가나 인구 구조 변화만이 아닌 그 이상의 다양한 사회적 문제를 야기하고 있다." (김옥주, 2012: 344).

노인이 경험하게 되는 건강, 경제, 여가 등의 노인 문제들 중 전통적 가족 체계의 붕괴로부터 발생되는 고독감, 소외감, 심리적 스트레스는 더욱더 증가하게 될 것이다. 노인인구의 증가와 함께 노인 자살률은 지속적으로 증가하고 있는 추세이며 심각한 사회 문제로 부각되고 있다(이종경, 이은주, 2010).

일반적인 노인들의 경우 직장에서의 퇴직이라는 사회제도로 인하여 사회적·경제적 활동에서 물러나게 된다. 이에 다른 연령층에 비해 스스로가 스트레스를 감소시킬 수 있는 운영 능력이 부족하기 때문에 스트레스가 증가하는 경향이 있다.

따라서 이 시기에 노인들이 여가를 얼마나 유용하게 이용하는가의 문제는 노인들이 행복한 삶을 영위할 수 있는가의 문제와 연결되어 질 수 있다. 그렇다면 일상생활이나 독립적인 삶을 영위하기 위한 방법은 무엇이며, 고령화 시대 노인들의 가장 큰 관심사는 무엇일까? 그것은 아마도 건강한 삶과 행복 등을 추구하는 것으로 집약할 수 있다(김옥주, 2012).

요즘 들어 건강이 사회의 중심적인 가치가 되고 우리나라 인구의 평균수명이 점점 늘어남에 따라 건강한 삶을 영위하기 위하여 건강 지향적 여가활동들이 증가하는 추세를 고려해 볼 때 성공적인 노화에 중요한 역할을 제공할 수 있는 활동적인 여가프로그램의 참여를 통해 가능할 것이다.

노인의 여가스포츠 활동은 신체적 건강 증진과 사회적 접촉 기회 제공, 노인 자신에 대한 신념, 자기 신체에 대한 자부심 부여, 자기 가치성의 확신 그리고 즐거운 삶 등을 영위할 수 있는 기회를 부여해 줄 수 있어 스트레스의 긍정적 감소 효과를 보인다(이은석, 안찬우, 2010).

이미 선진국에서는 노인문제 예방 방법으로 스포츠활동이 효과적이며 질병을 줄일 수 있다고 밝혀졌으며, 에어로빅, 수영, 조깅 등의 스포츠활동은 스트레스를 완화시켜 주는 유효한 수단임을 보고하고 있다(Benson, 1975; Berger, 1986; James, 1993).

노화와 여가를 포함한 스포츠 활동과의 관계 규명을 시도한 대표적인 학자로는 DeCarlo(1974)가 있는데, 그는 성공적인 노화와 재창조형 여가활동 간의 관계연구에 있어서 중년기 이후 노년기에 이르기까지 간헐적으로 여가활동에 참여한 사람보다 지속적으로 여가활동에 참여한 사람이 보다 긍정적인 상관관계를 보인다고 주장했다.

또한 여가 학자들(Flanagan. 1978; Shaw, 1984; Sieginthaler & Vaughan, 1998; 한혜원, 이유한, 2001; 이상덕, 2003; 백경숙, 권용신, 2003)은 활동적인 여가에 참가할수록 삶의 질을 높이 인지한다는 연구 결과를 발표하였다.

Ragheb Griffith(1982)는 노인들의 여가활동 참가와 생활만족도 간의 관계에서 여가 활동을 통한 여가 만족이 생활만족도에 직접적이고 긍정적인 영향을 준다고 보고 하였고, 생활스포츠 참여 유무에 따른 삶의 질의 차이(정영린, 1997; 김성혁, 1998; 김태현 외, 1999; 조연철, 박영옥, 2001)에서 생활스포츠 참여 집단이 여가 만족, 삶의 느낌, 삶의 만족도 전체에서 삶의 질이 비 참여 집단에 비해 높게 나타났다고 보고 하였다(이상덕, 2003a).

노인들은 여가스포츠 활동에 참여함으로써 노년기 삶의 질을 올리며 삶의 만족감을 극대화할 수 있다. 노인들은 여가 활동에 참여함으로써 심리적 안녕감을 얻으며, 개인적 욕구를 충족시키고, 나아가 노년기 생활의 만족도 및 심리적 안정감, 삶의 행복감 등을 향상시켜 가게 된다. 이는 결국 여가시간을 얼마나 가치 있고 효율적으로 활용하느냐에 따라 보다 바람직한 삶을 영위하고, 생활의 질을 높일 수 있음을 반증한다.

현대사회에서 여가가 몇몇 사람들만을 위한 특권이 될 수 없다. 그 대신에 그것을 모든 사람들에게 광범위하게 허락되어야만 한다. 여가는 우리 사회에서 존경받는 일과 함께 공존해야만 하고 또한 일과 의미 있는 관련성을 가지며 존재하여야 한다(Richard G, 2001). 또 여가활용 측면과 시설이용 측면에서 참여하고 싶어도 시간 부족, 경제적 부담, 교통 불편, 시설부족 등의 이유로 여가 생활을 영위할 수 없는 경우가 많다고 지적하였다(문화체육부, 1995).

고령사회에 차분히 대비하지 않으면 경제·사회적으로 많은 어려움에 직면할 수 있다. 이러한 어려움을 해결할 수 있는 방법이 시니어 스포츠다. 노년층의 스포츠 활동은 건강한 신체를 지속적으로 유지 증진시킬 수 있으며, 건전한 여가 생활과 치료 및 재활에 많은 기여를 한다. 결국 정부는 노년층의 의료비 보장을 위한 지출을 줄일 수 있게 되는 것이다.

정부가 노년층들에게 필요한 스포츠 활동, 즉 실버스포츠의 성장을 장려해야 하는 이유인 것이다. 또한 스포츠에 참여하는 대상의 한 분류로서 노인을 다른 대상과 신체적, 심리적, 사회적으로 그 특징이 명확히 구분되므로 노인에 대한 전문적인 연구가 절실히 요구되며, 특히 노인에 대한 정책이나 복지사업이 국가·사회적 제도로 제공되고 있어야 하고, 이에 대한 방법과 프로그램이 노인들의 삶에 어떠한 기여를 하는지에 대하여 보다 구체적인 연구와 노력이 뒤따라야 할 것이다.

이러한 노력의 일환으로 실제로 시니어 스포츠 참여 과정과 그에 대한 인식의 메커니즘을 분석하고자 한다. 일반적으로 노인들의 여가스포츠 참여로 얻는 그들의 질적인 만족감은 일차적으로 부족사회의 연대감과 같은 성격의 즐거움을 얻는다. 이러한 연대감을 마페졸리(Maffesoli, 1991: 12)는 다음과 같이 주장한다.

"부족적인 집단화는 그들 자신만의 소수가치에 기초해서 응집한다 ......끊임없이 춤을 추면서 서로 끌어당기고 또 부딪힌다. 존경받는 집단으로 형성되면서 모호한 경계는 전적으로 유동적으로 된다."

마페졸리가 염두에 두고 있는 예는 예술축제, 축구장 관중석, 극장 객석 등과 같이 정감적인 공동체 속에서 사람들이 일시적으로 응집하는 것이다. 그는 이러한 현상을 신부족주의(neo-tribalism)로 칭하면서 포스트모던 사회에서의 일반화된 중립성과 투명성의 한 가운데서 발생하는 강하고 에피소드적인 사회적 연결을 언급하면서 부족주의를 사용하게 된 것이다. 여가스포츠 참여는 이러한 현상을 등에 업고 강력한 여가 기술의 형태로 자리잡아간다.

이는 위의 여가스포츠의 몰입과정에서 나타나듯이 지금까지의 '보는(seeing) 여가스포츠' 중심의 후진적 엘리트 패러다임에서 '하는(doing) 여가스포츠', 더 나아가서 나의 삶의 질을 높일 수 있는 존재적 관점에서의 '되기(being) 여가스포츠'의 사회체육 패러다임으로 전환되어가는 과정을 겪는다.

이를 다시 설명하면 인생의 황혼기에서 자신의 삶의 질을 위해 전혀 투자하지 못하였던 과거로부터 오는 상실감과 심리적, 생리적 환경으로부터 무엇인가 새로운 돌파구의 마련이 필요함을 느낀다는 것이다. 이러한 심리적 변화는 새로운 여가스포츠와의 만남을 주선하게 되는데 이의 동인은 주변의 중요타자(significant others) 혹은 준거집단(reference group), 즉, 동료, 가족, 교사(노인학교 혹은 노인복지재단 등) 등에 의하여 이루어진다. 이것이 바로 보는(seeing) 여가스포츠 단계이다.

두 번째로 하는(doing) 여가스포츠의 단계인데, 위의 단계에서 상당한 인식의 변화를 겪은 후에 직접 참여하면서 그 갈등(내가 이렇게 여가스포츠에 한가로이 참여하는 것이 마땅한가? 혹은 다른 사람들과의 만남이 너무 어색한데? 등)이 해소되고 여가스포츠 참여 자체를 즐기는 단계이다.

마지막으로 되는(being)단계이다. 이 부분이 여가스포츠가 보다 실제적인 시니어 웰빙을 위한 구체적인 대안이 되는지에 한 단서로 작용할 것이다. 첫 번째와 두 번째 단계를 거치면서 그동안의 상실감과 은퇴 후 혹은 사회적 소외로부터의 해방을 위한 한 돌파구가 될 것인가의 확인이 중요하다.

노인들의 여가스포츠 참여로 얻어지는 가장 대표적인 효과는 건강에 대한 문제일 것이다. 이는 신체적인 것 만 아니라 정신적인 건강에 상당한 효과가 있음은 전술에서 설명하였듯이 그 효과는 확인할 수 있다. 이와 같이 여가스포츠 참여가 심리적 안녕과 정신적 건강에 가장 많은 영향을 끼치는 것으로 보고(Coleman & Iso-Ahola, 1993)되었으며, 특히 스트레스 완충기제의 가장 중요한 변인으로 작용한다는 연구결과를 주시할 필요가 있다(Bolger & Eckenrode, 1991).

두 번째로 여가스포츠를 통한 자아의 발견과 자신감의 회복이다. 이 부분은 자아의 정체성 과 상당한 관련이 깊은데, 실제로 많은 노인들은 자신을 위한 삶이라기보다 가족, 국가, 조직 등에 기여를 하는 삶이기 때문에 이의 대상이 사라질 때 느끼는 자신의 삶의 허전함을 극복하는 것이 상당히 중요하다.

이러한 논의를 바탕으로 보다 실제적인 적용이 치료적 차원에서의 레크리에이션과 여가스포츠 참여모형일 것이다. 그리고 이는 복지적 관점에서 삶의 질을 높일 수 있는 선진화된 여가문화가 정착될 수 있는 노력이 뒤따를 때 가능하다는 것을 인식할 필요가 있다(권욱동, 2005: 53-54).

http://blog.naver.com/dnjfem4242/140099643874(2010. 01. 24)

잠깐! 쉬었다 갑시다

☞ 자서전(autobiography, 自敍傳)

자서전은 저자-화자-주인공이 같으며, 변화와 지속성 같은 시간적 연쇄로 이루어진 삶을 소재로 하는 삶에 대한 이야기이다. 분량에 어떠한 제약도 없으며, 이야기의 방식에도 별다른 기준이 없을 만큼 자유롭지만, 삶에 대한 솔직한 서술은 자서전이 반드시 지켜야 하는 조건이다. 회고록, 회상록, 고백록, 자서전적 소설 등의 비슷한 장르가 있다. 회고록은 주인공의 내면이나 정신세계 보다는 외부의 사건을 중심으로 개인의 삶을 기록한다는 측면에서 약간의 차이는 있지만 큰 틀에서는 자서전의 범주에 포함시킬 수 있다.

하지만 자서전에서 저자의 삶은 기억에 의해 재구성되는데 이에 따라 의식적·무의식적인 탈락과 변형을 겪게 된다.

글을 쓰는 '보통 사람'들이 늘고 있다. 문화센터나 주민센터의 시와 문학 강좌 수강생이 줄을 잇는다. 자비로 시집과 수필집을 내는 사람들도 적지 않다. 장편소설에 도전하는 사람들도 있다. 세상 살기 바빠 그동안 고이 접어뒀던 젊은 시절 문학도의 꿈을 살포시 꺼내 펼쳐 본다. 더 많은 사람이 읽어주면 좋겠지만 그렇지 않아도 상관없다.

픽션만이 아니다. 나의 이야기, 부모님의 이야기를 쓰는 사람들이 늘고 있다. 부모님 칠순, 팔순, 구순에 맞춰 자식들이 기억과 추억을 더듬어 직접 쓰기도 하고, 전문작가에게 의뢰하기도 한다.

사회적기업인 출판사 꿈틀은 '모든 삶은 기록할 가치가 있다'는 기치 아래 평범한 사람의 자서전 '기억의책' 시리즈를 내고 있다. 지금까지 200여권이 나왔다고 한다. 사회적기업 '허스토리'는 워크숍을 열어 엄마의 자서전을 제작하는 방법을 도와준다. 자서전 쓰기 강좌를 여는 지역 서점도 여럿 있다.

옛 사진을 정리하고 부모님과 가족·친지들 얘기를 들으면서 몰랐던 부모님을 조금씩 알아가게 된다고 한다. 잘 안다고 생각했었는데 막상 제대로 알고 있는 게 거의 없을 때 때늦은 후회가 몰려온단다. 하물며 부모님이 기다려주시지 않으면…. 나는 부모님에 대해 얼마나 알고 있을까.[25]

● 나를 찾아 여행을 떠나요.

7. 고령화 사회에서 스포츠의 역할 및 과제

현대인들이 점차 노령에 접어들면서 건강 문제가 중요하게 대두되지만 노화를 질병과 동일시해서는 안 된다. 노인계층도 청소년이나 성인만큼 왕성한 활동이 가능함을 인식시키는 것이 중요하다.

또한 노령화에 따른 스포츠의 역할을 극대화하고 복지적 측면에서의 노후 생활을 보장해 주기 위해서는 연령차별적 고정관념의 편견에서 벗어나 스포츠 내에서의 새로운 체계적 연구가 수행되어야 한다. 또한 의존적 존재로서 전락하고 있는 노인층을 대상으로 한 스포츠 과학적인 연구와 노인 여가에 대한 집중적이고 종합적인 연구가 뒷받침되어야 할 것이다.

노인들에게 있어서 신체적 건강과 심리적 안녕은 성공적인 노화와 직결되며, 노화가 진행됨에 따라 자연발생적으로 나타나는 신체적 제 기능의 감소와 사회적 역할과 기능의 박탈, 타인에 대한 의존성의 증가 및 심리적 불안감의 증가가 나타나기 시작하기 때문에 이에 대한 적절한 대책이 필요하다. 즉 노인의 신체 및 심리적인 기능의 활성화를 위하여 활달한 신체활동과 생활양식을 효과적으로 변화시킴으로서 건강하고 긍정적인 삶을 영위하도록 하는 것은 매우 중요한 과제라고 할 수 있다. 따라서 "이러한 과제를 실천하기 위하여 노인체육학의 학문적 정립, 노인의 일상생활 수행능력 향상, 노인의 건강 및 여가 문제 해결, 그리고 은퇴 후 성공적인 모화 및 삶의 질 향상과 노인의 가족 내 통합을 위한 스포츠 참여 확대 등이 이루어져야 할 것이다." (구창모, 2009: 44).

최근의 노인들은 장수보다는 오히려 활기차고 가치 있는 삶을 추구하고 있으며, 건강하고 질 높은 삶을 위해서는 신체활동이 반드시 필요하다고 보고되고 있다. 이러한 연구들은 신체활동을 통해 건강한 신체 기능을 유지하고 운동부족에서 오는 질환이나 성인병 예방에 기여한다는 점에서 스포츠 활동은 매우 핵심이 된다는 사실을 강조하고 있다.

즉 노화에 의한 신체적·정신적 기능의 퇴화는 신체적 활동 저하에 다른 관심 범위의 협소화, 자기중심적 사고, 타인에 대한 의존성 증가, 우울, 사회적 고립과 부적응, 운동 부족 증, 심리적 박탈감 등 심리적 안녕감에 부정적 결과를 야기하지만(Heidrich, 1988) 사회적인 노인복지 시책과 스포츠활동을 통해 신체적·심리적 스트레스를 해소시켜 건강 증진과 더불어 삶의 질을 높여 줄 수 있다(김양례, 2006; 온채은, 2007; 2009; Mcpherson, 1994).

한편, 스포츠활동은 노인들의 역할을 변화시키는 데 도움을 줌으로써 노인들에게 사회적 연대감 확대, 새로운 친구와 만나는 것, 은퇴 후 새로운 역할 습득 등 많은 기능을 한다(McPhersin, 1994). 또한 스포츠 활동은 노인들을 사회화시키기 위한 가장 쉬운 수단이며, 서로 어울려 집단생활을 하게 함으로써 자신만의 문화와 삶에 만족하게 하는 중요한 매개체 역할을 한다.

이러한 맥락에서 Rejeski, Brewley & Shumaker(1996)는 스포츠 활동이 노인들의 만성질환과 장애를 치료 및 예방할 수 있으며, 삶의 질 또한 개선시킬 수 있다고 주장한 바 있다. 특히 Shephard(1977)는 노인들이 수행하는 규칙적인 운동은 사회적 접촉의 기회를 제공할 뿐만 아니라, 신체적·정신적 건강을 증진시키고 만성질환 위험요인을 감소시키며, 신체 기능 유지에도 중요한 역할을 한다고 보고하였다.

이러한 규칙적인 스포츠 활동을 통해 얻을 수 있는 효과는 위와 같은 노인 자신의 건강 증진 외에도 의료비용 및 사회적 비용의 요구를 줄임으로써 고령화 사회의 사회적 비용도 감소시킬 수 있다. 이러한 점을 고려할 때 고령화 사회에 있어서 스포츠 역할에 따른 과제는 다음과 같이 요약할 수 있다.

가. 노인체육학의 학문적 정립 그리고 일상생활능력수행향상(IADL)을 위한 스포츠 참여 확대

우리나라 고령화 사회에서 고령사회로 급변하고 있는 가운데, 앞으로 다가올 고령사회에서 대부분의 노인들이 생리·심리 사회적으로 건강을 유지하고 질 높은 노후 생활을 향유해 나감에 있어서 노인체육학 정립의 필요성은 그 어느 때보다 절실하다고 할 수 있다. 또한 노인체육학의 학문적 토대 위에서 급증하고 있는 노인들을 대상으로 체력 증진을 도모하고, 그들의 체육활동에 대한 욕구를 만족시킬 수 있는 노인체육 전문가를 양성·보급하는 것이 필요하다.

이를 위해 첫째, 노인체육학의 이론적 기초를 철학, 생리학, 심리학, 사회학, 노인복지학, 특수체육학 등의 측면에서 정립하고 이를 체계적으로 교육 및 학습함으로써 올바른 학문성을 지니도록 한다. 둘째, 현재 운영되고 있는 생활스포츠 지도자 양성 체계 속에 별도로 노인체육 지도자 양성체계를 운영할 수 있는 방안을 강구한다. 셋째, 급증하는 노인들의 요구에 부합한 다양화되고 전문화된 운동 프로그램을 개발하여야 할 것이다(이형국, 2007).

특히 다양한 계층을 대상으로 한 체육학의 학문 발전은 심도 깊은 성찰, 이론적 엄격성의 증대뿐만 아니라, 학문의 전문화와 세분화를 증대시켜 대상 영역을 확대함으로써 결국에는 학제적 통합문제를 이끌어 낼 수 있다.

많은 체육학자들은 사회적, 문화적 현상으로서 스포츠의 복잡성을 보다 완전하게 이해하기 위하여 여러 다중적인 학문연구가 필요하다는 것을 인식하고 있다. 즉 체육학자들이 특정 주제에 관심을 두고, 관련된 모든 학문으로부터 지식과 정보를 얻으면서 여러 인접 학문과의 학문적 교류를 시도할 때, 스포츠 연구를 효율적이고 심층적으로 할 수 있을 뿐만 아니라, 각기 다른 학문의 다양한 관점을 종합할 수 있다(구창모, 2006).

오늘날 노인의 인구가 급격하게 증가하면서 노인과 관련된 다양한 문제들이 사회적으로 이슈화되고 있다. 이 중에서 신체적 건강의 약화나 죽음에 대한 두려움, 고독감, 소외, 경제적 능력의 상실, 부양 문제, 역할 상실 등의 문제는 노인들에게 스트레스나 우울을 유발시킬 심리적 건강을 약화시키는 대표적인 원인이라고 할 수 있다. 노인문제는 최근 노인들의 자살률 증가와 더불어 그 심각성이 더욱더 높아지고 있다.

경제협력개발기구(OECD) 회원국들인 캐나다나 독일, 네덜란드의 경우에 자살이 10~30대에 많다가 노인 세대에 접어들면서 감소하거나 증가하더라도 소폭 증가하는 현상을 보이지만, 우리나라는 10대부터 계속 증가하다가 65살 노인 세대에 이르면 증가의 기울기가 다른 연령대와는 비교할 수 없을 정도로 높아지는 특성을 보인다. 심지어 10~30대에서는 노르웨이나 이탈리아보다 낮지만 60대에 접어들면 다른 나라 사람들은 자살률이 인구 10만 명당 20~40명 수준이지만 우리나라는 100명을 훨씬 넘고, 특히 75살 이후로는 160명도 넘는 수준으로 알려져 있어 노인 자살률이 매우 심각한 지경이다(한겨레, 2011. 06. 13).

일상생활 수행능력은 목욕하기, 옷 갈아입기, 식사하기, 앉기, 걷기, 화장실 이용하기 등과 같이 노인들의 일상생활에서 기본적으로 수행하여야 할 동작을 나타내는 기본적 일상생활 수행능력과 일상 용품 사러가기, 전화걸기, 버스·전철타기, 가벼운 집안일 하기 등과 같이 노인들이 일상생활에서 기본적인 것 이외에 수단적 복합적인 적응 능력이 있거나 스스로 생활을 유지할 수 있는 기능을 나타내는 수단적 일상생활 수행능력(IADL: Instrumental Activities of Daialy Living)을 의미한다(정경희 외, 1998).

기본적 일상생활 수행능력은 일상에서 생활을 유지하기 위해 기본적으로 필요한 능력이며, 수단적 일상생활 수행능력은 일상에서 독립된 생활을 할 수 있는 능력으로 기본적 일상생활수행능력보다 높은 수준의 활동능력이라 할 수 있다(황용찬

외, 2003). 이러한 일상생활 수행능력은 노인의 생활 만족과 밀접히 관련되어 있으며(성기월, 1999), 노인의 신체활동이 일상생활수행능력과 삶의 질 향상에 영향을 미친다(송라윤 외, Robert, 1997)는 연구 결과와 노인의 일상생활수행능력과 관계가 있는 신체적 요인들이 노인의 사회 접촉 기회와 고독감 및 노화과정에 지대한 영향을 미친다는(Ryan & Patterson, 1987)는 연구 결과는 일상생활수행능력과 신체활동 즉 스포츠 활동과 관계가 있음을 보여주는 것이다.

특히 김양례(2005)는 스포츠 활동이 의도적이든 비의도적이든 간에 노인의 일상생활 수행능력을 향상시킨다는 결과들은 향후 고령화 사회와 최고령 사회에서 직면할 노인의 건강 문제 해결에 단초를 제공해 준다는 점에서 의미하는 바가 크다고 강조하면서, 스포츠 활동 참가 노인이 비참가 노인보다 일상생활 수행능력이 높으며, 스포츠 활동 참가 기간이 길고 참가 강도가 높을수록 일상생활 수행능력이 높다고 주장하고 있다(구창모, 2009: 41). 따라서 전반적인 노인문제와 밀접한 관련을 맺고 있는 노인의 일상생활 수행능력을 향상시키기 위해선 노인들로 하여금 스포츠 활동의 중요성을 인식시키고, 노인 체육의 저변확대 및 체계적인 지원을 위한 종합적인 대책이 강구되어야 할 것이다.

신체활동을 기반으로 한 레크리에이션 프로그램에 참여하지 않은 노인은 자신이 처한 상황에서 비롯된 외로움이나 고독감, 무기력감 등을 느끼게 되는 반면에 레크리에이션 프로그램에 참여하는 노인들은 같은 잡단에 속한 노인들과 사회적 상호작용을 통해 협력 또는 긍정적 대인관계를 형성하기 때문에 노인들에게 나타날 수 있는 외로움이나 고독감이 상대적으로 감소한다는 것이다.

따라서 노인들이 신체활동을 기반으로 한 레크리에이션 프로그램 참여는 신체 기능을 강화시킬 뿐 아니라 친밀감이나 신뢰감 등과 관련된 사회 지능을 높임으로서 노인들의 정신 건강에 긍정적인 영향을 미칠 수 있다.

http://cafe.daum.net/ysw1071/Gqf7/856(2014. 09. 21)

나. 노인의 신체운동의 가치 탐색

가치(價値)는 '좋다' 또는 '나쁘다' 라는 성질로 나타나는 가치와 반가치(反價値)로 구별된다. 좋다거나 싫다는 따위와 같이 욕구나 관심의 대상인 성질을 의미하기도 하고 옳다고 인정하고 실현해야 할 것을 의미하기도 한다.

인간의 행동과 관련된 것은 모두 가치문제로부터 출발하며, 어떤 가치를 소유하느냐에 따라 행동 양식은 달라진다. 미국, 일본 등의 선진국들은 이미 장수 시대에 접어들게 되었으며, 우리나라도 평균 수명이 남자 76.5, 여자 83.5에 도달한 것으로 추정되고 2018년경에는 65세 노인인구 14% 이상의 고령화 사회를 맞이하게 된다.

이러한 변화는 남녀 간의 결혼에 대한 의식에도 변화를 가져오게 되어 결혼 연령, 이혼과 재혼 등에 대한 가치 부여에 따른 행동 양식의 변화를 초래할 것이다. 이와 같이 환경의 변화는 종래에 부여되어 온 가치에 대한 변화를 가져오게 함과 동시에 새로운 가치를 창출하게 된다. 그동안 스포츠와 운동은 복잡하고 다원화되어 있는 사회의 가치를 전체 사회 구성원에게 효율적으로 전달하는 사회적 축소판으로서의 교육적 가치, 그리고 성장발달과 노화 방지와 그리고 질병 예방 차원에서의 예방 의학 가치에 비중을 두고 전개되어 왔다.

그러나 사회 환경과 자연 환경의 변화, 즉 노인인구의 증가와 저출산 그리고 여성의 사회 참여 확대의 인구문제, 주5일 근무제 확대와 조기 은퇴자 증가와 노동문제, 소득증대와 완만한 경제 경장 지속의 경제문제, 인터넷 모바일 등을 중심으로 하는 네트워크 구축에 기반 하는 정보화 추세의 급속한 확대와 첨단 기술의 일상화되는 정보 기술 문제, 지방 자치제도의 강화와 복지제도가 확산되는 정치 제도 문제 등의 오늘날의 환경은 스포츠와 운동 참여자에게 영향을 미쳐서 기존의 가치를 약화, 강화하거나 새로운 가치를 창출하고 있다.

지금까지 스포츠와 운동의 가치는 개인을 초점으로 하여 신체적 가치, 정신적 가치, 사회적 가치로 나누어 설명해 왔다.

첫째, 스포츠와 운동의 신체적 가치에는 신체의 성장과 발달, 건강의 유지와 증진, 바른 제세와 아름다운 몸매, 신체적 운동 기술의 수행 능력 향상 등을 주요 종속 가치로 제시하고 있다.

둘째, 스포츠와 운동의 정신적 가치는 욕구 충족, 근원적 경향의 정화, 현대생활의 건강 해소, 심미적 표현 능력 향상, 의욕적이고 실천적 인간 형성 등을 주요 종속 가치로 제시하고 있다.

셋째, 스포츠운동의 사회적 가치는 원만한 인간관계 형성 및 사회적응력 배양,

여가 선용 등을 주요 종속 가치로 제시하고 있다.

이렇게 제시된 가치는 환경의 변화와 더불어 전개되는 스포츠와 운동의 다양한 가치를 모두 내포하고 있지 못하고 있음은 물론 그 가치를 축소시키고 있다고 해도 과언이 아니다. 그러므로 스포츠와 운동의 다양한 가치 유형에 따라 환경 변화와 더불어 부각되는 가치와 미래 사회에 부각될 수 있는 가치를 예측하고 설명할 수 있어야 한다.

오늘날의 스포츠와 운동은 종래의 교육적, 예방의학적 가치를 강화하면서도 환경의 변화에 따라 다양한 가치를 부각시키고 있다.

스포츠와 운동의 가치 유형은 가치의 종합적 수용을 기준으로 내재적 가치와 외재적 가치, 개인적 가치와 사회문화적 가치, 예방의학적 가치와 재활 치료적 가치, 실용적 가치와 예술적 가치, 쾌락주의 가치와 금용주의 가치, 교육적 가치와 사회문화적 가치로 대변할 수 있다.

그리고 현대사회에서 부각되는 신체운동 가치는 첫째, 인간의 평균수명이 높아지면서 건강한 삶을 위하여 노화 방지와 질병 예방 차원에서의 예방의학적 가치, 둘째, 신체적, 정신적 질병의 회복과 치료 차원에서의 의학적 가치 셋째, 두뇌의 발달을 통한 지적 학습능력을 촉진시키는 차원에서의 교육적 가치, 넷째, 국가와 사회 발전에 기여하는 차원에서의 사회문화적 가치, 다섯째, 인간이 누릴 수 있는 무한한 자유를 체험하는 차원에서의 쾌락적 가치, 여섯째, 인간의 아름다움을 표현화는 차원에서의 예술적 가치 등이 있다.

이와 같이 "스포츠와 운동은 다양한 가치 유형으로 분류할 수 있고, 또한 인구 욕구 변화와 시대의 반영으로 예방, 치료, 지적 발달, 사회문화, 예술 등 다양한 가치를 부각시키고 있다. 그러므로 이러한 다양한 가치를 내포한 스포츠와 운동의 가치 재정립을 통한 영향력을 확대해 나가야 한다." (박주한, 2010: 93).

다. 노인 건강 및 여가문제 해결을 위한 스포츠 참여 확대

우리나라는 2000년을 기점으로 고령화사회(Aging society)로 진입하였으며, 2020년에는 15.1%에 달하여 곧 고령사회로 진입을 전망(통계청, 2010)함으로써 노인 문제의 비중이 더욱 커져가고 있다. 이와 같은 상황에서 심각하게 대두되고 있는 노인문제는 노인들의 사회적 은퇴와 더불어 무료한 여가시간을 보냄으로써 겪게 되는 각종 스트레스와 고독감, 허탈감, 우울감 등 각종 심리적 약화를 가져오게 되고, 노인 스스로 불행하다는 느낌을 갖게 하는 것이다.

　현대사회의 급격한 사회 변천에 따른 세대 간의 의식 및 가치관의 격차가 노인의 지위를 격하시키고 있는 가운데, 노인들은 의료의 발달과 생활수준의 향상으로 수명이 날로 연장되어 긴 노년의 기간을 갖는데 반해, 정년퇴직 제도에 의해 가정과 사회에서 일정한 책임과 업무가 주어지지 않고 오히려 주류의 세력에서 제외되고 있다.

　따라서 노인은 직업 생활로부터 떠나 사회의 일선에서 후퇴하게 되면 역할 상실과 함께 무기력한 노인으로 전락하게 된다. 그러므로 노인은 사회의 잘못된 고정관념에 의해 편견의 대상으로 시달리게 되어, 이들은 사회 일선에서 후퇴하게 되어 역할 박탈의 심각한 문제에 직면하게 된다. 이러한 상황이 노인들에게 여가활동에의 참여는 건강 및 노인문제를 해결할 수 있는 매우 중요한 수단이 된다.

　한국보건사회연구원(2005)의 '2004년도 전국노인생활실태 및 요구조사'에 의하면 노인의 여가활동 유형은 가족과 함께 하는 일이 29.8%로 가장 많으며, 그 다음 친구만남·친가방문·동호인 모임 등 사교활동이 21.7%, TV 시청·라디오 청취·신문 구독이 9.5%, 관광·등산·낚시·답사 등의 여행이 5.8%, 종교 활동 5.1%, 바둑·장기·화투 등이 3.0%, 자녀 및 손자녀 양육이 3.0% 등으로 나타났다. 또한 노인의 47.9%가 종교단체에 가입하고 있으며, 사교단체 35.5%, 스포츠단체 3.9%, 정치단체 2.1%, 문화 활동 단체 0.9% 가입률을 보이고 있어 스포츠 관련 여가활동의 참여는 매우 저조함을 알 수 있다.

　더욱이 노인들의 경우 다른 연령층에 비해 스스로가 스트레스를 감소시킬 수 있는 운영 능력이 부족하기 때문에 스트레스가 증가하는 경향이 있다. 이러한 스트레스는 두통, 위장병, 고혈압, 동맥경화 등 다양한 건강상의 문제를 야기 시킬 뿐만 아니라 정신적인 면에 있어서도 불안과 우울증과 같은 정신질환에 영향을 미친다.

　한편 노년기에는 일상생활에서 발생하는 스트레스와 더불어 무료한 여가시간의 소비로 인하여 심리적인 불안감과 신체적 무력감 등을 가중시키게 되고 이로 인하여 심각한 우울증을 유발시키고 있다. 이러한 우울은 사회적 고립, 약물 및 알코올에 대한 의존성 증가, 삶의 의욕과 사기 저하 등으로 나타나 결국, 노년기에 삶에 부정적인 영향을 미치고 삶의 질을 저하시키며, 더 나아가 결국에는 자살에 이르게 까지 한다.

　이처럼 노인의 낮은 스포츠 관련 여가활동 참여는 건강 및 노인 문제 해결에 걸림돌로 작용하여, 노인들로 하여금 고독, 소외, 만성적 무료함을 겪게 함으로써 삶의 질과 생활 만족을 떨어뜨리고 있다. 왜냐하면 노년기의 스포츠 관련 여가활동은 적극적인 여가활동으로서 수준 높은 복지 사회로 향해가는 기초가 되기 때문이다.

노인에게 스포츠 활동은 여가선용 뿐만 아니라, 건강 유지라는 측면에서 중시되어야 하며, 여가활동으로서의 스포츠 참가의 궁극적인 목적은 삶의 질을 향상시키는 데 있는 것이다. 또한 노인의 스포츠 활동 참여는 여가나 건강 측면 외에도 신체활동을 매개로 한 타인과 상호작용을 통하여 자아에 대한 폭넓은 사고와 개념을 형성하는 계기를 마련할 수 있으며, 스포츠 프로그램의 구체적인 실행을 통하여 긍정적인 자아개념을 확립할 수 있다.

특히 노인의 스포츠 참여는 신체적 건강뿐만 아니라 정신적·심리적 차원을 모두 포함하는 총체적 구조로서의 의미를 가지며, 지속적인 스포츠활동 참여는 현대 사회에서 급증하는 정신적인 스트레스를 감소시켜 사회 심리적 건강에 긍정적인 효과가 있다는 과학적 연구에 근거한다(Cox, 1991).

이러한 맥락에서 "노인의 여가스포츠 활동은 신체적 건강 증진과 사회적 접촉 기회 제공, 노인 자신에 대한 신념, 자기 신체에 대한 자신감 부여, 자기 가치성의 확신 그리고 즐거운 삶 등을 영위할 수 있도록 스트레스 감소 효과를 보인다. 이미 선진국에서는 스트레스와 우울에 대한 예방 차원에서 여가스포츠 활동이 과적이며 질병을 줄일 수 있다고 밝혀졌으며, 에어로빅, 수영, 조깅 등의 여가스포츠 활동은 일반인들의 스트레스를 완화시켜 주는 유효한 수단임을 보고하고 있다." (최미리, 이양출, 2012: 76).

따라서 노인의 건강 및 여가 문제를 해결하기 위해 노인들로 하여금 스포츠 관련 여가활동에의 참여를 유도하기 위해서는 노인의 특성을 고려한 다양한 스포츠 프로그램 개발과 근거리에서의 스포츠 활동이 가능하도록 전국적인 노인체육 시설 및 공간을 위한 적극적인 정부의 정책이 뒷받침되어야 할 것이다.

라. 은퇴 후 성공적인 노화 및 삶의 질 향상을 위한 스포츠 참여 확대

　전 세계적으로 노인 인구의 증가는 새로운 사회 문제로 떠오르고 있다. UN이 정한 전체 인구 중 노인의 비율이 7%이상이면 고령화 사회, 12%이상이면 고령사회, 20%이상이면 초고령사회라는 기준에 따르면 세계가 머지않아 초고령사회가 되는 것은 분명한 사실이다(통계청, 2007).

　"이러한 고령화 사회, 고령사회로의 진입은 다양한 노인 문제와 직면하게 만들었다. 즉 노인 건강, 노인 질환, 노인 의료비 등의 삶의 질과 관련된 문제들이 중요한 사항이라 할 수 있다. 노인 문제를 해결할 수 있는 가장 근본복인 방법은 건강을 유지하며 일상생활을 영위하는 것이다. 노인의 건강은 노인 자신의 행복과 안녕(well-being)을 위할 뿐 아니라 국가와 국민의 부담을 덜어주는 중요한 문제라고 할 수 있다." (여인성, 2010: 500). 따라서 노인들의 건강 유지는 노인 스스로의 운동 참여와 직결된다고 볼 수 있다. 하지만 이러한 운동의 긍정적인 효과와 중요성에도 불구하고 매일 건강을 위해 행하는 노인들은 전체 노인의 절반 밖에 되질 않는다고 한다(한국보건사회연구원, 2004).

　운동에 참여하지 않는 노인들은 운동량이 부족하고 특별히 운동 프로그램에 참여할 기회도 적어서 신체적 기능이 더욱 위축하게 된다. 또한 운동은 젊은 층에서만 하는 것으로 인식되어 나이가 들면 신체적 능력이 저하되어 운동을 지속할 수 없다는 쪽으로 생각하여 누워 있거나 TV 감상, 낮잠 자기 등으로 여가생활을 무의미하게 보내는 원인이 많은 실정이다. 결국 운동 부족 현상은 노인들의 근력 약화를 일으켜 낙상으로 인한 사고로 이어질 수 있다. 낙상으로 인한 사고는 일상생활을 하는 데 불편을 초래하게 되거나, 장시간 침상에 누워 있게 될 수 있으며, 심하게는 사망에 이르게까지 한다. 또한 운동 저하로 인해 심각한 의료비의 증가를 불러오고 있다.

　2004년 전국 노인생활실태 및 복지욕구조사(2005)에 따르면 46.1%의 노인들이 병원 가는 횟수의 증가로 인한 의료비 부담정도를 느끼고 있다고 한다. 보건사회연구원의 건강증진사업단(2006)이 조사한 자료에 의하면 운동에 참여하는 노인들이 그렇지 않은 노인들에 비해 주관적 건강 상태가 높고 병원 가는 횟수가 적었다고 한다. 결국, 노인들의 운동 참여 유도는 주관적 건강을 증대시켜 건강한 노후 생활을 보장받을 수 있게 해 주고 나아가 국가적 차원에 있어서 노인 문제 해결에 도움을 준다고 할 수 있겠다.

일반적으로 많은 사람들은 은퇴를 개인과 가족에게 심리적, 개인적으로 큰 문제를 야기 시키는 심각한 사건으로 간주하면서 엄청난 실의와 충격과 함께 생의 의욕을 잃게 하는 요인으로 취급해 버리는 경향이 있다. 또한 인간은 일을 통해서 의미 있는 사회적 활동과 접촉하게 되고, 자신의 창조적 관심을 표현하며, 사회에 공헌을 하고, 지역사회에서 지위를 얻게 되는데, 이러한 의미와 가치를 상실하게 된다.

Moore(1959)은 은퇴의 시작을 규칙적이고 일상적인 의무로 꽉 찬 생활에서 친숙한 스케줄이 텅 빈, 즉 의무나 관계가 결여된 생활로의 갑작스런 변화로 규정하였으며, Pollock(1956)에 의하면 정상적인 성인 남자들은 은퇴를 자신이 살고 있는 사회에서 요구되는 사회적 정체성을 상실하는 것으로 받아들이면서 많은 심리적 압박을 받는다고 주장하였다. 이처럼 은퇴를 부정적인 시각으로 바라보는 것과는 달리 90세를 넘긴 후에도 풀타임으로 일하는 5만 명의 노인들이 미국의 한 부분을 지탱해 나가고 있다는 LA 타임지의 보도나 '은퇴하기 위해 일한다.', '세컨드 라이프를 사는 법' 등의 서적들이 일본이나 미국에서 베스트셀러로 판매된 것, 또한 서구 각국에서 은퇴 준비 프로그램이 광범위하게 활용되고 있는 점 등은 은퇴에 대한 새로운 시사점을 보여주는 예라고 할 수 있다.

특히 외국의 경우 은퇴가 매우 중요한 전환기이기는 하나 대부분의 사람들이 적응을 잘 하고 있으며, 은퇴 후의 상황에 만족하는 것으로 밝혀지고 있다. 이러한 현상은 은퇴가 강제적이지 않고 자발적이며, 은퇴에 대한 준비 및 사회 보장 제도가 비교적 잘되어 있기 때문이다. 따라서 은퇴 자체보다는 건강 상태나 경제적 안정이 은퇴 후의 적응이나 만족에 중요한 요인으로 작용하고 있다.

그러나 우리나라의 경우 대부분의 노인들은 은퇴에 대해 많은 고민을 하면서도 이에 대한 구체적인 준비를 하는 사람은 매우 드문 실정이다. 즉 낮은 정년 연령, 은퇴에 따른 준비 부족, 사회적·경제적 역할 상실, 소득의 감소, 사회 복지 제도의 미비 등으로 인해 많은 사람들에게 은퇴는 스트레스나 불안의 대상으로 지각되는 경향이 크다.

통계청(2005)이 밝힌 우리나라 직장인의 평균 퇴직 연령이 53세이고, 평균수명이 78세인 점을 감안하면 은퇴 후 약 25년이 넘게 제2의 인생을 살아가는 것이 우리의 현실이다. 이러한 점을 고려할 때 노년 후기의 25년을 어떻게 살아가야 할 것인가는 우리에게 너무 중요한 질문이 될 수 있다.

따라서 "제2의 인생인 은퇴 후의 성공적인 노화와 삶의 질 향상을 위해서는 경제적인 문제가 보장이 되어야 하며, 또한 이를 위해서는 건강문제가 선결되어야 할 것이다. 결국 건강 문제는 스포츠 활동의 다차원적인 메커니즘의 접근을 통해 해결할 수 있는 것으로, 노인들의 스포츠 활동 참여 유도를 위한 종합적인대책이 마련되어야 할 것이다. 이는 스포츠가 신체적인 건강뿐만 아니라 사회 심리적인 건강 요소까지 해결할 수 있는 유일한 탈출구이기 때문이다." (구창모, 2009: 43).

운동의 참여는 노인들에게 사회적 관계 형성을 위한 중요한 요소이기도 하다. 노인들에 있어서 사회적 관계는 신체 기능을 증가 시키고, 기능 상태의 쇠퇴 또한 지연시킨다(박경혜, 이윤환, 2006)고 할 만큼 사회적 관계와 신체적 기능의 연관성을 제시하고 있다. 또한 Leon, Glass & Berkman(2003)은 사회 활동을 활발히 하는 노인이 장애가 낮다는 것을 보고하였다. 능동적인 활동과 기능 상태를 살펴본 Everard, Lach, Fisher & Baum(2000)도 능동적이며, 적극적인 활동에의 참가가 높은 신체건강 점수와 연관된다는 것을 보여주었다. 특히 노인들에게 있어서 사회적 관계는 운동을 통해 유대감을 증대시킬 수 있다.

사회적 지지의 중요한 요소로 신체적 활동을 강조한 Chogahara, O'Brien Cousins, & Wankel(1998)은 사회적 지지는 신체활동에 대한 자아효능감 그리고 신체활동 장에서 인지된 행위의 통제 그리고 운동 계급에 대한 집착 등과 관련된다고 하였다. 또한 운동 단체에 참여하는 노인들이 다른 활동(사교, 취미, 교양, 기타 부문)에 참여하는 노인들보다 사회적 지지와 일상생활 활동 수행 능력이 더 높으며, 노인의 여가스포츠 활동 경험이 사회적 지지를 높여 준다. "사회적 지지에 운동 참여가 중요함을 알 수 있으며, 운동 참여를 통해 주관적 건강이 증대됨을 알 수 있다. 이는 노인들의 사회적 관계 형성에 있어서 중요 요소임을 다시 한 번 입증해 주는 결과이기도 하다.

따라서 운동과 더불어 노인들에게 있어 사회적 지지는 신체건강과 정신건강을 위해 필수요소임을 알 수 있다. 노인들의 운동 참여를 적극 유도할 수 있는 다양한 운동 프로그램의 구성과 재정 지원을 통해 노인 건강 문제 해결과 건강한 노후 생활을 유지하도록 노력해야 한다." (여인성, 2010: 508).

마. 노인의 가족 내 통합을 위한 스포츠 참여 확대

일반적으로 가족은 인간을 사회화 시키는 원초적인 집단으로서 가족 구성원에게 문화의 가치 및 사회적 습관의 형성을 가능케 하며, 애정과 신뢰를 바탕으로 상호 협조하는 공동체인 동시에 사회생활의 적응력을 학습시켜 주는 장이라 할 수 있다.

 따라서 가정은 기본적인 인간관계 및 사회적응력 향상, 자아 정체성 확립, 정서적 안정 및 심리적 복지 증진, 문제 행동 및 생활지도의 기능을 수행하는 일차적인 집단이다.

 이러한 가족은 대개 조부모, 부모, 자녀들로 구성되는 생활공동체로 생각될 수 있으나, 현대 가족은 성, 출산과 양육, 그리고 부양과 보호와 같은 일반적인 요소들만으로 구조화 되어 있지는 않다. 특히 젊은 층일수록 개인 역할의 다양화와 함께 자율성을 강조하면서 독신가족, 부부가족, 이혼가족이 늘어가고 있는 추세이며, 이로 인해서 노인가족이나 소년소녀 가족도 증가하고 있는 실정이다.

 이와 같은 양상은 인간이 부모로부터 태어나 부모의 보호아래 성장하고 결혼을 통해 새로운 가족을 이루면서 키워 준 부모를 봉양하며, 가족과 더불어 살아가는 전통적인 가족 형태의 퇴화를 의미하는 것으로 볼 수 있다. 즉 인간을 둘러싼 환경 요인 중 가장 중요한 영향을 미치는 것이 가족이라고 볼 때, 확대 가족으로부터 핵가족으로서의 가족 개념의 변화는 대면적 상호 관계에서 가족 간의 무관심과 소외를 야기 시키고 있는 것이다.

 특히 우리나라의 경우 생계 대책이 없어 가족의 도움으로 살아가야 하는 노인이 32.1%(한국보건사회연구원, 2005)나 됨에도 불구하고, 가족으로부터 버림받고 홀로 살아가야 하는 노인의 수는 점차 증가되고 있는 추세이다. 즉 노인들은 가족이나 기존의 사회적 관계망에서 멀어지면서 마땅히 할 것도, 갈 곳도 없어지고 있어 이에 대한 문제는 사회의주요한 이슈로 부각되고 있는 실정이다.

 따라서 노인에 대한 관심의 차원을 가족 외부의 사회 환경으로부터 가족 내부로 돌려, 노인들로 하여금 가족의 정서적·사회적 지지를 받게 하는 것은 가족의 세대 간 갈등을 해소하여 가족 통합을 가능케 할 것이다.

 이를 위해서는 "스포츠 활동을 통해 가족 간의 의사소통과 가족의 유대 및 상호 이해 증진 그리고 만남의 기회를 제공하여 가족 구성원 간의 갈등을 해결하는 것이 중요하다. 또한 스포츠는 행복하고 화목한 가정을 이루기 위해서 전제되어지는 가족 구성원의 건강을 유지시켜 줄 뿐만 아니라, 긍정적인 사회화를 통해 사회적응력 향상과 사회 규범의 학습, 그리고 창조적인 능력 개발에 큰 공헌을 할 수 있을 것이다." (구창모, 2009: 43).

바. 운동 실천과 웰다잉의 관계

 '웰빙을 넘어 웰다잉을 논하다' (유석재, 2006. 6.20), '미리 생각해 보는 죽음.... 삶이 더 아름다워진다'(이지현, 2008. 2. 3), '잘 살아야 잘 죽을 수 있다'(연합뉴스, 2010. 10. 10) 등 최근 몇 년 사이에 삶과 죽음의 성찰에 대한 기사가 빈번하게 보도되면서 웰다잉에 대한 관심이 높아지고 있다. 죽음에 대한 공포는 모든 인간에게 존재하는 보편적인 정서이다.

이러한 죽음의 공포는 자신의 삶이 무의미 했다는 개인의 자각에 기인하므로, 반대로 의미 있는 인생을 살았다는 자각은 죽음을 긍정적으로 수용할 수 있게 된다. 이러한 관점에서 죽음을 삶의 구심점으로 파악하려는 웰다잉의 관점은 죽음에 대한 인식과 이해가 삶의 본질을 이해하는 중요한 척도가 된다는 점에서 그 중요성이 매우 높다(김영미, 2011).

웰다잉(well-dying)은 잘 사는 방법에 촛점을 맞춘 웰빙과 상대적인 의미로 어떻게 평안하게 잘 죽을 수 있는가를 의미한다. 즉 '인생의 마무리를 밝고 아름다우며 품위 있게 한다'는 의미로, 웰다잉은 죽을 때 자신의 모습이 어떠해야 하는가를 고민하는 삶과 연결되어 있다(박준동, 2006. 11. 7). 죽음은 생명체의 삶이 끝나는 것을 의미하며, 신체적으로 죽음이 확인되는 지점을 말한다.

최근 한국사회는 고령화로 인한 노인문제가 큰 사회적 이슈로 떠오르면서 죽음에 대한 연구[32]가 더욱 활발히 이루어지고 있다. 죽음에 대한 올바른 태도와 준비는 성공적인 노화와 삶의 질 향상에 필수 조건으로 인식되고 있다. 노인들의 큰 관심사는 건강하게 잘 사는 것 뿐 아니라 편안히 잘 죽는 것이다.

통계청이 100세 이상 노인 796명을 조사한 바에 의하면 이들의 가장 큰 소망은 '편안히 빨리 죽는 것'(16.8%), '자손 잘되기'(21.8%), '건강 회복'(16.8%) 순으로 나타났다. 노인의 이와 같은 죽음 태도나 불안에 영향을 미치는 요인에는 가정환경 요인, 신체적 요인, 심리적 요인, 사회적 요인 등 다양한 요인들이 있다.

특히 노인의 건강 상태나 지각된 건강 평가 등은 죽음 태도에 매우 영향력이 큰 변인으로 작용하고 있다. 이에 노인의 지속적이고 규칙적인 운동은 식사나 영양, 대인관계 스트레스 관리 등의 총체적 건강 지향 행동에 영향을 미쳐 웰다잉에 관계할 가능성이 클 것으로 생각된다.

한국인의 일생 중 질병이나 부상으로 고통 받지 않고 건강한 삶을 유지하는 건강 수명은 65세로 세계 51위에 불과하며, 1위를 차지한 일본의 74.5세와 비교할 때

---

32) 초기 죽음에 대한 연구는 의학, 간호학, 종교학 분야에서 호스피스 환자나 노인들을 대상으로 단순히 죽음에 대한 태도나 인식을 분석하는 연구들이 주로 이루어졌으나 1980년대 이후 가정학, 심리학, 사회복지학 분야에서 노인들뿐만 아니라 성인, 청소년들을 대상으로 죽음 불안이나 죽음 수용에 영향을 미치는 사회·심리적 요인을 분석하거나 죽음 준비교육의 필요성을 제시한 바 있다. 또한 좋은 죽음의 의미를 밝히는 연구들이 다각적으로 수행되어 왔다(김영미, 2011: 88).

9.5세가 낮은 것으로 나타났다. 따라서 국민 의료비를 줄이고, 삶의 질을 증진시키기 위해 건강 수명을 연장하기 위한 노력이 필요하다.

노년기 건강 문제의 80%는 주로 건강 증진을 위한 생활 방식의 변화를 통해 예방될 수 있다. 그리고 이러한 건강을 위한 생활 방식의 변화나 행동들은 노인의 건강 상태와 삶의 질에 영향을 미칠 수 있다는 믿음으로 인해 간호학이나 노인학, 복지학 분야에서 노인의 건강 증진 행위와 건강 상태 및 삶의 질과의 관계를 분석하거나 노인 건강 증진 프로그램을 개발하는 데 많은 노력을 기울이고 있다.

반면 체육학 분야에서는 노인의 건강에 대한 중요성 자각은 생활스포츠와 같은 특정 활동을 통해 더욱 강화될 수 있다는 인식하에 생활스포츠 참가가 건강 행동에 미치는 영향력을 규명하거나 건강 지향 행동과 삶의 질의 관계를 연구가 시도되었으나 건강 지향 행동에 관련된 연구는 미흡한 실정이다.

사. 성공적인 노화

현대 사회는 경제 성장으로 인한 삶의 질 향상과 의학, 보건 기술 발달 및 생활 환경의 개선은 인간의 평균 수명을 가져왔으며, 이로 인한 인구의 고령화는 우리나라에서 큰 사회적 문제로 대두되고 있다. 통계청에 따르면 우리나라 65세 이상의 인구 비율은 2000년 총 인구의 7.2%를 넘어 이미 고령화 사회에 접어들었다. 2010년에는 12.9%, 2020년에는 19.2%, 2030년에는 29.5%로 증가할 것으로 예상되며 2050년에는 그 비율이 52.6%가 되어 국민 2명 중 1명이 노인이 될 것이라고 전망하고 있다(통계청, 2007).

이와 같이 노인인구의 증가와 노년기의 장기화는 오래 살기를 원했던 인간의 욕구가 달성되는 축복이기도 하지만 질병, 빈곤, 역할 상실, 고독과 소외 등의 여러 가지 노인 문제를 수반함으로써 가정과 사회에 큰 부담을 안겨주게 되며, 다양한 형태의 긴장과 갈등으로 연결되어 복합적인 문제를 발생시키고 있다(정다운 외, 2011).

따라서 이제는 노인들이 건강하면서도 행복하게 노후 생활을 향유하는 데 관심이 모아지고 있으며 이와 관련되어 삶의 방식 또한 변화되고 있다. 노년 인구의 삶의 성향의 변화는 더욱 여가를 향유케 하는 요인이 되고 있다. 여가 시간을 어떻게 채워나가야 할 것인가의 문제는 삶의 질과 관련하여 노년기의 삶을 성공적으로 영위할 수 있는 중요한 부분으로 자리 잡고 있다.

즉 여가활동을 통해 신체적, 사회적, 심리적 건강과 관련한 여러 가지 활동으로 개인의 다양한 목적을 달성하게 하는 수단이며, 궁극적으로 노인의 성공적 노화를 돕는 일차적 수단이 된다.

성공적 노화[33]란 노화과정에 있어서 노인들 스스로 자신과 사회에 대한 성공적인 적응을 해나가는 것으로 개인의 성격, 사회적 성격, 신체적 건강 상태라는 세 가지 요소가 조화를 이루어야 한다. 또한 건강한 상황 하에서 성격이 끈기 있고 유연하며, 사회적 환경에 대한 노인의 태도가 긍정적일 때 성공적인 노화를 이루었다고 할 수 있다.

노화를 멈출 수는 없지만, 다양한 방식의 중재를 통해 노화를 늦출 수 있다. 다양한 방식의 중재 방식들 중 신체활동은 가장 강력하면서 효율적인 방식이라고 여겨지고 있으며, 특히 노인들의 삶의 질을 향상하는 데 중요한 역할을 수행할 수 있다(김경오, 2015). 그러나 대다수 노인들은 실제로 신체적으로 활달하지 않으며, 이러한 문제를 발생시키는 중요한 요인이 노인들의 일상을 둘러싼 사회·생태학적 환경에 있다.

고령화된 사회에서 경제적인 어려움을 겪고 외로움을 느낀 노인들이 극단적인 선택을 하는 경우가 많고 여가활동의 부족으로 정서적인 외로움을 느끼기 쉬워 우울증을 앓는 경우가 많기 때문에 나타난 문제라 볼 수 있다. 노인들은 여전히 사회적 구성원임에도 불구하고 신체적, 심리적, 사회적 노화와 그로 인한 다양한 역할 및 기능의 상실로 인해 부정적인 태도나 무관심 속에서 방치되고 있다.

이로 인해 사회 구성원으로서 가지는 욕구충족이 이루어지지 않음으로서 그 어

33) 노화는 출생에서 시작하여 죽음으로 끝을 맺는 유기체의 퇴행적인 변화이자 인간의 정상적인 성장발달의 한 부분으로 생물학적·심리적·사회적 변화과정을 포괄한다(Birren, 1964).

떤 연령대보다 스트레스나 우울에 빠질 가능성이 크며 늘 심리적 건강이 취약한 환경 속에 있다(Krause, 1990; Newman & Struyk, 1990; Baerfoot, 1993). "이런 상황에서 노인들에게 신체적, 심리적, 경제적 도움을 제공할 수 있는 사회적 지지에 대한 관심이 높아지고 있다." (김석일, 2012b: 334).

노인에 대한 사회적 지지는 노년기의 심리적 건강에 중요한 영향을 미치는 요소로 노년기 자아통합을 이루는데 있어서 매우 중요한 자원으로 보고 있다. 사회적 지지란 개개인의 사회관계 속에서 주변으로부터 얻는 평가나 자존, 소속감, 주변으로부터의 지지 등을 의미하는 것으로 자신에 대한 인정과 신뢰감의 욕구가 충족되어 주관적 행복감을 갖게 한다. 보통 사회적 지지가 높을수록 스트레스에 대한 지각이 낮고 심리적 건강이나 정신적 건강을 향상시킨다. 이에 사회적 지지와 심리적 건강 간에 깊은 관련이 있음을 보고하였고, 노인을 대상으로 사회적 지지와 심리적 건강의 관계를 밝힌 연구들은 노인들의 시회적지지 경험이 심리적 건강에 긍정적인 영향을 미친다고 밝힌 바 있다(McAdams, Aubin, & Logan, 1993).

이런 측면에서 노인들의 심리적 건강은 매우 취약하기 때문에 노년기의 변화에 탄력적으로 대응할 수 있는 사회적 수단으로 신체활동이 제안되고 있다(Villareal, Chode, Parimi, Sinacore, Hilton, Armamento-Villareal, Napoli, Qualls, & Logan, 2011).

여가활동 중에서 신체활동은 일상생활의 신체적 건강과 정신장애를 완화시켜 주고 신체적, 정신적 건강에 긍정적인 영향을 미친다. 또한 지속적인 신체활동은 사회적 지지와 관련이 있는 소속감이나 자신감, 만족감을 증가시키고 동료와 친교를 나누거나 물질적 또는 정서적 도움을 주고받으며, 개인적 문제를 서로 의논하는 등 사회적 지지를 강화하는 데 기여한다(조근종, 2000; 이홍구, 2003).

이러한 사회적 지지는 신체활동을 통해서 지지의 정도가 높아지고 사회적 지지가 높은 사람은 건강 및 낮은 스트레스를 통해 긍정적 감정을 가지게 되는 것이다(Campbell, 1981).

지금 우리나라는 출산율 저하와 70~80년대 하루하루 살기 위한 '생활중심'에서 현재의 '삶' 중심사회로 변화하였다. '삶' 중심사회는 건강에 대한 관심이 많아지고, 의술의 발달로 인하여 평균수명이 연장되면서 인구 고령화 사회에 접어들게 되었다.

우리나라 사회는 지난 2000년 65세 이상 노인인구가 7.2%에 이르러 고령화 사회에 진입하였고, 이 같은 추세가 이어질 경우 2018년에는 노인인구 비율이 14.3%로 고령사회, 2016년에는 20.8%로 초고령화사회에 진입할 것으로 전망했다. 이러한 현상은 세계적인 고령화 추세에 비추어 보면 사회보장제도가 잘 되어 있는 북유럽을 비롯하여 일본, 미국, 캐나다 등의 선진국보다 더 빠르게 고령화가 진행되고 있음을 알 수 있다.

그러나 고령화 현상이 심화된다는 것은 노인들의 전반적으로 건강과 관련된 신체 기능 감소, 심리적 불안정, 사회성 감소를 의미한다. 즉, 건강 및 체력수준이 저하되고 만성 유병율이 증가된다는 것이다. 노인들은 이러한 점을 알면서도 어떻게 활용하여야 개인의 삶의 질이 향상될까라는 갈망 속에 '건강'은 매우 중요한 의미를 가지고 있다.

또한, 건강은 정치·사회·경제·문화와 접목되어 국가경쟁력과 국민들의 삶의 질을 판단하는 척도가 되고 있고, 선진국에서는 오래 전부터 국민건강을 위한 정책으로 생활스포츠를 강력하게 장려하고 있는 이유도 바로 여기에 있다고 할 수 있다.

생활스포츠는 높은 수준의 경기스포츠에서부터 낮은 수준의 대중 스포츠에 이르기까지 다양한 형태의 신체활동으로 이를 구성하는 개인이나 집단, 즉 사회구성원의 건강과 후생복지, 여가선용 등을 목적으로 두고 있으며, 그 자체가 즐거움으로 행하여지고 건강하며 행복한 삶을 영위하는 복지사회 건설의 기본 바탕을 이루는 사회교육의 활동이다.

노인 생활스포츠 저변 확대와 활성화를 위해서는 대다수의 노인들이 쉽게 이용할 수 있는 시설과 조직, 체계적이고 다양한 프로그램 및 노인들의 생활스포츠에 대한 올바른 인식 등의 요인들이 절실히 요구되지만, 무엇보다도 생활스포츠 발전에 가장 중요한 요인은 효율적인 지휘, 감독, 관리, 지도 등 유능한 지도력을 갖춘 지도자의 배치가 우선되어야 할 것이다.

우리나라 생활스포츠는 다양한 프로그램과 현대적인 시설은 정착되어 가고 있지만, 지도자에 대한 인식은 운동 기술을 지도하는 코치 정도로 생각되어졌던 과거의 생각에서 벗어나기 위한 노력이 필요하며, 나아가 우수한 자질과 능력을 갖춘 지도자는 스포츠 활동 참여자로 하여금 스포츠 활동에 대한 동기와 가치를 부여하는 데 적극적인 영향을 줄 뿐만 아니라 체계적이고 조직적인 발전에 직·간접적으로 영향을 준다.

따라서 생활스포츠 지도자는 단순히 운동 지도 역할만이 아니고, 생활스포츠 집단 내에서 참가자에 대한 안내자·지시자·영향력 행사자 등의 역할을 수행해야 하며, 참가자의 운동 효과를 극대화 시키고 운동의 합리성을 제고시켜 더 많은 사람들이 생활스포츠에 참여하도록 노력해야 한다(김홍식, 안민주, 김공, 2009).

아. 복지부 신체활동 장려 사업에 체육인력 참여의 길 열리길

신체활동 활성화를 목적으로 하는 국민건강증진법(증진법) 개정안이 지난달 말 국회에서 가결됐다. 주요 내용은 국가와 지방자치단체가 국민건강증진기금으로 신체활동장려사업을 지원하고 시행할 수 있다는 것이다. 개정안은 2년간 준비기간을 거쳐 2021년 10월 시행된다.

우리나라 성인 35% 이상은 권장 운동량을 채우지 못하고 있다. 신체활동부족과 빠른 고령화로 인해 막대한 의료비와 사회적 부담이 증가하고 있다. 국감자료에 의하면 65세 이상 노인진료비는 2018년 한 해 총 31조 6527억원이다. 국민 전체 진료비(약 77조6583억원)의 40.8%다. 전체인구 중 14%가 총 진료비 40% 이상을 쓰고 있는 것이다.

신체활동은 질병을 예방하고 건강을 개선한다. 가장 효과적인 것은 정기적인 운동이다. 신체활동 지도는 다양한 운동 효과에서 운동법까지 체계적으로 공부한 운동전문가가 실시하는 게 바람직하다.

국내 4년제 체육계열학과 중 건강운동관리학과 등 건강 관련 학과가 약 50여개다. 이곳에서 운동·건강 전문인력이 배출되고 있다. 국가자격증인 건강운동관리사(건운사)도 있다. 건운사는 의학적 치료와 함께 운동이 필요하다고 인정되는 사람에게 의사의 의뢰를 받아 운동을 지도하는 사람이다. 체육 관련 대학 졸업생만 응시할 수 있다. 기능해부학, 병태생리학, 운동상해, 건강·체력평가 등 다양한 전문과목에서 엄격한 평가를 거쳐 자격이 주어진다.

건운사는 문화체육부관광부(문체부) 명의 자격증이다. 지금은 보건복지부(복지부) 소관 보건소 등에서 활동하는 데 제약이 있다. 이런 상황이 개선되지 않은 채 증진법이 시행되면 건운사는 보건소 등에서 운동을 지도할 수 없다. 건강행복체육부를 만들어 체육과 보건을 통합하는 정책을 펴고 있는 네덜란드와 상반되는 상황이다.

복지부는 증진법 시행을 앞두고 가장 먼저 신체활동전담인력에 대한 규정을 정리할 것이다. 간호사, 물리치료사, 보건교육사 등 기존 보건의료인들이 새로운 자격 연수 등을 통해 전담인력으로 활동할 수도 있겠지만 건운사 같은 운동·건강 전문인력이 일할 수 있는 방안도 마련돼야 한다. 건운사가 문체부 자격증이라 복지부가 인정할 수 없다면 복지부 소관 새로운 자격제도라도 신설해야 한다. 복지부가 새롭게 시작할 신체활동장려사업을 성공적으로 수행함으로써 모든 국민이 행복한 복지 선진국가를 선도해나가길 간절히 소망한다.[26]

잠깐! 쉬었다 갑시다

☞ 30년 후 노인 나라의 추석은…

가을장마와 태풍으로 알곡과 과실이 익을 틈도 없이 며칠 후면 추석 명절이다. 결혼 후, 큰집인 시댁의 제사 때문에 막내며느리인 내게도 명절은 극기훈련을 하는 특별시기였다. 살인적인 귀성 전쟁을 치르며 각지에서 모인 30여 명의 식솔들의 음식과 조상의 제사음식을 며칠간 준비하던 살신성인의 추억이 내게는 있다.

시부모께서 다 돌아가신 후부터는 친정어머니가 오랜 기간 투병 중이라 맏딸인 내가 친정집 살림과 부모의 건강을 돌볼 수밖에 없는 처지가 됐다. 더군다나 어머니가 올봄에 넘어져서 인공 고관절 수술까지 하고 거동이 불편하시니 내 삶의 질에 미치는 여파가 만만치 않다. 이래저래 심신에 무리가 됐는지, 여름 내내 나도 허리 디스크로 고생했다.

80대 노부모를 봉양하는 자식도 환갑을 바라보는 나이니 노인이 노인을 돌보는 형국인데, 그나마 우리 부모 세대는 낫다. 내가 부모의 나이가 되면 나는 누가 돌보나. 이제 여기저기 아프기 시작하고 건강에 경고등이 켜지는 노년의 어둡고 깊은 터널로 발을 들여놓기가 두렵다. 그런데 2045년이면 한국이 세계에서 가장 늙은 나라가 될 전망이란다.

고령 인구 비중 급증률이 세계 평균율의 두 배를 기록해서 세계 최고가 된단다. 그런 것으로 1등을 먹다니. 앞으로 세계 어느 나라도 가보지 않은 길로 가게 된다니 암담하다. 이유는 우리나라 여성의 합계 출산율이 1명도 안 돼 세계 최저이기 때문이다. 지금은 5명이 노인 1명을 먹여 살리지만, 2067년에는 65세 이상 노인이 인구의 절반이란다.

결혼해서 근처에 사는 내 딸은 틈날 때마다 내 건강을 걱정해준다. "엄마, 건강 잘 챙겨. 외갓집에 뭐 그렇게까지 해? 어휴, 난 앞으로 엄마한테 그렇게 못할 거 같아." 딸한테 노년을 의지하고픈 생각은 없지만, 듣기에 따라 좀 섭섭한 것도 사실이다.

내가 가임기였던 때 가족계획 캠페인이란 게 있었다. '딸 아들 구별 말고 둘만 낳아 잘 키우자'에서 '둘도 많다. 잘 키운 딸 하나 열 아들 안 부럽다'로 캠페인이 바뀔 무렵, 결혼해서 직장 생활을 하던 나는 딸을 낳았다. 다행히 딸은 열 아들 안 부럽게 잘 자라서 성실과 노력으로 좋은 직장을 잡고 자기가 원하는 짝을 만나 결혼해서 행복하게 살고 있다.

다만 3년이 지나도 아이 낳을 생각을 하지 않는다. 얼마 전에 진지하게 물어봤더니 아이를 안전하고 행복하게 키울 사회적 여건이 아니며, 자신이 애써 이룬 경력이 출산과 양육으로 단절되는 게 두렵고, 남의 손에 아이를 맡기고 싶지 않으며, 현재 부부가 아이 없이 좋은 생활을 누리는 것에 만족하니 낳을 이유가 없다는 대답이었다. 삶에서 어떤 것도 양보하고 희생하지 않겠다는 그 의지도 딸의 인생이니 존중해야 한다는 생각이다.

그동안 출산율을 높이기 위해 정부는 온갖 지원 정책에 골머리를 앓아왔지만 그리 성공적이지 못하다. 가장 근본적인 저출산의 원인이 25세 이상 35세 이하 가임기 여성의 45%가 결혼을 안 해서라는데, 결혼한 부부도 아이를 낳지 않으려 하니 더 큰 문제다.

한국에서 딸 하나 출산으로 애국했던 내가 6년 후 아들을 낳은 것은 한국이 아닌 프랑스에서였다. 내가 유학 갔던 25년 전의 프랑스는 출산율이 거의 세계 최저였는데, 이민자든 외국인이든 미혼모든 동거 커플이든 아이를 많이 낳을수록 혜택과 지원을 퍼부었다.

아이 덕에 한 달에 40만원의 현금 지원과 주거비 지원인 월세 할인, 그 비싼 의료보험 혜택을 전 가족이 받았다. 거의 무상으로 아이를 탁아소에서 맡아줘 학업을 계속할 수 있었다. 미혼모든 비혼이든 외국인이든 아이를 낳는 모든 여성에게 프랑스의 자유, 평등, 박애정신, 그중에 박애의 품은 정말 넓었다. 그런 노력으로 현재 프랑스의 출산율은 평균 2명꼴로 유럽 최고가 됐다.

추석만 되면 제사다 성묘다 자손들이 돌아가신 조상을 모시느라 고생인데, 조만간 제사라는 문화는 대를 이을 자손이 줄어들 테니 자연히 도태될 것이다. 출산율이 곤두박질치는 인구절벽의 시대에 늙어 살아있는 것도 미안한데, 죽어서까지 무슨 호강을 누리랴. 30년 후 노인 나라의 추석이 문득 궁금해진다.[27]

http://blog.naver.com/coicib4jo/220285901811(2015. 02. 28)

8. 나가는 글

노인의 삶은 크게 두 가지의 상반된 모습을 지니고 있다. 노인을 생각하면 떠오르는 모습 가운데 가장 보편중인 것 중의 하나는 할 일 없이 공원의 벤치에 앉아 졸고 있거나 가족의 관심과 가족사 및 중요한 사안에 대하여 소외되어 그저 자리만 차지하는 삶의 수동적이며 부정적인 모습이 그 하나이다.

반면에 신노년층으로 불리는 새로운 세대의 개념, 즉 활발한 자기개발이나 취미 활동에 참여하고 여가스포츠에 참여하여 자신의 삶의 행복을 찾아가는 노인답지 않은 긍정적이고 능동적인 모습이 다른 하나일 것이다.

나가는 글에서는 우리나라 노인의 삶과 여가스포츠 문화라는 주제로 자신의 삶의 질을 높일 수 있는 여가스포츠 문화의 모습은 어떠해야하는가에 대하여 논의하였다. 이를 바탕으로 도출된 논의의 결과는 다음과 같다.

첫째, 여가스포츠 참여를 통한 노인의 삶의 질 향상을 위한 기본적인 사회적 인프라의 구축이라는 차원에서 시니어스포츠 전문시설, 여가스포츠 프로그램의 마련, 전문 지도자의 양성이 가장 시급하다. 노인들의 진정한 웰빙을 위한 여가스포츠 활동의 적극적 참여는 생활의 만족도 및 심리적 안정감 삶의 행복감 등을 향상 시킬 수 있다.

노인정 및 노인 복지 회관 등을 대상으로 체육지도자 순회지도와 60세 이상 노인 등을 대상으로 한 건강증진 전국 순회 건강 검진 서비스 사업 확대 추진으로 노인의 건강 및 삶의 질 향상을 위하여 찾아가는 생활스포츠 서비스의 실시가 바람직하다.

또한 노인의 특성과 요구를 고려한 다양한 프로그램 개발과 이를 전문적으로 지도 할 수 있는 지도자 양성 정책 및 노인의 특성에 적합한 체육 활동을 효과적으로 지도할 수 있는 전문성을 갖춘 지도자를 양성하는 프로그램이 요구된다.

따라서 노인의 여가문화 및 체육 활성화에 기본 요소인 시설, 프로그램, 지도자 관련 정책이 중·장기적 측면에서 종합적으로 추진되어야 하며, 노인계층의 다양한 욕구를 수용하고 그들의 삶의 질을 높이는 방향으로 노인 정책이 이루어져야 한다. 결국 노인의 특성과 욕구를 만족시킬 수 있는 시설·지도자·프로그램이 삼위일체가 되어야 올바른 노인 복지를 지향할 수 있다.

둘째, 시니어 웰빙의 가장 기본적인 척도가 바로 건강증진 부분이다. 이의 해결을 위해서는 여가스포츠를 이용한 치료 레크리에이션의 적용과 여가스포츠 참여

모형의 개발이 시급하다.

고령사회에 체계적으로 대비하고 경제, 사회적인 어려움을 해결할 수 있는 방법의 하나가 바로 노인의 여가스포츠일 것이다. 노년층의 체육활동의 보장은 건강한 신체를 지속적으로 유지 시킬 수 있으며, 건전한 여가 생활과 치료 및 재활에 많은 기여를 한다. 결국 정부는 노년층의 의료비 보장을 위한 지출을 줄일 수 있게 되는 것이며, 정부가 노년층들에게 필요한 체육활동의 보장의 이유인 것이다.

1947년도 WHO(World Health Organization)에서 채택한 건강에 대한 정의를 다른 측면에서 접근하고 있다.

건강이란 완벽한 신체적, 정신적 상태를 유지하면서 단순히 질병의 유무를 떠나서 사회복지(social well-being)적 측면에서 고려되어야 된다고 WHO는 정의하고 있다. Stokols(2000)는 건강함(healthfulness)이란 단순한 신체적 건강을 뛰어넘어 감정적인 Well-Being을 포함하여야 된다고 주장한다.

따라서 노인의 건강증진 부분은 정부나 정책에 있어서 단순히 신체적 건강만이 아니라 심리적, 정서적 차원에서의 삶의 질이란 차원에서의 여가스포츠 참여 모형과 치료 레크리에이션적 차원에서의 접근이 필요한 것이다.

셋째, 노인의 삶 속에서 진정한 여가스포츠 문화가 자리 잡기 위해서는 무엇보다 노인의 여가스포츠 교육에 대한 인식의 확대와 프로그램의 마련이 시급하다. 노인 여가교육은 21세기에 요구되는 노인상, 즉 주체적인 노인, 생산적인 노인, 봉사하는 노인, 정보화된 노인, 통합적인 노인으로 노인의 정체성을 확립하기 위한 중요한 수단이 되어야 하고 여가를 체계적으로 교육시키는 전문 여가 교육 프로그램이 필요하다.

노인 교육활동의 강화를 위하여 첫째, 공공 영역으로 정부 및 단체, 대학 평생교육원, 사회교육원. 노인교실. 노인학교(대학) 둘째, 민간 영역으로 대한노인회, 사회복지회관 및 노인복지(회)관, 종교단체들의 역할과 기능이 무엇보다 중요시되고 있고, 노인 교육활동의 시스템 구축을 위하여 전문 인력의 확보와 교육, 재원의 조달의 문제가 해결되어야 한다. 이러한 공공 및 민간 영역에서의 노인 교실 운영으로 건전한 여가 문화조성을 위한 연간 교육활동을 계획하여 체계적 교육을 실시하여야 한다.

이의 구체적인 실현을 위하여 지역의 보건소와 노인복지단체 등과 유기적 협조체계를 조성하여 건강 체크와 매월 1과제씩의 여가스포츠 프로그램을 선정, 실천케 하며 건강관리 과제를 중심적으로 지도함으로서 건강한 여가를 보낼 수 있도록 지도한다. 이러한 노인복지 서비스는 노인에 대한 긍정적 이미지 강화와 노인 여가 및 다양한 문화 활동 프로그램 개발·보급이 우선되어야 한다.

또한 다양한 여가 프로그램 활동에 참여하여 노인의 삶의 질 향상과 자기 개발을 도모하고 건전한 여가 문화 정착화를 통해 건강하고 활기찬 노후 생활을 위한 정부의 정책적 시스템의 구축이 필수적이다.

따라서 지역사회에서 여가스포츠 참여 활동을 통한 자기 개발은 물론 단체 활동으로 대인관계 향상 및 사회참여의 기회를 증진시킴으로서 개개인이 일상생활에 있어 활기찬 삶을 영위할 수 있도록 여가스포츠의 저변 확대와 체육시설의 확충이 필연적이라 할 수 있다.

노인에 있어서 여가스포츠 활동은 무엇보다 그 필요성이 크다고 할 수 있다. 전 생애의 체육으로서 역할을 다하기 위하여 성별, 연령별 특성, 신체적 특성 등 개인의 욕구를 충족 할 수 있는 합리적 프로그램의 개발이 절실히 요구되고 있다. 이러한 노인들의 욕구를 충족하기 위해 시설 및 지도자와 프로그램은 노인 여가스포츠 발전을 위한 핵심적 요소이다. 그러므로 노인들의 생활을 윤택하게 하기 위해 국가, 지자체 차원의 인프라 구축을 위한 정책의 개편과 노인 복지 일관성과 지속적 의지가 필요하다.

여가스포츠의 참여를 통해 개인적 복지와 사회적 복지를 통합적으로 발전시키며, 일상생활에서 신체의 건강을 위한 여가스포츠에 관한 문제를 자주적으로 해결할 수 있는 운동 문화를 제공 받음으로서 개인적 욕구충족, 여가의 즐거움, 창조적 표현, 새로운 경험 등으로 가족 간 유대 강화로 사회·문화적 토대를 마련하여 '삶의 질을 향상' 시킬 수 있다.

씨 뿌리는 계절

- 빅토르 위고 (Victor Marie Hugo) -

지금은 황혼
나는 문간에 앉아
일하는 마지막 순간을 비추는
하루의 나머지를 찬미 합니다.

남루한 옷을 입은 한 노인이
미래의 수확을 한 줌 가득 뿌리는 것을
밤이슬 젖은 이 땅에
마음 흐뭇하게 쳐다봅니다.

그의 높고 검은 그림자가
이 넓은 밭을 가득 채우니,
그가 세월의 소중함을
얼마나 알고 있는지 우리는 알겠습니다.

농부는 넓은 들판에
오고 가며 멀리 씨를 뿌리며
손을 폈다 다시 시작하고
나는 숨은 목격자, 혼자 쳐다봅니다.

웅성대는 소리 들리는 가운데
이제 어둠은 그 장막을 펼치며
별나라에까지 멀리
씨 뿌리는 이의 장엄한 그림자를 드리워 줍니다.

Ⅲ. 건강한 삶을 찾아서

급격한 경제성장과 생활고로부터의 해방은 우리의 건강에 대한 인식에도 많은 변화를 가져왔다.

과거 적절한 영양섭취를 통한 단순히 '배를 채우는' 건강유지의 개념에서, 현재는 최상의 건강을 도모하고, 만성퇴행성 질환의 위험성을 낮추는 건강증진의 개념으로 변화되고 있다. 질환의 치료에 앞서 '어떻게 하면 병에 걸리지 않을까' 하는 것이 관심사가 된 것이다.

이에 발맞춰 건강보조식품의 수요가 증가되고, 사전에서 찾기 어려운 새로운 개념의 생소한 단어들이 간혹 우리의 머리를 복잡하게 한다. 그 중 요즘 유행하는 단어의 하나가 '파이토케미컬(Phytochemical)'이 아닌가 싶다.

이것은 식물 속에 존재하는 성분들 중에서 건강에 유익한 생리활성을 지닌 미량 성분을 말한다. 19세기 중반부터 시작하여 지금까지 세계 곳곳에서 활발한 연구를 진행 중이나 아직까지도 25만 종류 이상의 식물 중에서 단지 1%의 파이토케미컬만이 알려져 있다고 한다.

http://blog.naver.com/sbdc2879/220783537978640x427(2016. 08. 09)

현재까지 알려져 있는 파이토케미컬을 함유하는 식품들은 적색이나 황색을 띠는 과일, 야채류, 잎이 넓은 채소류, 버섯류, 해조류, 마늘류, 곡물류, 콩류 및 견과류 등이다.

과일이나 야채가 풍부한 식사를 하는 사람들이 그렇지 않은 사람들보다 심장병이나 암과 같은 질환에 잘 걸리지 않는다는 사실은 그 안에 들어있는 영양소의 차이보다도 각종 파이토케미컬의 차이 때문이라는 것이 최근 알려졌다. 이것들의 일반적인 작용으로 각종 항균, 항암작용, 항산화작용, 혈중 콜레스테롤 저하, 면역기능의 증강, 노화방지 등의 효과가 보고되고 있다.

예를 들어 호두에서 발견되는 엘라그산은 세포내 DNA 손상을 막아준다고 하고, 땅콩, 적포도와 적포도주 등의 레스베라트롤은 심장 동맥 손상을 줄이고, 뇌졸중 등의 위험 현상인 혈액응고를 중지시키는데 도움이 된다고 보고되고 있다.

이소플라본은 대두 등의 콩류에 많은 것으로, 에스트로겐의 암 증식 촉진효과를 방해하고, 혈중 콜레스테롤을 저하시켜 준다고 하며, 사과, 샐러리, 딸기, 녹차 등의 플라보노이드는 산화로부터의 세포보호, 혈전형성저하, HDL-콜레스테롤의 증가 등의 작용과 관련이 있다고 한다. 그렇다면, 최근 건강 식품 시장에서 볼 수 있는 각 식품에서 추출한 각종 파이토케미컬들이 효과가 있을까? 이것이 건강에 주는 혜택에 대해서는 아직 분명하게 규명되어 있지 않은 실정이다.

이것의 흡수는 식품에 존재하는 다른 파이토케미컬이나 영양소에 의존하며, 대부분 여러 가지를 동시에 소비하여 함께 작용할 때 인체에 바람직한 효과를 준다고 한다. 따라서 건강식품이나 약물의 형태가 아닌 자연 그대로의 '식품'의 형태로 섭취하였을 때 가장 유익하다는 것이다.

권하건대 매일 세 끼니 식사마다 잡곡밥과 고기, 생선뿐만이 아니라 야채 1~2가지와 하루 1~2개 정도의 과일을 먹는 식습관을 가지면, 우리를 위협하는 암, 성인병의 위험에서 한발 물러설 수 있는 자격이 주어지리라 생각한다.[28]

〔건강한 삶의 세 가지 요소〕

http://blog.naver.com/jo650518/221678444174(2019. 10. 15)

1. 자율성과 건강한 삶

건강한 삶은 타인이나 외압이 아닌 자기 자신 스스로 선택하고 결정하는 주체가 됨으로써 자율성을 갖는 자기주도적 삶에서 찾아볼 수 있다. 내 삶의 주인은 바로 나 자신이며 나의 삶을 자기주도적으로 이끌어 가야 하는 자 또한 타인이 아닌 바로 나 자신이다는 관점은 우리가 건강한 삶을 살아갈 힘을 불러일으킨다. 우리는 누구나 자율성이라는 본성을 가지고 태어났으며 자율성이 자연스럽게 표출될 때 우리의 생명력은 작동하기 시작할 것이다.

자율성이란 사전적 의미로는 남으로부터 지배나 간섭을 받지 않고 어떤 행위를 스스로 결정할 수 있는 것이라고 말한다. 자율성을 지닌 삶은 외부의 어떤 권위나 제재의 개입 없이 자기 결정에 의해서 생각하거나 행동하는 자기주도적인 삶의 태도를 지닌다. 자율성은 사회적 지지나 자원에 대해서 비의존적이거나 사회와의 연결이 단절된 고립됨을 의미하지 않고, 오히려 필요한 경우 사회적 지지를 요청하고 스스로 결정에는 반드시 책임을 다함을 함축하고 있다.

자율성이 건강한 삶에 있어서 반드시 요구되는 근본적 가치임은 동서고금을 막론하고 강조되어 왔다. 마치 병아리가 알에서 깨어 나올 때 스스로 알껍질을 깨고 나오면 살아갈 힘을 지니지만 잘 나오라고 밖에서 깨줌으로써 살아나온 병아리는 살아갈 힘을 잃어버리듯이, 자율성은 그렇게 우리의 삶에 있어서 살아갈 힘과 밀접하게 관련되어 있다. 그래서 많은 연구들에 의하면, 자율성은 동기유발, 적응력 향상, 지구력 증가 등을 이끌고 좋은 성과 등을 낳는다고 말한다. 그러나 자율성이 침해당하고 강압적으로 타인 의존적일 때는 내가 스스로 나의 삶을 주도하지 못하면서 일에 대한 흥미를 잃게 되고 꿈을 포기하거나 약한 의지와 자신감 부족으로 소극적인 삶을 살아가는 경향을 보인다고 한다.

http://blog.naver.com/wlghkdus1004/221668334898966x644(2019. 10. 05)

나는 지금까지 살아오면서 자율성을 지니면서 자기주도적인 삶을 살아왔는가 묻고 싶다. 오히려 자율성을 침해당하는 삶에 대하여 무딘 감각을 지니거나 당연하게 받아들이면서, 심지어 자율성을 갖는 삶을 배척하면서까지 살아오고 있지는 않았는가? 지금도 누구보다도 자율성을 살려서 세상을 향하여 용기를 가지고 당당하게 살아가도록 북돋아 주어야 할 가정에서 가족들의 자율성을 위협하고 있지는 않은가? 교육현장에서, 직장에서 그리고 각종 인간관계에서 칭찬과 상, 평가와 감시, 그리고 사회문화적 고정관념과 편견의 틀에 갇혀 알게 모르게 우리는 타율성에 길들여지고 있지는 않은가? 종교, 이념, 사회윤리, 그리고 사회적 정의 중에서 주장하는 일부 왜곡된 가치관은 거짓과 죄책감 그리고 공포를 일으켜서 우리의 자율성은 힘을 잃는다. 사랑이라는 이름으로 또 사회적 지지를 가장하면서 자율성을 침해한다면 우리는 살아갈 생명력을 잃고 병은 점점 깊어만 갈 것이다.

신은 우리가 살아가야 할 내면의 힘을 자율성에 실어 주면서 자기 자신이 주도하는 건강한 삶을 살아갈 것을 주문한다. 진리를 향하여, 열린 마음과 용기 그리고 성숙한 자아를 위하여, 맡은 일에서 얻는 행복을 위하여, 상생의 인간관계를 위해서, 그리고 건강을 지켜가는 삶을 위하여 자율성을 지닌 자기주도적인 삶을 살아야 함을 말하고 있다. 자율성을 잃어간다는 것은 남 탓이 아니고 자기 자신의 탓이기에 무엇보다도 먼저 자기 자신 안에서 열쇠를 찾으라고 할 것이다. 어쩌면 자율성을 위협받고 있는 지금은 삶에 대한 생명의 에너지가 차단된 위험한 상황인 만큼 비상사태라고까지 경고하고 있을지도 모른다.[29]

http://cafe.daum.net/skymounta/QuOn/83(2019. 01. 14)

2. 건강을 위해 무엇을 어떻게 먹어야 할까

영양소를 적절하게 섭취하면 암 사망률을 낮출 수 있다. 여기서 '적절한 영양소'의 기준은 어느 정도일까.

최근 미국 내과 학회지가 성인 2만 7000여명을 대상으로 얻은 자료를 분석해 식이보충제 섭취와 암 또는 심혈관 질환 관련성에 대한 결과를 발표했다. 연구자들은 적절하거나 과도한 영양 섭취가 몸에 미치는 영향, 음식으로 영양을 섭취했을 때와 영양보충제를 먹었을 때에 어떤 차이가 있는지를 주목했다.

영양소와 사망률의 관련성을 분석한 결과 비타민K와 마그네슘을 적절히 섭취한 사람은 사망 위험이 15~20% 정도 낮아졌다. 그러나 다른 영양소들은 의미 있는 결과를 보여 주지 못했다. 대부분의 영양소가 심혈관 질환의 사망 위험률을 낮추는 경향을 보였지만, 비타민A, 비타민K, 구리와 아연을 적절히 섭취했을 때만 의미 있는 감소가 나타났다. 하지만 과도하게 섭취했을 땐 심혈관 질환 사망 위험이 약간이지만 오히려 높게 나타났다. 특히 과도한 칼슘 섭취는 사망 위험을 약 18% 정도까지 높이는 것으로 나타났다.

영양소를 적절하게 섭취해도 암 사망률을 크게 낮추지 못했다. 도리어 과도하게 섭취했을 때 암 사망률이 수치상으로 높아졌으며, 과도한 칼슘 섭취(매일 1000㎎ 이상 보충제로 복용)는 암 사망 위험을 유의미하게 높였다. 연구진은 영양소를 어떻게 섭취하는 게 좋은지도 보여 주었다.

음식으로 비타민A와 마그네슘을 적절히 섭취한 경우 사망률이 낮아졌지만, 보충제로 섭취했을 땐 사망률을 낮추지 못했다. 비타민A, 비타민K, 아연도 마찬가지였다. 흥미롭게도 보충제로 칼슘을 1000㎎ 이상 섭취하면 암 사망률이 높아졌지만, 음식으로 섭취하면 사망률이 높아지지 않았다.

연구자들은 매일 복용하는 보충제가 영양 섭취율이 낮은 사람들의 사망률에 전혀 영향을 미치지 못한다는 사실도 밝혀냈다. 비타민D가 부족하지 않은 환자가 비타민D 보충제를 복용하면 암을 포함한 모든 사망률 위험이 도리어 커졌다. 한마디로 연구진이 내린 결론은 음식으로 영양소를 적절하게 섭취하는 것만이 사망률을 낮출 수 있다는 것이다. 특히 보충제를 통한 과도한 영양 섭취는 위험성을 증가시킬 수 있다는 사실을 보여 줬다.

물론 이번 연구도 다른 연구들처럼 여러 제한점이 있어 비판적으로 받아들여야 한다. 영양보충제 복용 횟수나 용량이 얼마나 정확한지에 대한 논란이 여전히 있다. 기억을 떠올려 보고하는 방식으로 연구가 진행됐기 때문이다. 다른 교란 변수들이 있을 수도 있다.

하지만 생각해 볼 점은 음식으로 충분히 영양소를 섭취할 수 있다면 군이 영양보충제를 복용할 필요가 없다는 것이다. 영양보충제의 효과가 좋다는 명확한 연구 결과를 찾기 어렵지만 좋지 않을 가능성은 이미 많은 연구에서 나타났다. 그렇다면 영양보충제를 복용하기보다 음식을 적절히 섭취하는 것이 효과적이지 않을까.[30]

2002년 12월 미국 '하버드대학 공중보건(Harvard School of Public Health)' 팀의 연구진들은 미국인을 위한 새로운 음식 피라미드를 발표했다. 이들은 1992년 미국 정부와 농무부가 제시한 음식 피라미드의 많은 부분들이 잘못 구성되어 있다고 지적하며, 정확한 근거에 기반한 '건강한 음식 피라미드(Healthy Eating Pyramids)'라는 새로운 모델을 제시했다. '음식 피라미드'란, 건강을 위해, 어떤 음식을 얼마나 자주 먹어야 하는지를 삼각형의 피라미드에 보기 쉽게 표시한 것이다. 쉽게 말해 건강한 식사법을 그림으로 그려놓은 것이다. 2008년도 하버드 공중보건대학원의 건강 음식 피라미드(Healthy Eating Pyramids)이다.[31]

3. 치매(dementia, 癡呆) 예방법

치매(癡呆)는 뇌의 신경세포가 대부분 손상되어 장애가 생기는 대표적인 신경정신계 질환이며, 노인들에게 있어 가장 흔하게 나타난다. 치매는 진행성이며 균형감각까지 쇠퇴하는 결과를 가져온다.

또한 더 악화되면 일상적인 일 수행, 시간 및 공간을 판단하는 일, 언어와 의사소통 기술, 추상적 사고능력에 돌이킬 수 없는 감퇴가 일어나고 성격이 바뀌며 판단력에 손상을 입는다는 특징이 있다.

치매는 그 자체가 하나의 질환을 의미하는 것은 아니고, 여러가지 원인에 의한 뇌손상에 의해 기억력을 위시한 여러 인지기능의 장애가 생겨 예전 수준의 일상생활을 유지할 수 없는 상태를 의미하는 포괄적인 용어이다. 치매는 일단 정상적으로 성숙한 뇌가 후천적인 외상이나 질병 등 외인에 의하여 손상 또는 파괴되어 전반적으로 지능, 학습, 언어 등의 인지기능과 고등 정신기능이 떨어지는 복합적인 증상을 말한다.

정신지체(精神遲滯)와 마찬가지로 지능의 장애인데, 정신지체는 주로 지능의 발육이 늦거나 정지된 것인데 대하여, 치매는 병 전에는 정상적이던 지능이 대뇌의 질환 때문에 저하된 것을 말한다. 치매의 전형적인 것은 대뇌신경세포의 광범위한 손상이며 기질(器質)치매라고 한다. 그 밖에 노인치매, 매독에 의한 진행마비 또는 간질 대발작의 반복으로 일어나는 간질치매 등이 있다.

대뇌의 손상이 국한성인 때는 나타나지 않고 그 부위에 대응한 국소적인 소(巢)증세, 즉 전두엽의 자발성 결여, 운동성 실어, 성격변화, 두정엽(頭頂葉)의 실행(失行)·실인(失認), 후두엽의 시각 실어, 측두엽의 감각성 실어 등이 나타난다. 치매자와 같이 행동하면서 치매의 존재가 부정되는 것으로 히스테리 환자에게서 볼 수 있는 위(僞)치매라고 하는 것이 있다.

노인인구 중 상당히 많은 사람들이 이 병을 앓고 있으며, 점점 나이가 들어감에 따라 발생할 확률이 높아진다. 2006년 통계청의 자료에 따르면 2005년 65세 이상 노인의 수는 인구의 9.1%를 차지하며 이중 치매 유병율은 8.3%이고 이 수는 2015년이면 9.0%로 증가할 것이라고 예상하고 있다.

노인질환 중에서 가장 큰 걱정거리는 단연 치매다. 치매는 일단 걸리면 완치가 불가능하기 때문이다. 이런 가운데 여러 연구자는 교육수준이 낮을수록 치매 발생이 증가한다며, 중학교 이상의 교육을 받은 사람이 교육을 전혀 받지 않은 사람에 비해 노인성 치매 발생이 4~5년 지연될 수 있음을 보고하고 있다. 반면 또 다른 연구에서는 교육 정도가 치매 발생에 직접 영향을 미치는 것이 아니라 일부 영향을 미칠 수 있다고 보고하고 있다.

그러나 대다수의 학자는 교육 정도가 높을수록 치매 증세가 가볍게 나타나며 교육수준이 낮을수록 인지기능의 장애가 더 심하게 나타난다고 생각하고 있다. 인간의 뇌신경세포는 지적인 자극이 가해지면 신경 전도가 일어나는 신경 가지가 두꺼워지고 회로가 넓어진다. 이로 인해 신경 흥분이 가해졌을 때 회로는 막힘 없이 원활하게 신경 흥분을 전도할 수 있다. 교육을 받을수록 뇌의 지적 용적이 커지는 것은 사실이기 때문에 치매 증세가 늦게 나타나거나 가볍게 나타나는 것은 당연하다.

나이가 들수록 육체적·정신적으로 자극 없이 조용히 지내는 것은 좋지 않다. 특히 주위로부터의 격리, 일로부터의 격리, 움직이지 않고 대접받으려는 자세는 뇌신경세포의 원활한 활동을 방해하기에 치매 발생을 촉진할 수 있다. 더 적극적으로 활동하고 폭넓은 인간관계를 유지하면서 하루 1시간 이상 독서나 사색 같은 지적 활동을 증가시키거나 두뇌를 비교적 많이 사용하는 바둑이나 장기를 두는 것도 좋다. 특히 젊은 때와 달리 자주 잊어버리더라도 반복 작업을 통해 인지 기능회복을 위한 노력이 필요하다.

65세 이상 노인 10명 중 1명꼴로 치매를 앓고 있는 것으로 나타났다. 2019년엔 '이 나이에 무슨 공부냐?' 라는 소극적이고 수동적인 생각을 버리고 지금 당장 뇌에 적절한 자극을 통해 치매 예방에 나서자.[32]

4. 폭염(暴炎)과 식중독

해가 갈수록 여름이 더 뜨겁고 길어지는 것은 세계적인 현상이다. 더운 날씨는 각종 음식물의 부패를 촉진하므로 여름철은 각별히 식중독을 조심해야 하는 계절이다. 식중독이란 식품 또는 물을 섭취했을 때 인체에 유해한 미생물이나 미생물이 만들어 낸 독소로 생기는 감염성 또는 독소형 질환이다.

우리나라는 날것을 즐겨 먹는 식문화 때문에 여름철 식중독에 더 취약하다. 높은 기온이 지속되면 가정이나 음식점에서 식재료와 음식 보관에 특히 주의해야 한다. 식중독균이 가장 빨리 번식하는 온도는 섭씨 35~36도 전후로 냉방이 미치지 않는 장소의 여름철 온도와 일치하기 때문이다. 이런 곳에 식품을 방치하면 얼마 지나지 않아 식중독균과 독소로 범벅이 된다.

폭염은 지상의 기온뿐만 아니라 바닷물의 수온도 상승시킨다. 3년 전 우리나라에는 후진국 병의 대표적인 콜레라가 15년 만에 발생했다. 당시 필리핀과 예멘 등 해외에서 콜레라의 발생과 국내 유입 보고는 있었지만 국내에서 자체 발생한 것은 매우 특이한 현상이었다. 당시 거제도에서 발생한 콜레라는 다행히 소규모에 그치고 소멸됐지만 두 가지 요인이 대두됐다. 폭염에 의한 해수온도의 상승이 콜레라균의 번식을 촉진시킨 것과 당시 중국 양쯔강에 대홍수가 발생한 것이었다. 중국의 홍수가 어떻게 우리나라에 콜레라를 발생시키는 원인을 제공했을까?

비브리오 콜레라균은 바다에 살지만 흥미롭게도 짠 바닷물보다 바닷물과 민물이 만나는 기수지역을 더 좋아한다. 양쯔강(长江, 揚子江)의 홍수로 중국 상하이를 빠져나온 강물이 남해안으로 대량 유입되면서 뜨거운 바닷물에 염도마저 낮춘 것이 콜레라균이 창궐하게 한 요인이 된 것이다.

이같이 환경은 국경을 자유롭게 넘나들면서 예기치 않은 병을 발생시킨다. 해수온도가 18~20도 이상 상승할 때 잘 자라는 대표적인 식중독균으로 장염 비브리오균이 있다. 장염 비브리오균은 구토, 설사와 같은 일반적인 식중독에 그치지만, 비브리오 불니피쿠스라는 균은 혈액을 파고들어 패혈증을 일으키며 치사율이 30~50%로 매우 심각하다. 이 균은 어패류를 먹어서 오는 것뿐만 아니라 피부에 상처 난 부위를 통해서도 침범하며 만성간질환이나 면역기능이 떨어져 있는 분들이 특히 더 조심해야 한다. 질병관리본부에서는 해수의 비브리오균 농도를 정기적으로 측정하여 식중독 예방정보를 제공하고 있다. 다행히 치료제가 있으니 바다에 다녀와서 발열과 하체에 물집이 생기면 즉시 병의원을 찾아야 한다.

식중독을 예방하려면 음식의 조리, 보관 과정에서 균이 자라거나 독소가 축적될 여지를 없애야 한다. 가장 확실한 방법은 끓이거나, 굽는 등 가열을 하여 섭취하는 것이다. 대부분의 식중독균은 섭씨 4도에서 60도 사이 온도에서 증식한다. 따라서 음식물을 보관할 때는 뜨거운 음식은 60도 이상, 찬 음식은 4도 이하로 유지하면 식중독 예방에 도움이 된다.[33]

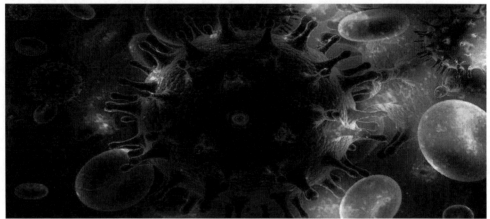

식중독은 세균성 감염·독소형, 바이러스형 등으로 원인이 다양하며 덜 익힌 고기나 오염된 식품이 고온다습한 여름철 기후와 만나 식중독 위험을 높인다(사진, 시사주간 DB)

여름철 폭염과 습도로 인한 식중독 바이러스 위험이 높아지고 있어 이에 대한 주의가 필요해 보인다.

수도권에 사는 A씨는 아침 출근길 하마터면 낭패를 볼 뻔 했다. 서울로 출퇴근 하는 직행 시내버스를 타는 A씨는 서울로 가는 고속도로로 진입하기 전, 갑자기 심한 복통과 구토 기운을 느꼈기 때문이다. 급하게 버스에서 내리고 근처 빌딩에서 수차례 설사를 본 A씨는 상한 것을 먹고 탈이 나지 않았는지 스스로 식중독 증세를 의심하기도 했다.

한낮의 기온이 30도를 가뿐하게 넘고 장마까지 겹치는 등 올해 여름도 고온다습한 날씨가 이어질 것으로 전망되고 있다. 이런 기상 조건으로 인한 식품에의 세균 감염 위험도도 증가해 식중독 발병 가능성도 높아지고 있다.

지난 1일 식품의약품안전처 및 기상청, 국립환경과학원, 국민건강보험공단 등 4개 기관이 협업해 식중독 발생 정보를 알려주는 식중독 예측지도에 따르면 이날부터 전국 식중독 단계는 '위험' 단계로 격상된 것으로 나타났다.

지도에서 식중독 발생지수는 1~100으로 수치화돼 '관심(55 미만)', '주의(55~70)', '경고(71~85)', '위험(86~100)' 4단계로 구분된다. 식중독 발생지수는 지난달 말일인 31일까지는 '경고' 단계에 머물러 있었으나 이달부터 '위험' 단계로 진입해 식중독 가능성이 매우 높음을 경고했다.

2일 기준 지역별 식중독 발생지수로는 강원 92, 인천 91, 경기 90, 서울 85로 중부 지방의 식중독 위험이 가장 높은 상황이다. 지방으로는 대구 89, 충남·전북 89, 광주·전남 87, 세종·충북·경북 86을 기록하고 있으며, 부산·울산·경남 지방도 평균 83으로 식중독 위험군에 속하고 있다. 지도는 모레까지 전국 모든 지방의 식중독 발생지수가 90 언저리에 머물 것으로 측정했다.

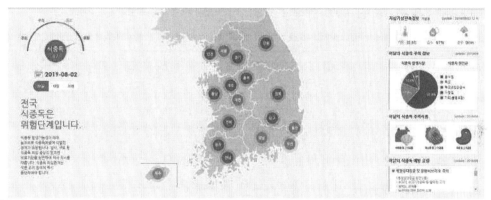

식품의약품안전처 및 기상청, 국립환경과학원, 국민건강보험공단 등 4개 기관이 협업해 식중독 발생 정보를 알려주는 식중독 예측지도는 전국 식중독 발생지수를 지난 1일 '경고' 에서 최고 단계인 '위험' 으로 격상시켰다(사진, 식품의약품안전처)

식중독 감염은 다양한 원인이 있으나 주로 세균성 감염형과 세균성 독소형, 노로바이러스로 잘 알려진 바이러스성 식중독이 가장 많이 알려져 있다. 특히 덜 익힌 고기나 오염된 식품은 여름철 세균 번식이 높은 조건과 만나 식중독 위험을 증가시키기에, 제대로 익히고 끓여 먹는 습관 및 높은 식품 신선도 유지가 요구된다. 이외 식중독균에 감염된 육류·어패류는 외상을 통해서도 체내로 침투할 가능성도 있어 만지지 말아야 한다.

식중독의 주요 증상은 설사, 구토, 고열 및 피부 발진 등 장염과 비슷한 증상으로 나타난다. 하지만 구토와 설사가 겹쳐져 탈수 증상이 극심하게 나타나기 쉬워 발병 즉시 병원을 방문해 치료를 받아야 한다.

식중독으로 인한 설사·구토가 탈수 증상을 부른다 해서 함부로 지사제를 먹어서는 안된다. 식중독 증상인 구토와 설사는 위장과 장내 독소를 체외로 배출하는 반응이기에, 지사제를 먹으면 독소 및 세균의 배출이 늦어져 회복이 지연되고 병세가 악화될 수 있다. 그렇기에 병원을 방문해 정맥 수액 공급을 받아야 하며, 혈변, 발열이 심할 시에는 의사 진단에 따라 항생제 투여도 필요하다.

식중독 감염자 및 의심환자는 완쾌하기 전까지 식품 조리에 참여하면 안된다. 또 집단 감염의 위험이 있기에 집단 설사 환자가 발생할 시 가까운 보건소에 즉시 알려야 한다. 식중독 바이러스 전파 위험이 있기에 집단 식사가 많은 학교 급식소, 군대 취사장, 식당 등 공공장소나 식품 제조 및 소분·보관 등 식품 전반을 취급하는 공장은 여름철 위생 유지를 철저히 할 필요가 있다.

식약처에 따르면 지난 2014~2018년 간 식중독 발생 현황은 전체 환자 수 3만 7763명 중 8~9월 간 발생환자가 1만5707명(41.6%)로 가장 많이 차지해 무더위 여름에 의한 식중독 위험이 큰 것으로 나타났다.

여기에 경기도보건환경연구원에 따르면 지난 3년 간 경기도에서 발생한 식중독 환자 중 캄필로박터균으로 인한 식중독 환자의 43%가 올해 7~8월 중 가장 많은 것으로 나타났다. 올해 7월 캠필로박터균 식중독환자 33명도 모두 7월에 발생한 것으로 나타나 복날 생닭 등 육류를 통한 식중독 감염의 위험이 큰 상황이다. 식중독 위험이 높아지는 만큼 이에 대한 경각심이 필요한 시점이다.[34]

여름철 식중독 예방법[35]으로는

1. 모든 음식물은 가열 후 익혀서 먹고 물도 끓여서 먹는다.
2. 채소는 깨끗한 물에 3회 이상 세척하고 손질은 세척 후에 한다.
3. 세척한 채소는 즉시 사용하거나 냉장고에 보관한다.
4. 조리된 음식도 냉장보관하고 다시 먹을 땐 재가열을 한다.
5. 날음식과 조리된 음식은 서로 섞이지 않게 각각 분리해서 보관한다.
6. 육류, 어패류 등을 손질한 칼과 도마는 교차 오염이 발생하지 않도록 구분해서 사용한다.
7. 음식물 조리 전, 식사 전 반드시 손을 씻고 부엌 내 모든 곳과 식기 청결에 신경 쓴다.

5. 어지럼증(眩暈), 그 원인은

어지럼증(眩暈, vertigo)이란 자신과 주위가 실제로는 정지해 있음에도 회전하는 것처럼 느껴지는 지각 현상을 말한다.

근육운동의 효과를 극대화하기 위해선 준비운동이 필수다. 하물며 밥을 먹고 소화를 시키는 일에도 준비운동이 필요하다. 위장, 대장 등 소화기에는 팔다리 근육보다 훨씬 섬세한 근육과 신경이 소화를 위해 효소를 분비하고 음식물을 흔들어 삭이는 작용(연동운동)을 한다.

하지만 TV를 보면서 식사를 하거나 업무를 하며 식사를 하는 행동은 소화에 도움이 안 된다. 소화기의 근육과 신경으로 혈액과 영양분이 집중돼야 하는데 밥을 먹으며 일을 동시에 하면 이들이 다른 장기로 분산되면서 소화력이 떨어진다. 위액 분비력도 떨어지고 위장관의 운동력도 떨어질 수밖에 없다. 이런 일이 반복되면 식욕부진, 체증, 속 더부룩함, 나아가 위통, 오심, 구토, 어지럼 증상까지 생길 수 있다.

숙종이 딱 그랬다. 숙종은 성격이 급해 식사시간을 건너뛰거나 제때 식사를 하지 않는 것으로 유명했다. "임금이 식욕을 잃고 수라(水剌)를 들지 못하자 이이명이 건강 회복을 위한 차자를 올리며 '임금께서 반드시 문서를 모두 본 후에 수라를 들겠다 하셨으니 이 때문에 끼니때를 잃은 적이 많았습니다. 무리하심이 이와 같으니 병이 깊어졌습니다'라고 진언했다." (재위 36년 숙종실록) 이런 지적은 벌써 재위 29년에도 제기됐다. "사람이 자고 먹는 것을 제때 하여야 하는데 나는(숙종은) 그렇지 못하였다. 성질이 너그럽고 느슨하지 못하여 일이 있으면 내던져 두지를 못하고 출납(出納)하는 문서를 꼭 두세 번씩 훑어보고, 듣고 결단하는 것도 지체함이 없었다. 그러자니 오후에야 비로소 밥을 먹게 되고 밤중에도 잠을 자지 못하였다. 내가 병의 원인이 있는 곳을 모르는 바 아니지만 또한 어쩔 도리가 없었다."

임금의 식욕부진은 구담(口淡)이라고 한다. 승정원일기에 숙종의 구담 증상은 무려 3197회에 걸쳐 언급된다. 숙종은 어머니 명성왕후의 극성스러운 돌봄을 받았다. 음식에 독이 들어갔을까 임금인 아들의 수라를 직접 챙겼다. 집밥을 먹은 덕택인지 숙종은 46년간 왕좌를 지킬 수 있었다. 하지만 집권 후반기로 갈수록 숙종의 소화기는 무너지기 시작했다. 업무에 쫓긴 나머지 낮 식사는 하는 둥 마는 둥 때를 놓쳐 급하게 하고 밤 식사는 너무 많이 먹는 습관이 화근이었다.

야식을 먹고 바로 잠에 들면 위 속의 음식은 완전히 소화되지 못한 채 남아 문제를 일으키게 된다. 아무리 신선한 음식도 위 속에 오래 정체하면 발효돼 가스가 생기고 사람의 심장을 압박하거나 허리를 굵게 하고 위장 점막을 약화시킨다. 그런데 숙종은 2경, 즉 오후 10시쯤에도 만두를 야참으로 즐겨먹었다고 한다. 숙종의 식욕부진과 위 무력증의 악순환은 어지럼증으로 이어졌다. 승정원일기에 따르면 숙종은 재위 기간 233회 어지럼증을 호소했다. 한의학은 어지럼증의 원인을 비위(脾胃)의 소화기능 허약에서 비롯됐다고 본다.

숙종의 어지럼증에 처방된 자음건비탕의 주재료인 백출과 반하는 비위의 기능을 보강하고 평형을 주도하는 전정기능을 보강한다. 동의보감은 소화력 장애로 인한 어지럼증의 식보에 소 양(첫 번째 위)을 추천한다. 소 양은 효종 현종뿐 아니라 영조의 대비와 왕비들이 즐겨먹은 최고의 보양식이었다. 건강의 비법은 어렵고 심오한 데 있는 게 아니다. 식사시간을 지키고 될 수 있으면 야식을 피하는 것, 그것만 지켜도 천수를 누릴 수 있다.[36][37]

http://blog.daum.net/columbia222/734(2018. 04. 04)

6. 허리통증, 스트레칭이 예방의 지름길

허리 통증은 허리와 엉덩이 부위가 아픈 증상으로 척추 질환, 외상, 척추 원반 이상, 임신, 부인과 질환, 비뇨 계통 질환, 신경·근육 질환 따위가 원인이다.

허리통증은 겪어보지 않은 사람은 상상도 못할 정도로 일상생활에 불편함을 준다. 모든 동작, 심지어는 아주 짧은 거리를 걷는 것조차 척추의 도움이 없이는 불가능하다. 평소의 잘못된 자세나 생활습관으로 척추가 비틀어지면 중심도 비틀어져 몸에 이상이 생길 수밖에 없다. 특히 자세는 하루 아침에 만들어지는 것이 아니기 때문에 몸에 한 번 잘못 배면 쉽게 고쳐지지 않는다. 따라서 허리의 건강을 유지하고 싶다면 평소 척추 건강에 각별히 신경 쓰고 바른 자세를 유지하려 노력해야 한다.

현대인은 의자에 오랜 시간 같은 자세로 앉아 있는 경우가 많다. 앉는 자세는 중력을 지탱해야 하므로 허리에 부담을 주게 된다. 척추의 S자 곡선 구조가 앉을 때 쉽게 흐트러지기도 한다. 안정적인 구조가 흐트러지면서 누워 있을 때보다 척추에 3~4배 많은 부담을 준다. 따라서 경직된 척추의 근육을 풀어주는 스트레칭을 틈틈이 실시하는 것이야말로 척추 건강의 핵심이라고 할 수 있다.

스트레칭(Stretching)은 특정 근육이나 힘줄을 의도적으로 구부리거나 늘려 긴장 또는 이완시키고 근육의 회복 탄력성을 향상시키는 신체 운동의 한 형태이다. 스포츠 및 의료 분야에서 몸의 근육을 양호한 상태로 할 목적으로 그 근육을 당기거나 늘이는 것을 말한다. 근육의 유연성을 높이고 관절의 가동 범위를 넓히는 것 외에도 다양한 효과가 있다.

50분가량 의자에 앉아서 일을 했다면 5~10분 정도는 일어서서, 혹은 앉아서 스트레칭을 해주는 것이 좋다. 앉아서 스트레칭을 할 때는 깍지를 낀 채 숨을 들이마시며 팔을 높이 들어 올리고, 그 자세로 숨을 천천히 내쉬면서 허리를 옆으로 굽혀준다. 왼쪽, 오른쪽 각각 10~20회 정도 해주면 뭉친 허리근육을 풀어주는데 큰 도움이 된다.

흔히 목이나 허리에 나타나는 통증은 일시적 근육통으로 생각하기 쉬운데, 이러한 통증이 2주 이상 지속된다면 잘못된 자세로 인한 척추질환일 가능성도 생각해봐야 한다. 심한 충격 등 부상을 제외한 대부분의 척추질환이 잘못된 생활습관이나 자세로 인해 천천히 나타난다. 평소 몸의 작은 통증에도 관심을 갖고 관리하는 습관을 들이는 것이 좋다.

　스트레칭은 평소에 꾸준히 하는 것이 좋지만 허리를 집중적으로 사용한 뒤에 더욱 필요하다. 휴가철 장거리 운전이나 장거리 비행기 탑승, 물놀이나 등산 등으로 척추에 피로가 쌓인 경우 운동을 잘 하지 않던 사람들은 허리 건강에 바로 적신호가 커지기 때문이다. 직장인들은 1년에 한 번 찾아오는 휴가 기간에 다소 무리한 일정을 짜게 되고, 휴가를 마친 후에는 피로가 풀리지 않은 채 일터로 복귀하는 경우가 많다. 이때는 최소 일주일 정도 시간을 들여 생체 리듬을 되돌리려는 노력이 필요하다. 또한 평소보다 스트레칭에 더욱 신경을 써 휴가기간 동안 쌓인 피로와 굳은 허리를 풀어주는 것이 좋다.

　현대인들은 특히 목 건강에 취약하다. 잠자는 시간을 제외하고는 거의 대부분의 시간을 스마트폰이나 컴퓨터와 함께 보내기 때문에 일자목이나 거북목이 유발되기 쉽다. 모니터나 스마트폰을 바라볼 때 너무 고개를 숙이지 않도록 신경 써야 하며 수시로 스트레칭을 하여 목의 부담을 덜어줘야 한다. 앉아서 한 손으로 반대쪽 머리 부분을 잡고 손을 천천히 옆으로 당겨 목 근육을 늘려주는 스트레칭이 도움이 된다. 양쪽으로 각각 5~10회 정도 수시로 시행하는 것이 좋다. 경추는 우리 몸의 중요한 신경들이 지나는 길목이므로 늘 신경 써서 관리하도록 한다.[38]

[스트레칭 순서]

http://blog.naver.com/crystalrich/140141742726(2011. 10. 12)

7. 알츠하이머병(Alzheimer's disease)의 경고

알츠하이머병은 노령 이전에 생기는 초로치매의 주원인이고, 또한 노인성치매의 주요 요인 중의 하나이다. 이 병에 걸리면 언어장애, 심한 단기 기억상실, 정신기능의 진행성 상실 등이 나타난다. 20세기말까지 효과적인 치료법이 없는 상태이다.

이 병은 1906년 독일의 신경병리학자인 알로이스 알츠하이머가 처음 기술했다. 알츠하이머는 심한 치매증상을 보인 55세의 환자를 부검하여 뇌에 2가지 비정상적인 신경염성 판과 신경원섬유덩어리가 있다는 데 주목하여 새로운 질병의 실체를 정의할 수 있었다.

원인은 아직 밝혀지지 않았지만 신경전단물질인 아세틸콜린 결핍과 관계가 있다고 생각된다. 여러 연구들은 바이러스와 유사한 원인물질의 존재 가능성, 뇌조직의 비정상적 알루미늄 농도 등을 주목했다. 또한 1980년대 후반 연구자들은 이 병의 유전적 성분에 대한 증거를 발견하기도 했다.

http://blog.daum.net/suyoung3349/30(2012. 11. 23)

"신께서 내게 허락하신 남은 시간들도 내가 이 세상에서 늘 해왔던 일들을 하면서 살아가려 합니다. 나는 사랑하는 아내와 가족들과 함께 삶의 여행을 계속할 것입니다. 야외에서 즐거운 시간을 보내고, 나의 친구들과 후원자들과도 늘 함께 할 것입니다." 미국인들에게 가장 사랑받는 대통령 가운데 한 사람인 로널드 레이건 전 대통령이 알츠하이머병에 걸린 사실을 알리는 편지 중 일부다.

편지에서 밝힌 소망대로 그는 사랑하는 가족들, 친구들, 후원자들과 행복하게 살다가 아름답게 삶을 마감했을까? 얼마 동안은 그렇게 지낼 수 있었겠지만, 병이 악화되어 나중에는 자신이 미국 대통령이었다는 사실은 물론, 가족들도 알아보지 못하고, 진단받은 지 10년 뒤 합병증인 폐렴으로 세상을 떠났다.

알츠하이머병은 초기에는 새로운 정보를 잘 기억하지 못하는 데서 출발하는 데, 증세가 심해지면 어떤 일이나 시간, 장소에 심한 혼란을 겪으며, 가족이나 친구들을 근거 없이 의심하는 등 기억, 언어, 시공간 능력, 판단력 등 인지 기능이 현저히 떨어져 혼자서는 일상생활을 전혀 못하게 된다. 환자 본인에게는 삶의 의미가 없어지고, 가족들의 삶까지 망가뜨리는 무서운 질병인 것이다.

알츠하이머병은 치매의 60~70%를 차지하며, 혈관성 치매가 20~25% 정도를 차지한다. 알츠하이머병에 걸리면 시간이 지남에 따라 삶의 질이 점점 낮아져 보통 4년에서 8년 정도 살다가 죽는데, 마땅한 치료방법이 없어 증세 악화를 늦추고, 삶의 질을 높이는 것을 치료 목표로 삼는 것이 안타까운 현실이다.

알츠하이머병이 무서운 또 하나의 이유는 어쩌다 재수 없이 걸리는 병이 아니며, 세계적으로 환자와 사망자가 급증하고 있기 때문이다. 세계보건기구(WHO)에 따르면 알츠하이머병으로 인한 전 세계 사망자는 2000년 약 80만 명으로 전체 사망자의 1.5%를 차지하였는데, 2016년에는 199만 명이 사망하여 3.5%를 차지할 만큼 증가하였다.

미국에서는 85세 이상 노인의 32%가 앓고 있고, 머지않아 심장질환과 암에 이어 세 번째의 사망원인이 될 것으로 전망하고 있으며, 노인들 사망의 1/3은 알츠하이머병을 포함한 치매에 기인한다. 우리나라도 알츠하이머병으로 인한 사망자가 2000년에는 147명에 지나지 않았으나, 2017년에는 5천명을 넘어 전체 사망자의 1.8%를 차지할 정도로 급증하고 있다.

알츠하이머병이 주는 재앙은 예방에 전념하라는 경고로 받아들여야 한다. WHO도 예방의 중요성을 강조하고 있는데, 예방을 위해서는 원인을 아는 것이 중요하다. 아직까지 명확한 원인은 밝히지 못하고, 유전적인 요인과 환경적인 요인, 생활습관 요인이 복합적으로 작용하는 것으로 추정하는데, 유전적인 요인은 통제가 어렵고, 급증하는 현실을 설명할 수 없으므로 환경적인 요인과 생활습관의 개선에서 답을 찾아야 한다.

알츠하이머병의 예방을 위해서는 뇌세포가 필요한 정보를 효율적으로 교환할 수 있도록 만들어져 있으며, 손상을 입은 세포는 복구하고, 죽은 세포는 새 세포를 만들어 대체하는 시스템을 갖추고 있다는 사실을 이해하고 감사하는 마음을 가져야 한다. 이 훌륭한 시스템을 정상적으로 작동하지 못하게 만드는 나쁜 환경과 잘못된 생활습관을 개선하는 것이 알츠하이머병을 예방하는 길이다.

〔치매의 원인 알츠하이머 병은 간단한 식단 조절만으로도 예방이 가능하다.〕

http://cafe.daum.net/ygtips/R7u1/5820x635(2017. 07. 24)

　　뉴스타트 생활을 통하여 뇌세포 안에 있는 고마운 유전자가 신바람 나게 일할 수 있도록 좋은 환경을 만들어주는 것이 중요하다. 특히 뇌세포에게 필요한 영양소와 산소가 원활하게 공급될 수 있도록 건강한 혈관을 유지하고, 건강식을 하며, 혈액에 독성물질이 많이 들어가지 않도록 주의하여야 한다.

　　새로운 뇌세포가 잘 만들어지도록 유산소운동과 두뇌활동이나 지속적인 학습과 같은 뇌세포의 훈련을 생활화하고, 스트레스를 지혜롭게 해소하며, 충분한 수면에도 힘써야 한다.[39]

http://blog.naver.com/kacidea/221515058782664x578(2019. 04. 16)

8. 평생건강관리(平生健康管理)

여름이 다가오고 있다. 많은 사람들이 휴가를 생각하며 살빼는 고민을 한다. 온라인 검색창에 다이어트를 쳐보면 각종 제품에 대한 홍보성 기사가 상위에 검색이 된다. 충동적으로 제품을 주문한다. 주변의 헬스장도 과감히 등록하지만 일주일 열심히 하면 그나마 선방이다. 그래도 체중이 불어나지 않았으니 다행이라고 스스로 위로해본다.

'평생건강관리' 라는 용어가 있다. 말 그대로 100년 사는 우리의 인생, '건강' 도 '관리' 하지 않으면 안 된다는 의미다. 성공한 사람들은 개인 주치의를 둔다. 나의 건강상태를 정기적으로 체크받고 맞춤형 케어를 받을 수 있는 고급의료인력이 바로 내 옆에 있는 것이다. 그만큼 건강에 투자하는 것이 내 인생 투자의 밑바탕이 된다는 것을 알기 때문이다. 하지만 우리는 지금 평생건강관리가 스스로 가능한 '보편적' 의료시스템 속에서 살고 있다.

누구나 건강한 생활 습관이 필요하다는 것은 안다. 하지만 알면서도 못하는 것들이 있다. 고른 영양 섭취, 꾸준한 운동, 금연, 금주, 비만 탈출이다. 이런 습관들이 잘 유지되면 생활습관병으로 불리는 당뇨, 고혈압, 고지혈증, 심뇌혈관질환에서 자유로울 수 있고, 암 예방과 건강 노화도 가능하다.

하지만 그렇게 하기 어려운 이유는 수도 없이 많다. 편안함, 쾌락을 추구하고자 하는 본능 때문에 짧고 굵게 살겠다는 자기합리화에 빠지게 되고, 건강관리에 있어서도 요행과 꼼수가 있을 것이라는 믿음으로 항노화 관련 건강제품을 구매해본다. 하지만 생활습관병들은 대체로 '짧고 굵기' 보다는 '길고 오래가는' 특징이 있고, 아직까지 캡슐 하나로 수명을 연장시켜줄 수 있는 묘약은 존재하지 않는다. 때로는 건강한 습관을 받아들이기 부담스러워서, 때로는 구체적인 방법을 모르기 때문에 우리의 삶을 건강하게 리모델링하는 것은 먼동네 이야기처럼 느껴진다.

그럼에도 불구하고 마음만 먹으면 할 수 있는 것들이 있다. 우선 내 주변의 건강 관련 조언자나 조력자를 선정하는 것이다. 이왕이면 내가 신뢰하고 존경할 수 있는 분이라면 금상첨화다.

동네의원의 주치의가 나에게 식이상담과 운동량, 술, 담배에 대해 맞춤 상담을 해준다면 가장 이상적일 것이다. 다음으로 실시간 변하는 나의 상황과 관련한 문제점을 진단 및 개선의 노력을 꾸준히 하는 것이다. 예를 들어, 한 달에 2kg의 체중을 감량하기 위해서 하루에 500kcal를 지금보다 덜 먹거나 운동으로 더 소비해야 하는 칼로리의 미학은 의학이자 과학이다.

초반에는 전문가의 맞춤 상담을 통해서 가능하지만 궁극적으로는 '감'만 체득하면 본인이 스스로 조절 가능하다. 즉, 평생 지속 가능한 건강유지능력의 습득은 최적의 저비용 고효율 모델이며 실제로 노력하고 경험해본 자들만이 몸소 느낄 수 있는 선물인 것이다. 이 과정을 반복하는 것이 결국 '습관화' 되는 것인데, 그 시점에서는 내 주변의 잔소리꾼이 더 이상 필요없는, 해탈의 순간을 맞이하게 된다.

대한민국 초고령화 시대가 눈앞에 다가오고 있다. 나의 건강은 100년 동안 내가 지켜야 한다. 우리 주변에 도움을 줄 수 있는 건강 멘토나 건강프로그램을 찾아보자. 그리고 여름이 다가오는 이 시점에서, 지금 바로 체중계 위에 올라가 보는 것은 어떨까? 지식이 행동으로 옮겨지는 첫 번째 시도이자 건강한 생활습관은 바로 이런 조그마한 변화에서부터 비롯되는 것이다.[40]

100세 이상 고령자의 건강관리 방법

단위: %. 복수 응답.

식사 조절	37.4
규칙적 생활	36.2
산책 등 운동	11.7
보약, 영양제 복용	5.5
미상	4.7
기타	5.8
없음	34.5

기타는 담배 술 등 절제, 목욕 사우나

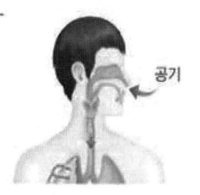

숨을 쉰다

외부의 공기를 호흡 기관을 통해 내부로 받아들인다.

기체 교환

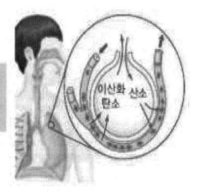

외호흡

폐에서 받아들인 산소는 혈액으로 이동하고, 혈액 속의 이산화 탄소는 폐포로 이동한다.

내호흡

혈액 속의 산소는 세포로 이동하고, 세포에서 발생한 이산화 탄소는 혈액으로 이동한다.

에너지 생성

세포 호흡

세포에서 산소를 이용해서 © 영양소 를 분해하여 에너지를 얻는다.

9. 호흡기질환(respiratory disease, 呼吸器 疾患)을
예방하려면

호흡과 관련이 있는 기관인 비강·인두·후두·기관·기관지·폐·흉곽·횡격막 등에 영향을 주는 질병을 말한다. 호흡계를 침범하는 질환은 많은 편인데 다음과 같은 3가지 요인에 기인한다. 첫째, 외부환경에 노출되어 있기 때문에 공기 중에 존재하는 유해물질에 쉽게 노출된다. 둘째, 호흡계에는 혈관분포가 풍부하기 때문에 혈관을 침범하는 질환에 의해 쉽게 영향을 받는다. 셋째, 호흡계는 알레르기 질환이 잘 발생하는 부분이기 때문이다.

기관지 계통과 관련된 질병에서 가장 중요한 증상은 기침이다. 폐질환의 주요 증상은 각혈과 호흡곤란이다. 급성호흡계 질환에는 여러 종류의 바이러스가 관련되어 있다. 1918~19년에 인플루엔자 바이러스에 의한 유행병 사망자가 전세계적으로 약 2,000만 명에 이르렀으며 이들의 대부분은 세균에 의한 2차감염이 사망원인이었다.

1990년 우리나라의 호흡기질환 사망자의 비율은 5.6%였으나, 2017년에는 세계 평균(15.8%)보다 높은 18.0%까지 높아졌는데, 아직도 상승추세가 지속되고 있어 개선이 시급하다. 질병별로는 폐렴이 6.8%, 폐암을 포함한 호흡기 암이 6.6%, 만성 폐쇄성 폐질환(COPD)을 포함한 하기도(下氣道)질환이 2.4%였다.

소득이 증가하면 위생상태가 개선되면서 대체로 세균질환 사망자는 줄고, 암이나 기타 만성 질환 사망자는 증가하는데, 호흡기질환도 마찬가지다. 우리나라도 폐암과 하기도질환 사망자는 증가하고 있는데, 폐암 사망자의 증가속도가 매우 빠른 점과 다른 나라들과 달리 위생상태가 선진국 수준임에도 폐렴 사망자가 오히려 급증하는 점이 눈에 띈다.

호흡기질환을 이해하려면 에너지의 순환과 호흡의 관계를 이해해야 한다. 사람이나 동물은 태양의 빛에너지를 직접 이용하는 식물과 달리 식물이나 다른 동물을 음식으로 섭취한 다음, 이들이 가진 에너지를 이용하여 살아가는데, 이 때 필요한 산소는 호흡을 통하여 공급받는다.

호흡은 공기 중에 있는 산소를 들이마시고, 부산물로 만들어지는 이산화탄소를 밖으로 내보내는 것을 뜻하는데, 공기를 들이마실 때 다양한 독소가 산소와 함께 몸에 들어와 문제를 일으킨다. 호흡기 안에는 이러한 독소들을 밖으로 내보내고,

세균들을 제거하는 장치가 마련되어 있다.

기도(氣道)에서 나오는 끈적끈적한 점액과 기도 벽을 덮고 있는 솜털모양의 섬모는 들어오는 세균이나 미세먼지 같은 각종 해로운 물질들을 붙잡아 끊임없이 밖으로 내 보내고, 허파의 면역세포들은 남아있는 세균들을 제거하는데, 이 기능이 약해지면 호흡기질환에 걸릴 가능성이 높아진다.

호흡기질환의 전형적인 유형은 섬모가 망가져 허파로 들어오는 독소와 기도에서 만들어지는 점액을 밖으로 내보내지 못해 허파에 쌓여 염증이 생기고, 기도가 좁아져 숨쉬기 어려워지는 질병이다. 섬모가 손상되면 허파에 세균이나 발암물질도 더 많이 들어오게 되므로 면역세포의 부담이 증가하여 폐렴과 같은 세균성 질병이나 폐암을 비롯한 호흡기 암에 걸릴 가능성도 높아진다.

섬모가 손상되거나 면역세포의 기능이 약하여 호흡기질환에 걸릴 때 병원에서는 기능을 회복시키는 치료가 아닌, 기능을 도와주는 치료를 한다. 허파에 쌓인 물질을 제거하거나 기도를 넓혀주거나 항생제나 항암제 또는 방사선으로 세균이나 암세포를 죽인다. 이러한 증세치료는 일시적인 도움을 줄 수는 있지만, 기능을 회복시키지는 않으므로 완전히 낫지 않는 경우가 많고, 재발하기 쉽다.

호흡기질환의 치료는 한계가 있으므로 예방이 최선임은 두말할 필요가 없다. 호흡기에 준비되어 있는 호흡기능과 보호기능을 정상상태로 유지할 수 있도록 평소에 좋은 환경을 유지하는 것이 중요하다. 섬모를 손상시키거나 면역력을 떨어뜨리거나 암에 걸리게 만드는 잘못된 환경을 개선하는 것이 핵심이다.

기도에 있는 섬모를 손상시키는 최고의 독성물질은 담배연기며, 그밖에 마리화나나 코카인과 같은 약물이나 공기 중에 있는 공해물질도 섬모를 손상시키므로 이러한 물질은 물론, 어떠한 독성물질도 기도에 많이 들어가지 않도록 하여야 한다.

아울러 면역력을 높이기 위해서 '생명스위치를 켜는 생활'을 생활화하며, 폐암 예방을 위해 담배연기와 같은 발암물질에의 노출을 줄이고, '암 도우미'의 생활을 버리며, '생명 도우미'의 삶을 생활화하여야 한다.

섬모가 많이 손상되어 호흡기질환에 걸린 사람도 잘못된 환경을 개선하면 자연치유 가능성이 높아진다. 섬모는 금연 후 몇 달 안에 빠른 속도로 재생되는 것으로 알려져 있는데, 재생되는 정도와 속도는 손상정도에 따라 다르므로 가급적 많이 손상되기 이전에 개선하는 것이 중요하다.[41]

특히, 겨울철 추위가 시작되어 호흡기 환자가 늘어나고 있는 가운데 질환에 대한 올바른 정보와 예방법을 통해 두려움을 이겨낸다면 따뜻하고 건강한 겨울을 보낼 수 있을 것이다.

10. "진행성 암 포기마세요" … 재활치료로 삶의 질 높인다

경기도 광주에 사는 박영옥(여)씨는 2013년 초 왼쪽 가슴에 유방암 4기 진단을 받았다. 암 크기가 11cm나 됐고 주변 림프절, 뼈, 뇌로 다 퍼져 당시 의사로부터 "당장 오늘 죽을 수도 있다"는 날벼락 같은 얘기를 들었다.

암이 너무 커서 6개월간 24차례 항암치료를 받아 암을 줄인 뒤에야 왼쪽 가슴을 전부 절제하는 수술을 받았다. 반복적 항암과 수술, 뒤이은 방사선 치료의 후유증은 컸다. 왼쪽 어깨와 팔 통증으로 한동안 숟가락 조차 뜨지 못했다. 기력이 없어 걷는 것은 물론 앉아 있기도 힘들어졌다. 악몽 같은 1년의 시간이 흐르고 분당서울대병원에서 암 재활치료를 시작하면서 상황이 조금씩 달라졌다.

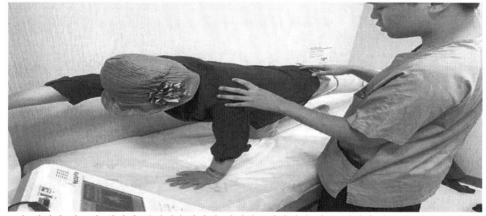

한 진행성 난소암 환자가 분당서울대병원 암재활클리닉에서 복부 안정화 운동을 하고 있다. 암 종류별로 환자에게 적합한 맞춤형 재활프로그램이 필요하다.

박씨는 암 치료와는 별도로 1주일에 2~3차례 전기자극 치료, 근력 운동, 손·팔 마사지 같은 맞춤 재활프로그램을 꾸준히 접한 뒤 혼자 걷는 등 일상생활이 가능할 정도로 회복됐다. 좋아진 체력 덕분에 남은 암 치료도 견뎌낼 수 있었다.

박씨는 "처음엔 모든 걸 포기하고 암 환자 요양원도 알아봤지만 단순한 휴식과 식이요법, 물리치료 정도 제공하는 곳이었고 비용도 많이 들어 결국 포기했다"고 했다. 박씨는 "만일 그때 갔더라면 지금까지 버텨올 수 있었을까 싶다"면서 "암 재활치료를 통해 삶의 활력과 살아가는 동기를 느꼈다"고 말했다.

박씨의 재활치료를 지켜봐온 분당서울대병원 암재활클리닉 양은주 교수는 9일 "절망적 상황이었는데, 6년째 생존하고 있는 것 자체가 기적"이라고 했다.

☞ 진행성 암 환자에 효과 입증

암 치료 하면 대부분 항암·방사선 치료, 수술을 떠올린다. 하지만 기본적인 암 치료 못지않게 중요한 게 바로 '암 재활치료'다. 암 환자들에게 재활치료는 떨어진 신체기능을 되돌리고 삶의 질을 높이기 위해 반드시 필요하다. 암 치료 과정에 겪는 여러 증상들(통증, 피로, 림프부종, 기능장애 등)에 의해 약해진 환자의 몸과 마음을 회복시켜 주는 원동력이기 때문이다.

실제 진행성 암 환자 대상 재활치료의 효과를 입증한 국내 첫 연구결과가 최근 나왔다. 진행성 암은 수술로 암을 없애기 어렵거나 암 전이로 인해 완치가 불가능한 상태를 말한다. 암 병기(病期)상 3기나 4기에 해당된다.

한국보건의료연구원이 2012년 1월~2017년 6월 분당서울대병원에 의뢰된 진행성 암 환자 331명을 대상으로 진행된 재활치료 417에피소드(2주 이내 간격으로 연속 이뤄진 모든 재활치료들의 묶음)를 분석한 결과, 재활 후 신체기능 지수가 유의하게 올랐고 상태가 호전된 것으로 나타났다.

환자들의 '기능적 보행지수(FAC)'는 재활 전 평균 2.1점에서 재활 후 평균 2.4점으로 높아졌다. FAC는 보행 능력을 0~5점의 총 6단계로 점수화해 측정됐다. 점수가 높을수록 보행 능력이 좋다. 0점은 보행이 불가능한 경우, 5점은 도우미 없이도 독립적으로 보행이 가능한 경우를 말한다. FAC 0점인 경우는 재활치료 이전 전체 30.9%에서 재활치료 후 24.2%로 줄었다.

암 환자의 '신체기능 점수(cFAS)'도 평균 57.8점에서 재활 후 64.2점으로 높아졌다. cFAS는 일어서기, 이동, 계단 오르내리기, 눈 뜬 상태에서 한발 서기, 복근 근력, 관절 가동 범위 등 총 24개 항목에 0~5점까지 부여한 점수를 합산해 평가됐다. 75세 이상 환자와 비교해 65세 미만의 경우 3배 이상 재활치료 효과가 높았다. 진통제를 쓰지 않은 환자가 사용 환자 보다, 뇌전이가 없는 환자가 있는 환자보다 약 2배 높은 재활치료 성공률을 보였다.

양 교수는 "초기 암 또는 완치가 기대되는 환자와 다르게, 진행성 암 환자는 완치가 불가능한 상태로 이들의 재활치료는 더 이상의 암 진행을 막고 '무증상 생존기간'을 늘려 살아있을 동안 삶의 질과 신체기능을 최대한 유지하는 데 목적이 있다"고 설명했다.

국내 암 경험자가 200만명에 달하면서 암 재활치료의 중요성은 갈수록 커지고 있다. 하지만 국내에 체계적이고 전문적인 암 재활프로그램을 갖춘 곳이 아직 많지 않다. 진행성 암 환자 상당수는 기본 암 치료가 끝나면 곧바로 요양시설을 찾거나 자연치료에 매달리기도 한다.

☞ 재활 경험자 100명 중 6명 뿐

보건의료연구원 연구 결과 국내 암 환자 가운데 재활치료 이용 경험자는 100명 가운데 6명꼴에 그쳤다. 연구원이 2011~2015년 정부에 등록된 암 환자 95만8928명을 조사했더니 6.4%(6만1059명)만이 재활치료를 이용한 것으로 나타났다. 50~79세 암 환자가 전체 재활치료의 약 70%를 차지했다. 암종별로는 위·대장암 등 소화기 암 환자가 34.4%로 가장 많았고 유방암(18.5%), 갑상선·내분비암(11.8%) 순이었다.

암 재활치료 참여율이 저조한 데는 우선 암 환자와 보호자의 인식이 낮기 때문이다. 암 환자들이 재활치료를 받을 수 있다는 사실을 처음 듣거나 잘 모르는 경우가 많다.

암 전문의와 재활치료 의사간 긴밀한 협조와 연계 시스템도 미비한 실정이다. 양 교수는 "암 전문의는 암 치료에 집중하기 때문에 치료 전·중·후 지속적으로 발생하는 암 환자의 기능장애, 후유증에 대해 치료 서비스를 연계할 시간적 여유가 없는 게 현실"이라고 지적했다. 대학병원의 경우에도 암 재활 전문 인력과 시스템을 갖춘 곳은 소수에 불과하다. 여기에는 암 재활치료의 전문성과 들이는 시간에 상응한 '수가'(진료 서비스 대가)체계가 마련돼 있지 않은 점이 한몫한다.

현재 국내 재활 수가는 뇌신경 손상, 심장 및 호흡재활 중심으로 만들어져 있고 암 환자에 적용하기엔 한계가 있다. 즉 뇌신경 손상이나 심장·호흡기능 장애 등의 문제가 동반돼 있는 일부 암 환자들에게만 재활 수가가 인정된다. 수익성을 따져야 하는 병원들이 암 재활 인프라 투자에 선뜻 나서지 않는 이유다.

양 교수는 "뼈 전이로 기능장애가 있거나 수술, 장기간 항암치료로 보행이 어려워진 진행성 암환자들에게는 아무리 열심히 재활치료를 해 줘도 낮은 수가만 인정받고 있는 상황"이라고 했다. 전문 재활치료를 보장하는 수가 체계가 마련돼야 병원들이 적극 나서고 암 재활치료도 활성화될 것이란 얘기다. 보건의료연구원 조송희 부연구위원은 "해외에서는 암 종류별 재활치료 가이드라인을 수립해 효과를 높이고 있다"며 "국내에서도 관련 정책 마련과 지원이 필요하다"고 강조했다.

☞ 암 환자 피로·통증·림프부종, 적절한 맞춤형 재활치료 효과

암 환자들이 치료 과정에서 겪는 주요 증상들은 피로, 통증, 관절운동 제한, 림프부종 등이다. 재활치료는 환자 증상, 암의 종류, 진행 정도 등을 감안해 맞춤형으로 이뤄진다.

한 대학병원 연구결과 암 치료 중인 환자의 63% 이상, 암 생존자의 53% 이상이 치료가 필요한 피로감을 호소하는 것으로 나타났다. 암 환자별로 피로감에 영향을 주는 요인들을 정확히 파악하고 교정해야 한다.

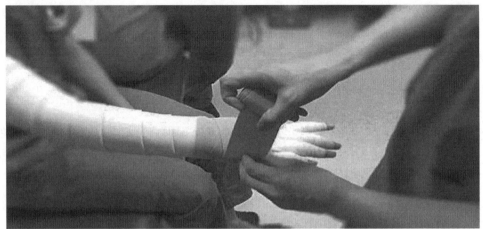

림프부종이 생긴 암 환자의 팔에 압박붕대를 감아 치료하는 장면. 서울성모병원 제공

유방암이나 갑상샘암, 두경부암, 혈액암 등의 수술과 치료 과정에서 어깨와 팔·다리, 목 주변, 여러 관절 등에 통증이 생길 수 있다. 전문의와 상의해 관절 운동 범위와 운동량을 조절해야 한다.

림프부종은 유방암과 부인암(자궁경부암 등), 전립선암 환자들에게 흔히 나타난다. 림프절은 온 몸에 분포돼 있는 면역기관으로 암 수술 시 완전한 암세포 제거를 위해 불가피하게 절제하는 경우가 많다. 림프액이 제대로 순환하지 못하고 고여 몸 곳곳에 부종(부기)을 남긴다. 가톨릭의대 서울성모병원 재활의학과 이종인 교수는 "옷이 꽉 끼거나 손등, 팔·다리가 전보다 무겁거나 두꺼워지는 증상이 나타나면 림프부종을 의심할 수 있다"고 말했다. 물리치료나 마사지, 압박붕대 치료, 부종 감소 운동 등 적절한 치료법을 선택한다. 삼킴 곤란은 두경부암(뇌와 눈 제외한 머리·목 부위 암) 수술 후 생길 수 있다. 음식을 먹을 때 기침이 나거나 삼킬 때 목이 아프고 자주 사레 든다면 의심할 수 있다. 턱 당기기, 머리 돌리기 등 식사 시 올바른 자세 훈련과 적절한 식이 변화를 통해 극복할 수 있다.

운동은 암 환자의 신체기능 회복에 도움된다. 유산소 운동은 매일 적어도 30분씩 꾸준히 한다. 걷기, 자전거타기 등은 주 5일 이상하고 조깅, 등산 등 비교적 체력이 많이 필요한 운동은 주 3일 이상 하는 것이 좋다.

근력 운동은 일주일에 2~3번 한다. 낙상과 골절 예방에도 도움된다. 다만 말초(사지)신경이 심하게 손상돼 근력과 균형 감각이 떨어졌거나 골다공증이 있으면 섣불리 시도해선 안된다. 스트레칭은 관절 운동 범위가 감소된 부위 위주로 해 준다. 한번에 15~30초간 유지하고 이를 최소 2~4번 반복한다.[42]

11. 걷기…삶의 시작, 질병의 끝

화병(火病)클리닉에서는 억울하고 분한 감정을 다스리기 위해 '걷기'를 권한다. 걷기는 운동 효과와 함께 자신의 고유한 리듬을 만듦으로써 정신적으로 안정을 찾게 되고, 신체는 에너지를 얻게 되며, 스스로 최적의 상태에 이르도록 돕는 방법이다.

화가 치받는 분노의 현장에서는 잠시 벗어나서 걸음으로써 감정을 가라앉히도록 교육한다. 용서를 못 해 속을 끓이는 환자에게는 때로 당사자와 함께 걷기를 권하기도 한다. 한없이 걷는 과정에서 자신의 마음속 응어리가 풀리고, 대화를 하면서 화해와 용서에 이를 수도 있기 때문이다. 걷기는 화병 환자뿐 아니라, 우울증과 불면증 그리고 치매나 암 환자, 심지어 척추에 문제가 있는 환자에게도 적용되는 매우 의미 있는 치유 행위이다.

그러나 어떤 사람들은 걷기의 운동 효과에 관심을 가진다. 그야말로 직접적인 효과에 초점을 둔 것이다. 그래서 '하루 만 보, 2시간 걸어 봐야 운동 효과는 제로' 라는 신문 르포에 눈이 간다.

르포에 소개된 것처럼, 하루에 2시간 러닝머신에서 설렁설렁 걷는 행위는 그저 칼로리만 소모할 뿐 운동 효과는 없다는 주장으로, 짧은 시간의 근력 운동이 더욱 효과적이라는 설명이 이들에게는 더 설득력이 높다.

그러면 과연 바람직한 걷기란 어떤 것인가. 바람직한 걷기에 대한 정의가 필요하다.

걷기는 인간에게 마치 잠을 하루에 7~8시간 자는 것이나, 식사를 하루에 3번 하는 것처럼 오래전부터 길든 행위다. 인류가 산업혁명 이전, 즉 교통수단으로 자동차가 보편화하기까지, 지금으로부터 불과 200여 년 이전에는 평균 하루 보행 수가 3만 보였다고 한다. 그러니까 지금처럼 하루에 채 1만 보도 걷지 않는 우리는 수천 년 동안 익숙해진 행위의 채 3분의 1에서 5분의 1도 하지 않고 있다. 그러니 모자라는 보행 수는 여러 문제를 일으키게 된다. 의학계에서는 이를 운동 부족, 활동 부족으로 보아 생활습관병으로 이행된다고 설명한다.

우리의 일상을 조금 더 자세하게 들여다보면 제대로 걷는 일이 그다지 없다는 사실을 알 수 있다. 그나마 '건강 걷기'라고 하는 1만 보도 실제로 많이 걷는 것은 아니다. 스마트폰을 바지 주머니에 넣고, 또는 스마트 워치를 하루 종일 차고 다녀 나온 결과인 1만 보는 결코 많은 보행 수가 아니다. 출퇴근 시간에 걷는 것, 점심을 먹으러 밖으로 나가는 것뿐만 아니라, 집 안에서 움직이는 것, 사무실에서 잠시 왔다 갔다 하는 것, 화장실 다녀오는 것 등 앉거나 누워서 지내는 시간을 제외하고는 모두 보행 수로 체크가 되니 5000~6000보는 쉽게 기록된다. 그래서 만보를 채웠다고 해도 정작 작정하고 걷기는 채 4000보가 안 되는 것이다.

걷기가 효과적으로 운동 효과를 발휘하기 위해서는 바람직한 걷기를 해야 한다. 바람직하게 걷는 것은 오로지 걷기에만 충실하는 것이다. 척추를 똑바로 세우고, 양손에 짐을 들지 않고 양팔을 적절하게 움직이면서, 상쾌하고 기분 좋게 걷는 행위다. 더구나 자신의 고유 리듬을 찾아서 처음에는 천천히 걷다가, 다시 속도를 내다가, 자신의 리듬에 맞춰 걷게 되면, 운동 효과뿐 아니라, 이완 효과가 동반돼 가장 이상적인 운동법이 된다. 마치 그 시간에 춤을 추는 것과도 같은 효과를 얻을 수 있다. 걷기는 헬스장에서 하는 '걷는 행위'와는 다르다. 다리만 조근조근 움직이는 행위와는 달리, 보고, 듣고, 냄새 맡고, 자신의 주의에 항상 변화를 주면서 자연과 끊임없이 교류하는 행위다. 특히, 걷는 길이 평평하지 않고, 오르고 내림이 있고, 또 아스팔트가 아닌 숲길에서는 다리의 여러 미세 근육들을 각기 작동시키는 효과를 얻을 수도 있다.

바람직한 걷기의 효능에 대한 근거로 80분간의 주 3회 산림 걷기 운동은 같은 조건의 러닝머신 운동에 비해 하체 근력, 상체와 하체 유연성, 민첩성·평형성, 그리고 심폐지구력과 체중 관련 신체상 요인과 몸매 관련 신체상 요인에서 효과적이라는 논문이 보고되기도 했다. 그렇기 때문에 걷기의 운동 효과 측정은 바람직한 걷기에 맞춰 측정될 필요가 있다. 단지 걷는 행위만을 걷기로 정의해 운동 효과가 있다, 없다를 논하는 것은 바람직하지 않다.[43]

미국의 저술가 리베카 솔닛이 '그 역사가 인간의 역사보다도 길다'고 한 걷기를 새롭게 정의해 보자. 우선, 걷기는 꾸준히 할 수 있는 기본이 되는 운동이다. 인간이 하는 가장 본질적 운동으로 30분이라는 짧은 운동뿐 아니라, 하루 8시간이라는 운동 시간도 소화해낼 수 있고, 첫돌 아이 때부터 시작해 죽기 직전까지 할 수 있는 운동이다. 그리고 걷기는 재미를 만들어낼 수 있다. 걷기에 한정되는 게 아니라, 걷기를 통해 무엇이든 자신이 추구하는 바를 성취할 수 있는 것이다. 걷는 동안 오감을 통해 자연을 접하게 되며, 사색하고, 대화할 수 있으며, 자신이 원하는 곳으로 갈 수 있다.

척추 수술을 받은 환자에게 장기간 활동을 하지 못하는 상황이 일어났다. 곧이어 식욕이 떨어지고, 잠이 잘 오지 않게 되고, 의욕도 상실하게 되는 전형적 우울증 환자의 양상이 나타났다. 우울증은 걷지 못하는 데서 시작됐다. 환자들의 회복은 한 걸음의 걷기에서 시작한다. 걸어서 밖으로 나가면서 첫 단추가 끼워진다. 걷기를 본격화하면서 식욕도 돌아오고, 잠도 잘 잘 수 있게 되며 의욕이 생기고, 결국 자신이 원하는 곳에 이르게 된다. 화병클리닉에서 보는 걷기는 삶과 질병의 시작과 끝이다.

바야흐로 3월, 봄이다. 제대로 걸을 수 있는 계절이 온 것이다.

미국의 심리학 박사이며 공인 심리치료사인 워렌 그로스맨은 그의 저서 『땅 에너지를 이용한 자연치유』(2004년 샨티, 박윤정 옮김)에서 저자는 1987년 브라질을 여행하던 중 기생충에 감염돼 시한부 선고를 받는다. 하루가 다르게 기력이 쇠하던 어느 날, 그는 자신도 모르게 맨발로 땅을 밟고 아픈 곳을 땅에 눕히면서 병을 치유해 갔다. 그런 후에 쓴 이 책에선 땅의 에너지를 통해 사람을 치유할 수 있다고 설명하고 있다. 우리 몸의 부정적인 이미지와 독소들이 척추를 통해 대지로 스며들어 간다고 설명한다. 그리고 대지는 우리가 버린 모든 찌꺼기들을 받아들일 뿐 아니라, 자신이 가지고 있는 무한한 청정 에너지를 아낌없이 우리 몸속에 주입해 줌으로써 정신적. 신체적 질병을 치유한다고 한다. 그의 저서 마지막의 '치유는 땅으로부터 시작되어 가슴을 통해 이루어진다.'라는 구절에 이르르면 더욱 감동적이다. 또한 『어싱』(히어나우시스템, 저자 : 클린턴 오버, 스티븐 시내트라 공저, 역자 : 김연주)에서는 지구 표면인 땅과 우리 몸을 연결하는 것을 어싱(Earthing)이라 하는데 이때 인간은 에너지를 받는다고 강조한다.

정신과 전문의 이시형박사는 KBS의 '생로병사의 비밀'에 출연하여 "맨발로 걸으면 대지의 기운이 내 몸을 거쳐서 온 몸이 아주 시원하고 신선한 기운이 감도는 것을 느낄 수가 있습니다"라 한다.

12. 건강 100세 시대, 맑은 공기로부터

우리는 건강을 위해 먹고 마시는 물과 음식에 늘 신경을 쓰며 살아간다. 전문가들은 하루에 2 L 의 물을 마시고, 약 2,000~2,500kcal의 음식물을 섭취하라고 권고한다. 그러나 하루에 1만 3,000 L 의 공기를 마시고 있다는 사실에 대해서는 잘 주목하지 않는다. 우리가 매일 호흡하고 있는 공기의 양을 무게로 환산하면 13kg이나 된다.

공기에 대해 더 관심을 가져야 하는 이유는 공기 중에 포함된 오염물질이 호흡을 통해 몸 안으로 들어와 건강을 위협하기 때문이다. 지난해 6월 세계보건기구 산하 국제암연구소(IARC)는 자동차 배출가스를 발암 물질로 지정했다. 미세먼지가 천식, 기관지염, 폐렴, 폐암 등의 질병을 유발하고 아토피 피부염을 더욱 악화시킨다는 연구도 있다.

대기오염이 개인의 건강에만 나쁜 영향을 미치는 것은 아니다. 최근 극심한 스모그로 몸살을 앓고 있는 중국에서는 대기오염을 피해 시골로 떠나는 이른바 '환경망명' 도 줄을 잇고 있고, 다국적 기업의 직원들이 베이징 지사 근무를 꺼려한다고 한다. 대기오염이 도시 나아가 국가의 경쟁력에도 영향을 미치는 요인이 되는 것이다.

이는 비단 남의 나라 일만은 아니다. 특히 우리나라 수도권은 국토면적의 12%에 인구와 자동차의 2분의 1이 집중되어 있어 대기오염에 취약할 수밖에 없다. 이 지역에서 배출되는 오염물질 배출량을 전국 배출량과 비교해보면 미세먼지는 21%, 질소산화물은 28%, 벤젠과 같은 휘발성유기화합물은 36%를 차지한다.

2005년부터 1차 수도권 대기개선 대책을 추진한 결과, 대기오염이 개선되고 있으나 일본의 도쿄나 프랑스의 파리 등 해외 주요도시와 비교하면 여전히 2배 이상 나쁜 상태이다. 이렇다보니 대기오염으로 인한 조기 사망자수가 교통사고로 인한 사망자 수의 3배 수준이라고 한다.

앞으로의 전망도 밝지만은 않다. 수도권의 인구집중은 2010년 49%에서 2025년 53%로 더욱 심화될 전망이다. 이와 함께 2025년 수도권 내 자동차 등록대수는 2010년보다 42%는 1,149만 대에 이를 것으로 예상된다. 대기질이 지금보다 좋아질 여지보다 악화될 가능성이 더 큰 것이다. 여기에 최근 중국 발 스모그는 문제를 더욱 어렵게 하고 있다. 중국으로부터의 유입을 줄이기 위해 외교적 협력을 강화하는 한편 국내에서 발생하는 대기오염을 줄이기 위한 노력도 병행해 나가야 한다.

환경부는 2015년부터 향후 10년간의 대기개선 목표를 담은 2차 수도권 대기환경 관리 기본계획을 마련했다. '맑은 공기로 건강한 100세 시대 구현'을 비전으로 삼고, 건강에 위해가 큰 초미세먼지, 오존을 관리대상물질에 포함시켜 관리해나갈 계획이다.

무엇보다 수도권 대기오염의 가장 큰 비중을 차지하는 자동차 관리를 한층 강화할 계획이다. 전기차, 하이브리드차 등 친환경 자동차를 전체 자동차 등록대수의 20% 수준까지 보급하고, 대기오염물질 배출량이 많은 노후차량은 저감장치 부착, 조기폐차를 유도해 나간다. '나홀로 차량'을 줄이고 대중교통 이용을 활성화하는 등 교통수요를 줄이기 위한 대책도 강화한다. '공해차량제한지역'을 설정하여 대기오염 물질을 많이 배출하는 차량은 통행을 제한하는 방안도 마련한다. 발전소 등 대형 사업장에 대한 총량관리도 강화하고, 주유소, 세탁소 등 생활 주변의 작은 오염원들에 대한 관리방안도 마련할 계획이다.

이번 2차 기본계획이 성공적으로 시행되면 2024년 대기오염도는 30%이상 개선될 것이다. 조기사망자와 호흡기 질환자 등도 50%이상 감소할 것으로 전망된다. 이로 인해 절약할 수 있는 사회적 비용 추정치는 연간 약 6조원에 달한다.

종종 '과연 우리가 대기오염 문제를 해결할 수 있는 것인가'라는 질문을 받곤 한다. 답은 우리가 현 상황을 개선하기 위해 무엇을 하는가에 달려있다. 지금 필요한 것은 우리 모두의 건강, 나아가 미래 세대를 위해 국민 모두가 함께 관심을 갖고 행동에 나서는 것이다. 건강한 대한민국을 위한 더 나은 변화, 더 이상은 미룰 수 없다.[44)45)]

http://cafe.daum.net/Uandi/NSis/77(2017. 03. 10)

13. 분노와 화병(火病)

화병(火病, 鬱火病, somatization disorder)은 마음속의 분노, 울분을 억지로 억제해서 생기는 통증·피로·불면증 등 다양한 병증을 통칭하는 말이다. 치미는 울화를 제대로 발산하지 못해 생기는 병으로 그래서 '울화병'이라고도 한다.

화병은 억울하거나 답답한 감정, 속상함 등의 스트레스가 장기간 쌓여 신체적 증상으로 발현되는 증후군으로 우울증이나 불안장애, 공황장애 등과는 조금 다르다. 화병은 한국 사람에게서만 발견된다. 한국학의 거장으로 꼽히는 김열규는 "화병은 한국인의 심암(心癌)으로, 마음속에 기생하는 악성 종양"이라고 했다.

그는 또 "원한은 한국인의 정서적 생채기다. 원한의 서정은 이 땅의 문화에서 역사적인 주류로 흘러왔다"면서 화병은 원한의 문화와도 관련이 깊다고 했다. 세계적으로 정신 질환 진단의 교범(敎範) 역할을 하는 미국정신의학회는 1994년 펴낸 『정신장애 진단 통계 편람』에서 '화병(Wha-byung)'을 "한국인의 독특한 정신질환"이라며 문화 관련 증후군의 하나로 한글 발음 그대로 실었다.

아픈 사람들이 찾는 병원 진료실 한구석에서도 세상을 바라볼 수 있다.

고통이나 질병의 원인이 사람마다 달라서인지, 그 가운데는 신체적인 원인으로 인한 경우도 있고, 그 사람이 겪은 스트레스가 문제가 되는 경우도 있다. 때로는 사회적 문제를 통째로 가지고 고통을 호소하는 사람도 있다. 나의 진료실은 화병(火病)클리닉이다. 그래서인지 매일 우리 사회의 억울함과 분노를 접하게 된다.

우리나라에는 '화병'이라는 독특한 병이 있다. 울화병(鬱火病)이라고도 하는데, 이를 서구에서는 한국 문화와 연관이 있는 문화 관련 증후군이라 하여 '분노

증후군(Anger Syndrome)'으로 명명했다. 그런데 화병이라고 설명되던 분노증후군도 이제는 그렇게 많이 쓰이지 않고 있다. 분노가 지역의 문화와는 특별히 관련이 없는, 전 세계적으로 보편적인 병으로 설명되고 있는 것이다. 그래서 분노의 병은 '간헐적 폭발장애(intermittent explosive disorder)'라는 병명으로 대체돼 쓰이고 있다. 물론 '화병'과 '간헐적 폭발장애'는 명확한 차이가 있다.

화병이 억울하고 분한 것을 참으면서 나타나는 가슴 답답함, 치밀어 오름, 얼굴의 열감(熱感) 등 신체적 증상에 초점을 맞춘 반면, 간헐적 폭발장애는 억울함과 분함을 밖으로 표출하면서 나타나는 언어적·신체적 공격 행동이 특징이다. 진료실에서 20여 년을 보내면서, 우리나라 역시 화병에서 간헐적 폭발장애의 모습으로 바뀌는 것을 지켜보고 있다.

또, 화병의 진단 기준도 이전과 달라지고 있다. 이전에는 화병 특유의 증상을 기준으로 진단을 내렸지만, 요즘은 분노 행동을 진단의 요점으로 삼고 있고, 6개월 이상의 시간 기준도 무의미해지고 있다. 그래서 '급성 화병'이나 '분노 폭발'과 같은 진단 용어가 병원에서도 활용되고 있다.

"10년이라는 세월 동안 참고 지내오면서 그것이 미덕인 줄 알았습니다. 그런데 가슴이 답답하고, 열이 치받고, 속이 상해 견딜 수가 없습니다. 미워죽겠어요. 그렇지만 어쩌겠어요. 그래도 같이 살 수밖에 없잖아요." 10여 년 전까지 진료실에서 만났던 화병 환자의 전형적인 모습이다. 오륙십 대의 주부가 화병의 주 대상이었고, 참는 것에 이골이 나서 견뎠지만, 몸이 더 이상 받쳐주지 못해 찾아왔다. 그러면서도 여전히 증상만 없다면 견뎌 보겠다고 한다.

"어떻게 참아요? 참으면 해결되나요? 그나마 이렇게 소리라도 내야 해결되는 것 아닌가요? 이제 더는 참을 수 없어요. 그래도 화를 내고 나니 후회가 돼요. 그 순간을 잘 넘겼어야 하는데 쉽지가 않네요." 요즘 화병클리닉에 스스로 화병이라고 호소하면서 방문하는 환자의 모습이다. 이삼십 대의 젊은이들이 화를 낸 뒤에 후회하면서, 화를 참는 방법을 알고 분노 감정을 조절하기 위해 방문한다. 하지만 사회적 분노를 참기는 어렵다고 하소연한다.

20년 전 화병 관련 책을 처음 썼을 때, 앞으로 화병이 줄어들 것인지에 대한 질문이 있었다. 쌓이는 분노가 줄어들고, 자신의 감정을 자연스럽게 풀어내는 사회가 되면 화병은 줄어들 것이라는 진단에서 비롯된 질문이다. 그러나 지난 1일 자 어느 신문사의 사회면 헤드라인을 장식한 제목은 '성난 대한민국… 새해엔 화 좀 줄입시다'였다. 화병클리닉의 진단도 이와 비슷하다. 화병은 이제 신체적인 고통에서 폭발하는 행동으로, 개인의 고통에서 사회의 병리로 그 양상이 바뀌고 있다. 화병은 그 모습이 변하여 사회의 현상을 그대로 담고 있다.

그러나 감정은 기능(機能)이다. 감정은 인간의 생존에 있어 드러나는 현상이고, 그렇게 표현될 수밖에 없는 까닭이 있는 것이다. 감정은 선악(善惡)이 있는 게 아니다. 그 감정을 어떻게 활용하느냐에 따라서 선악이 나뉠 뿐이다. 따라서 드러나는 감정을 어떻게 다루느냐에 따라 그 감정은 선이 될 수도 있고, 악이 될 수도 있다. 분노 또한 마찬가지다.

화병을 분노로 인한 병으로 인식하다 보니, 모두들 분노를 나쁜 감정으로 치부한다. 하지만 분노는 인간의 생존에서 가장 원초적인 감정이고, 이 감정을 통해 인간은 자신의 모습을 구현하는 측면이 있다. 때로는 인간을 성숙하게 만들기까지 한다.

어린 시절 아버지로부터 정직하고 올바르게 살아야 한다는 교훈을 귀에 못이 박이게 들으면서 잘못할 때마다 매를 맞으며 자란 30대의 한 청년이 있었다. 성실하고 정직하게 살면서 좋은 학교와 직장을 다녔다. 하지만 정의롭지 못한 사회의 모습을 견디지 못해 그는 직장을 그만두고 늘 불만에 차 있었다. 잘못된 일을 보면 시비가 붙고, 폭력으로 이어지는 경우도 많았다. 어린 시절부터 자신에게 향했던 분노를 고스란히 사회로 드러내고 있는 것이다.

이 청년과 상담을 하면서 과거로 돌아가 보았다. 아버지로부터의 폭력이 고스란히 분노의 감정으로 마음속 깊은 곳에 자리 잡고 있고, 이 분노는 언제든 밖으로 튀어나갈 준비가 되어 있음을 확인할 수 있었다. 10년 가까이 분노에 쌓여 만나지 못한 아버지와의 만남을 시도했다.

아버지 역시 그 시절을 후회하고 있었다. 또 용서를 구했다. 청년 역시 아버지의 그런 모습을 이해할 수 있었다. 그리고 자신 속에서 타고 있는 분노의 감정을 용서하기로 마음먹었다.

분노의 씨앗을 없애면서 분노는 줄어들었다. 언제든 분노가 일어날 준비가 되어 있는 상태에서 벗어난 것이다. 청년에게는 과거와의 화해를 통해 씻어낸 분노의 감정 빈자리에 어떤 감정을 다시 넣느냐만 남아 있는 것이다. 이 청년에게 분노를 대신할 다른 감정의 기능을 기대한다.[46]

한국인의 화병은 만성적인 스트레스에 시달려도 그저 잘 참는 것을 미덕으로 여기는 사회 분위기와 관련이 깊다는 견해가 있다. 이재헌 강북삼성병원 정신건강의학과 교수는 "우리 유교 문화는 솔직한 감정 표현을 미성숙한 것으로 치부했다"며 "스트레스는 감정 표출을 통해 해소할 수 있는데 참는 걸 미덕으로 여기다 보니 화병 환자가 많다"고 했다.[47]

14. "수술은 무슨, 나이도 많은데 그냥 살지 뭐"

수술(operation, 手術)은 치료를 목적으로 피부나 점막, 기타 조직을 절개하기 위한 어떤 조작을 가하는 일이다. 일찍이 수술은 체표면의 병소에 대해 행해졌으므로, 외치라는 뜻의 외과를 대표하는 말로서, 내과와 상대하여 쓰였다. 그러나 오늘날에는 두개·흉곽·복막을 열고 장기에 직접 메스를 가하는 수술이 행해지고 있으므로 그 범위는 단순하지 않다. 또한 넓은 의미에서는 절개하여 피를 보는 이른바 관혈적 수술 외에, 관절탈구의 정복, 골절의 고정 등 피부나 점막을 절개하지 않고 행하는 치료행위도 수술에 속한다. 이것을 비관혈적 수술이라고 한다.

유방암(breast cancer, 乳房癌)은 남성이 유방암에 걸리는 경우는 매우 드물며, 여성의 경우 대부분이 폐경기를 전후해서 걸린다. 여성 호르몬인 에스트로겐이 오랫동안 분비될 때, 수유한 적이 없거나 유방에 양성 종양이 생긴 적이 있을 때 유방암에 걸릴 확률이 높다. 악성 종양의 90% 이상은 젖샘관에서 시작되는데 유방의 주변부에 생긴 종양은 림프관 쪽으로 퍼지는 반면, 유방 가운데 생긴 병소는 가슴으로 퍼진다. 대부분 유방암의 유형은 선암인데, 종양은 단단하며 움직이지 않고 지름이 2~3cm 정도 되면 감지된다. 피부는 함몰되고 유두도 퇴축된다. 그 외 수양암, 면포암, 파제트병, 급성염증성암종 등의 유형이 있다. 유방에서 몽우리가 발견되면 암일 가능성이 있다. 만일 제거한 몽우리가 암이라고 판단되면 치료를 목적으로 유방을 제거하기도 한다.

80세가 넘은 할머니가 가슴에서 뭔가 딱딱한 것이 만져진다며 병원에 오셨습니다. 초음파를 보니 유방암이 의심됐고, 조직검사를 했더니 유방암이 맞습니다. 추가적인 검사를 하고 수술을 하자고 말씀드렸습니다.

"아프지도 않은데? 나이 80 넘어도 그런게 생겨?"

초음파에서 임파선 전이도 보이지 않고, 유방암은 3cm가 조금 넘습니다. 검사를 자세히 해봐야 하겠지만 유방암 2기 정도 될 것 같아 치료를 잘하면 여생 동안 유방암 때문에 고생하시지 않을 가능성이 높습니다.

"수술하셔야 해요. 수술이 많이 위험하거나 힘들지 않아요." "됐어. 안 해. 수술은 무슨. 지금 아무렇지도 않구먼. ○○야 가자." 할머니는 막무가내로 그렇게 진료실 밖으로 나가시면서 같이 온 아들에게 소리치십니다. 환자가 동의하지 않는 한 억지로 치료할 수는 없는 노릇입니다.

조용히 아드님만 다시 불러 치료하지 않으면 1~2년 내에 굉장히 힘드실 텐데 잘 설득해서 수술 받도록 하시라고 당부합니다.

1년 반이 지나 그 할머니는 아들과 같이 다시 진료실에 들어섰습니다.

"아프지는 않은데, 피가 계속 나. 옷을 자꾸 버려서 귀찮아 죽겠어. 오른쪽 다리도 자꾸 부어서 걷기 힘들고 허리도 아파."

암은 자라 피부 밖으로 튀어나왔고, 그곳에서 소량의 출혈이 지속적으로 확인됐습니다. 다리가 붓고 허리가 아픈 것은, 암이 뼈로 전이된 것 같았습니다. 머리부터 발끝까지 검사를 했습니다. 유방암은 5cm가 넘게 커져 있었고, 전신의 뼈 곳곳에 전이된 암이 보입니다. 유방암 4기입니다.

크기가 작은 조기 유방암의 경우 치료를 받으면 5년 생존율이 90%가 넘습니다. 하지만 유방암이 크기가 작을 때는 대부분 증상이 없습니다. 정기적인 건강검진을 시행하는 이유입니다. 유방암이 자라서 3기가 되면 5년 생존율이 75%, 다른 장기로 전이된 4기의 경우 34%로 급격히 낮아집니다. 따라서 정기 검진이 중요하며, 진단 즉시 치료하는 것은 필수입니다.

유방암 수술은 고령에 시행받기에도 부담이 적은 수술 중 하나입니다. 출혈이 거의 없고 수술 시간이 비교적 짧은 편이며, 수술 후 거동에 불편함이 없고 식사 또한 자유롭기 때문입니다. 보존적 유방절제술(유방을 다 없애는 것이 아니라 암이 있는 부분만 절제하는 수술, 주로 암의 크기가 작을 때 시행) 및 감시임파선절제술(겨드랑이에 있는 임파선을 전부 절제하는 것이 아니라 적은 수의 임파선만 절제해 전이 유무를 확인하는 수술)을 시행하게 되면 수술 후 1, 2일 내에 퇴원도 가능합니다. 또한 최소한 2년에 한 번 국가에서 시행하는 검진을 빠짐없이 받는 것이 중요합니다. 증상이 있다면, 특히 혹이 만져진다면 빨리 전문의와 상의해야 하겠습니다.[48]

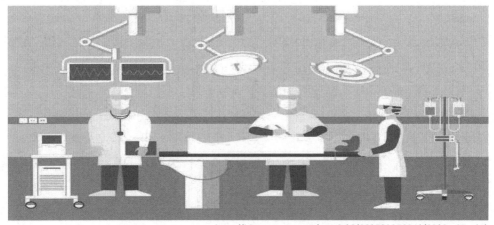

http://blog.naver.com/gotch13/221539976941(2019. 05. 17)

15. 수면 부족과 알츠하이머 치매

알츠하이머병(alzheimer's disease)은 치매를 일으키는 가장 흔한 퇴행성 뇌질환으로 서서히 발병하여 기억력을 포함한 인지기능의 악화가 점진적으로 진행되는 병으로, 정확한 발병 기전과 원인에 대해서는 정확히 알려져 있지는 않다.

현재 베타 아밀로이드(beta-amyloid)라는 작은 단백질이 과도하게 만들어져 뇌에 침착되면서 뇌 세포에 유해한 영향을 주는 것이 발병의 핵심 기전으로 알려져 있으나, 그 외에도 뇌 세포의 골격 유지에 중요한 역할을 하는 타우 단백질(tau protein)의 과인산화, 염증반응, 산화적 손상 등도 뇌 세포 손상에 기여하여 발병에 영향을 미치는 것으로 보인다. 대표적인 뇌 병리 소견인 신경반(혹은 노인반)은 베타 아밀로이드 단백질의 침착과 관련되며, 신경섬유다발은 타우 단백질 과인산화와 연관이 있다.

유전적인 요인이 전체 알츠하이머병 발병의 약 40~50%를 설명하는 것으로 보고되었는데, 직계 가족 중 이 병을 앓은 사람이 있는 경우 그렇지 않은 사람보다 발병 위험이 높아진다. 발병 위험을 높이는 대표적인 위험 유전자로 아포지단백 E ε4(APOE ε4) 유전자형이 있다. 우리나라에서 시행된 연구 결과를 보면 이 유전자형이 없는 사람에 비해 1개 가지고 있을 경우 약 2.7배, 2개 가지고 있는 경우 17.4배 정도 알츠하이머병의 위험성이 높아지는 것으로 나타나 있다.

그 밖에 아밀로이드 전구 단백질 유전자(염색체 21번에 위치), 프리세닐린 1 유전자(염색체 14번에 위치), 프리세닐린 2 유전자(염색체 1번에 위치) 등에 돌연변이가 있는 경우 가족적으로 알츠하이머병이 발병하는 것으로 알려져 있으나 이들은 모두 40~50대에 발병하는 조발성(초로기) 알츠하이머병의 발병에만 관여하며 대부분의 만발성(노년기) 알츠하이머병의 발병과는 무관하다.

가족력 혹은 유전적 요인 이외 고령은 알츠하이머병의 발병 위험을 증가시키는 주요 요인으로 알려져 있다. 즉, 65세 이후 매 5세 증가 시 마다 알츠하이머병 유병률이 약 2배씩 증가하는 추세를 보인다. 그밖에 여성, 낮은 학력, 우울증 병력이나 두부 손상의 과거력 등이 병의 위험도를 높이는 요인으로 알려져 있으나 논란이 있다.[49]

언제부터인가 '꿀잠'이라는 신조어가 매스컴이나 광고에서 자주 보인다. 이 말이 널리 쓰이게 된 이유는 잘 자는 것에 대한 관심이 커진 측면도 있지만, 잠을 잘 시간이 부족하거나 '달지 않은' 잠을 자는 날이 많아서가 아닐까 하는 생각이 든다. 꿀잠이 일상이 되지 못하고 '희망사항'이 된 현대인에게 뇌과학은 지속적으로 경종을 울리고 있다. 최근 이와 관련한 중요한 연구 결과가 발표됐다.

지난달 미국 세인트루이스 워싱턴대학교의 데이비드 홀츠만 교수팀은 사이언스지에 잠을 못 자면 알츠하이머 치매의 진행이 빨라진다는 사실을 입증한 흥미로운 논문을 게재했다.

이 연구에서 홀츠만 교수는 잠을 자지 못하면 '타우 단백질'이 뇌에서 확산하는 속도가 빨라진다고 보고했다. 알츠하이머 치매를 유발하는 것으로 알려진 주요 물질은 뇌속의 '아밀로이드베타'와 '타우 단백질'이다. 아밀로이드베타는 증상이 있기 10여년 전부터 뇌에 서서히 축적된다. 아밀로이드베타가 거의 최고조에 이를 즈음 타우 단백질이 증가하기 시작해 치매로 이행되는 결정적인 뇌 손상을 일으킨다.

이번 연구로 잠이 부족하면 아밀로이드베타가 증가하고 뇌 세포에 손상을 주는 타우 단백질이 뇌에서 빠르게 확산한다는 것이 명백해졌다.

원래 타우 단백질 농도는 깨어 있을 때 높아지고 잠을 잘 때 낮아진다. 매일 정기적으로 오르내린다. 야행성인 쥐는 깨어 있는 밤에 잠을 자는 낮보다 2배 정도 높은 타우 단백질 농도를 보인다. 이번 연구에서 낮에 쥐의 수면을 인위적으로 방해하자 평소보다 두 배나 높은 타우 단백질 농도를 보였다. 사람에서는 수면박탈 때 뇌척수액에서의 타우 단백질 농도가 1.5배 증가했다. 그러나 이런 연구방법론은 수면박탈 때 발생하는 스트레스의 영향을 피할 수 없다는 한계가 있었다.

그래서 연구팀은 각성을 유발하는 '상유두핵'이라는 뇌 부위에 특수한 수용체를 발현시키고 그 수용체와 작용할 수 있는 약물을 투여해 스트레스를 최소화한 수면박탈법을 시도했고, 이번에도 역시 타우 단백질의 증가를 확인할 수 있었다. 게다가 기억 기능과 밀접한 관계가 있는 '해마' 부위에 타우 단백질을 주입하고 수면을 방해한 군과 정상 수면군을 4주 후에 비교했을 때 수면을 방해한 쥐의 해마에 타우 단백질이 넓게 퍼져 알츠하이머병이 가속됨을 확인했다.

2017년 우리나라는 노인 인구가 전체 인구의 14%를 넘어선 고령사회에 도달했다. 노인 인구에서 수면 문제는 매우 흔하면서도 간과하기 쉬운 증상이다. 전문가들은 수면 문제가 치매와 밀접한 연관이 있을 것으로 추정하고 있다.

이와 관련한 뇌과학 연구 결과들은 같은 방향을 가리키고 있다. 잘 자는 것이 치매를 예방할 수 있는지는 미지수이나 수면 문제가 치매를 악화시킬 수 있다는 것에 의견이 모인다.

뇌 건강을 위해 건강한 수면은 선택이 아니라 필수라는 것을 잊지 말아야겠다.[50]

16. '팔굽혀펴기' 열 다섯 번이면 다 해결된다!

오늘도 또 부엌 한구석에 주저앉아 울었다. 외롭거나 서글퍼서가 아니다. 진짜 너무 아파서 울었다. 설거지하다가 그릇을 넣으려고 열어놓은 싱크대 모서리에 머리를 받았기 때문이다. 요즘 자주 그런다. 아주 환장하게 아프다. 눈물이 쪽 빠진다. 부엌 한구석에 주저앉아 머리를 쥐어 잡고 끙끙대고 있는데, 틀어놓은 TV 아침 방송에서 '고독사(孤獨死)'에 관한 이야기가 나온다.

일본 여자들의 70%가 죽을 때 주위에 아무도 없을 것 같다는 거였다. 우아하게 혼자 죽는 법에 관해 미리 준비해야 한다고도 했다. 눈물 찔끔대며 부엌에 주저앉아 있으려니 도무지 남의 일 같지 않았다. 일본 교토, 원룸 차가운 부엌 한 귀퉁이에서 싱크대 모서리 받고 '고독사' 하면 어쩌나 하는 걱정도 아주 심각하게 잠시 했다.

사실, 일본에서 고독은 아주 자연스럽다. 오십을 넘겨 그림 공부하겠다며 건너온, 나이 든 유학생이 원룸 아파트에서 혼자 밥 해먹고, 혼자 돌아다녀도 하나도 안 불편하다. 식당에서 혼자 밥 먹어도 쑥스러워할 필요가 전혀 없다. '고독 순응 사회'다. 고독을 당연하게 받아들이겠다는 결연한 의지가 사회 구석구석에서 느껴진다. 일찌감치 고령화 사회에 진입한 서구 대부분의 나라도 그렇다. 오래 사는 나라에서 고독은 당연한 거다.

한국은 어떤가? 한국의 고령화 속도 또한 세계 최고 수준이다. 그러나 한국에서 '고독'은 아직 낯선 단어다. 고독해서는 안 되기 때문이다. 우리 문화에서 고독은 실패한 인생의 특징일 따름이다. 그래서 아직 건강할 때, 그렇게들 죽어라고 남들 경조사에 쫓아다니는 거다. 내 경조사에 외로워 보이면 절대 안 되기 때문이다. 우리가 그토록 바쁜 이유는 고독을 절대 인정하지 않는 '고독 저항 사회'인 까닭이다. 쉬어야 하는 주말조차 각종 경조사로 길거리가 미어터지는 이 한국적 현상을 달리 설명할 수 있을까?

최근 발표된 자료를 보니 남자는 78세, 여자는 85세가 평균 기대 수명이란다. 이제 나 같은 50대는 백 살까지는 충분히 산다. 1950년대 한국 남자의 평균수명은 불과 51.1세, 여자는 53.7세였다. 불과 백 년 사이에 평균수명이 두 배 가까이로 늘어난다는 이야기다. 인류 역사상 인간이 이토록 오래 살아본 적이 없다. 그 어떤 자연 변화나 사회변혁도 이 평균수명의 연장과 비교할 수 없다.

평균수명 50세를 기준으로 이제까지 있어온 윤리, 도덕 기준도 죄다 바뀌게 된다. 여기에는 부부 관계, 가족 관계도 해당한다. '폴리가미'까지는 아닐지라도 수차례 결혼·이혼하는 게 아주 자연스러운 현상이 된다. 20대에 만난 사람과 백년 동안 쭉 함께 산다는 것이 과연 가능할까? 지금의 그 남편과 앞으로 오십 년을 더 살라고 하면, 우리나라 중년 여자 대부분은 차라리 고독사하고 말겠다고 할 거다. '검은 머리, 파뿌리'는 평균수명 50세였던 시절의 전설일 따름이다. 그만큼 평균수명 100세는 엄청난 사건이다. 인류 역사상 가장 오래 살게 된 각 개인은 그에 상응하는 혹독한 대가를 지불해야 한다. 바로 고독이다. 사실 고독은 '개인'이 인류 역사에 처음 등장할 때 함께 나타난 현상이다. 데카르트가 '나'라는 주어를 써서 주체의 존재 방식을 '사유'로 규정했을 때를 '근대적 개인의 탄생'으로 볼 수 있다. 이 데카르트적 자아는 고립을 전제로 한다. 세계와 타자로부터 독립된 자아의 확인으로부터 주체가 성립하는 까닭이다. 따라서 '나는 생각한다. 그러므로 존재한다!'는 데카르트적 명제를 심리학적으로 번역하면 이렇게 된다. '나는 고독하다. 그러므로 존재한다!'

'개인 individual'이라는 서구의 존재론이 동양에 처음 알려진 것은 19세기 무렵이었다. 동양은 당황했다. individual에 상응하는 단어가 없었기 때문이다. 근대 일본의 번역어 성립 과정에 정통한 야나부 아키라(柳文章)에 따르면, individual은 중국어로는 '일개인(一個人)' 또는 '독일개인(獨一個人)' 등과 같은 단어의 조합으로 번역되었고, 일본에서는 일상어인 '사람(ひと)'으로 번역되었다. 개인(個人)이 일상어로 자리 잡게 된 것은 19세기 말, 20세기 초의 일이었다. 독(獨)이나 일(一)이 빠져버린 개인(個人)은 individual의 번역어로 그리 큰 문제가 없었다. 당시 동양의 개인은 고독하지 않았기 때문이다.

수백 년에 걸친 서구의 근대화를 불과 수십 년 만에 해치운 압축 성장 과정에서 우리는 고독할 틈도 없었다. 고독은 사치였다. 그러나 평균수명 100세 시대를 사는 우리에게 고독은 존재의 근거가 된다. 그러나 한국과 같은 '고독 저항 사회'에서 고립된 삶은 '호환 마마'보다도 무섭다. 고독에 대처하는 어떠한 문법도 배우지 못했기 때문이다. 연금만 보장되면 다 해결되는 줄 안다. 다들 너무나 외로워 어쩔 줄 모르면서, 그야말로 고독에 몸부림치면서도 그게 자기 운명인 줄 모른다는 이야기다.

고독한 개인의 구원은 역설적으로 개인 내면에 대한 더 깊은 성찰로 가능하다. 고독할수록 더 고독해야 한다는 이야기다. 그게 예술적 몰입일 수도 있고 종교적 명상일 수도 있다. 아, '팔굽혀펴기' 일 수도 있다. 하루에 수백 번씩 팔굽혀펴기를 하면 고독 따위는 아주 쉽게 견딜 수 있다고, 언젠가 목욕탕에서 만난 김창근 SK수펙스 의장이 그랬다. 이제까지 내가 본 어깨 중에 가장 멋있는 역삼각형 어깨를 가진 60대 중반의 김 의장은 팔굽혀펴기를 하면 중년의 허접스러운 성욕도 깨끗이 사라지고 정신도 아주 맑아진다고도 했다.

오늘 난 팔굽혀펴기 열다섯 번 만에 고독은 물론, 성욕도 깨끗이 다 해결했다. 난 고작 열다섯 번이면 충분한데, 김 의장은 왜 하루에 수백 번씩 하는 걸까? 아무튼 난 아주 맑은 샘물 같은 영혼을 지녔다.[51]

외로움은 그저 견디는 거다. 외로워야 성찰이 가능하다. 고독에 익숙해져야 타인과의 진정한 상호작용이 가능하다. '나 자신과의 대화' 인 성찰과 '타인과의 상호작용' 이 가지는 심리학적 구조가 같기 때문이다. 외로움에 익숙해야 외롭지 않게 되는 것이다. 외로움의 역설이다.

식당에서 혼자 밥 먹어도 쑥스러워할 필요가 전혀 없다. '고독순응 사회' 다. 고독을 당연하게 받아들이겠다는 결연한 의지가 사회 구석구석에서 느껴진다. 일찌감치 고령화 사회에 진입한 서구 대부분의 나라도 그렇다. 오래 사는 나라에서 고독은 당연한 거다. 한국은 어떤가? 한국 문화에서 고독은 실패한 인생의 특징일 따름이다. 그래서 아직 건강할 때 그렇게들 죽어라고 남들 경조사에 쫓아다니는 거다. 내 경조사에 외로워 보이면 절대 안되기 때문이다. 우리가 그토록 바쁜 이유는 고독을 절대 인정하지 않는 '고독 저항 사회' 인 까닭이다.

평균 수명 100세는 엄청난 사건이다. 인류 역사상 가장 오래 살게 된 각 개인은 그에 상응하는 혹독한 대가를 지불해야 한다. 바로 고독이다. 한국과 같은 고독저항사회에서 고립된 삶은 '호환 마마' 보다도 무섭다. 고독에 대처하는 어떠한 문법도 배우지 못했기 때문이다. 연금만 보장되면 다 해결되는 줄 안다. 다들 너무나 외로워 어쩔 줄 모르면서, 그야말로 고독에 몸부림치면서도 그게 자기 운명인 줄 모른다는 이야기다.

미국 사회심리학자 토리 하긴스는 인간 행동의 이유를 두 가지로 구분한다. 좋은 것에 가까이 가려는 '접근동기' 와 대상을 피하려는 '회피동기' 다. 세상을 긍정적으로 보고 다가가려는 접근동기는 전체지각(숲)을 활발하게 한다. 반면 세상을 부정적으로 보고 도망치려는 회피동기는 부분을 뜯어보는 부분지각(나무)을 더 촉진시킨다. 일의 결과가 바로 나타나는 일은 회피동기(그렇게 하면 손해를 본다)로 설명해야 유리하고, 결과가 나중에 나오는 것일수록 접근동기(그렇게 해야 성공한다)로 설명해야 유리하다고 히긴스는 설명한다.

17. 약(藥), 많이 먹을수록 독(毒)

약(drug, 藥)은 병의 치료·진단·예방에 쓰인다. 세균을 제제화한 백신은 저항력을 높이는 데 사용된 예방주사는 바이러스성 질환에 예방효과가 있다. 세균감염에는 항생제나 다른 약들이 주로 쓰인다.

약의 투여는 장내 투여와 비경구 투여로 나눌 수 있다. 장내 투여는 경구투여와 직장 내 투여가 있다. 약은 상호 연결된 광범위한 화학체계를 방해함으로써 생물의 기능에 영향을 준다. 약효는 인체의 내인성 물질의 작용을 모방하기 때문에 세포에 활성을 부여하지는 않는다.

가장 오래된 약의 목록은 고대 바빌로니아(BC 1700경)의 돌로 된 서판이다. 현대 약리학의 발전은 19세기에 약리작용이 있는 화학물질들을 식물들로부터 분리되면서 시작되었다. 약리 연구는 1928년 항생제의 발견으로 크게 진전되었다.

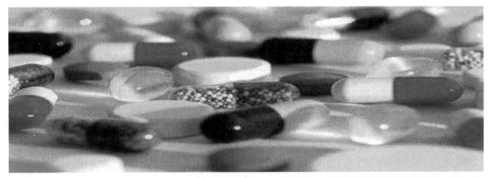

http://blog.naver.com/nzkikiwi/110154121363(2012. 12. 13)

호주의 캐서린 할머니는 당뇨, 고혈압, 만성 신부전으로 4가지 약물을 매일 복용하고 있다. 가정방문 투약 관리 서비스를 이용하고 있는데, 약사가 직접 방문해 약물 관리 검토를 정기적으로 하고 그 결과를 담당 의사에게 전송한다. 이를 바탕으로 의사는 할머니에게 과잉 처방되는 약물은 없는지, 약 복용에 문제는 없는지 점검하게 된다.

캐나다의 메리 할머니도 당뇨, 고지혈증, 골다공증을 진단받고 4가지 약물을 매일 복용하고 있다. 전문 약국 서비스를 받고 있는데, 이는 관련 교육을 받은 약사를 통해서 약물 복용 중 부작용이 발생하면 담당의사에게 이를 알리고 환자의 전체 투약 내역을 전송하는 서비스이다. 반면에 한국의 김말래 할머니는 3년 전만 해도 매일 복용하는 약물이 7가지였는데, 병원에 갈 때마다 복용하는 약물이 증가하더니 현재 건강보조제와 한약까지 포함해 13가지 약물을 먹고 있다.

최근 대한민국 빅데이터를 분석한 결과 5개 이상 약물을 복용하는 노인은 전체의 46.6%인데 이 가운데 부적절 처방은 47.0%라고 보고됐다. 복용하는 약물이 증가할수록 입원과 사망하게 되는 확률은 오히려 늘어난다. 11개 이상의 약물을 복용하는 노인은 2개 이하의 노인보다 입원 확률이 45% 증가하고 사망 위험도 54% 늘어난다는 것이다. 초고령 사회를 목전에 두고 있는 대한민국은 비상이 걸렸다. 상대적으로 저렴한 의료비, 높은 의료 접근성, 원하면 의원·병원 가리지 않고 동시 다발적으로 이용할 수 있는, 세계적으로 훌륭한 의료보험체계를 가지고 있는 우리나라이지만 그 결과 불필요한 약들이 남용되거나 중복처방돼 10개 이상의 약물을 복용하는 것이 꽤나 흔한 현상이 돼버렸다.

정부는 지난해부터 '올바른 약물이용지원을 위한 사업'을 통해 약사와 함께 가가호호 '다제약물'을 복용하는 취약한 대상자들을 찾아 나서기 시작했다. 이러한 '복용 약물 줄이기 프로젝트'가 성공하기 위해서 '국민'도 변해야 한다. 약물을 항상 그대로 동일하게 먹어야 아프지 않는다는 믿음, 혹시나 약을 줄여서 없던 증상이 나타날까의 불안과 두려움, 비타민·혈액 순환제는 기본으로 먹어야 한다는 어르신들의 맹신, 이러한 국민성은 보건의료인들이 약물을 정리해주려는 의지를 꺾어 버리기도 한다. '의사'도 변해야 한다. 약물의 부작용으로 흔하게 발생할 수 있는 메스꺼움, 수면장애, 입마름증, 변비, 배뇨장애 등을 호소하는 노인들이 내원 시에는 꼼꼼한 약물 점검을 통해 약을 오히려 줄이려는 노력을 해야 한다.

약물 처방 시 '이 약이 환자에게 반드시 필요한 약물인가?'를 다시 한 번 고민하고 필요한 기간에만 처방하되 알려진 이득이 없는 약은 매번 환자 방문 시 정리 대상 1호가 돼야 한다. 정부 역할도 중요하다. 진료실에서 10가지 약물의 종류를 파악해 부작용과 약물 상호작용을 확인하고 환자에게 자세히 설명해주는 의료행위가 단순히 선심성으로 이뤄지는 것이 아닌 모든 의료기관의 보편화가 될 수 있는 시스템으로 확장될 수 있도록 정책 마련에 총력을 다해야 한다.

앞서 이야기 했던 한국의 김말래 할머니는 매일 13가지의 약물을 복용하다가 어지럼증, 식욕감퇴, 배뇨장애가 발생해 전전긍긍하다가 결국 노인병 클리닉을 방문하게 됐고, 약 정리를 받은 후 4가지 약물만 복용한 결과 증상이 호전됐다. 평소 복용하는 약물이 어떤 것들인지 잘 모르고 계셨던 할머니는 이번 기회에 약물에 대한 충분한 설명을 듣게 됐고 꼭 필요한 약을 정확하게 복용하는 습관을 가지게 돼 몸이 더 가벼워지는 것을 경험했다. 이번 추석 때에는 우리 가족 어르신들이 가지고 있는 질환의 개수, 복용하는 약물의 개수를 서로 확인해 보는 것은 어떨까?[52]

18. 뇌세포를 신바람 나게

수많은 뇌질환 가운데 2017년 우리나라에서는 전체 사망자의 11.7%가 뇌혈관 질환과 치매, 뇌종양의 세 질병으로 사망하였는데, 질병별로는 각각 8%, 3.3%, 0.4%였고, 치매 사망자에는 알츠하이머병 1.8%가 포함되어 있다. 또한 4.3%를 차지하는 자살 사망자에는 우울증 환자가 많이 포함되어 있다.

뇌질환은 사망의 주요 원인이 되는 것도 문제지만, 일단 발병하면 치료를 받아도 투병하는 동안 삶의 질이 매우 낮으며, 증세가 좀처럼 개선되지 않기 때문에 예방이 특히 중요하다. 뇌질환의 예방과 치유를 위해서는 질병별로 발병 원인을 아는 것이 중요한데, 아직까지 명확하게 밝혀지지 않은 질병도 많다.

뇌질환은 부상, 뇌혈관 질환, 뇌종양, 뇌세포 퇴화 질환, 정신 질환의 다섯 유형으로 나눌 수 있다. 뇌의 부상은 사고 가능성이 높은 활동을 할 때 안전 장비를 착용하는 등 안전에 유의하면 많이 줄일 수 있고, 뇌혈관 질환은 혈관에 버려지는 음식 쓰레기와 공기 쓰레기를 줄여 혈관을 건강하게 만들면 심장 질환까지 함께 줄일 수 있다.

뇌종양은 정상 뇌세포가 암세포로 변질되는 질병인데, 다른 곳에 생긴 암이 뇌로 전이되는 경우도 많다. 암세포 제거 수술을 하거나 항암제나 방사선을 이용하여 암세포를 죽이는 방법으로는 잘 낫지 않는다. 예방과 치유를 위하여 발암물질에의 노출을 줄이고, '암 도우미'의 생활을 버리며, '생명 도우미'의 삶을 생활화하여 한다.

뇌세포 퇴화 질환은 뉴런이 많이 죽거나 정상적으로 활동하지 못하는 질병으로 알츠하이머병과 파킨슨병, 헌팅턴병이 있다. 특히 알츠하이머병을 포함한 치매는 환자와 사망자가 급증하는 추세인데, 기억력, 언어 능력 등의 인지기능이 심하게 저하되면 일상생활에 심한 장애가 생기고, 인간의 존엄성마저 상실된다.

뇌세포 퇴화 질환의 구체적인 원인은 명확하게 밝혀지지 않았지만, 뉴런이 정상적으로 활동하기 어려운 환경 때문임은 쉽게 짐작할 수 있다. 뇌세포는 에너지의 20%를 소비할 정도로 왕성하게 활동하는 장기이므로 필요한 영양소와 산소가 원활하게 공급될 수 있도록 건강한 혈관을 유지하고 건강식을 하는 것이 무엇보다 중요하며, 혈액에 독성물질이 많이 들어가지 않도록 하여야 한다.

뇌세포의 퇴화를 최소화하는 것 못지않게 새로운 뇌세포가 잘 만들어지도록 생활하는 것도 중요하다. 유산소운동과 두뇌활동이나 지속적인 학습과 같은 뇌세포의 훈련을 생활화하고, 스트레스를 지혜롭게 해소하며, 충분한 수면과 건강식에도 힘써야 한다.

정신질환은 생각이나 감정, 행동 또는 타인과의 관계가 비정상적인 특성을 말하는데, 우울증, 조울증, 인격장애, 지적장애 등 다양한 형태로 나타난다. 우울증 진료 환자는 최근 연평균 6.4%씩 증가하였는데, 이런 증가세는 OECD 최고수준의 자살 사망률과 무관하지 않은 것으로 추정된다.

우울증의 원인으로는 유전적 취약성, 스트레스, 약물 복용이나 질병 등 여러 가지가 지적되는데, 세로토닌과 도파민 같은 신경전달물질의 공급부족이 우울증의 원인인 것으로 알려져 있다. 신경전달물질들은 그때그때 종류별로 필요한 만큼 생산되는데, 이 기능이 훼손되어 소요량만큼 공급하지 못할 때 우울증에 걸리기 때문에 이 기능을 회복시키는 것이 중요하다.

수많은 뇌질환의 원인을 낱낱이 파악하여 모두 실천하는 방법으로 모든 뇌질환을 예방하는 길은 복잡하고 어려워 보인다. 그런데, 반드시 기억해야 할 것이 있다. 우리가 어떤 질병에 걸리는 이유는 일 잘하던 '몸 안에 있는 의사'가 어느 날부터 잘 하지 못하기 때문이다. 히포크라테스의 말처럼 '몸 안에 있는 의사'가 일을 잘 할 수 있도록 도와주고 적어도 방해하지 않는 것이 중요하다.

뇌질환도 마찬가지다. 뇌세포 안에 있는 의사인 유전자가 신바람 나게 일할 수 있도록 좋은 환경을 만들어주는 뉴스타트를 생활화하는 것이 최선의 방법이다. 이 점을 염두에 두고 질병을 이해한다면 질병을 예방하는 방법은 그리 복잡하고 어려운 일이 아니다.[53]

http://blog.daum.net/joyryu/64(2017. 05. 24)

19. 三毒과 三學

욕심, 성냄, 어리석음을 묶어 불교는 인간의 세가지 번뇌, 즉 탐진치(貪瞋癡)라고 했다. 오욕 경계에서 지나치게 욕심을 내고((貪慾), 마음에 맞지 않는 경계에 부딪쳐 미워하고 화내며(瞋恚), 사리(事理)를 바르게 판단하지 못하는 어리석음(愚癡)을 의미한다.

삼독심이란 인간의 기본적인 번뇌로써 탐심(貪心),진심(瞋心),치심(癡心)의 세 가지 마음을 일컫는 말로 마치 독충이나 독사처럼 우리의 본성을 해치는 위험한 독성을 지녔기 때문에 누구나가 경계하여야 할 무서운 마음 작용이다.

첫 번째 탐심(貪心·탐욕스러운 마음)은 자기의 뜻에 맞는 일이나 사람, 물건 등에 애착하여 가진 것에 만족하지 못하고 분수에 넘치는 욕심으로 나타나는 마음 작용인데, 그로 인하여 질서와 윤리 도덕이 무너지고 국가 사회는 부정부패로 썩어가며 끝없이 치솟는 인간의 욕망은 심지어 자연까지도 몸살을 앓게 하고 있다.

두 번째 진심(瞋心·성내는 마음)은 자기 마음대로 되지 않는 것에 대하여 미워하고 분한 마음을 일으키는 작용인데 그 때문에 시비와 분쟁이 쉴 새 없이 일어나게 되어 평화와 행복을 파괴시킨다.

세 번째 치심(癡心·어리석은 마음)은 삼라만상의 이치와 도리에 어두운 탓에 참다운 진리를 분별 못하여 어리석어지는 마음 작용인데 무엇이 바르고 어떻게 사는 것이 진정한 행복이며, 가치인지를 모르고 모든 허물을 스스로 만들어서 불행을 자초하는 것이다.

마치 화려한 빌딩의 겉모습만 보고 그 빌딩을 받치고 지탱해 주는 주춧돌을 보지 못하는 까닭에 그 주춧돌을 함부로 빼내어 건물을 무너뜨리는 이치와도 같다.

이토록 위험한 독을 어떻게 하면 제거 시킬 수 있을까? 부처님께서는 모든 집착에서 벗어나서 깨달은 사람이 되어야 한다고 가르치시며 그 방법으로 계학(戒學), 정학(定學), 혜학(慧學)의 삼학을 말씀하셨다.

계학은 계율을 잘 지키고 말과 행동을 올바르게 하여 청정한 생활을 하는 것을 말함인데 이로써 탐심을 이겨낼 수 있다.

정학은 고요하고 차분한 마음에 들기 위하여 마음을 하나로 모아 선정을 닦음을 말함인데 기도나 참선 같은 수행 방법을 통하여 가능하며, 이로써 진심을 극복할 수 있다. 계와 정을 잘 닦음으로 샘물처럼 솟아나는 지혜를 얻게 되는 데 이 지혜로서 어리석음을 완전히 제거할 수 있게 된다.

계, 정, 혜 삼학은 깨달음을 얻기 위해서 반드시 수행하여야 할 배움이며, 이 세 가지 중 어느 것 하나라도 갖추지 못하면 결코 완전한 깨달음을 얻을 수 없다.

부처님 오신 날을 맞이하여 온 인류가 계, 정, 혜 삼학을 끊임없이 실천하여 탐, 진, 치의 삼독을 물리침으로써 부처님의 향기가 가득한, 맑고 행복한 세상을 만들었으면 하는 원을 세워 본다.[54]

http://blog.naver.com/abangs/20189592(2013. 06. 13)

북한이 연일 아슬아슬한 미사일 쏘기를 이어가고 있다. 여기에 남한에 대한 거침없는 막말도 보태고 있다. 미국과 대화를 지속하며 경제 제재를 풀어야 하는 데 비핵화 실무협상이 욕심만큼 속도가 나지 않는데다 20일까지 진행된 한미 연합지휘소 훈련에 대한 불만과 불안감이 겹친 터다. 속내가 무엇이었든 표면적으론 동쪽에서 뺨맞고 서쪽에서 화풀이하는 격이다. 남한 대통령의 광복절 축사를 두고 "역사적인 판문점선언 이행이 교착상태에 빠지고 북남대화의 동력이 상실된 것은 전적으로 남조선당국자 자행의 산물이며 자업자득일 뿐… 다시 마주할 생각이 없다"고 비난하고 미사일 발사를 비판한 한 야당 의원을 향해선 "혓바닥을 함부로 놀려대지 말아야 한다" 막말로 응수했다.

일본 아베 정부는 역사 왜곡을 넘어 역사 부정 행보를 이어가는 중이다. 대법원의 강제징용 배상 판결을 빌미로 반도체 핵심부품에 대한 경제제재에 나섰고 오는 28일을 전후로 한국을 화이트리스트(수출심사 우대국)에서 제외하겠다고 엄포를 놨다. 아이러니하게도 가해자가 행하는 '보복'이란다. 명분 없는 경제 보복 프레임에 대한 부담 때문일까. 일본 정부는 최근 급거 반도체 핵심 소재인 포토레지스트의 한국 수출을 지난 7일(3개월치)에 이어 19일(6개월치) 추가로 허가했다.

야당 대표는 다시 국회 밖으로 나간단다. 24일부터 서울 광화문을 시작으로 대정부 투쟁에 나서겠다고 선언했다. '민생투쟁 대장정' 이라는 이름을 걸고 장외투쟁을 마무리 한 지 딱 3개월 만이다. 그는 이번 장외투쟁을 '대한민국 살리기 구국 투쟁' 으로 작명했다. 당과 본인의 지지율 하락에 따른 고육지책이라는 관측이 지배적이지만 대내외 비판에 직면해 접었던 장외투쟁 밖에는 대안이 없었던 듯싶다. 99일 만에 가까스로 통과된 추경에 이어 수많은 과제를 안은 9월 정기 국회는 다시 난항이 예상된다.

http://cafe.daum.net/108CultureCenter/DfFb/370(2017. 08. 28)

불교의 가르침으로 돌아가 보자. 불교는 '탐진치' 세 가지 번뇌가 마치 독약과 같다고 해 삼독(三毒)이라 했다. 이를 다스리기 위한 수행법으로 팔정도와 삼학을 꼽는데, 그중 계율을 지켜 실천하는 계(戒), 마음을 집중해 산란하지 않게 하는 정(定), 미혹을 끊고 진리를 주시하는 혜(慧)를 의미하는 삼학(三學)이 간절하다. 지도자의 번뇌는 중생에게 더욱 해롭다.[55]

http://cafe.daum.net/tjrntksdkrghl/ud8/189(2009. 09. 12)

20. 습관이 당신의 미래 바꾼다

나쁜 생활습관은 만성질환 불러 성공한 인생·행복한 삶 위해선 긍정적 사고 정신적 습관이 중요하다.

새해 다짐은 운동·금연·절주와 같은 건강한 생활습관과 관련된 것이 대부분이다. 그러나 새해 다짐을 연말까지 꾸준히 실천하는 경우는 드물다. 습관의 힘은 강하고 질기기 때문이다. 그래서 똑같은 다짐이 해마다 되풀이되나 보다. 나쁜 습관으로 심장수술을 받은 환자의 대다수가 2년가량 지나면 다시 옛날 습관으로 돌아간다고 한다.

나쁜 생활습관은 고혈압·당뇨·심장병·뇌졸중·암 등과 같은 만성질환을 불러온다. 만성질환을 생활습관병이라 부르는 이유가 여기에 있다. 그러니 생활습관병은 인재(人災)임에 틀림없다. 습관은 중독성이 있다. 자기 통제가 어렵다. 전 세계적으로 사망 인원의 63%가 심뇌혈관질환, 당뇨, 암, 만성호흡기질환, 운동 부족, 과음 등 생활습관과 밀접한 병으로 사망했다.

생활습관병은 의학적으로는 비전염성 질환이지만 사회적 관점에서는 집단문화에 따라 전염되는 질환이다. 2007년 중학교 1학년 학생의 흡연율은 6.6%였으나 2012년 고3이 되면서 흡연율은 24.1%로 높아졌다.

생활습관 못지않게 잘못 길들인 정신적인 습관이 질환을 유발한다. 스트레스는 자율신경계·면역기능·내분비기능을 와해시켜 질환을 발생시킨다. 심장병의 75%가 스트레스에서 온다는 통계가 있다. 그래서 긍정적으로 사고하는 정신적인 습관이 중요하다. 정신적 습관은 '똑같은 상황을 어떻게 받아들이고 재구성하느냐'에 달려 있다.

영화 '어바웃 타임(About Time)'은 과거로의 시간여행을 할 수 있는 초능력을 가진 아버지와 아들(변호사)의 이야기이다. 아버지는 아들에게 똑같은 하루를 두 번 살아보라고 조언한다. 중요한 소송을 앞둔 어느 날 아들은 아침부터 긴장하며 짜증을 내고 허둥지둥 변론을 마친 결과 소송에서 졌다. 아들은 과거의 그날로 다시 날아가 아침을 상쾌하게 시작하고 주변 사람들을 유머로 즐겁게 했고 여유를 가지고 승소를 이끌었다. 생각이 운명을 바꾼 것이다.

긍정적으로 생각하는 습관이 긍정적인 말을 하게하고 긍정적 행동으로 이끈다. 긍정의 힘으로 하루가 달라지고 미래가 바뀐다. 성공하는 인생, 행복한 삶은 습관에 달려 있는지 모른다.

국립암센터에 따르면 암 환자는 2001년부터 2011년까지 10년간 두 배 증가했고 암 환자 4명 중 1명이 사망했다. 갑상선암을 제외하면 위암, 대장암, 폐암, 간암의 순으로 많았다. 모두가 식습관과 흡연, 음주, 운동 부족과 연관돼 있다.

국립암센터의 분석에 따르면 평생 암에 걸릴 가능성은 남성은 5명 중 2명, 여성은 3명 중 1명이다. 암에 걸리는 것은 러시안룰렛과 같은 요행이 아닌 습관을 바꾸려는 자신의 의지에 달려 있다. 마음먹기에 따라 남성은 5명 중 3명, 여성은 3명 중 2명이 암에 걸리지 않고 평생을 마칠 수 있다. 국민 모두가 습관을 바꾸면 암 발생률은 확 떨어질 것이다.

인체는 우주와 같이 정교하고 오묘하다. 몸과 마음의 균형이 무너지면 질병이 침투한다. 하느님은 인간을 완벽하게 창조하지 않았다. 나쁜 유혹에 빠지는 건 인간의 태생적 약점이다. 노력으로 극복하는 수밖에 없다.

개인의 노력에 더해 사회적인 지원이 필요하다. 정부는 개인의 유전체와 습관이 일으키는 질환에 대한 역학조사를 하고 그에 따른 데이터베이스를 만들어야 한다. 개인의 습관을 진단하고 현재까지의 습관이 어떤 질환과 장애를 유발하게 될지 진단하고 습관의 변화를 처방하는 것이 의사의 역할이 돼야 할 것이다.

과거의 습관이 현재의 당신을 있게 했고, 현재의 습관에서 당신의 미래가 보인다. 새해 청마의 기상으로 묵은 습관을 박차고 나오자. 지금 당장.[56]

〔작은 습관 하나가 당신의 미래를 바꾼다〕

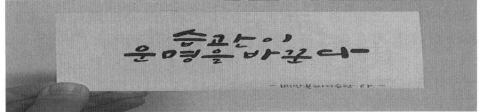

21. 남성 갱년기 건강성한 극복법

40대 후반부터 50대 이후의 남성들도 갱년기를 경험하게 된다. 40대 남성의 약 50퍼센트, 70대 남성의 약 70퍼센트에서 남성호르몬 결핍이 있다는 연구조사가 있다. 이러한 남성호르몬의 부족을 남성갱년기(Andropause Syndrome)라 하는데, 이는 성욕 감소와 발기부전, 인지기능 저하, 피로, 분노, 우울증 등을 동반한 감정기복 등으로 나타나며, 근육량 감소, 체모 감소, 골밀도 감소로 인한 골다공증, 복부 비만 등도 동반한다. 남성호르몬의 저하는 나이에 따른 변화이기도 하지만, 비만, 간 기능 저하, 과도한 음주, 이뇨제나 항우울제, 위장약 등의 과량 복용, 아연 부족, 환경호르몬 섭취로 인해 발생할 수도 있다.

어느 날 몸이 예전 같지 않은 걸 느끼는 중년 남성들 가운데 자신에게 갱년기가 다가왔다는 것을 아는 사람은 많지 않다. 직장과 가정에서 할 일은 더 많아지는데 건강하던 내 몸도 예전 같지 않음을 느낄 때가 남성 갱년기 증후군의 시작이다.

우리나라 남성의 경우 50대 12%, 60대 19%, 70대 28%가량이 갱년기 증상을 갖고 있다. 여기에다 많은 40대 남성들이 갱년기 증상을 호소하는 등 그 연령층이 낮아지는 추세다.

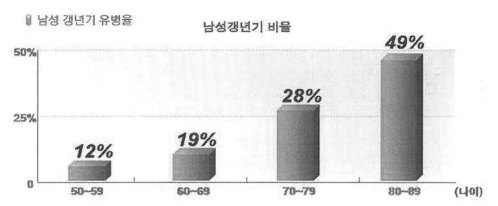

남성 갱년기의 주요 증상은 성 기능의 저하이지만 더 어려운 문제는 의욕이 떨어지고 원인 없이 불안하고 우울하거나 쉽게 흥분한다는 것이다. 근력이 떨어져 피로도 쉽게 느낀다.

마음의 어려움과 더불어 운동을 해도 근육량은 조금씩 줄어드는 것 같고 머리카락도 줄어들고 피부의 탄력도 떨어지면서 주름도 늘어나게 된다. 이 밖에도 기억력의 저하, 청력이나 시력 감소, 아랫배의 지방 증가, 안면 홍조와 발한, 불면증과 식욕 감소 등이 갱년기 증상들이다.

갱년기의 대표적 원인은 남성 호르몬의 감소지만 다른 요인도 적지 않다. 성기능 장애의 경우 심리적, 기질적 원인이 있고 매우 복잡한 요인들에 의해서도 발생할 수 있다.

한의학에서는 이런 증상을 신허(腎虛), 명문화쇠(命門火衰)로 인한 간, 심, 비, 폐 기능의 부조화와 허약으로 진단한다. 동의보감에서는 "40세에는 신기(腎氣·신장의 기운)가 쇠하여 머리털이 빠지고 이가 마른다"고 하며 남성의 퇴화가 진행된다고 했다. "48세에는 양기가 상부에서 쇠하여 얼굴이 초췌해지고 머리털이 반백이 되며, 56세에는 간기(肝氣·간의 기운)가 쇠하여 근(筋·근육)을 움직일 수 없고, 64세에는 천계가 다하여 정(精)이 줄어들고 신장이 쇠해져 형체(形體)가 모두 극에 이르며, 치아와 머리칼이 없어진다"고 되어 있다. 즉, 남성의 대체적인 생식 능력이 고갈된다는 뜻이다.

부족해지는 남성호르몬과 성장호르몬 및 멜라토닌을 잘 보충할 수 있는 방법은 한의학에서 다양하다. 많은 처방 한약들이 연구들을 거쳐 안전성과 효과를 확보하고 있다.

정기적인 침 치료는 우리 몸의 여러 호르몬 조절에 큰 도움을 줄 수 있다. 미국과 유럽에도 한약과 침 치료를 통한 갱년기 치료가 보편화되고 있다. 무엇보다 생활 속에서 갱년기를 스스로 극복하려는 노력이 더 중요할 수 있다. 좋은 음식을 잘 먹는 것도 중요하지만 과일과 야채를 충분히 섭취하는 식생활이 중요하다.

발효된 콩(청국장), 물, 가열하지 않은 생마늘 등은 잘 알려진 노화 예방 음식들이다. 과음을 피하고 금연하는 게 중요하다는 것은 모두 다 잘 알고 있을 것이고 규칙적인 성생활과 가족 간의 유대감, 아내와의 충만한 사랑 등 이 세 가지는 갱년기 극복과 장수와 건강에 가장 중요한 부분이다.[57]

또한 남성갱년기는 남성호르몬을 높여주고, 영양소를 보충해주어 치료할 수 있다. 비타민 B6와 아연 보충(보통 하루에 아연 100밀리그램, 비타민 B6 100~200밀리그램 섭취), 두부나 콩, 호두나 땅콩류에 있는 필수지방산의 섭취, 규칙적인 운동, 체중 및 스트레스 관리도 도움이 될 수 있다.

22. 뇌졸중에 대해

세계보건기구(WHO)에서 뇌졸중은 '혈관성 원인에 의해 24시간 이상 지속하거나 사망을 초래하는 갑자기 발생하는 국소 혹은 전반적 뇌기능의 장애를 보이는 임상징후' 라고 정의한다. 고래로 한방에서는 '중풍(中風)' 이라 불렀고, 서양의학의 아버지 히포크라테스는 '갑자기 발생하는 마비' 라고 하였는데 '벼락을 치듯 갑자기 증상이 나타난다.' 라는 의미를 내포하고 있다.

뇌졸중은 뇌혈관이 막히는 허혈뇌졸중인 뇌경색(cerebral infarction)과 뇌혈관이 터지는 출혈뇌졸중(cerebral hemorrhage)으로 크게 나뉘는데, 뇌경색은 다시 두개바깥동맥이 막혀서 발생하는 뇌경색, 뇌내동맥의 혈전에 의한 뇌경색과 우리 몸의 여러 혈관 벽에서 만들어진 혈전이 떨어져 혈관을 타고 떠돌아다니는 색전이 뇌혈관을 막아 발생하는 뇌색전증에 의한 뇌경색으로 세분화할 수 있다. 또한 뇌혈관이 파열되어 뇌세포 주변으로 혈액이 고여 혈종이 형성되면 정상적인 뇌신경을 압박하는 뇌내출혈과, 뇌를 싸고 있는 거미막 아래, 뇌척수액이 있는 공간에 국한하여 출혈이 있는 지주막하출혈이 뇌출혈의 대표적인 예다. 특히 지주막하출혈은 비교적 젊은 연령에서 발생하고 극심한 두통, 구토, 의식저하 등의 증상과 함께 높은 사망률과 심한 후유증을 남기는 특징이 있다.

전술한 뇌졸중의 다양한 발생기전과 관계없이 뇌경색의 증상은 병변의 위치와 크기, 혈류의 관류상태 등에 따라 다양하게 나타나는데, 반신 운동마비 및 감각장애, 특히 오른손잡이의 경우 좌측 뇌손상에서 나타나는 실어증, 우측 뇌손상에서 보이는 무시(Neglect), 발음의 문제인 구음장애 등이 흔하게 나타나게 된다. 뇌경색의 크기가 큰 경우 안구가 편측으로 이동하는 편위 증상이나 의식저하가 동반되기도 하며, 중간대뇌동맥과 앞대뇌동맥을 모두 침범한 경우에는 그 증상이 매우 심하고 중증의 뇌부종으로 인하여 조기에 사망하는 경우가 대부분이다.

또는 팔다리 떨림, 손이 좌우로 불수의적인 운동의 흔들림 형태로 나타나는 일과성 허혈발작의 가벼운 양상이 반복하다 뇌경색 증상으로 진행하는 경우도 있다. 내측 경동맥질환이 심한 경우 시력장애가 흔히 동반되기도 하는데, 갑자기 한쪽이 뿌옇고 안개 낀 것처럼 보이고, 드물게 커튼이 한쪽으로 쳐진 듯 시야 면적이 변하는 증상이 나타나기도 하는데 이 경우 경동맥질환을 적절히 치료하지 않으면 완전 실명에 이를 수도 있다.

또한 양쪽 내측 경동맥협착이 심한 경우 다양한 양상으로 인지장애가 나타나며

심할 경우 치매에 이르기도 한다. 척추 뇌바닥동맥의 일과성허혈발작은 천정과 벽 주변이 빙글빙글 돌아가는 반복적 현기증(Vertigo)의 흔한 원인이며, 이로 인해 오심, 구토, 자세 불균형 등의 증상이 동반된다.

뇌졸중은 재발이 흔한 질환으로, 발병 후 1년간 재발률이 10% 내외로, 새로 발생하는 뇌졸중의 25% 정도가 두 번 이상 발생한 재발뇌졸중이라는 보고가 있다. 뇌졸중이 재발한 경우는 처음 발생한 경우보다 심한 후유증이 남게 되고, 뇌졸중 발병에 따른 사망률도 비례하여 높아지게 되므로 뇌졸중의 이차 예방은 매우 중요하다. 특히 뇌졸중 재발에 가장 중요한 위험인자는 고혈압으로, 잘 조절되지 않는 높은 혈압은 뇌졸중 재발률을 끌어올린다.

그 밖에도 고지혈증, 당뇨병, 대사증후군 등의 위험인자를 가지고 있는 뇌졸중 환자는 더욱 철저하게 관리할 필요가 있다. 그리고 수면장애호흡은 뇌졸중의 위험인자이면서 뇌졸중 후유증상으로 나타나는데, 수면무호흡증은 뇌졸중의 장기 예후를 악화시키고, 뇌졸중 후 사망률에도 나쁜 영향을 미치게 되므로 진단을 받은 경우 취침 시 양압호흡기 착용을 권고한다. 재발 방지를 위한 생활습관의 개선 역시 중요한데, 금연, 절주, 비만관리, 활발한 유산소 운동, 저염식이 등의 지속적 관리가 필요하다.[58]

http://blog.naver.com/mirukkmj91/220197886173(2014. 12. 03)

☞ **뇌졸중과 치매의 관계**

우리나라의 기대수명은 보건복지부가 발표한 'OECD 보건통계 2019년'에 따르면 2017년 기준 평균 82.7년이었다. 가장 긴 일본(84.2년)보다는 1.5년 정도 짧다.

어느덧 우리나라는 세계에서 국민이 가장 오래 사는 나라 중 하나가 됐다. 평균수명이 점점 증가하면서 노인 인구의 비중이 커지다 보니 대표적 노인성 질환인 뇌졸중과 치매가 사회적 문제로 대두되고 있다.

대한뇌졸중학회의 '뇌졸중 역학보고서 2018'에 따르면 우리나라 뇌졸중 유병률은 75세 이상 노인에서 7.02%로 보고됐고, 치매의 유병률은 중앙치매센터의 보고에 따르면 65세 이상 노인에서 지난해 10.2%로 나타났다.

대한민국의 75세 이상 국민의 100명 중 7명이 뇌졸중 환자이며 65세 이상 국민의 10명 중 1명은 치매 환자일 가능성이 높다는 이야기다.

가족 구성원이 뇌졸중이나 치매를 앓게 되면 의료비가 계속 지출되거나, 가족이 환자 간병에 매진하는 일이 발생해 사회경제적 부담이 커진다. 이러한 이유로 노인과 그 보호자들은 항상 뇌졸중과 치매 발생에 대한 두려움을 갖게 된다.

또 뇌졸중으로 진단된 환자와 보호자들은 치매가 올 수 있는지 궁금해 하고, 치매로 진단된 환자와 보호자들은 뇌졸중 때문에 치매가 온 것인지 궁금해 한다.

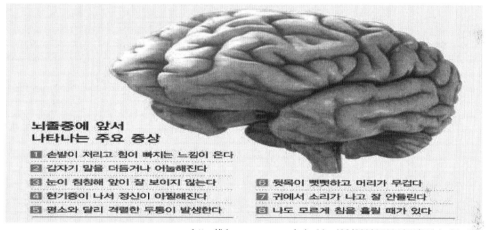

뇌졸중에 앞서 나타나는 주요 증상
1 손발이 저리고 힘이 빠지는 느낌이 온다
2 갑자기 말을 더듬거나 어눌해진다
3 눈이 침침해 앞이 잘 보이지 않는다
4 현기증이 나서 정신이 아찔해진다
5 평소와 달리 격렬한 두통이 발생한다
6 뒷목이 뻣뻣하고 머리가 무겁다
7 귀에서 소리가 나고 잘 안들린다
8 나도 모르게 침을 흘릴 때가 있다

http://blog.naver.com/mirukkmj91/220197886173(2014. 12. 03)

뇌졸중과 치매는 어떤 관계가 있는지, 뇌졸중이 오면 반드시 치매가 오는 것일까.

△ 뇌졸중과 밀접하게 관련 있는 치매는 혈관성 치매

뇌졸중은 갑자기 뇌혈관이 터지거나 막혀 신경학적 이상이 발생하는 질병이다. 뇌혈관 중 어떤 곳에 문제가 있는지에 따라 다양한 증상들이 나타날 수 있는데, 뇌졸중이 인지기능과 관련된 부위에 발생하면 치매 증상이 갑자기 생길 수도 있다.

치매는 기억력을 포함한 인지 기능에 이상이 발생해 일상생활이 어려워진 것을 의미하고, 크게 알츠하이머병과 혈관성 치매로 나뉜다.

알츠하이머병은 대뇌피질 세포가 점점 사라져 광범위한 인지기능장애와 행동장애가 발생하는 질환으로, 치매의 여러 종류 중 가장 흔하다. 혈관성 치매는 뇌졸중이나 심혈관질환에 의한 허혈성-저산소성 뇌병변에 의해 발생하는 치매를 말하며, 알츠하이머에 이어 두 번째로 비중이 크다.

알츠하이머병이 비교적 천천히 발병하고 서서히 악화되는 반면, 혈관성 치매는 갑자기 발생하는 경향이 있고 단계적으로 악화되거나 증상에 기복이 있다.

특히 혈관성 치매 환자의 대부분이 뇌졸중 위험 인자를 갖고 있으며, 인지 기능 손상 이외에도 다른 신경학적 이상 소견이 나타날 수 있다.

혈관성 치매 환자의 90% 이상에게 뇌졸중 병력이 있고, 뇌졸중 발병 1년 내에 치매 증상이 발생할 확률이 일반인보다 매우 높으며, 뇌졸중 전에는 치매 증상이 없다가 뇌졸중이 발생한 3개월 이후에 약 25%의 환자들이 치매로 진단됐다는 보고 등이 이러한 사실을 뒷받침한다.

△ 혈관성 치매도 여러 가지… 혈관성 치매 진단 과정은?

혈관성 치매에는 단 한 번의 뇌졸중으로 갑자기 인지기능에 심각한 장애를 일으키는 전략뇌경색치매, 여러 번의 뇌졸중으로 단계적인 인지기능 장애를 일으키는 다발경색치매, 뇌졸중은 아니지만 작은 뇌혈관의 문제로 뇌 피질 밑쪽이 손상돼 발생하는 피질하혈관치매, 염색체 돌연변이가 원인인 유전형 혈관성 치매, 알츠하이머병과 함께 발생하는 혼합성 혈관성 치매 등이 있다.

혈관성 치매 진단은 신경과 전문의가 자세히 문진하는 가운데 환자의 증상, 신경학적 검진, 신경심리검사, 인지기능 평가, 뇌졸중 유무 여부 확인, 과거 병력 청취, MRI 검사 등을 실시한 후 그 결과들을 종합해 이뤄진다.

△ 공식적으로 효과 인정된 혈관성 치매 약 아직 없어… 뇌졸중 위험인자 조절해야

혈관성 치매 치료와 관련해 학자들 사이에서 공식적으로 효과가 인정된 약제는 아직까지는 없다. 과거 몇몇 임상연구에서 도네페질이라는 약물이 혈관성 치매의 증상 개선에 효과가 있다고 보고돼 사용되어 왔지만 이마저도 올해 7월부터는 식약처의 적응증 삭제가 확정되면서 혈관성 치매의 경우에는 사용할 수 없게 됐다.

따라서 혈관성 치매를 예방 및 관리하기 위해선 뇌졸중 발병 위험인자 조절이 특히 중요하다. 고혈압, 당뇨, 고지혈증, 고호모시스테인혈증, 관상동맥질환, 심근경색, 심방세동, 흡연, 음주, 비만, 수면무호흡증 등이 뇌졸중 위험인자로 알려진 대표적인 요소들이다.

혈관성 치매의 예방 전략은 크게 세 가지로 나누어 볼 수 있다.

첫 번째는 뇌졸중 환자의 경우 급성기 뇌졸중의 적절한 치료를 통해 신경 세포의 손상을 최소화하고, 두 번째는 항혈소판 제재로 뇌졸중의 재발을 방지한다. 세

번째는 앞에서 말한 뇌졸중 위험인자의 철저한 조절을 통해 신경세포 손상의 진행을 막거나 최소화하는 것이다.

인지기능이 정상인 60세 이상의 고혈압 환자를 대상으로 한 연구에서 칼슘 통로 차단 효과가 있는 고혈압 약을 2년간 투여한 후 약 50%의 치매 예방 효과가 있었다. 또한 흡연, 음주, 비만 및 운동 부족 등 생활습관 개선을 통해서도 뇌졸중과 혈관성 치매를 예방할 수 있다. 흡연자는 비흡연자보다 뇌졸중 위험도가 약 2.6배 높다고 한다. 또 금연 시작 3년 후에는 뇌졸중 및 혈관성 치매 발생 위험도가 감소하는 것으로 알려져 있어 금연은 필수다.

음주는 하루 1~2잔 정도로 가볍게 하는 것이 심뇌혈관 질환의 발생을 줄인다는 보고가 있지만, 과도한 음주는 분명히 삼가는 것이 좋다. 신체 비만 지수가 $1kg/㎡$ 증가하면 뇌졸중 위험도가 약 11% 증가하는 것으로 알려져 있어 체중 관리도 열심히 해야 한다.

한 연구에 의하면 운동을 하는 사람은 그렇지 않은 사람에 비해 뇌졸중 발생률 및 뇌졸중 사망률이 27% 감소했다고 한다. 다만 운동은 적절한 정도로 하는 것이 좋다. 보통 매일 약 30분간 뛰거나 걷는 등의 유산소 운동이 좋다.

△ 기억력 저하, 인지기능 저하 갑자기 발생했을 때는 신경과 전문의 찾아야

뚜렷한 예방법이 없는 알츠하이머병과 달리 혈관성 치매는 위험인자와 예방법이 분명하다. 또한 뇌졸중과 치매는 밀접한 관련성이 있어 뇌졸중 예방이 곧 혈관성 치매를 예방하는 길이다.

기억력 저하나 인지기능 저하가 갑자기 발생했을 때는 뇌졸중 또는 혈관성 치매가 아닌지 의심하고 가까운 신경과 전문의를 찾아 진료 받는 것이 필요하다.[59]

http://somang-box.tistory.com/29(2019. 10. 28)

23. 씹어야 노후가 건강하다

오늘날 의료 기술의 발달과 생활 수준의 향상으로 우리나라는 노인 인구(만 65세 이상)가 지속적으로 증가해 오는 2026년에는 노인 인구가 20%를 넘는 초고령 사회가 될 것이라는 전망이 나오고 있다. 노인 인구가 증가함에 따라 발생하는 여러 문제 중 건강에 대한 문제는 노년기 삶의 질을 향상시키는 기본이 되기 때문에 좀 더 주의 깊게 볼 필요가 있다.

오늘날 노년기 건강 문제 중 구강 건강은 단순히 음식을 잘 씹어 식사를 한다는 차원의 의미를 넘어 전신적인 건강과도 깊은 관련이 있다.

구강질환의 대표적인 치주 질환은 충치(치아우식증)와 더불어 치아 상실의 주원인이 된다. 치주 질환은 구강 내 세균에 의해 치아를 둘러싼 주위 조직에 염증이 생기는 것을 말하며, 연령이 증가함에 따라 치주 질환으로 인한 치아 상실이 크게 증가한다. 치주 질환은 노인인구의 대부분이 겪는 흔한 질병이지만 생명에 지장이 없다고 생각하기 때문에 가볍게 생각해 치료 시기를 놓치고 치아를 상실하는 경우가 많다. 그러나 치주 질환으로 인한 치아의 상실은 우리의 삶의 질을 결정하는 중요한 요인이 된다. 노년기 치아의 상실은 부정확한 발음과 외모 변화에 영향을 미치므로 대인관계 및 원활한 사회생활에 제한을 주게 되며, 음식물 저작의 불편함으로 인해 다양한 영양분을 섭취하지 못하고 소화불량을 초래하게 된다.

또한 다수 치아의 상실은 치매의 발생을 높인다. 씹는 행위가 뇌 혈류를 증가시키고 뇌를 활성화시킨다. 따라서 치아가 없어 잘 씹지 못하면 뇌로 전달되는 자극이 줄어들어 치아가 있는 사람에 비해 기억력이 떨어지게 되고 결과적으로 치매 발생이 높아지게 된다. 그 외에도 치주 질환을 일으키는 구강 내 세균이 혈관을 타고 전신을 돌며 심 뇌혈관 질환, 당뇨 등 전신질환의 원인으로 작용할 수 있기 때문에 구강 건강은 전신 건강의 필수라고 할 수 있다.

치주 질환 외에도 노화에 따른 타액의 분비 감소와 만성질환의 장기적인 약 복용으로 인해 구강 건조증이 찾아온다. 구강 건조증은 구강 내 세균의 번식을 증가시켜 치주 질환, 충치(치아우식증)의 발생을 증가시키고 구취(입 냄새)를 증가시킨다. 구강 건조증이 심한 경우 혀가 뜨거워지는 작열감을 경험하게 되며, 이로 인해 음식물 섭취에 많은 제한을 갖게 된다.

구강 건조증의 예방법으로는 충분한 수분 섭취가 중요하다. 물을 자주 마시고 신선한 야채와 과일로 수분을 충전하는 것이 좋은 방법이며, 무설탕 껌(자일리톨)

을 씹는 것도 타액의 분비를 증가시켜 구강 건조를 완화시킬 수 있다.

노년기 구강 건강은 전신 건강과 더불어 노년기 삶의 질을 향상시키는 필수 요소이다. 구강이 건강하지 못하다면 전신 건강도 장담할 수 없다. 노년기 구강 건강을 증진시키기 위해선 평소 음식물 섭취 후 올바른 칫솔질과 보조 구강 위생용품(치실, 치간 칫솔)의 사용이 중요하다. 또한 1년에 1~2회 가까운 치과나 보건소를 이용해 정기적인 구강 검진과 스케일링(치석 제거술)을 받는 것이 구강 건강을 지킬 수 있는 가장 좋은 방법이다.

노년기 삶의 질을 좌우하는 구강 건강! 전신 건강의 필수임을 명심하자.[60]

〔씹으면 뇌 활동이 활성화 된다〕

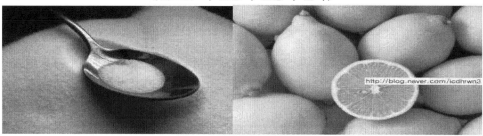

http://blog.naver.com/icdhrwn3

☞ 100세 시대, 어떤 경우에 틀니를 해야 하나요?

70대 노인이지만 5,60대로 보이는 경우가 있는 반면에 50대 초반임에도 불구하고 70이 훨씬 넘어 보이는 경우도 있다. 실제 나이와 외모의 차이는 대부분 그 사람이 가지고 있는 치아건강과 관련이 깊다. 사람이 건강한 자연치아로 음식을 씹는 힘을 100으로 가정한다면 치과 보철을 하는 경우 그 힘은 60~70정도에 달하며 남은 몇몇 치아를 이용한 부분 틀니를 할 경우는 30, 치아가 하나도 없어 완전 틀니를 할 경우엔 15정도 밖에 힘을 발휘하지 못한다. 100이라는 힘으로 씹은 후에 삼켜야 할 음식을 치아가 소실돼 15라는 힘을 갖고 씹은 후 그냥 삼킨다면 식욕부진에 만성소화불량을 겪을 것이 불을 보듯 뻔하다.

치아 상태로 알 수 있는 것은 이뿐만이 아니다. 치아가 10개미만으로 남아있는 경우엔 치매에 걸릴 확률이 무려 30% 이상 높았고 어금니가 없으면 학습능력과 기억능력이 떨어진다는 학계의 보고도 있다. 음식물을 잘 씹으려면 치아가 건강하고 튼튼해야 한다는 것은 기본적인 상식이다. 그러나 치아가 부실하거나 상실해 제대로 씹을 수 없다면 건강은 흔들릴 수밖에 없다. 치매 예방은 물론 노년의 건강을 위해서라도 좋지 않은 치아를 그냥 방치해둘 수만은 없는 일이다.[61]

100세 시대를 맞아 기대수명이 길어진 만큼 치아관리도 중요해 졌다. 치아의 대표적인 기능은 저작운동, 즉 씹는 기능이다. 치아는 발음에도 필요하며 아름다운 표정과 이미지에도 영향을 미친다. 심지어 치아를 자주 사용하는 것은 치매예방에도 관련이 있다고 한다. 건강한 노후의 치아건강을 위해서는 손실된 치아를 방치하는 것이 아니라 적절한 치료와 관리가 필수적이다.

◇ 치아소실의 원인 잇몸질환

치아가 소실되면 틀니나 임플란트를 고려하는데, 치아 소실의 주원인은 바로 풍치(잇몸병) 때문이다. 풍치는 고혈압이나 당뇨병처럼 별 증상이 없고 아프지 않은 만성질환으로 가볍게 생각하는 경우가 많다. 하지만 20대 이후 잇몸뼈(치조골)는 녹기 시작하고, 30~40대를 지나면서 제대로 관리해주지 않으면 점점 염증으로 뼈가 소멸되면서 잇몸이 내려간다. 남아있는 치아도 관리가 무엇보다 중요하다. 남아있는 치아와 잇몸 뼈의 건강 상태에 따라 부분 틀니, 완전 틀니, 임플란트 시술이 달라질 수 있다.

박대윤 광주 유디두암치과의원 원장은 "치아가 없을 때 가장 먼저 생각 하는 치료법은 임플란트다. 하지만 환자의 구강구조, 치아의 관리 상태, 치료 과정에서 발생하는 재정적 부담 등 다양한 문제가 발생하기 때문에 무조건 임플란트 치료를 받기 보단 의사와 상담을 통해 임플란트와 브릿지, 또는 틀니 치료를 선택하는 것이 좋다"고 말했다.

◇ 틀니, 자연스럽게 사용하기까지 6~8주 소요

틀니는 소실된 치아를 대체해주는 의치로 몇 개의 치아에 의지해 사용하는 부분 틀니와 한 개의 치아도 남아 있지 않은 경우에 사용하는 완전 틀니로 나뉜다. 불편함 없이 원래 본인의 치아처럼 자연스럽게 사용하기까지 걸리는 시간은 약 6~8주 정도다. 이에 틀니가 구강 내 완전히 적응될 때까지 양쪽 모두를 사용해 씹는 연습을 하는 것이 건강한 잇몸과 치아 관리에 도움이 된다. 또한 너무 오래 써서 틀니의 치아 표면이 마모될 때까지 쓰는 것은 좋지 않다.

박 원장은 "틀니 착용 초반에는 부드러운 음식을 위주로 연습하는 것이 좋다"며 "앞니로 깨물어 먹기보다는 잘게 썰어서 어금니 위주로 식사하는 습관을 갖는 것도 틀니의 빠른 적응을 위해 도움 된다"고 말했다.[62]

24. 프롤로테라피, 어떤 치료인가

허리통증으로 고생하시는 환자 가운데 수술에 대한 부담을 가지고 있는 분들이 많다. 수술을 하면 장애가 남는다는 생각에 버티지 못할 통증이 아니라면 수술치료 자체를 거부하기도 한다. 그래서인지 수술 없이, 주사만으로 통증 치료가 가능하다는 프롤로테라피에 대한 관심이 최근 높다. 부담이 적은 효과적인 치료법이라고 들었다며, 본인 증상에도 적용이 가능한지를 묻는 것이다.

결론을 먼저 말하자면, 프롤로테라피가 다양한 만성통증 치료에 효과적이긴 하지만 모든 질환에 적용이 가능한 것은 아니다. 척추를 비롯한 우리 몸의 관절은 주변의 인대나 힘줄이 안정적으로 지지하며 부담을 덜어준다.

프롤로테라피는 인대강화치료라고도 불리는 통증 치료법으로, 척추 부위의 손상된 인대와 힘줄에 삼투압이 높은 물질을 주사해 약해진 인대와 힘줄을 튼튼하게 만들어주는 시술법이다.

프롤로테라피는 흔히 뼈주사라는 스테로이드 주사와 달리, 약해진 조직에 고농도의 포도당을 주입, 인대와 힘줄의 재생을 촉진시키는 원리다. 약해진 조직에 약물이 주입되면 일차적으로 염증반응이 일어나고 섬유소가 만들어지면서 증식, 해당부위가 튼튼해진다. 힘줄과 인대가 튼튼해지면 불안정하던 부위가 안정되고 통증이 줄어드는 효과를 얻을 수 있다. 통증 유발부위를 다시 건강하게 만들어주기 때문에 일시적이 아닌, 통증의 근본적인 문제를 해결해주는 셈이다.

프롤로테라피의 가장 큰 특징은 인체에 무해한 물질을 사용, 부작용이 거의 없다는 것이다. 몸의 자연적인 반응을 일으켜 재생을 유도하기 때문. 치료 시 환자가 느끼는 부담이 적다는 것도 장점이다. 입원이나 마취가 필요 없고 주사바늘 자국 외에는 흔적이 남지 않는다. 시술 직후 활동이 가능해 일상생활에도 지장이 없다. 미국 등 외국에서는 이미 10년 이상 전부터 쓰이고 있는 검증된 치료법이며, 통증 완화 성공률도 약 80% 정도로 높은 편이다.

약해진 부위를 재생시켜주는 치료인 만큼 적용 대상도 매우 다양하다. 척추를 비롯한 몸의 다양한 관절의 만성통증, 허리나 목 수술 후 인대가 약해져 통증이 지속되는 환자, 어깨나 발목 등 인대손상, 출산 후 골반 통증, 운동으로 인한 손상 후 만성통증 등 다양한 증상에 적용이 가능하다. 허리질환 치료 후 약해진 부위에 시행하면 재발 예방에도 도움이 되며 수술이 필요한 환자의 경우 프롤로 치료를 통해 가장 효과적인 수술 부위를 가려낼 수 있다. 원인불명의 만성통증으로 고생하는 환자에게 통증치료 및 관리법으로 활용되기도 한다.

물론 프롤로테라피가 만병통치약은 아니다. 한번 손상된 인대는 재생에 시간이 비교적 오래 걸리기 때문에 시술이 단 한 번으로 끝나지 않는다. 환자에 따라 다르지만 2~4주 간격으로 약 6회 정도의 시술이 필요하다. 약물을 주입하는 것이어서 개인에 따라 부작용이 생길 우려가 있으며 치료기간 중 통증이 일어날 수 있다. 각종 만성통증 치료에는 효과가 있지만 튀어나온 디스크나 좁아진 척추관으로 인한 신경증상이나 통증을 치료하는 데는 한계가 있다.

시술 후에는 담배는 끊는 것이 좋다. 인대 강화에 필요한 콜라겐을 생성하려면 체내에 비타민C가 필요한데, 흡연이 이를 방해하기 때문이다. 치료기간 중 금연이나 생활습관 개선 등 다양한 노력이 반드시 병행되어야 한다.[63]

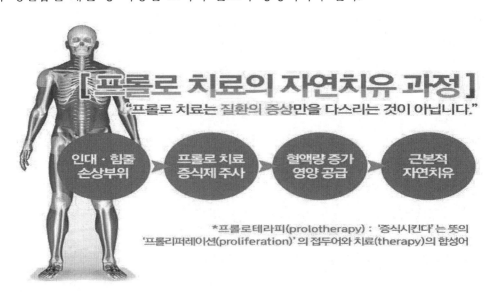

25. 100세 시대 행복, 심신 건강에 달렸다

최근 '호모 헌드레드' (homo-hundred)라는 말이 유행이다. 극히 소수의 사람만 누리던 100세 이상의 삶이 의료기술의 발달 등으로 점점 확산되고 있음을 뜻하는 용어다. 통계에 따르면 서울의 경우 2010년 3,523명이던 100세 이상 인구가 2015년에는 5,570명으로 크게 증가했다. 길어진 노년기, 황혼의 삶을 누리기 위해 전제돼야 할 것이 있다. 바로 '건강' 이다.

2014년 우리나라 사람의 사망원인 1위는 암, 2위는 심장질환, 3위는 폐렴으로 나타났다. 건강하게 장수하기 위해서는 암을 비롯한 이들 질병과 거리를 두면서 살아야 한다. 어려운 방법은 아니다. 가장 기본적인 것으로는 금연과 절주를 꼽을 수 있다. 많은 사람이 담배 하면 폐암만 연상하는데 담배는 위암, 대장암, 식도암, 방광암, 신장암, 구강암 등 거의 대부분의 암을 일으키고, 혈관을 막는 동맥경화와 만성폐쇄성 폐질환의 원인이 된다.

담배는 우리나라 사망원인 1, 2, 3위의 암 모두의 원인이 되므로 반드시 끊을 필요가 있다. 국가의 금연치료 지원 프로그램이 잘돼 있으므로 활용하는 것이 좋다. 병원 금연클리닉을 방문하면 전문 의료진의 상담과 챔픽스 등 약물처방이 가능하며, 12주 약물치료나 6회 진료를 성실하게 이수하면 본인부담금 환급 및 10만원 상당의 건강용품도 받을 수 있다.

건강을 위해서는 규칙적인 운동이 꼭 필요하다. 운동은 유산소운동과 근력운동을 적절히 섞어서 실행할 필요가 있다. 유산소운동은 칼로리 소모량이 많고 체중감량과 심폐기능 향상의 효과가 있으며, 근력운동은 기초대사량을 증가시켜 주고 만성질환의 예방, 각종 신체기능의 향상을 돕는다. 일반적으로 '스트레칭과 가벼운 준비운동-유산소운동-근력운동-유산소운동-마무리운동' 의 순으로 하는 것이 좋다.

성인에게 꼭 필요한 예방접종으로 질병을 미리 막아 주는 것도 필요하다. 간염항체가 없을 경우 A형 간염은 6개월에 걸쳐 두 차례, B형 간염은 첫 번째 접종 후 1개월, 6개월에 걸쳐 세 차례를 맞아 항체를 생성해 둬야 한다. 아울러 독감 예방주사는 매년 10~12월, 폐렴구균은 평생 단 한 번만 맞으면 된다. 대상포진은 1년 이내 앓은 적이 없을 경우 평생 단 한 차례만 맞으면 되고, 파상풍 예방주사는 날카로운 물체로 외상을 입었을 경우에 한 해 10년마다 맞아주면 된다. 또한 여성이라면 반드시 자궁경부암 및 MMR 백신을 접종해야 한다.

건강하게 늙기 위한 마지막 방점은 정기적인 검진이다. 주요 질병의 유무를 수시로 확인하고 적절하게 조치해야 장수도 하고 남은 노후를 즐길 수도 있다. 40세 미만의 사람은 2년마다 기본검진을, 40세 이상은 매년 기본검진과 함께 가족력이나 병력에 따라 암 검진도 주기적으로 받는 것이 바람직하다.

또한 50세 이상이거나 만성질환이 있다면 혈관검진을 지속적으로 받아 심장질환과 뇌혈관질환을 조기에 발견하고 치료하는 것이 좋다.

다양한 방법을 통해 신체 건강을 관리하는 것 못지않게 중요한 것이 정신건강이다. 매사에 긍정적인 마인드로 임하고 항상 평정심을 유지하도록 노력해야 한다. 최선의 방법이 어렵다면 차선책을, 차선책도 불가능하다면 차차선책을 강구하고 실행하는 자세로 맑고 건강한 정신상태를 유지하는 것이 건강과 행복한 100세 시대를 맞이하는 데 가장 중요하다고 할 수 있겠다.[64]

☞ **100세까지 건강하게 사는 사람들의 습관**

♡ 운동을 생활화한다

운동은 체열을 생산해 면역력을 높이고, 심장, 순환기계의 기능을 높여준다. 더불어 뼈를 강화하며 혈당과 지방을 감소시켜준다. 체열이 상승되면 우울증이 없어지고 정신적 불만을 해소시켜주며 알츠하이머에 걸릴 위험도도 낮춰줄 수 있다.

♡ 자연식 밥상으로 바꾼다

채소와 과일 녹차에 들어있는 '항산화 물질'을 섭취하면 건강하게 장수할 수 있다. 더불어 근채류는 인간의 하체를 강하게 하는 성분이 들어있는데, 당근, 우엉, 참마, 생강은 각각 면역력을 높여주고, 유해물질을 배설하는 데 도움을 줘 대장암을 예방해주며, 소화를 촉진하고 자양강장에 좋다. 특히 생강은 체온을 높여 면역력을 강화시켜주는 천연강장제로 홍차에 넣어서 먹으면 건강 음료로 특히 좋다.

♡ 알맞은 음주습관을 갖는다

노화를 늦추고 수명을 연장하는 시르투인 유전자를 활성화하기 위해서는 7주 동안의 칼로리 제한이 필요하다. 그러나 레스베라트롤을 지속적으로 섭취하면 칼로리를 제한하지 않아도 이 유전자의 기능이 활성화된다. 레스베라트롤은 적포도주와 블루베리, 오디, 땅콩에 들어있다. 적당한 음주는 혈액 흐름을 개선해 몸을 따뜻하게 하며 스트레스를 발산시켜주기 때문에 건강 장수에 기여한다. 더불어 혈전증도 예방할 수 있다. 참고로 혈전 용해 효소는 '위스키〈맥주〈포도주〈청주〈소주' 순으로 많이 만들어진다. 단 하루 기준으로 청주는 2홉, 맥주는 큰 병으로 두 병, 포도주는 2~3잔, 소주는 물로 희석해 3~4잔, 위스키는 희석해서 2~3잔 이내로 음용해야 한다. 과음하면 위, 간, 췌장, 심장 순환계 등에 다양한 질병을 일으키므로 주의해야 한다.

♡ 친구나 지인을 자주 만나고, 긍정적인 사고로 인생을 즐긴다

면역을 관장하는 백혈구 중에 특히 중요한 것이 암세포와 바이러스를 제거하는 NK세포이다. 이 NK세포를 약하게 만드는 가장 큰 요인이 성실하고 꼼꼼한 성격과 생활에서 오는 '스트레스'이다. 지나치게 성실하고 꼼꼼한 것보다는 느긋한 성격을 가지고 즐기는 생활을 하는 편이 건강과 장수에 더 좋다.

26. 귀를 보면 건강을 알 수 있다?

종종 귀의 모양이나 피부색으로 질병을 예측하고 귀의 특정 부위를 자극해 질병을 치료할 수 있다는 건강 관련 방송을 볼 수 있다. 과학적으로 근거가 있는 것일까.

한의학 고서인 '황제내경'에는 이목구비를 살펴 오장육부의 건강 상태를 알 수 있다는 대목이 나온다. 특히 귀는 정기를 저장하는 장부인 신장의 상태를 대변하기 때문에 나이가 들거나 활력이 떨어지면 귀에 나타난다고 했다.

이렇게 귀의 특정 지점을 인체의 특정 부위와 연결 지으려는 시도는 여러 차례 있었다. 1956년 프랑스 의사 '폴 노지에'는 귀에 화상을 입고 나서 좌골신경통이 치료된 사례들을 관찰한 뒤 귀를 자극하는 치료법을 활용했다. 나아가 귀의 모양이 태아가 거꾸로 누운 모습과 닮았다는 것에 착안해 귀의 특정 지점이 우리 몸의 각 부위와 연결돼 있을 것이라는 가설을 제시했다. 이런 가설은 동서양을 막론하고 유행했고, 세계보건기구(WHO)가 1990년대 100여개의 귀 혈자리 명명법에 대한 합의를 공표하기에 이르렀다. 하지만 귀의 혈자리가 왜 인체의 각 부위와 연결돼 있는지는 알 수 없었다.

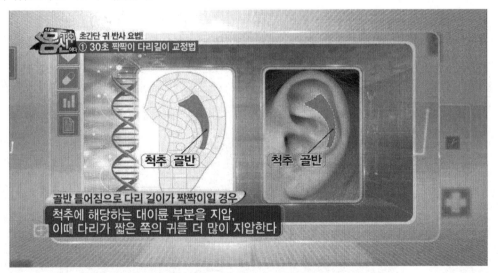

그러나 최근 들어 귀에 여러 뇌신경이나 척수신경이 지난다는 것을 알게 됐고, 그중 내부 장기에서 부교감신경 역할을 하는 미주신경의 일부 가지가 귀에 분포하고 있다는 사실에 학자들은 주목했다. 흥미롭게도 귀의 미주신경 분포 부위가 내부 장기에 해당하는 귀 혈자리의 위치와 일치한다. 이 부위를 침이나 손으로 자극

하면 미주신경을 통해 내부 장기의 기능을 조절할 수 있을 것으로 생각된다. 또한 귀에 침 자극을 가하면 베타엔도르핀(진통 효과가 있는 신경물질)을 비롯한 오피오이드 펩티드가 분비돼 통증을 억제한다고 알려졌다. 피내침 형태로 자극을 지속할 수 있어 수술 전후 환자나 비행 중 두통을 호소하는 군인에게 실제 적용되기도 한다. 귀에 피내침을 붙이는 금연침도 같은 원리다. 귀에 침을 놓아 도파민 분비를 조절하고 뇌의 보상회로에 작용하게 해 담배나 알코올중독 증상을 치료한다.

그럼 귀를 통해 질병을 진단할 수도 있을까. 귀의 특정 부위의 형태나 색의 변화가 그에 대응하는 인체 기관의 건강 상태를 반영한다는 것은 과학적으로 밝혀진 바가 없다. 허리에 해당하는 귀의 구역에 뾰루지가 났다고 해서 실제 허리에 문제가 있거나 머리에 해당하는 구역에 모세혈관이 노출됐다고 해서 고혈압이나 두통이 있는 것은 아니다.

그러나 최근 귀의 주름이 뇌졸중이나 치매 같은 뇌질환과 연관 있다는 연구들이 발표됐다. 국내 대학병원 연구팀이 치매 환자 471명과 일반인 243명을 대상으로 귀 주름과 치매의 관계를 살펴봤는데, 귀 주름이 있는 사람이 없는 사람에 비해 치매 발생 위험도가 2배, 대뇌백질변성 위험도는 무려 7.3배 높았다. 즉 귀에 혈액순환이 원활하지 않으면 귓불에 영양 공급이 줄고 지방이 빠지면서 대각선 형태의 주름이 생기는데 이것으로 퇴행성 뇌병변을 예측할 수 있다.[65]

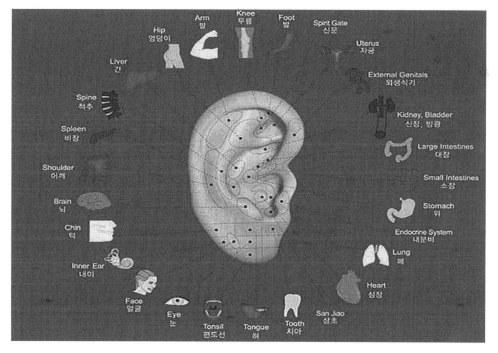

27. 운동하는 습관 길러 노화 늦추자

만약 당신에게 지난 한 달 사이에 '근력(웨이트트레이닝) 운동을 하였는가?', '걷기와 같은 적당한 (쉬운) 운동을 했는가?', '달리기와 같은 활발한(힘든) 운동을 하였는가?', '직장이나 학교에서 걷거나 자전거를 탔는가?' 라고 물어보면 과연 몇 가지에 '그렇다' 라고 대답할 수 있겠는가? 필자도 많아 봐야 2~3가지 정도에 '그렇다' 라고 답할 수 있을 것 같다.

병신년(丙申年) 새해에 무슨 질문이 그러냐고 되묻고 싶겠지만 노화(老化)와 관련된 것이니 우리 모두가 반드시 관심을 가졌으면 한다. 왜냐하면 남녀노소 어느 누구도 감히 노화의 과정을 피할 수 없기 때문이다. 그런데 우리가 피할 수 없는 이 노화가 운동습관과 관련됐다고 하니 차근차근 살펴볼 필요가 있다.

최근 미국대학스포츠의학회 (American College of Sports Medicine)가 발행하는 저명 학술지인 스포츠의학회지(Medicine Science in Sports &Exercise:MSSE)는 2015년 12월호에서 운동이 노화를 지연시킬 수 있다고 발표했다. 연구진은 20~84세까지 성인 6500명을 대상으로 운동을 얼마나 하는지를 위와 같이 4집단으로 나눠서 텔로미어 (telomere)의 길이를 조사했다.

텔로미어는 세포의 노화와 직접적인 관련이 있는 것으로 염색체 (染色體) 양쪽 끝에 붙어 있는 작은 모자(cap)와 같이 생긴 세포 보호 물질이다. 그런데 세포가 노화되면 텔로미어는 자연스럽게 짧아지면서 생체 나이를 가늠할 수 있는 척도가 된다.

우리가 잘 알고 있는 암(癌)세포도 세포의 일종이기 때문에 텔로미어가 존재하지만 암세포는 쉽게 사멸되지 않는다. 왜냐하면 특이하게도 암세포는 세포 분열을 해도 텔로미어가 짧아지지 않기 때문에 암세포는 쉽게 죽지 않는 것이다.

연구진은 이번의 광범위한 연구를 통해 운동이 텔로미어의 길이 감소에 매우 관련성이 높은 것을 보고했다. 다시 말해서 실험에 참여했던 연구대상자들의 텔로미어 단축의 감소가 운동에 영향을 받았는지는 정확히 알 수 없으나, 운동을 하고 있는 집단에서 텔로미어의 길이가 긴 것만이 밝혀졌다는 것이다. 결국 운동 습관을 가진 사람의 텔로미어가 그렇지 못한 집단보다 더 길다는 것으로 나타나, 운동이 장수(長壽)나 노화 지연에 매우 긍정적인 영향을 미치는 것으로 나타났다.

좀 더 자세히 살펴보면 앞서 언급한 4가지 운동 중 1가지를 실천하는 집단은 어떤 운동도 하지 않는 집단보다 텔로미어가 극단적으로 짧은 비율이 3%나 더 적었으며, 2가지 운동을 실천하는 집단은 24%, 3가지 운동을 실천하는 집단은 29%, 4가지 운동을 모두 실천하는 집단은 어떤 운동도 하지 않는 집단보다 무려 59%나 더 적었다. 결론적으로 4가지 운동을 모두 실천하는 집단은 아무 운동도 하지 않는 집단보다 텔로미어가 비정상적으로 짧아질 위험이 적음을 나타내는 것이다.

특히 이러한 경향은 40~65세 중장년층에서 더욱 두드러졌다고 하니 이들에게 운동은 선택이 아닌 필수임을 알고 운동의 실천이 중요하다.

우리는 지금 100세 시대에 살고 있다. 숫자만의 100세가 아니라 건강하고 활기찬 100세의 삶을 원한다. 운동이 건강관리뿐만 아니라, 노화의 지연에도 매우 큰 영향을 미친다고 과학적으로 증명이 된 마당에 무엇을 주저하고 망설이겠는가? 당장 일어나서 몸을 움직이는 행동하는 삶을 살자.

따라서 이제부터는 운동할 시간이 없다는 핑계는 그만 대고 운동부터 시작하자. 이 세상의 누구도 나의 노화 지연을 돕거나 막을 수는 없다. 오로지 자기 자신만이 할 수 있는 일이기에 다행이다. 운동으로 시작하는 병신년 새해를 기대해 본다.[66]

http://blog.daum.net/ash3379/11808475(2015. 10. 02)

나이가 들어가면서 노화에 의한 신체 변화와 함께 체력이 점점 감소하게 된다. 체력이 감소하는 속도를 늦출 수 있는 것, 바로 운동이다. '운동'은 '노화'와 아주 관계가 깊다. 이미 운동이 노화와 함께 찾아오는 질병 예방 그리고 수명 연장에 도움을 준다고 증명됐다.

하지만 체중 감소를 위해 특정 기간에만 운동을 하게 될 경우 수명 감소를 가져

올 수 있으니 꾸준히 운동하는 습관이 중요하다. 일주일에 3~5회, 1회에 30~40분씩 꾸준히 하는 것이 좋고, 처음 운동을 시작할 때 20분에서 시작하여 점차 증가시키는 것이 중요하다. 그렇다면 어떤 운동을 하는 것이 좋을까? 전체 운동량에서 유산소 운동을 80~85%, 저항성 운동을 15~20% 정도의 비율로 하는 것이 적절하다. 또 평소 유연성을 길러주는 운동을 생활화하는 것이 좋다.[67]

'소식을 하게 되면 노화를 늦춘다' 라는 사실을 얼마 전 미국 위스콘신대 의대 팀이 원숭이를 통해 이를 다시 한 번 확인했다. 열량이 적은 음식을 먹은 원숭이가 수명도 길고, 건강도 좋다는 연구 결과였다. 그렇다면, 건강하게 소식하기 위해서는 어떻게 해야 할까? 바른 소식을 위해서는 식사량이 아니라 섭취 칼로리를 줄여야 한다.

하지만 소식은 많은 에너지가 필요한 청소년층이나 노년층에게는 좋지 않다. 밥의 양을 줄이는 것이 가장 좋은 방법 중 하나이며, 필수 영양소가 듬뿍 함유된 채소나 생선은 충분히 섭취해 준다. '나는 도저히 소식은 못하겠다!' 라고 한다면, 평소 식사 시 섭취하는 양의 70~80% 정도만 섭취하는 것부터 시작하자.

노화방지 식이요법은 다양한 식품을 골고루 먹되 우리 몸을 구성하는 세포의 손상은 막고 생성은 촉진시키는 식이를 하는데 그 주안점이 있다. 이를 위해서는 산화 반응(세포를 손상시켜 노화를 유발함)을 최소화할 수 있는 식품을 섭취하고, 항산화제 섭취를 최대화해야 할 것이다.

권장되는 음식으로는 곡류, 콩류, 과일, 채소 등이 있고, 지방, 육류, 고열량 식품, 술 등을 피하는 것이 좋다. 노화방지 식이요법의 원칙을 간단하게 정리하면 다음과 같다.[68]

http://hqcenter.snu.ac.kr/archives/jiphyunjeon/%eb%85%b8%ed%8%ed%99(2019. 10. 31)

28. 올바른 약을 먹자

몸이 아플 때 사람들은 약을 먹게 된다. 약을 잘못 먹으면 부작용으로 고생을 할수도 있다. 특히 몸이 여러 군데 아프면 증상에 따른 약을 복용하기 때문에 약으로부터 위장을 보호하기 위해 또 다른 약을 먹는 경우도 많다. 약은 몸을 낫게 하는 치료제이면서 어느 약이든 부작용이 생길수도 있어 남용하는 것을 피해야 한다.

우리가 흔히 복용하고 있는 약은 칼의 양면과 같다. 환자 치료에 득이 되는가 하면 잘못 복용하면 큰 부작용도 일으킬 수 있다.

우리나라에서 대표적인 약 과다사용 사례의 김말래 할머니는 매일 13가지의 약물을 복용하다 어지럼증, 식욕감퇴, 배뇨장애 등이 발생해 전전긍긍하다가 결국 노인병 클리닉을 찾았다. 그곳에서 약 정리를 받은 후 4가지 약물만 복용한 결과 증상과 몸이 호전돼 약 바로 알고 먹자는 교훈을 얻었다.

평소 복용하는 약물이 어떤 것들인지 잘 몰랐던 할머니는 약물에 대한 충분한 설명을 듣고 꼭 필요한 약을 정확하게 복용하는 습관을 가지게 돼 건강을 되찾게 됐다는 일화가 있다.

호주에서는 환자의 가정을 방문 투약 관리 서비스를 받고 있다. 약사가 직접 환자의 가정을 방문, 약물 관리를 정기적으로 하고 그 결과를 담당 의사에게 전송한다고 한다. 이를 바탕으로 의사는 환자에게 약물의 과잉 처방이 없는지, 약 복용에 문제가 없는지를 점검하고 있다. 이처럼 유럽에서는 환자가 전문 약국 서비스를 받고 있다.

우리나라의 경우는 병원에 갈 때마다 환자들이 복용하는 약물이 늘어나고 게다가 건강보조제와 한약까지 포함해 과다한 약을 먹고 있는 실정이다.

환자 가운데 5개 이상의 약을 복용하는 노인이 전체의 46.6%라는 사실도 조사

결과 확인되기도 했다. 부적절 약 처방도 절반이 되고 있다는 보고도 나왔다. 이처럼 과다 복용하는 약물이 증가하면 부작용의 확률도 늘어나기 마련이다.

초고령 사회를 목전에 두고 있는 우리나라는 약 과다 복용 때문에 비상이 걸렸다. 상대적으로 저렴한 의료비, 높은 의료 접근성, 원하면 의원·병원을 가리지 않고 동시 다발적으로 이용할 수 있는 의료보험체계를 가지고 있는 게 우리나라이기 때문이다. 정부는 '올바른 약을 먹자'는 계도에도 나섰다.

의사들도 환자들이 내원 때 꼼꼼히 따져 약을 처방하는데 노력할 필요가 있다. 정부의 역할도 중요하다. 유럽처럼 환자 가정을 방문 체크는 하지 못할망정, 약의 부작용과 약물 상호작용을 확인해주는 의료행위가 이뤄지도록 총력을 기울여 주길 바란다.

이제부터라도 의사, 약사의 지시대로 제대로 알고 약을 복용하는 습관을 가졌으면 한다.[69]

〔건강하려면 병원과 약을 버려라, 내몸이 산다〕

http://todaydayday.tistory.com/65(2014. 09. 20)

29. 극심한 복통과 소화불량 '췌장암' 의심

췌장암(膵臟癌, pancreatic cancer)은 위장 뒤쪽에 있는 췌장에 발생하는 암이다. 사람이 걸릴 수 있는 암 중에 최악의 암으로 일컫는 췌장암은 한국인 10대 호발암 중 5년 생존율이 최하위이며, 완치율도 가장 낮은 암이다.

췌장암은 증상을 자각적으로 판단하기 어렵고 조기진단이 힘든데다 암의 성장이 매우 빠르고 전이가 쉽게 이뤄진다. 또한 발견했을 때는 이미 손을 쓸 수 없는 상태로 악화되어 있어 절제가 불가능한 경우가 많고, 수술이 가능한 환자도 전체의 15~20% 밖에 되지 않는다.

췌장암의 초기증상으로는 소화와 관련된 것이 많다. 식욕감퇴와 복부 팽만 증상이 일어나며 체중이 줄어들기도 한다. 그러면서 소화불량을 겪게 된다. 또 등과 허리에 원인이 뚜렷하지 않은 통증을 동반하며, 무기력함을 느끼게 된다. 췌장암에 의해 췌장염이 발생할 수도 있는 데 이 경우 구부리고 앉으면 통증이 없어지고 반듯이 누우면 통증이 더 심해지는 특징을 가진 상복부 통증을 호소할 수 있다. 또한 췌장의 머리 부분에 암이 발생할 경우 그 안을 지나가는 담관을 막아 황달이 발생하는 경우가 많다.

췌장에 생기는 악성종양은 크게 외분비 조직에서 기원한 외분비종양과 내분비조직에서 기원한 내분비 종양으로 나뉜다.

보통 흔히 말하는 췌장암은 외분비조직 중 췌장관에서 발생한 췌관선암을 말하며, 췌장암의 90%이상을 차지한다. 췌장암의 진단을 위해 복부 초음파를 먼저 시행하는데, 췌장이 위나 대장 등 다른 장기들에 파묻혀 깊숙이 자리 잡고 있기 때문에 잘 관찰하지 못하는 경우가 있다.

장에 가스가 차 있거나 배가 많이 나온 환자들은 췌장 자체를 식별하기 어려울 때도 있다. 췌장의 검사가 복부 초음파에서 충분하지 않다고 판단되면 복부 전산화단층촬영(CT) 시행을 고려한다. 이밖에 복부 자기공명영상(MRI) 등의 방사선 검사가 이용되며, 내시경적 역행성 담췌관 조영술(ERCP), 내시경 초음파도 진단에 도움이 된다.

암이 다른 장기로 전이되지 않고 췌장에만 국한되어 있는 경우 췌장의 일부분이나 전체, 또는 주변 조직을 함께 절제하게 된다. 특히 췌장의 머리 부위에 생긴 경우에는 '휘플 씨 수술(Whipple's operation)'을 시행하는데, 이는 췌장의 머리, 소장의 일부, 위의 하부, 담낭과 담관을 절제하고 남은 췌장과 담관을 위의 상부에

붙이는 과정을 거친다.

또 유문보존 췌십이지장 절제술은 휘플 씨 수술과 유사하나 위를 보존하는 수술이다. 합병증 발생률이 높고 수술 자체가 어려워 시행률이 높지 않았으나, 최근 수준 향상으로 국소적인 절제가 가능한 췌장암 치료를 위해 시행되고 있다.

흡연은 췌장암 발병률을 높이는 주요 위험인자이므로 췌장암 예방을 위해 가장 먼저 해야 할 일은 금연이다. 또 건강한 식생활과 적절한 운동을 통해 적정 체중을 유지해야한다.

췌장암 환자들은 소화불량으로 인한 식욕 저하를 겪기 쉽고, 치료 도중에 부작용으로 나타날 수 있는 오심, 구토 등으로 인해 음식물을 섭취가 힘들어질 수 있는데, 그러므로 육류나 지방함량이 높은 음식보다는 소화가 잘 되는 부드러운 고열량의 음식을 조금씩 자주 섭취하는 것이 좋다.

밥에 현미나 찹쌀 등의 잡곡을 섞어 먹는 것이 좋으며, 채소와 과일 등 식이섬유가 풍부한 음식을 섭취해야한다. 브로콜리 속에 들어 있는 셀레늄은 항암작용이 탁월하고 시금치와 사과, 양파에 함유된 플라보놀 성분은 췌장암 발병 위험을 줄여주며, 토마토에 함유된 리코펜 성분 또한 강한 항산화 작용을 한다. 마지막으로 물을 하루에 1.5~2L 정도로 자주 마시는 것이 좋다.

주기적으로 초음파나, 복부CT 등 건강검진을 받는 것이 가장 좋은 예방법이다. 가족력이 있거나 당뇨, 만성 췌장염이 있는 경우 꾸준히 검사 또는 치료를 받아야 한다.[70]

췌장암은 다른 암에 비해 환자 수도 적고 발생률도 낮은 편이다. 하지만 발병 5년 내 생존율이 5% 전후에 불과할 정도로 사망률이 높다. 췌장암은 증상이 미미한 '침묵의 암' 이기 때문이다.

초기에는 거의 증상이 없다. 있다 해도 복부나 등 쪽의 통증, 체중 감소, 소화 장애 등 다른 가벼운 질환과 증상이 유사해 지나치기 쉽다. 종종 변비를 겪거나 구역질, 쇠약감, 식욕부진, 우울증, 심하게는 위장관 출혈, 정맥염 증상까지 보이기도 하지만 일반적인 것은 아니다. 암 검사로 잘 알려진 종양표지자(腫瘍標識子) 혈액 검사(CA19-9 · CEA)도 췌장암의 경우에는 진단 정확도가 높지 않다.

그나마 특기할 만한 증상은 황달이다. 췌장의 종양이 담즙의 흐름을 막아 혈액 내 빌리루빈 수치가 높아지면서 발생한다. 피부와 눈의 흰자위가 노란색으로 변하고 피부 가려움증이 생기거나 회색 대변, 진한 갈색이나 붉은색 소변을 볼 수 있다. 췌장암 환자의 약 80%가 이런 황달 증상을 보인다. 앞선 증상들이 나타난다면 즉시 췌장암 여부를 확인해 보는 게 좋다.

30. 속에 불이 붙은 것 같아요 … 혹시 역류성식도염?

많은 사람들이 살면서 한 번쯤은 속쓰림, 가슴쓰림, 목에 이물질이 걸린 듯한 느낌을 겪어봤을 것이다. 이는 역류성식도염으로도 잘 알려진 위식도역류질환의 주요 증상들로, 역류성식도염은 위산이 식도로 역류하는 과정이 반복되면서 식도 점막에 손상과 염증이 생기는 질환을 말한다.

건강보험심사평가원 보건의료빅데이터에 따르면 2017년 기준 420만 명 넘는 사람들이 역류성식도염으로 진료를 받았으며, 환자 수는 근래 지속적으로 증가하고 있다. 역류성식도염에 대해 알아본다.

△ 위와 식도 사이 괄약근 약해지면 음식물이 거꾸로 올라와

위와 식도 사이에는 괄약근이 있다. 이 괄약근에는 조이는 기능이 있어 입으로 들어온 음식물이 위로 내려갈 때만 열리며, 건강한 상태에서는 위 속에 있는 내용물이 식도로 올라오지 못한다. 그러나 괄약근의 조이는 기능이 약해지면 위 속에 있는 내용물이 거꾸로 올라오며, 이때 내용물에 섞인 위산이 식도의 점막을 점점 손상시킨다. 음식물 섭취 후 종종 트림을 할 때 입 밖으로 나오는 가스도 이 괄약근을 거치며, 잦은 트림이 계속될 시 병원을 찾아야 하는 이유도 여기에 있다.

△ 속쓰림, 가슴쓰림, 목 이물감, 목쓰림, 목소리 변화, 가슴통증 등 느껴져

대표적인 증상은 식후 약 30분 이내에 나타나는 속쓰림, 가슴쓰림, 목의 이물감, 목쓰림, 목소리 변화, 가슴통증, 속 울렁거림, 구역감 등이다.

기름진 음식, 카페인이 포함된 커피 같은 음료들, 음주, 흡연 등이 괄약근의 힘을 약해지게 하는 주요 원인이며 비만, 임신, 복수(뱃속에 액체가 고이는 증상)도 역류성식도염의 원인으로 알려져 있다. 증상을 일으킨 물질에 따라 여러 가지로 구분되기도 한다.

담즙(쓸개즙)이 역류했을 때는 담즙성, 장의 점막에서 나오는 소화액인 장액이 원인이면 알칼리성으로 분류한다. 식도 점막에 궤양(점막에 상처가 나고 헐어 피가 나기 쉽거나 피가 난 상태)이 보이는 경우엔 궤양성으로 분류한다.

△ 환자의 절반 정도는 위내시경으로 진단 … 식도 산도 검사 시행하기도

역류성식도염의 기본적인 진단 방법은 위내시경 검사로, 환자의 절반 정도는 위

내시경 단계에서 역류성식도염으로 진단받는다.

위내시경 검사만으로 확실히 진단하기 어려운 경우엔 식도 산도 검사를 한다. 식도 산도 검사는 식도 아래쪽에 작은 기계를 삽입한 후 24시간 동안 식도 내 산도를 측정해 위산이 역류하는지 확인하는 검사다.

이는 24시간 보행성 산도측정 검사라고도 한다. 그밖에 식도내시경, 상부소화관 조영제검사, 식도내압검사로도 역류성식도염을 진단할 수 있다.

△ 위산분비억제제로 치료 … 합병증 나타나면 수술 필요할 수도

역류성식도염으로 확인되면 먼저 위산분비억제제(PPI)를 이용하며 위장관운동촉진제를 함께 복용하기도 한다. 완전히 치료하기까진 보통 몇 달이 걸린다. 그러나 합병증으로 식도가 좁아지거나 막히는 식도협착이 나타나면 식도확장술을 받아야 할 수 있다.

바렛식도(Barrett's oesophagus)라는 합병증도 있다. 바렛식도는 식도 밑쪽의 중층편평상피세포가 화생성 원주상피로 변형되는 질환으로, 바렛식도가 있는 사람은 그렇지 않은 사람보다 식도암 발병 위험이 30배가량 높다고 알려져 있다. 따라서 바렛식도로 진단을 받았다면 현재까지 알려진 가장 정확한 위암 진단법인 위내시경 검사를 1년에 한 번씩 받는 것이 좋다.

△ 과식 피하고 식사 후 바로 드러눕지 말아야

역류성식도염을 예방하기 위한 가장 기본적인 방법은 생활습관 변화다. 위와 같은 생활수칙들을 잘 실천하면 역류성식도염을 예방하는 데 많은 도움이 될 것이다.

과식과 야식을 피한다. 식사 후 바로 드러눕지 않는다. 술, 담배, 커피, 홍차 등을 가급적 삼간다. 비만하지 않도록 체중을 조절한다. 신 과일주스와 탄산음료는 식도 점막을 직접적으로 자극하므로 줄인다. 수면제, 통풍약은 괄약근의 압력을 낮출 수 있음으로 복용에 관해 의사와 상담한다.[71]

한편, 제일경희한의원 대표원장 강기원은 구강에 발생하는 통증을 동반하는 염증성 질환을 통틀어 구내염이라고 한다. 그 양상에 따라 궤양성 구내염, 수포성 구내염, 미란성 구내염 등으로 분류가 가능하며, 입 안 점막에 문제가 생기기 때문에 보통 구강 내부 자체에 문제가 생겨서 그 자체를 치료해야 되는게 아닐까 생각하는 경우가 부지기수이다. 하지만 실제로는 몸 속에 발생한 담적병이 문제가 되는 경우가 더욱 많다.

역류성식도염도 구내염과 마찬가지로 담적병으로 인해 생길 수 있으며, 이를 앓는 사람들이 공통적으로 호소하는 문제가 몇 가지 있는데, 그 중 일상생활에 가장 불편하다고 하는 것이 입냄새다. 이 경우 담적을 제거해야 구내염, 역류성식도염 그리고 입냄새를 모두 해결할 수 있다.

이 담적병이란 것은 어떻게 생긴 것일까. 밀가루 음식이나 기름진 음식을 즐기거나, 음주 과다 등으로 비위에 열과 노폐물이 쌓일 수 있으며, 과도한 걱정이나 긴장, 혹은 수면 부족으로 인해 심장에 열이 쌓일 수도 있다. 이렇게 생긴 담적과 열은 역류성식도염, 구내염과 구취의 원인으로 작용한다.

따라서 장부의 열이 원인이 되어 발생하는 구내염, 역류성식도염과 입냄새는 장부의 열을 내리고 기능을 강화하는 치료를 통해 근본적인 원인을 제거하는 것이 중요하다. 담적을 제거하고 기능을 향상시킬 수 있는 제대로 된 치료를 받는다면 그로 인해 발생하는 소화불량, 속쓰림, 목의 이물감, 입마름 등의 동반 증상도 함께 호전될 수 있다.

역류성식도염, 구내염과 입냄새의 발생 원인은 이렇듯 복합적이므로 온 몸에 걸친 통합적인 방법으로 치료하는 것이 필요하다. 다양한 원인으로 몸 속 오장육부에 열이 쌓이면 역류성식도염, 구내염과 구취가 발생하기 때문에 근본적인 치료가 무엇보다 중요하다.

근본적인 치료는 단순히 구내염 연고를 바르거나 또는 입냄새 없애는 법을 검색해보거나 입냄새제거제를 쓴다고 되는 것이 아니다. 정확한 입냄새 원인을 찾아서 입냄새 제거를 하기 위해서는 먼저 입냄새 자가진단을 해본 후, 정도가 심한 것으로 나온다면 구취원인을 진단받고 입냄새클리닉을 찾아 치료를 받아보아야 한다. 그리고 치료를 마친 후에도 평소 올바른 생활습관을 지켜야 오래 좋아진 상태를 유지할 수 있다. 인스턴트나 밀가루, 찬 음식 등을 되도록 삼가고 음주 및 흡연을 되도록 멀리하는 것이 좋다. 또한 적당한 운동을 통해 심신을 다스리면서 스트레스가 쌓이지 않도록 노력해야 한다.

체계적이고 정확한 진단을 통해 각기 다른 입냄새 원인에 따른 개인별 맞춤 구취 치료를 받는다면, 구취를 제거하고 장부의 불균형을 바로잡을 수 있다. 그리고 적절한 한약 복용과 침 치료를 통해 입냄새 뿐만 아니라 구취 원인에 따른 여러 동반 증상 또한 치료할 수 있다.

다만 의료 기관에서 상담 후 받은 처방이 아닌 인터넷에서 검색으로 얻은 정확하지 않은 정보를 무분별하게 따라할 경우 개인에 따라 부작용이 발생할 수 있으니 주의해야 한다.[72]

31. '건강한 삶 9988'을 위해 하루 한번 심장 운동을 하자

2000년 고령화사회로 들어선 우리나라가 17년 만에 고령사회에 진입했다. 3일 행정안전부에 따르면 지난달 말 현재 주민등록인구는 5175만3820명, 만 65세 이상 인구는 전체의 14.02%인 725만7288명을 기록했다. 유엔은 전체 인구에서 만 65세 이상이 7% 이상이면 고령화사회, 14% 이상은 고령사회, 20%를 넘기면 초고령사회로 구분한다. 만 65세 이상 비율은 2008년 10.2%에서 2013년 12.2%, 지난해 13.5%로 꾸준히 늘었다.

시·도별 고령화 정도(만 65세 이상 인구 비율)

고령화 정도	시·도
고령화사회 (7% 이상~ 14% 미만)	세종(9.7%) 울산(9.8%) 경기(11.3%) 인천(11.5%) 대전(11.8%) 광주(12.2%) 서울(13.6%) 대구(13.8%)
고령사회 (14% 이상~ 20% 미만)	제주(14.1%) 경남(14.7%) 충북(15.7%) 부산(16%) 충남(17%) 강원(17.9%) 전북(18.8%) 경북(18.8%)
초고령사회 (20% 이상)	전남(21.4%)

자료: 행정안전부

고령화는 지역별로 큰 차이를 보였다. 전남은 만 65세 이상 인구 비율이 21.4%로 17개 광역자치단체 가운데 유일하게 초고령사회가 됐다. 전북(18.8%), 경북(18.8%) 등 8곳은 고령사회, 세종(9.7%), 울산(9.8%), 경기(11.3%), 서울(13.6%) 등 8곳은 고령화사회에 들어갔다. 광역시보다 도의 고령화 속도가 빨라 경기를 뺀 나머지 도는 고령사회로 분류됐다. 만 65세 이상이 7% 미만인 광역단체는 없었다.

226개 기초자치단체(시, 군, 구)에선 전남 고흥(38.1%), 경북 의성(37.7%) 등 93곳이 초고령사회로 진입했다. 고령사회는 강원 철원(19.5%) 등 59곳, 고령화사회는 경북 포항(13.9%) 등 73곳이었다. 7% 미만은 울산 북구(6.9%)뿐이었다.

기초단체도 도시보다 농어촌이 많은 군(郡)의 고령화 속도가 빨랐다. 전체 82개 군 중 71곳(86.6%)이 초고령사회였고, 부산 기장(13.1%) 등 4곳은 고령화사회, 강원 철원(19.5%) 등 7곳은 고령사회로 분류됐다.

만 65세 이상 비율이 가장 낮은 시는 경북 구미(7.8%), 가장 높은 곳은 전북 김제

(28.8%)였다. 군 단위에서는 가장 낮은 지역은 대구 달성(11.1%), 가장 높은 지역은 전남 고흥(38.1%)으로 파악됐다. 구에서 만 65세 이상 비율이 가장 낮은 곳은 울산 북구(6.9%), 가장 높은 지역은 부산 동구(23.4%)였다.

지난달 말 기준 주민등록 인구는 그 전달보다 8872명(0.02%)이 늘었다. 한 달 전보다 인구가 늘어난 광역단체는 경기 등 8곳, 나머지 9개 시·도는 줄었다. 주민등록인구 중 거주자는 5125만7149명(99.04%), 거주불명자는 44만2464명(0.86%), 재외국민 5만4207명(0.1%)이었다. 가구는 한 달 만에 3만2340가구가 늘어 2151만4559가구로 집계됐다. 가구당 평균 인구는 2.41명이었다(동아일보, 2017. 09. 04. A18, 이유종).

'스포츠가 우리 아이 바꿉니다' 라는 조선일보 특집 기사를 접하면서 행복한 미래를 그려 본다. 그동안 입시 위주 교육에서 벗어나 청소년들의 체력향상에 관심을 갖는 것은 국가 백년대계를 위해서도 꼭 필요한 교육정책이라고 생각한다. 현대 스포츠의 모국이라고 하는 영국은 교육의 우선순위를 학생들의 체력 증진에 두고 있고 그 순위도 체·덕·지로 우리가 흔히 말하는 지·덕·체와는 순서가 다르다.

미국 등 다른 선진국들도 스포츠 활동의 교육적 중요성을 강조하고 있다. 청소년 시절의 스포츠 활동, 특히 학교 스포츠 활동은 체력 향상과 스트레스 해소를 비롯, 학교 폭력과 같은 교육 현장의 당면 문제들을 해결하며 생애 건강을 다지는 기틀이 될 뿐만 아니라 민주 시민으로서의 인성과 자질 함양에도 큰 보탬이 되기 때문이다.

또한 나트륨 과다의 문제를 지적한 '건강한 삶 9988' 신년기획은 벤저민 프랭클린이 "건강은 자기 자신에 대한 첫째 의무이며, 둘째는 사회에 대한 의무" 라고한 말을 떠올리게 한다. 이에 하루에 한 번 심장운동을 권장하는 기획을 제안한다. 여기서 심장운동이란 걷기, 달리기, 자전거, 수영, 등산, 댄스 등의 활동을 통해 평소 맥박의 약 2배 정도인 맥박 130 정도의 유산소 운동을 말한다.

세계보건기구가 권장하는 건강을 지키기 위한 50개 항목 중 첫 번째 항목은 "많이 움직여라" 이다. 우리 몸은 일상생활에서 근육과 관절의 3분의 1만 쓴다고 한다. 안 쓰고 아껴둘수록 망가지는 게 우리 인체이다.

스포츠 활동은 이렇게 평소에 사용하지 않는 신체 여러 조직에 자극을 주어 체력을 향상시키고 노화를 지연시키며 각종 질병을 예방하는 효과까지 있다. 모든 국민이 신체활동을 통해 건강한 활력을 찾는 한 해가 되자.[73]

32. 겨울철 기승을 부리는 건선, 장기적인 치료가 필요하다

건선(乾癬, psoriasis)은 피부에 영향을 주는 자가면역질환이다. 이 질환은 면역계가 피부 세포를 병원균으로 오해하여 피부 세포의 성장 주기를 빠르게 하는 잘못된 신호를 내보낼 때 발생한다. 건선은 전염되지 않는다.[74] 그러나 건선은 뇌졸중의 위험 증가와 연관되며[75] 높은 혈중 수준의 치료를 통해 개선할 수 있다.

건선에는 판(plaque)을 이루는 발진, 반점성(guttate), 역행성(inverse), 부스럼성(pustular), 홍피성(erythrodermic), 이렇게 다섯 가지 종류가 있다. 판을 이루는 발진이 가장 흔한 형태로, 빨갛고 하얀 색조가 나타난다. 일부 환자에서는 관절염이 병발 하는 경우가 있으며 건선성 관절병증(psoriatic arthropathy)이라고 한다.[76]

최근 진료실에 찾아온 고령의 남자 환자는 팔과 다리에 붉은 반점이 관찰되었고, 옷에 가려진 부위에도 병변이 넓게 분포되어 있었다. 처음에 작은 병변으로 시작했을 때 전문 진료를 받지 않고 각종 민간요법과 대체의학으로 해결하려던 게 화근이었다. 주변에 피부 전문의가 상주하는 큰 병원이 없어, 병원을 자주 찾지 못하는 사이에 증상은 점점 더 악화되었다. 외래에서 조직검사를 받은 뒤 건선으로 진단받고 광선 치료와 경구 약제, 국소 도포제를 처방받은 뒤 병변은 호전되었다.

위 내용은 피부과 외래에서 종종 접할 수 있는 건선 환자의 사례를 각색한 것이다. 건선이란 악화와 호전을 반복하는 비전염성 만성 피부질환으로 아직까지 발병 원인이 명확하게 밝혀지지는 않았지만 우리 몸의 면역학적 이상에 의해 발생하는 것으로 알려져 있다. 질환 초기에 작은 좁쌀 크기의 붉은 색 발진이 생기고 그 위를 하얀 피부 각질이 덮여있게 되는데 손바닥만 한 크기로 커지기도 한다.

국내에서는 100명 중 3명꼴로 꽤 높은 유병률을 보이고 있고 점차 환자수가 늘어나는 추세에 있다. 연령별로는 소아에서 노인까지 모든 연령대에 발생할 수 있으나 주로 20대에 가장 많이 발생하는 경향을 보인다. 건선은 피부뿐만 아니라 건선 관절염, 포도막염, 염증성 장 질환 등 기타 신체 부위에도 염증성 질환을 일으킬 수 있어 조기에 정확한 진단을 받고 치료를 받는 것이 바람직하다.

건선은 병변이 심한 정도에 따라 적절한 치료 방법을 선택하여 치료하게 된다. 보습제, 스테로이드 연고 등 바르는 약 등은 건선의 단계와 관계없이 사용하는 것이 바람직하다. 중등도 이상의 건선 환자의 경우 자외선을 쬐는 광선 치료나 면역억제제 등의 전문 의약품을 쓴다. 대체로 약물과 자외선 치료로 효과를 볼 수 있으나 꽤 많은 경우에서 이런 광선 치료나 면역억제제 치료에도 반응이 없는 심한 건선 환자를 볼 수 있다.

해외에서는 이런 중증 건선 환자의 치료에 관심을 가지고 연구를 거듭한 결과 건선의 주요한 원인으로 생각되는 특정 T면역 세포를 억제하는 생물학제제를 개발하였고 수년간의 다양한 치료 사례를 통해 그 안정성과 효과를 검증받았다. 현재 국내에도 다양한 생물학제제가 도입되어 있고 많은 중증건선 환자들이 효과적으로 치료받고 있다.

새로운 치료법과 함께 제도적인 변화도 있었다. 2017년 6월부터 중증의 판상 건선이 산정 특례 질환에 포함됐다. 오랜 기간 치료와 관리를 이어가야 하는 건선 환자들이 경제적 어려움 없이, 적절한 치료를 받을 수 있도록 정부 차원에서 치료비 부담을 낮춘 것이다. 전신치료, 광선치료 모두 각각 3개월 동안 받았음에도 체표면적의 10% 이상에 증상이 나타나는 등 세부 산정특례 기준에 해당하는 환자는 치료비에 대한 본인 부담금이 10%로 줄어든다.

근래 국내 건선 환자는 약 150만명 정도로 예상되지만, 이 중 병원에서 제대로 치료 중인 환자는 약 23만 명 정도이다. 이는 건선 질환에 대한 인식이 낮은 탓도 있지만 증상이 나타났을 때 병원에 찾아가기보다 각종 연고 도포 등 자가 치료를 먼저 시도하거나 민간요법, 보완·대체의학 등에 의존하는 경우가 많은 것이 주된 이유 중 하나이다.

건선 치료 환경이 이와 같이 획기적으로 개선되었음에도 불구하고 과거의 치료 실패 경험으로 인해 치료를 포기하고 병원을 찾지 않는 건선 환자들이 아직 많다는 것은 안타까운 일이다. 악화와 호전을 반복하는 병의 특성을 잘 이해하고, 가벼운 증상이 보이더라도 반드시 가까운 병원 또는 의원에 피부과 전문의와 장기적인 치료계획을 세우는 것이 매우 중요하다.[77]

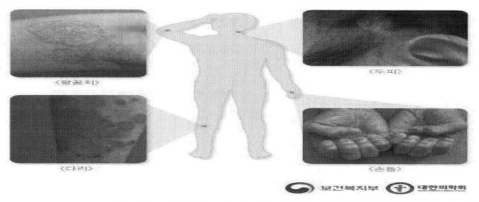

http://www.viva100.com/main/view.php?key=20190918001055466(2019. 09. 18)

33. 성공적 노화와 노래부르기

음악이란 무엇인가?

음악이란 인간이 들을 수 있는 영역의 음과 소음(騷音 : 진동수나 그 변화가 불규칙한 음)을 소재로 하여 박자, 선율, 화성(和聲 : 일정한 법칙에 따른 화음의 연결), 음색 등을 일정한 법칙과 형식으로 종합해서 사상과 감정을 나타내는 예술이다. 음악은 선사시대부터 인간의 주변에 있어 왔으며 감사, 생각, 감정 등을 표현하는 수단으로 사용되어 왔다. 음악이 오랫동안 인류역사와 함께 해온 이유는 음악을 듣거나, 노래 부르는 사람에게 어떤 느낌이나 생각을 불러일으킬 수 있기 때문일 것이다.[78]

노인인구의 증가에 따라 노인에 대한 사회 전반적인 관심이 높아지고 있다. 노인은 노화로 인해 전반적인 상실을 경험한다. 이러한 신체적, 심리적, 사회적인 변화에 직면하여 이를 수용하고 적응하며 통합해 가야하는 과제를 안게 된다. 노년학의 중요한 핵심 주제 중 하나가 바로 '성공적 노화' 다. 성공적 노화란 한 사람으로서 삶의 마지막 순간까지 존엄성이 지켜지는 가운데 주관적 만족감을 영위하는 것을 의미한다. 음악치료는 건강한 노인뿐만 아니라 심각한 상태의 노인질환자에게도 도움을 줄 수 있다.

실제로 집단음악치료를 중심으로 노인 음악치료 활동의 구조는 음악활동에 참여하는 자체를 통해 치료 목적을 달성하고자 하는 것이다. 치료 현장에서 바로 그 시간에 바람직한 음악적 경험을 갖도록 하는 데 초점을 둔다. 즉, 음악 활동의 즐거운 경험에 몰입하면서 관련된 치료 목적을 달성할 수 있도록 의도하는 것이다. 따라서 음악치료사는 클라이언트가 자발적으로 흥미와 동기를 가지고 참여할 수 있도록 계획해야 한다. 이러한 음악치료 과정은 한시적이지 않고 노인의 일상생활 속에서 지속되는 과정이므로 내용의 연속성을 가지고 심화시켜가야 한다.

집단음악치료 활동에서는 여러 가지 활동 방법을 고루 사용하는 것이 바람직하다. 감상활동, 노래부르기 활동, 연주 활동, 신체 활동 모두가 각각 제공할 수 있는 치료 효과가 다르고, 클라이언트의 활동 선호도나 각 활동에서 경험되는 만족감이 다르기 때문이다. 감상 활동은 노래나 연주 등 표현 행동에 어려움을 갖는 대상자가 안전하고 편안하게 참여할 수 있는 활동이다. 좀 더 높은 수준의 음악 경험을 요구하는 대상자에게 전문가의 연주는 심미적 만족감을 제공할 수 있다.

또한 다양한 음악 장르와 악기 감상 경험은 선호 음악의 범위를 확장시킬 수 있다. 연주 활동은 비언어적인 표현 활동으로 음성적 표현에 소극성을 가진 대상자도 부담 없이 참여할 수 있는 활동이다. 만약 악기 연주에 두려움을 보이는 노인 대상자에게는 구조화된 안전한 환경을 제공함으로써 새로운 악기 경험에 대한 흥미와 자신감을 제공할 수 있다. 개별적으로 피아노나 기타, 옴니코드, 하모니카 등에 관심을 보이며 지속적인 학습을 희망하기도 한다.

신체적 활동은 특히 건강 유지에 강한 욕구를 가진 대상자에게 선호되는 활동이다. 치료사가 제시한 과제 활동을 세션에서뿐만 아니라 일상생활에서도 지속적으로 수행하는 모습을 보이기도 한다. 마지막으로 노래부르기 활동은 노인대상자에게 가장 선호되는 친숙한 활동으로서 집단원과 함께 하는 노래 부르기는 자신이 하고 싶은 만큼, 할 수 있는 만큼 편안하게 참여할 수 있는 능동적 활동이다.

사람이 깜짝 놀랐을 때 순간적으로 소리를 지르게 된다. 이는 외부의 충격이 신체 내부에 머물지 않도록 소리를 통해 밖으로 발산시키는 본능적인 작용이다. 이와 같이 소리를 낸다는 것은 내면의 안정된 상태를 유지하기 위한 자연스러운 표현으로서 노래를 부르는 활동은 신체 생리적, 심리적, 정신적 안정을 가져오게 한다.

노래를 부른다는 것은 스스로 자신을 표현하는 자발적 행동이며 의지의 표현이기도 하다. 우울증 환자가 노래를 부른다는 것만으로도 치유가 시작되고 있음을 반영하는 것이다. 노인 환자들에게 노래 부르기가 임상 현장에서 신체적, 심리적, 언어적, 그리고 신경학적으로 얼마나 효과적인가는 좀 더 자세한 설명이 필요하다.

음악치료는 치료에 참여한 노인의 필요와 기능, 선호에 따라 치료 목적을 설정하고 음악활동을 계획하고 실행함으로써 음악의 심미적 즐거움과 만족감을 제공할 수 있다. 이때 음악치료사는 즐거운 경험을 통해 다양한 치료 목적이 성취될 수 있도록 인도하는 중요한 도구다. 그러므로 치료사의 역량을 갖추기 위한 지속적인 노력 또한 치료사와 치료 대상자 모두의 삶의 질을 높이는 의미 있고 가치 있는 과정이다.[79]

'돈키호테'를 쓴 세계적인 대문호 세르반테스의 말 "불은 빛을 주고 화덕은 따뜻함을 주지만 동시에 우리를 불태워 버릴 수도 있다. 그러나 음악은 우리에게 항상 기쁨과 흥겨움을 준다" 처럼 음악, 특히 노래 부르기를 일상화 해보자.

철학자인 미국 하버드대학 교수인 윌리엄 제임스의 말 "나는 행복해 지려고 노래하지는 않는다. 노래하기 때문에 행복하다" 처럼 노래 부르기는 행복을 위한 또 하나의 삶의 지혜가 아닐까?[80]

34. 정신건강의 핵심 수면위생

현대 의학에서는 상황별로 권장되는 위생 기준이 정립되어 있다. 문화·성별 등에 따라 위생적인지 아닌지가 달라질 수 있다. 일부 위생적으로 실천하는 일들은 사회에서 좋은 습관으로 간주되고, 이러한 실천을 무시하면 더럽거나 존경을 받지 못하는 일로 취급될 수 있다.

정신건강을 해치는 현상은 대부분 정신병으로 지칭하지만 매우 많은 편견을 갖는 분야이다. 정신건강 질병은 크게 신경증(Neurosis)과 정신병(Psychosis)으로 나눌 수 있다. 특히 개인의원급에서 진료하는 환자군의 80~90%가 신경증 환자이고, 나머지 소수의 환자가 정신증 환자이다. 대부분의 신경증 환자 중에는 우리 삶과 연관된 증상, 증후 및 문제들이 결부된다. 정신건강의 치료도 궁극적으로 인간의 의식주 문제와 관련되어 있다고 말할 수 있다. 특히 수면위생이 중요한 역할을 한다. 그래서 수면위생은 정신건강의 중요한 핵심 중 하나이다.

수면위생에서 불면증을 하나의 증상으로만 간주하고 수면제 처방으로만 간과해서는 안 된다. 불면증은 하나의 증상이지만 많은 정신건강과 관련된 정신질환에서 나타날 수 있는 흔한 증상이다. 외래에서 흔히 불면증을 호소하면서 환자도 단순히 수면제 처방만을 원하거나 의사도 수면제 처방만을 할 수도 있다. 불안장애나 우울장애 등의 정서적 문제로 인한 불면증일 경우가 많아 원인이 되는 정서문제를 치료하면 수면제 처방 없이도 불면증 치료가 가능할 수 있다. 수면은 낮 동안의 손상된 부분을 회복시키며, 생존과 본능적 보존 기능을 준비하고 조절한다. 낮 동안의 학습된 정보를 재정리하여 기억을 돕는다. 또 감정 조절 기능으로서 불쾌하고 불안한 감정을 '꿈'으로 정화시킴으로써 다음날 아침에 상쾌한 기분을 맞게 한다.

얼굴이나 손발, 구강 등에 위생이 있듯이 수면에도 위생이 있다. 일반적으로 수면에 대한 여러 가지 잘못된 상식을 가지고 있다. 10여 가지에 걸친 수면위생을 알고 습관으로 잘 키워 나가면 정신건강에 도움이 될 것이다.

1. 수면은 다음날 몸과 마음이 상쾌하다고 느낄 정도면 충분하다. '조금 더 자야 되는데, 이 정도는 부족한데, 학교나 직장에 가면 졸릴텐데' 라는 부정적인 생각을 하지 말아야 한다. '이 정도면 돼, 내일 저녁에 좀 더 자야지, 내일은 잘 수 있을 거야' 라는 긍정적 기대와 생각을 가지고 낮 동안의 생활을 영위하자. 침대에 있는 시간을 제한하여 평소 수면시간만큼 침대에 있는 것이 좋다. 너무 오랫동안 누

위있는 것은 조각잠이나 얕은 잠과 밀접한 관계가 있다. 못 잤다고 느끼거나 좀 더 자야한다는 생각에 필요 이상으로 침대에 누워 있지 말자.

2. 매일 기상시간을 규칙적으로 하자. 잠드는 시간에 무관하게 매일 일정한 시간에 일어나는 습관을 가지면 다음날 깊은 잠에 들게 한다. 위의 두 가지가 중요한 수면위생이다.

3. 매일 적당한 양의 운동을 하자. 너무 힘들게 하면 근육통으로 수면을 오히려 방해한다.

4. 적당한 실내 온도와 적절한 소음이 있는 수면 환경을 조성하자. 실내 온도가 너무 덥거나 조용하면 잠이 깨기 때문이다. 실내 온도를 적당히 조절하자.

5. 자기 전 가벼운 음식을 먹자. 배고픔은 잠을 깨우기 때문에 자기 전에 적당한 우유나 가벼운 스낵 등을 먹는 것도 도움이 된다.

6. 자기 전에 물을 많이 마시지 말자. 소변은 잠을 깨우기 때문이다.

7. 초저녁에 카페인이 함유된 음료나 술을 피해야 한다. 술은 잠을 잘 오게는 하지만 자주 깨게 하며 깊은 잠을 방해한다. 그래서 자고 나면 개운하지 않고 잠잔 것 같지가 않다.

8. 담배를 자주 만성적으로 이용하는 것은 피하라. 특히 잠 자기 전에는 금물이다.

9. 잠이 오지 않으면 억지로 침대에 누워 있지 말라. 잠이 오지 않아서 초조하거나 화가 날 때 억지로 자려고 하지 말고 침대에서 일어나 불을 켜고 침실을 나와 다른 무언가(예 : 지루한 책 읽기 등)를 해보라.

10. 잠자기 전 체온을 올리는 20분 정도의 뜨거운 샤워를 해보자.

11. 낮에 아무리 복잡한 일이 있더라도 그날 자기 전에 정리하자. 가능한 한 단순하고 편한 마음으로 잠자리에 드는 습관이 필요하다.[81]

http://cafe.daum.net/ilovenaduli/SsoF/969(2019. 07. 19)

35. 바람만 스쳐도 고통스러운 '통풍(痛風)'

통풍이란 요산이란 물질이 몸 안에 지나치게 많이 쌓여 극심한 통증과 함께 열, 붓기가 생기는 질병이다. 우리나라의 통풍환자는 건강보험심사평가원에 따르면 2012년 약 26만명에서 2017년 약 39만명으로 5년간 50%가량 늘었으며, 특히 2017년엔 남성 환자의 수가 약 36만명으로 약 90%를 차지했다. 통풍은 젊은 사람보다는 나이가 많은 사람에게 잘 발생하는 질병으로, 주로 40대 이상에서 발견된다. 제때 치료하지 않으면 관절 파괴와 신부전을 유발하는 통풍에 대해 알아본다.

☞ 요산이 몸 밖으로 배출되지 못하고 계속 쌓이면 통증, 열, 붓기 나타나

통풍의 가장 큰 원인인 요산은 단백질의 일종인 퓨린이란 물질이 체내에서 분해되면서 생긴다. 건강한 신체에서는 요산의 일부를 몸 밖으로 배출해 혈액 속 요산 농도를 일정하게 유지하지만, 요산 생성량이 과다한 경우와 요산 배출량이 감소한 경우 고요산혈증이 발생할 수 있다.

요산의 농도가 증가하면 바늘같이 뾰족한 결정이 관절의 연골(뼈와 뼈를 이어주는 연한 조직)이나 그 주위에 쌓이면서 극심한 통증, 열, 붓기가 나타난다. 통풍으로 인한 통증은 대개 발병 24시간 이내에 가장 심하고 2~3일 내로 사라지는 편이며, 7~10일을 넘기지 않는다. 통증부위는 대게 엄지발가락, 발등, 발목, 발뒤꿈치, 무릎, 팔목, 손가락, 팔꿈치 관절로 갑자기 붉게 부어오르며 손을 살짝 대기만 해도 심한 고통을 느낀다.

☞ 초기엔 비스테로이드성 항염제로 통증 조절… 만성으로 진행되면 관절염 동반

통풍 치료는 초기에는 비스테로이드성 항염제로 통증을 조절하고, 증상이 호전된 뒤에는 재발을 막기 위해 요산배설제 등을 이용한다. 통풍이 처음 나타났을 때는 며칠 후에 증상이 저절로 사라져 완전히 회복됐다고 생각할 수도 있지만, 이때 통풍을 치료받지 않고 방치하면 수개월~몇 년 후 재발할 수 있어 치료가 반드시 필요하다.

재발은 반복되며 이 과정에서 만성 통풍으로 진행되기도 하는데, 만성 통풍은 뼈나 연골이 파괴되고 손과 발의 관절이 변형되는 통풍성 관절염을 동반할 수 있다. 또한 통풍 증상이 본격적으로 나타나기 전, 혈액 속 요산 농도가 높아 콩팥에

돌이 생기기도 하며, 이 때문에 통풍 환자의 10~40%는 증상이 나타나기 전 콩팥 통증을 경험한다.

☞ 술에는 요산 생성하는 퓨린 많아 … 체중 조절, 수분 섭취, 규칙적 식사 필요

'맥주를 많이 마시면 통풍에 걸린다' 는 말이 있다. 모든 흡연자가 폐암에 걸리는 것은 아닌 것처럼 맥주를 많이 마시는 사람들이 모두 통풍에 걸리는 것은 아니지만, 맥주 안에 다량 함유된 퓨린이 요산을 생성하므로 근거가 있는 이야기다. 요산을 생성하는 퓨린은 맥주뿐만 아니라 많은 종류의 술에 다량 함유돼 있으며, 술 외에도 붉은 고기류, 해산물, 튀긴 음식, 내장 부위, 과당 음료 등에도 함유량이 많다.

아울러 비만인 사람들에게 통풍 발생 위험이 더 높다는 연구 결과들이 있음으로 예방을 위해 체중을 조절하는 것이 좋고, 요산을 충분히 배설시키기 위해 하루 약 2L씩 수분을 섭취하는 것도 통풍 예방에 도움이 된다. 다만 고혈압 등의 원인에 의해 이뇨제를 복용하는 사람들은 약물 복용에 관해 전문의와 상담해야 한다.[82]

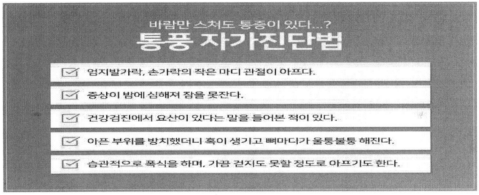

http://blog.naver.com/leadheal/221698710453(2019. 11. 05)

http://blog.naver.com/sjin0001/60130744064400x268(2011. 05. 25)

36. 무더운 여름 똑똑하고 건강한 물마시기

한증막을 방불케 하는 불볕더위가 한창인 요즘같은 날씨에 가장 중요한 것은 물마시기다. 이런 더위에는 수분배출량이 증가하기 때문에 쉽게 지치고 탈수 현상이 나타날 수 있어 물마시기가 어느때보다 중요하다.

우리몸은 약 60~70%가 수분으로 이루어져 있다. 수분량이 많으니 조금쯤은 잃어도 괜찮겠다 생각할 수 있으나, 우리몸은 수분이 1~2%만 손실되어도 심한 갈증과 괴로움을 느끼고, 5%는 혼수상태, 12%에 다다르면 생명을 잃을 수 있다. 한번 신체에 들어간 물은 오줌이나 땀 등의 형태로 배출될 때까지 우리 몸에서 순환하기 때문에 어떤 물을 어떻게 마시느냐가 건강의 중요한 척도가 된다.

http://blog.naver.com/homeclean247/221700465253(2019. 11. 07)

수분 섭취량은 여러 요인에 의해 영향을 받기 때문에 일반적인 기준을 정하는 것은 어렵지만, 일반적으로 성인남성 기준 하루 8잔가량(약 2L)의 물을 마실 것을 권장하고 있으며, 온도는 체온보다 약간 낮은 20~25℃가 좋다. 물을 마시는 것만으로도 여러 질병을 예방할 수 있다. 흔히 감기에 걸렸을 때는 충분히 휴식을 취하고 물을 많이 마실 것을 권하는데, 이는 인체 세포에 수분이 부족하면 저항력이 떨어지기 때문이다.

또한 식중독, 급성 장염 등 설사의 원인이 되는 병에는 탈수를 막는 것이 가장 중요하기 때문에 수분섭취는 필수이며 변비예방 및 신장, 요도, 방광 등의 질환예방에도 도움이 된다. 몸속의 독소들이 배출되지 않고 몸에 흡수되면 두통, 피로, 만성질환 등의 원인으로 작용할 수 있는데, 물은 우리 몸속에 독소를 씻어내고, 몸속의 발암 물질이 신체의 예민한 부위에 접촉하기 전에 제거하는 역할도 한다.

건강한 피부를 유지하기 위해서도 물은 필수적인 요소다. 나이가 들면 체내의 수분이 줄어드는데, 특히 30대 이상이 되면 땀샘과 기름샘의 기능이 저하되고 피부의 표층도 얇아져서 피부보습 기능이 약해져 푸석해지기 쉽다. 그러므로 매일 충분한 물을 마셔 소모되는 수분을 보충해 주지 않으면, 인체는 필요한 수분을 피부세포를 비롯한 체내의 세포들로부터 공급받게 돼 피부가 건조해지고 노화하게 된다.

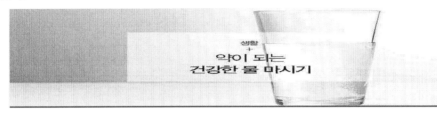

물을 많이 마시는 것이 좋다고는 하지만 한꺼번에 많은 양의 물을 마시는 것보다는 하루 종일 조금씩 자주 나눠 마시는 것이 좋다. 우선 아침에 일어나서 따뜻한 물 한잔을 마시는 습관을 들여야 한다. 아침에 물을 마시면 밤새 표준 이하로 떨어진 체온을 회복해주며 위와 장을 부드럽게 자극해 모든 소화기관이 활발하게 움직이게 한다. 직장에 출근해서는 모닝커피를 물 한잔으로 대신하고 점심 식사 전에 한잔 더 마신다.

식사하기 바로 전이나 후에 물을 마시면 위 속의 소화효소를 희석해 소화에 방해를 할 수 있다는 속설이 있는데 이는 잘못된 상식으로, 식전이나 후에 상관없이 물이 마시고 싶을 땐 마시는 것이 좋다. 나른한 오후 커피 생각이 날 때 또 한잔, 저녁 식사 30분 전, 식사 1시간 후, 잠들기 전 각각 한 잔씩 마시면 하루에 8잔을 마실 수 있다. 특히 잠들기 30분 전에 마셔주는 것이 중요한데, 우리의 신체는 자면서도 물을 필요로 하기 때문이다.[83]

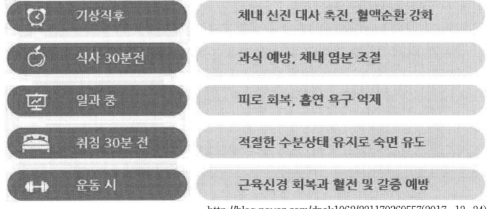

기상직후	체내 신진 대사 촉진, 혈액순환 강화
식사 30분전	과식 예방, 체내 염분 조절
일과 중	피로 회복, 흡연 욕구 억제
취침 30분 전	적절한 수분상태 유지로 숙면 유도
운동 시	근육신경 회복과 혈전 및 갈증 예방

http://blog.naver.com/dpak1062/221170369557(2017. 12. 24)

37. 걷기 운동은 행복이다

즐거움에서 행복을 찾게 된다. 일상생활을 하면서 자신감만 있으면 걷기 운동은 언제 어디서라도 누구나 쉽게 도전할 수 있다. 고혈압과 당뇨를 비롯한 각종 질병을 예방하고, 쌓인 스트레스를 풀고 힐링하면서 건강을 지켜나가면 된다. 매년 나이의 온도가 올라갈수록 건강이 최고의 보배다. 건강을 위해서라면 무엇이든 다 할 수 있다는 자신감이 필요하다. 건강이 나쁘면 그 빛은 어두운 그림자 속으로 빠져 잃어버리게 된다.

걷기는 최고로 흥미롭고 신나는 유산소 운동으로 행복의 길을 걸어가는 단추이다. 이런 재산은 어디 있겠는가. 하루 1시간 이상, 평일에는 칠 천보, 주말에는 만보 걷기를 꾸준히 실천해 나가고 있다. 인내심과 열정이 없다면 결코 쉬운 일이 아니라는 것은 누구나 잘 알고 있다. 도전은 끊임없이 노력할 때 반드시 빛나게 된다. 스마트폰 시대에 생활하고 있어 정말 좋다. 걷기 앱만 설치하면 활동시간과 걸음 수의 운동 실적이 자동으로 기록되어 건강관리를 할 수 있다.

남천 강변길을 자연스럽게 걸어가면 몸과 마음이 상쾌하여 샘이 솟아나는 기분이다. '온 시민이 행복한 건강세상, 걷기로 건강을 지키자' 라는 안내표지판이 시민들의 눈길을 끌어당긴다. 걷기의 올바른 자세와 효과의 다양한 정보가 담겨 있다.

지하철역 계단을 걸어가다 '당신의 건강을 지키는 희망 계단입니다' 표어가 가슴에 와 닿았다. 에스컬레이터는 내려갈 때, 올라갈 때는 계단으로, 이제 선택이 아닌 필수과목이 되었다. 질병을 조기 발견하면 새로운 삶을, 늦게 발견하면 어려운 삶을 살아간다. 비타민 같은 소중한 건강을 재산으로 간직하면 얼마나 좋을까.

내가 살고 있는 경산시는 2012년 대한민국 건강도시협의회 정회원으로 가입하고, 2013년도부터 건강도시 경산 기본계획을 알차게 추진하고 있다. 건강마을 만들기 사업과 10개 대학과 연계한 건강증진 대학 만들기, 건강생활 실천, 치매관리, 방문 건강관리, 금연 클리닉, 걷기 지도자 양성 등 다양한 사업을 추진하고 있다. 팔공산 산사랑 힐링 걷기와 남천 강변 길, 묘목 길, 치매극복 한마음 걷기 행사도 한다.

28만 경산시민들은 취향에 따라 찾아가서 운동하면 된다. 시내 중심부에 흐르는 남천 강변길, 하양읍 금호 강변길은 시민들의 보금자리이다.

특히 남천 강변길은 대구 수성구 욱수천과 연결되어 시지지역 주민들도 찾는 곳으로 자리매김하고 있다. 경산의 랜드마크인 중산 근린호수공원과 남매지 근린공원 길은 멋진 힐링 공간이다. 갑못 명품 대추 테마공원과 상방동 근린생활공원 조성사업도 추진하고 있다. 성암산과 백자산, 팔공산 산행은 소나무 숲 속을 거닐면서 힐링할 수 있어 등산객들이 많이 찾는 곳이다.

'온 시민이 행복한 건강세상' 이 행복 건강도시 경산의 비전이다. 40만 자족도시로 힘찬 도약을 하기 위해서는 건강도시의 다양한 시책을 흔들림 없이 활기차게 추진해 나가야 한다. 살고 싶어 찾아오는 도시 경산을 가꾸어 간다면 행복 건강도시 경산의 꿈은 반드시 실현될 것이다. 몸도 튼튼, 마음도 튼튼하게 건강을 최고의 덕목으로 가꾸어 가기 위해 남천 강변길 걷기 운동을 꾸준히 실천하면 행복이 찾아오게 된다.[84]

☞ 오래 살려면 많이 걸어라

가벼운 운동은 전혀 운동을 하지 않는 것보다 좋은가? 이에 대한 대답을 얻기 위해 하와이의 호놀룰루 심장센터는 7백7명의 금연자들을 대상으로 걷기 운동에 대한 효과를 분석했다.

지난 80년 이 실험에 참여한 사람들은 61~81세의 은퇴한 남자들로 모두 운동이 가능한 사람들이었다. 12년이 흐르는 동안 2백8명이 사망했고 실험이 끝났을 때 드디어 걷기가 사망위험도를 감소시켜준다는 사실이 밝혀졌다.

하루에 적어도 3.2㎞ 이상 걷는 남성의 사망률은 하루에 1.6㎞도 걷지 않는 남성보다 50% 낮았다. 하루에 1.6~3.2㎞정도 걷는 그룹은 중간정도의 사망률을 보였다. 걷기 아닌 다른 형태의 규칙적인 운동도 건강에 이로운 것으로 나타났다.

결론적으로 하루에 1.6㎞ 가량 걷는 운동은 12년 동안 사망률을 19%나 줄여준 것으로 분석됐다. 이는 지난 93년 하버드의대가 하루에 2㎞씩 걸으면 0.5㎞를 걷는 남성들보다 사망 위험률이 22%나 낮았다고 연구발표한 내용을 뒷받침하고 있다.

매일 30분 이상 걷는 남성은 당뇨병 위험이 감소한다는 연구 결과가 나왔다(클립아트코리아, 2019. 12. 06), http://health.chosun.com/site/data/html_dir/2019/12/06/2019120602573.html

운동효과에 유전적인 원인이 개입돼 있는지를 알아보기 위해 이번에 1만 6천 명의 일란성 쌍둥이를 대상으로 연구했다. 지난 75년부터 20여 년간 핀란드에서 진행된 이 연구에 따르면 1개월에 6번씩, 한번에 30분 이상 활기차게 운동한 그룹은 운동을 거의 하지 않은 그룹에 비해 사망률이 낮았다. 건강에 나쁜 생활습관을 감안하더라도 사망위험도는 규칙적으로 운동하는 사람에서 43%, 가끔 운동하는 사람에서 29% 줄었다. 유전적으로 유사한 쌍둥이들을 비교했을 때도 쌍둥이 중 규칙적으로 운동을 한 사람은 거의 운동을 하지 않은 다른 사람에 비해 사망률이 56%정도 낮았다.

새로운 연구들은 운동이 건강에 중요하다는 많은 증거를 제시하고 있다. 하루에 1.6~3.2㎞ 걷는 운동도 건강에 도움을 준다. 1개월에 6회 이상 활기차게 걷는 운동은 유전적 요소나 가족내 병력을 감안하더라도 건강증진에 더욱 큰 도움을 준다. 운동시간은 어느 정도여야 하는가. 거기에 대한 정답은 없다. 개인의 여유시간, 취향, 체력에 달린 문제다. 하여튼 운동할 수 있는 사람은 운동하는 만큼 건강에 이롭다. 하루에 1.6~3.2㎞씩 걷는 것은 최소한의 운동 목표지만 활기찬 걸음으로 4.8~6.4㎞를 걷는 것이 이상적이다. 그리고 운동을 좋아하는 사람들은 더 많이 운동하기를 권한다.

걷기는 이상적인 운동형태이며 누구든지 할 수 있다. 찰스 디킨스는 "걸어라, 그래서 행복하라, 그리고 건강하라"고 말하지 않았던가.[85]

☞ 걷기만 해도 혈압·혈당 떨어져… 올바른 '걷기 자세'는?

걷기 운동은 시간과 장소에 구애받지 않고 특별한 기술도 필요 없어 실천이 쉬운 대표적 운동이다. 최근에는 매일 30분 걷기가 당뇨병 예방에 효과가 있다는 연구도 나왔다. 단, 걷기도 바른 자세로 시도해야 효과적이다.

◇ 걷기, 혈관 탄력 높이고 당뇨병 예방 효과까지

걷기는 혈액순환을 잘 되게 해 심장과 폐 기능을 향상한다. 실제 미국심장협회 저널에 실린 연구에 따르면, 걷기 운동을 한 1만5045명의 심장질환 위험이 9.3% 감소했다.

또한 좌식 생활 중 1시간에 한 번씩 제자리걸음을 하는 것만으로도 혈관 이완 능력을 증가시켜 혈액순환을 잘 된다는 성균관대 연구 결과가 있다. 오전에 30분 걸으면 혈압 감소 효과를 볼 수 있다는 웨스턴오스트레일리아대의 연구 결과도 있다. 걷기 운동을 하면 혈압을 높이는 카테콜아민 호르몬이 감소되고, 혈관 내피세포 기능이 활성화돼 혈관 탄성도가 높아져 혈압이 떨어진다.

최근에는 매일 30분 걷기가 당뇨병을 예방한다는 덴마크 코펜하겐대 연구 결과가 나왔다. 연구팀은 신체 활동과 당뇨병 위험을 낮추는 호르몬 간의 연관성을 조사하기 위해 1300명 이상의 과체중 성인을 대상으로 연구를 진행했다.

참가자들은 30분 정도의 중강도 걷기 운동을 했고, 운동 전과 후에 'GLP-1'이라는 호르몬 분비 정도를 측정했다. 그 결과, 운동 후 GLP-1 호르몬 분비량이 늘었다. 이 호르몬은 식욕을 억제하고 인슐린 생성을 자극해 혈당 수치를 낮추는 데 도움을 준다.

◇ 가슴, 등, 어깨를 곧게 펴 몸과 바닥이 수직 돼야

올바른 자세로 걷는 것도 중요하다. 바른 걷기 자세는 가슴, 등, 어깨를 곧게 펴 몸과 바닥이 수직을 이루는 것이다. 시선은 턱을 당기는 느낌으로 정면을 바라본다. 팔의 자연스러운 움직임도 중요하다. 팔의 각을 'L자' 또는 'V자'로 만들어 앞뒤로 자연스럽게 흔들며 걸어야 팔 앞쪽 근육이 과도하게 긴장하지 않아야 한다. 발바닥은 뒤쪽에서 앞쪽으로 바닥에 닿아야 하체 근육이 제대로 수축·이완한다.

평지를 걸을 때 몸을 앞으로 5도 정도 기울여 상체가 앞으로 먼저 나간다는 느

껌으로 걷는다. 오르막길에서는 뒷다리와 상체를 일직선으로 한 채 팔을 흔들어 추진력을 이용해 걸어야 한다. 내리막길에서는 상체는 수직으로 한 뒤 뒷발로 균형을 잡고 무릎을 구부린 채 걷는다.

호흡도 중요하다. 숨을 깊게 들이마시고 내쉬어야 체내 에너지원을 효율적으로 사용할 수 있고 운동 효과도 극대화된다. 호흡에 집중하기 위해서는 코를 이용해 숨을 들이마시고 내쉬며 숨이 움직이는 경로를 의식적으로 따라가는 게 좋다.[86]

http://health.chosun.com/site/data/html_dir/2019/12/06/2019120602573.html

38. 요추관 협착증에 관하여

척추관협착증(spinal stenosis, 脊椎管狹窄症)은 척추의 척추체(脊椎體)와 후방 구조물에 의해 형성되는 척추관, 신경근관(神經筋管), 척추 간 공간이 좁아져서 요통과 하지통 및 보행 시 오는 통증 및 감각이상 등의 신경 증상이다.

한동네에 사는 70대 후반의 할머니가 이마에 땀이 송골송골 맺혀 진료실로 들어오신다. 집이 의원과는 불과 300~400m 정도밖에 떨어져 있지 않은 데임에도 불구하고 현관문을 나와 병원까지 걸어서 오는데 서너 번은 족히 멈췄다 왔다고 긴 한숨과 함께 털어놓으신다. 멀지도 않은 거리 왜 그렇게 쉬엄쉬엄 오셨냐고 물어보니, 멈추지 않으면 엉덩이에서 시작해 양쪽 허벅지며 종아리 정강이가 터져나갈 것 같아 도저히 걸음 발짝을 뗄 수 없어 그러셨단다. 그래 얼마나 멈춰 서계시면 그 불편감이 나아지냐고 여쭤보면, 대략 1~2분 쪼그려 앉아 있으면 그 증세가 살그머니 풀리고 또다시 50~100m 가량 걷게 되면 같은 증상의 패턴이 반복된다고 하신다.

이 할머니의 증상은 전형적인 신경성 간헐적 파행(神經性 間歇的 跛行, neurogenic intermittent claudication)이라고 한다. 요추 척추관 협착증의 대표적 증상인 신경성 파행은 제자리에 서 있거나 걸을 때 엉덩이 아래 하지의 통증을 호소하다가도 앉은 자세에서 다소간의 증상 호전을 보이는 것으로, 쪼그려 앉는 자세에서 좁아져 있던 요추관이 잠깐이나마 넓어져 증상이 좋아지기 때문이다. 이로 유추할 수 있는바, 척추의 종단으로 나 있는 척추관이 퇴행성 변화를 겪으며 좁아져 그 안으로 주행하는 신경 가닥들이 부분적으로 눌리게 되어 사지 말단부로 신경성 통증이 내려가는 질환을 척추관 협착증이라고 하고, 허리에 발생한 협착증을 요추관 협착증이라 부른다.

요추관 협착증에서의 신경성 파행은 치료의 방침과 부위가 달라지기 때문에 하지 혈관의 문제에서 기인하는 파행과 감별을 요한다. 먼저 협착증에서의 파행은 근위부에서 원위부로 향하게 되는데, 쉽게 풀어보면 허리 및 엉덩이에서부터 다리

아래로 통증이 타고 내려간다. 또한, 서 있거나 보행 시 증상이 악화하고 체간을 앞으로 숙이거나 쪼그려 앉으면 서서히 증상이 완화되는 특징을 보이며 경사로를 오를 때에는 통증이 발생하지 않는다. 반면에 혈관성 파행의 경우 통증의 주된 부위는 종아리 정강이에서 나타나는데 원위부에서 근위부로 향하는 통증이 운동 시 심해지며, 하던 운동을 중단하거나 가만히 서 있으면 즉각적으로 통증이 완화되는 양상을 보인다. 또한 경사진 비탈길을 오를 때 통증이 나타나고 발등동맥의 맥이 미약하거나 확인되지 않으면 혈관성 파행을 의심할 수 있다.

또한 허리가 원인인 하지 신경 증상의 대표적 질환인 추간판 탈출증과의 감별이 필요하다. 협착증은 좌우간 증상의 차이는 다소 있을 수 있지만, 양측 하지를 주로 침범하는 반면 요추 디스크 질환은 대부분 편측 하지에서만 저림, 표재감각 저하 및 운동성 마비 등의 신경 증상을 보인다. 신경 뿌리 주변의 병변 확인에 유용한 하지 직거상검사에서 협착증 환자에서는 거의 정상 소견을 보이지만 디스크 질환에서는 직거상 양성소견을 보이는 경우가 많은 것도 두 질환 간의 차이점이다.

일반적으로 대부분의 협착증은 인체의 노화 과정에서 흔히 발생하는 질환으로 성장이 멈추는 20세 초반부터 척추의 퇴행성 변화가 시작되는데, 협착증의 증상은 대체로 40대에서 시작되고 50~60대로 접어들면서 악화한다. 즉, 요추관 협착증은 대표적인 척추의 퇴행성 질환이다. 약물치료, 물리치료 및 신경차단 등 보존적 치료에 반응하지 않거나, 통증이 극심하여 일상생활이 어렵게 되었거나, 하지 마비 등 운동신경 마비 증상이 짧은 시간 빠르게 진행하여 기능적 제한이 발생한 경우 시행하는 수술적 치료에도 불구하고 시간이 지나면서 다리에 유사한 신경 증상이 재현되는 이유이기도 하다.

무엇보다 하지의 다발성 근막통증증후군처럼 근육과 힘줄에서 기인한 증상이 협착증과 유사한 경우도 드물지 않기 때문에, 이들 해부학적 구조물의 이상 유무를 정확한 이학적 검사를 통해 확인하는 과정이 반드시 선행되어야 한다.[87]

http://cafe.daum.net/scmc5895/Tavb/88(2016. 03. 19)

39. 유연성이 떨어지면 나타나는 것들

60대 초반의 남성 환자가 약 2년 만에 병원에 와서는 속이 쓰리다면서 위장약 처방을 요구하였다. 오랜만에 방문했기에 속이 어떻게 아픈지 먼저 묻고 진찰을 하였다. 그는 이전과 달리 얼굴 표정이 굳어있었고, 몸이 뻣뻣하고 유연성이 떨어져 있었다. 직감적으로 어떤 좋지 않은 변화가 발생했다고 생각했고, 위장 이외에 불편한 점이 없는지 물었더니 걷는 것이 부자유스러워졌다고 했다. 나는 환자가 신경과 진료를 볼 수 있도록 근처 병원을 소개했고, 만성병인 파킨슨병으로 진단받았다.

우리 사회에도 사람에게서와 비슷한 표정 같은 것이 있다. 그걸 사회 분위기라고도 표현할 수 있겠다. 사회 분위기가 뻣뻣하게 굳어지고 유연성이 떨어지고 있다는 우려를 오래전부터 하고 있었는데, 최근 더욱 심해지는 것 같아서 걱정하는 마음으로 본고를 쓴다.

이런 사례로 우선 들고 싶은 것이 소위 '윤창호법'의 시행에 관한 것이다. 필자는 음주운전으로 인한 상해에 대해 중형으로 처벌하는 것에는 동의하나, 반대 입장을 내는 부분은 단속기준을 혈중 알코올농도 0.05% 이상에서 0.03% 이상으로 낮춘 것이다. 지난 설 연휴 교통경찰관이 TV에 출연해 이런 인터뷰를 하였다. "처벌이 강화된 윤창호법 시행 이후 첫 번째로 맞는 설 명절입니다. 차례를 지낸 후에 음복으로 술을 한 잔씩 하시는 경우가 있을 텐데 이 경우에도 음주 단속이 될 수 있는 만큼 이 점 유의하셔서…" 이런 뉴스를 접하면 참 쓸쓸해진다. 음복 전통을 버리라는 것인지? 아니면 전통을 지키면서 설날에 대리운전이라도 하란 말인지?

우리 사회가 어디로 가려고 음복 전통도, 회식 때 "브라보"라고 외치며 마시는 건배주 한 잔도, 저녁식사와 같이 하는 와인 한 잔마저도 허용되지 않는 삭막하고 재미없는 사회가 되었는가 하는 생각이 들 때도 있다. 힘든 하루를 마친 뒤 저녁 늦게 소주 한 두 병 마시면서 애환을 달래고 다음날 아침 일찍 작업용 차를 몰고 일터로 가는 서민도 많다. 이 정도로 마신 술은 자고나면 운전하는데 별 영향이 없지만 알코올 농도는 남아있어 잠재적 범죄자로 내몰리고 있다. 필자가 주위에서 만나 의견을 나누어 본 사람 중 대부분은 시급하게 법을 고쳐야 한다고 말한다.

올 초 경상일보를 통해 '윤창호법'에 대해 처벌과 단속의 효과에는 한계가 있을 것이란 전 부산지방검찰청 검사장의 우려가 담긴 글을 읽고 필자는 100% 공감을 하였다. 필자가 조사해본 바로는 대부분의 유럽 주요 선진국인 프랑스, 독일, 이탈리아 등은 단속 기준이 0.05%이고, 영국과 미국은 0.08%를 유지하고 있다. 충분히 시간을 두고 국민의 합의를 끌어낸 후에라도 늦지 않을 법제화가 너무 급속히 이루어졌다는 것은 이 사회의 유연성이 떨어지고 있다는 걸 보여준다.

최근 울산과 미국에 2개의 공장을 두고 있는 중견기업의 CEO와 얘기를 나눈 적이 있다. 거래처 대기업이 어려워져 미국 직원은 3분의 1 이상 줄였는데, 울산 직원들은 한 명도 줄이지 못했다며 한숨을 내쉬었다. 경제의 활력을 유지하기 위해서는 노동시장의 유연성이 아주 중요할 것이다. 여러 종류의 고용이 생기고 다양해지는 것이 세계적인 추세이고 4차 산업시대에 맞는 형태일 것이다. 모든 비정규직을 정규적으로 전환하고 오후 6시면 사무실 컴퓨터를 꺼버리려고 한다면 우리는 무한 경쟁에서 승리할 수 있을까?

모든 것에 앞서 철저히 국익을 생각하고 결정해야 하는 것이 총성 없는 전쟁터인 국제외교의 기본이다. 정의감과 국민감정을 앞세운 뻣뻣한 외교관계는 기업과 국가를 어렵게 할 것이다. 그렇다면 최근 우리 외교는 얼마만큼의 유연성을 보여주고 있는 것일까?

기술의 발전은 갈수록 빨라지고 미래는 더더욱 예측하기 어려워져 가는 지식정보화시대, 융합의 시대라고들 한다. 국가나 사회의 리더뿐만 아니라 개개인에게 꼭 필요한 덕목의 하나가 유연성이고, 이것을 잃어버린 사회는 경쟁에서 낙오되고 병들어갈 것이다.

특정 이념이나 일시적이고 충동적 여론에 얽매이지 않고 유연성을 회복하라는 것이 우리 사회의, 그리고 이 시대의 요구가 아닌지 다시 한 번 생각해 볼 때라고 여겨진다.[88]

http://blog.naver.com/jejeonn/221573138701(2019. 06. 28)

40. 중년의 건강, 정기검진으로 관리하자

수십 년 전만 해도 건강을 위협하는 질병은 결핵, 폐렴, 장염, 기생충 질환 같은 감염성 질병이었다. 항생제와 예방 접종이 발달하면서 감염성 질환은 크게 줄었지만 암과 같은 다른 질병이 늘어났다. 이러한 변화 속에서 건강한 삶을 살기 위해서는 정기적으로 자신의 건강 상태를 체크하는 것이 무엇보다 중요하다.

건강 검진(健康 檢診)에서 대상으로 하는 질환으로는 암, 심혈관계 질환, 간 질환, 당뇨병, 결핵 등이다. 건강 검진으로 검사 받는 항목은 받는 사람의 나이에 따라 차이가 있다. 나이에 따라 잘 걸리는 질병의 종류가 다르기 때문이다.

10, 20대의 건강 검진도 증가하는 추세이다. 요즘엔 소아 비만이 많은 데다 인스턴트 식품을 즐기는 청소년이 많아 영양 불량, 기초 체력 약화, 성장 발육 불균형 등으로 생길 수 있는 질병 위험을 조기 발견하기 위해서이다. 청소년의 검사 항목은 혈압, 신장, 청력, 심폐 기능, 치아 등을 검사하는 신체 검사와 비만도, 면역, 갑상샘, 체지방, 체수분, 영양 상태를 보는 체성분 검사를 주로 한다. 잘못된 자세로 척추가 휘는 척추측만증도 청소년 검진에서 빼놓을 수 없는 검사이다.

해를 거듭할수록 기대수명이 늘어나고 있지만 한 사람이 태어나 건강하게 살 수 있는 기간인 '건강수명'은 그만큼 짧아지면서 건강수명을 높이는 것에 대한 관심이 증가하고 있다.

보건복지부의 OECD 보건통계에 따르면 2017년 한국인의 기대수명은 82.7세(여 85.7·남 79.7세)로, 건강수명 65세(여 65.2·남 64.7세)로 나타났다. 이것은 약 17년의 동안 질병을 앓고, 병상에서 누워 지내는 시간이 그만큼 길어진다는 것이다.

흔히 요즘은 100세 시대라는 말을 넘어 120세 시대라는 말을 들어도 어색하지 않은 시대이다. 그러나 젊어서 은퇴까지 평생을 일하고, 은퇴해 노년의 여유로운 삶을 누리기보다 병상에 누워 지내는 현실은 씁쓸하지 않을 수 없다.

우리의 몸은 나이가 들면서 자연스럽게 노화가 진행되고, 신체기능이 떨어지게 된다. 사람들은 불규칙하고 기름진 식습관, 운동 부족 등으로 인해 중년 이후부터 만성질환이나 암과 같은 각종 질병에 노출되게 된다. 그 때문에 건강하고 활기찬 노년을 위해 4~50대 중년부터는 내 건강상태를 확인하고 그에 따른 개선법을 실천하기 위한 정기적인 건강검진이 가장 중요하다고 할 수 있다.

국가 암 검진 정책이 잘 시행되고, 건강에 대한 관심이 높아지면서 암환자 중 상당수가 건강검진을 통해 암을 발견하고 있다. 하지만, 아직도 증상이 나타나 암을 발견하는 경우가 많다. 암의 증상이 발현돼서 검사를 받았을 때 대부분 치료가 어려운 경우일 확률이 높으므로, 암의 조기발견 및 치료를 위한 정기검진은 내 몸에 대한 보험이라고 볼 수 있다.

그렇다면, 질병의 조기발견을 위해 필수인 건강검진 주기는 어떻게 잡아야 할까? 국가에서 시행하는 암 검진 주기인 2년이 가장 적정한 건강검진 주기일까? 질병은 시간의 경과에 따라 발생하므로 검진의 주기를 잘 결정해야 한다. 가령 6개월 사이에도 암은 급속도로 퍼질 수 있기 때문이다.

검진의 주기에 관해 가장 먼저 결정해야 할 사항은 다음 두 가지이다. 첫째, 첫 검진을 언제 시행할 것인가? 둘째, 정상 소견이라면 얼마 후에 다시 검사할 것인가?

예를 들어 위내시경 검사는 만 40세 이상에서 2년마다 실시하고 대장내시경 검사는 만 50세 이상에서 정상으로 나왔을 때 5년마다 실시하도록 권장하고 있다. 하지만, 이 주기가 모든 사람에게 다 맞는 것은 아니다. 나의 유전적인 요인과 생활습관 등을 미루어 봤을 때 위험 요인이 큰 사람은 더 짧은 주기로 관찰해야 한다.

건강검진은 단 한 번에 일회성으로 끝나는 것이 아니다. 매년 또는 그 이상 주기적으로 시행해야 한다. 그래야만 시간에 따라 변화하는 추이를 관찰할 수 있으며, 나중에 질병에 걸렸을 때 과거력을 쉽게 파악할 수 있다.

건강검진은 단지 질병이 생겼을 경우 치료를 위한 조기 진단만이 목적이 아니라, 검진 결과가 이전 검사와 달리 이상 범위를 벗어나는 경우나 현재 질병이 없더라도 중요한 원인이 되는 흡연, 비만, 신체활동 부족 등 생활습관의 개선을 통해 예방하는데 의의가 있다.

우리 모두 건강 120세를 실천하기 위해 늦어도 만 40세부터는 정기검진을 받는 습관을 길러야 한다.[89]

지난해 국가검진 대상자인데 검사를 못받은 사람은 올해 언제든지 받을 수 있다. 국민건강보험공단에 자신이 직접 전화를 하면 작년에 검진을 받지 않을 것이 확인되면 올해 검진을 받을 수 있도록 당장 자격을 회복시켜준다. 거주 지역이 아니더라도 검진받을 수 있다.

예를 들어, 경기도에 살아도 서울에 있는 병원에서 검진받을 수 있다. 수면내시경 비용은 완전 비급여로 수검자가 직접 지불해야 한다. 병원마다 차이가 있지만 5~10만원 정도다. 국가검진을 안받다가 암에 걸리면 벌금을 낸다고 아고 있는 사람이 적지 않은데 그렇지 않다. 오히려 소득히 낮은 사람은 국가검진에서 암이 발견되면 지자체마다 차이는 있지만 수백만원의 암 치료비를 지원받을 수 있다.[90]

41. '똥'이 약이다

대변(feces , 大便)은 매일 약 1.5ℓ의 반액상의 유동성인 소화된 물질이 소장에서 대장으로 넘어가는데, 이 유동물질 안에 포함되어 있는 수분과 전해질이 대부분 흡수되고 약 100㎖에 해당하는 수분만이 대변으로 배출된다. 정상적인 대변은 3/4 정도가 수분이고 1/4 정도는 고형 성분인데, 고형 성분의 약 30%는 죽은 세균들이고 10~20%는 지방질, 10~20%는 인산칼슘 등의 무기물질, 2~3%는 단백질, 나머지 30%는 소화되지 않은 음식물 찌꺼기이거나 소화액의 고형성분들과 위장관의 상피세포들이 떨어져 나온 것들이다.

대변의 색깔은 담즙색소인 빌리루빈에서 나온 스테르코빌린과 유로빌린에 의해 만들어진다. 냄새는 세균 분해작용의 부산물에 의한 것으로서 대장 안에 있는 세균의 종류와 먹은 음식의 종류에 따라 달라진다.

http://cafe.daum.net/geohyang/Rdje/1200(2019. 10. 25)

과학자들은 인간유전자 정보가 파악되면 생명활동에 필요한 모든 정보를 이해할 수 있을 것이라 굳게 믿었다. 그러나 민망스럽게도 인간게놈프로젝트(1990~2003)가 완성된 이후 이를 통해 깨닫게 된 사실은 인간이 지닌 유전자가 생명현상을 구성하는 전부가 아니라는 사실이다.

우리 몸에는 자연적으로 수많은 미생물이 서식한다. 특히 대장에는 약 1000종류의 다양한 미생물이 인체와 복잡한 상호관계를 이루며 공생하고 있다. 이들은 우리 몸의 세포(약 100조)보다도 많고, 이들의 유전자를 전부 합치면 인간 유전자의 무려 100배다. 그래서 '인간의 차이는 각자의 몸에 지닌 미생물의 차이'라는 것이 인간게놈프로젝트 이후 진행된 후속 연구들(Human microbiome project 2008~2012)의 주장이다. 왜냐하면 서로 다른 두 인간의 유전자는 99.9%가 일치하지만, 공생하는 미생물은 단지 10%만 일치하기 때문이다.

인체 미생물은 인간보다 100배나 많은 유전자를 가지고 인간 유전자가 만들 수 없는 것을 만들어 공급하면서 항상성 조절에 기여한다(Nature 2012). 장내 특정 세균의 감소 혹은 소실이 난치성 대장질환의 원인이 될 수 있으며(Nature 2015), 이들의 변화가 비만을 유발하고(Science 2013), 심지어 자폐증과 같은 정신질환까지 유발할 수 있다(Science 2016). 그래서 이들 질환에 건강한 사람의 대변을 장내로 살포한다(대변이식). 유익한 세균을 장에 주입해 병을 치료한다는 개념인데 이는 사람 똥의 절반은 세균이기 때문이다. 건강한 사람의 대변을 난치성 장염환자의 대장에 살포하여 거의 100%에 가까운 완치를 보인 연구 결과는 이미 오래 전에도 있었다(NEJM 2013). '똥'이 약이었던 것이다.

http://cafe.daum.net/green1225/GavE/10613(2005. 05. 19)

인간은 태어나는 순간부터 엄마의 세균에 노출되며 그 세균으로부터 보호받는다. 우리는 세균으로 우글거리는 존재이고 이들의 유전자가 만들어내는 화학물질은 우리 몸의 대사기능은 물론, 감정까지 조절한다. 똥이 약이라니 섬뜩하고 놀랍지만 과학은 거리낌이 없다. 질병은 늘 우리 몸을 통과하고 있지만 똥은 우리를 지켜낸다. 똥과 우리는 서로의 환경이다. 좋은 습관이 좋은 '똥'을 만든다.[91]

http://blog.daum.net/woogun007/11295755(2010. 04. 29)

42. 치매 100만 시대, 맞춤형 서비스가 답이다

　가정의 달 5월의 대표적인 날인 어버이날에는 예전 같으면 카네이션을 사서 오랫동안 뵙지 못했던 부모님을 찾아뵙는 일이 당연시 되어왔지만, 최근에는 어느 집안에건 치매를 앓는 식구가 한 명씩 있을 정도로 흔한 질병인 치매로 인해 소위 '간병살인' 이라는 이름이 카네이션을 대신하고 있는 듯하다. 지난 4월 전북 군산에서 80세 남편이 치매에 걸린 아내를 10년간 돌보다 살해한 사건이 있었고, 앞서 2월에도 충북 청주에서 40대 아들이 10년간 돌보던 아버지를 살해하고 스스로 목숨을 끊은 사건이 보도되는 등 해마다 치매로 인한 사건 사고는 늘어나고 있다.

http://blog.naver.com/izinimindcare/221598752277(2019. 07. 29)
http://blog.daum.net/dc07/8(2018. 05. 28)

　중앙치매센터의 치매역학조사에 따르면 지난해 기준 노인의 치매 유병률은 10.16%로 나타났다. 이는 노인 10명 중 1명이 치매라는 얘기이며, 초고령사회가 되는 2025년에는 65세 이상의 인구 비율이 1051만명으로, 노인 1000만 시대에 치매 100만 시대가 되는 셈이다.

　2008년 노인장기요양보험이 도입이 되고, 2017년 문재인 정부가 선포한 '치매 국가책임제' 로 돌봄의 역할을 사회와 국가가 분담하면서 간병에 대한 부담은 덜어졌으나 치매라는 병의 특성과 빠른 고령화의 여파로 문제는 여전히 심각하다. 그도 그럴 것이 치매 말기증상을 치매의 대표증상으로 이해해 조기 발견을 놓치게 되고, 노인의 수명뿐 아니라 간병을 담당하고 있는 가족들도 고령자가 많아 변화된 사회 제도에 대한 신뢰감이 떨어지면서 극단적인 선택을 하게 되는 것이다.

　노인장기요양보험은 도입한 지 10년 동안 눈부신 성과를 이루었으며, 증가하는 치매노인을 위한 맞춤형 서비스를 제공하는 '치매전담형 장기요양기관' 을 도입하고, 치매 국가책임제가 본격화되면서 전국 252개 보건소에 치매안심센터를 설치하였다. 그러나 노인의 삶의 질을 생각해보면 충분한 서비스나 돌봄을 만족스럽게 받고 있지 못한 상황이다. 더욱이 보건복지부가 발표한 2017년 실태조사를 봐도 노인 중 57.5%는 아프고 몸이 불편해도 평소 살던 곳에서 여생을 마치고 싶어

(Aging In Place)한다. 여기에 착안하여 치매 국가책임제는 기존 격리시설 중심이 아닌 '커뮤니티 케어' 즉, 지역사회 내 돌봄 체계로 방향을 선회했다.

커뮤니티 케어는 '지역사회 통합 돌봄'으로 맞춤형 서비스가 가능하다. 치매의 조기 진단을 위해 '찾아가는 방문건강서비스'가 대폭 확충되고, 가족의 치매가 의심스럽거나 걱정이 된다면 '치매안심센터'에서 상담을 받고, 일반 조기검진을 통해 검사를 받을 수 있으며, 인지자극 프로그램을 주3회 이용할 수도 있다. 노인장기요양보험 등급이 있는 수급자라면 전문적인 '치매전담형 장기요양기관'을 이용할 수 있다. 올해 초 고시와 법이 개정되면서 치매전담형 장기요양기관 설립의 진입장벽이 대폭 완화되어 치매 맞춤형 서비스를 이용하는데 훨씬 수월해져 집에서 가까운 시설을 안심하고 이용할 수 있는 인프라가 구축됐다.

또한 커뮤니티 케어 사업으로 추진되는 치매 안심마을은 지역주민, 치매노인과 가족이 함께 어우러지는 치매 친화적 환경 조성으로 주민의 관심과 참여로 치매 예방과 함께 Aging In Place가 실현되는 사업이라 할 수 있다. 노인장기요양보험 정책으로 지역사회 내에서 치매환자 돌봄을 강화하는 이유는 진행성 질환인 치매가 만성화, 장기화하는 방향으로 변하면서 의료보다는 치매환자와 가족의 삶의 질 향상을 위해 맞춤형 서비스를 통한 심리사회적, 일상생활의 지원이 강조되고 있는데 따른 것이다.

지금의 한국사회는 전변기(轉變期)를 겪고 있다. 단순히 저출산과 고령화가 사회변동의 전부는 아니다. 인구구조뿐 아니라 문화, 정치, 경제 등 다양한 분야에서 변화를 겪고 있다. 노인장기요양보험은 시대 변화에 맞춰 국민의 다양한 욕구에 귀 기울이고, 어르신은 물론 간병하는 가족까지 보듬어 왔고, 현재도 미래도 진행형이다. 다가올 치매 100만 시대! 자기에게 맞는 옷을 입어야 몸이 편하고, 자신의 발걸음으로 걸어야 발이 편하듯 치매환자와 가족의 욕구에 맞는 맞춤형 서비스로 국민건강보험공단이 함께 할 것이다.[92]

http://www.viva100.com/main/view.php?key=20190429010010567(2019. 04. 29)

43. "고령사회 대한민국, 체육의 가치를 더해야 할 때"

대한민국은 IT를 비롯한 다양한 기술력을 바탕으로 급속도로 발전해왔다. 아시안게임과 서울올림픽, 한일월드컵과 평창올림픽 등 세계적인 대회들을 치러낼때마다 성공적인 대회 운영과 함께 자국 기술력의 발전 속도는 전 세계인들의 이목을 집중시켰고 놀라움을 자아냈다. 필자 역시 스포츠선수로서, 스포츠행정가로서 다양한 대회를 다니다 보면 자국의 변화 속도에 놀라곤 한다. 이렇듯 질주하는 변화의 속도는 쉽게 가늠할 수 없다가 어느 순간 우리 주변에 자리 잡고 어느 시점에서 확연하게 다가온다.

한국은 기술력의 발전 속도만큼 세계가 놀랄만한 속도를 가진 변화가 한 가지 더 있다. 바로 고령화 속도이다. 2000년 고령화사회에 진입한 한국은 17년만인 2017년 8월 고령사회로 진입하였으며 통계청에서는 2022년에 초고령사회로 진입할 것으로 예상하고 있다. 고령사회 도달 속도는 고령화 속도가 가장 빠른 것으로 알려진 일본보다도 무려 7년이나 빠르게 도달한 것이며 프랑스 115년, 스웨덴 85년, 미국 65년 독일과 영국이 각각 45년 걸린 것에 비하면 엄청난 속도라 할 수 있다.

고령화는 산업구조의 변화와 저출산 등과 맞물려 일어난다. 국내뿐만 아니라 앞서 언급한 미국, 독일, 영국, 일본 등도 겪고 있는 변화이며 흐름이다. 이 자체가 문제라는 것이 아니다. 평균 50년 정도의 고령사회 진입속도를 보였던 선진국은 고령화로 인한 자국의 문제점들을 파악하고 준비할 수 있었던 반면 한국은 그 변화를 받아들임과 동시에 대비해야 하는 상황에 놓여있는 것이 문제라 할 수 있다.

http://blog.naver.com/seoulsportal/221161000729966x605(2017. 12. 12)
http://blog.daum.net/krunccokr/6824459(2008. 10. 23)

고령사회의 가장 큰 문제점으로 지적되고 있는 것이 생산인구의 감소와 의료비 및 복지의 문제이다. 이에 대한 대안으로 거론되는 것 중 하나가 체육이다. 체육을

통한 건강한 삶의 영위는 의료비 절감의 효과와 더불어 노인 인구의 지속적 생산
활동에도 기여할 것으로 전문가들은 바라본다. 질병의 치료보다 중요한 것이 예방
이라는 측면에서 볼 때 체육은 궁극적인 해결책 중 하나라 할 수 있다.

그러나 미국, 독일 등에 비하면 한국은 전 국민의 체육활동을 장려할 수 있는 스
포츠 인프라가 부족한 실정이다. 근래에 들어 지자체별로 주민들의 거주지 인근에
운동시설을 만들고 프로그램을 운영하며 과거보다 나은 스포츠 인프라를 구성해
가고 있지만 노인을 대상으로 한 프로그램의 미비 및 지도자의 전문성과 운영 프
로그램이 일부에 제한되는 등 한계점을 갖고 있다. 또한 거시적 관점에서 노인들
의 참여 의지를 북돋고 지속할 현실적인 해결책도 시급하다. 미국의 경우 연령별
로 즐길 수 있는 다양한 스포츠 시설과 프로그램이 정착해 있다. 이러한 스포츠 인
프라는 약 19개 종목으로 구성된 미국시니어올림픽이 30년 넘게 이어지는데 기여
했다.

스포츠 인프라부터 시니어올림픽까지 이어지는 미국의 예는 시사하는 바가 크
다. 노인들의 건강에 대한 의식제고와 참여의지를 높이고 참여를 통해 심리적 소
외감을 덜 수 있다. 뿐만 아니라 아래 세대가 노인에 대한 재해석을 할 수 있는 기
회의 창이 될 수 있다. 한국의 빠른 고령화 속도, 그 완급조절에 체육이 필요한 이
유이다.

http://cafe.daum.net/playgirlman/Q52e/3(2012. 02. 13)

얼마 전 매체를 통해 가동 연한(육체적으로 일할 수 있는 최대 나이)이 60세에서
65세로 높여진다는 뉴스를 접했다. 일을 해서 돈을 벌 수 있는 마지막 나이를 만
60세에서 만 65세로 높여야 한다는 대법원 판결 내용이다. 어느덧 급속한 고령화

속도로 인한 변화는 우리 삶 속에 자리 잡아 가고 있다. 어느 시점이 되면 우리는 고령화라는 다소 생소한 단어가 의미하는 것이 무엇인지 확연하게 느낄 것이다. 체육이 그 변화 속에 함께 한다면 한국의 초고령사회는 늙어도 늙은 것이 아닐 것이며 체육의 가치는 선수들의 금메달보다 더 빛날 것이다.[93]

현재 한국의 스포츠 정책은 성적 위주의 엘리트에서 국민 건강을 장려하는 생활체육으로 균형추를 맞춰가고 있다. 지방자치단체도 대상과 장소를 가리지 않고 유아에서 어르신까지, 지역민을 위한 생활체육 프로그램 확충에 몰두하고 있다.

최근들어 생활체육 지도자들이 부각되는 것도 이와 무관하지 않다. 또한 초고령화 사회로 접어든 한국 사회에 있어 생활체육은 국민 의료비 부담을 줄이면서 삶의 질을 높이는 해법이다.

즉 생활체육 활성화는 국민 건강증진, 가계 의료비 절감, 국가 복지재정 지출 감소 효과로 이어는 국가경쟁력인 것이다.

노년기가 되면 체력 및 운동기능이 둔화되고, 심폐 기능과 면역 능력이 저하되어 쉽게 병에 걸리고 주위환경에 대한 적응력이 떨어지게 되지만 지속적인 운동을 통해 신체기능의 노화 현상을 늦추면서 건강한 노년기를 준비할 수 있다.

이런 이유에서 노년기의 신체활동의 역할은 매우 중요하며, 노인들을 대상으로 하는 신체활동과 지도에 있어 여러 가지 신체적 특성을 충분하게 이해하지 못하면 안전사고의 위험성이 있으므로 주의해야 할 것이다.

http://cafe.daum.net/Seongsan.goryong/Co2d/42(2009. 05. 09)

노년기의 신체적 특성은 심장혈관계, 호흡계, 신경계, 근골격계, 신진대사, 등으로 구분할 수 있으며, 먼저 심혈관계의 특성을 보면 첫째 노인은 일반적으로 혈압이 높다. 노인은 운동시 혈압이 상승하기 쉬우므로 근육에 큰 부담이 가는 "등척성운동"은 피하는 것이 좋다.

둘째 운동시심박수의 절대치는 연령과 평소 운동 실시 여부에 따라 달리 해석해야 한다. 운동에 의해 높아질 수 있는 최대심박수는 나이가 듦에 따라 저하되지만 운동 중 에는 젊은 사람보다 최대심박수가 높게 나타난다.

셋째 안정시심박수는 나이에 따라 변화가 없지만 최대운동 심박수는 점점 감소해 간다. 기능적이고 구조적인 변화가 심장근에 영향을 미치게 되는데, 그 중의 하나가 심박출량의 감소이며 그것은 부분적으로 심장근 비대에서 오는 안정시 1회박출량의 저하 때문이기도 하다. 특히 청년과 노인을 비교하면 최대운동강도시 노인은 청년보다 20-30% 더 적은 심박출량을 나타내며 주요 혈관의 신축성도 나이가 듦에 따라 쇠퇴한다.

넷째 최대산소섭취량은 나이와 함께 일정하게 감소하지만 신체활동의 유무에 따라 증가 될 수 있다. 노화로 인한 최대산소섭취량 감소는 무엇보다도 최대 심박출량과 관계있는 심장근에서의 변화 때문이며 이러한 감소에는 말초혈관의 변화와 골격근의 산소추출 능력과 관계가 있다.

다섯째 건강한 심장혈관에 위협을 주는 것은 관상동맥 질환이다. 아테롬성 동백경화증(atherosclerosis)은 죽종(atheroma)이라 불리는 연성 덩어리가 동맥의 안쪽에 축적되는 만성질환으로 이들 축적물은 플라크(plaque)라고도 한다. 아테롬성 플라크는 석회화하고 혈관 안쪽으로 돌출하여 혈액의 흐름을 방해하며 산소와 영양분의 결핍에 의한 뇌, 심장, 폐 같은 기관의 기능에 손상을 초래한다. 그리고 관상동맥질환의 위험인자로 고지방식이, 흡연, 스트레스, 운동 부족 등이 있을 수 있다.

http://good789.tistory.com/263(2013. 09. 28)

44. 어머니의 여가생활을 응원합니다

가끔 텔레비전을 보다 보면 뜻밖의 장면을 보게 되는데 시골장터나 들판에서 벌어지는 이를테면 어르신들의 춤 잔치다. 우리가 들려드리던 노랫소리에는 그토록 무뚝뚝하던 할머니 할아버지들이 예외 없이 나와 흥겨운 춤을 선사한다. 흥의 민족이라더니 정말 그런가 싶다. 하지만 조금만 더 생각을 해보면 이내 쓸쓸해진다. 저렇게 흥이 많으신데 평소엔 어디서 풀고 사실까.

멀리 갈 것도 없다. 필자의 어머니는 내 나이 5살 때 아버지가 돌아가신 뒤 40여 년을 홀로 자식들 뒷바라지만 하며 살아오신 시골 어머니이시다. 자식과 손자 손녀들 돌보며 행복하시다는 어머니를 보면서도 그런가 보다 했었다. 올해 노인복지과 업무를 맡으면서 이런 나의 편견은 금이 가기 시작했다. 어머니도 사람인데 왜 취미가 없으실까. 아니 분명히 하고 싶거나 좋아하는 일이 따로 있을 텐데 하는 궁금증이 들기 시작한 것이다.

보건사회연구원이 발표한 2014 노인실태조사 보고서에 따르면 우리나라 노인세대의 82.4%는 휴식활동으로 TV시청을 꼽았다. 딱히 하고 싶은 일도, 가고 싶은 데도, 뭔가를 하기에는 경제적 여유가 없거나 건강이 허락지 않을 것이다. 어쩌면 뭘해야 하는지 모를 수도 있다. 평생을 가족을 위해 나라를 위해 일만 했던 이들은 일 외에 다른 걸 배우지도 생각하지도 못한 채 평생을 보냈기 때문이다. 지난해 65세 이상 인구 비중이 전체 인구의 14% 이상을 차지하는 고령사회에 진입한 우리나라가 2026년쯤 초고령사회에 진입한다고 한다. 요즘 들려오는 합계출산율 추이를 고려해보면 그 시기가 앞당겨질 듯하다.

이에 대한 여러 가지 대비가 필요하지만 노인들의 여가문화시간을 채울 수 있는 여가정책도 절실한 상황이다. 행복하고 균형 잡힌 삶을 살기 위해서는 경제적 여유와 건강이 필수적이지만 삶을 풍요롭게 할 수 있는 여가생활도 필요하다.

http://cafe.daum.net/PingPongclub/lAu0/242(2016. 11. 01)

경기도에서도 노인들의 여가생활을 정책적으로 지원하기 위해 '어르신 문화즐김' 사업을 추진 중이다.

먼저 어르신 즐김터. 어르신 즐김터는 노인들이 문화나 교육 관련 프로그램을 체험함으로써 여가활동의 중요성을 느낄 수 있는 프로그램이다. 기존 노인복지관이나 경로당 외에 문화, 교육 및 관련 민간단체의 유휴 공간을 활용하는데 현재 40곳에서 진행 중이다. 두 번째는 여가활동의 중요성을 느낀 노인들을 지원하는 프로그램으로 소외계층 노인을 대상으로 전문가가 직접 현장을 찾아 공예, 미술, 음악, 연극 등을 지도한다. 현재 12곳을 대상으로 다양한 프로그램을 지원하고 있다. 세 번째는 교육을 받은 노인들이 자신의 기량을 다른 사람에게 보여줄 수 있는 기회를 마련해 주는 것으로 어르신동아리 경연대회 '9988톡톡쇼' 와 '작품공모전' 이다. 올해로 3회째를 맞이하는 '9988톡톡쇼' 는 춤, 기악, 노래, 세대통합 4개 분야로 나뉘어 경연을 하는데 올해 예선전이 지난 9월 부천과 수원에서 열렸다.

예선전을 보면서 어르신들의 건강하고 행복한 모습을 볼 수 있어 좋았다. 기악 풍물 부문에 참가하신 시흥 어느 복지관의 한 노인은 1회 대회부터 매년 참가하는데 상보다는 무대에서 흥겹게 뛰며 놀 수 있는 기회가 더 행복하고 감사하다는 말씀을 하셔서 오히려 내가 더 기뻤다. 손자와 아버지, 할머니, 할아버지가 함께 연주하는 팀은 보는 것만으로도 마음이 흐뭇해진다. 작품공모전도 마찬가지. '사랑家' 를 주제로 열린 이번 공모전에는 노인들의 따뜻한 가족애를 표현한 문예, 미술, 문인화, 동영상작품을 만날 수 있었다.

오는 4일에는 경기도문화의전당에서 이런 노인들의 열정이 담긴 공연과 작품을 만날 수 있다. 이번 대회에는 꼭 어머님을 모시고 가고 싶다. 그래서 하고 싶은 취미활동이 생기면 얼마나 다행일까. 또 하나의 행복을 발견하는 순간이 아닐까 싶다.[94]

http://cafe.daum.net/moonsoolove/Ne06/291(2010. 11. 05)

45. 커피와 건강

우리나라 사람이 가장 자주 먹는 음식은 무엇일까. '김치' 혹은 '밥' 일 것이라는 기대와 달리 '커피' 가 1위다. 농림축산식품부와 한국농수산식품유통공사가 발표한 2013년 조사에 따르면 커피는 1주에 12.2회(1일 2잔정도), 배추김치는 11.9회 먹는다.

우리나라에서 커피 소비량은 해가 갈수록 늘어나고 있다. 커피 전문점 숫자만 1만개를 넘어 지금도 한집건너 하나씩 생겨나고 있다. 아침에는 모닝커피, 점심에는 잠 깨려고, 저녁에는 입가심으로 커피 한 잔 하는 사람도 많다. 그런데 '커피 많이 마시면 건강에 해로운건 아닐까' 하는 생각이 든다. 커피와 관련된 자료를 찾아보면 '건강에 좋다' 는 기사도, '나쁘다' 는 기사도 함께 등장한다. 진실은 무엇일까?

커피는 기호성을 충족시켜주는 음료인 동시에 건강기능성 음료이기도 하다. 항산화 효과를 나타내는 다양한 물질과 항염, 항암의 효과를 보이는 성분들이 포함돼 있기 때문이다. 커피에서 항산화 효과를 나타내는 물질은 폴리페놀 성분이다.

폴리페놀은 인체 내 활성산소에 의한 피해를 줄여 줄 수 있는 물질이다. 폴리페놀은 동일분자 내에 히드록시기를 여러 개 갖는 다가페놀로, 종류만도 천 가지가 넘고 자연계 식물 등에 많이 포함돼 있다. 커피의 클로로겐산, 녹차의 카테킨, 와인의 레스베라트롤, 사과의 퀘세틴 등이 대표적이다.

http://blog.naver.com/davanbook/220547709373(2015. 11. 24)
http://blog.naver.com/dalgoogi1/220477283619600x400(2015. 09. 13)

커피의 폴리페놀 성분이 건강에 미치는 영향에 대해 수많은 연구가 진행됐다. 일본 Nihon University College of Bioresource Sciences의 Yamagata(2018) 연구에 의하면 커피의 폴리페놀은 혈관내피 기능을 보호하고 대사증후군을 예방하는데 효과가 있다. 또 브라질 Sao Paulo 대학의 Miranda(2017)와 Merzouk(2017)의 연구에서도 커피 속 폴리페놀 성분은 항산화 효과를 나타내며 간세포 및 간질환 및 간질환 위험이 있는 환자에게 도움이 될 수 있다.

다만 커피에는 우리 인체에 이로운 성분도 있지만, 인체에 부정적인 영향을 미치는 성분도 함께 들어 있다. 때문에 부정적인 성분에 의한 영향을 받지 않기 위해서는 적당량의 커피를 섭취해야 한다. 커피에서 불면증, 가슴 두근거림 등과 같은 부정적인 영향을 줄 수 있는 대표적인 성분으로는 카페인이 있는데 식품의약품안전처에서는 성인기준 일일 카페인 섭취량을 400mg 로 권고하고 있다. 하루 3잔 정도의 커피는 인체에 크게 무리가 없을 것으로 보인다. 미국 ToxStrategies의 Wikoff(2017)의 건강한 성인과 임산부, 청소년, 아이들을 대상으로 한 카페인의 잠재적인 부작용에 대한 체계적 문헌고찰의 연구에서도 건강한 성인의 경우 하루 400mg, 임산부의 경우 300mg의 카페인 섭취는 문제가 없다고 밝히고 있다.

결국 풍부한 커피를 섭취함으로써 항산화 효과를 통한 대사증후군, 심혈관 위험요인 등에 대해 보호 효과를 얻을 수 있지만, 음용자의 건강상태에 따라서 섭취량이 적절히 조절돼야 건강한 커피를 즐길 수 있을 것으로 생각된다.[95]

어떤 것이든 과하면 독이 된다. 커피 역시 적당량을 즐기면서 마시면 득이 될 수 있다. 우리나라 식품의약품안전처가 권고하는 카페인 일일섭취권고량은 성인 400mg이다. 특히 커피를 마실 때 지방을 최소화해서 마시고, DGAC의 권고대로 하루 300~400ml(3~4잔) 복용하는 것은 건강에 득이 된다고 전문가들은 입을 모은다. 따라서 설탕-크림-커피가 섞인 믹스커피는 되도록 피하는 것이 좋다. 좋은 방법은 커피를 종이필터 등에 내려서 마시거나, 에스프레소 머신을 사용하는 것이다.

http://blog.naver.com/nwlkn44/220291684258(2015. 03. 06)

46. 스트레스(stress) 과식(過食)

스트레스(stress)라는 말은 원래 19세기 물리학 영역에서 "팽팽히 조인다" 라는 뜻의stringer 라는 라틴어에서 기원되었다. 의학영역에서는 20세기에 이르러 Hans Selye가 '정신적 육체적 균형과 안정을 깨뜨리려고 하는 자극에 대하여 자신이 있던 안정 상태를 유지하기 위해 변화에 저항하는 반응' 으로 발전시켜 정의하게 되었다.

과식(overeating, 過食)은 생리적 요구량 이상으로 음식물을 섭취하는 일이다. 많은 사람들은 습관처럼 과식을 한다. 식사 시 폭식을 하는 경우, 하루에 여러 번 간식을 먹는 경우, 식당에서 욕심을 부려 너무 많은 음식을 먹는 경우, 파티에서 흥청망청 먹는 경우, 운전 중이나 책상에서 의식하지 않고 식사하는 경우 등 칼로리 과다 섭취의 위험에 빠지곤 한다.

http://blog.daum.net/boky76/49275x183(2013. 10. 01)
http://blog.naver.com/shrheks2015/220419585798(2015. 07. 14)

사람이 80~90년이나 살면서 스트레스를 전혀 안받을 수는 없다. 그런 사람이 있다면 도인이거나 아주 내공이 높은 고수일 것이다. 하지만 적당한 스트레스는 오히려 개인의 발전이나 성장에 촉진제가 되기도 한다. 자극받아야 분발을 하고 개선도 가능하기 때문이다. 그런데 스트레스를 받으면 사람은 음식을 많이 먹게 된다고 한다. 흔히 말하는 스트레스성 폭식이다.

옛날보다 현대인들에게 비만이 많은 것은 무엇보다 튀기거나 가공한 음식류가 너무 많아진 탓이 크다. 사회가 복잡다단해지면서 스트레스가 급증했고 이로 인한 과식이나 폭식도 늘어났다.

알다시피 과식이 사람에게 해로운 이유는 세포의 재생을 방해하면서 수명을 단축시키기 때문이다. 쥐 실험을 해보면 평소 먹이의 25%를 줄였을 때 오히려 수명이 25% 정도 연장된다고 한다. 먹이를 50% 줄이면 수명이 50% 연장된다니 쥐 실험 결과가 사람에게도 그대로 적용될지 궁금하다. 인간도 자기 정량보다 적게 먹는 소식이 여러 측면에서 좋다는 건 알려져 있다. 어떤 의학자는 과식과 간식을 하지 않고 영양식을 적게 먹는 게 최상의 방안이라고 주장한다. 이럴 경우 단식을 할 필요도 없고 과식으로 인한 각종 장애도 방지할 수 있다는 것이다.

말이나 토끼 등 동물도 마찬가지다. 실험을 통해 입증된 사실이다. 말의 경우 자연 상태에서 사는 야생마와 인위적으로 길들여진 경주마를 비교할 수 있다. 야생마는 절대로 과식하는 일이 없다고 한다. 하지만 경주마는 관리인이나 주인이 음식을 조절해 주지 않으면 너무 많이 먹어서 배가 부른 줄 모르고 계속 먹어 죽는 일도 생긴다고 한다. 그 차이는 스트레스인데 경주마는 항상 경쟁해서 순위를 다퉈야 하고 긴장감을 유지해야 하기 때문이라고 한다.

동물이 자연 상태에서는 절대로 편식을 안한다는 것도 실험으로 증명됐다. 배고픈 토끼에게 좋아하는 당근을 2개 주면 다 먹지 않는다. 반개 정도만 먹는다. 그래서 배가 고플 텐데 싫어서 고구마를 두어 개 주면 역시 반개 정도만 먹는다고 한다. 옥수수를 더 줘도 적당량만 먹는다는 것이다. 절대로 편식하지 않고 여러 영양소를 골고루 섭취하는 것이다. 배고플 때 아무 음식이나 폭식하는 우리 인간들이 본받아야 할 대목이다.[96]

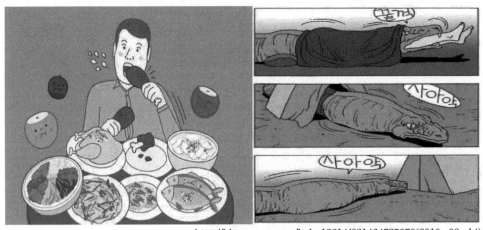

http://blog.naver.com/bobo13214/221464735079(2019. 02. 14)
http://cafe.daum.net/jeep0513/ZJko/357(2016. 01. 12)

과식(過食)은 생리적 요구량 이상으로 음식물을 섭취하는 일이다. 즉, 소비에너지를 웃돌게 지나치게 먹는 것이므로 과식을 계속하면 비만으로 빠지기 쉽다. 당뇨병이나 고혈압증의 유인이 되는 수도 있으므로 과식은 삼가해야 한다.

47. 뇌출혈, 골든타임이 생명 지킨다

뇌출혈(cerebral hemorrhage, 腦出血)은 두개(골)내출혈 중 뇌실질 안에 있는 혈관의 파열로 인한 출혈이다.

이는 한국에서 30대 이상 성인의 사망원인 중 가장 큰 비중을 차지하는 뇌졸중의 대표적인 질환이다. 뇌출혈의 가장 중요한 원인은 고혈압이며, 그밖에 뇌혈관 질환이 있을 때 항응고요법으로 인해 출혈성 경향이 높을 때, 손상을 입었을 때, 종양이 있을 때도 발생한다.

뇌출혈은 증상이 갑자기 나타나고 사망에 이를 수도 있는 매우 위험한 상태이므로 응급처치와 함께 정확한 진단이 필요하다.

가장 쉽고 빠르며 정확한 진단법은 전산화단층촬영이며, 그밖에 요추천자나 뇌혈관조영술도 중요한 검사이다. 치료는 혈압을 정상으로 유지시키면서 두개내 압력을 저하시키는 약물 투여와 함께 수술로 혈종을 제거하는 방법을 고려할 수 있다. 그리고 혈소판감소증이 있을 때는 혈소판을, 쿠마딘 과량에 의한 출혈일 때는 신선냉장혈장이나 비타민 K를 투여한다.→ 뇌출혈발작증후군

http://blog.naver.com/musize/100207510465(2014. 03. 17)

뇌출혈을 이해하기 위해서는 먼저 뇌졸중이라는 용어를 알아야 한다. 뇌졸중은 뇌 기능의 부분적 또는 전체적으로 급속히 발생한 장애가 상당 기간 지속되는 것으로 뇌혈관의 병 이외에는 다른 원인을 찾을 수 없는 상태를 일컫는다. 한의학에서 중풍 혹은 풍이라고 지칭하는 경우도 있지만 둘은 서로 구분하는 것이 맞다.

뇌졸중은 뇌혈관이 막혀서 발생하는 허혈성 뇌졸중을 일컫는 뇌경색과 뇌혈관의 파열로 인해 뇌 조직 내부로 혈액이 유출되어 발생하는 뇌출혈(출혈성 뇌졸중)을

통틀어 일컫는 말로 상위 개념으로 보아야 한다.

뇌출혈은 크게 외상에 의한 출혈과 자발성 출혈로 구분할 수 있다. 외상에 의한 출혈은 두부 외상과 직간접적으로 연관이 있는 출혈을 말한다. 자발성 뇌출혈은 고혈압성 뇌출혈, 뇌동맥류, 모야모야병과 같은 질환 중에 뇌출혈을 일으킨 것을 말한다.

환절기에 접어들면 뇌혈관질환의 위험도가 증가한다. 온도 차이가 혈관에 스트레스를 주기 때문이다. 가을과 겨울철에는 몸을 따뜻하게 유지하는 것이 좋다. 적당한 운동을 하고 짠 음식을 피하며 예방에 만전을 기하는 것이 가장 중요한 원칙이다. 어쩔 수 없이 발생하는 경우는 결국 골든타임 내에 병원에 빠르게 도착해 적절한 조치를 취하는 것이 생명을 살릴 수 있는 방법임을 명심하고 있어야 한다.

뇌경색이 발생하면 적어도 3~6시간 내에 병원에 도착해 혈전용해제나 혈전제거술로 후유증을 최소화하는 치료를 진행해야 한다.

뇌출혈 환자가 병원에 도착하면 뇌혈관의 위치, 뇌동맥류, 혈관의 기형·혈종·종양 등 원인을 알아보기 위해 CT, MRI 혹은 MRA 검사를 진행하고 더 많은 혈관에 대한 정보가 필요한 경우 뇌혈관조영술을 하게 된다. 뇌혈관조영술은 방사선을 이용한 혈관 검사로 환자의 대퇴(허벅지) 동맥을 통해 체외에서 2㎜내외의 카테터라 불리는 가느다란 관을 대동맥을 통해 뇌혈관 입구에 위치시킨 후 조영제를 투입해서 뇌혈관의 모양을 직접 보는 검사이다.

혈관의 이상 여부를 판단할 수 있고 이를 통해 혈관 속으로 스텐트나 코일을 이용하여 혈관을 넓히거나 막을 수도 있는 비수술적 시술법 즉 혈관 내 시술을 가능하게 하는 검사법이다.

뇌출혈은 대부분의 경우 사망으로 이어질 수도 있는 무서운 질병으로 빠른 수술을 권장한다. 최근 각광을 받고 있는 치료법은 '혈관 내 치료술'이다. 예전에는 뇌를 열어 수술하거나 혈관을 절개해 혈전(피떡)을 제거하고 다른 혈관과 이어주거나 보존적 약물 치료를 진행했다. 하지만 혈관 내 치료술은 허벅지 동맥 속으로 가는 관을 삽입해 뇌혈관이 막힌 곳을 뚫거나 터진 곳을 메워주는 치료다.

시간이 너무 지났거나 막힌 혈관 부위가 광범위한 경우는 개통했을 경우 뇌기능이 자동 조절을 못해서 더 나쁜 결과가 발생하기도 한다. 전문의의 세심한 주의가 요구되는 치료다.

출혈, 뇌졸중은 매년 사망 원인의 높은 순위를 차지하는 무서운 질병이다. 골든타임이 있다는 것을 항상 염두해두고, 뇌졸중의 전조 증상(편측마비·언어장애 등)이 있을 시에 가볍게 넘기면 안 된다.[97]

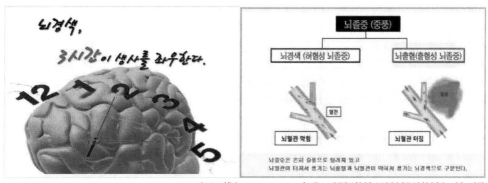

http://blog.naver.com/adjust0524/221449302549(2019. 01. 25)

☞ AI로 뇌출혈 환자 '골든타임' 사수

SK C&C가 아주대학교의료원과 손잡고 인공지능(AI)으로 뇌출혈 환자 '골든타임' 사수에 나선다. SK C&C는 26일 아주대의료원과 '빅데이터 기반 의료AI 공동연구 협약(MOU)'을 체결했다고 밝혔다.

이번 협약은 양사가 지난 3월부터 추진한 '뇌출혈 영상판독 AI 모델' 개발의 성공적 수행에 따른 것이다. SK C&C는 자체 AI 기술을 활용해 딥러닝 알고리즘을 개발했다. 아주대의료원에서는 영상의학과 의료진이 프로젝트의 초기 단계부터 참여해 학습데이터 생성과 딥러닝 알고리즘 개발자문, AI 판독결과 검증 등을 수행했다. 이 알고리즘에 아주대의료원에서 제공한 총 1400여명의 뇌 CT 영상과 판독데이터를 학습시켜 AI 모델을 개발했다. 통상적으로 뇌 CT의 영상판독을 위해서는 환자 1명당 30~40장의 영상 자료가 필요한 것을 감안하면 5만여장의 영상 자료를 학습한 것이다.

개발 결과 이 AI 모델은 영상의학과 전문의 수준의 판독 정확도를 기록했다. 이에 SK C&C와 아주대의료원은 내년 하반기 상용화를 목표로 임상시험 후 응급 의료 현장에 적용할 계획이다. SK C&C와 아주대의료원은 AI 모델이 촌각을 다투는 응급 뇌출혈 환자의 조기 진단과 치료에 도움이 될 것으로 기대하고 있다.

뇌출혈은 골든타임 안에 치료해야 하는 응급질환인 만큼 빠르고 정확한 영상 판독이 중요한 분야이다. 뇌출혈 영상 판독 AI 모델을 활용하면 판독 정보가 수초 내에 제공됨으로서 의료진이 좀더 빠르고 정확한 진단을 내리고 치료에 들어갈 수 있게 된다.

SK C&C와 아주대의료원은 영상 판독 AI 적용 분야를 뇌경색, 뇌종양 등 주요 뇌신경계 질환으로 확대할 계획이다. 유희석 아주대의료원장은 "이번 업무 협약은 양질의 의료 데이터와 기술력을 결합한 성과로 향후 양 기관이 연구성과 상용화를 통해 AI 기반 혁신적 의료서비스 개발에 기여할 것"이라고 말했다. 윤동준 SK C&C 헬스케어 그룹장은 "뇌출혈 영상 판독을 시작으로 뇌 질환 중심 AI · 빅데이터 기술 적용을 통해 국내 AI 의료 서비스 발전에도 기여하겠다"고 말했다.[98]

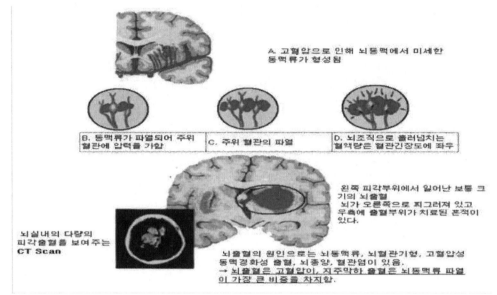

http://blog.naver.com/musize/100207510465(2014. 03. 17)

☞ CJ헬로 지역채널 PD 뇌출혈로 숨져

LG유플러스에 매각을 추진 중인 유료방송사업자 CJ헬로에서 협찬PD가 지난 2일 뇌출혈로 숨졌다. 같은 파트에서 일하던 기자도 한달여 전 뇌출혈로 쓰러져 의식 불명 상태다. 노동조합은 이를 CJ헬로의 매각을 앞둔 실적 압박으로 인한 산업재해로 보고 사측에 사과와 재발방지를 요구했다.

CJ헬로노동조합에 따르면 CJ헬로 미디어본부 소속 경북사업파트(영남방송)에서 협찬PD로 일하던 박아무개씨가 이날 저녁 6시께 경북 안동 회사 주차장에서 쓰러졌다. 박씨는 퇴근 중이었으며, 곧바로 동료에게 발견돼 병원으로 옮겨졌으나 뇌출혈 진단을 받고 다른 병원에 이송되려던 차에 숨졌다.

CJ헬로노조에 따르면 박씨는 지난해 본인 의사와 무관하게 매출파트로 옮겨졌다. 그는 본래 보도제작국에서 제작PD로 일했다. 박씨는 발령 후 가족과 주변 동료에게 "눈치가 보인다, 힘들다"며 스트레스를 호소해온 것으로 알려졌다.

CJ헬로노조는 사측이 발령 뒤 박씨에게 직무교육이나 연수를 제공하지 않았다고 했다. 박씨는 7년여 전 무연고지인 안동에 발령 받았고, 여러 차례 승진이 누락됐다고 한다.

CJ헬로에선 불과 한달 전에도 노동자가 같은 사업장에서 쓰러졌다. CJ헬로노조에 따르면 CJ헬로 영남방송 취재기자 홍아무개씨(54)가 지난 10월 28일 뇌출혈로 쓰러져 현재 의식불명이다. 노조는 홍씨도 본래 경남 마산에서 일하다 무연고지에 원치 않는 발령을 받았다고 전했다.

사진=getty images

노조는 "한달여 만에 두 조합원이 같은 업장에서 뇌출혈로 쓰러진 상황은 결코 우연이 아니다"라고 밝혔다. CJ헬로가 2015년부터 통신사 매각을 시도해오면서 장기 경영전략이나 투자 없이 가입자와 매출 확대에 골몰해 노동자들에게 압박을 가해왔다는 것이다. 신지은 CJ헬로노조 위원장은 "실적 압박이 올들어 유난히 심해진 것으로 알고 있다. 경북뿐 아니라 미디어본부 전반에서 일어난다"고 말했다.

CJ헬로는 LGU+와 기업결합을 추진해 지난달 10일 공정거래위원회의 조건부 승인을 받았고, 과학기술정보통신부의 최종 인허가만 앞두고 있다. CJ헬로 미디어본부는 케이블 지역채널 운영을 맡는 본부로, 전국에 강원·부경·경북·경인·충남·호남 등 6개 사업파트를 두고 있다. CJ헬로를 비롯한 케이블업체들은 권역별로 지역채널을 보유해 지역 뉴스와 정보 등 지역 공공성 콘텐츠를 제작해 방영한다.

노조는 경북미디어국의 근무환경 조사와 원인 규명, 재발방지책 마련, 직무교육 없이 실적부서 발령한 사례 조사와 적절한 직무교육 실시, CJ헬로 대표이사 등 경영진 사과와 유족 지원, 경북파트 노동자 심리치료를 요구했다.

CJ헬로 관계자는 미디어오늘에 "고인과 유가족에게 애도를 표하며 근무환경을 개선할 사항을 회사 차원에서 살펴보겠다. 그러나 이 사건은 인수합병과 인과관계가 없으며, 입원 중인 직원과 연관성도 없는 것으로 확인했다"고 밝혔다.[99]

48. 소리 소문 없이 뼈에 구멍이 '숭숭' 누구도 안심할 수 없다, '골다공증'

골다공증은 뼈에 구멍이 많이 생겨 약해지면서, 부러지기 쉬운 상태가 되는 뼈의 병이다. 그러나 뼈가 소실되더라도 골절이 일어나기 전까지는 증상을 느낄 수 없기 때문에 '소리 없는 뼈 도둑'이라고 표현하기도 한다. 골다공증은 흔히 노인 질환으로 알려져 있지만, 최근에는 영양 불균형이나 다이어트 등으로 인해 젊은층에서도 발병률이 높아지고 있는 추세다.

△ 골다공증, 무엇이 문제인가

골다공증이 있을 때 체중부하를 많이 받는 척추는 주저앉거나 가벼운 물건을 드는 등 사소한 충격으로도 압박골절이 일어날 수 있으며, 그 결과 등이 굽고 키도 줄어들 수 있다. 뼈 소실이 일어나기 시작하는 폐경 직후부터는 넘어질 때 손을 짚으면서 손목골절이 일어나는 경우도 많다. 나이가 들면서 골다공증이 심해지면 넘어지면서 대퇴골골절이 발생할 수 있고, 기침이나 재채기와 같은 사소한 충격에도 갈비뼈가 부러질 수 있다.

이 외에도 위팔이나 골반 등도 골다공증으로 인한 골절이 일어나기 쉬운 부위이다. 손목골절은 손목의 변형이나 손목터널증후군과 같은 합병증이 동반될 수 있다. 척추골절은 등이나 자세의 변형, 움직임의 제한, 만성적인 요통 등의 원인이 될 수 있으며, 대퇴골골절과 더불어 골절 후 사망률을 증가시키기도 한다. 한마디로 골다공증에 의한 골절은 호미로 막을 것을 가래로 막는 상황에 직면하게 하며, 삶의 질을 저하시킬 우려가 있다.

△ 낮은 골밀도, 무조건 치료받나

골밀도가 낮은 젊은층의 경우 골절의 위험이 크지 않기 때문에 대부분 특별한 치료가 필요치 않다. 또 골밀도가 낮다고 해서 무조건 치료를 받아야 하는 것도 아니다. 오한진 교수는 "원인질환이 있는 경우 이를 치료하는 것이 근본적인 치료가 되며, 제대로 치료되면 뼈 건강을 회복하거나 유지할 수 있지만 원인질환을 찾기 어려운 경우는 뼈 건강에 해가 될 수 있는 생활습관을 찾아 교정하는 것만으로도 골다공증을 예방할 수 있다"고 설명했다.

폐경 후 여성이나 50세 이후의 남성에서 골다공증으로 진단이 되는 경우는 골다공증치료제를 사용하게 되는데, 이때 사용하는 대부분의 약물은 뼈가 과도하게 흡수되는 것을 억제함으로써 뼈 소실을 막는 역할을 한다.

그러나 젊은 연령에서는 뼈가 과도하게 흡수되어 골밀도가 낮아지는 것이 아니기 때문에 이러한 약물을 사용하는 경우 오히려 정상적으로 뼈가 흡수되고 생성되는 과정에 있어 균형을 깨뜨릴 수 있다.

△ 골다공증, 어떻게 예방하나

골다공증 예방을 위한 노력은 성장기를 거쳐 최대골밀도를 획득하는 20~30대부터 시작돼야 한다. 칼슘과 단백질을 비롯한 영양소를 골고루 섭취하고, 꾸준한 야외활동을 통해 햇볕을 적절히 쐬어줌으로써 자연스럽게 비타민 D를 공급받을 수 있도록 하는 것이 좋다. 육류 섭취를 너무 많이 하거나 지나치게 짜게 먹을 경우 소변으로 칼슘 배설을 증가시킨다. 또 섬유질이나 마그네슘, 인산이 들어있는 식품을 칼슘이 많이 든 식품과 함께 섭취하면 칼슘의 흡수를 방해하므로 피하는 것이 좋다.

운동은 뼈의 양을 유지하는데 중요한 역할을 한다. 운동을 하면 근력향상은 물론, 균형 감각이 유지돼 넘어지는 일이 줄어들게 된다. 뼈는 어느 정도 힘이 가해져야만 재생성 되도록 자극되기 때문에 걷기, 뛰기, 계단 오르기 등의 운동이 도움이 된다. 지구력운동보다 근력강화운동이 좋으며, 이미 골다공증이 있는 환자는 운동이 골절의 위험을 증가시킬 수 있음으로, 무엇보다 안전하게 할 수 있는 운동을 선택해야 한다.

오한진 교수는 "60세 이후부터는 골다공증 검사를 정기적으로 받는 것이 좋다"며 "다만 골다공증과 관련된 위험요인이 있는 경우라면 50세 이후부터, 여성은 폐경 이후부터 검사를 시작하는 것이 좋다" 고 조언했다.[100]

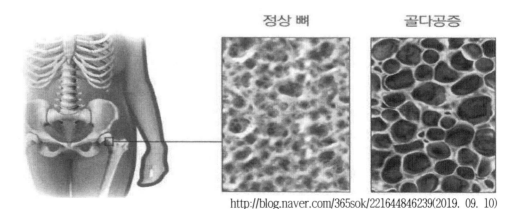

정상 뼈   골다공증

http://blog.naver.com/365sok/221644846239(2019. 09. 10)

49. 후경골근건 기능부전증

스포츠를 좋아하는 이들 중 관절손상, 특히 발목 염좌를 겪어 본 경험이 많을 것이다. 흔히 '발목을 삐끗했다'고 표현하는 발목 염좌는 시간이 지나면 의례 좋아지려니 하며 그냥 참고 지내거나 한의원에서 침만 맞는 경우가 많다. 하지만 적절한 초기 치료 없이 방치하게 되면 회복 지연과 재손상으로 인해 만성 염좌가 되고 이로 인한 발목 불안정과 다른 후유증이 야기되는 경우가 많다고 한다. 이에 발목 염좌의 치료와 주의할 점, 그리고 치료 후 운동법 등에 대해 재활의학과 전문의 이재환 원장에게 알아보았다.

♡ 발목 염좌는 어떤 손상인가요?

각종 스포츠를 통해 부상을 입는 경우가 많은데요, 축구, 농구, 달리기 등의 다양한 신체 활동에서 발생하는 수 있고, 어르신들은 낙상 등으로도 부상을 입고 병원을 찾는 경우가 많습니다. 기본적으로 발목의 관절 주변의 인대가 손상을 입는 것으로 약 85%가 외측 인대의 내반 손상이며, 내측부의 세모인대의 외반 손상, 경비인대결합 손상, 그 외 인대의 손상도 가능하다. 경미한 손상부터 인대의 부분파열, 완전 파열로 단계가 구분되며 부분파열 이상에서는 후유증이 남을 가능성이 높습니다.

♡ 이렇게 부상을 입게 되면 초기에 어떤 치료를 하게 되나요?

일단 골절등과 같은 동반손상여부를 확인하고, 초기에는 부종을 감소시키고 손상의 악화를 방지하는 것이 중요합니다. 2-3일 정도 안정을 취하며 다리를 올려주고, 냉찜질, 압박을 시행하는 것이 좋습니다. 부종을 감소시키고 염증을 줄이기 위하여 소염제를 처방할 수 있고, 인대의 회복을 촉진하는 체외충격파치료와 프롤로 주사는 안전하면서도 효과적인 치료라 말할 수 있습니다. 급성기에는 부종 정도로,

만성기에는 통증 지속 상태에 따라 스테로이드 주사도 고려할 수 있으나 신중하게 주사하여야 합니다. 이 과정들은 손상된 인대의 건강한 흉터를 만드는 과정이라 할 수 있습니다. 나으려니 하는 생각에 무작정 내버려두거나, 침만 맞으면서 정작 중요한 과정을 놓치는 것은 잘못된 방법입니다.

　보통 발목 염좌의 경우 반깁스를 하고 고정을 하는 것이 좋다고 알고 있는데요. 그렇지 않습니다. 수상 초기에 깁스 같은 과도한 고정장치를 통해 1~2주 이상을 부동하는 경우가 많은데, 고정이 필요하다면 외전과 내전을 제한하는 발목 보조기를 착용하는 것이 좋습니다. 그리고 고정을 하더라도 단기간만 하는 것이 좋으며, 1주 이상의 고정은 권하지 않습니다. 붓기가 빠지고 통증이 감소한다면 과도한 고정보다는 발목의 움직임을 일찍 시작하는 것이 회복에 도움이 됩니다.

　♡ 수술이 필요할 수도 있나요?
　부분 수술을 요하지 않으며, 인대가 완전히 파열이 되었다고 해도 발목 염좌로 수술을 하게 되는 경우는 드뭅니다. 전문적인 운동선수가 아니라면 더욱 그렇습니다. 경도염좌의 경우 1~2주, 부분파열은 4~6주 가량의 보존적 치료로 호전이 되는 편이며, 완전 파열은 8주 이상의 치료가 필요합니다. 과도한 불안정이 지속된다면 수술을 고려할 수 있으나 그전에 충분한 재활치료가 선행되어야 합니다.

　♡ 아무래도 발목 손상 시 발목의 불안정과 같은 후유증이 걱정이 됩니다.
　맞습니다. 발목의 불안정을 개선하기 위해 인대의 회복도 중요하지만, 발목 주변의 근육을 강화시키는 훈련을 필수적으로 병행해야합니다. 또한 반복 손상을 방지하기 위해서는 균형 및 고유 수용성 감각 훈련이 중요합니다. 결국 발목관절을 안정화 시키는 재활치료가 중요하며, 이 과정은 전문적인 의료인의 도움이 필요합니다. 그리고 등속성 운동 장비인 사이벡스(Cybex)를 통한 훈련도 도움이 됩니다.

　♡ 제대로 된 치료가 이루어지지 않는다면 어떻게 될까요?
　만성염좌로 진행하여 만성통증과 발목 불안정을 유발할 수 있고 장기간 지속될 경우 발목 관절이 손상되어 관절염으로 진행할 수 있습니다. 일상생활에서 조금만 무리해도 같은 부위가 자주 붓고 아프고 쉬면 조금 나아지는 싸이클이 반복되고, 운동시 발목이 무너질 거 같은 불안감이 느껴진다면 의심해볼 수 있습니다. 다만, 이러한 경우는 인대 치료의 미흡함뿐만 아니라 적절한 재활치료가 병행되지 않았기 때문인 경우가 많습니다.

♡ 만성 염좌시 불안정성에 대해 조금 더 설명을 듣고 싶습니다.

만성적인 발목관절의 불안정은 파열된 인대에 손상이 심해서 잘 치유되지 않아 지속적으로 불완전성을 보이고 수술적 치료가 필요한 기계적 불안정과 임상적으로 발목 관절은 안정되어 있으나 환자가 무너지는 증상이 있는 경우로 되게 균형감각의 손실, 고유 감각 손상, 비골근 반응 시간 지연, 비골신경 기능이상, 비골근 근력 약화 문제 때문에 생기는 기능적 불안정이 있습니다. 이들은 비골근 건염과 후경 골근건 기능부전이라는 후유증으로 이어지는데, 과사용, 반복적인 미세손상이 원인이며, 만성적인 미세손상으로 인해 염증 반응이 발생하면 퇴행성 변화가 나타나고 이는 손상에 더욱 취약한 환경으로 만들어 점점 힘줄의 기능이 약해지는 악순환을 초래하게 됩니다.

결국 만성염좌로 갈수록 발목 불안정이 잦은 외상과 만성통증을, 반복적인 손상이 염좌에 취약한 기능적 불안정을 만든다는 얘기이지요?

네 맞습니다. 이런 악순환 때문에 건강을 잃지 않도록 초기에 적절한 치료를 하는 것이 중요하고, 적극적인 재활치료가 필요하다는 것을 강조하는 것입니다.

♡ 발목 염좌 치료 후, 발목 건강을 되찾을 수 있는 자가 운동

손을 이용하여 등척성 자기저항운동 - 등배굴곡, 족저굴곡, 외전, 내전 4방향 운동, 쎄라 밴드를 이용한 발목 강화 운동 - 세라 밴드를 발에 걸고 4 방향으로 당긴다. 발끝으로 알파벳 쓰기 - 의자에 앉아 발끝을 뻗어 알파벳을 쓴다. 밸런스 보드, 균형 잡기 운동 - 밸런스 보드나 쿠션 위에서 한 발을 서서 균형 잡고, 더 나아가 한쪽 발로 서서 스쿼트를 해준다.[101]

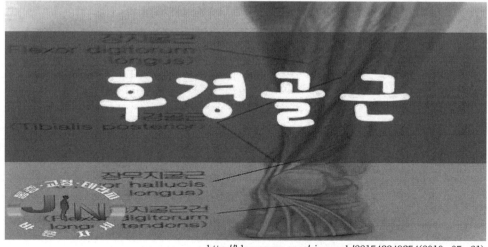

http://blog.naver.com/zippopak/221543348354(2019. 05. 21)

☞ 후경골근건 기능부전증

후경골근은 하지 상부에서 기시하여 발목관절 후방과 거골하 관절 내측을 거쳐 중족에 착지하며 발목을 족저굴곡, 후족을 내번, 중족을 내전시킨다. 이 질환은 이 근건의 퇴행성 변화 또는 손상으로 기능을 발휘하지 못하는 상태다.

이 근건의 손상은 체육인에서는 훈련장(지면)의 변경, 과사용이나 급성 외상 때문에 발생하며 신발, 부목 또는 깔창과 같은 장비의 변화, 발목의 스테로이즈 주사, 염증 질환 등으로 발생한다.

부종, 족근동 통증, 특히 후경골근건을 따라서 존재하는 통증(압통), 발뒷꿈치 통증과 발목 약화를 보이며 결국 내측 장축아치의 붕괴(평발), 후족 외반, 전족 외전(팔자 걸음) 및 무지외반증이 초래한다.

환자들은 내측 발목의 통증 및 기립상태에서 양발뒷꿈치를 올리고 내번시키지 못하면 후경골근건 약화나 기능부전을 의미한다. 발목내측 종창과 통통함이 동반되면 내측발목 윤곽이 모호해지는데 이런 후경골근 부종징후(내측 복사뼈 후방 인접부위)로 이 질환을 의심할 수도 있다.

감별 질환으로는 내측 발목통증이 동반되는 골좌상과 족골의 스트레스성 골절, 장무지굴근 건막염, 발목 충돌, 주상부골, 종골손상 그리고 발뒷꿈치 통증을 유발하는 족저근막염 및 족근골 터널 증후군 등이 있다.

초기치료로 휴식, 진통소염제, 얼음팩, 스트렛칭 및 발보조기를 사용한다. 호전이 없으면 4~6주 동안 고정시킨다. 성공을 못하면 수술적 치료를 한다. 초기에는 발목염좌(삐는 것)로 잘못 진단받고 치료를 받는 경우가 흔하다. 따라서 내측 발목에 통증과 부종이 있을 경우 바로 검사를 받는 것이 필요하다.[102]

50. 세계최고 발생률 한국의 갑상샘암

갑상선암(甲狀腺癌, thyroid neoplasm, thyroid cancer)은 갑상선호르몬을 생산하고, 칼슘 농도를 조절하는 기능이 있는 갑상선에서 생기는 악성종양이다.

갑상선암의 종류는 유두상암, 여포암, 수질암, 미분화 등이 있으며, 유두상암, 여포암을 분화암이라고도 부른다. 이중 분화암은 주로 갑상선호르몬생성과 관련이 있는 선조직에서 발병하고, 수질암은 칼슘대사와 관련이 있는 조직에서 발현한다. 미분화암은 오래된 분화암에서 발병하는 경우가 많다. 대부분의 갑상선암 환자는 발병 원인이 명확하지 않으며, 갑상선자극호르몬(TSH, thyroid-stimulating hormone), 방사선 노출, 가족력(갑상선 수질암) 등 여러 요인이 제시되고 있다.

2015년 네이처(the Nature)지 에서 "모든 종류의 암에 대해 초기진단이 목숨을 살린다." (Screening saves lives for all types of cancer) 라는 것이 잘못된 믿음 (myth)이다라는 것을 말하며, 한국에서 가장 많은 발병률을 보이는 갑상선암은 조기진단으로 인해 다른 나라보다 훨씬 많은 갑상선암을 진단해 냈지만, 사망률(10만 명 중 1명)은 변하지 않았다고 꼬집었다.

1997년, 한국의 내과의사가 초음파로 갑상선암을 초기에 진단할 수 있다고 제시했고, 그것이 결국 정부의 "암초기 발견계획" 을 타고 전국적으로 퍼졌다. 그래서 한국에서 갑상선암의 발견은 1999년 10만명중에 5명정도 에서, 2011년에 10만명중 70명으로 급격히 증가했다. 그리고 이중의 2/3는 갑상선샘(thyroid glands)을 제거하고, 대신 평생 약을 먹는 것을 진단받았다.[103][104]

갑상선은 성대의 활동을 관장하는 회돌이 신경과 가까우므로 흔히 수술직후 일정기간 말을 하지 못하는 부작용이 발생하기도 한다. 부갑상선은 칼슘의 체내 농도를 높이는 역할을 하는데, 갑상선 제거시에 부갑상선이 손상을 입거나, 다시 작동을 하는데 시간이 소요될 수 있다.

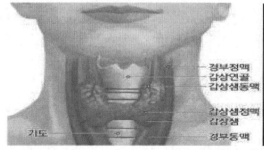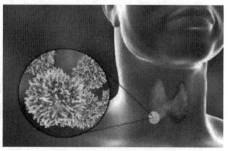

http://cafe.daum.net/ssjgroup/FkVy/4768(2010. 09. 10)
http://cafe.daum.net/human-balance/E9nl/7708(2019. 06. 17)

갑상샘암은 전 세계적으로 급격히 증가 추세를 보이는 암이다. 특히 우리나라에서 갑상샘암의 연간 발생률은 세계 최고 수준이다. 특히 한국에서 이렇게 높은 갑상샘암 발생률을 보인 것이 한국에 위험인자 또는 인종적 문제인지 아니면 문화, 의료 환경의 특징인가하는 논란이 됐다. 한국에서의 과도한 암 검진에 그 원인을 돌리기도 했다.

아직 임상적 의미가 없는 아주 작은 갑상샘종괴에도 조직검사를 통해 암을 진단하기 때문에 실제 암 발생률보다는 진단율이 높아졌다는 설명이다. 그러나 1㎝ 미만의 작은 종양 외에 4㎝ 이상의 큰 크기의 암 발생도 늘었다는 점에서 단순히 진단율만 증가한 것은 아니라 보인다.

최근 암 검진에 대한 엄격한 가이드라인이 제시되면서 최고 발생률을 보이는 암에서 2015년 기준 2만 5029건으로 위암, 대장암에 근소한 차이로 밀리며 발생률 3위의 암이 됐다. 갑상샘에 생기는 모든 종괴가 암은 아니고 그중 5%가 암으로 판명되고 있다. 이를 치료하지 않고 방치한다면 다른 암과 마찬가지로 주위조직을 침범하고 다른 장기로 전이돼 생명을 위협할 수 있다.

갑상샘암 발생의 위험인자로는 전리 방사선 노출, 갑상샘에 양성결절이 있던 병력, 갑상샘암 가족력, 일부 암 유전자 돌연변이 등이 있다. 아이러니하게도 다른 암의 주요 위험인자로 알려진 술, 담배, 비만 등은 갑상샘 발생률을 높이지 않는 것으로 알려졌다. 그 외 뚜렷하게 위험 또는 예방효과가 밝혀진 음식물도 없다. 경구피임약이 갑상샘 유두암 발생의 위험도를 다소 높이는 것으로 보고되기도 하며 유방암, 식도암, 신장이식환자, 루프스 질환을 앓고 있는 환자에 2차 암으로 발생하는 경향이 있다.[105]

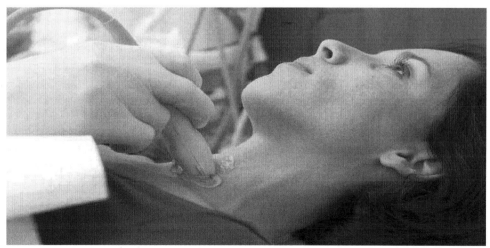

http://yongsoya.tistory.com/276(2017. 08. 30)

51. 코골이와 수면무호흡

코골이(Snoring)는 수면 중에 호흡 기류가 차단되면서 호흡기 구조물들에 진동을 일으켜 나는 소리이다. 어떠한 경우에 부드러운 소리가 날 수도 있지만 대부분의 경우 불쾌하고 시끄러운 소리로 들릴 수 있다. 수면 중 코골이는 폐쇄수면무호흡 증후군(OSA)의 징후일 수도 있다. 연구원들은 코골이를 수면 박탈 요인의 하나로 이야기한다.

코골이와 수면무호흡은 나이가 들수록 증가하는 경향이 있다. 여성의 경우는 특히 폐경 후 큰 폭으로 증가한다. 나이가 들면 기도 주변에 지방 조직이 축적되고 연구개가 늘어지며 상기도 근육의 긴장도도 떨어지기 때문이다. 체중이 증가할 때도 위험이 증가한다.

기도 및 흉곽 등의 주변에 지방 축적으로 공기 통로가 좁아질 뿐만 아니라 기도가 열려 있도록 해주는 신경기전에 변화가 오기 때문에 기도가 보다 쉽게 좁아지는 상태가 된다. 흡연과 음주도 코골이와 수면무호흡을 심화시키는 요인이다.

담배 연기에 포함된 물질이 기도를 자극하고 보다 쉽게 기도가 좁아지도록 만드는 물질을 활성화하기 때문이다. 또한 잠자기 전에 술을 마시게 되면 유독 코골이가 심해지기도 하는데, 기도를 유지하는 근육의 긴장도가 떨어져 기도가 보다 좁아지는 원인이 되기 때문이다.

http://parkent7.co.kr/40130081921(2011. 05. 25)
http://blog.naver.com/prresearch/220617704906(2016. 02. 03)

코골이와 폐쇄성 수면무호흡증의 치료는 크게 행동수정과 같은 일반적인 대처방법, 양압기를 사용한 치료, 수술적 치료 및 구강 내 장치를 이용한 치료 등이 있다. 양압 치료기는 기도 내에 지속적으로 공기를 밀어 넣어 기도를 유지하는 방법으로 폐쇄성 수면무호흡증 환자뿐만 아니라 중추성 수면무호흡증 환자에게도 효과적인 방법이다.

주로 치과에서 사용하는 아래턱을 앞으로 당겨내어 기도를 넓혀주는 구강 내 장치는 사용이 편리하고 효과가 뛰어나 많은 환자가 선호하는 치료방법이다. 생활습관 교정만으로는 치료 효과가 없고 양압기 사용이 불편하거나 수술로 치료하기 어려운 환자들을 포함해, 구강 내 장치를 착용할 수만 있다면 거의 모든 코골이 및 폐쇄성 수면무호흡증 환자의 치료방법이 될 수 있다.[106]

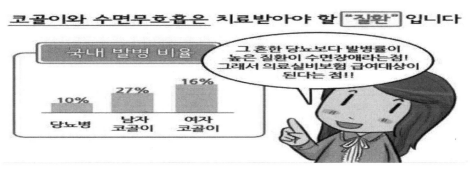

http://blog.naver.com/jkkworld8/220046361105(2014. 07. 01)

☞ 코골이, 무서운 질환으로 이어질 수 있어

코골이는 피곤해서, 나이가 들어서 자연스레 생기는 신체 변화로, 단지 주변 사람을 괴롭게 하는 버릇으로 알고 있는 사람이 많다. 물론 대개는 그렇지만 코골이가 생명을 위협할 수도 있다.

♡ 코골이, 수면무호흡으로 이어진다.

코를 고는 사람 중 다수가 수면무호흡 증상을 보인다. 원인이 코골이와 비슷하기 때문인데, 코골이가 기도가 좁아져서 나타나는 현상이라면 수면무호흡은 좁은 기도가 더 좁아지면서 숨길이 막혀 호흡이 일시적으로 멈추는 증상이다. 평균 10초 이상 숨을 쉬지 않는 무호흡이 시간당 5회 이상 또는 7시간 동안 30회 이상이면 수면무호흡증이라 진단할 수 있다.

수면무호흡 환자를 살펴보면 보통 수면 중 숨이 멈췄다가 갑자기 푸~하며 숨을 내쉬는 증상이 관찰된다. 이렇게 순간순간 호흡이 멈추게 되면 잠에서 자주 깨거나 숙면을 취하기 어려워 수면의 질이 떨어지게 된다. 자연히 낮 시간에 영향을 미쳐 주간 졸림증과 피로감, 불면증을 유발하기도 한다.

♡ 수면무호흡, 돌연사의 주범인 부정맥과 뇌졸중 일으키기도

심각하게는 심뇌혈관 질환을 유발하기도 한다. 수면 중 호흡이 멈추면 공기가

폐로 제대로 가지 못해 체내 산소가 부족해지고 이 때 막힌 숨을 억지로 내쉬려 몸이 안간힘을 쓰면서 스트레스 호르몬인 코르티솔의 분비가 증가한다. 이는 혈압과 심박동을 증가시켜 고혈압과 뇌졸중의 발생 위험을 높인다. 또 무호흡 상태에서 다시 호흡할 때는 심장이 부족한 산소를 채우기 위해 평소보다 3~4배 빨리 뛴다. 무리한 심장운동은 심장에 부담을 줘 반복될 경우 부정맥이나 협심증, 심근경색, 심장 비대 등의 위험을 높이기도 한다.

코골이의 원인은 다양하다. 비염이나 비중격만곡증(콧구멍을 나누는 벽이 휘어진 증상)이 있으면 코가 막히면서 숨쉬기 힘들어져 코골이나 수면무호흡이 나타날 수 있다. 비만도 이유가 된다. 살이 찌면 목 부위에 지방이 축적되면서 기도가 좁아진다. 실제 코골이와 수면무호흡 환자의 80%가 목이 짧고 굵으며 과체중인 것으로 알려졌다. 여성의 경우, 폐경기 이후 여성호르몬이 줄어들면서 근육이 늘어나 기도가 좁아지면서 증상이 나타나기도 한다. 또 갑상선 기능저하증이나 혀와 목 근육이 늘어진 경우, 유아는 편도나 아데노이드가 큰 경우, 흡연이나 음주, 항히스타민제나 진정제와 같은 약을 먹는 경우에도 코골이 증상이 나타날 수 있다.

정확한 진단을 위해서는 내시경을 통해 목과 코의 구조를 살펴보는 검사와 수면다원검사 등이 필요하다. 수면다원검사는 검사실에서 자면서 수면 중 일어나는 신체 변화를 측정한다. 수면 상태에서의 뇌파, 근전도, 심전도, 혈중산소포화도, 호흡 기류, 흉부 및 복부 움직임, 수면 자세 등을 확인해 코골이와 수면무호흡의 원인과 상태를 분석한다.

치료도 가능하다. 코와 목의 구조적 문제라면 상기도를 넓히는 수술을 포함해 기도의 모양이나 넓이, 골격 구조에 따라 구조를 개선시키는 수술도 있다. 비수술적 방법으로는 양압호흡기가 대표적이다. 양압호흡기로 기도에 압력을 가해 좁아지거나 닫힌 기도를 열고 확장하는데 중증 이상의 수면무호흡 환자가 주로 사용한다. 턱이나 혀가 뒤로 밀려 기도가 좁아지는 것을 방지하기 위해 구조물을 앞으로 당겨주는 마우스피스 형태의 장치도 있다.

♡ 옆으로 누워 자고 체중 관리해야 증상 호전

똑바로 누우면 목젖을 포함한 입천장의 조직이 목 뒤로 처지고 혀가 밀려 기도를 막히게 할 수 있다. 반면, 옆으로 누우면 목젖이 옆으로 가 그만큼 기도가 넓어져 코골이 예방에 효과적이다. 베개 역시 살짝 높은 것을 사용하면 턱이 앞으로 나오고 목 안이 넓어져 기도도 확장된다.

체중관리도 중요하다. 살이 찌면 목에 지방이 축적되고 기도는 좁아져 코골이가 악화된다. 체중만 줄여도 증상은 완화된다는 게 전문가들의 조언이다. 금연과 금주도 도움이 된다. 술을 마시면 코골이가 심해지는데 술이 인두(입 안과 식도 사이의 소화기관)의 근육을 이완시켜 기도를 좁게 하기 때문이다. 흡연 역시 상기도 근육점막을 붓게 해 기도를 좁히기 때문에 증상을 악화시킨다.[107]

코골이는 코골이를 하는 사람들뿐 아니라 그 주변의 사람들에게까지도 수면 박탈을 일으키고 낮에 졸거나 과민해지거나 집중을 하지 못하고 성욕이 감소되는 증상을 보이는 것으로 알려져 있다.[108] 또, 상당한 심리적, 사회적 피해를 주는 것으로 이야기되기도 한다.[109]

여러 연구에 따르면 시끄러운 코골이와 심근 경색(약 +34%의 확률), 뇌졸중 위험성(약 +67%의 확률)과의 긍정적 상관관계를 보인다.[110]

http://blog.naver.com/soom_manager/221649904677720x720(2019. 09. 16)

52. 치매(癡呆) 극복의 날

dementia(치매)는 라틴어의 de(아래로)와 mens(정신)에서 나온 단어로, 말 그대로 '정신적 추락'을 뜻한다. 다른 설명도 있다. "'dementia'를 뜯어보면 'de'는 '지우다, 없애다'는 뜻이고 'ment'는 'mental'에서 보듯 '마음'이라는 뜻이다. 거기에 병을 뜻하는 어미 'ia'가 붙은 것이니, 그대로 옮기면 '마음이 지워지는 병'이 적당할 듯하다."

'인지 기능의 장애로 인해 일상생활을 스스로 유지하지 못하는 상태'를 가리키는 치매는 노인에게 많이 나타난다. 한 조사에선 65~74세의 사람 중에서 3퍼센트, 75~84세는 19퍼센트, 85세 이상은 거의 절반이 치매 증상을 보이는 것으로 나타났다.

그러나 50대 이전에도 치매에 걸릴 수 있다. 1906년 독일 신경병리학자인 알로이스 알츠하이머(Alois Alzheimer, 1864~1915) 박사에 의해 보고된 최초의 환자는 발병 당시 51세였다. 알츠하이머의 이름을 딴 '알츠하이머병(Alzheimer's disease)'은 치매의 대용어로 쓰이고 있으나, 엄밀히 말하자면 알츠하이머병은 치매의 원인이 되는 여러 질병 중의 하나로 전체 치매 환자 중 약 50~60퍼센트를 차지하고 있다.[111]

치매(癡呆)라는 단어는 라틴어 어원인 'dementia'의 일본어 번역을 해방 후에 그대로 병명으로 갖다 쓴 것으로 보이는데, 이 번역의 적합성에 대해 이의를 제기하는 사람들도 있다. 성로요양병원장 김석대는 "'치매'라는 말의 뜻을 생각해보면 민망하기만 하다. 한자로 '어리석을 치(癡)'에 '어리석을 매(呆)'. 그대로 옮기면 '어리석고 또 어리석은'이라는 뜻이 된다. 그 뜻을 제대로 안다면 감히 입에 올릴 사람이 몇이나 될까?"라고 묻는다.

그는 "실은 옛 우리 어른들이 쓰던 '노망(老妄, 늙어서 잊어버리는 병)' 또는 '망령(妄靈, 영을 잊는 병)'이 '치매'라는 말보다는 그나마 어른에 대한 경외심을 조금이라도 나타내는 훨씬 인간적인 단어라고 생각한다. 하지만 이 단어들 또한 부정적 인상이 굳어져 탐탁지 않을 수 있다"며 다음과 같이 말한다.

"그래서 '백심증(白心症)'이라는 용어는 어떨까 제안한다. 우리는 '까맣게 잊었다'고도 하지만, 긴장하거나 당황해 아무 생각도 나지 않을 때 '머리가 하얘졌다'고 한다. 어린아이의 뇌는 하얀 도화지와 같고, 살아가면서 여러 가지 그림을 그려나간다. 나이가 들면서, 그 그림들이 하나씩 지워지고 다시 어린아이와 같은 '하얀 마음'으로 돌아간다는 뜻을 담고 있다. 평생 수고하며 살아오신 부모님 마음이 깨끗하게 변해간다고 생각한다면, 어려운 나날을 보내고 있는 환자나 가족은 나름대로 품위를 지키고, 용기와 위로를 받을 수 있지 않을까."[112]

그룹홈(Group home)은 가족이 아닌 이들이 공동생활할 수 있도록 한 시설로, 처음에는 장애인이나 노숙자의 자립을 돕기 위한 시설이었으나 최근에는 치매 등 특정 질환 환자들의 치료·재활을 위해서도 활용된다. 30여 년 전 스웨덴에서 시작된 그룹홈은 세계적 추세로 자리 잡았다. 스웨덴치매센터 소장 빌헬미나 호프만은 "치매 환자에게 가장 도움이 되는 것은 치매 발병 이전의 생활을 계속할 수 있도록 돕는 것"이라며, "그룹홈은 치매 위험 노인들이 주변 사람들과 함께 생활하며 끊임없이 뇌를 자극해 치매 증세 악화를 늦추는 긍정적 작용을 한다"고 말했다.[113][114]

치매라고 하면 기억 등 인지기능 저하만 떠올리기 쉬우나 인지기능 저하가 진행할수록 자신의 질병에 대한 자각 또한 없어진다는 것이 치매의 특징 중 하나이다. 이것이 치매환자를 돌보는 가족이나 돌봄 기관의 서비스 제공자들이 가장 어려워하는 부분이다.

질병에 대한 자각이란 자신의 질병을 객관적으로 파악하는 것으로 병식이 있는 환자들은 치료를 위해 적극적인 의료적 도움을 받아들인다.

그러나 치매환자들은 병식이 없으므로 치료와 돌봄을 위한 협조를 구하기 쉽지 않다. 그래서 흔히 치매라는 병을 앓고 있는 환자보다도 환자를 돌보는 가족에게 부담이 큰 '가족 병'이다.

치매 예방하려면	초기 치매를 의심할 수 있는 증상들
• 짜고 먹되 균형 잡힌 영양 섭취를 해야 한다	• 반복적으로 최근 일에 대한 기억력이 저하된다
• 몸에 맞는 적절한 운동을 꾸준히 해야 한다	• 최근에 나눴던 대화 내용을 기억하지 못한다
• 금연하고, 절주해야 한다	• 물건 둔 곳을 기억하지 못한다
• 기억장애 등 초기증상 시 조기에 진료받아야 한다	• 물건 이름이 잘 생각나지 않는다
• 고혈압, 당뇨, 심장병을 철저히 치료해야 한다	• 평소에 잘 하던 일을 하는 데 어려움이 생긴다
• 처방받지 않은 약을 임의 복용하지 말아야 한다	• 시간과 장소를 혼동한다
• 검증되지 않은 비과학적인 요법은 중단해야 한다	• 계산 능력이나 판단력이 떨어진다
• 머리를 다치지 않도록 해야 한다	• 성격이 몰라보게 변한다

2018년 기준 치매환자는 이미 75만명을 넘는 것으로 추정되며, 이는 제주 전체 인구보다 많은 수로, 65세 이상 노인 10명 중 1명, 85세 이상 노인 3명 중 1명이 치매환자라는 것이다. 치매환자 1인당 연간 관리비용도 평균 2074만원(2017년 기준) 정도 사용되는 것으로 추산하고 있다.

2008년부터 정부는 치매문제를 사회문제로 인식해 '제1차 치매관리종합계획'을 발표하면서 치매관리를 위한 노력을 시작했다. 지난 2017년 9월에는 포괄적으로 치매문제를 다룰 수 있도록 치매국가책임제 시행을 발표했다.

이로써 몇몇 시·도에서 한정적으로 운영하던 치매지원센터가 전국 보건소 단위별 256개 치매안심센터로 확대·설치됐고, 지역 내 치매환자와 보호자가 적절한 치매관리 서비스를 받을 수 있게 됐다.

또한 전국의 국공립요양병원에 치매안심병동을 확충하고, 그동안 장기요양서비스에서 소외됐던 경증 치매환자도 서비스를 받을 수 있도록 등급이 확대됐다. 그 외에도 치매관련 의료비 절감을 위해 중증치매환자의 건강보험 본인부담률이 인하됐고 치매진단검사 건강보험 적용도 확대됐다.

제주도는 치매국가책임제 시행으로 6개 보건소 내에 치매안심센터가 설치·운영되고 있으며, 내년에는 치매전문 안심병동 및 치매전담 주·야간보호센터 등도 개소하게 될 것으로 보여 치매환자를 돌보는 요양기관뿐만 아니라 재가에서 급성기 정신행동증상을 보이는 치매환자와 환자를 돌보는 가족에게도 큰 도움이 될 전망이다.

치매는 이제 개인과 가족의 테두리를 넘어 지역사회와 정부가 함께 고민하고 효과적으로 관리해야하는 사회문제다. 또한 치매예방이나 치료를 위한 완치제의 개발이 요원한 현재로써는 치매에 대한 올바른 이해를 토대로 적극적으로 예방하고, 조기에 발견해, 빠른 치료를 시작하는 것이 최선의 방법이다. 치매가 두려운 질병이기는 하지만 피하지 못했더라도 함께 노력하면 효과적으로 극복할 수 있다는 인식의 개선이 필요하다.

치매안심센터에서는 치매환자와 가족에게 힘이 되어줄 다양한 프로그램들을 무료로 운영하고 있을 뿐만 아니라 일반대중을 대상으로도 다양한 교육과 인식개선 사업들을 진행하고 있다.

그 대표적인 사업 중 하나가 '치매극복의 날'을 전후하여 지역별로 9월 한 달간 펼쳐지는 행사다.

'치매극복의 날'은 오는 21일이며, 이날은 1995년 세계보건기구(WHO)가 국제알츠하이머협회(ADI)와 함께 가족과 사회가 치매환자 돌봄 문제를 새롭게 인식하는 계기를 마련하고자 지정한 날로 우리나라는 2008년부터 이날을 기념해 오다 2011년 '치매관리법' 제정과 함께 법정기념일로 지정했다.

올해도 '제12회 치매극복의 날'을 맞아 치매관리의 중요성을 널리 알리고 치매극복에 대한 범국민적 공감대 형성을 위해 전국적으로 기념식 및 주간행사를 진행하고 있다.

제주도는 광역치매센터와 6개 보건소 치매안심센터 관할 지역별로 치매인식개선을 위한 다채로운 행사가 9월 한 달 동안 열릴 예정이다. 치매에 대한 도민의 많은 관심과 행사 참여를 기대해 본다.[115]

53. 심장병, 뇌졸중 국가관리 시급하다

심장병(heart disease, 心臟病)은 심근경색으로 대표되는 심장질환은 삼대 사인의 하나이며, 뇌졸중은 뇌에 분포하는 동맥혈관이 혈전으로 막히거나 혹은 터지면서 유발되는 질환이다.

우리 사회에 꼭 필요한 또 한 사람이 급성심장병으로 사망했다. 중앙응급의료센터장 윤한덕 선생이다. 그는 응급의료를 위해 사무실에서 먹고 자며 일만 했다. 그를 만날 때마다 집에서 자고 운동하라고 권유했지만 그는 자신의 몸보다 일을 더 소중하게 생각했다.

지난해에는 세계적으로 촉망받던 바이올리니스트 권혁주씨가 32세라는 젊은 나이에 급성 심장병으로 사망함으로써 음악계를 안타깝게 했다. 미국의 루스벨트 대통령도 1945년 집무실에서 뇌졸중으로 사망했다. 이 사건을 계기로 미국에서는 1950년부터 뇌졸중과 심장병 발생 원인을 추적 조사하고 있다. 현재 우리나라 사람의 사망원인 1위는 뇌졸중이다. 2위는 폐암, 3위는 폐렴, 4위와 5위는 심장 관련 질병이다. 심뇌혈관질환은 국가 차원에서 조금만 관심을 기울이면 사망률을 크게 낮출 수 있다. 세계보건기구(WHO)는 심뇌혈관질환의 80%가 예방 가능하다고 한다. 심뇌혈관질환의 위험요인과 기여도는 고혈압(34%), 흡연(26%), 고콜레스테롤 혈증(5.1%), 당뇨병(2.5%) 등의 순이다. 고혈압 관리와 금연만으로도 심뇌혈관질환의 60%를 예방할 수 있다는 얘기다.

심뇌혈관질환 예방을 위한 고혈압 관리사업에는 몇 가지 핵심요소가 있다. 첫째, 고혈압환자가 1년에 최소 290일 이상 약을 복용하도록 지원하는 것이다. 둘째, 금연·절주·운동·저염식 등을 실천에 옮길 수 있도록 환자에게 조직화된 교육을 제공하고 생활 행태 변화를 지도하는 서비스가 뒷받침돼야 한다. 마지막으로 합병증을 조기에 발견해 대처하는 방편으로 정기적으로 부작용을 검사해야 한다.

현재 우리나라 19개 시군구에서 10년째 이러한 모형으로 고혈압, 당뇨병 등록관리사업을 시행하고 있다. 평가 결과 65세 이상 환자 대부분이 월 1회 병원을 지속적으로 방문해 진료와 교육을 받고 금연 등을 시행하는 것으로 드러났다. 그 결과 뇌졸중과 심장병 발생이 5% 이상 줄었다.

정부는 사회의 중추가 되는 연령층이 더 이상 심장병과 뇌졸중으로 희생되지 않도록 10년간 시행해 성공한 이 사업의 전국적인 확대를 위해 건강증진기금 지원을 대폭 강화해야 할 것이다.[116]

54. 급성기관지염(急性氣管支炎)

급성기관지염(急性氣管支炎, acute bronchitis, chest cold)은 허파 기관지의 단기간의 염증이다. 가장 흔한 증상은 기침이다. 다른 증상에는 가래, 천명, 호흡곤란, 발열, 흉통을 포함한다. 이 감염은 수 일에서 10일 간 지속될 수 있다. 보통 증상은 3주 정도 지속되는데 이후 수주 간 기침이 지속될 수 있다. 일부는 최대 6주까지 증상이 있을 수 있다.[117)118]

병인의 90% 이상이 바이러스 감염이다. 이 바이러스들은 직접 접촉에 의해서나 사람이 기침을 할 때 공기를 통해 퍼진다. 위험 요인에는 담배 연기, 먼지, 기타 공기 오염의 노출을 포함한다.[119] 일부의 경우 높은 수준의 공기 오염이나, 폐렴미코플라스마, 백일해균과 같은 병균에 의해서이다.[120] 진단은 일반적으로 사람의 증상에 기반하여 이루어진다.[121] 가래의 색은 감염이 바이러스성인지 병원성인지를 가늠하지 않는다. 기반이 되는 유기체를 확인하는 일은 보통 필요하지 않다. 비슷한 증상의 다른 병인에는 천식, 폐렴, 모세기관지염, 기관지확장증, 만성 폐쇄성 폐질환(COPD)를 포함한다.[122] 폐렴 확인에는 흉부 엑스레이가 유용할 수 있다.

예방 방법은 금연 및 기타 허파 자극물을 회피하는 것이다. 자주 손을 씻는 것도 예방에 도움이 된다.[123] 급성 기관지염의 치료는 일반적으로 발열을 완화하기 위해 NSAIDs, 아세트아미노펜의 복용 및 휴식이 동반된다.[124] 기침약은 사용 시 도움이 거의 되지 않으며 6세 미만의 어린이에게 권장되지 않는다.[125] 살부타몰이 천명 환자에게 유용할 수 있다는 잠정적인 증거가 있으나 신경질을 유발할 수 있다.[126] 항생제는 일반적으로 사용하지 않는 것이 좋다.[127] 급성 기관지염이 백일해에 기인한 것이라면 예외이다. 꿀과 펠라르고늄이 증상 완화에 도움을 준다는 잠정적인 증거가 있다.[128]

급성 기관지염은 매우 흔한 질병들 가운데 하나이다. 성인 중 약 5%가 영향을 받으며 어린이들 가운데 약 6%은 적어도 한 해에 한 번 발병한다. 겨울에 더 자주 발생한다. 미국 내 10,000,000명 이상의 인구가 해마다 이 질병 때문에 병원에 방문하며 약 70%가 항생제를 받는데 그 중 대부분은 이것이 불필요하다. 급성 기관지염에 항생제 사용을 줄이려는 노력이 있다.[129]

급성기관지염은 기관지에 바이러스 혹은 박테리아, 독성 물질 등에 의해 급성으로 발생한 염증에 의한 질병이다. 소아의 급성기관지염은 50~75%가 바이러스 감염이다.

급성기관지염의 대표적인 증상은 기침이다. 한번 발병하면 심한 기침을 동반하며 숨을 가쁘게 몰아쉬고 쌕쌕거린다. 간혹 폐렴을 의심할 정도로 기침이 심해서 입원하는 경우도 있다. 소아들의 경우 기침 때문에 제대로 영양을 섭취하지 못해 탈수나 심각한 영양불균형 상황에 놓이는 경우도 있다. 초기에 감기 증상과 비슷해 약국에서 종합감기약을 사먹거나 치료를 하지 않고 방치하다가 합병증이 동반되는 등 증상이 심각해져 병원을 찾는 경우가 많다. 증상이 심해지면 호흡이 더 가빠지고 심장 박동도 급격히 증가한다.

대개 소아의 급성기관지염은 항생제 처방을 하지 않는다. 만약 열이 동반된다면 해열제를 먹이며, 영양불균형 상태에서 면역력이 더욱 저하되고 탈수 등의 증상이 나타날 수 있어 주사를 통해 영양을 공급한다. 또한 네뷸라이저 치료가 증상 완화에 도움을 주기도 한다. 네뷸라이저는 약 성분을 마스크를 통해 코와 입으로 흡입하는 것으로 미세한 약 성분이 모세기관지까지 직접 도달하기 때문에 효과적이다.

특히 3일 이상 열이 지속되거나, 체온이 38도 이상 올라갈 때는 반드시 가까운 병원을 찾아 진단을 받아야 하며 초기에는 기침같은 감기 증세가 며칠 지속되다가 갑자기 고열과 함께 몹시 보채고, 심한 기침과 호흡수가 매분 60회 이상 혹은 숨쉬는 것을 힘들어 할 경우에는 폐렴 등 다양한 합병증이 발생했을 가능성이 있어 즉시 치료를 받는 것이 더 큰 질병을 예방하는 방법이다.[130]

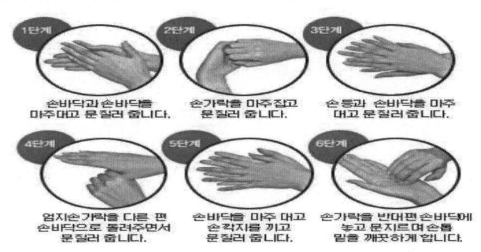

http://blog.naver.com/hoopilates/220312537602482x436(2015. 03. 27)

☞ **면역력 떨어지는 환절기 '급성 기관지염' 조심**

고등학생 A양은 한 달 째 낫지 않는 감기로 고생하고 있다. 처음엔 기침이 조금씩 나오더니 점차 목이 아프고, 코 막힘이 있어 잠잘 때 불편했다. 때문에 병원에 여러 번 내원했지만, 약을 먹어도 일시적으로 증상이 완화될 뿐이었다. 한창 수능 준비에 박차를 가해야 할 때인데 감기 때문에 집중력이 흐려져 괴로움을 호소했다.

건강보험심사평가원에 따르면 감기가 만성화되어 이행되는 '급성 기관지염'의 진료 인원은 2015년 1499만 명에서 2017년 1619만 명으로 증가한 것으로 나타났다. 특히, 추위가 시작되는 11월부터 12월까지의 환자수가 가장 많은 것으로 확인됐다.

급성 기관지염은 목구멍 뒤에 위치한 폐로 들어가는 기관지에 바이러스, 세균 등에 의해 급성 염증 반응이 생긴 것을 말한다. 이로 인해 기관지의 점막이 붓고, 점액이 분비되어 기관지가 점차 좁아지게 된다. 바이러스는 사람을 통해 전염되는 경우가 가장 많은데, 손으로 전파되기도 하고 호흡기를 통해 침입하기도 한다.

대표적인 증상은 심한 기침이다. 초기에는 콧물, 미열, 근육통, 오한과 같은 가벼운 감기 몸살 증상이 있다가 이후에 점차 기침이 심해진다. 기침은 가래가 없는 마른 기침으로 시작하여 점차 점액이 섞인 가래가 나오게 된다. 또한 코가 막혀 숨을 쉴 때 바람 소리 같은 것이 나며, 숨 쉬기가 힘들어진다. 증상이 심한 경우에는 열이 38~39도까지 올라가기도 한다.

보통의 경우 초기 감기부터 급성 기관지염까지 한 달이면 완화된다. 그러나, 그 이상 지속된다면 신체 면역력 저하를 의심해봐야 한다. 우리 몸의 면역력은 위장에서 주관한다. 이는 면역 세포의 70% 이상이 위장에서 분포 및 생성되기 때문이다. 따라서 위장의 환경을 깨끗하게 유지하는 것이 중요하다. 그러나 평소 잘못된 식습관이나 생활습관이 있으면 위장이 쉽게 약해지면서 섭취한 음식물을 잘 소화시키지 못하게 된다.

이로 인해 위장 안에 미처 소화되지 못하고 남은 음식물이 썩으면서 '담'이라는 독소가 형성된다. 담 독소는 위장에 분포한 면역 세포가 제 기능을 하지 못하도록 방해하고, 위장과 연결된 혈관과 림프관을 통해 전신을 돌며 각종 염증을 만들고, 면역계를 혼란 및 과도하게 활성화 시킨다. 가벼운 감기가 급성 기관지염으로 이행되고, 증상이 잘 낫지 않는 이유이다.

잘 낫지 않는 감기로 고생하고 있다면, 위장에 형성된 담 독소를 제거하면서 위장의 환경과 전신 면역력을 정상화하는 치료를 고려해보는 것이 좋다. 전신 면역의 핵심적인 역할을 하는 위장이 건강해야 면역 기능이 정상화되어 오래 고생한 감기, 기관지염 증상도 효과적으로 개선될 수 있다. 다만, 치료 구성은 전문의의 정확한 진단 및 검사 후에 진행되어야 하며, 개인마다 치료 기간과 효과는 달라질 수 있다는 점 유의해야 한다.

면역계 이상으로 인한 알레르기 질환은 재발을 반복하거나 양방 치료로 인한 부작용 사례가 많다. 때문에 위장의 담 독소를 제거하면서 면역력을 안정 및 정상화시키는 치료로 만성 감기, 기침, 비염, 안구건조, 대상포진을 효과적으로 개선시킬 수 있다.

치료와 함께 평소 면역력을 관리하려는 노력이 더해지면 좋다. 특히, 호흡기 질환의 경우 건조하면 발생률이 높아지기 때문에 평소 물을 자주 마셔서 목이 건조하지 않도록 관리하도록 한다. 이 외에도 위장의 좋은 환경을 유지할 수 있도록 규칙적인 식사, 올바른 식습관을 갖는 것이 중요하다.[131]

☞ 진료인원 가장 많은 질병은 '급성기관지염'

외래 진료인원이 가장 많은 질병은 '급성 기관지염' 으로 파악됐다. 또, 의원급 의료기관 가운데 정신건강의학과와 안과의 요양급여비용이 비교적 큰 폭으로 증가한 것으로 나타났다.

건강보험심사평가원의 올해 1분기 진료비 통계자료에 따르면 외래를 기준으로 진료인원이 가장 많은 질병은 '급성 기관지염' 으로 파악됐다.

외래 진료인원이 많은 질병은 '급성 기관지염' (651만 9432명)이 600만명을 넘어 가장 많았으며, '치은염 및 치주질환' (556만 2697명), '본태성(원발성) 고혈압' (506만 5218명) 순으로 많은 것으로 나타났다.

의원 가운데 요양급여비용 증가폭이 가장 큰 과목은 정신건강의학과인 것으로 나타났다. 정신건강의학과의 1분기 요양급여비용은 전년 같은 기간(1089억원)과 비교할 때 22.8% 늘어난 1337억원이었다. 이어 안과(18.5%)와 비뇨의학과(16.6%)의 요양급여비용도 지난해 1분기에 비해 증가했다. 안과는 3693억원에서 4375억원으로, 비뇨의학과는 988억원에서 1152억원으로 늘었다.

과목별 요양급여비용이 가장 많은 곳은 내과로 나타났다. 일반의를 제외하고 의원의 표시과목별 가운데 내과의 1분기 요양급여비용은 7149억원으로 지난해 보다 7.1% 가량 증가했다. 또, 안과 4375억원, 정형외과 4183억원, 이비인후과 3408억원 순으로 요양급여비용이 많았다.

특히 외래 가운데 요양급여비용 증가율이 가장 높은 질병은 '치아우식' 으로 지난 2018년 1분기 918억원에서 올해 1분기 1362억원으로 48.4% 증가했다.

한편 65세 이상 외래만을 놓고 볼 때 가장 많은 다발생 질병은 '본태성(원발성) 고혈압' 이었다. 65세 이상을 기준으로 '본태성(원발성 고혈압)' 의 진료인원은 226만 7367명이었으며, '치은염 및 치주질환' 이 105만 4019명, '2형 당뇨병' 93만 1321명, '급성 기관지염' 83만으로 나타났다.[132]

55. 고관절 골절·근감소증 신경써야 건강한 노년 생활

인체의 모든 뼈는 서로 연결되어 전체 골격을 형성하는데, 두개 이상의 뼈와 뼈가 서로 만나는 부분을 관절이라 한다. 그 중 고관절은 골반의 컵모양으로 생긴 비구부분과 대퇴골의 둥그런 머리부분이 만나 형성된 우리 몸에서 가장 큰 관절이다. 특히 관절은 두 개의 뼈 사이 조직의 종류에 따라 섬유관절, 연골관절, 윤활관절로 나뉜다.

비구와 대퇴골두 사이 관절면에는 연골과 지방이 있어 관절이 움직이는데 완충작용을 할 수 있어 윤활관절에 속하며, 아래로 연결된 인대는 고관절과 대퇴골을 강하게 붙잡아 서로가 떨어지지 않도록 고정시키는 역할을 한다.

고관절

http://blog.naver.com/woorihp/221472868687(2019. 02. 23)

한국은 세계에서 가장 급속히 고령화가 진행되고 있는 국가 중 하나다. 이미 잘 알려진 바와 같이 우리나라는 고령화 사회를 지나 2017년 65세 이상 인구가 전체 인구의 14%를 넘어서며 고령 사회에 진입했다. 통계청은 65세 이상 인구가 전체 인구의 20% 이상이 되는 초고령 사회의 진입을 2026년으로 전망하고 있다.

최근 고령의 고관절 골절은 언론매체를 통해 자주 등장해 이제는 많은 사람이 관심을 둘 정도로 잘 알려져 있다. 그만큼 10여년 전에 비해 고관절 골절의 발생이 많이 증가했을 뿐 아니라 그 발생 연령도 매우 높아지고 있는 것이 현실이다. 예를 들면 10여년 전에는 70대 골절이 평균이었다면 지금은 80대 골절이 평균이 됐을 정도다.

고관절 골절은 고령의 골다공증이 있는 사람에서 흔히 발생하고 남성보다는 여성에서 많이 발생한다. 그리고 골절의 위치에 따라 대퇴골 경부 골절과 전자간부 또는 전자하부 골절로 나뉘며 그에 따른 치료도 고관절 인공관절치환술 또는 골수정을 이용한 내고정술 등이 시행된다.

고령인 만큼 내과적 질환을 동반한 경우가 많기에 수술 전후 합병증의 가능성이 상대적으로 높지만 수술 후 이전의 보행 능력을 회복하기 위해서는 가능한 빠른 수술 시기와 수술 후 빠른 보행이 치료의 관건이라고 할 수 있다.

http://alwaysfresh.tistory.com/130(2018. 11. 27)

고관절 골절 발생 후 수술 전 기능 상태로 돌아가기 위한 요인은 다양하다. 그중 최근 주목받는 것은 근감소증(sarcopenia)이다.

인간은 약 642개의 근육을 가지고 있고 근육은 체중의 40~50%를 차지하며 자세를 잡고, 보행을 하며 숨을 쉬게 하는 중요한 기능을 한다. 이런 근육량은 30대 이후로 점진적으로 감소하게 된다.

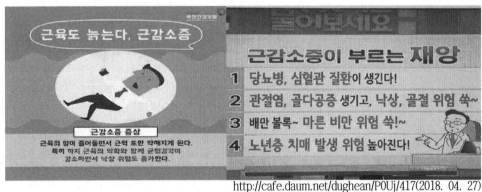

http://cafe.daum.net/dughean/P0Uj/417(2018. 04. 27)
http://cafe.daum.net/After50/g1GD/125400x400(2019. 11. 26)

근육량과 근력은 나이가 들어감에 따라 감소하기 마련이다. 이를 근감소증이라고 하는데, 요즘같이 날씨가 추울 때 근감소증은 전반적인 신체 기능을 떨어지게 할 수 있으므로 특히 주의해야 한다.

골절이 발생할 수 있는 낙상사고가 위험하다. 근육량과 근력이 줄어들면 몸의 균형을 잃기 쉽다. 그 상태로 얼음판에 미끄러지거나 떨어지면 고관절이나 척추 등이 다칠 수 있다. 골절은 심각한 후유증을 남길 수 있고, 심한 경우 사망에 이르기도 하기 때문에 각별한 주의가 필요하다.

근력이 약한 노년층은 특히 낙상 사고에 주의해야 한다. 자주 걸어 다니는 실내에 잡고 일어날 수 있는 기구를 설치하거나, 미끄럽지 않은 재료로 바닥재를 사용하는 것이 좋다.

그렇다고 실내에만 있는 것도 좋지 않다. 비교적 온도가 높은 낮에 걷기와 같은 유산소 운동을 통해 근력이나 근육량을 강화시켜야 한다. 운동을 할 때는 단백질을 섭취해 근육량 증가에 도움을 주는 것도 좋다.

엉덩이·가슴·어깨·등 근육 키워야… 만성질환 위험 낮추고 낙상 예방

노인 근감소증 예방·완화 운동법 각 운동을 12회씩 3세트, 1주 3회 이상 실시

엉덩이·허벅지
탄력밴드를 밟고 어깨에 건 뒤 스쿼트
한 발을 앞으로 내민 상태에서 앉았다 일어나기

가슴·팔·허리
바닥에 무릎을 대고 팔굽혀펴기

어깨
탄력밴드를 한발로 밟은 뒤 양팔로 당기기

광배근·승모근
앉아서 탄력밴드를 발에 건 뒤 당기기

그래픽 = 김충민 기자
자료 : 서울대 건강운동과학연구실

: 노인 근감소증 나이가 들면서 근육량·근력이 떨어지는 증상. 심뇌혈관질환·골다공증·낙상 위험이 높아진다. 사망 위험도 올라간다. 65세 이상 남자 35.3%, 여자 13.4%가 앓고 있다.

http://cafe.daum.net/dughean/P0Uj/417(2018. 04. 27)

근감소증에 대한 연구는 최근 활발하게 진행되고 있다. 최근 연구에 따르면 근감소증에 도움이 되는 것으로는 운동 및 식이 요법 등이 있다고 알려져 있다. 운동 치료로는 1주일에 2회 이상 60분 정도의 웨이트 트레이닝(저항 운동)을 3개월 이상 지속하는 것을 추천하고 있다.

식이 요법으로는 충분한 단백질 섭취 및 필수 아미노산의 섭취가 하지 근력 강화에 도움이 된다고 알려져 있다. 또 비타민 D와 칼슘의 섭취 또한 도움이 된다고 알려져 있다.

근감소증은 신체적인 취약함을 유발해 낙상의 위험을 높여 고관절 골절 등 고령에서 여러 위험을 야기할 수 있다. 늘어나는 노년 생활만큼 더욱 중요한 것은 건강함을 지속하는 것이다. 건강하고 행복한 노년 생활을 위해 근감소증에 대한 관심 및 치료가 매우 중요하다.[133]

☞ 노인 고관절 골절 … 인공관절 수술이 필요한 경우는?

노령화가 지속되면서 골다공증 등으로 뼈가 약화돼 척추 및 고관절 등이 골절되는 환자들이 늘어나고 있다.

노인에게 발생하는 낙상 골절 사고 중 가장 조심해야 할 게 허벅지와 골반 연결 부위가 부러지는 고관절 골절이다. 60대 이후에는 골조직이 급격히 약화돼 길에서 넘어지거나 침대에서 떨어져도 골절이 발생할 수 있고, 빙판길이 생기는 요즘 같은 겨울 날씨에는 빙판길에 미끄러져 골절 위험이 특히 증가한다.

노인의 낙상은 사망으로 이어질 수 있다. 고관절의 경우, 골절로 인해 장기간 침상에 누워 있으면 폐렴, 욕창, 혈전에 의한 심장마비, 뇌졸중 등 다양한 합병증 발병 위험이 높아진다. 이에 따라 골 고정술(골절된 부위를 정복해 뼈를 고정하는 수술)이나 인공관절치환술을 받는 환자도 증가하고 있다. 최근엔 골 고정술보다 일상으로의 빠른 복귀가 가능한 인공관절치환술을 선호하는 추세지만, 여전히 인공관절 수술에 대해 두렵거나 위험하다고 생각하는 사람들도 많다.

고관절 인공관절치환술에 대해 대전선병원 정형외과 이봉주 전문의의 도움말로 알아본다.

♡ 인공관절 수술, 언제 필요한가요?

고관절 인공관절치환술이 필요한 경우는 △대퇴경부 골절(엉치뼈가 부러지는 것), 대퇴 전자간 분쇄골절(대퇴골 상부에서 옆으로 돌출된 부위가 부러지는 것), 대퇴골두 무혈성 괴사(대퇴골두 부분에 혈액이 제대로 공급되지 않아 뼈가 썩는 질환), 골 관절염 등이 발생했을 때다.

환자가 고령이라면 고관절 주위 골절의 대부분이 인공관절 수술을 요하는 경우라고 할 수 있다. 인공관절치환술은 골절된 대퇴 근위부 뼈를 제거하고 비구(엉치뼈 바깥쪽에서 오목하게 들어간 곳)에 해당하는 골반의 연골 부위를 갈아낸 뒤 인공관절 치환물을 삽입하는 방식으로 이루어진다. 뼈를 제거하고 비구 연골을 다듬는 과정에서 출혈과 감염이 발생할 수 있어 수술 시 이 과정이 아주 중요하다.

♡ 선생님 부모님께도 수술을 권하시겠어요?

보호자에게 가장 많이 받는 질문이 "선생님의 부모님께도 수술을 권하시겠어요?" 다. 고관절 골절로 인한 부상은 여러 후유증이나 사망으로 이어질 수 있다. 골절 후 심한 통증이 생긴다는 점, 이러한 통증이 얼마나 오래 지속될 지 알 수 없다는 점, 골절되면서 생긴 출혈로 인해 심장, 폐, 다른 여러 장기들의 정상적인 기능이 힘들어진다는 점, 이런 일련의 과정 속에서 침상에 누워 지내는 동안 발생할 수 있는 욕창, 흡인성 폐렴, 혈전으로 인해 심뇌혈관 합병증이 발생할 수 있다는 점을 인지해야 한다.

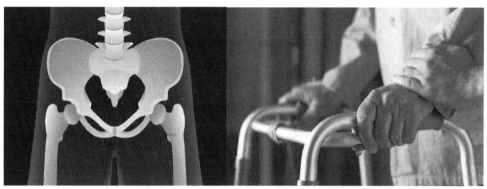

골반뼈 이미지, 고관절환자 이미지

♡ 수술을 잘 견딜 수 있을까요?

환자나 그 보호자에게 항상 먼저 하는 말도 있다. "평소 식사는 잘 하셨나요?", "평소 활동은 하셨던 분인가요?" 등의 질문을 먼저 한다. 고령 환자의 심장이나 폐는 정상 성인보다 약한 경우가 많다. 물론 객관적인 의학적 검사 소견도 검토하지만, 평소 활발하게 활동하면서 식사를 잘 했다면 수술 과정을 잘 견딜 수 있다. 특히 호흡기내과, 심장내과, 내분비내과 등 타 진료과와의 협진을 통해 수술이 가능할 것인지 충분히 검토한다.

♡ 수술하면 얼마 후에 다시 걸을 수 있나요?

고령의 환자에게 골절이 발생했을 시 침상에서 안정을 취하며 전신 상태가 좋아질 때를 기다리면 욕창이나 염증이 발생할 수 있기 때문에 최대한 빠른 시일 내에 수술을 시행해야 한다. 수술은 대체로 척추 마취를 한 후 진행되고, 수술 후엔 2~3일 동안에는 안정을 취하며 통증을 조절한다. 이때 휠체어 보행 및 기립 운동을 시작한다. 재활 프로그램에 맞추어 회복이 잘 되는 경우에는 상처 치료가 끝나는 2주 정도 후면 보행기를 잡고 병동에서 걷기 운동을 할 수 있다.

♡ 수술 후 주의해야 할 점은?

인공관절치환술은 수술 후 부주의로 재수술이 필요할 수 있어 여러 가지 점들에 주의해야 한다. 그중에서도 '탈구'라는 초기 합병증에 주의해야 한다. 초기 인공관절의 탈구는 습관성 탈구를 유발하고 치환물의 수명을 단축시킨다. 치환물을 오래 잘 쓰려면 쪼그려 앉기, 고관절 내전(몸 쪽으로 가까이하는 것) 및 내회전(몸의 중심부 방향으로 회전하는 것)을 자제해야 하며, 무릎보다 낮은 의자에 앉는 것을 삼가는 것이 좋다. 또한 수술 후 보행 중에 넘어질 수 있어 3개월 정도 지팡이 보행을 권장한다.

♡ 수술을 미루면 안 되나요?

필자의 여러 사례 중, 수술이 위험하다며 수술을 거부했던 환자들이 요양병원에서 2~3개월 누워 통증 조절만 하고 지내다가 여러 가지 합병증과 누적되는 의료비로 인해 수술을 결심하고 찾아온 경우들이 있다. 인공관절 수술을 망설이는 고령환자의 가족들도 인공관절치환술이 부모님을 위한 더 나은 선택일 수 있다는 것을 생각해 봐야 한다. 고령의 환자가 수술 받는 것이 불안하거나 부모님이 오히려 고생하실까 걱정된다면 한 번쯤은 부모님 입장에서 수술 후의 장점을 생각해본 뒤, 걸을 수 있는 기회를 놓치지 않게 해드리는 것이 좋다.

♡ 예방하려면 어떻게 해야 하나요?

뼈가 약한 노인들은 단순 낙상으로도 골절상을 입을 수 있어 본인뿐 아니라 주위 사람들도 낙상 예방에 주의해야 한다. 앉아 있거나 누워 있을 때는 천천히 일어나야 하고, 계단을 오를 때는 항상 난간을 붙잡은 뒤 천천히 움직여야 한다. 보행시에는 굽이 낮은 신발, 잘 미끄러지지 않는 신발을 착용하는 것이 좋다. 필요한 경우 보행기나 지팡이를 사용해 무리하지 않도록 하는 것이 좋으며, 실내에 있을 때는 화장실, 거실 등의 바닥에 물기를 없애 미끄러지지 않도록 해야 한다.

골절 위험은 골밀도가 줄어들수록 높아져 평소에 뼈 건강에 도움이 되는 생활습관을 유지하는 것이 필요하다. 칼슘을 많이 섭취하고 나트륨과 카페인의 과도한 섭취를 줄이는 것이 좋다.

평소 꾸준히 운동하는 것도 필요하다. 꾸준한 운동은 골밀도가 최대 수치에 이르는 데 도움이 되며 중년 이후 골밀도 감소 속도를 줄여준다. 스트레칭, 소도구를

이용한 근력 운동, 걷기와 수영 등의 심폐지구력 운동을 꾸준히 하는 것이 좋다.[134]

〔 노년기 落傷, 암보다 위험.. 고관절 골절되면 사망률 17% 〕

http://v.media.daum.net/v/20170111040017692(조선일보, 2017. 01. 11)

http://cafe.daum.net/welljoint/Kxxl/2197(2017. 12. 02)

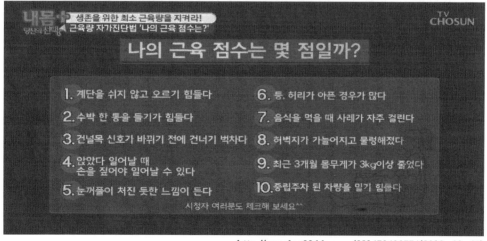

http://annalee90.blog.me/221450496774(2019. 01. 25)

56. 장수(長壽))의 열쇠 - '텔로미어'

장수(長壽)는 오래 사는 것, 비슷한 낱말로는 만수가 있다. 반대말은 요절. 모두 이것을 하라고 말하지만 정작 오래 산 사람은 싫어하는 것처럼 보인다. 현실에서는 대체로 여성의 평균 수명이 더 높은 편이다.[135]

'텔로미어' 라는 말을 들어보신 적이 있나요? 생명의 '회수권' 이라고도 불리는 이 물질은 우리들의 세포 속에 들어 있는 것이다.

인간의 신체는 수많은 세포로 구성돼 있고 하나하나의 세포에는 세포핵이 있으며 세포핵 속에는 유전정보를 지닌 염색체가 있다.

이 염색체의 양쪽 끝에 '텔로미어' 라는 것이 존재한다. 알기 쉽게 '구두 끈' 에 비유하면 구두 끈의 양쪽 끝에 끼워져 있는 플라스틱 캡이 텔로미어다.

이 캡이 구두 끈 끝이 흐트러지는 것을 막는 역할과 같이 텔로미어는 염색체(유전정보)를 보호하는 역할을 한다. 사람의 건강상태를 나타내는 것으로써 혈압, 혈당치, 콜레스테롤 수치, 체중, 영양상태 등 여러 가지가 있지만 최근 텔로미어가 온 몸의 건강 상태를 나타내는 지표의 하나로써 주목을 받고 있다.

"인간은 모두 나이를 먹으며 늙어간다. 그렇지만 어떻게 늙어가는가를 크게 좌우하는 것은 세포의 건강상태이다" 라는 말은 2009년 텔로미어 연구업적으로 노벨 생리의학상을 받은 엘리자베스 블랙번 박사와 공동 연구자인 엘리사 에펠 박사가 그들의 저서에서 기술한 것이다. 블랙번 박사는 "우리들 자신이 자기가 늙어가는 상태를 변화시킬 수 있다" 고 강조하고 있다.

실제 연령보다 젊게 보이는 사람이 있는가 하면 나이가 비슷한 사람들 사이에서도 건강상태에 차이가 보인다.

이렇게 되는 것은 모두 세포의 노화와 관계가 있다는 것이다. 결국 세포 차원(레벨)에서 건강을 고려하는 것이 건강수명을 늘리는 궁극적인 대책이라고 말할 수 있을는지 모르겠다.

그러면 텔로미어가 노화와 어떠한 관계에 있는가를 설명해 보자.

우리들의 신체는 피부, 머리털, 장기(腸器)세포, 심혈관계(系)의 내측을 덮고 있는 것 등 모든 장소에서 세포가 분열을 반복해 새로운 세포를 재생하면서 건강을 유지하고 있는 것이다.

세포가 분열할 때마다 텔로미어는 짧아져 간다. 텔로미어가 극단히 짧아지면 염색체를 방어할 수 없고 "세포분열을 정지하라" 는 사인(sign)을 보낸다. 세포는 분열을 종료한다. 이렇게 되면 세포가 노화하게 된다는 것이다. 결국 텔로미어가 짧아지는 것이 세포 노화의 원인의 하나라고 생각되고 있는 것이다.

블랙번 박사는 그의 저서에서 텔로미어의 길이(장단, 長短)에 관계하는 요인으로써 식사, 수면, 운동, 심리적 스트레스를 들고 있다. 해조류 섭취를 권장하는 데 해조류에는 세포 분열 과정을 조절하는 작용이 있으며 칼슘이나 마그네슘을 풍부히 함유한다. 칼슘이 세포에 이로운 작용을 많이 한다는 것이 최근 연구에서 밝혀졌다. 근육 수축이나 혈액 순환의 정상화, 산소의 작용이나 홀몬기능을 활발히 하며 면역계에 작용해 병원균에 대한 저항력을 높인다. 마그네슘은 칼슘작용을 도와 준다.

국내에서도 관련 연구가 있었는 데 중장년을 대상으로 집단적 연구를 실시한 바 해조류나 물고기를 많이 섭취한 사람은 10년 후 적색육, 정제식품이나 가공식품을 많이 섭취한 사람보다 텔로미어가 길었다는 것이다. 그 외로 텔로미어를 길게 하는 식품은 현미와 같은 곡물, 견과류 등이 있다.

다음으로 수면에 대해서 말하면 매일 5~6시간밖에 안 자는 고령자의 텔로미어는 짧은 경향이 있지만 7시간 이상 자는 고령자의 경우는 중년과 같던지 그 이상으로 길었다는 것이다.

우리 몸에는 상처를 치유하는 효소가 있어 아무 이상 없이 수복(修復)되는 기능이 있다. 그러나 원상태로 돌릴 수없을 만큼 상처를 입었다면 병이 발생하거나 사망할 수도 있다.

수면 중에는 신체의 활동이 멈춰 수복 기능에 전념하지만 수면이 충분치 못 하면 수복이 잘 이뤄지지 않는다. 수면시간은 뇌가 휴식한다는 면이 있지만 중요한 것은 상처 받은 세포가 수복되는 시간이라는 것이다.

블랙번 박사도 그의 저서에서 "자기의 수면의 질이 양호하다고 평가하는 사람일수록 텔로미어가 길었다"고 보고 했다. [136)

☞ 건강(健康) 장수(長壽) 행동강령(行動綱領)/노년(老年)의 기쁨 – 어울림

새로운 시대에 부응해 보다 건강한 장수를 누리기 위해서는 진취적이고 적극적인 삶의 자세가 필요하다.

그러기 위해선 '해서는 안된다'는 계명(誡命)이 아니라 '해야 한다'는 강령(綱領)이 필요하다.

구체적으로 어떻게 생활해야 할까? 필자가 수십 년 동안 국내 백세인 연구를 하면서 장수인의 삶에 새겨진 건강 장수 행동강령을 정리하면 다음 여덟 가지다.

384 노인 건강 복지정책

1. 몸을 움직이자.

나이가 들어 삶의 패턴과 생활 습관을 개선하기 위한 첫번째 노력은 몸을 움직이는 데 망설여서는 안 된다는 것이다. 한 백세인은 자신의 장수비결을 '자전거 장수론'이라고 표현했다.

계속 달려야 쓰러지지 않는 자전거처럼 몸을 쉬지 않고 사용했다는 것이다. 장수를 위해서는 노동이든 운동이든 몸과 마음을 지속적으로 사용해야 한다.

쉽게 할 수 있는 것은 걷기다. 또 뜰을 가꾸든지 밭일을 돕든지, 지역 봉사를 위한 품앗이를 하는 것이다.

2. 마음을 쏟자.

단순하게 몸을 움직이는 것이 아니라 목적을 가지고 마음을 쏟아야 한다. 98세 때 시집을 출판해 베스트셀러가 된 일본의 '시바타 도요'는 "아흔여덟이라도 사랑은 하는 거야.

구름도 타고 싶은걸" 이라며 자신의 감정을 표현했다. 나이 듦이 세상사에 대한 관심을 끊을 이유는 되지 않는다. 자신이 스스로 포기하지 않는 한 무엇이든 관심을 두지 못할 이유는 없다.

나이에 상관없이 감정을 과감하게 표현하면서 살아야 한다. 대부분 백세인은 자신의 희로애락 감정을 발산하는 데 전혀 망설이지 않는다.

3. 변화(變化)에 적응(適應)하자.

과학기술의 혁명으로 일상생활의 패턴뿐만 아니라 인간관계의 본질까지 변하고 있다. 이러한 상황에서 과거 집착적 사고는 안 된다.

나이가 많아도 새로운 사실을, 새로운 기술을 빨리배우는 길만이 여생을 기쁘게 살 수 있는 길이다. 다가오는 변화를 거부하지 말고 받아들여야 한다.

얼마나 수용할 수 있는가에 따라 내 삶의 터전과 할 수 있는 일의 범위가 확대된다. 배움에는 나이 제한이 없다.

나이가 들수록 젊은이들보다 더 많은 일을 하고, 더 넓은 세상을 보고 듣고 즐겨야 한다.

4. 규칙적(規則的)이어야 한다.

사람에게는 본디 규칙적인 생활 리듬이 있다. 이러한 일중리듬(circadian rhythm)은 모든 생리 현상과 생활 기능에 영향을 준다.

그런데 은퇴 후 갖는 가장 큰 고통중 하나가 일상생활의 리듬이 바뀌거나 소실 된다는 점이다.

은퇴 전에는 직장이라는 시간 결정자(Zeit Geber)가 있어 출퇴근이 강제적이었 다면, 은퇴 후에는 강제적 시간 결정자가 없다.

따라서 스스로 시간 결정 요인을 정하고 이에 맞추어 규칙적이고 리듬감 있는 생활을 마련해야 한다. 한 백세인의 며느리는 "5분만 늦어도 난리가 난다"고 하소연한 적이 있다.

백세인의 생활이 얼마나 규칙적인가를 보여주는 사례다. 식사 시간, 노동 시간, 마을회관에 나가는 시간, 장에 가는 시간 등을 정해 규칙적으로 생활하는 것이 바람직하다.

규칙적이고 리듬감 있는 삶은 생체에너지 소모를 최저화하고 효율을 높이며 몸과 마음의 피로를 줄이고 실패율을 최소화할 수 있는 최선의 경제적인 생활 방 안이다.

5. 절제(節制)하자.

장수와 관련한 절제의 중요성은 아무리 강조해도 부족하다. 1999년 가을 호주 에서 열린 국제노화학회 논의 내용은 일반인에게 건강 장수를 위해 권해야 할 것 이 무엇인가였다.

오랜 토론 결과로 저명한 학자들이 합의해 내놓은 결론은 단순 명료했다. 일상 생활에서 어떤 것도 무리하지 말고 적정선에서 중용을 지켜야 한다는 것이었다.

적절한 영양, 적절한 운동, 적절한 스트레스가 필요하다는 내용이다. 과식은 물론 당시 유행했던 '소식'도 아닌, 적절한 영양 섭취가 강조됐다.

운동도 너무 심하면 안 되고, 또 너무 하지 않아도 안 된다고 했다. 너무 과다 한 스트레스는 물론 스트레스가 전혀 없는 무념무상의 상태도 좋지 않다고 했다.

6. 나이 탓하지 말자.

일반인은 나이 탓을 하며 어떤 일을 그만둘 때가 많다. 일본 백세인 미야자키 히데키지는 92살에 달리기를 시작해 100세에 100m를 30초에 주파했다.

파키스탄계 영국 백세인 파루자 싱은 100세에 마라톤 코스를 완주했다. 이 밖 에도 100세에 히말라야 등반을 하거나 수영 1500m를 완영하는 기록들을 보면 믿 기지 않을 정도다.

이들은 젊은이 못지않은 건강 상태를 100세에도 유지할 수 있음을 보여준다.

386 노인 건강 복지정책

사실 19세기에 노인의 정의를 내릴 때 사용한 65세라는 연령도 과학적 근거에 바탕을 둔 것이 아니라 정치적 목적에 의해 임의로 설정되었다는 사실을 다시 생각해봄 직하다.

7. 남 탓을 하지 말자.

나이가 들었다고 남이 내 일을 대신해 주지 못한다. 그러나 우리는 나이가 들면 으레 누가 나 대신 내 일을 해 줄 것이라고 착각한다.

백세인은 자신의 재산을 직접 관리하거나 생활을 주도하는 모습을 보인다. 내가 직접 하지 않으면 어떤 것도 이루어질 수 없음을 깨달아야 한다.

나이가 들어서 모른다는 핑계도 더 이상 댈 수 없다. 배우면 될 것인데, 배우지 않고 불평만 해 봐야 아무런 쓸모가 없다.

어렵고 익숙하지 못해도 조금씩 배우면 된다. 남이 도와주지 않는다는 불평은 장수사회에서는 금물이다.

8. 어울리자.

나이가 들어 혼자 남으면 외롭고 우울증에 빠져 건강에 매우 나쁜 결과를 초래한다. 이런 일을 막는 방법은 함께 어울리는 일이다. 그것도 최선을 다해서 해야 한다.

가족과 이웃과 친구와 모든 일을 함께 어울려하는 노력을 일찍부터 기울여야 한다. 강원도 깊은 산속의 독거노인 집을 찾았을 때, 방 윗목에 수북이 쌓인 비스킷·과자·빵을 봤다.

그런 것들을 좋아하냐고 묻자 그 백세인은 "동네 사람들이 오면 주려고 사놓았다."고 답했다. 정을 먼저 베푸니까 이웃들이 찾아오는 것이었다.

압권은 강원도 화천군 산속에서 오고 가는 데 각 4시간이상 걸리는 거리를 매주 한 번씩 서로 오가는 백세인의 우정이었다.

나이가 들수록 대화를 나누고 생활을 함께해야 하며 어울리기 위해서는 먼저 줘야 한다. 그리고 사람들과의 다양한 활동에 참여해야 한다.

취미 활동이나 봉사 활동에도 어울려야 한다. 어울림은 정신을 건강하게 하고 마음에 여유를 가지게 해 노년의 기쁨을 준다.〈출처: 박상철 전남대학교 석좌교수 著〉〈건강 장수 가이드라인 12조〉

최고 장수 국가인 일본의 도쿄건강장수연구소는 '건강 장수 가이드라인 12조'를 새롭게 만들었다.

단순히 신체 건강 위주의 장수 지침에서 노인의 사회활동 개혁을 강조한 점이
특징이다.

1. 하루에 먹는 음식 종류를 10가지 이상 늘리자.
2. 구강 관리를 철저히 하고 씹는 힘을 키우자.
3. 일상생활 운동으로 보행력과 근력을 높이자.
4. 하루 한 번 이상 외출하고, 사람들과 어울리자.
5. 호기심을 키우고 낙천적으로 살자.
6. 집에 넘어지지 않는 환경을 만들고, 사레 걸리지 말자.
7. 건강식품과 보조제는 제대로 알고 먹자.
8. 동네 사람들과 거리를 잘 아는 지역력(地域力)을 키우자.
9. 노쇠는 영양 관리, 체력 증진, 사회 참여로 해결하자.
10. 잘 먹고, 잘 걷고, 잘 말해서 치매를 막자.
11. 만성질환 관리하는 지식을 갖자.
12. 인생 말기에 대한 계획을 미리 세우자.

☞ 노년의 경험적(經驗的) 행복(幸福)

일반적으로 늙어보지 않은 사람은 노인은 행복하지 못할 것이란 선입견을 가
지고 있다. 하지만 실질적으로 노인이 되고 보니, 젊어서 생각했던 것 보다 의외로
행복한 것을 알게 된다. 젊은 때에 느낀 행복과 노인이 느끼는 행복을 체험적으로
노년은 비교가 가능한 것이다.

건강과 물질이 생활에 불편하지만 않으면 돈과 명예는 행복에 큰 영향을 미치지
않는다는 생각이다.

살아보니 많은 것이 없어도 행복할 수 있기에 더 좋고 많은 것을 얻기 위해 그

때그때의 행복을 미루면서까지 피나게 노력할 필요가 없다는 것을 드디어 체험으로 배우고, 마음대로 되지 않은 일에 너무 집착하고 애쓸 것이 아니라는 것을 힘들이지 않고 가질 수 있어 행복하다.

젊어서는 맛있는 것이면 빨리 먹어 버렸으나 노인이 되고서는 맛있는 음식이 있다면, 아주 조금씩 늘려 먹으며 좋은 것을 오래 누리게 되고, 욕심과 야망을 덜어낸 자리에 만족과 감사와 관조의 여유로 대치하고 나니 체념과 포기한 마음에 찾아오는 보상적 행복이 생각보다 크다.

아직 남아 있는 시간에 소중함을 깨닫는 데서 오는 자족과 감사를 알게되어 행복을 마음으로 만드는 데 익숙해지고 현명해지는 것이다. 살아 있다는 자체가 얼마나 즐겁고 행복한 가를 새록새록 느끼는 행복이다.

파란만장한 세상을 살아오면서 얻은 지혜는 좋지 않은 경우에도 그럴수도 있지! 하며 체념하고 마음의 평정을 찾는 슬기다.

나쁜 것은 축소하거나 모른 체 하고 긍정적이고 좋은 것은 확대하여 마음으로 받아 드리고 오래 기억함으로 더욱 행복감을 느끼게 된다. 나쁜 것에는 무뎌지고 좋은것은 부풀려 마음에 담는 지혜가 있다는 것이다. 포기할 것은 속히 포기하고 "이만만 하면 되지!" 하며 자기를 위로하고 행복해한다.

마음을 조금만 바꾸고 세상을 좋게 보면 세상이 온통 아름답고 온 세상에 행복이 가득하다는 것을 실감하게 되는 것이다.

부양이라는 무거운 짐과 사회적 책임을 모두 벗어던지는 홀가분함은 노년이 아니면 가질 수도 없고 알 수도 없는 행복감이다.

한가한 시간에 무료하지 않게 멋지게 활용해보니 노년은 더욱 행복하다. 유유자적 한가하고 풍요로운 마음으로 살 수 있는 노년기는 하나님 이 주시는 선물이다.〈다래골 著〉

☞ 노화(老化)는 허벅지에서부터 온다

학창시절에 '투명의자' 벌을 받아 본적이 있는가? 마치 의자가 있는 것처럼 허공에 앉아있는 체벌인데, 이것이 당신의 중년을 더욱 건강하고 활기차게 해줄지도 모른다.

의자에 앉은 후 스톱워치를 준비를 하자.(스마트폰은 스톱워치가 있다.) 의자에서 엉덩이를 1 인치만 띄우고 그 자세로 몇 초나 버틸 수 있는지 체크하자.

무릎을 90도로 유지해서 무릎이 발보다 앞으로 나가지 않아야 하고, 허리를 곧게펴서 상체가 앞으로 구부러지지 않도록 한다.

만약 30초 이상 버틸 수 있다면, 당신의 허벅지는 건강한 상태다. 만약 10초도 못 버틴다면 당신의 허벅지는 빨간불이다.

허벅지 근육은 건강의 척도다. 중년의 어느 시점에 거울 속에서 다리가 가늘어지고 엉덩이가 푹 꺼진 볼품없는 나를 발견할 때가 있다. 탄탄했던 내 허벅지는 어느새 물컹물컹해졌다.

1. 허벅지가 가늘어지면

01. 오래 못 산다.

2014년 분당서울대병원의 연구에 의하면 근육이 없는 근 감소증 노인의 사망률이 일반인보다 3배 높다.

허벅지에 근육이 없으면 질병 등 위기가 닥쳤을 때 그것을 이겨내는 에너지가 없다. 허벅지 근육은 힘의 원천이다.

02. 살아도 성인병으로 고생하면서 산다.

허벅지 근육이 줄어들면 심혈관계 질환의 발병위험이 증가한다. 큰 저수지가 있어야 홍수가 잘 조절되듯이 허벅지 근육이 많은 양의 당분을 저장하는 저수지 역할을 하므로 혈낭을 잘 조절하는 원리이다.

특히 허벅지 둘레는 당뇨병과 연관이 깊어서 허벅지 둘레가 1cm 줄때마다 당뇨병 위험도가 9% 정도 증가한다.

03. 여기저기 아프다.

허벅지 근육은 무릎에 전해지는 충격을 흡수하는 역할을하는데 허벅지 근육이약해지면 제일 먼저 무릎에 소식이 온다. 퇴행성관절염이 시작되는 것이다. 또 허벅지 근육은 골반의 균형을 좌우하기 때문에 허리통증의 원인이 된다.

2. 허벅지가 두꺼워지면.

01. 정력적이고 활력 있게 산다.

허벅지 근육은 성장호르몬, 성호르몬의 분비와 직간접적으로 관련이 있다. 호르몬은 삶을 활력 있게 만들도록 도와준다.

허벅지만 단련해도 성장호르몬과 성호르몬 분비가 촉진돼 당신의 상체도 우람해진다.

02. 골프도 잘 친다.

골프 선수들을 보면 다들 하체가 좋다. 골프뿐 아니라 양궁선수의 하체도 그렇고, 코리아 특급 박찬호 선수의 허벅지는 26인치로 알려져 있다.

이들의 공통점은 목표하는 한 지점으로 공 또는 화살을 정확하게 보내는것이다. 이럴 때 가장 필요한 것이 바로 하체의 균형이다.

시니어 골프에 있어서 가장 중요한 것은 기술도 경험도 아니다. 바로 하체다. 하체가 부실하면 공을 원하는 곳으로 보낼 수가 없다. 튼튼한 하체가 있어야만 라운딩 내내 기복 없이 샷을 구사할 수 있다.

겨울이 돼 시즌이 끝나면, 다들 실내연습장에서 샷을 완성시키기 위해 땀방울을 흘리는 사람들이 많은데, 그보다는 하체 단련에 힘쓰는 것이 내년의 성공적인 라운딩을 위해서 더욱 효과적인 경우가 많다.

3. 어떻게 하면 허벅지가 두꺼워질까?

허벅지는 나이를 먹으면 줄어들게 돼있다. 40대가 되면 매년1%씩 근육이 감소해서 80세가 되면 절반밖에 남지 않게 된다. 그만큼 허벅지를 키우는 것은 힘들다.

특히 앉아서 일하는 사람들은 허벅지 근육이 금방 줄어들기 때문에 운동과 노력을 투자해야만 튼튼한 허벅지를 유지할 수 있다.

01. 등산을 해보자.

등산하면 튼튼한 허벅지를 가질 수 있을 뿐만 아니라 좋은 공기를 마시고 정서적으로도 도움이 된다. 등산의 큰 장점은 꾸준히 할 수 있다는 점이다.

동호회나 친구끼리 어울리면 몇 년이고 지루하지 않게 운동할 수있다. 다만 무리한 등산을 하면 하산할 때 무릎 관절에 무리가 많이 가니까 무릎이 좋지 않은 사람은 주의하는 것이 좋다.

02. 자전거도 좋다.

직접 자전거를 몰고 나갈 수도 있고 집이나 휘트니스센터에서 서 있는 자전거를 타도 좋다. 꾸준히 한다면..

03. 집에서 손쉽게 할 수 있는 운동 "벽대고 투명의자."

뒤통수부터 골반까지 척추를 벽에 붙인 상태에서 다리를 구부려서 무릎이 90도 될 때까지 내리고 10초간 버틴다.

1. 다리를 어깨 넓이로 벌린다.

2. 벽에 엉덩이부터 뒤통수까지 붙여 떨어지지 않도록 한다.

3. 무릎을 90도가 될 때까지 구부린다. 무릎이 발을 넘어서 앞으로 구부러지거나 등이 벽에서 떨어지면 안 된다.

4. 10초씩 3회 하루 세 번 시행한다.

이제 빵빵해진 허벅지를 손으로 직접 느껴보자. 실제로 운동 전후 허벅지 둘레를같은 위치에서 재보면 허벅지가 두꺼워진 것을 확인할 수 있다. 허벅지 운동은 꾸준히 하기가 쉽지 않지만 매일 90초만 투자해보자. 허벅지는 반드시 복리 이자로 보답한다.〈유재욱 원장〉[137]

57. 건강 밸런스(balance)를 맞춰라

무더위가 기승을 부리던 여름의 끝 무렵, 몸살에 걸린 것처럼 컨디션이 나빠졌다. 목과 귀 사이 어딘가가 부풀어 오르고 두통이 지속 되면서 정신이 멍했다. 정도의 차이는 있었으나 몇 년 전 왔던 임파선염과 비슷한 느낌이어서 병원을 찾았다. 간단한 검사를 마친 후 의사는 증상을 듣더니 기쿠치병을 검색해보라 했다. 생소한 이름에 갸웃했으나, 찾아보니 똑같지는 않아도 왜 이런 병이 왔는지 알 수 있었다.

기쿠치병은 목 림프절 비대와 발열이 가장 흔한 증상으로 몸살, 관절통, 피로감, 무력감 등이 동반된다. 정확한 원인은 아직 밝혀지지 않았으나 쉽게 말하면 면역력 약화, 즉 외부에서 들어온 병원균에 저항하는 힘이 약해진 것으로 풀이할 수 있다. 면역력은 여러 가지 이유로 약해진다. 수면과 운동이 부족하고 끼니를 규칙적으로 먹지 않으면 몸의 밸런스가 무너지고 세균의 침입이 쉬워진다.

기자도 회사 생활 6년차 직장인으로서 그 점을 여실히 느끼고 있다. 활기찬 30대, 그리고 노년까지 건강한 삶을 유지하기 위해선 우리의 몸 상태부터 파악해야 할 것이다. 이를테면 요통, 변비, 비만이 심하다면 생활습관이 나빠 병을 키우고 있을지도 모른다.

생활습관 때문에 생기는 질병들은 심하지 않더라도 만성으로 몸을 괴롭힌다. 치료와 동시에 생활습관도 교정해야 만성적인 이런 질병들에서 멀어질 수 있다. 거북목증후군, 척추측만증, 허리디스크는 업무가 많거나 컴퓨터를 마주하는 시간이 많은 직장인일 확률이 높다. 컴퓨터로 업무를 볼 때 바른 자세를 유지하는 것이 좋다. 고지혈증, 통풍, 역류성 식도염이 있다면 퇴근 후의 생활이 엉망일 확률이 높다. 음주, 과로로 몸을 혹사하고 있다면 몸이 더 고장 나기 전에 쉬어야 한다. 휴식을 취하지 않으면 몸의 한계점을 넘어 심각한 상황이 올지도 모른다.

그렇다면 어떻게 해야 건강을 효율적으로 관리할 수 있을까. 우선 근력과 근지구력 등 제대로 기능을 발휘해야 하는 요소 중 자신이 특히 어떤 부분이 약한지를 점검해야 한다. 또한 주 3회 정도의 적당한 유산소 운동과 그에 적절한 음식을 섭취하며 당뇨병이나 고혈압을 예방한다. 사무실에서만 일하는 사람은 서른 살만 되어도 근력이 약해진다. 체력을 키우기 위해서는 근육 운동도 수반되어야 한다. 최소한 주 1회 이상, 최대 근력의 50%로 운동해야 효과를 얻을 수 있다.

가벼운 스포츠 하나를 즐기면서 해보는 것도 좋은 방법이다. 수영은 체력 만들기에 가장 좋은 스포츠이며 사이클링은 하지에 부담이 가지 않아 살이 찐 사람에게 적합하다. 테니스는 운동 강도가 상당히 높아 에너지 소모가 많은 운동이다.

지금부터라도 체력 만들기를 습관화하라. 신체 기능의 예비력을 늘리면 노년에도 건강이 있는 질 좋은 삶을 누릴 수 있을 것이다.[138]

사진=게티이미지뱅크

☞ "100세 시대를 맞은 건강과 신체의 밸런스를 디자인해야합니다"

"100세 시대 건강관리는 80세 시대와 다른 차원에서 적극적인 예방관리로 전환해야합니다. 80세 시대가 부분관리 중심 이었다면 100세 시대는 인체를 하나의 유기체로 보는 밸런스 관리가 핵심이라고 할 수 있습니다."

우리나라의 산업구조가 바뀌고 노동시간이 단축되고 평균수명의 급격한 증가로 인한 건강관리가 관심이 되고 있는 가운데 국내 스포츠 의학계에서 이름이 알려진 박중림 JLP 스포츠 의·과학 연구소 대표가 경남 사천시를 찾아 모처럼 '100세 시대의 건강관리'에 관한 강연을 펼쳤다.

경남도 세정과 공무원들을 대상으로 13일 오전 사천시 아르떼리조트 3층 강연홀에서 객석을 가득 메운 채 진행된 이날 강연에서 박중림 JLP 발란스 디자인센터 원장은 "예상보다 빠른 평균수명의 증가로 인해 건강에 관한 프레임의 전환이 필요한 시점이라며 불과 몇 년 전만하더라고 평균수명 80~85세를 운운하다 최근 들어 100세를 넘보는 시대가 닥치면서 부분관리의 건강개념이 예방관리의 개념으로 바뀌고 있다"고 진단했다.

100세 시대를 맞아 건강하게 장수 하려면 인체를 하나의 유기체로 보는 밸런스 관리가 핵심이라는 것이다. 인체의 균형이 무너지면 근·골격계의 변형과 장기의 불균형으로 건강은 심각한 위협을 받게 된다고 전제하며 인체의 중심은 골반을 중심으로 위로는 척추, 경추, 뇌(두개골)와 아래로는 고관절, 무릎, 발목, 발이 하나로 되어 있다고 설명했다. 그래서 인체의 균형은 신체 공학적 기준으로 지구의 중력에 대응하면서 생명을 유지 할 수 있도록 창조되었다고 덧붙였다.

박 원장은 또 건강을 위해서 운동을 해야 하고, 운동보다 더 좋은 건강법은 없다고 역설하며 현재 몸의 상태로 어떤 운동을 어떻게 해야 하는지, 개인별 인체 밸런스와 질환에 맞게 운동 처방, 자연치유 운동법을 교육·컨설팅 하는 것이 '밸런스 디자인'이라고 정의했다.

일상생활에서 바르지 못한 자세와 습관으로 형성된 상태에서의 운동은 몸에 대한 순기능보다 역기능이 더 많아 차라리 운동을 하지 않는 것 보다 못한 경우도 많다고 강조했다. 이를 위해서는 개인별 밸런스를 측정하고 평가해서 새롭게 디자인(균형)을 잡은 후 운동해야 문제가 없으며 100세 시대를 맞아 건강한 노후를 보내려면 과연 약으로, 수술로 지켜 나갈 수 있겠느냐고 반문하며 인체의 밸런스가 맞지 않으면 결국은 내 의지대로 사는 게 아니라 요양원에서 목숨만 100세까지 연장하는 안타까운 인생이 될 수 있다고 목청을 높였다.

현재 경희대학교와 부천대학교에서 겸임 교수로 있는 박중림 원장은 신촌대학교 체형교정학과장을 맡고 있는 등 전문가다운 예리한 분석과 입담으로 참석한 이들의 박수를 많이 받기도 하며 시종일관 인체의 밸런스를 거듭 강조했다.

박 원장의 강연 핵심은 인체는 골반을 중심으로 연결된 하나의 유기체라는 것이다. 즉, 인체는 근육과 뼈로 구성되며 그 사이에 혈관, 신경, 림프 등이 존재하고 인체의 균형이 무너지면 관절의 틀어짐과 동시에 근육이 뭉치거나 굳게 되어 신경이 눌리어 통증이라는 신호를 보내게 된다고 말한다.

그는 또 건강은 우리의 일상생활 속이나 습관에서 오는 문제라며 대부분 걸음걸이(워킹)의 문제에서 비롯된다고 언급하고 근골격계 질환도 잠복기가 있으며 대부분이 사전에 인체에서 신호를 줬는데도 인지를 못하는데서 문제가 발생한다고 말했다.

박 원장은 현대 문명의 발달로 오래 사는 장수의 시대는 도래 했지만 여러 가지의 문화시설과 육아를 위한 기반 장비들의 발전으로 인해 어린아이가 태어나서 기는 과정이 생략되고 이로 인해 척추나 뼈가 여물어가는 과정 등이 줄어들고 있는데다 스마트폰 시대로 인해 목을 숙이는 시간이 많아짐으로 인해 인체의 밸런스 들이 틀어짐으로 발생하는 사회적인 문제들이 '움직이지 못하고 의식만 살아있는' 그런 장수시대가 될까 염려를 드러내기도 했다.

모든 질병의 원인은 인체 균형(밸런스)의 문제에서 시작된다고 보는 시각에서 박중림 원장은 인체의 경우 마인드 밸런스, 목-어깨 밸런스, 척추-골반 밸런스, 무릎-발 밸런스, 내장기 기능 밸런스 등 복합적인 문제가 질병으로 전환된다고 확신하며 치유의 시작은 중력과 직립보행의 근본인 무릎-발 밸런스를 기준으로 상하, 전후, 좌우 밸런스를 디자인(재활)해야 한다고 직시했다.

결국 전체 밸런스를 디자인하지 않으면 대부분 재발되어 만성질환으로 옮겨가게 된다고 설명한다. 이러한 기본 밸런스를 잡기 위한 실천운동으로는 올바른 걷기 운동법이 있다고 소개한다.

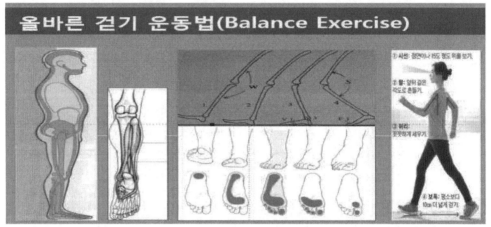

걷기운동법에 관해 자세하게 그려 놓고 있다.

걷기 운동법으로는 먼저 발뒤꿈치를 먼저 지면에 닿게 한 이후 무게 중심을 서서히 앞쪽으로 옮겨가면서 앞발 전체에 중심을 주되 엄지발가락에 힘을 실어서 다음 걸음을 옮기는 방법으로 운동하는 것이 가장 좋은 걷기 운동법이라고 시연해 보였다.

박 원장은 특히 이날 공무원들을 대상으로 한 강연에서 평소에 의자에 많이 앉아 있는 직업의 경우 적어도 1시간에 10분 정도는 일어나 조금이라도 걷는 습관을 길러야 근골격계 질환예방에 도움이 된다며 물을 자주 마셔주면서 사용하고 있는 건물의 아래층이나 위층의 화장실을 이동하는 것도 작은 걷기운동의 실천이자 밸런스 잡기운동의 기초라고 귀띔하고 의자를 사용할 때에도 목 받침이 있는 의자를 사용해 자주 목을 뒤로 젖혀주는 습관을 들이라고 조언했다.

서울과 경기, 인천지역의 공무원은 물론이고 삼성과 두산, 포스코 등 유수한 기업들을 방문하며 '건강 전도사' 역을 담당해오고 있는 박 원장은 경남 진주에서 고등학교를 다녀서 그런지 사천에서의 강연이 고향에 온 것 같다며 한 달에 2~3회 정도를 진주와 창원지역 공무원들을 대상으로 강연을 하고 있다고 말했다.[139]

58. 100세 시대, 앉는 습관 줄이고 신체활동 늘려라

요즘 현대인들은 하루 생활 대부분을 앉아서 보내고 있다. 특히 우리나라 직장인이나 학생들은 업무와 공부로 8시간 이상을 앉아 있는데, 그것도 모자라 업무와 수업 외 시간에도 의자를 찾아다니는 습관이 몸에 배어 있다.

최근 앉아 있는 시간이 길수록 건강에 해롭다는 과학적 근거를 제시한 연구가 자주 발표되고 있다. 이들 연구 중 영국 라이세스터대학교 예이츠 박사팀의 연구가 가장 눈에 띈다. 약 80만 명을 대상으로 연구한 결과, 앉아 있는 시간이 가장 긴 그룹이 가장 짧은 그룹보다 당뇨병은 2.1배, 심혈관계질환은 2.47배로 발병률이 증가했고 사망률도 배 가까이 늘어났다.

이 연구에서 더 충격적인 것은 건강을 위해 규칙적으로 운동을 하고 있는 사람도 앉아 있는 시간이 많으면 똑같이 건강에 해롭다는 점이다.

결국 이 연구에서 가장 주목해야 할 대목은 많은 사람이 매일 운동을 하면 건강을 지킬 수 있다고 생각하지만, 앉아 있는 시간이 많을 경우 예외 없이 건강 위험에 직면할 수 있다는 부분이다. 앉아 있는 시간이 많으면 인체에서 제2의 심장이라고 불리는 다리근육의 수축이 장시간 정지하게 되어 대사과정의 효소 활성도와 인슐린 민감도가 둔화된다. 그리고 하지의 정맥혈류가 심장으로 돌아가지 못해 혈전 생성의 위험을 높여 당뇨병, 비만, 심혈관계질환 등의 성인병 발병을 증가시킨다. 그뿐만 아니라 장시간 나쁜 자세로 앉아 있는 습관은 근·골격계 질환, 특히 척추 관련 질환의 위험성 또한 상당히 높인다.

http://blog.naver.com/pmw25/220987480847(2017. 04. 19)

이러한 문제의 심각성을 인식한 북유럽에서는 이미 서서 일하기가 일반화되어 있다. 요즘 우리나라에서도 이러한 시도를 하는 기업이 늘어가고 있지만 그런 업무환경 조성이나 습관화를 위한 노력은 아직 미미한 것 같다. 더 적극적인 홍보와 환경 조성을 위한 실질적 행동이 필요하다.

그렇지만 단순히 서 있게만 한다고 문제가 다 해결되는 것은 아니다. 한 자세로, 또는 나쁜 자세로 서서 장시간을 보내면 오히려 하지정맥혈류를 정체시켜 하체부종, 피로, 혈전 생성을 증가시키고 하지정맥류와 같은 질환의 발병과 요통 등의 원인이 될 수 있다.

단순히 서 있기보다 하지정맥혈류가 심장으로 원활하게 돌아갈 수 있도록 제자리에서 하퇴 종아리 근육(비복근과 가자미근)을 수축시키는 운동방법이 바람직하다. 발꿈치만 힘껏 들어 올리는 동작으로 까치발을 딛는다고 생각하면 된다. 그리고 두 손을 위로 뻗어 척추가 펴지도록 하면 척추질환의 예방에도 도움이 될 것이다. 아주 단순하고 쉬운 동작이므로 습관화하기에 좋다.

그리고 이런 운동습관은 어릴 때부터 몸에 배야 평생 유지가 될 가능성이 높다. 그러므로 학교에서 학생들이 앉아 있는 시간은 가능한 한 줄이는 대신 신체활동을 늘릴 수 있는 운동을 습관화하기 위한 실질적인 프로그램과 환경을 만들어야 한다. 예를 들어 학생들의 앉아 있는 시간을 줄이고 집중력, 학업 효율성을 높이기 위한 한 방법으로 45분 수업시간을 20분 수업→3~5분 제자리 운동→20분 수업→ 3~5분 제자리 운동→10분 휴식시간으로 조정하는 방법도 시도해 볼 만하다. 그리고 앉거나 서서 공부할 수 있는 높낮이 책상을 제공하는 등의 환경을 조성해 줄 필요가 있다.

이처럼 100세 시대의 평생 건강을 유지하기 위해서는 신체활동을 높이는 것과 더불어 앉아 있는 시간을 줄이는 등의 생활습관을 통해 건강을 지키게 하는 것이 건강사회로 가기 위한 현명한 대안이 될 것이다.[140]

http://cafe.daum.net/san660/67Zd/4641(2015. 01. 10)
http://blog.naver.com/bmh5060/220699177099(2016. 05. 02)

참고문헌

강동형(2016. 06. 16). 노인 학대 사회. 서울신문, 31면.

강유진(2003). 한국 여성노인들의 노년기 적응과 노년기 삶의 모습에 대한 질적 연구. 대한가정학회지. 41(3), 131-146.

강인(2003). 성공적 노화의 지각에 관한 연구. 노인복지연구. 20(2). 95-116.

강인희(2013. 10. 04). 우울증, 조울증 노인환자 급증, 노년층 정신건강 빨간불. 경향신문, 헬스경향.

강임철, 주재홍, 김범석, 양용대(2009). 실버 세대를 위한 체감형 3D 게이트 볼 게임 개발에 관한연구. 한국멀티미디어학회지. 12(4), 572-582.

강지애, 김진숙(2014). 노인의 스트레스와 성공적 노화의 관계에서 정서조절곤란 및 삶의 의미의 고찰. 한국노년학회지. 34(1), 151-168.

강진영(2008). 노인들의 운동 참여 빈도가 주관적 건강 인식 및 우울증에 미치는 영향. 미간행 석사학위논문. 서강대학교대학원.

강혜영, 진승모, 김원중(2015). 실버요가 스트레칭이 초고령 여성노인의 체력에 미치는 영향. 한국사회체육학회지. 제60호, 609-618.

건강보험심사평가원(2001). 의료보험통계연보. 서울: 건강보험심사평가원.

경기일보. 2015년 5월 27일자.

경상일보. 2006년 12월 26일자.

경향신문. 2013년 10월 2일자.

고미영(2010). 고령사회 노인 여가정책 모형개발. 미간행 박사학위논문. 제주대학교대학원.

고승덕(1996). 노인의 삶의 질을 결정하는 요인 추출에 관한 연구. 미간행 박사학위논문. 이화여자대학교대학원.

구창모(2006). 스포츠사회학의 학제적 연구 동향과 과제. 한국체육학회지. 45(6), 117-131.

구창모(2009). 현대의 고령화 사회와 스포츠의 역할 및 과제. 한국체육학회지. 48(2), 35-45.

국무조정실(2002). 노인보건복지 종합대책. 서울: 국무조정실.

국민건강보험공단(2007). 전국노인 체육종목별 운영 현황 실태조사. 서울: 국민건강보험공단.

국민건강보험공단(2008). 2008년 건강보험 주요 통계. 서울: 건강보험정책연구원.

국민건강보험공단(2013). 2012년 건강보험통계연보, 서울: 국민건강보험공단.

국민건강보험공단(2014). 국민건강보험 보도자료(2014. 03. 19), 서울: 국민건강보험공단.

국민건강통계(2010). 국민건강영양조사, 제5기 1차년도. 서울: 질병관리본부.

국민건강통계(2014). 2014 국민건강통계, 서울: 보건복지부.

국민복지기획단(1995). 삶의 질 세계화를 위한 국민복지의 기본구상. 서울: 국민복지기획단.

국민생활체육협의회(1989. 10). 생활체육 소식지.

국민생활체육협의회(1989). 생활스포츠소식지(10). 서울: 국민생활체육협의회.

국민생활체육협의회(2005). 노인시설 생활체육 실태조사. 서울: 국민생활체육협의회.

국민생활체육협의회(2006). 2006년도 단위사업 기본계획. 서울: 국민생활체육협의회.

국민생활체육협의회(2007a). 2007년도 어르신 체육활동지원 사업지침. 서울: 국민생활체육
　　　협의회.

국민생활체육협의회(2007b). 노인 전담지도자 현장 활동사례. 서울: 국민생활체육협의회.

국민생활체육협의회(2012). 국민생활스포츠 실태조사. 서울: 국민생활체육협의회.

국민일보. 2005년 4월 8일자.

국민일보. 2005년 4월 18일자.

국민일보. 2014년 9월 11일자.

국사편찬위원회(1982). 한국현대사. 서울: 심구당.

건강보험정책연구원(2013. 02. 12). 보도자료. 서울: 건강보험정책연구원.

곽선행(2010). 중년 여성의 스포츠참가와 LOHAS성향, 건강증진 생활양식 및 삶의 질의 관
　　　계. 체육과학연구. 12(3), 1368-1383.

곽영승(2014. 02. 13). 100세 시대와 삶의 질. 강원일보, 7면.

권문배(2006). 노인 여가활동과 체육활동의 참여. 스포츠과학. 94, 28-37.

권중돈, 조학래, 윤경아, 이윤화, 이영미, 손의성, 오인근, 김동기(2016). 사회복지개론. 서울:
　　　학지사.

권진숙(2010). 여가복지 시설 운동프로그램 이용 노인의 체력, 신체구성, 삶의 질 변화. 미
　　　간행 박사학위논문. 경기대학교대학원.

곽효문(1992). 한국 사회복지정책의 결정요인에 관한 실증적 연구. 미간행 박사학위논문, 한
　　　양대학교대학원.

권영민(2016. 04. 16). 늙어가는 사회, 노인들의 외침. 동아일보, A26.

권욱동(2005). 노인의 삶과 여가 스포츠 문화. 체육철학회지. 13(2), 41-61.

권욱동, 윤여탁(1994). 여가개념의 변천과 스포츠의 질적 요소 적용, 연세대학교 체육연구
　　　소. 1(1), 59-70.

기선경, 이미숙, 백진경(2015). U-헬스케어를 이용한 고령자의 건강관리에 대한 전망. 한국
　　　체육정책학회지. 13(2), 87-98.

기획예산처(2002). 고령화 진전과 예상되는 주요 정책과제. 서울: 기획예산처.

길윤형(2016. 12. 19). 일본, 노인 의료비 어찌 하오리까, 한겨레신문.

김경동(2007. 02. 20). 발등에 떨어진 고령화 재앙, 세계일보.

김경, 전선혜(2012). 수영 참가 노인들의 사회적 지지, 여가 만족, 심리적 행복감 및 참여행
　　　동의 관계. 한국체육학회지. 51(3), 53-62.

김경식, 이은주(2009). 노인의 여가스포츠 활동참가와 일상생활수행능력 및 성공적 노화의

관계. 한국콘텐츠학회논문지. 10(4), 425-432.

김경오(2015a). 혁신이론 관점에서 본 노인의 Wii Sports 수용기제. 한국체육학회지 54(4), 93-109.

김경오(2015b). 시골거주 노인들의 신체활동과 관련된 사회생태학적 의미, 문제, 그리고 개선 방안: 혼합연구. 한국체육학회지. 54(2), 41-57.

김경오, 박상일, 박재영(2013). 노인의 신체활동 촉진에 적합한 신기술 및 도구의 모색. 한국웰니스학회. 8(2), 1-15.

김경집(2013. 12. 21). 지금이 가장 젊은 때이다. 한국일보, 31면.

김경호, 김지훈(2009). 한국 노인의 성공적인 노화요인의 구조분석. 한국노년학. 29(1), 71-87.

김교성, 유재남(2012). 노년기 삶의 만족도와 소득 궤적에 관한 종단연구. 노인복지연구. 58, 163-188.

김귀봉, 송주호, 박주영(2000). 노인의 신체활동 참여가 고독감, 우울에 미치는 영향. 한국체육학회지. 39(4), 217-226.

김기범(2017. 09. 04). 한국 고령사회 진입 빨랐다. 경향신문, 13면.

김남진, 천영일(2003). 중년 여성들의 우울증상 및 건강상태와 운동 실천 정도의 관계. 한국체육학회지. 42(2), 83-92.

김동만(2001). 고령화 사회와 복지행정의 대응. 국가정책연구. 15(2), 215-230.

김동만(2002). 고령화 노인복지정책. 중앙행정논집. 16(1), 1-12.

김동섭(2013. 08. 26). 세금 더 낼까, 고약 수정(修正)을 받아들일까. 조선일보, A31.

김대권, 윤상영(2007). 노인의 여가스포츠 참여 정도와 사회적 지원, 운동 만족 그리고 고독감의 관계. 한국체육학회지. 46(6), 345-356.

김대훈(2009). 운동프로그램이 생리적 기능에 미치는 효과: 메타분석. 한국체육학회지. 48(1), 41-55.

김문기(2000). 대도시 성인의 사회 인구학적 특성에 따른 여가활동 효과에 관한연구. 한국여가 레크리에이션, 19(1), 37-54.

김미경, 정일호(2008). 노인의 댄스요가 참여에 따른 생활스트레스와 신체적 존중감의 관계. 한국스포츠리서치. 19(3), 13-22.

김미정(2014). 노인의 자아실현 예측모형. 미간행 박사학위논문. 경희대학교대학원.

김민철(2013. 10. 29). 기초연금 정부안의 최대 약점. 조선일보, A30.

김병일(2013. 09. 09). 늘어나는 장수 시대 어르신의 리더십. 서울신문, 31면.

김상대(2009). 노인의 활동성 여가참여가 사회적 역할상실감 및 삶의 질적 가치에 미치는 영향. 한국여가레크리에이션학회지. 33(2), 69-83.

김석기(2012). 노인여가 복지시설 생활체육 프로그램의 정책적 방향 연구. 한국체육정책학회지. 10(2), 147-165.

김석일(2012a). 신체활동 프로그램 참여노인의 사회적 지지와 활력 및 행복의 관계. 한국사회체육학회지. 49, 617-629.

김석일(2012b). 신체활동 참여 노인들의 사회적 지지 경험과 심리적 안녕감 및 우울의 관계. 한국체육학회지. 51(1), 333-344.

김석일, 이무연, 오현옥(2012). 여가스포츠 참가 노인의 활력이 사회지원과 사회지능에 미치는 영향. 한국사회체육학회지. 48, 629-642.

김설향(2003). 고령화 시대의 노인체조프로그램 개발. -비 건강노인을 중심으로-. 한국사회체육학회지. 20, 687-698.

김설향(2008). 고령화시대를 위한 노인생활체육 활성화 방안. 한국사회체육학회지. 32, 697-709.

김성순(1991). 고령 사회와 복지행정. 서울: 홍익제.

김성혁(1998). 현대사회와 여가. 서울: 형설판사.

김수연, 이재구(2014). 경도인지장에 노인의 움직임 기호 학습 프로그램 현장 적용성 탐색. 한국체육학회지. 53(4), 255-264.

김양례(2005). 노인의 생활체육 참가와 일상생활 수행능력의 관계. 한국스포츠사회학회지. 18(2), 259-268.

김양례(2006a). 노인의 생활체육 참가와 건강평가 및 자아존중감에 관한 연구. 한국체육학회지. 45(3), 187-197.

김양례(2006b). 노인의 생활체육 참가와 건강상태 및 의료비 지출의 관계. 스포츠과학. 17(6), 125-137.

감양례(2007). 노인의 여가활동 유형과 인지기능 및 일상생활 수행능력의 관계. 체육과학연구. 15(4), 84-96.

김양례, 유지곤, 이상철, 김경숙, 김혜자(2006). 노인체육진흥을 위한 전략 개발 연구. 체육과학연구원.

김영권(2014. 02. 17). 늙어서도 자꾸 젊다고 우기지 마라. 미니투데이.

김영미(2011). 재가 노인의 운동 실천과 건강 지향 행동 및 웰다잉의 관계. 한국체육학회지. 50(3), 87-106.

김영주(2017. 07. 04). 행복한 노후의 조건, 아시아경제.

김예성, 박채희(2012). 체육복지 활성화 방안 연구: 노인체육복지를 중심으로. 한국체육정책학회지. 10(2), 167-181.

김옥주(2012). 노인복지관 스포츠 프로그램 참여자의 운동지속이 운동 몰입과 여가 유능감에 미치는 영향. 한국체육학회지. 51(6), 343-355.

김옥주(2013). 노인여성 건강 증진 프로그램의 여가 경험이 운동몰입과 여가 만족에 미치는 영향. 한국체육학회지. 52(1), 255-268.

김의수, 이형국, 임완기, 최승권(1995). 운동과 성인병. 태근문화사.

김정운(2013. 11. 12). 팔굽혀펴기 열다섯 번이면 다 해결된다. 조선일보, A35.

김종진(2001). 연구 인력의 이직 결정과정에 관한 실증적 연구: 이직표출 유형의 검증. 미간행 박사학위논문. 고려대학교대학원.

김창규(1986). 사회체육 프로그램 시리즈(5). 노인체육. 한국사회체육진흥회.

김창환, 이중원, 한상인, 김석원(2011). 지역사회 노인운동 정책수립. 서울: 보건복지부.

김철수(2016. 02. 24). 100세 시대 행복 심신 건강에 달려 있다. 세계일보.

김철중(2013. 02. 12). 지하철에서 장년과 청년이 충돌하는 의학적 이유. 조선일보.

김태면(2005). 노인들의 사회적 지지가 건강형태 및 건강수준에 미치는 영향. 미간행 박사학위논문. 충남대학교대학원.

김태우(2013. 12. 25). 인문학에서 배우는 은퇴 설계. 한국일보, 22면.

김태현, 김동배, 김미혜, 이영진, 김애순(1999). 노년기 삶의 질 향상에 관한 연구(Ⅱ), 한국노인복지학회. 19(1), 61-81.

김태훈(2011. 01. 13). 老年, 출판, 대박 드라마. 조선일보.

김학선(2014. 01. 08). 퇴직 보험금보다 건강한 체력 유지가 우선. 강원도민일보, 7면.

김홍록(2002). 노인의 여가활동을 위한 Recreation의 활성화 방안에 관한 연구, 한국여가 레크리에이션학회지, 제23권, pp.29-43.

김홍식, 안민주, 김공(2009). 노인전담 체육지도자의 직무특성과 직무만족 및 조직헌신도 관계에서의 인파워먼트 매개 효과. 한국체육학회지. 48(1), 301-312.

김홍식, 주재천, 김공, 정보윤(2009). 생활체육지도자의 見解를 통한 노인 생활체육 활성화 방안-Q 방법론적 연구. 한국체육학회지. 48(2), 309-319.

김현수(2013. 01. 21). 남성 갱년기 건강성한 극복법, 동아일보.

김현숙(2006) 노인여가복지 시설의 생활체육프로그램 참가가 심리적 복지에 미치는 영향. 미간행 박사학위논문. 건국대학교대학원.

김현숙, 강효민(2006). 노인여가복지시설의 생활체육프로그램 참가가 심리적 복지에 미치는 영향. 한국체육학회지. 45(6), 91-104.

김형석, 신인숙(2003). 여성의 신체적 여가활동 참가가 사회적 문제 해결력 및 우울에 미치는 영향. 한국체육학회. 42(6), 447-455.

김형수(2017. 01. 16). 노익장 젊은 노인. 인천일보.

김형오(2002). 한국 노인여가복지정책에 관한 연구. 미간행 박사학위논문. 충북대학교대학원.

김희은(2017, 03. 22). 노년 그 아름다운 빛깔, 매일경제.

나상진(2002). 노인 학교 프로그램 참여자들의 여가활동에 관한 문화 기술적 연구. 미간행 석사학위논문. 중앙대학교대학원.

나재철(2004). 건강과 체력을 위한 운동 처방학. 서울: 대경북스

남기민(2003). 현대 노인 교육론. 서울: 현학사.

남석인, 최권호(2014). 당뇨병환자의 주관적 건강인식이 자살행동에 미치는 영향과 우울의 매개효과. 사회복지연구. 45(1), 231-254.

남연희, 남지란(2011). 노인의 주관적 건강상태에 영향을 미치는 요인에 관한 연구. 한국가족복지학. 16(4), 145-162.

남일호(2013). 생활체육 정책의 방향과 과제, 제51회 체육주간기념. 제32회 국민체육진흥세미나 박근혜정부의 국민체육진흥정책은 무엇인가?, 50-76.

노용구(2000). 노인 여가 교육 프로그램이 여가태도와 여가만족에 미치는 효과. 한국사회체육학회지. 13(1), 351-361.

노용구(2002). 노인 여가 교육 프로그램 개발에 관한 연구. 미간행 박사학위논문. 고려대학교대학원.

노은이(2009). 서울시 노인 여가 스포츠, 어떻게 활성화 할 것인가?, 서울시 정책 개발 연구원 SDI 정책리포트. 42, 1-20.

노은이, 김선자(2009). 서울시 노인 여가스포츠 활성화 방안. 서울도시연구. 10(3), 53-68.

노인복지법(1989). 법률 제4178호

노인복지법(1993). 법률 제4633호.

네이버 지식백과(2015). http://terms.naver.com.

뉴 타임즈코리아(2013. 4. 21). 치매, 6년간 노인환자 3배나 늘었다.

도기현, 원영신, 이민규(2015). 노인체육지도자들의 감정 노동과 감정 부조화 그리고 직무 소진의 관계. 한국사회체육학회지. 제61호, 483-492.

대구신문. 2007년 09월 19일자.

동아일보. 2001년 10월 5일자.

동아일보(2006). 한국의 인구학적 변화: OECD보고서. 서울: 동아일보.

동아일보. 2006년 9월 19일자.

동아일보. 2007년 2월 22일자.

동아일보. 2011년 3월 29일자.

동아일보. 2014년 7월 19, A27.

매일신문. 2001년 8월 2일자.

문화체육부(1993). 국민체육진흥5개년계획. 서울: 문화체육부.

문화체육부(1995). 국민 체육참여 실태. 서울: 문화체육부.

문화관광부(1998). 국민체육진흥 5개년계획. 서울: 문화관광부.

문화관광부(2003). 국민체육진흥 5개년계획. 서울: 문화관광부.

문화관광부(2005). 2005 체육정책 통계 자료집. 서울: 문화관광부.

문화관광부(2006). 2006 체육백서. 서울: 문화관광부.

문화관광부(2007). 노인체육 활성화 정책 현황보고서. 서울: 문화관광부.

문화관광부(2008). 참여정부 문화관광정책백서, 체육편. 서울: 문화관광부.

문화체육관광부(2009). 스포츠 참여활동 추이. 서울: 문화체육관광부.

문화체육관광부(2010). 여가백서. 서울: 문화체육관광부.

문화체육관광부 (2012). 노인의 스포츠활동 참가율. 서울: 문화체육관광부.

문화체육부 (1993). 국민체육진흥 5개년계획. 서울: 문화체육부.

미국스포츠의학회(2003). 운동검사·운동처방 지침(6th ed.). 서울: 현문사.

민기채, 이정화(2008). 비공식적 관계망에 대한 지원 제공이 노인의 정신건강에 미치는 영향: 성차를 중심으로. 한국노년학. 28(3). 515-533.

박경혜, 이윤환(2006). 노인의 사회활동이 신체 기능에 미치는 영향. 한국노년학회지. 26(2), 275-289.

박선영, 임수원, 이혁기(2015). 노인 게이트볼 동호회와 Goffman의 상호 작용 의례. 한국사회체육학회지. 제62호, 767-782.

박성연, 이유경(2006). 브랜드개성과 자아이미지 일치성이 소비자만족, 소비자-브랜드 관계 및 브랜드 충성도에 미치는 영향: 한국 소비자들의 브랜드 개성과 스비자-브랜드 관계유형 인식을 중심으로. 한국광고학회지. 17(1), 7-24.

박귀영(2007). 노인 복지시설 이용실태와 생활 만족도에 관한 연구. 미간행 박사학위논문. 한영신학대학교대학원.

박순천(2005). 노인의 자살생각에 미치는 요인에 관한 연구. 미간행 석사학위논문. 이화여자대학교대학원.

박승미, 박연환(2010). 재가 노인의 신체활동 예측: 도시노인과 시골노인의 차이. 한국간호과학회지. 40(2), 191-201.

박영례, 권혜진, 김경희, 최미혜, 한승의(2005). 노인의 자아존중감, 자가효능과 삶의 질에 관한 연구. 한국노인복지학회지. 29((9), 237-258.

박영옥, 손귀령(2013). 재가노인의 우울 예측요인. 노인간호학회지. 15(2), 155-164.

박영주, 정혜경, 안옥희, 신행우(2004). 노인의 외로움과 건강행위 및 자아존중감의 관계. 노인간호학회지. 61(1), 91-98.

박옥임(2009). 농촌지역의 노인 학대 위험 요인과 사회 지원 체제. 한국지역사회생활과학지. 20(3). 369-384.

박용범, 김학선(2003). 노인 여가활동의 발전 방안. 한국사회체육학회지. 20(1), 695-706.

박응희(2009). 노인 교육 시장 분석을 위한 노인 학습자 연구. 평생교육학연구. 15(3), 137-158.

박장근, 차선동(2010).노인들의 인구사회학적 특성에 따른 스포츠브랜드 선호도 및 충성도 차이분석. 한국체육학회지. 49(4), 305-313.

박정훈(2014. 01. 17). 80세 시작해 세계 참피온이 된 99세 이야기. 조선일보, A34.

박정희(2015). 노인의 걷기 운동에 따른 참여만족과 주관적 웰빙에 관한 연구. 한국사회체육학회. 제60호, 585-596.

박주환(2010). 신체운동의 새로운 가치 탐색. 한국체육철학회지. 18(3), 93-106.

박준동(2006. 11월 7일). 웰빙의 마침표 웰다잉. 위클리 조선.

박준수(2014. 12. 16). 생활체육진흥법 제정은 국민의 기본권. 경상일보.

박영옥, 손귀령(2013). 재가 노인의 우울 예측 요인. 노인간호학회지. 15(2), 115-164.

박옥임(2009). 농촌지역의 노인 학대 위험 요인과 사회지원 체제. 한국지역사회생활과학지. 20(3), 369-384.

박응희(2009). 노인 교육 시장 분석을 위한 노인 학습자 연구. 평생교육학연구. 15(3), 137-158.

박익열(2016. 01. 14). 운동하는 습관 길러 노화 늦추자. 경남일보.

박인환, 김철(1999). 노인의 생활체육 참여와 여가만족 및 생활만족과의 관계, 한국사회체육학회지. 12(1), 357-369.

박철홍(2004). 노인종합복지관 참여 노인의 사회체육활동 실태 및 운영자의 인식에 관한 연구. 미간행 박사학위논문. 연세대학교대학원.

박풍규(2007). 인구 고령화에 따른 노인복지 정책연구. 청주대학교 우암논총 29, 61-81.

박풍규(2009). 우리나라 노인의 서비스정책 개선방안. 청주대학교 우암논총 32, 1-29.

박풍규(2010). 우리나라 노인의 소득 보장정책에 관한 연구. 한국사회과학연구. 32(1), 17-46.

박풍규(2014). 노인의 여가활동에 관한연구. 한국사회과학연구. 36(1).

박현(2014. 02. 10). 핑퐁 외교와 농구 외교. 한겨레신문, 30면.

박현철(2013. 11. 19). 노년은 독립과 행복의 시기. 강원도민일보, 6면.

박형민(2007). 한국의 자살 실태와 대책. 한국형사정책연구원.

박용범, 김학신(2003). 노인 여가 활동의 발전 방안. 한국사회체육학회지. 제20권, 697-708.

방열(2000). 최신 사회체육 프로그램론. 서울: 대경북스.

배규식(2013. 11. 22). 수명을 다한 우리 고용 시스템. 한국일보, 31면.

배지연, 김원형, 윤경아(2005). 노인의 우울 및 자살 생각에 있어서 사회적 지지의 완충효과. 한국노년학회지. 25(3), 59-73.

변재관(2001). 21세기 노인복지정책의 전망과 과제. 노인복지연구. 14(1). 251-274.

변재관(2002). 21세기 노인복지정책의 전망과 과제. 국토. 254.

변해심(2013). 고령자 댄스스포츠 참가동기와 여가기능 및 참가 지속의도간의 인과관계 연구. 한국체육학회지. 52(4), 361-375.

배종진, 박현철(2014). 운동이 노인의 우울증에 미치는 영향. 한국체육학회지, 53(3), 549-557.

백경숙, 권용신(2003). 노인 복지 연구동향 분석. 한국가족복지학. 8(2), 23-38.

백경숙, 권용신(2007). 노년기의 경제활동과 여가활동 유형에 따른 심리적 복지감 연구. 노인복지연구. 35, 87-106.

백현(2010). 여가스포츠 참여자의 여가경험과 여가기능, 몰입경험 및 운동지속의사와의 관계. 미간행 박사학위논문. 단국대학교대학원.

보건복지부(2005). 노인인구 현황. 서울: 보건복지부.

보건복지부(2006). 노인복지시설 현황. 서울: 보건복지부.

보건복지부(2007). 제1회 전국 어르신생활스포츠대회. 서울: 보건복지부.

보건복지부(2008). 2008년도 노인실태조사. 서울: 보건복지부.

보건복지부(2011). 노인복지시설현황. 서울: 보건복지부.

보건복지부(2012). 통계연보. 서울: 보건복지부.

보건복지부(2012). 치매노인 유병율 조사. 서울: 보건복지부.

보건복지가족부 홈페이지. www.mw.go.kr.

보건사회부(1989). 노인복지법. 법률 제4178호.

보건사회부(1993). 노인복지법. 법률 제4633호.

보건사회부(1994). 보건복지과 및 노인복지대책위원회 신설.

보건사회부(1995). 정책 과제 협의.

부산일보. 2007년 4월 18일자.

변재관(1998). 노인보건복지정책의 현황 및 정책 방향. 보건복지포럼 25, 6-13.

변재관(1999). 老人人力 活用의 活性化 方案. 노인복지연구 99, 91-131.

변재관(2001). 21세기 노인복지정책의 전망과 과제. 노인복지연구. 14(1), 251-274.

배영직(2005). 청소년 지도자의 리더십 유형과 구성원 만족도가 청소년 단체 활동 효과에 미치는 영향. 미간행 박사학위논문. 홍익대학교대학원.

배재남(2006). 노인자살 해결책은 있는가? 제12회 고령화 포럼자료집, 1-14.

백경숙, 권용신(2003). 노인복지 연구동향 분석. 한국가족복지학. 8(2), pp.23-38.

백지은(2010). 남성노인과 여성노인의 사회적지지 경험이 심리적 건강에 미치는 영향. 한국심리학회지. 15(3), 425-445.

서동균(2008). 대학생의 여가스포츠에 대한 의사결정균형과 여가기능, 여가몰입, 여가유능감 관계의 구조모형분석. 미간행 박사학위논문. 경기대학교대학원.

서동우(2006). 노인자살 해결책은 있는가? 제12회 고령화 포럼자료집, 15-16.

서울신문. 2007년 2월 20일자.

서울신문. 2014년 3월 10일자.

서은국, 구재선(2011). 단축형 행복척도 개발 및 타당도. 한국심리학회지. 25(1), 95-113.

성기월(1999). 시설노인과 재가노인의 일상생활활동정도와 생활만족 정도의 비교. 한국노년학. 19(1), 105-117.

손석정(2013). 노인생활체육 진흥을 위한 정책 과제. 한국체육정책학회지. 11(3), 21-36.

손성진(2013. 11. 28). 노인을 춤추게 하라. 서울신문, 31면.

손정남(2013). 지역사회 거주 노인의 우울증상에 영향하는 요인. 정신간호학회지. 22(2),

107-116.

송라윤, 서영옥, 엄영란, 전경자, Robert, B. L.(1977). 저강도 운동프로그램이 입원노인의 일상생활 기능회복에 미치는 영향. 대한간호학회지. 27(4), 807-819.

신경숙(2013. 11. 20). 人生, 마지막 10년, 우리를 찾아 온 거대한 질문. 조선일보, A35.

신동민(2003). 사회변화와 정부의 역할. 김대중 정부의 생상과 복지와 노무현 정부의 참여복지. Kapa@포럼. 101.

신영석, 운세호(2013. 03. 18). 갈수록 돈이 없다. 누구에게 어떻게 걷을까. Doctors NEWS.

신치영(2015. 02. 03). 다모클레스의 칼, 그리고 중세. 동아일보 A30.

심규성(2012). 스포츠의 사회적 기능 변화와 스포츠복지 개념 형성: 푸코의 담론 이론적 분석. 미간행 박사학위논문. 한국체육대학교대학원.

심성섭(2015). 어르신 생활체육 참가자의 자본 유형과 건강 증진 생활양식 및 성공적 노화 간의 인과관계. 한국사회체육학회지. 제61호, 493-508.

안주엽(2013. 12. 14). 세대 간 일자리 상생을 위한 과제. 한국일보, 30면.

엄영진((2013. 11. 06). 복지의 틀을 사회보험으로 다시 짜라. 조선일보. A35.

여인성(2010). 노인들의 운동 참여가 사회적 지지에 미치는 영향. 한국체육학회. (49)6, 499-509.

연병길(2004). 공적 노인 요양제도의 평가. 임상노인의학회지. 제17권, 159-163.

염병화(2008). 댄스스포츠 교실에 참여하는 노인들의 라이프 스트레스와 신체적 존중감 및 사회적 행복감의 인과관계. 한국스포츠리서치. 19(4), 3-11.

연합뉴스(2013. 1. 31). 한국고령자 고용률 세계 최고, 일본 웃돌아.

연합뉴스(2013. 2. 27). 한국, 노인복지지출 OECD 꼴찌, 노인 빈곤율은 단연 1위.

연합뉴스(2007. 10월 10일). 잘 살아야 잘 죽는다.

염지혜(2013). 도시노인과 농촌노인의 주관적 건강상태 궤적에 대한 비교 연구: 잠재성장모형을 이용하여. 농촌사회. 23(1), 193-239.

오건호(2013. 11. 20). 복지 재정, 이젠 지역 주민이 나서야. 경향신문.

오윤선, 박주영, 강성구(2003). 한·중·일 노인들의 신체활동 참여가 고독감 우울감에 미치는 영향. 한국스포츠심리학회지. 14(3), 1-13.

오은택(2011). 건강운동 참여가 체력수준과 건강 위기감 및 건강증진 행위에 미치는 효과. 미간행 박사학위논문. 중앙대학교대학원.

오은택, 김성주, 윤영구(2012). 여가스포츠활동 참여자의 사회적지지, 생활만족 및 건강증진 행위의 관계. 한국체육학회. 51(2), 179-188.

오종윤(2004). 20년 벌어 50년 먹고사는 인생 설계. 서울: 더난출판사.

오진숙(2007). 중년여성의 생활 무용 참가 만족과 죽음 수용 태도의 인과 모형 분석. 미간행 박사학위논문. 동덕여자대학교대학원.

오태진(2014. 01. 09). 결혼을 지탱하는 힘. 조선일보, A34.

오현옥(2011). 레크리에이션 프로그램 참여 여성노인들의 사회 지능, 활력 및 행복의 관계 모형 분석. 한국체육학회지. 50(4), 239-250.

오현옥(2012). 신체활동 참여 노인들의 사회적 지원활동이 건강 증진에 미치는 영향. 한국 체육학회지. 51(6), 357-366.

오현옥(2014). 신체활동 참여 노인들의 사회 자본과 우울 및 삶의 질. 한국체육학회지. 54(3), 535-547.

우효섭(2012. 09. 18). 고령화 사회 맞춤형 건축 필요하다. 세계일보, 30면.

옥정석(1995). 운동과 건강. 서울: 태근문화사.

온채은(2007). 노인의 운동정서가 자기효능감에 미치는 영향. 한국체육학회지. 46(1), 319-331.

원영신(1997). 여가교육으로 행해지는 노인체육활동에 관한 연구. 한국노년학회지. 17(3), 36-52.

원영신(2006a). 노인체육활성화를 위한 여가복지 서비스와 산업화 추구. 스포츠과학. 94.

원영신(2006b). 노인관련법 고찰을 통한 노인 체육의 법제화. 스포츠와 법. 제8권, 163-198.

원영신(2012. 02. 08). 고령화 지진에 대비한 전담부서 만들어야. 조선일보.

위성식(2001). 최신 사회체육 프로그램론. 서울: 대경북스,

유대현, 여인성(2013). 노인의 주관성 건강, 일상생활 및 운동 능력, 사회적 관계의 인과 관계. 한국체육학회지. 52(1), 351-361.

유석재(2006. 06. 20). 웰빙을 넘어 웰다잉을 논하다. 조선일보.

유인영, 최정현(2007). 경로당 이용 노인의 낙상경험과 낙상 예측요인. 지역사회간호학회지. 18(1), 14-22.

유진, 임정숙(2011). 노인 운동참가자의 사회지원과 활력 및 자기조절의 관계. 한국사회체육 학회지. 44, 519-529.

윤대영・요코야마 히데코(2016. 06. 16). 노후엔 정신활동이 더욱 소중하다. 세계일보, A20.

윤대희(2014. 08. 13. 노인 요양. 파이낸셜 뉴스, 27면.

윤성빈(2001). 고령화 사회의 노인 평생교육체제 연구. 미간행 석사학위논문. 단국대학교대 학원.

윤상영, 김학권(2015). 대도시 노인들의 여가스포츠 참가자 자아실현 및 고독감에 미치는 영향. 한국사회체육학회지. 제60호, 597-608.

윤운상(1995). 학습과 동기 전략. 서울: 문음사.

윤종완(2013. 01. 11). 건강한 삶 9988을 위해 하루 한 번 심장운동을 하자. 조선일보.

윤현주(2016. 03. 28). 초황혼 이혼. 부산일보, 30면.

이강백(2007. 04. 14). 노인이 미래다. 경향신문.

이권(2005). 고령 노인을 위한 노인 복지 정책의 방안. 한국복지행정학회지. 15(2), 191-220.

이경미(2017. 01. 31). 뜨거운 안녕. 국제신문, 30면.

이경훈(2010). 노인의 생활체육참가 제약요인에 관한 연구. 한국체육학회지. 49(1), 47-56.

이경희(2004). 노인 학습자들의 교육참여 실태조사 분석. 평생교육학연구. 10(2), 49-77.

이동수(2004). 노인의 여가활동 참여가 인지된 삶의 질에 미치는 영향. 미간행 박사학위논문. 경상대학교대학원.

이문재(2015. 01. 10). 노인을 위한 나라는 어디에 있는가. 경향신문.

이미란(2005). 고령화 사회에서 여성노인과 복지에 관한 고찰. 한국가정과학회지. 8(4), 57-69.

이미숙(2004a). 생활양식으로서 웰빙: 이론과 적용의 뿌리찾기. 한국생활과학회 하계학술대회.

이미숙(2004b). 생활양식으로서의 웰빙(well-being) : 이론과 적용의 뿌리찾기. 한국생활과학지. 13(3), 477-484.

이상덕(2003a). 노년기 생활체육참여가 삶의 질에 미치는 영향. 한국사회체육학회지, 20(1), 707-718.

이상덕(2003b). 노년기 여가활동과 스트레스, 삶의 질에 관한 연구. 미간행 박사학위논문, 고려대학교대학원.

이상윤(2003). 21세기 수도권 노인교육 프로그램 활성화 방안. 중앙대학교 국가정책연구소.

이상일, 유현순(2004). 스포츠프로그램 노인 소비자의 참여특성에 따른 만족도 분석. 한국스포츠경영학회지. 19(1), 121-144.

이상희, 원영신, 배재윤(2014). 노인 체육지도자가 체험하는 생활체조 수업 제약 및 극복요소에 관한 연구. 한국체육학회지. 53(1), 267-280.

이상희, 원영신, 이민규(2015). 어르신전담 생활체육지도자의 직무소진, 직무착근도 및 이직의도의 구조적 관계 분석. 한국사회체육학회지, 제60권, 619-629.

이성철(1996). 노인의 사회체육활동과 생활 민족의 관계. 미간행 박사학위논문. 서울대학교대학원.

이성훈, 이유리(2004). 한국노인의 여가장애 극복을 위한 여가정책 방안. 복지행정연구. 20.

이세영, 김수연(2015. 04. 01). 노인 10명 중 7명 자녀와 떨어져 살아. 동아일보, A46.

이수미, 이숙현(2010). 취업모의 다중역할의 질과 심리적 건강. 한국가족관계학회지. 15(3), 67-90.

이숙현(2014). 음악 중심 통합예술치료가 장기요양시설거주 노인의 고독감, 우울, 생활만족와 Cortisol 및 NK-cell에 미치는 영향. 미간행 박사학위논문. 원광대학교대학원.

이승국(2011. 2. 9). 2026년 초고령 사회, 일할 사람이 없다. 이투데이 경제신문.

이승범(2003). 노인종합복지관의 운동프로그램이 노화, 체력 및 삶의 질에 미치는 영향: 노인 여성을 중심으로. 미간행 박사학위논문. 연세대학교대학원.

이승연(2014). 2015년 시행에 대비한 노인스포츠지도자 자격제도의 재검토. 미간행 석사학위논문. 연세대학교대학원.

이연종(2009). 보건소 운동 프로그램 참여 노인의 주관적 건강 인지에 따른 삶의 질과 생활 만족도의 관계. 한국체육학회지. 48(2), 321-330.

이영(2013. 03. 27). 복지 축소 않으면 공약 실천 어렵다. 조선일보.

이영욱(2017. 07. 03). 저출산 유독 심각한 한국……결혼·양육·취업 올인원 처방 필요. 조선일보, B11.

이유종(2017. 09. 04). 한국 고령사회 진입, 65세 이상 14%. 동아일보, A18.

이은석(2009a). 현대사회 노인의 생활스트레스와 우울의 관계에 있어서 여가스포츠활동의 완충효과 검증. 한국사회체육학회지. 36, 647-660.

이은석(2009b). 고령화시대의 노인복지 증진을 위한 여가활동 프로그램의 프로토콜 개발: 지역사회 노인복지관 및 문화센터를 중심으로. 한국체육학회지. 43(3), 113-130.

이은석(2009c). 현대사회의 노인의 자살행동과 관련한 여가활동의 완충효과 검증. 한국학술진흥재단 연구결과보고서, 1-73.

이은석, 신규성(2010). 노인체육지도자의 감정노동과 직무애착도 및 직무만족의 관계. 한국사회체육학회지. 제40호, 443-452.

이은석, 안찬우(2010). 노인의 여가 스포츠활동 참가가 성공적 노화에 미치는 영향: 회복탄력성의 매개 효과를 중심으로. 한국체육학회지. 49(4), 325-337.

이은석, 이선장(2009). 농촌지역 노인의 스트레스, 우울 및 자살생각에 있어서 신체적 여가활동의 완충효과. 한국스포츠사회학회지. 22(2), 35-53.

이은석, 이희완, 이영익, 남재화, 정정현, 권대근(2010). 현대사회 노인의 자살예방을 위한 여가활동 프로그램의 프로토콜 개발: 응용스포츠사회학적 접근. 한국체육학회지. 49(3), 81-102.

이은진, 배숙경, 엄태영(2010). 독거노인의 자살 시도에 대한 우울과 여가활동 참여의 영향에 관한 연구: 서울특별시 노원구를 중심으로. 한국노년학. 30(2), 615-628.

이정필(2016. 11. 10). 이젠 자신의 선택이다. 제민일보.

이정학(2006). 스포츠와 사회복지. 서울: 대한미디어.

이정학, 이경훈(2005). 노련화에 따른 사회복지적 측면에서의 체육활동. 한국체육철학회지. 13(3). 249-265.

이종경, 이은주(2010). 노인의 여가스포츠 활동참가와 스트레스 및 자살 생각 감소의 관계. 한국여가레크리에이션학회지. 34(3), 17-27.

이주엽(2013. 12. 14). 세대 간 일자리 상생을 위한 과제. 한국일보, 3면.

이지항(2015). 노인들의 대뇌 보조운동영역에 적용된 반복적 경두개 자기자극이 의도적 운동 적응에 미치는 영향. 한국사회체육학회지 제61호, 509-519.

이진경(2013. 08. 30). 무능력을 증명하려는 복지, 한국일보, 27면.

이진희, 이성택(2017. 05. 03). 2030년엔 노인의료비 4배 이상 폭증한다. 한국일보, 12면.

이채은(2011). 실버세대 생활체육 특성화 프로그램 탐색. 미간행 석사학위논문. 영남대학교

스포츠과학대학원.

이창환, 이중원, 한상인, 김석원(2011). 지역사회 노인운동 정책 수립. 보건복지부, 1-120.

이향숙(2009). 가정 예배가 가족 기능성에 미치는 영향. 성결심리상담. 1, 157-178.

이홍구(2003). 청소년의 스포츠 참가와 스트레스 및 사회적 지지의 관계. 한국체육학회지. 42(5), 147-157.

이홍구, 송형석(2010). 한국사회의 제문제와 태권도의 기여 가능성 제고. 대한무도학회지. 12(1), 235-247.

이현석, 유정애(2012). 노인 평생 학습자를 위한 스크린 실버존의 개발과 교육적 의미 탐색. 한국체육학회지. 51(4), 171-183.

이형국(2007). 노인체육학의 학문적 특성 정립을 위한 제안. 코칭능력개발지. 9(2), 29-37.

이희진, 박진경(2015). 노인 신체활동 서비스 주체 및 참여 특성과 서비스 만족도 관계. 한국사회체육학회지. 제62호, 755-766.

임경희(2006). 스포츠참여가 노인의 보지 만족 및 여가 만족에 미치는 영향. 한국체육학회지. 45(1), 185-192.

임란희(2007). 노인의 신체적, 심리적, 사회적 건강 변화를 위한 실버스트레칭 프로그램 개발과 효과 분석. 미간행 박사학위논문. 명지대학교대학원.

이묘숙(2012). 노인의 사회참여활동은 사회적 고립감과 자살생각 간의 관계를 매개하는가? 정신보건과 사회사업. 40(3), 231-259.

임수원(2008). 생활무용 참가를 통한 노인의 자아정체성 재확립. 한국체육학회지. 47(2), 81-93.

임영삼, 이상덕(2010). 노년기 스포츠여가로서 자전거 참가 동기가 여가 몰입과 심리적 행복감에 미치는 영향. 한국사회체육학회지. 20(6), 685-693.

임춘식, 강원돈, 강호성, 고수현, 김기덕(2007). 사회복지론. 경기: 공동체.

임태성, 박현욱(2006). 고령화시대의 노인체육 활성화 정책. 한국체육정책학회지. 제8호, 121-138.

임춘식(1999). 노인 여가활동 활성화 방안. 한남대학교 사회과학연구. 9호.

임호남, 임란희(2008). 요가 수련이 여성노인의 신체조성에 미치는 효과. 한국여성체육학회지. 22(2), 57-66.

장인협, 최성재(2006). 노인복지학. 서울: 서울대학교출판부.

장재옥(2007). 스포츠 복지 국가 실현을 위한 법정책적 과제: 장애인, 노인, 청소년 스포츠 정책을 중심으로. 스포츠와 법. 10(1), 95-120.

장하성(2017. 07. 18). 행복한 삶을 위하여. 금강일보.

장학만(2013. 10. 12). 고령사회의 그늘. 한국일보.

정계순(2009). 운동프로그램 참가노인의 신체적 자아개념이 심리적 행복감 및 생활 만족에 미치는 영향. 미간행 박사학위논문 명지대학교대학원.

정경자(2010). 노인 여가스포츠 프로그램에 관한 국제비교 연구. 미간행 박사학위논문. 호서 대학교벤처전문대학원.

정경자, 박정근, 김성문(2014). 효과적인 노인 여가 스포츠 프로그램을 위한 질적 탐색. 한 국체육학회지. 53(6), 151-166.

정경희, 조애저, 오영희 변재관, 변용환, 문현황(1998). 1998년도 전국노인생활실태 및 복지 욕구조사. 한국보건사회연구원.

정낙수, 최규환(2001). 노인낙상의 원인과 예방. 한국전문물리치료학회지. 8(3), 107-115.

정다운, 한광령, 김우석, 김기섭(2011). 시니어러빅 참여 동기와 여가활동 만족 및 성공적 노화의 관계. 한국체육학회지. 50(3), 179-188.

정성희(2015. 05. 27). 몇 살부터 노인일까. 동아일보, A31.

정원미(2008). 경증치매환자의 인지 기능 증진을 위한 집단작업치료 프로그램의 효과. 고령 자치매작업치료학회지. 1(1), 46-55.

정종진(2001). 하교 학습과 동기. 서울: 교육과학사.

정진성, 김영식(2014). 신체활동에 참여하는 노인들의 사회지원이 사회적 고립감과 행복감 에 미치는 영향. 한국체육학회지. 53(3), 525-533.

정진오(2008). 여가스포츠활동에 참가하는 노인의 지각된 자아존중감이 스트레스와 우울에 관계에 미치는 매개효과. 한국사회체육학회지. 33(1), 715-724.

정영린(1997). 여가만족의 인과 모형 설정을 위한 연구. 한국스포츠 사회학회지 제8호, pp.115-132.

정영린(1997). 생활체육 참가와 여가 만족의 관계. 미간행 박사학위논문. 서울대학교대학원.

정영만(2014. 01. 15). 건강 100세 시대 맑은 공기로부터. 한국일보, 30면.

정원미(2008). 경증치매환자의 인지기능 증진을 위한 집단작업치료 프로그램의 효과. 고령 자치매작업치료학회지. 1(1), 46-55.

정원오(2017. 07. 01) 노인 일자리, 건강한 100세 시대를 만든다. 아시아 경제.

조경욱, 이동기, 이중섭(2011). 100세 시대 도래, 노인의 삶의 질 필요하다: 노년기의 여가 문화 조성, 무엇을 어떻게 할 것인가. 전주: 전북발전연구원.

조근종(2000). 노인의 사회활동 참여와 사회적지지 및 일상생활 수행능력의 관계. 한국체육 학회지. 39(3), 198-207.

조만태, 김상대(2008). 은퇴노인의 스포츠활동 참가 동기가 재사회화에 미치는 영향. 한국사 회체육학회지. 제32권, 637-649.

조명수(2013. 01. 25). 공동체 정신 회복이 절실하다. 강원도민일보, 9면.

조선일보. 2013년 11월 15일, A35.

조선일보. 2014년 2월 11일, A35.

조소희(2012). 실버라인댄스 참여자의 신체 이미지가 재미 요인, 여가 만족 및 자아실현에 미치는 영향. 미간행 박사학위논문. 목포대학교 대학원.

조승현, 김인형(2012). 생활체육 참여 노인의 운동행동 변화과정이 자아통합감에 미치는 영향. 한국체육학회지. 51(1), 47-59.

조연철, 박영옥(2001). 노인들의 생활체육 참여가 여가만족도와 정신건강과의 관계. 한국사회 체육 학회지. 15(1), 281-298.

조희금(2004). 시니어 웰빙과 여가취미생활. 대구대학교 사회복지연구소 2004년 학술대회.

조희숙(2014. 06. 30) 어르신 건강 카드 효과 극대화 하자. 강원일보, 7면.

중도신문. 2016년 6월 14일, 23면.

중앙일보. 2001년 3월 21일자.

중앙일보. 2005년 7월 11일자.

중앙일보. 2014년 9월 6일자.

지병태(2009). 노인들의 라이프스타일에 따른 노인 건강운동과 건강 증진 방안. 미간행 박사학위논문. 대구한의대학교대학원.

지용석(2001). 노인의 주당 운동 참여에 따른 신체부위별 골밀도 분석. 대한노인병학회지. 5(2), 185-198.

차지원(2008). 노인의 여가활동 참여와 자긍심, 고독감, 무력감, 주관적 안년의 관계. 미간행 박사학위논문. 목포대학교대학원.

체육청소년부(1992). 체육청소년행정 10년사. 서울: 체육청소년부.

체육과학연구원(2003). 노인의 체육활동 실태 분석 및 활성화 방안. 서울: 국민체육진흥공단 체육과학연구원.

체육과학연구원(2006). 노인체육진흥을 위한 전략 개발 연구. 서울: 체육과학연구원.

최미리, 이양출(2012). 노인의 여가스포츠 활동 참가에 따른 생활스트레스와 우울의 관계에서 회복탄력성의 완충효과. 한국체육학회지. 51(1), 75-90.

최병호(2013. 09. 03). 증세 없는 복지는 가능하다. 한국일보, 29면.

최병호(2014. 01. 06). 습관이 당신 미래 바꾼다, 서울경제.

최연혁(2013. 10. 10). 기초연금제도, 처음부터 다시 짜라. 동아일보. A34.

최영희(1999). 노인과 건강. 서울: 현문사.

최운실, 김현철, 변종임, 최윤선, 김효선(2005). 평생교육 참여 실태 분석 연구. 한국교육개발원 연구보고서.

최종혁, 이연, 안태숙, 유영주(2009). 문화복지 개념 정립을 위한 질적연구. -휴먼 서비스 실천가들의 인식을 중심으로-. 사회복지연구. 40(2), 145-182.

최종환, 이규문, 김현주, 서주원(2004). 노인들의 성별과 신체활동 수준이 신체적 기능, 심리적 기능, 그리고 건강관련 삶의 질에 미치는 영향. 한국체육학회지. 43(6), 975-983.

최재현(2015, 01. 09). 100세 시대, 앉는 습관을 줄이고 신체활동 늘려라. 국제신문, 29면.

통계청(1991). 장래 인구추계. 서울: 통계청.

통계청(2000). 2000년도 보건복지 통계연보. 서울: 통계청.

통계청(2001). 한국의 사회지표. 2000년도 인구주택총조사. 서울: 통계청.

통계청(2002a). 장래 인구추계 결과. 서울: 통계청.

통계청(2002b). 2002년도 보건복지 통계연보. 서울: 통계청.

통계청(2003). 2001년 생명표 결과. 서울: 통계청.

통계청(2004). 고령자 통계. 서울: 통계청.

통계청(2005a). 2005 고령자 통계. 한국의 인구 변화. 서울: 통계청.

통계청(2005b). 장래 인구추계. 서울: 통계청.

통계청(2006). 장래 인구추계. 2006 고령자 통계. 서울: 통계청.

통계청(2007). 사회통계조사보고서. 서울: 통계청.

통계청(2008). 2008 고령자 통계. 장래 인구추계. 2008년 사망원인 통계결과. 서울: 통계청.

통계청(2009). 2009 고령자 통계. 한국인의 사회지표. 서울: 통계청.

통계청(2010). 2010 고령자 통계. 2010 인구조사 통계. 서울: 통계청.

통계청(2011). 2011 고령자 통계: 고령인구 및 구성비. 서울: 통계청.

통계청(2012). 2012 고령자 통계. 서울: 통계청.

통계청(2013). 2013 고령자 통계. 서울: 통계청.

통계청(2014). 2014 고령자 통계. 서울: 통계청.

통계청(2015). 2015 고령자 통계. 서울: 통계청.

하능식(2013. 10. 07). 사회 복지 확대, 재정 책임성 확보가 중요. 강원도민일보, 7면.

하웅용(2002). 근현대 한국 체육문화 변천사. 한국체육사학회. 7(1), 40-54.

하웅용, 이소윤(2008). 국가정책적 맥락에서 본 한국노인체육정책의 형성과 추진과정. 한국
　　　체육사학회지. 13(2), 99-113.

한겨레신문. 2011년 6. 13일자.

한국노인과학학술단체연합회(2007). 고령사회의 밝은 미래. 서울: 아카넷.

한국보건사회연구원(2005). 2004년도 전국노인생활 실태 및 복지 욕구 조사. 서울: 한국보건
　　　사회연구원.

한국보건사회연구원(2006). 2005년도 전국노인생활 실태 및 복지 욕구 조사. 서울: 한국보건
　　　사회연구원.

한국보건사회연구원(2007). 2006년도 전국노인생활 실태 및 욕구조사. 한국인의 건강 관련
　　　삶의 질과 기대 여명. 한국보건사회연구원 보고서. 서울: 한국보건사회연구원

한국사회체육진흥회 홈페이지. www. kasfa.or. kr.

한국일보. 2005년 12월 30일자.

한국일보. 2012년 5월 12일자.

한국일보. 2013년 9월 2일, 31면.

한국일보. 2013년 10월 3일, 23면.

한국임상사회사업학회(2004). 노인복지론. 경기: 양서원.

한혜경(2013. 02. 07). 퇴직이 더 행복한 50대 남자들. 동아일보, A28.

한혜경(2013. 07. 09). 너도 내 나이 돼 봐라. 동아일보, A28.

한혜경(2013. 08. 20). 늙어가는 것의 불안 노리는 사회. 동아일보, A28.

한혜경(2013. 10. 01). 내가 만난 영국의 노인들. 동아일보, A28.

한혜경(2013. 11. 14). 100 시대 출발은 사소한 일에 목숨 거는 일부터 버리는 것. 동아일보, A28.

한혜경, 이유리(2009). 독거노인의 정신건강 수준과 영향요인. 한국노년학. 29(3), 805-822.

한혜원(2008). 여성 노인의 여가활동 참여 형태가 여가 만족도에 미치는 영향. 한국여성체육학회지. 22(3), 47-58.

한혜원, 이유한(2001). 노년기 여가참여형태와 삶의 질 인지와의 관계. 한국체육학회지. 40(3), 309-319.

홍용(2007). 여성노인들의 연령대별 건강 및 체력수준 상태와 태극기공운동이 활동체력, 혈중 지질에 미치는 영향. 한국생활환경확회지. 47(5), 189-199.

황용찬, 이성국, 예민혜, 천병렬, 정진욱(2003). 일부 농촌지역 노인들의 수단적 일상생활 동작 능력과 그에 관련된 요인. 한국노년학. 13(2), 84-97.

황인옥(2007). 노인복지시설 생활노인의 거주만족도 수준 및 영향요인. 미간행 박사학위논문. 대전대학교대학원.

허정식(2003). 노인의 운동 참여의 주관적 건강인지에 따른 심리적 안녕감. 한국스포츠심리학회지. 14(2), 111-128.

허정훈, 임승길, 이동현(2010). 한국형 노인 낙상효능감 척도(FES-K)의 타당화. 한국체육학회지. 49(3), 193-201.

허철무, 안상현(2014). 신체활동 참여 노인의 주관적 건강 상태와 심리적 안녕감 및 성공적 노화의 관계. 한국체육학회지. 53(6), 357-369.

홍미화(2012). 노인체육지도자의 지도유형이 임파워먼트 및 만족에 미치는 영향. 한국체육학회지. 51(5), 467-477.

홍성희(2000). 중 노년기 여가 프로그램 개발을 위한 기초연구. 대한가정학회지. 제38권. 10-22.

현외성(1982). 한국노인복지정책의 형성과정과 그 특징에 관한 연구. 한국노년학. 2.

현외성(1994). 한국과 일본의 노인복지정책 형성과정. 서울: 유풍출판사.

현외성(2002a). 사회복지 강론. 서울: 양서원.

현외성(2002b). 한국의 정치와 노인복지정책. 노인복지연구. 17.

SBS(2009). 그것이 알고 싶다 704회, 나는 행운이다-절망을 이겨낸 사람들의 7가지 비밀.

Acree, L. S., Longfor, J., A. S., Fjeldstad, C., Shchank, B., Nickel, K. J., & Garchner, A. W.(2006). Physical activity is related to quality of life in older adults. *Health and quality of life outcomes, 4(1),* 37.

Austin, D. R.(1999). *Therapeutic Recreation: Processes and Techniques*(4theds.). Champaign, IL: Sagamore publishing.

Barefoot, J. C.(1993). Age differences in hostility among middle-aged and older adults. *Psychology and Aging, 8(1)*, 3-9.

Beard, J., & Ragheb, M. G.(1980). Measuring leisure satisfaction. *Journal of Leisure Research, 12(10)*, 20-33.

Beaver, M. L.(1983). *Human service practice with the elderly*, Englewood Cliffs, N. J. Prentice-Hall.

Benson, H.(1975). *The Relaxation Response*. New York. Avon.

Berger, B. G.(1986). Use of jogging and swimming as stress reduction techniques. *In j. H. Human Stress. l*, 169-190.

Bolger, N. & Eckenrode, J.(1991). Social relationships, personality, and anxiety during a major stressful event. *Journal of Personality and Social Psychology*, 61.

Bowling, A.(2007). Aspirations for older age in the 21st century: what is successful aging? *The International Journal of Aging and Human Develoment, 64(3)*, 263-297.

Brown, B. A., & Frankel, B. G.(1993). Activity through the years: Leisure, leisure satisfaction, and life satisfaction. *Sociology of Sport Journal, 10*, 1-17.

Campbell, A.(1981). *The sense of well being in America*. New York: McGraw-Hill.

Carter, M. J., Van Andel, G.E., & Robb, G.M. (1985). *Therapeutic recreation-A practical approach*. Prospect Heigets, IL: Waveland Press, Inc.

Cavanaugh, J., & Blanchard-Field, F.(2014). *Adult development and aging*. Cengage Learning.

Chaddock, L. (2013). *The effect of physical activity on the brain and cognition during childhood*. University of Illinois at Urbana Champaign.

Coleman, D. & Iso-Ahola, S. E.(1993). Leisure and health: the role of social support and self-determination. *Journal of Leisure Research, 25*, 111-128.

Cox, R. H.(1991). Exercise training and response to stress insights from animal model. *Medicine and Science in Sports Exercise. 23(7)*, 653-859.

Crilly, R. G., Willems, D. A., Trenholm, K. J.(1989). Effect of exercise on postural way in the elderly. *Gerontology, 35*, 127-143.

Davis(1936). Principles and practices of recreational therapy. New York.

Dick, A, Chakravart, D., & Biehal, G.(1990). Memory-based inference during consumer choice. *Journal of Consumer Research. 17(June)*, 82-93.

Flatten, K. Wilhite, B. Reyes-Watson, E.(1988). *Exercise Activities for the Elderly*, Spring Publishing Co.

Erik Van Ingen., Koen Van Eijck.(2009). Leisure and social capital, *Leisure Science, 31(2)*, 192-206.

Everard, M, Lach, W, Fisher, B, Baum, C. (2000). Relationship of activity and social support to the functional health of *older adults. Journal of Gerontology, 55B(4)*, S208-S212.

Flanagan, J. C.(1978). A research approach to improving our quality of life. *American Psychologist, 33*, 138-147.

Fye, V., & Peters, M.(1972). *Therapeutic Recreation: Its theory, philosophy and practice.* Harrisburg, PA: Stackpole Books.

Gibson, R.C.(1995). Promoting sucessful aging and productive aging in minority population. In L. A.,Cultler S. J., and Grams, A.(eds). *Promoting Sucessful Aging and Productive Aging.* 279-288. Thousand Oaks, CA: Sage.

Greecy, R. F., Berg, W. F., & Wright, R. W.(1986). Loneliness among the elderly. A causal approach. *Journal of Gerontology*, 40(4), 487-493.

Hargreaves. J.(1986). *Sport, Power and Culture.* Oxford: Polity Press.

Harper, S.(2014). Economic and social implications of aging societies. *Science, 346*(6209), 587-591.

Heidrich, S. M.(1998). Health promotion in age. *Annual Review of Nursing Research, 16*, 173-195.

Hong, M. H.(1983). The Elder and Health, *J. of the Kor. Assembly, vol. 201*, 65-70.

Iso-Ahola, S. E.(1980). *The social psychology of leisure and recreation.* Springfield, IL: Charles C. Thomas.

James, O. J.(1993). Balance improvements in older women Effects of exercise training. *physical Therapy. 73(4)*, 254-262.

Janssen, M. A.(2004). The Effects of Leisure Education on Quality of Life in Older Adults. *Therapeutic Recreation Journal, 38(3)*, 257-288.

Kaplan, G., Barell, V. & Lussy A.(1988). Subjective stste of health survival in elderly adults. *Journal of Gerontology, 43(4)*, 114-120.

Kobasa. S. C., Maddi. S. R., Puccetti, M. C.(1982). Personality and exercise as buffers in the stress-illness relationship. *Journal of Behavioral Medicine. 5*, 391-404.

Kraus, R.(2001). *Recreation and Leisure in Modern Society*(6th edition), Jones and Barlett Publishers. Sudbury: Massachusetts.

Leitner, M. J. & Leitner, S. F.(1985). *Leisure in Later Life.* New York : The Haworth Press.

Leitner, M J & S. F. Leitner.(1996). *Leisure in later life. Binghamton.* N.Y. Haworth Press.

Lenard, Z Breen.(1976). *Aging and the Field of Medicine*(N. Y. Wiley).

Leon, C. M., Glass, T. A., & Berkman, L. F.(2003). Social engagement and disability in a community population of older adults. *American Journal of Epidemiology, 157*, 633-642.

Maslach, C, & Jackson, S. F.(1981). *The Maslach Burnoul Inventory*, Research edition. a Consulting psychologists Press.

McAdams, Aubin, & Logan(1993). Generativity among young, midlife and older adults. *Psychology and Aging, 8*, 221-230.

Mcpherson, B. D.(1984). *Sport Participation Across the Life Cycle:* A Review of The Literature and Suggestions for Future.

Mcpherson, B. D.(1994). Sociocultural perspectivies. on aging and physical activity. *Journal of Aging and Physical Activity, 2(4)*, 9-359.

Menec, V.H.(2003). The relation between everyday activities and successful agiing: A 6-year longitudinal study. *Journal of Gerontlogy, 58(2)*, 74-82.

Michel, C., Pisella, L., Prablanc, C., Rode, G., & Rossetti Y.(2007). Enhancing visuomotor adaptation by reducing error signais: Single-step(aware) versus multiple-step(unaware)exposure to wedge prisms. *Journal of Cognitive Neuroscience. 19(2)*, 341-350.

Moore, E. H.(1959). *The nature of retirement.* Streib, G. F.(ed), New York, Macmillan Co.

Morris, J. A., & Feldman, D, C.(1996). The Dimension. Antecedent and Consequences of Emotiion Labor. *Academy of Management, 21(4)*, 986-1010.

North, T. C., McCullagh, P., & Tran, Z.(1990). Effect of exercise on depression. *exercise and sport Science Revieus.* New York : Macmillan. 18, 379-415.

Peterson. C. A. & Gunn.S. L.(1984). *Therapeutic recreation program design.* Englewood Cliffs. NJ: Prentice-Hall lnc.

Ragheb. M. G. & Griffith. C. A.(1982). The contribution of leisure participation and leisure satisfaction to life satisfaction of older person. *Journal of Leisure Research, 14(4)*, 295-306.

Reddiing, G. M. & Wallace, B.(1997). *Adaptive Spatial Alignment.* Mahwah NJ: Lawrence Erlbaum Associates.

Rejeski, W. J., Brewley, L. R. & Shumaker, S. A.(1966). Relationship between physical activity and health-related quality of life. *Exercise Sport Scirev, 24*, 71-108.

Robert(2007). Thirty year of research on the subjective well-being o elder Americans, *Journal of Gerontology, 33*, 109-125.

Romanyshin, J. M.(1971). S*ocial Welfare, Charity to Justice.* NY: Random House.

Rossman, J. R.(1998). Development of a Leisure program theory. *Journal of Park and Recreation administration, 16(4)*.

Rowe, J. W., & Kahn, R. L.(1997). Successful Aging. *The Gerontologist. 37(4)*, 433-440.

Ryan, M. C, & Patterson, J.(1987). Loneliness in the elderly. *Journal of Gerontological nursing, 13(5)*, 6-12.

Shephard, R. J.(1997). *Aging physical activity and health*. Human Kinetics, 250-253.

Spirduso, W.(1995). *Physical dimension of aging*. Champaign, Illinois: Human Kinetics.

Takata, Y., Ansai, T., Akifusa, S, & Sho, I(1007). Physical Fitness and 4-year Morality in 80-year-old population. *The Journal of Cerontology. 62(8)*, 851-858.

Thomas, R & Haumont. A & Levet. (1994). *Sociologie de sport*. Presses Universitaires de france.

Tideiksaar, R.(1998). *Falls in order persons: Prevention and management, 2nd ed*. Baltimore, Health Professions Press.

Tinetti, M. E., Ginter, S. F.(1988). Identifying mobility dysfunctions in elderly patients. Standard neuromuscular examination or direct assessment? J*ournal of the American Medical Association, 259(8)*, 1190-1193.

Tinetti, M. E., Mendes de Leon, C. F., Doucette, J, T., & Baker, D. I.(1994). Fear of falling and fall-related efficacy in relationship to functioning among community-living elders. *Journal of Gerontology, 49*, M 140-147.

Tinetti, M. E., Richman, D., & Powell, L.(1990). Falls efficacy as a measure of fear of falling. *Journal of Gerontology: Psychological Science, 45*, 239-234.

Villareal, D. T., Chode, S. Parimi, N. Sinacore, D. R., Hilton, T., Armamento-Villareal, R., Napoli, N., Qualls, C., & Logan. (2011). Weight loss, exercise, or both and physical function in obese older adults. *The New England Journal of Medicine, 364*, 1218-1229.

Weiss, R. S.(1973). *Loneliness: The experence of emotional and social islation*. Cambridge, MA, US: The NTT Press.

Wenzel, K., Reilly, M., & Lee, Y.(2000). Outcome measurements a specialized day program. 2002 Annual National Therapeutic Recreation Society Institute, *National Recreation and Park Association ongress*. Tampa, FL.

Woo, H. W.(2003). Successful aging. *Journal of Korean Geriatric Psychiatry, 7(2)*, 99-1-4.

(미주)

1) 김희은. 「노년, 그 아름다움의 빛깔」, 『매일경제』, 2017년 3월 22일.
2) 한수현. 「농촌의 고령화 시대, FRT로 넘는다」, 『강원도민일보』, 2019년 9월 10일, 9면.
3) 장세호. 「고령화 시대를 바라보는 노인들의 심기」, 『강원도민일보』, 2019년 8월 6일.
4) 최만진. 「저출산 초고령화의 대한민국, 소멸할 수도」, 『서울신문』, 2019년 9월 4일.
5) 김은경. 「노인 고독사 매년 증가… 사회안전망 구축 절실」, 『세계일보』, 2018년 11월 29일.
6) 김정호. 「초고령사회노인복지정책」, 『담양곡성타임스』, 2019년 11월 21일.
7) 김기창. 「고령운전자 교통사고 급증… 실질적 안전대책 시급」, 『세계일보』, 2019년 3월 7일.
8) 조성백. 「운전에 노익장은 없다」, 『강원도민일보』, 2019년 5월 21일.
9) 김경호. 「 95세 어머니를 춤추게 한 표창장과 문해교육」, 『경기일보』, 2019년 8월 13일, 22면.
10) 조명기. 「 "건강·자녀·노후 대비… 보험 활용 인생 큰 그림 그려야" 」, 『세계일보』, 2019년 8월 12일.
11) 손영태. 「노년에 관하여」, 『경기일보』, 2019년 8월 11일, 22면.
12) 손성진. 「행복지수의 상승곡선을 보고 싶다」, 『서울신문』, 2016년 4월 28일, 31면.
13) 안을섭. 「100세 인생, 그러나 병상에서 10년」, 『경기일보』, 2019년 6월 24일, 22면.
14) 명경재. 「환자 맞춤형 의학 시대」, 『서울신문』, 2019년 5월 21일, 29면.
15) 이후광. 「대한체육회, 체육지도자 실기구술 자격검정 실시」, 『마이데일리』, 2019년 6월 13일.
16) 이에스더. 「노인을 위한 나라」, 『중앙일보』, 2019년 9월 4일, 31면.
17) 임규홍. 「자서전을 쓰자」, 『경상일보』, 2019년 12월 26일.
18) 최훈길. 「월평균 연금 61만원 그쳐…노인 절반은 0원」, 『이데일리』, 2019년 9월 27일.
19) 곽병찬. 「인구절벽과 꼰대 넓두리」, 『서울신문』, 2019년 4월 4일, 31면.
20) 성태윤. 「고단한 삶 보여 준 엥겔지수」, 『서울신문』, 2019년 5월 6일, 27면.
21) 김태. 「조울병의 뇌과학」, 『서울신문』, 2019년 1월 8일, 29면.
22) 조현욱. 「당뇨·뇌졸중·치매의 원인이 잇몸 세균이라고?」, 『서울신문』 2019년 8월 21일, 34면.
23) 이대현. 「노인들의 세상은 어디나 같다」, 『서울신문』, 2018년 8월 22일, 34면.
24) 이동구. 「홀로 즐기는 삶」, 『서울신문』, 2019년 7월 25일.
25) 김균미. 「자서전」, 『서울신문』, 2019년 4월 23일.
26) 김창선. 「복지부 신체활동장려사업에 체육인력 참여의 길 열리길」, 『스포츠경향』, 2019년 11월 26일.
27) 권지예. 「30년 후 노인 나라의 추석은…」, 『세계일보』, 2019년 9월 8일
28) Duam 지식백과. 「파이토케미컬(Phytochemical)과 건강한 삶」, 『Duam』, 2019년 12월 21일.
29) 채병숙. 「자율성과 건강한 삶」, 『전북도민일보』, 2019년 11월 28일.
30) 이대호. 「건강을 위해 무엇을 어떻게 먹어야 할까」, 『서울신문』, 2019년4월 30일, 29면.
31) 한경BP. http://blog.naver.com/hankbp/10087318528, 「무엇을 어떻게 먹어야할까? (하버드 대학의 음식 피라미드)」, 『하버드 공중보건대학원』, 2010년 5월 31일.
32) 서유헌. 「치매 예방법」, 『세계일보』, 2019년 1월 3일.
33) 정기석. 「폭염과 식중독」, 『서울신문』, 2019년 8월 20일, 29면.
34) 현지용. 「고온다습 폭염에 식중독 발생 '위험' 격상」, 『시사주간』, 2019년 8월 2일.
35) 손인규. 「여름철 건강 불청객, 습기, 고온 다습한 날씨에 '식중독' 환자 증가…고기보다 채소가 더 위험」, 『헤럴드경제』, 2019년 8월 8일.
36) 이상곤. 「숙종의 어지럼증, 그 원인은」, 『동아일보』, 2019년 8월 26일.
37) 이상곤. 「끼니 제때 못 먹고 밤에 폭식하는 당신, 어지럼증 있다면…」, 『동아일보』, 2019년 8월 25일.
38) 김세윤. 「허리통증, 스트레칭이 예방의 지름길」, 『헤럴드 건강포럼』, 2019년 7월 12일.
39) 김재호. 「알츠하이머병의 경고」, 『아시아경제』, 2019년 9월 6일.
40) 신현영. 「평생건강관리」, 『아시아경제』, 2019년 6월 26일.
41) 김재호. 「호흡기질환을 예방하려면」, 『아시아경제』, 2019년 6월 21일.
42) 민태원. 「진행성 암 포기마세요… 재활치료로 삶의 질 높인다」, 『국민일보』, 2019년 9월 10일.
43) 김종우. 「걷기…삶의 시작, 질병의 끝」, 『문화일보』, 2018년 3월 2일.
44) 윤성규. http://news.hankooki.com/lpage/opinion/201401/h2014011421010324060.htm, 「건강 100세 시대, 맑은 공기로부터」, 『한국경제』, 2014년 1월 15일.
45) 정연만. 「건강 100세 시대, 맑은 공기로부터」, 『한국일보』, 2014년 1월 15일, 30면.
46) 김종우. 「분노와 火病」, 『문화일보』, 2018년 1월 26일.
47) 김환표. 『트렌드지식사전4』, 서울: 인물과사상사, 2015, Duam 지식백과, 2019년 12월 3일.

48) 김환수.「수술은 무슨, 나이도 많은데 그냥 살지뭐」,『강원일보』, 2019년 8월 15일, 18면.
49) 네이버 지식백과.「알츠하이머병, alzheimer's disease」, 서울대학교병원 의학정보(서울대학교병원),『네이버』, 2019년 12월 22일.
50) 김태.「수면 부족과 알츠하이머 치매」,『서울신문』, 2019년 2월 12일, 29면.
51) 김정운.「팔굽혀펴기' 열 다섯 번이면 다 해결된다!」,『조선일보』, 2013년 11월 22일, A35.
52) 신현영.「약, 많이 먹을수록 독」,『아시아경제』, 2019년 9월 5일.
53) 김재호.「뇌세포를 신바람 나게」,『아시아경제』, 2019년 8월 30일.
54) 고길자.「삼독심(三毒心)과 삼학(三學)」,『중앙일보』, 2006년 5월 2일.
55) 임철영.「三毒과 三學」,『아시아경제』, 2019년 8월 22일.
56) 최병호.「습관이 당신의 미래 바꾼다」,『서울경제』, 2014년 1월6일.
57) 김현수.「남성 갱년기 건강성한 극복법」,『동아일보』, 2013년 1월 21일.
58) 송병화, 고명.「뇌졸중에 대해」,『충북일보』, 2019년 8월 22일.
59) 유인우.「뇌졸중과 치매의 관계」,『충청일보』, 2019년 9월 22일.
60) 조은희.「썹어야 노후가 건강하다」,『충북일보』, 2019년 8월 21일.
61) 박두원.「노후의 기억력, 치아 건강과의 관계는?」,『매일경제』, 2010년 7월 30일.
62) 이순용.「100세 시대, 어떤 경우에 틀니를 해야 하나요?」,『이데일리』, 2019년 6월 24일.
63) 김세윤.「프롤로테라피, 어떤 치료인가」,『헤럴드경제』, 2019년 10월 4일.
64) 김철수.「100세 시대 행복, 심신 건강에 달렸다」,『세계일보』, 2016년 2월 24일.
65) 이승훈.「귀를 보면 건강을 알 수 있다?」,『서울신문』, 2019년 9월 10일, 29면.
66) 박익열.「운동하는 습관 길러 노화 늦추자」,『경남일보』, 2016년 1월 14일.
67) 한국 4-H 신문.「노화현상 늦출 수 있다」, 2018년 2월 15일.
68) 서울대학교 의과대학 국민건강지식센터.「노화방지, 어떻게 할 수 있나요?」『Duam 지식백과』, 2019년 12월 22일.
69) 김법혜.「올바른 약을 먹자」,『충청일보』, 2019년 9월 22일.
70) 전제혁.「극심한 복통과 소화불량 '췌장암' 의심」,『충청일보』, 2019년 9월 15일.
71) 최유아.「속에 불이 붙은 것 같아요 … 혹시 역류성식도염?」,『충청일보』, 2019년 9월 3일.
72) 장진우.「구내염과 역류성식도염의 원인이 되는 담적병 치료로 입냄새(구취) 제거 가능」,『폴리뉴스』, 2019년 12월 5일.
73) 윤종완.「건강한 삶 9988을 위해 하루 한번 심장 운동을 하자」,『조선일보』, 2013년 1월 11일.
74) "Learn: About psoriasis". National Psoriasis Foundation. 2011년 6월 4일, 2012년 7월 17일.
75) Psoriasis Linked to Stroke Risk". BBC. 2011년 8월 28일.
76) Ghazizadeh, R.; Tosa, M.; Ghazizadeh, M. (2011). "Clinical Improvement in Psoriasis with Treatment of Associated Hyperlipidemia". 《The American Journal of the Medical Sciences》 **341** (5): 394–398.
77) 김형록.「겨울철 기승을 부리는 건선, 장기적인 치료가 필요하다」,『영남일보』, 2019년 12월 3일.
78) 문재익.「노래 부르기와 친구하기」,『경기신문』, 2019년 12월 8일.
79) 김윤정.「성공적 노화와 노래부르기」,『인천일보』, 2019년 10월 8일.
80) 문재익.「노래 부르기와 친구하기」,『경기신문』, 2019년 12월 8일.
81) 황원준.「정신건강의 핵심 수면위생」,『인천일보』, 2019년 9월 30일.
82) 송주경.「바람만 스쳐도 고통스러운 '통풍'」,『충청일보』, 2019년 8월 21일.
83) 오한진.「무더운 여름, 똑똑하고 건강한 물마시기」,『충청일보』, 2019년 8월 15일.
84) 이재규.「걷기 운동은 행복이다」,『경북일보』, 2019년 6월 17일, 8면.
85) 서울아산병원 국제교류지원실,「생활 속 건강」,『Duam』, 2012년 1월 6일.
86) 이해나, 전혜영.「걷기만 해도 혈압·혈당 떨어져… 올바른 '걷기 자세'는?」,『헬스조선』, 2019년 12월 6일.
87) 송병화.「요추관 협착증에 관하여」,『충북일보』, 2019년 11월 21일.
88) 김도하.「유연성이 떨어지면 나타나는 것들」,『경상일보』, 2019년 7월 21일.
89) 홍은희.「중년의 건강, 정기검진으로 관리하자」,『경기일보』, 2019년 9월 1일, 23면.
90) http://health.chosun.com/site/data/html_dir/2020/01/03/2020010301837.html.
91) 김문찬.「'똥'이 약이다」,『경상일보』, 2019년 6월 6일.
92) 지은주.「치매 100만 시대, 맞춤형 서비스가 답이다」,『경상일보』, 2019년 5월 16일.
93) 유승민.「"고령사회 대한민국, 체육의 가치를 더해야 할 때"」,『경인일보』, 2019년 2월 27일, 22면.
94) 박노극.「어머니의 여가생활을 응원합니다」,『경인일보』, 2018년 10월 2일, 23면.
95) 문상윤.「커피와 건강」,『대전일보』, 2019년 9월 26일.
96) 원도혁.「스트레스 과식」,『영남일보』, 2019년 8월 3일.
97) 현동근.「뇌출혈, 골든타임이 생명 지킨다」,『인천일보』, 2019년 10월 3일.
98) 김철현.「AI로 뇌출혈 환자 '골든타임' 사수」,『아시아경제』, 2019년 11월 26일.

99) 김예리, 「CJ헬로 지역채널 PD 뇌출혈로 숨져」, 『미디어오늘』, 2019년 12월 4일.
100) 오한진, 「소리 소문 없이 뼈에 구멍이 '숭숭' 누구도 안심할 수 없다, '골다공증'」, 『충청일보』, 2019년 12월 9일.
101) 이세라, 이재환, 「스포츠 즐기다 흔히 발생하는 발목 염좌, 초기 치료가 중요」, 『내일신문』, 2019년 1월 15일.
102) 홍만기, 「후경골근건 기능부전증」, 『제민일보』, 2019년 10월 7일.
103) Scudellari, Megan(2015년 12월 16일). "The science myths that will not die". 《Nature》(영어) 528 (7582): 322-325. doi:10.1038/528322a. ISSN 0028-0836.
104) 원호섭, 「조롱거리된 韓갑상선암」, 『매일경제』, 2019년 6월 22일.
105) 민연기, 「세계최고 발생률 한국의 갑상샘암」, 『제민일보』, 2019년 9월 30일.
106) 장원석, 「코골이와 수면무호흡」, 『제민일보』, 2019년 9월 23일.
107) 이화영, 「과학향기」, 서울: KISTI(한국과학기술정보연구원), 2019년 11월 6일.
108) Luboshitzky, Rafael; Ariel Aviv; Aya Hefetz; Paula Herer; Zila Shen-Orr; Lena Lavie; Peretz Lavie(2002년 3월 23일). "Decreased Pituitary-Gonadal Secreti". 《Journal of Clinical Endocrinology &Metabolism》 87(7): 3394-3398. doi:10.1210/jc.87.7.3394. PMID 12107256. 2007년 7월 3일.

Decreased libido is frequently reported in male patients with obstructive sleep apnea (OSA).
109) "The effect of surgery upon the quality of life in snoring patients and their partners: a between-subjects case-controlled trial". M.W.J. Armstrong, C.L. Wallace &J. Marais, Clinical Otolaryngology &Allied Sciences 24 6 Page 510. 1999년 1월 12일.
110) "Snoring linked to heart disease'". 《BBC News》. 2008년 3월 1일. 2010년 5월 23일.
111) 만프레트 슈피처(Manfred Spitzer), 김세나 옮김, 『디지털치매: 머리를 쓰지 않는 똑똑한 바보들』, 북로드, 2012년.
112) 김석대, 「조선일보를 읽고, '치매' 라는 용어 대신 '백심증'으로 불렸으면」, 『조선일보』, 2013년 8월 2일.
113) 이남석, 『무삭제 심리학』, 서울: 예담, 2008: 250~252.
114) 특별취재팀, 「[치매, 이길 수 있는 전쟁] 동네 친구들과 함께 사는 치매 할머니···사라지던 기억을 붙잡았다」, 『조선일보』, 2013년 5월 18일.
115) 박준혁, 「치매 극복의 날」, 『제민일보』, 2019년 9월 18일.
116) 박유형, 「심장병, 뇌졸중 국가관리 시급하다」, 『서울신문』, 2019년 2월 13일.
117) Albert, RH (2010년 12월 1일). "Diagnosis and treatment of acute bronchitis.". 《American family physician》 82 (11): 1345-50. PMID 21121518.
118) "What Causes Bronchitis?". 2011년 8월 4일. 2015년 4월 1일.
119) "What Is Bronchitis?". 2011년 8월 4일. 2015년 4월 1일.
120) "How Is Bronchitis Diagnosed?". 2011년 8월 4일. 2015년 4월 1.
121)Wenzel, RP; Fowler AA, 3rd (2006년 11월 16일). "Clinical practice. Acute bronchitis.". 《The New England Journal of Medicine》 355 (20): 2125-30. doi:10.1056/nejmcp061493. PMID 17108344.
122) "How Can Bronchitis Be Prevented?". 2011년 8월 4일. 2015년 4월 1일.
123) "How Is Bronchitis Treated?". 2011년 8월 4일. 2015년 4월 1일.
124) Smith, SM; Schroeder, K; Fahey, T (2014년 11월 24일). "Over-the-counter (OTC) medications for acute cough in children and adults in community settings.". 《The Cochrane database of systematic reviews》 11: CD001831. doi:10.1002/14651858.CD001831.pub5. PMID 25420096.
125) Becker, LA; Hom, J; Villasis-Keever, M; van der Wouden, JC (2011년 7월 6일). "Beta2-agonists for acute bronchitis.". 《The Cochrane database of systematic reviews》 (7): CD001726. doi:10.1002/14651858.CD001726.pub4. PMID 21735384.
126) Smith, SM; Fahey, T; Smucny, J; Becker, LA (2014년 3월 1일). "Antibiotics for acute bronchitis.". 《The Cochrane database of systematic reviews》 3: D000245. doi:10.1002/14651858.CD000245.pub3. PMID 24585130.
127) Braman, SS (January 2006). "Chronic cough due to acute bronchitis: ACCP evidence-based clinical practice guidelines.". 《Chest》 129 (1 Suppl): 95S-103S. doi:10.1378/chest.129.1_suppl.95S. PMID 16428698.
128) Tackett, KL; Atkins, A (December 2012). "Evidence-based acute bronchitis therapy.". 《Journal of pharmacy practice》 25 (6): 586-90. doi:10.1177/0897190012460826. PMID 23076965.
129) Fleming, DM; Elliot, AJ (March 2007). "The management of acute bronchitis in children.". 《Expert opinion on pharmacotherapy》 8(4): 415-26. doi:10.1517/14656566.8.4.415. PMID 17309336.

130) 손영수. 「급성기관지염」, 『제민일보』, 2019년 9월 2일.

131) 강유라, 노현민. 「면역력 떨어지는 환절기 '급성 기관지염' 조심」, 2019년 11월 1일.

132) 임채규. 「진료인원 가장 많은 질병은 '급성기관지염'」, 『약사공론』 2019년 11월 1일.

133) 정회정. 「고관절 골절·근감소증 신경써야 건강한 노년 생활」, 『강원일보』, 2019년 12월 17일, 18면.

134) 이봉주, 김거수, 「근감소증」, 『충청뉴스』, 2019년 12월 17일.

135) 2013년 기준 대한민국 남성의 평균 수명은 75.7-77.9세, 여성의 평균 수명은 82.8-84.6세이다. 2016년 기준 남성은 1939~1941년생, 여성은 1931~1933년생에 해당한다. 2-30대들의 조부모 연령대 정도된다고 보면 된다(물론 몇몇 일부 가정은 조부모와 부모가 과속을 하여 조부모가 50대인 경우도 있다. 1980년대만 해도 여성이 일찍 혼인을 해서 낳은 첫째가 딸이면 마찬가지로 딸도 혼인을 일찍 해서 40대 후반에 외할머니가 된 경우도 아주 드물게 있었다. 부모가 늦둥이일 경우 손자는 10대인데 조부모가 90대인 경우도 있다)

136) 윤창훈. 「건강한 노년 생활」, 『제주일보』, 2019년 9월 18일.

137) 지노벳. 「건강(健康) 장수(長壽) 행동강령(行動綱領)/노년(老年)의 기쁨 어울림」, 2019년 11월 13일.

138) 최고은.건강 밸런스(balance)를 맞춰라, 중도일보, 2019년 9월 10일, 22면.

139) 정천권. 「 "100세 시대를 맞은 건강과 신체의 밸런스를 디자인해야합니다" 」, 『국제뉴스』, 2015년 6월 14일.

140). 최재현, 「100세 시대, 앉는 습관 줄이고 신체활동 늘려라」, 『국제신문』, 2015년 1월 9일, 29면.

생애사 연구를 통한 노년기 삶의 이해

한경혜

서울대학교 생활과학대학 아동가족학과 교수, 생활과학연구소 연구원

이 글에서는 노년기 삶에 대한 연구방법으로서 최근 학문적 관심과 적용이 급증하고 있는 생애사(life history) 방법 및 생애사 자료분석에 유용한 이론적 관점으로 생애과정 관점(Life course perspective)에 대해 소개하고, 한국노인의 삶을 이해하는데 적용가능성을 탐색하고자 하였다. 생애사 방법은 노인들의 과거 삶의 과정에서의 구체적 선택과 행동이 현재의 삶의 질 및 삶에 대한 해석에 어떻게 반영되고 있는지 이해하는데 유용한 연구방법인 것으로 주목받으면서, 최근 서구 및 일본의 노년학 분야에서 그 적용이 급증하고 있는 연구방법이다. 반면 한국에는 노년학 연구방법으로서의 생애사 연구 및 이론적 분석들로서 생애과정 관점에 대한 소개조차 체계적으로 이루어지지 않은 상태이다. 이러한 국내연구의 제한점에 주목하여 이 글에서는 생애사 방법의 적용에 있어 중요한 몇 가지 방법론적 이슈들과 노년기 현재의 삶을 이해하는데 있어서 생애사 자료가 어떻게 활용될 수 있는가를 제시해 보았다. 나아가서 생애사 방법을 적용하여 수행된 연구의 예를 통하여 노인들이 과거에 경험한 전환점적 사건의 경험이 아직도 진행형의 형태로 현재 삶의 질에 영향을 미치고 있음을 보여줌으로서, 노년기 삶의 질에 대한 심층적 이해를 위해서 생애과정 전체의 맥락에서 노인들의 삶을 접근해야 할 필요성 및 생애사적 연구의 유용성을 제시하였다.

I. 문제제기

우리의 삶의 궤적, 생애사는 살아가면서 경험하는 위기나 생애사건 등에 대한 반응과 선택의 과정이며 결과이다. 지속적 과정으로서의 노화에 주목한다면, 노인의 현재 삶을 심층적으로 이해하는데 있어 과거 생애경험에 대한 이해가 필수적이다. 이런 맥락에서 최근 노인의 삶의 질 및 노년기 삶에 대한 연구방법으로서 생애사(life history) 방법에 대한 관심이 급증하고 있다.

생애사 방법은 과거 삶의 과정에서의 구체적 선택과 행동이 노인들의 현재의 삶의

모습과 삶의 질, 그리고 자신들의 삶에 대한 해석에 어떻게 반영되고 있는지 이해하는 데 유용한 연구방법인 것으로 주목받고 있다. 특히 한국노인들은 역사적 격동기에 한 평생을 지내온 세대로서 이들 노인들의 생애사에는 이러한 역사적 배경이 내포되어 있다. 따라서 한국노인들의 생애사를 탐색하는 작업은 한국사회라는 구체적 공간 및 역사적 시간의 접점에서 이들 노인들의 생애경로 및 노년기 모습이 형성된 과정에 대한 심층적 이해를 하는데 필수적이라고 할 수 있겠다. 서구의 이론틀에 기초하여 구조화된 질문 목록을 이용한 계량적 실증조사에서 파악하기 어려운 한국노인들의 노화과정 및 경험에 대한 이해가 심층적 생애사 연구를 통하여 가능할 것이다.

그러나 국내의 노인관련 연구들은 노인이 현재 보유하고 있는 자원이나 상황적 특성 변수들의 영향력에 주로 초점을 맞추고 있어, 노인들의 현재의 삶의 질이 과거의 다양한 생애과정의 축적된 결과물일 수 있다는 점을 간과하고 있다. 노년기가 개인이 살아온 생애경험 및 환경의 차이가 축적되어 개인차가 극대화되는 시기라는 점을 감안한다면, 기존연구들의 이러한 제한점은 한국노인의 삶을 이해하는데 있어 매우 심각한 걸림돌로 작용할 수 있다고 하겠다.

반면 서구에서는 최근들어 노년기 삶에 대한 이해를 노인이 살아온 생애과정 전체까지 확장, 연계하여 탐색하는데 유용한 연구방법으로서 생애사 연구에 대한 관심이 급증하고 있다. 생애사 연구방법을 적용하여 노인 및 가족의 삶을 탐색하는 체계적 연구들이 축적되고 있으며 생애사의 방법론적 이슈들에 대한 논의도 활발하다. 노년학 분야에서의 생애사 연구의 양적, 질적 성장은 또한 이론적 분석틀로서 생애과정 관점 (Life course perspective)의 발달과 연계되어 더욱 활성화되고 있다. 생애과정 관점은 출생에서 사망에 이르는 개인의 일생이 사회적으로 구조화되는 과정에 초점을 맞추면서, 이 과정을 개인시간, 가족시간, 그리고 역사적 시간이라는 서로 다른 차원의 시간의 역동적 상호작용으로 개념화하여 접근하는 이론적 관점이다. 인간발달 및 노화과정의 역사성, 다차원성을 파악하기에 적절하고 거시구조와 개인발달의 연계를 탐색하는데 탁월한 이론적 관점이라는 인식이 높아지면서 서구 및 일본에서는 생애과정 관점을 적용하는 연구들이 폭발적으로 증가하였다. 그러나 국내 노년학 분야에는 생애과정 관점의 소개조차 제대로 이루어지지 않은 실정이며, 실제 연구에 생애과정관점을 적용하는 작업도 극히 부족하다.

이 글에서는 국내 노년학연구에서의 이러한 제한점에 주목하여 생애사 연구방법 및 생애사 자료의 유용한 해석틀로서 주목받고 있는 생애과정 관점에 대하여 살펴보고자 한다. 나아가서 생애사 방법을 적용하여 수행된 연구의 예를 통하여 노년기 현재의 삶을 이해하는 데 있어서 생애사 자료가 어떻게 활용될 수 있는가를 논의해 보고자 한다.

II. 생애사 방법의 특징 및 노년학 연구에서의 유용성

협의의 의미에서 생애사는 한 개인이 지나온 삶을 자신의 말로 이야기한 기록으로 생애사 수집은 주로 심층면접을 통하여 이루어진다. 연구대상자는 자신의 살아온 경험에 대하여 질문하고 듣고 기록하는 연구자에 의하여 과거 경험에 대한 이야기를 시작하게 되므로 이렇게 하여 만들어진 생애사 자료는 연구자와 연구대상자간의 상호작용의 결과물이며, 어찌 보면 공동작업의 성격을 가진다. 그래서 혹자는 생애사 자료를 '함께 쓰는 일대기(co-authored biography)'라고 칭하기도 한다. 생애사는 이야기하는 현재의 입장에서, 자신의 과거 경험 중에서 선택적으로 뽑아낸 내용을 통하여 자기 자신을 다른 사람에게 설명하는 작업(유철인, 1995)이므로, 이야기를 듣는 사람인 연구자는 생애사 내용 구성작업에 매우 큰 영향을 미치게 된다. 개인은 자신의 생애사에 대해 다양한 버전을 가지고 있으며 어떤 대상에게, 어떤 맥락에서 자신의 생에 대해 이야기를 하는가에 따라 상이한 버전을 제공하게 되기 때문이다. 연구대상으로부터 생애사를 끄집어내는 순간 이미 생애사에 대한 해석 작업이 시작된다는 지적은 생애사의 이러한 특성에 주목한 것이다. 그리고 생애사 자료에 대한 해석 및 결과를 논의할 때, 어떤 맥락에서 생애사 수집이 이루어졌는지에 대한 충실한 보고가 필요한 것도 이러한 점에 기인한다. 연령, 성(gender)등 연구자의 개인적, 사회적 특성 또한 생애사의 의미 재구성 작업에 영향을 미치게 되므로 이에 대한 성찰적 민감성이 요구되고, 연구자가 생애사 자료를 해석하는 과정에서도 이에 대한 고려가 필요하다.

일반적으로 생애사의 본질적 특징으로 이야기(narrativity), 주관성(subjectivity), 시간성(temporality)을 지적한다. 생애사는 하나의 이야기 서술이며, 과거와 현재와 미래라는 시간을 담고 있으며, 주관적 관점을 보여주는 방법이다(유철인, 1995). 생애사의 기본적 특징 중에서 노년기 삶의 이해에 특히 중요한 특성으로는 '주관성과' '시간성'을 들 수 있겠다.

주관성은 자신의 경험을 의미로 만들어 가는 과정에서 나타난다. 생애사는 현재 시점에서 과거의 생활경험에 대하여 이야기 하는 것이기 때문에, 과거 경험에 대한 의미부여이다. 경험이란, 행동과 그에 따르는 감정 뿐 아니라 행동과 감정에 대한 개인적 성찰을 포함하는 개념이고 따라서 주관적일 수밖에 없다. 또한 개인의 회상을 통해 말하여 진다는 점에서 이야기하는 사람이 삶에 대하여 부여하는 주관적 의미, 주관적 해석이 포함된다. 어떤 내용으로 생애사를 채우는가 하는 점도 또한 생애사의 주관성의 반영이다. 예를 들어 어떤 사회적 관계가 삶의 주요영역을 구성해 왔는가, 무엇이 자아정체성을 구성하는 핵심요소인가, 혹은 생애과정의 어떤 경험이 삶의 전환점으로 인식되는가 하는 등의 다양한 측면에서 어떤 내용을 중요시하여 생애사 이야기의 내용으로 삼는가 하는 점은 개인의 주관적 선택이기 때문이다.

　연구대상자의 주관적 해석에 초점을 맞춘다는 점에서 생애사는 일반적인 질적 방법과 동일한 성격을 가진다. 노인들의 삶과 생애과정에 대한 이해를 목표로 하는 노년학 연구에서 노인들의 삶의 경험에 대한 내재적 접근이 극히 부족해왔고, 노인을 대상화해왔다는 점을 고려한다면, 노인들 스스로 노화과정 및 노년기 삶에 대해 어떤 해석과 의미를 부여하는가를 탐색하는 작업이 요구된다.

　생애사는 연구대상자들이 자신의 삶의 경험을 해석하고 설명할 때 적용하는 고유의 이해의 틀과 과거로부터 현재, 그리고 미래의 삶에 일관성을 부여하기 위해 동원하는 의미를 드러내준다는 점에서 특히 노인들의 관점, 시각을 파악하기에 적합한 방법이다. ‘노인의 목소리에 대한 관심’을 가져야 할 필요성은, 연구자나 다른 연령집단에게 별로 주목받지 못하는 삶의 측면이라 하더라도, 노인 자신에게는 매우 중요할 수 있다는 점에서도 생각해 볼 수 있다. Myerhoff(1978)는 히틀러의 대학살에서 살아남은 유태인 생존자들이 자신들의 경험을 들어줄 ‘적절한 청취자(proper listener)’를 ‘필요’로 하였음을 관찰한 바 있는데, 이는 반드시 이러한 역사적 사건이나 큰 생애사건을 경험한 노인들만의 필요는 아닐 것이다. 보통 노인들에게 있어서도 자신의 삶을 현재의 시점에서 돌아보고 의미를 찾는 작업이 자아정체성 유지 및 건강한 삶의 질 유지에 매우 중요하다는 점은 많은 학자들 간에 동의가 이루어진 바 있다.

　한편, 생애사 방법이 다른 질적 연구방법과 구별되는 중요한 특징은 그 ‘시간성’의 강조에 있다. 특정 시점에 초점을 맞추는 질적 방법은 삶의 흐름, 단계에 따라 나타나는 ‘변화’와 생의 전반을 관통하는 ‘연속성’이라는 축을 조망권 밖에 두게 된다는 제한점이 있다(이재인, 2004). 그런 면에서 과거의 회상을 통한 생애사 연구는 노인의 삶의 과정 동안의 내적 역동 및 생애변화의 차원을 과거, 현재, 미래라는 시간축 상에서 살펴보기에 가장 적합한 방법이다. 또한 노인이 적극적 행위자로서 생애과정 동안 주변 환경과 상호작용을 하면서 구성해온 세밀한 ‘생의 직조(life threads)’를 심층적으로 이해하는데 유용한 방법이 된다. 살아오면서 직면한 사회적 제약, 삶의 기회와 전환점 등 일련의 생애사건 등에 어떻게 반응하고 어떤 선택을 하였는지, 그리고 그러한 삶의 선택과 의사결정, 사회구조내의 각 개인의 위치와 이들의 행동 간의 상호작용이 현재 노년기 삶에 어떻게 반영되고 삶의 질에 연관 되는지 하는 중요한 질문들에 대한 답을 탐색할 수 있다. 생애사는 특정의 시간적 공간적 현재에서 과거의 삶과 생애과정을 바라보며 이야기되기 때문에, 자신의 생애사에 대한 이야기는 현재 자기 모습에 대한 위치점검, 평가, 살아온 삶에 대한 정당화와 일관성 창출을 위한 의미부여의 성격을 가진다. 미래에 대한 전망과 기대 또한 현재의 관점에서 바라보는 생애사의 구성에 영향을 미치게 된다. 삶 자체는 항상 현재에 이루어지지만, 생애사는 이렇게 과거, 현재, 미래가 상호작용하는 시간의 고리 속에서 구성되므로 생애사는 시간성을 그 기본적 특징으로 하는 것이다. 생애사 자료는 또한 생애전반에 걸친 이야기를 수집하므로 삶의 '과정(process)'에 대한 정보가 풍부하며 수집되는 자료의 폭이 넓다는 장점이 있고, 따라서 노인의 현재의 삶의 질을 이해하는 데 중요한 맥락적 정보를 제공해 준다.

Ⅲ. 생애사 자료의 수집

생애사는 수집하는 자료의 범위에 따라 일반적 의미의 생애사와 '주제 중심적 생애사(topical life history)'로 나눌 수 있다. 일반적으로 생애사는 삶의 전반영역에 대한 정보를 수집하는데 비하여, 주제 중심적 생애사는 연구자가 관심을 가지는 특정한 주제를 중심으로 하여 자료를 수집하게 된다.

생애사 자료는 일대 일 심층면접을 통하여 수집할 수도 있고 집단을 대상으로 하여 수집하는 방법도 있다. 두 방법은 각각 장단점이 있다. 개인을 심층 면접하는 방법은 연구자와 연구대상자간의 라포 형성이 중요하고, 둘 간의 관계 역동성에 의해 수집되는 자료의 질적 양적 수준이 영향 받는 정도가 매우 큰 것으로 지적된다. 타인에게 털어놓기 어려운 개인적인 경험에 관한 이야기를 할 가능성이 집단면접보다 높은 것으로 여겨진다. 그러나 집단면접에서 오히려 구성원들 간의 상호작용의 과정에서 아주 개인적인 이야기가 자연스럽게 제공되기도 한다. 집단면접은 집단의 크기 및 연령, 성 등의 집단구성원들의 특성의 조합에 따라 집단 역동성이 달라지게 된다. 노인들 집단을 대상으로 생애사 자료를 수집하면, 유사한 역사적 경험을 공유하는 동년배로서 서로 호응하면서 과거경험에 대한 이야기들이 나오게 되므로 연구자가 질문을 가지고 개입하는 것을 최소화할 수 있다. 집단 구성원들 간의 상호작용 자체도 분석의 대상이 되면서, 개인면접보다 우리 사회 구성원들이 내재화한 문화적 가치, 사회적 담론의 영향을 탐색하기에 적합하다.

어떤 방법이든 자료수집의 초기에는 사회의 표준담론에 걸리지 않을 무난한 이야기가 가치중립적인 언어로 주로 제공되는 경향이 있다. 면접의 횟수가 늘어나고 면접자와의 라포가 형성되면서 1-2차 면접에서 노출하지 않았던 이야기를 하는 경향이 증가하게 되고, 또한 삶의 맥락에 대한 정보가 쌓이면서 그 전의 면접에서 나왔던 이야기의 의미가 구체화되기도 한다. 따라서 어떤 방법으로 면접을 하는가 하는 점보다 면접 횟수가 중요하다고 보는데, 최소한 2회 이상의 만남을 통하여 자료를 수집하는 것이 바람직하다. 면접시간에 대해서 Frank(1980)은 생애사 자료 수집을 위해서 한 사람당 최소한 4시간 정도의 시간을 투자하는 것이 적합하다고 하였다.

면접을 위한 준비로 중요한 질문 내용이나 순서를 정리한 목록을 만들어 가는 것은 면접에 도움이 되지만 이는 일종의 지침일 뿐, 연구대상자가 자신의 삶에 있어 중요하다고 생각하는 삶의 경험들을 자신이 편한 순서대로 풀어놓을 수 있도록 하는 것이 바람직하다. 그 순서 자체가 중요한 의미를 가지는 경우도 있으며 연구자와 대상자간의 상호작용을 부드럽게 하는 효과도 있기 때문이다. 때로는 회상하기 괴로운 사건에 대한 이야기를 하게 되는 경우가 있을 수 있는데, 이때 특히 연구자의 민감성과 배려가 요구된다. 연구대상자가 그만 말하기를 원하는지 혹은 괴로운 경험에 대하여 털어놓는 과정에서 연구자의 동조가 필요한 상황인지를 잘 파악하여야 한다.

Ⅳ. 생애사 자료의 분석

생애사를 분석하는데 있어 다양한 방식의 접근이 가능한데, Lieblich, Tuval-Mashiach, & Zilber(1998)는 생애사 자료 분석방식을 크게 4가지로 범주화하였다. 첫째, '통합적인 내용분석(holistic-content approach)'접근으로, 개별 생애사를 분석의 초점으로 하여 각 생애사의 주요한 테마를 찾아내는 방법이다. 각 생애사의 고유성을 살리면서 사례분석의 대상으로 삼는 방법이라고 하겠다. 반면, '범주적 내용분석(categorical-content approach)'방법은 여러 개의 생애사로부터 공통의 테마를 도출하는 방식이다. 개별 생애사의 전체성은 훼손되지만 생애과정의 유형을 파악하고 다양한 유형과 사회문화적 요소와의 관련성을 탐색하는데 유용한 방법이다. 컴퓨터를 이용하는 다양한 코딩 프로그램이 보급되면서 이러한 방식의 분석 작업이 용이해지고 활성화되었다. 세 번째로, 생애사의 내용적 측면보다 각 생애사의 전체적 구조를 분석의 초점으로 삼는 '통합적 형태(holistic-form)방식'이 있다. 생애과정에서 가장 행복했던 시점과 불행했던 시점의 위치를 중심으로 하여 삶의 질 변화를 표시하게 하는 생애도표 구성방식이나 생애전이가 가장 빈번하게 경험되는 생애단계의 위치를 탐색해 보는 작업등이 이에 속한다. 네 째, '담론분석(discourse analysis)'은 '왜 그런 식으로 말하는가' 하는 이야기의 조직 원리에 초점을 맞추어 생애사 서술의 서사구조를 탐색하는 접근이다. 이들 네 접근법이든 구술된 생애사 자료의 분석에 있어 초점을 어디에 두는가 하는 구체적 방식에는 차이가 있으나, 삶의 진행과정 속에서 개인들이 어떻게 자아의 연속성을 유지하고 정체감을 구성하며 일관성 있는 생의 의미를 창출해나가는가 하는 과정 및 방법을 밝히는 작업이라는 공통점을 갖는다.

어떤 방식으로 생애사 자료에 접근하던, 생애사 연구의 분석과정은 생애사를 통해 드러나는 개인의 주관적 의미 세계를 연구자가 다시 재해석하는 '해석과정' 이라고 볼 수 있다. 그런 면에서 생애사에 대한 해석 작업, 즉 '이야기된 삶'에서 다른 사람의 '경험된 삶'을 이해하려는 작업은 두 가지 종류의 이해가 포함 된다(유철인, 1995). 하나는 자신의 생을 이야기한 연구대상이 자신의 경험과 삶을 스스로 이해하는 것이고 다른 하나는 생애사 이야기를 통해 연구대상의 삶을 이해하려는 연구자의 노력이 그것 이다. 자신의 경험과 삶에 대한 연구대상 자신의 이해는 '지나간 자기의 경험을 개념화/재구성하는 작업'이므로, '실제로 산 삶'과 '경험된 삶' 그리고 '이야기된 삶' 사이에는 거리가 존재한다(Bruner, 1984)는 점을 간과하지 말아야 한다. 의미란 삶을 살 때 주어지는 것이 아니라 삶이 경험될 때 구성되는 것이며, 삶을 이야기할 때 의미는 재구성되기 때문이다.

노인에 의하여 이야기된 생애사 자료를 통하여 노인/노년기의 삶을 이해하기 위해 연구자는 연구대상 노인의 경험과 삶의 이야기에 대해 다시 한 번 개념화하고 선택하는 작업을 하게 된다. 그리고 연구자의 관심, 연구대상에 대한 선입견, 면접상황 등이 수집된 이야기의 내용에 영향을 미친다. 그런 의미에서 경험에 대한 해석은 이야기를 수집하는 과정에서 이미 시작된다.

자료의 의미를 파악하고 패턴을 찾거나 유형화하며 전체 상황 안에서의 의미와 연결 지으려는 노력은 자료수집과 동시에 시작된다고 하겠다.

V. 생애사 자료 분석의 개념틀

Mandelbaum(1973)은 이미 30여 년 전에 생애사 연구가 서술적 연구의 수준이 머물지 말고, 분석적인 수준으로 발전되어야 할 필요성을 강력히 주장한 바 있다. 그는 당시에 생애사에 대한 분석 및 해석 작업이 제한적 수준에서만 이루어지고 있는 가장 중요한 이유를 적절한 분석적 개념틀이 부재하였기 때문이라고 보았다. 이런 문제의식에서 Mandelbaum은 생애과정을 단순히 순서에 따라 정리하는 방식으로 생애사를 서술하는 방식에서 벗어나서, '삶의 영역(dimensions)', '전환점(turnings)' 그리고 '적응(adaptation)'이라는 세 개념을 기본틀로 하여, 첫째, 개인의 삶을 구성하는 몇 가지 차원이나 측면으로 나누어 볼 것, 둘째, 삶의 주요 전환점 및 이들 전환점 전후의 생활조건들을 살펴볼 것, 셋째, 개인의 고유한 적응양식을 살펴볼 것을 제안하였다. 그는 영역 개념은 삶에 영향을 미치는 주된 원동력들(forcs)을 이해하기 위한 범주를 제공하게 될 것이고, 전환점 개념은 개인이 경험하고 주도하는 주요 변화로서 생의 기간들을 구획하는 지표를 제공할 것으로 보았다. 또한 개인의 적응에 초점을 맞추는 분석은 개인이 경험하고 주도하는 '변화'와 생애과정을 통해 유지하는 '연속성'의 두 측면을 이해하는데 유용할 것으로 제안하였다. Mandelbaum이 제안한 이들 개념들은 여전히 생애사 분석 및 해석에 매우 유용한 분석틀로서 받아들여지고 있으나(Frank & Vanderburgh, 1980)노년학 분야에서의 그 활용정도는 극히 제한적이다.

노년학 분야에서는 최근 생애과정 관점(Life course perspective)을 분석틀로 하여 생애사를 해석하는 작업들이 활성화되고 있다. 생애과정 관점은 개인의 일생을 연령에 의해 분화된 일련의 역할 전이(transition)들에 의해 구획되어지는 것으로 본다. 생애과정 관점은 이러한 전이들이 사회적으로 구조화되는 과정에 초점을 맞추면서, 이 과정을 개인시간, 가족시간, 그리고 역사적 시간이라는 서로 다른 차원의 시간의 역동적 상호작용으로 개념화하여 접근하는 이론적 관점이다(한경혜, 1990). 개인 시간(individual time)이란 생애단계에서의 진행정도를 나타내주는 지표인 개인의 역연령을 의미하며, 가족 시간(family time)은 가족의 자원과 필요를 반영하는 가족의 상황과 역할조합 형태를 의미한다. 역사시간(historical time)은 가족의 자원과 필요를 반영하는 가족의 상황과 역할조합 형태를 의미한다. 역사시간(historical time)은 개인의 특정 역할전이를 경험할 당시의 역사상의 위치를 지칭하며, 경제적, 인구학적, 사회적 상황을 나타내는 지표라고 하겠다. 생애과정 관점에서는 인간발달의 궤적 및 노화가 일어나는 과정 자체가 이들 상호 연결되어 있는 세 차원의 시간의 상호작용의 결과물로 보고 있다. 다시 말해서 개인의 생애사를 이해하기 위해서는 그 삶이 진행되어진 역사적 시점에 대한 이해가 필요하며, 미시적 개인사와 거시적 역사적 상황을 연결 짓는 중간단계로서의 가족발달에 대한 이해도 필수적이라는 관점(한경혜, 1991)이다.

생애과정 관점은 또한 개인의 전 생애기간 동안의 경로에 초점을 둔 접근으로 현재의 행동을 설명하고 미래의 상황을 예측하는데 과거 경험의 중요성을 강조한다. 생애과정 관점에서 볼 때 노년기 삶은 생애전반기, 중반기 삶의 경험과 그에 대한 반응이 축적되어 나타난 결과이다. 또한 '생의 다양한 측면의 상호조건성(inter-contingent lives)'에 주목하는데, 즉 개인의 삶의 경로를 형성하는데 있어 가족영역에서의 요구와 필요, 자원 등이 직업영역에서의 요구, 상황과 서로 영향을 미치면서 개인의 생애과정을 구성하는가, 혹은 개인의 역할경로가 다른 가족 구성원들의 삶의 경로나 진행속도 등에 의해 영향 받는가 하는 점을 중요시(한경혜·노영주, 2000)한다. 그리고 이러한 상호 조건성이 거시 사회구조 내에서 개인이 차지하는 위치 및 시대적 상황에 의해 어떻게 달라지는가를 보여주는 이론적 틀을 제공(한경혜, 1993)한다. 따라서 노년기 삶을 결과가 아닌 '과정'으로서 파악하는데 유용하다.

앞에서 이미 지적한대로 생애과정 관점이 인간 발달 및 노화과정의 역사성, 다차원성을 파악하기에 적절하고 거시구조와 개인발달의 연계를 탐색하는데 탁월한 이론적 관점이라는 인식이 높아지면서 서구 및 일본에서는 생애사와 생애과정 관점을 연계하는 연구들이 급증하고 있다. 그러나 국내 노년학 분야에는 생애과정 관점의 소개조차 제대로 이루어지지 않은 실정이며, 실제 연구에 생애과정관점을 적용하는 작업도 극히 부족하다.

VI. 생애사 연구의 예

다음은 이상에서 간략히 논의한 생애사 방법의 제반 특성과 생애자 자료의 수집부터 해석까지의 과정이 구체적으로 드러나는 한 예로서 필자가 최근에 행한 생애사 연구의 일부분을 제시하고자 한다.

연구제목 : 생애사에서 나타난 생애전환점과 노년기 삶의 질

연구목적 : 이 연구에서는 노인이 과거 생애사를 재구성하는데 있어 자신의 생의 전환점(turning point)으로 인식하는 생애사건, 생애경험에 주목하였다. 현재 삶은 과거 경험했던 여러 중요한 전환점들의 결과이며, 노인들의 이야기 속에 나타나는 과거 삶의 굴곡들은 현재 노인이 살고 있는 삶의 방식의 배경이 된다. 이런 관점에서, 현재 노년기 삶의 질을 표현하는 테마가 무엇이며 이것이 과거 생의 경험과 연결되어 어떻게 해석될 수 있는가 탐색을 위하여 전환점 개념을 분석의 중심축으로 하였다.

이론적 관점 : 생애과정 관점을 이론적 틀로 하였다. '전환점'은 생애과정 관점의 중요 개념의 하나이다. 생애과정 관점은 전 생애동안 환경과 상호작용을 통해 형성되는 노인의 삶을 심층적으로 조망하는데 유용한 분석틀인 것으로 지적된다. 생애과정의 외현적 경력(가족사, 직업사 등)연구에 비하여 내면적 경력(삶의 과정에 대한 주관적 의미부여)에 관한 연구가 부족하다는(오오꾸보 고지, 1988) 점에 주목하여 본 연구는 노인들 스스로의 관점에 기초한 생의 전환점 탐색에 초점 맞추고자 한다.

연구진행 과정 및 참여자 특성 : **시 **노인복지관에서 살아온 이야기 회상 프로그램에 참여한 6명의 노인들의(남 3명, 여 3명) 생애사를 분석하는 방식으로 연구를 진행하였다. 총 7회에 걸쳐 수행된 집단 이야기 프로그램을 통하여 참여 노인들은 life line graph를 작성하면서 생애단계별로 과거 살아온 이야기 뿐 아니라 현재의 삶, 즉 노인으로서 살아가기, 나이 들어 좋은 점, 그리고 자신들의 미래에 대한 이야기 등의 주제를 가지고 함께 이야기를 나누었다. 매 회기마다 연구에 참여하는 교수 2-3인이 함께하여 프로그램의 진행자의 역할을 하면서 자료를 수집하였다. 연구자들은 자신의 과거에 대해 집단모임에서 이야기하는 프로그램 참여가 노인들에게 자신의 삶에 대한 정찰적 회고의 기회를 제공하며, 자아정체성 모색 및 확인 작업에 도움이 될 것이라는 기대를 가지고 이 프로그램을 진행하였다. 회기별로 평균 2시간-3시간 정도의 시간이 소

요되었다. 참여노인들의 양해를 얻어 전 과정을 녹음을 하였으며, 이를 필사하여 텍스트로 전환시켰다. 텍스트로 전환된 자료를 여러 차례 읽으면서 연구자는 다음과 같은 질문에 초점을 맞추어 분석을 진행하였다. 이들 노인들은 자신의 인생의 중요 전환점으로 어떤 경험들을 주목하는가? 노인들의 과거 경험을 전환점의 개념으로 재구성하여 볼 때, 얼마나 다양한 전환점들이 이들의 삶의 과정에서 나타나며 어떻게 공동의 의미를 갖는 유형들로 분류될 수 있겠는가? 현재 삶의 모습과 삶의 질에 과거의 인생경험들은 어떻게 반영되고 있는가?

참여 노인들은 모두 건강상태가 양호하고, 1개 이상의 복지관 프로그램에 상당히 오랜 기간 동안 적극적으로 참여하고 있는 노인들로서, 경제적 수준에 있어 약간의 개인차는 있지만 특별히 경제적으로 궁핍한 노인은 없어서, 일견 보기에 상당히 동질적인 집단인 것으로 보였다. **복지관이 **시에서도 경제수준이 높은 것으로 일반적으로 인식되는 지역에 위치한 것도 한 원인일 것으로 생각했으며, 프로그램 진행에는 긍정적 측면이 있으나 수집되는 생애사가 너무 동질적인 성격을 가지는 것은 아닐까 우려 섞인 예상을 하게 되었다.

생애사 자료의 수집 과정 : 총 7회의 모임을 통하여 각 참여노인의 생애과정에 대하여 상당한 정도의 자료를 수집하는 것이 가능하였다. 첫모임에서는, 여럿이 모인 자리에서 진솔한, 자기 성찰적 이야기가 가능하겠는가 하는 의구심이 참여노인들에게서(예: "축소, 과장으로 진실성 있는 이야기 나오기 어렵지 않겠는가"라는 박 할아버지의 이야기) 관찰되었다. 복지관이 상호작용의 장을 제공하지만, 그 상호작용은 '현재 보여 지는 모습'에 국한된 것이고 '과거'에 대한 이야기는 꺼내지 않는 것이 '적당한' 상호작용의 방식이라는 암묵의 동의가 복지관 노인들 사이에 존재함을 아래와 같은 노인들의 반응에서 알 수 있었다.

고 : 노인만 모인 곳에는 룰이 있습니다. 쓸데없는 옛날이야기는 말자... 대부분 거짓말이고 자기자랑만 하니까...그런 룰이 있어서 암암리에 압력이 들어옵니다.

박 : (룰을 지키지 않으면)그 왕따 있잖아요.

그러나 모임이 거듭될수록 참여노인들이 '조금씩 마음을 여는' 과정을 볼 수 있었다. 모임의 초기에는 연구자들의 존재가 이들 노인들에게 안전상치의 역할을 한 것으로 보인다. 이야기를 할 때 노인들의 시선이 줄곧 진행자인 교수를 향하곤 했는데, 이는 이들의 이야기의 심리적 지향점을 보여주고, 이때 교수들의 존재는 자신들의 지난 삶에 대한 매우 개인적인 이야기가 교수들의 요청에 의한 것이라는 변명의 제공자임을 상기시킨듯하다. 개인적 이야기를 하면서 7차례에 걸쳐 만나는 과정에서 점차 심리적 경계심이 완화된 측면도 관찰할 수 있었다. 모임 횟수가 많아지면서 참여노인들 간의 상호작용이 조금씩 활발해졌고, 그전 모임에서 이야기하지 않았던 새로운 정보를 추가하기도 하면서, "살면서 이제까지 아직 아무에게도 하지 않았던" "남편도 모르는" 이야기를 털어놓기도 하였다.

상견례를 하고 모임의 성격에 대해 설명하는 시간으로 가진 첫 번째 모임에 이어, 두 번째 모임은 참여 노인 중 한 명의 의견을 쫓아 '나의 생의 노력기' 라는 주제로 진행되었는데, 주제의 성격상 젊어서 고생한 이야기가 주를 이루었다. '고생경험을 공유하는 세대' 적 특징을 가진 이들 노인들에게 있어 이 주제는 개인적 체면손상의 위험이 적은 비교적 안전한 주제이므로 편하게 이야기가 진행되었고, 아직 모임에 익숙치 않은 노인들의 마음을 여는 효과가 있었던 듯하다. 박 할아버지는 대학교 때 고생한 이야기를 하다가 울먹이기까지 했는데, 남성이 공개된 자리에서 흔히 하지 않는 정서표출 행동을 보인 것이 다른 노인들의 참여를 활발하게 하는(혹은 조금 더 마음을 열도록 하는)계기가 되지 않았나 싶다.

두 번째 모임에서는 주제의 성격상 젊어서 고생한 이야기가 주를 이루었음에도 불구하고, 이미 이들 각 노인들의 삶의 핵심주제가 떠오르기 시작하였다. 예를 들어 고 할아버지는 자신의 젊은 날의 고생을 초기 군대생활의 어려움, 월남전 참전 등 군 생활 경험에 초점을 맞추어 서술하였는데, '군인으로서의 삶' 은 이후의 모임에서도 계속 고 할아버지의 삶을 설명하는 가장 중요한 테마를 이룬다. 최 할머니의 생애 서술에는 '시아버지' 가 중요한 타자의 위치를 차지하는데, 최 할머니는 '인생의 노력기' 라는 그 시간의 주제와는 별 관련성이 없는 것으로 보이는(연구자의 관점에서 볼 때는)시아버지 이야기를 자신에게 주어진 이야기 기회의 시작점으로 삼았다. 남편에 대한 이야기가 최소화된 최 할머니의 생애진술에서 시아버지에 대한 이야기는 상이한 주제를 다루는 7번의 모임에서 계속 언급이 된다. 오 할머니는 자신의 고생과 억척스러운 돈벌이 과정에 대한 이야기를 통하여 '자식에는 내가 한 고생을 물려주지 않기 위해 악착스럽게 참아내고 열심히 일한 어머니의 삶' 이라는 자신의 삶의 테마를 두 번째 모임에서부터 비교적 명확하게 드러냈다. 가장 특이한 사례가 조 할머니였는데, 모든 참여자가 주제에 맞추어 젊은 시절 고생한 이야기를 풀어 놓은 반면, 조 할머니는 젊은 시절에 대한 서술은 간단히 넘어가고, 현재 노년기 삶의 허무함, 쓸쓸함을 중심으로 하여 자신의 젊은 시절을 '철없었음' 으로 회고하는 방식으로 이야기를 전개하였다. 추후 모임이 진행되면서, '철없었음' 은 조 할머니의 과거 자신의 삶에 대한 평가와 변명의 기제로서 그리고 과거의 삶의 경험, 선택들이 현재 삶에 계속 영향 미침을 보여주는 방식으로서 중요한 의미를 가진다는 것을 발견하게 된다. 첫 번째 모임 이후 6회의 모임은 매 시간마다 노인됨의 의미, 현재 일상의 모습, 미래에 대한 계획 등 한 가지썩 주제를 가지고 진행되었는데, 본 연구의 핵심 주제인 '생의 전환점'에 관한 이야기는 6번째 모임의 주제였다.

참여노인들의 생애사와 현재 삶의 만족도 : 과거의 전환점 경험이 현재 삶의 모습과 어떻게 연결되는지 파악하기 위하여 참여노인들의 생애사와 현재 삶의 만족도를 간단히 살펴보는 것이 필요하다. 고 할아버지는 군에서 24년, 전역 후 우리나라의 대표적 대기업에서 24년 직장생활을 한 후 퇴직하였다. 군 생활에 대한 자부심이 강하고 전역 후 직장생활도 그가 가치를 두는 군대정신의 실현이라는 차원에서 의미를 둔다. 가난한 가정형편 때문에 서울대학교 합격하고도 육사를 가야만 했고, 그래서 접어든 군인 생활이지만 지휘, 통솔을 좋아하는 자신의 적성과 맞아 능력을 인정받는 만족스러운 군 생활을 하였으나 정치적 이유로 '별을 달지 못하고' 전역을 하게 된다. 전역 후 들어간 회사에서도 지휘자, 관리자, 통솔자로서의 군대에서의 삶의 방식을 성공적으로 접목하여 협력대에서의 삶의 방식을 성공적으로 접목하여 협력사 사장까지 지내고 퇴직을 한다. '별을 달아보지 못하고 전역하였으므로 자신의 인생은 실패'라는 진술과는 달리 자신의 직업적 성취에 강한 자부심을 가지고 있다. 군 생활에서 내재화된 "지휘자, 지도자, 통솔자가 평생의 내 역할"이라고 생각하는 고 할아버지는 복지관에 나오거나 사회봉사를 하는 정도의 활동으로는 "성에 차지 않아서" 현재 생활에 만족을 느끼지 못하고 있다. 건강, 경제적 형편, 가족 등 생활전반에 걸친 객관적 삶의 질이 상당히 양호함에도 불구하고 주관적으로 평가하는 생활만족도가 100점 만점에 40점대로 낮은 것은 이러한 맥락에서 해석이 가능하다.

박 할아버지는 끼니 때우기가 어려울 정도의 극히 어려운 가정형편에도 불구하고 "공부 안하면 죽는 줄 알고" 고학으로 대학을 마치고 공채 1기로 시멘트 회사에 취직을 한다. 이때는 한국사회가 경제부흥과 재건의 시기로 "새마을운동에도 세멘트가 없으면 안 되는 때라서 밤을 세 울 정도로" 일이 많았고, 박할아버지에게는 "신이 나서 열심히 일하니 승진도 빨랐던" 성취의 시기였다. 이 시기에 직업생활은 평탄하였던 반면 가족생활은 그렇지 못하여서, 결혼 후 1년 4개월 만에 부인이 암으로 사망하고, 갓 태어난 아기를 기를 수가 없어 박할아버지는 서둘러 재혼을 한다. 그 딸은 성장기를 대부분 외갓집에서 보냈고, 재혼한 부인과의 사이에서 태어난 자녀들은 모두 4년제 대학교육을 시킨 반면 이 딸은 전문학교까지 뿐이 교육을 시키지 않은 것이 지금도 박할아버지는 가슴이 아프다. 퇴직한 후 갑자기 노인이 된 것 같지만 "건강만 하면 꿈을 놓치지 않을" 자신이 있는 박 할아버지는 "아직도 뭔가 할 수 있다"는 생각에 중국어를 배우면서, 수영, 등산, 스포츠 댄스 등 건강을 지키기 위한 다양한 운동을 열심히 하고 있다. 말쑥하고 건강한 모습의 자신감 넘치는 노신사처럼 보이지만, 자신의 소득이 없는 상태에서 경제권을 부인이 가지고 있다는 점, 부인 중심으로 짜여진 가족관계 구조, 노인에 대한 대접을 제대로 하지 않으면서 자신을 노인네 취급하는 사회 등에 대한 불만으로 자신의 생활만족도를 40점이라는 낮은 점수로 평가하고 있다. 자녀들을 아직 다 결혼시키지 못한 것, 그리고 살아오면서 형제들과의 관계를 소홀히 한 것도 박할아버지가 현재 자신의 삶의 만족도를 낮게 평가하는 중요한 요인이다.

위의 두 할아버지와는 다르게 배 할아버지는 지금이 자신의 생에 최고의 시기라고 생각한다. 배 할아버지의 life line graph는 50-60대에 최정점에 달하여 계속 높은 수준을 유지하고 있다. 16세 때 일본에서 한국으로 가족이 옮겨오면서 시작된 고생과, 월남전까지 참전하여 죽을 고비를 넘기면서 모은 재산을 형님 사업실패로 다 잃고, 가족을 먹여 살리기 위해 오랜 외항선원생활을 해온 지난날에 비하면, 퇴직하고 "가족과 함께 쉬는" 지금이 비록 "10원 한 장 버는 것 없지만" 가장 행복하다. 해군에서 전역하여 39살에 시작한 외항선 기관사 생활이 "너무 힘들어 더 이상 배를 못 탈 것 같다"고 부인에게 하소연 하지만 "가족을 위해 참아 달라"는 부인의 말에 배 할아버지는 52세에 퇴직할 때까지 배를 탔고 돈을 벌만큼 벌었다. 외항선이었기 때문에 한번 배를 타면 오래 집을 비워야 했지만, "지금도 부인과 한 침대를 쓸 만큼" 사이가 좋고, 현재 자녀와의 관계에서도 그가 오랜 동안 집을 비웠던 흔적은 남아있지 않은 듯하다. 복지관에 매일 나와서 그리고 싶은 그림과 붓글씨를 쓰고 관심 있는 전시회 구경을 다니면서 소일하고 있는 현재의 생활에 90점의 높은 점수를 줄만큼 만족하고 있다.

여성노인들 중에서는 오할머니와 최할머니가 현재 생활에 대하여 높은 만족도 점수를 준 반면, 조할머니는 만족도가 아주 낮은 것으로 나타났다. 오할머니는 그 당시로는 높은 학력수준이라고 할 수 있는 고등학교 졸업자이다. 가난하였지만 봉급생활을 한 친정아버지 밑에서 별 고생 모르고 컸지만, 결혼과 함께 고생이 시작된다. 땅 많고 부유한 농사꾼 집인 줄 알고 시집은 시댁은 막상 결혼하고 보니 가진 땅이라고는 손바닥만 하고, 홀시아버지에 시동생, 시누이들의 박대와 무능한 남편이 기다리고 있어 "땅에 떨어지는 실망을 맛보게" 된다. 어려운 시골생활 끝에 살 길을 찾아 문고리에 손가락이 쩍쩍 붙을 정도의 추운 겨울날 서울로 올라오게 되는데, 서울에 와서도 고생은 줄지 않아서 오할머니는 두 번이나 자살을 기도한다. 오할머니가 "살아야겠다"고 결심하게 된 것은 두 번째 자살기도가 실패로 돌아간 후 석 달 만에 들어선 아이 때문이다. 그 후로 오할머니의 삶은 "자식들에게는 어떤 일이 있어도 내가 한 이런 고생을 물려주지 않으려는" 피나는 노력으로 엮어진다. 손이 갈라지도록 도라지를 까면서 돈이 되는 일이라면 안해 본 일 없이 고생하면서 살았지만 지금은 2남 1녀가 모두 전문직에 잘 자리 잡아서 오할머니는 삶의 목표를 완수한 셈이다. "어머니 말이라면 어기는 법이 없이 착하게 커준" 자녀들이 효성스러워서 더 바랄 것이 없다. 복지관에 나와서 예전에 그렇게 배우고 싶었던 영어를 배울 수 있고, 미국, 유럽 등 자녀들이 근무하는 외국에 여행도 몇 번씩이나 다녀올 수 있는 지금이 오할머니는 "너무 행복하다".

최할머니도 유복한 친정에서 친정아버지의 사랑을 받으며 귀하게, 별 고생 모르고 살다가 결혼을 하면서 고생을 시작한다. "이날 되도록 남편 밥은 한 숟갈도 못 얻어먹어봤다"고 할 정도로 경제적으로 무능한 남편은 바람까지 피운다. 그래도 최할머니는 "신랑은 그런가보다.." 하면서 "부모님하고 생활이니까...별로 상관 않는" 삶을 살았다고 한다. 연구자가 듣기에는 마음고생을 꽤나 했음직한 결혼생활이건만 최할머니는 심상한 어조로 남편에 대해 간단히 언급하고 넘어갔다. 개신, "아들에게 엄하고 아들이 무능함을 미워하고 며느리에게는 한없이 잘해주시던" 시아버지에 대하여 매번 모임마다 이야기를 하고 있다. 농사를 짓던 남편과는 달리 공무원으로 군의 사무과장을 하고 " 봉급을 받아서 간쓰매같이 그 당시 귀한 것들은 사다주시던" 시아버지는 최할머니에게 자랑스러운 존재이고 할머니의 젊은 시절이 '고생으로만 점철된' 삶이 아님을 상징하는 듯하다. 현재 "없게는 살아도 애들이 잘해서 마음이 즐겁고 조금 더 살고 싶다"는 최할머니는 자신의 현재 생활에 대해 만족도 점수 최고점을 주고 있다. 단지 자신이 너무 오래 살면 건강이 나쁜 큰 아들을 혹시 앞세울까 하는 걱정은 된다.

조할머니는 일본에서 태어나15살까지 일본에서 살다가 아버지 사망 후 가족이 이사를 하면서 한국생활을 시작한다. 이때부터 "흰밥만 먹던" 생활이 끝나고 메주콩 삶아먹고 쑥 캐서 죽 쑤어먹는 고생이 시작된다. 그래도 그 시절, 즉 성장기가 조할머니가 자신의 삶에서 '행복했던' 것으로 평가하는 유일한 시기이다. 첫 번째 결혼이 남편의 갑작스런 죽음으로 짧게 끝나고, 혼자서 미용일을 하면서 살던 조할머니는 40세에 주변 할머니의 강권에 의해 아이 다섯을 둔 두 번째 남편과 재혼을 한다. 와세다 대학을 나오고 고등학교 교사였던 남편은 무뚝뚝한 이복남자로, 다섯 아이의 생모 말고도 이북에 두고 온 전처가 있었다. "애를 한번 가져보지도 못하고 나아 보지도 못한" 조할머니가 다섯 아이 도시락 싸기, 빨래 다 하면서 엄마노릇을 하느라고 했지만, 이제 생각하니 후회되는 바가 많다. 5명의 자녀 중 어리고 살갑게 굴던 끝의 두 딸과는 지금도 사이가 좋고, "시금치, 단무지 예쁘게 일본식 김밥을 소풍 때마다 싸주던" 조할머니를 자신의 친어머니라고 여긴다는 딸의 말에 위안을 삼는다. 그래도 사이가 나쁜 끝에 소식을 끊은 큰 아들, 그럴 정도는 아니지만 좋은 관계가 아닌 둘째 아들과 큰 딸 생각에 맘이 편치 못하다. 가만히 누워서 생각하면 "그러지 말았더라면" 싶은 이런저런 일들이 생각나고, 그런 점에서 자신은 "철이 없었고, 60넘어서야 간신히 철이 든" 것 같다. 지금 혼자 살고 있으며, "갑자기 아프거나 쓰러지기라도 하면 어떡하나" "더 늙으면 어떻게 살 것인가" 하는 생각을 할라치면 "대책이 안서고 갑갑하기만" 하다. "인생이 고해라는 말이 딱 정확해요" "솔직히 하나도 행복하지 않아요" "TV를 끄고 누우면 기가 막히지요" 라는 이야기들은 조할머니의 현재 생활만족도가 극히 낮음을 잘 보여준다.

생애 전환점과 노년기 삶의 질 : 참여노인들의 현재 삶에 대한 만족도를 가지고 이들의 삶의 질을 평가하자면 오, 최 할머니와 배 할아버지는 삶의 질이 높고, 고, 박할아버지와 조할머니는 삶의 질이 낮다고 분류할 수 있겠다. 그 중에서도 조할머니는 현재 삶에 대한 만족도가 특히 낮은 것으로 나타난다. 이들 노인들에게서 관찰되는 이러한 차이는 일반적으로 삶의 질을 예측하는 요인인 것으로 여겨지는 건강, 경제상태, 복지관이나 봉사활동 참여 등의 사회활동의 정도 등에서의 차이만으로는 설명하기가 쉽지 않다. 앞에서 언급한대로 참여노인들은 이런 면에서 그렇게 큰 차이가 없으며, 각 노인들의 생활만족도 수준과 이들 삶의 조건들과의 관련성의 방향도 예측되는 것과 별로 일치하지 않기 때문이다. 이들의 현재 삶의 질은 오히려 이들의 과거 삶의 모습들 삶의 중심테마, 전환점 등과 이에 대한 주관적 해석 및 현재의 평가와 더 관련성이 있는 것으로 보인다. 이러한 측면에 주목하여, 참여노인들의 현재 삶의 질을 생애사에서 나타나는 전환점 및 삶의 중심 테마와 연결하여 살펴보기로 한다.

먼저 현재 삶에 대한 만족도가 높은 오할머니와 배할아버지의 경우를 생각해보자. 오할머니에게 있어 생의 전환점은 결혼과 첫아이 임신이다. 고등학교를 졸업한 오할머니는 소설 "테스"를 읽고, 가세가 기운 친정에 경제적 도움을 줄 수 있기를 기대하면서 시골의 땅 부자 집으로 시집을 간다. 그러나 앞에서 언급하였듯이 막상 결혼한 시집은 빈농이었고, 별 고생 모르던 도시 생활에서 농사일에 손등 갈라지는 생활로 급격한 일상의 변화를 겪게 된다. 힘든 시집살이 끝에 시아버지에게 쫓겨나 할 수 없이 친정이모가 살고 있는 서울로 내외가 한겨울에 이사를 하게 되면서 오할머니의 생활환경은 다시 한 번 크게 변화된다. 도시생활은 그러나 여전히 고생스러움의 연속이라는 면에서 변화가 없고, 자존심이 바닥을 친 상황에서 두 번이나 자살을 기도한다. 생의 의욕을 놓았던 오할머니가 "열심히 살기로 결심하는" 두 번째 전환점은 첫 아이의 임신이다. 임신사실을 안 후 할머니는 "자식에게는 내가 한 고생을 시키지 않겠다" 는 목표를 세우게 되고, 그 목표를 이루기 위해 열심히 노력하는 새로운 억척스러움으로 그 후 삶은 특징 지워진다. 과거에 대해 이야기하면서, 그 시절의 고생이 지독한 것으로 회상되면 될수록, "내 할 일을 다했다" 는 오할머니의 현재 삶의 의미와 성취가 확인되고, 지나온 생의 '노력' 이 값진 것이 되는 과정을 관찰할 수 있다. 현재 경제적으로 어려움 없고, 건강하다는 점도 물론 오할머니의 높은 생활 만족도의 근거가 되겠지만, 할머니의 '행복함'에는 자신의 삶의 결과물로서의 자녀들의 성취와 '목표완수'한 자의 만족감이 큰 몫을 차지한다.

배할아버지는 '일본에서 한국으로의 이사'와 '19년 해군생활을 끝내고 39살에 전역하여 외항선원이 된 것' 이렇게 두 가지 사건을 자신의 삶의 전환점이라고 응답하였다. 거주지 이전은 대부분의 생애전환점 연구에서 삶의 환경에 급격한 변화를 가져오는 중요한 구조적 요인으로 지적된 바 있는데, 배할아버지에게는 한국 땅에 첫발을 내딛면서 바라본 밤의 부산항의 모습이 지금도 잊지 못하는 특별한 광경이다. 경제적으로 어려운 생활은 일본과 한국생활 사이에 별 차이가 없었지만, 일본에 계속 거주하였다면 그 후 삶의 경로가 매우 달라졌을 가능성 때문에 한국으로의 이주는 배할아버지에게 중요한 전환점의 의미를 가진다. 두 번째 전환점은 군 생활을 하면서 월남전까지 참전하여 죽을 고비를 넘기면서 모은 재산을 형님이 사업한다고 다 잃고 빚까지 지게 된 상황에서, 돈을 벌기 위해 선택한 외항선언으로의 취업이다. 막상 시작하고 보니 배를 오래 타야하는 외항선원 생활은 열대기후와 싸워야 하고 가족과 오래 헤어져 있어야 하는 등 너무 힘들어서 '도저히 못견디겠다'고 부인에게 편지를 쓸 정도로 힘든 것이었다. 그래도 '가족을 위해 참아 달라'는 부인의 편지에 어려움을 참고 52세까지 외항선원 생활을 하였던 것, 이것이 지금의 배할아버지의 삶에 대한 여유로움을 가능케 하는 힘인 듯하다. '가족을 위해 참고 견딘 힘든 외항선원 생활'은 '아버지, 남편으로서의 몫을 열심히 했음'과 등치되면서 "지금은 10원 한 장 못 벌지만" 가족 내에서의 위치나 가족원과의 관계가 안정적인 그런 삶의 바탕이 되는 것 아닌가 싶다. 또한 가족과 물리적으로 함께 있지 않으면서, 편지 등을 통하여 서로에 대한 관심과 배려가 표현될 필요가 있었고, 이러한 과정이 심리적으로 가까운 부부관계 및 자녀와의 관계를 가능하게 했을 가능성을 생각해 볼 수 있겠다.

배할아버지는 이 프로그램에 참여한 다른 두 명의 남성노인과 달리 경제활동에 대한 미련이 전혀 없이 '나는 할 만큼 했다'는 모습을 보였고, 이 점이 배할아버지와 다른 두 할아버지의 현재 생활에 대한 만족감에 있어서의 큰 차이를 가져오는 중요한 요인이 되는 것으로 보인다.

다음으로, 현재 삶에 대한 만족도가 낮은 고할아버지, 박할아버지와 조할머니의 생애 전환점의 내용을 살펴보기로 한다.

고할아버지는 10대 후반의 갑작스런 아버지의 사망, 서울대에 합격하고도 경제적 형편 때문에 육사로 진학했던 것, 그리고 24년 동안의 군 생활을 끝내고 전역한 것, 이렇게 세 가지 사건을 자신의 삶의 전환점으로 들고 있다. 그러나 고할아버지의 과거의 삶의 모습이 현재 삶에 영향을 미치는 과정은 이러한 전환점들에 의한 '삶의 경로의 변화'와 그 과정에서의 자신의 선택에 대한 평가나 해석은 아닌 것으로 나타난다. 현재 삶에 대한 낮은 만족도는 전환점이나 변화보다는 오히려, 군 생활을 끝내고도 '변화하지 않는' 군인정신으로 무장한 삶, 여전히 자신을 '지휘자, 통솔자 역할'로 조망하는 생활자세 등, '변화 없음, 변화하지 못함'과 더 밀접한 관련이 있는 듯하다. 전역하여 대기업에 입사한 후에도 고 할아버지는 군대식 운영방식과 철학을 기업경영에 적용하였고, 그러한 삶의 방식은 가족생활에도 예외가 아니며, 모든 현역에서 물러난 현재에도 가장 주요한 삶의 구성방식이다. 그의 지휘와 철학을 제대로 따라주지 않고 이해하지 못하는 사회에 불만이 없을 수 없다. 젊은 시절의 삶을 주도했던 주요 테마가 변하지 않고 여전히 노년기에도 중요한 위치를 차지한다는 점에 그에 적절한 사회적 역할을 갖지 못한 고할아버지의 객관적 현실과 필연적으로 충돌하게 되고, 생활만족도를 낮추는 방향으로 작용하게 된다. 그렇지만 고할아버지는 살아온 삶의 방식이나 과거 자신의 선택, 의사결정 등에 대해 되돌아보거나 이를 조절, 변화시킬 필요성은 별로 느끼고 있는 것 같지 않아 보인다.

박할아버지는 자신의 인생을 크게 바꾼 전환점으로 두 가지 생애사건을 기억한다. 하나는 결혼 1년 4개월 만에 닥친 부인의 갑작스런 죽음이다. 갓 난 아기였던 큰 딸을 키우기 위해 곧 재혼을 하는데, 새로 들어온 부인의 엄마노릇에 대하여 주위에서 "애기를 때리더라, 잘 한다 못한다 말들이 많아서" 이럴 바에는 "다른 데로 뜨자, 거기 가서는(재혼사실을) 쉬쉬 하자"고 생각하고 거주지와 함께 잘 다니던 직장까지 옮겨버린다. 그렇지만 딸아이를 키우는 문제는 재혼한 부인과의 사이에 계속 긴장요인으로 작용하게 된다. "애를 대하는게 자기가 낳은 애하고 같을 수는 없고, 그건 어쩔 수 없다"고 생각하기는 하지만 박할아버지는 "말 못하는 심적 갈등"을 겪는다. 그 때문에 재혼한 부인에게 "아주 100% 잘 할 수가 없었고 그건 우리 집 사람도 마찬가지"라는 이야기는 박할아버지의 부부관계가 아주 만족할만한 관계는 아니었음을 짐작하게 한다. 지금도 "그 뭐랄까 항상 뭐가 이렇게 인생에 걸려있는" 마음이고, "그 여자가 살아 있었으면 지금 (내 삶이) 어떻게 되었을까" 생각이 든다. 그런 면에서 첫 부인의 죽음은 박할아버지에게 "운명의 전환점"이다.

첫 번째 전환점이 "어쩔 수 없이 닥쳐온 것"이었다면 박할아버지 삶의 두 번째 전환점은 "내 스스로가 저지른 것"이다. 친구의 보증을 섰다가 거의 전 재산을 날리는 정도의 큰 경제적 손실을 입게 된 사건인데, 이는 박할아버지의 가정생활을 어렵게 하는 또 하나의 요인이 된다. 광릉에 사두었던 땅을 팔아 "집 조그만거 하나 건졌지만" 이 부도사건과 함께 경제권은 부인에게 넘어가고, 가족 내에서 박할아버지는 "내가 진실하게 해도 불신으로" 되돌아오는 상황을 경험하게 된다. 가족원들의 그런 태도가 "자라보고 놀란 가슴 솥뚜껑보고 놀란다고, 당연한 것 아니냐"고 생각하기는 하지만, 부인위주로 구성된 가족관계에서 박할아버지가 느끼는 소외감은 7회의 모임

중간 중간에 여러 방식으로 표현되어 나타난다. 박할아버지에게 있어 과거에 경험한 두 번의 전환점적 사건은 아직도 진행형의 형태로 현재 삶의 모습에 영향을 미치고 있다.

마지막으로, 삶에 대한 만족도가 참여노인 중 가장 낮은 것으로 보이는 조할머니의 삶의 전환점에 대해 살펴보기로 한다. 조할머니의 생애사에 대해 앞에서 살펴보았을 때, 일본으로부터 한국으로의 거주이전, 첫 번 결혼과 남편의 죽음, 그리고 재혼이 조할머니의 삶의 경로에 큰 변화를 가져온 전환점을 이루는 것을 알 수 있었다. 그러나 조할머니가 자신의 과거의 삶에 대해 다시 생각하고 평가할 필요성과 함께, '나는 어떤 사람인가?' 하는 질문에 직면하게 되는 '심리적 전환점'을 구성하는 사건은 큰 며느리와 손자의 갑작스런 죽음인 것으로 보인다. 조할머니는 5명의 자녀들 중 두 딸들과는 비교적 좋은 관계를 유지해온 반면, 재혼할 때 이미 고등학교를 졸업한 나이였고 아버지의 재혼을 달가와 하지 않았던 큰 아들과 특히 사이가 좋지 않았다. 남편이 사망하자 큰 아들 부부가 조할머니 내외가 살던 아파트로 "이삿짐부터 부려 놓으면서 밀고 들어오는" 바람에 조 할머니는 작은 집을 얻어 나가게 되는데, "울고불고 난리를 피우면서" 며느리에게 욕을 하는 등 큰소리를 내는 과정을 거치면서 이사를 하게 된다. 그리고 사흘 후 그 며느리가 비행기 추락사고로 손자아이와 함께 죽고, 그 소식을 들은 조할머니는 쓰러질 정도로 충격을 받는다. 그 후 큰 아들은 재혼을 하였지만 조 할머니와 왕래를 끊은 상태로 조할머니는 큰 아들 내외가 어디에서 어떻게 살고 있는지 알지 못한다. 딸들을 비롯하여 다른 자식들은 알고 있는 누치이지만 조할머니에게 알려주지 않고, 조할머니도 캐묻지 않고 있다.

며느리의 갑작스런 죽음이 직접적인 원인이 되어 조할머니의 삶의 경로 자체가 크게 변화된 것은 없다. 조할머니 스스로도 며느리의 죽음을 자신의 삶의 전환점이라고 지목하여 언급하지 않고 있다. 그러나 며느리의 갑작스런 죽음은 '충격'이 되어 조할머니에게 자녀들과의 관계, 재혼 후 다섯 아이들의 '엄마'로서 살아온 과정에 대해 뒤돌아보게 한다. 나아가서는 "자신이 어떤 사람인가"의 문제까지 생각하게 되는 계기가 되었다는 의미에서 심리적 전환점을 이루는 사건이 된다. 심리적 전환점은 '자아에 관하여 좋든 나쁘든 주요한 변화를 경험하는 시기나 시점'을 일컫는 (Wethington, 2000)개념이다. 조할머니가 생각하는 자신의 모습은 "남들이 다 나를 좋아하는 사람" "남에게 욕먹지 않는 사람"으로, 모임에서도 "날 나쁘다는 사람 아무도 없다"는 점을 여러 차례 강조한다. 그런데 유독 자녀와의 관계는 갈등적이다. "내가 죄지은 거는..내가 힘드니까.. 하나둘이라면 모르겠는데" 라는 말로 다섯 아이의 엄마노릇이 "애를 가져보지도 못하고 나아보지도 못한" 자신에게 벅찬 일이었다고 변명을 해보지만 현재 돌이켜보면 후회되는 점이 많다. 그래서 "계모라는게 그런

가보다" 는 생각을 하게도 되고, 막내딸에게 "내가 너무 철없이 너희에게 섭섭한 일이 많았지?" 하고 묻기도 한다. 큰 아들 내외는 자녀들 중에서도 조할머니와 가장 갈등이 많았던 사이이고, 큰 며느리와의 마지막 만남도 서로 언성을 높인 만남이었다. 큰 며느리에게 할 이야기가 많을 것이나, 이제 막내딸에게 했었던 것과 같은 이런 질문을 할 수 없고 따라서 조할머니가 변명이나 사죄를 할 기회가 없다.

이 모임이 진행되는 동안 조 할머니는 큰 며느리와 관련된 이야기를 한 가지 더 한 적이 있다. 비행기 추락 사고로 죽은 손자가 태어났을 때, 큰 며느리는 그 해산뒷바라지와 아기양육을 조할머니에게 부탁했다. 큰 며느리의 친정어머니가 다른 딸들의 해산뒷바라지와 손자녀 키우기를 해주었던 것을 알던 조할머니는 자신은 운동도 배우러 다녀야 하고 바쁘다는 생각에 다른 딸들처럼 친정엄마에게 부탁하라면서 거절한다. 그런데 손자를 키우던 며느리의 친정어머니가 과로로 당뇨가 악화되어 입원을 하고, 결국은 세상을 뜨고 만다. 이 일이 큰 며느리와의 관계에 어떤 영향을 미쳤는가에 대해 조할머니가 자세한 이야기를 하지 않았지만, 이에 대한 이야기를 할 때 조할머니의 설명에는 현재의 후회가 묻어 있었다. "사돈댁의 병실로 잣죽, 깨죽, 녹두죽... 쒀다 드리면 통 다른 것을 못드시던 분이 맛있다고 잘 드셨다" 는 이야기를 자세히 한다든지 "나는 그때도 철이 없었다. 이제 비로소 철이 드는 것 같다" 는 이야기를 하는 모습은 조할머니가 스스로에게 하는 후회와, "자신이 나쁜 사람이 아니다" 는 변명을 담고 있다. 변명을 들어줄 주된 대상인 큰 며느리가 없는 상황에서 조할머니는 과거와의 불편한 만남을 계속하고 있으며, 자신의 과거에 대한 타협이 되지 않아 지금 행복하지 않다. Wethington(2000)의 연구에서도 가족과 관련된 문제로 심리적 전환점을 경험한 응답자들은 후회, 죄의식과 자기비판 방식으로 반응하였다. 조할머니에게 있어 불편한 과거와의 화해는 자신의 삶에 대한 긍정적 평가와 포용을 위해 반드시 풀어야 할 숙제인 것으로 보인다.

VII. 마치는 글

위에서 제시한 연구사례는 생애사 연구과정 및 생애사 자료를 통한 노년기 삶의 질 연구에 몇 가지 시사점을 구체적으로 보여주고 있다.

우선, 이 연구에 참여한 노인들의 현재의 삶의 질은 일반적으로 삶의 질을 예측하는 요인인 것으로 여겨지는 건강, 경제 상태와 같은 현재의 자원 요인이나 복지관이나 봉사활동 참여와 같은 사회적 통합성 정도 등의 요인에 의해 설명하기가 쉽지 않았다. 앞에서 언급한대로 참여노인들은 이런 삶의 객관적 여건 면에서 그렇게 큰 차이가 없으며, 각 노인들의 생활만족도 수준과 이들 삶의 조건들과의 관련성의 방향도 예측되는 것과 별로 일치하지 않았다. 이들 현재 삶의 질은 오히려 이들의 과거 삶의 모습들 삶의 중심테마, 전환점 등과 이에 대한 주관적 해석 및 현재의 평가와 더 관련성이 있는 것으로 나타난다. 과거에 경험한 전환점적 사건의 경험이 아직도 진행형의 형태로 현재 삶의 질에 영향을 미치고 있음을 볼 수 있었다. 노년기 삶의 질에 대한 심층적 이해를 위해서는 생애과정 전체의 맥락에서 노인들의 삶을 접근해야할 필요성을 강하게 시사하며, 생애사적 연구의 가치를 보여준다.

두 번째 모임에서 대부분의 참여노인들에게 있어 이미 삶의 핵심 테마가 떠오르기 시작하였음에 주목할 필요가 있다. 그 모임 당시에는 알 수 없었으나 모임이 진행되고 생애사에 대한 정보가 축적되면서 모임초기에 언급되었던 내용들이 이들 노인들의 삶에 매우 중요한 의미를 가지는 것임을 확인할 수 있게 되었다. 젊은 시절에 대한 이야기를 하도록 마련된 모임에서, 젊은 시절에 대한 서술은 간단히 넘어가고, 현재 노년기 삶의 허무함, 쓸쓸함을 중심으로 하여 자신의 젊은 시절을 '철없었음'으로 회고하는 방식으로 이야기를 전개한 조할머니의 경우가 대표적이다. 추후 모임이 진행되면서, '철없었음'은 조할머니의 과거 자신의 삶에 대한 평가와 변명의 기제로서 그리고 과거의 삶의 경험, 선택들이 현재 삶에 계속 영향 미침을 보여주는 방식으로 중요한 의미를 가진다는 것이 들어나게 된다. 그리고 현재의 입장에서 바라본 과거에 대한 평가가 이렇게 부정적이라는 점은 조할머니의 미래에 대한 전망과 예측이 "더 늙으면 어떻게 살 것인가 하는 생각을 할라치면 대책이 안서고 갑갑하기만" 하는 정도로 부정적일 수밖에 없다는 것과 연관되어 나타난다. 노년기 삶에 있어 과거, 현재, 미래는 계속 상호 영향을 미치는 시간의 고리 속에서 존재하며 해석/재해석되면서 현재의 삶의 질에 영향을 미치고 있음을 보여준다.

지나온 삶에 대해 이야기하는 것을 꺼려하는 사회적 setting에서 행해진 집단면접임에도 불구하고, 모임 횟수가 많아지면서 참여 노인들 간의 상호작용이 활발해지자 매우 사적인, 그래서 "살면서 이제까지 아직 아무에게도 하지 않았던" 이야기를 털어놓기도 하였다. 특히 사적인 일이나 정서를 공적으로 표현하는 것에 익숙하지 않은 것으로 여겨지는 남성노인들도 매우 활발히, 열성적으로 표현을 하는 모습을 관찰할 수 있었다. 그런 면에서 집단면접도 잘 운영하면 생애사의 세밀하고 풍부한 서술을 이끌어 낼 수 있음을 보여준다. 이 글에서는 별로 언급하지 않았으나, 생애사 서술 방식에 있어서 남녀차이가 관찰되었는데, 생애사건을 기술하는데 있어 준거점(reference points)이 남성은 주로 직업경로 및 거시적 사건이라면 여성은 가족적 사건에 치중되는 등의 특성차이를 볼 수 있었다. 생애사 서사구조 및 전략에 있어서의 남녀차이에 대한 연구의 필요성을 시사한다.

과거에 대한 이야기가 노인들의 현재의 삶에 의미를 부여하는 기제 및 방식으로 쓰이고 있음을 이들 노인들이 젊은 시절 고생한 이야기 서술에서 관찰 할 수 있었다. 젊은 시절의 고생이 지독한 것으로 회상되면 될수록 "내 할 일을 다했다"는 현재 삶의 의미와 성취가 확인되고, 지나온 생의 '노력'이 값진 것이 되는 과정을 관찰할 수 있었다. 또한 현대 한국사회에서 별로 가치를 인정받지 못하는 '노인' 집단에 속하게 되었지만, 젊은이들이 지금 누리는 풍요는 노인세대들의 노력의 결과라는 점에서 스스로의 도덕적 위상을 확인하는 기제로서의 성격도 가지는 것으로 해석될 수 있다.

사람들이 자신의 생애사에 대한 다양한 버전을 가지고 있으며, 어떤 맥락에서 자신의 생애이야기를 하는가에 따라 무의식적/의식적으로 상이한 버전을 제공하게 된다는 점을 이 연구과정에서도 관찰할 수 있었다. 예를 들어 조할머니와 박할아버지는 6년째 모임에서 비로소 자신의 결혼생활이 재혼이라는 점을 밝혔는데, 그러자 그전 모임에서 이들 노인들이 했던 이야기들의 의미와 맥락이 분명해지는 것을 관찰할 수 있었다. 한 달을 넘게 만나면서 서로의 과거에 대해 이야기하면서 상당한 정도의 라포가 형성된 점, 그리고 자신의 이야기의 줄거리를 정확히 전달하고 싶은 기본적 욕구 등이 이러한 정보를 자진하여 제공하도록 작용한 것 같다. 1-2회의 면접에서 얻을 수 있는 생애사 자료의 한계점을 인식하고, 그러한 방식으로 수집된 자료를 해석할 때는 그 제한점에 대한 성찰적 논의가 필요함을 시사한다.

이상 간단히 생애사 방법에 대해 살펴보고, 노년기 삶의 연구에 생애사 방법이 유용할 수 있는 측면에 대해 논의해 보았다. 이 글이 생애사 연구가 활성화되어 노년학 연구 방법이 다양화해지고, 노년기 삶에 대한 심층적 이해에 도움이 되는 계기가 되었기를 희망해본다. 한편, 본 논문에서는 기존 생애사 연구에 대한 고찰이 생략되어 있는데, 주요 연구들의 흐름을 진단하는 작업이 후속연구로 필요하다고 본다. 인류학, 역사학, 여성학, 사회학 등 다양한 분야에서 생애사 방법을 적용한 연구들이 상당 정도 축적되었고, 이들 연구들은 노년기 삶의 이해라는 노년학적 관점에서 수행된 연구라기보다는(노인을 대상으로 하는 경우에도) 각각 문화의 이해, 잊혀진/소수의 역사, 여성연구 방법론으로서의 생애사 적용, 거시와 미시의 접점에서의 생애사 등 분야 나름대로의 주요 관심과 관점에서 접근되고 있지만, 방법론으로서 생애사 발달에 지대한 공헌을 하였고, 방법론적 주요한 특징과 쟁점들을 노년학 분야의 생애사 연구와 공유하고 있다. 그리고 이들 연구결과들이 노년기 삶의 이해와 완전히 별개의 무관한 것도 아니다. 따라서 그 주요 연구결과들과 흐름을 고찰하는 작업이 중요하다고 본다. 이 작업 자체가 매우 방대한 것이기에 생애사 방법에 대한 소개를 일차적 목표로 한 본 논문에서는 생략하였으나, 후속연구로서의 그 필요성을 강조하고자 한다. 또한 최근 국내 노년학 분야에서 엄밀한 의미에서 생애사 방법은 아니지만 노인의 회상 자료를 활용, 분석하는 연구들이 시작되고 있는데, 체계적 생애사 방법의 활성화를 위하여 이들 연구들에 대한 분석적 고찰도 함께 병행하는 것이 필요할 것이다.

참고문헌

엄명용(2000). 뇌졸증 노인을 위한 회상그룹 운영과 평가 : 노인복지관을 중심으로. 한국노년학. 20(1), 21-35.

유철인(1995). "배우지 못한 고아" 의 생애이야기에 나타난 국제결혼여성의 삶. 한국문화인류학. 제28권.

유철인(1998). 생애사 연구방법 : 자료의 수집과 텍스트의 해석. 간호학 탐구. 7(10), 186-195.

이재인(2004). 한국 기혼 여성의 생애이야기에 나타난 서사유형과 결혼 생활. 서울대학교 대학원 박사학위 논문.

한경혜(1990). 산업화와 결혼 연령 변화에 관한 이론적 고찰- "가족전략" 의 관점에서. 한국사회학. 24(겨울호), 103-120.

한경혜(1991). 세대관계 측면에서 본 Life Coures 전이와 역연쇄전이의 시기-결혼연령을 중심으로-. 한국노년학. 11(1), 36-49.

한경혜(1993). 사회적 시간과 한국 남성의 결혼 연령의 역사적 변화 - 생애과정 관점과 구술생활사 방법의 연계. 한국사회학. 27(겨울호), 295-317.

한경혜·노영주(2000). 중년여성의 40대 전환기 변화 경험과 대응에 관한 질적 연구. 가족과 문화. 12(1), 67-91.

Bruner, J. 1987. Life as Narrative. *Social Research* 54. 11-32.

Cohler, J. and Hostetler, A.(2003). Linking Life Course and Life History : Social Change and the Narrative Study of Lives over Time, Handbook of the Life Course. 560-561.

Frank, G. and Vanderburgh, R.(1980). Life Histories in Gerontology : The Subjective Side to Aging, In New Methods for Old Age Research : Anthropological Alternatives, ed. C. Fry and J. Keith. Chicago : Loyola University Center for Urban Policy. 155-171.

Heidegger(1962). Being and Time, New York : Harper & Row.

Lieblich, A., Truval-Mashiach, R., & Zilber, T.(1998).Narrative Research: Reading, analysis and interpretation. Thousand Oaks, CA: Sage Publications.

Mandelbaum, G.(1973). The Study of Life History : Gandhi, *Current Anthropology.* 14(3). 177-206.

Matthews, S. H.(1983). Analyzing Topical Oral Biographies of Old Persons : The Case of Friendship. Research on Aging. 5(4). 569-589.

Morin, F.(1982). Anthropological Praxis and Life History. *International Journal of Oral History*. Vol. 3(1).

Myerhoff.(1978). Number Our Days. New York : E. P. Dutton.

Pelto, Pertti J., and Gretel H. Pelto.(1978). Anthropological Research : The Structure of Inquiry, (2d ed.(, Cambridge : Cambridge University Press.

Schrager, S.(1983). What is social in oral history? *International Journal of Oral History*. 4(2). 76-98.

Wentowski, G. J.(1981). Reciprocity and the Coping Strategies of Older People : cultural dimension of network building. *The Gerontologist*. 21(6). 600-609.

Abstract

The purpose of this study is to discuss the main characteristics of life history method as a useful methodological tool for studying the lives of old people. With the emergence of a life course perspective, there has been increased use of life history method in the area of gerontology in Japan and western countries, as researchers in the field became more aware of the importance of examining the relationship between socio-historical context, individual subjectivity and lived experience of old people. Yet, there are few studies applying the life history method for studying the lives of old people in Korea. In this study, employing the example from our own research, the ways in which life history method can be utilized to enhance the understanding the lives of Korean elderly are illustrated. Also, the key assumptions and characteristics of life course perspective as a conceptual means analyzing life history materials are discussed. It was shown that the quality of life and adaptation in later life reflect the ways in which elderly interpret their past experience-life events , transitions, and choices the elderly people make -in order to maintain a sense of personal coherence and continuity over time. In this regard, it was argued that the life history represents an exemplary method for studying how presently remembered past, experienced present, and anticipated future provide elderly with a continuing sense of personal integrity.

* 이 연구는 2003년도 유한킴벌리(Yuhan-Kimberly) 연구비 지원에 의해 수행되었으며, 韓國老年學誌 제24권 4호(2004)에 게재된 논문이다.

눈 내리는 밤 숲가에 멈춰 서서
Stopping By Woods On A Snowy Evening

프로스트(Robert Lee Frost)

이게 누구의 숲인지 나는 알 것도 같다.
하기야 그의 집은 마을에 있지만…
눈 덮인 그의 숲을 보느라고
내가 여기 멈춰서 있는 걸 그는 모를 것이다.

내 조랑말은 농가 하나 안 보이는 곳에
일 년 중 가장 어두운 밤
숲과 얼어붙은 호수 사이에
이렇게 멈춰서 있는 걸 이상히 여길 것이다.

무슨 착오라도 일으킨 게 아니냐는 듯
말은 목방울을 흔들어 본다.
방울 소리 외에는 솔솔 부는 바람과
솜처럼 부드럽게 눈 내리는 소리뿐.

숲은 어둡고 깊고 아름답다.
그러나 나는 지켜야 할 약속이 있다.
잠자기 전에 몇십 리를 더 가야 한다.
잠자기 전에 몇십 리를 더 가야 한다.

http://blog.daum.net/sang7981/4293